제10판

사례로 배우는

경영정보시스템

David Kroenke · Randy Boyle 지음

문태수 · 박상철 · 서창갑 · 오창규

유성열 · 이동호 · 정대율 옮김

∑ 시그마프레스

사례로 배우는 **경영정보시스템**, 제10판

발행일 | 2025년 3월 5일 1쇄 발행

지은이 | David Kroenke, Randy Boyle
옮긴이 | 문태수, 박상철, 서창갑, 오창규, 유성열, 이동호, 정대율
발행인 | 강학경
발행처 | (주)시그마프레스
디자인 | 우주연, 김은경
편　집 | 이지선, 김은실, 윤원진
마케팅 | 문정현, 송치헌, 최성복, 김성옥

등록번호 | 제10-2642호
주소 | 서울특별시 영등포구 양평로 22길 21 선유도코오롱디지털타워 A401~402호
전자우편 | sigma@spress.co.kr
홈페이지 | http://www.sigmapress.co.kr
전화 | (02)323-4845, (02)2062-5184~8
팩스 | (02)323-4197

ISBN | 979-11-6226-495-9

Experiencing MIS, Tenth Edition

✽ 책값은 책 뒤표지에 있습니다.

경영학에서 경영정보시스템(MIS) 개념을 도입한 지도 벌써 40년이 되었다. 그동안 급속한 정보기술의 발전으로 경영정보시스템에도 눈부신 발전이 있었다. 1980년대는 정보시스템이 도입되는 과정에서 정보기술 전문가가 중심이 되어 개척자 정신으로 새로운 것을 만들어내던 시기가 있었다. 1990년대는 경영정보시스템에 전략의 개념이 반영되어 전략정보시스템이 인기 많았던 시기였다. 그 이후로 사용자 측면에서 조직과 그룹, 구성원들의 요구사항을 반영한 정보시스템으로 발전하였다.

하지만 1995년 인터넷이 상업화되고 기존 오프라인 거래에서 온라인 전자상거래가 활성화되면서 B2B 마켓플레이스, B2C 혹은 C2C 비즈니스 거래가 출현하게 되었다. 소셜미디어 기반의 소셜 네트워크는 우리 사회를 더 열린사회로 가도록 요구하고 있다. 2016년 4차 산업혁명이 시작되고 AICBM의 새로운 정보기술이 확산되면서 인공지능, 사물인터넷, 클라우드, 빅데이터, 모바일 등의 새로운 정보기술은 기존의 경영 방식을 혁신하고 새로운 비즈니스 모델을 제안하고 있다.

경영학을 배우고 있는 학생들이 기업의 전반적인 경영 활동을 이해하는 것은 쉽지 않은 일이며, 이를 기반으로 새로운 정보기술을 도입하며 전개되는 경영정보시스템을 이해하는 것은 더욱 어려운 일이다. 하지만 기업 경영 활동에 정보기술을 접목하고 활용하는 경영정보시스템에 대한 이해 없이 기업은 단 하루도 돌아가지 못할 것이며, 새로운 정보기술의 도입과 활용, 그리고 경쟁 환경에서의 소비자와 공급자들, 경쟁사들의 변화를 수용하려면 경영정보시스템을 올바로 이해하기 위해 노력해야만 한다.

이 책은 대학에서 경영학을 접하고 경영정보시스템을 이해하는 데 도움을 줄 수 있는 교재이다. 재미있는 실제 사례를 중심으로 펼쳐지는 이 책은 조금 복잡하고 어려운 경영정보시스템을 좀 더 쉽게 이해하고 수월하게 적용해볼 수 있도록 도와줄 것이며, 나아가 기업 현장과 실무에서 큰 보탬이 될 것이다. 경영정보시스템을 전공하는 여러분의 교수님이 번역에 참여하여 이러한 취지와 의도를 살리려고 노력하였다.

이 책은 경영정보시스템을 공부하려는 학생들과 실무자들에게 경영정보시스템의 정확한 개념을 올바르게 알려주고 이해할 수 있도록 하며, 기업의 경영 활동에서 어떻게 활용하고 응용할 수 있는지를 전달하고자 하였다. 이 책은 4개 부, 12개 장으로 구성되어 있으며, 장마다 비즈니스 사례 시나리오, 보안과 윤리 문제 및 커리어 가이드, 협업과제, 사례연구 등의 풍부한 내용과 토론거리를 담았다. 1부에서는 경영정보시스템의 개념과 정의, 그리고 경영 활동 프로세스와의 관계를 설명하고, 2부에서는 하드웨어, 소프트웨어, 데이터베이스, 정보통신 등의 정보기술에 관해 알아본다. 3부에서는 경쟁 전략을 위한 정보시스템의 활용에 대해 살펴보며, 4부에서는 정보시스템의 개발과 관리를 들여다볼 수 있도록 구성하였다.

이 번역서는 가능한 한 원저자의 제작 의도와 본질을 최대한 살려 그 내용을 전달하려고 노력하였다. 그리고 미국과 사회적·문화적으로 많이 다른 한국의 대학생들을 위해 원작의 의미를 왜곡하지 않는 범위 내에서 자연스럽게 우리 말 표현을 사용하였다. 항상 느끼는 것은 출판된 책을 보면 부족한 부분이 보인다는 것이다. 미처 발견하지 못한 오류와 미흡한 점에 대해서는 독자들의 이해와 지적을 기대한다. 이 책을 출판하는 데 많은 노력을 아끼지 않았던 (주)시그마프레스의 문정현 부장님, 이지선 과장님께 감사드리며, 향후 더 좋은 책으로 거듭날 것을 희망해본다.

2025년 2월
대표역자 문태수

친애하는 학생 여러분,

이 수업은 여러분에게 특별한 경험을 선사할 것입니다. 우리는 기술을 활용하여 조직에 가치를 더하는 방법을 함께 탐구할 것입니다. 기업이 기술을 통해 비용을 절감하고, 수익을 증대하며, 근무 환경을 개선하고, 혁신적인 제품과 서비스를 제공하는 방식을 배울 예정입니다.

인공지능, 머신러닝, 자율주행, 3D 프린팅, 소셜미디어, 빅데이터, 가상현실, 클라우드 컴퓨팅, 사이버 보안 등 다양한 첨단 기술을 다루게 될 것입니다. 여러분이 뉴스에서 접한 이 흥미로운 기술들은 미래의 유망한 직종과 밀접하게 연관되어 있습니다. 그러나 충분한 이해 없이 꿈꾸기만 해서는 안 되겠죠. 이 수업은 여러분에게 이러한 기술의 세계로 들어가는 안내서가 될 것입니다.

이 과정을 통해 얻는 지식은 여러분의 커리어에 큰 자산이 될 것입니다. 좋은 직장을 얻고, 높은 연봉을 받으며, 조직 내 중요한 역할을 맡을 수 있는 역량을 키우게 될 것입니다. 비록 제프 베이조스나 스티브 잡스 같은 기업가는 아닐지라도, 이 수업을 통해 배운 내용을 적용하면 자신의 한계를 뛰어넘는 성장을 경험할 수 있습니다. 기술에 의존하는 시대에서 새로운 문제를 해결할 수 있는 인재는 매우 중요해질 것입니다. 그 주인공이 바로 여러분이 될 수 있습니다.

기술의 발전은 새로운 직업을 끊임없이 만들어냅니다. 머신러닝 엔지니어, 클라우드 데이터 엔지니어, 로봇 프로세스 자동화 개발자, 소셜미디어 분석가, 정보 보안 전문가, 비즈니스 인텔리전스 분석가, 데이터 아키텍트 등의 직업은 불과 10~20년 전만 해도 존재하지 않았던 직종입니다. 앞으로 20년 후에는 지금 존재하지 않는 직업들이 또 새롭게 각광받게 될지도 모릅니다.

기업이 인공지능, 머신러닝, IoT, 로봇공학 등을 활용해 인력을 자동화하는 추세는 계속될 것입니다. 이는 비용 절감과 소비자 혜택을 가져오지만, 동시에 노동자의 미래에 대한 우려도 낳고 있습니다. 그러나 이러한 새로운 기술들은 또 다른 형태의 전문가를 필요로 합니다. AI 애플리케이션, 데이터베이스, 네트워크, 스마트 기기, 로봇 시스템을 개발하고 관리할 인재들이 필요할 것입니다. 단순한 업무는 줄어들 수 있지만, 고도의 기술을 요구하는 새로운 일자리가 생겨날 것입니다.

끊임없이 학습하고, 창의적으로 사고하며, 비정형 문제를 해결할 능력을 키운다면 여러분의 미래는 매우 밝습니다. 이 능력은 마케팅, 운영, 영업, 회계, 재무, 창업 등 어떤 분야에서든 중요한 자산이 될 것입니다.

정보시스템을 성공적으로 활용하려면 기술 혁신을 예측하고 그 흐름을 앞서가는 것이 중요합니다. 여러분은 앞으로 비즈니스와 공공 부문에서 정보시스템을 혁신적으로 응용할 수 있는 수많은 기회를 만나게 될 것입니다. 그 기회를 잘 포착할 수 있는 눈을 기르길 바랍니다.

이 수업에서 얻은 지식이 여러분의 성공적인 비즈니스 커리어의 디딤돌이 되기를 진심으로 바랍니다. MIS의 용어를 배우는 데 그치지 않고, 정보시스템이 비즈니스 세계를 어떻게 변화시키는지, 그리고 그 변화 속에서 여러분이 어떤 역할을 할 수 있는지 깊이 이해하는 기회가 되길 바랍니다.

미래의 비즈니스 리더인 여러분의 성공을 기원합니다!

Randy Boyle & David Kroemke

가이드

각 장은 정보시스템의 최신 동향을 다루는 네 가지 특별한 **가이드**로 구성되어 있다. 첫 번째 가이드에서는 '혁신' 기술의 영향을, 두 번째에서는 기업의 정보 '보안' 과제를 살펴본다. 세 번째 가이드는 정보시스템 관련 '직종'을 소개하고, 마지막으로는 이 분야의 윤리적 고려사항을 다룬다. 이들 가이드는 여러분의 비판적 사고력과 활발한 토론을 유도할 것이다. 적극적으로 참여하면 문제해결 능력을 기르고 더 뛰어난 비즈니스 전문가로 성장하는 데 도움이 될 것이다.

학생 여러분을 위한 학습 도구

여러분이 이 책을 읽는 시간을 가장 알차게 보낼 수 있도록 세심하게 구성했다. 아래 표에서 볼 수 있는 것처럼 각 장마다 여러분이 이 과정을 즐겁고 성공적으로 마칠 수 있도록 돕는 다양한 학습 도구를 마련해두었다. 이 도구들은 여러분의 학습 여정을 더욱 풍성하고 효과적으로 만들어줄 것이다.

자료	설명	이점	예시
도입부 비즈니스 사례	각 장은 장 내용과 관련된 실제 비즈니스 상황의 설명으로 시작하여, 배울 내용이 왜 필요한지 이해하기 쉽게 돕는다. e헤르메스(자동화 모바일 상점)와 아이메드 애널리틱스(헬스케어 분석 스타트업) 두 기업의 사례를 중심으로 설명한다.	비즈니스 상황에 장에서 다루는 내용을 적용하여 보다 쉽게 이해할 수 있다.	9장, 도입부 : 소셜미디어 정보시스템과 아이메드 애널리틱스
질문중심의 학습목표	각 장은 핵심 질문들을 제시하고, 이를 중심으로 내용을 구성하여 학습의 집중도와 효율성을 높인다.	학습내용의 핵심을 빠르게 파악할 수 있다. 각 질문에 답할 수 있다면 학습내용을 제대로 이해한 것이다.	6장, 6-1 : 클라우드가 대부분의 조직에 미래인 이유는 무엇인가?
가이드	각 장에는 정보시스템 분야의 최신 이슈에 초점을 맞춘 네 가지 가이드가 있다. 혁신, 윤리, 보안, 정보시스템 직업 등을 다루어 생각을 자극하고 토론을 유도한다.	각 장 내용을 일상생활에 어떻게 적용할지 생각해보고, 윤리 및 보안 문제도 함께 고민한다. 또한 실제 정보시스템 분야의 다양한 직업을 살펴볼 수 있다.	2장 So What? : 아마존 에브리웨어 5장 윤리 가이드 : 단서를 찾아서, 그리고 당신의 얼굴 8장 보안 가이드 : ERP 취약성 9장 커리어 가이드 : 소셜미디어/온라인 평판 관리자
이 장의 지식이 여러분에게 어떻게 도움이 되는가? (각 장 끝 부분)	각 장의 끝부분에서는 도입부 비즈니스 사례 시나리오를 다시 살펴보고, 장에서 배운 내용을 토대로 시나리오에 대한 심층적인 논의를 진행한다.	각 장에서 배운 핵심 내용을 이야기 속 기업/인물, 그리고 여러분에게 적용하여 정리하고 복습할 수 있다.	11장 : 이 장의 지식이 여러분에게 어떻게 도움이 되는가?
생생복습	각 장은 학습목표를 중심으로 내용을 요약하고 복습하면서 마무리한다.	각 장의 중요 내용을 효과적으로 복습하고, 자신의 이해도를 점검할 수 있다. 제시된 질문에 답할 수 있다면 해당 내용을 잘 이해한 것이다.	9장 : 생생복습
주요용어	주요용어와 개념을 강조하여 표시한다.	시험 전에 주요용어를 빠르게 복습할 수 있도록 도와준다.	6장 : 주요용어
학습내용 점검	새롭게 익힌 지식을 실제 문제에 적용해보는 연습문제를 제공한다.	비판적 사고 능력을 키우고, 배운 내용을 실제 세상에 어떻게 활용할 수 있을지 고민해볼 수 있다.	4장 : 학습내용 점검
협업과제	장 주제와 관련된 팀 활동을 통해 협업 능력을 향상시킨다.	구글 드라이브, 윈도즈 원드라이브, 마이크로소프트 셰어포인트 등 다양한 도구를 활용하여 팀원들과 함께 답을 찾고 공유하며 협력하는 방법을 배운다.	협업과제 2 : 고급 리조트의 정보시스템을 경쟁 전략에 맞추는 방법에 대한 토론
사례연구	각 장은 실제 조직의 사례연구로 마무리한다. 장에서 배운 기술이나 시스템이 실제로 어떻게 활용되는지 살펴보고, 비즈니스 문제해결을 위한 아이디어를 제시해본다.	배운 지식을 실제 상황에 적용하는 능력을 키우고, 문제해결 능력을 향상시킨다.	사례연구 6 : 세일즈포스닷컴

1장에서는 경영정보시스템(MIS)이 경영학 교육 과정에서 가장 중요한 수업이라고 주장한다. 이는 대담한 주장이며, 매년 이 주장이 여전히 유효한지 자문하게 된다. 현대 비즈니스와 정부에 정보시스템(IS)보다 더 큰 영향을 미치는 분야가 있을까? 우리는 여전히 그 존재를 의심한다. 매년 새로운 기술이 조직에 도입되고, 많은 조직은 이러한 기술을 활용해 생산성을 높이고 전략을 달성하는 혁신적인 애플리케이션을 개발한다.

최근 몇 년간 오랫동안 논의되던 혁신들이 큰 도약을 이루었다. 자율주행 차량은 지난 해 동안 엄청난 발전을 이루었으며, 우버, 테슬라모터스, 웨이모(구글)와 같은 회사들이 수천만 마일의 자율주행 기록을 쌓았다. 거의 모든 자동차 제조업체가 전통적인 자동차를 완전 자율 스마트카로 전환하기 위해 전력을 다하고 있다. 매킨지앤컴퍼니는 자율주행 차량이 2030년까지 널리 보급될 수 있다고 예상하지만,[1] KPMG는 2050년까지는 완전한 보급이 이루어지지 않을 것이라고 추정한다.[2] 아마존이 현재 테스트 중인 자율주행 트럭을 공식적으로 도입하기 시작하면, 배송 비용이 80%까지 절감될 수 있다!

2021년에 개최된 소비자가전 전시회(CES)에서는 초고화질 8K QLED TV가 큰 인기를 끌었다. 이 새로운 TV는 초박형, 초경량, 초고휘도를 자랑하며, 베젤이 거의 없는 디자인으로 주목받았다. LG는 새로운 롤러블 스마트폰을 선보였는데, 이 스마트폰은 상단 부분이 위로 확장되면서 화면이 커지는 혁신적인 디자인을 가지고 있다. 롤러블폰은 소비자들에게 큰 인기를 끌 것으로 예상된다. 캐딜락은 헤일로라는 새로운 자율주행 차량 콘셉트를 공개했다. 이 완전 자율 차량은 음성이나 손동작으로 제어할 수 있으며, 내부에는 랩어라운드 소파가 설치되어 있다. GM은 또한 개인용 항공 드론 콘셉트를 선보였으며, 이 드론은 90kWh 배터리를 탑재하고 시속 56마일로 비행할 수 있다.

디지털 현실(또는 가상현실)은 본격적으로 성장하고 있다. 마이크로소프트 홀로렌즈, 매직리프의 매직리프 1이 2019년에 출시되었으며, 마이크로소프트는 기업 파트너에게 성공적으로 제품을 공급했다. 반면 매직리프는 소비자 시장에 집중하다가 2020년에 600명의 직원을 해고해야 했다. 이들 대부분은 애플에 고용되어 비밀리에 AR 기기 개발에 참여하고 있는 것으로 알려졌다. 디지털 현실 시장은 2026년까지 1,200억 달러 규모로 성장할 것으로 예상된다.[3] 이러한 기술들은 새로운 유형의 기업을 탄생시키고, 사람들이 생활하고 일하고 쇼핑하고 즐기는 방식을 혁신적으로 변화시킬 수 있다.

최근의 혁신들은 개인의 생활 방식과 데이터 수집 방법뿐만 아니라, 기업의 운영 방식에도 큰 변화를 가져왔다. 전 세계적인 코로나바이러스 봉쇄로 인해 모든 조직은 직원들의 원격 근무에 적응해야 했다. 많은 기업이 출근 금지로 인해 운영을 중단해야 했으며, 이로 인해 자동화와 로봇의 사용이 증가하게 되었다.

가령, 현재 아마존은 110개의 창고에서 20만 대의 키바 로봇을 24시간 운영하고 있다. 이 로봇들은 운영 비용을 20%(창고당 2,200만 달러) 절감하고, 클릭투십(click-to-ship) 시간을 75% 단축했다.[4] 아마존, 페덱스, UPS, 보잉, DHL은 모두 드론을 이용한 소포 배송을 테스트하고 있으며, 드론 소포 배송 시장은 2030년까지 910억 달러 규모로 성장할 것으로 예상된다.[5] 아마존은 2019년 말 드론 배송을 시작할 것으로 예상했지만, 2021년 중반까지도 시작되지 않았다. 매킨지앤컴퍼니는 소포 하나를 배송하는 데 4달러가 소요되며, 아마존의 2020년 배송 비용은 610억 달러였다고 추정한다. 드론 배송은 아마존의 배송 비용을 50% 절감할 것으로 예상된다.[6] 기술, 특히 자동화된 인력은 조직의 운영 방식을 근본적으로 변화시키며, 이를 통해 조직은 더 생산적이고 혁신적이며 적응력이 뛰어난 조직으로 거듭나고 있다.

표 1 제10판에서 개정된 내용

장	변경사항
1	새로운 So What? : IoT 트렌드
	새로운 보안 가이드 : 비밀번호와 비밀번호 에티켓
	CPU 및 데이터 저장소 성장에 대한 차트 추가 및 업데이트
	새로운 직업 부문 비교 통계
	비즈니스 및 MIS 직업에 대한 BLS 직업 통계 업데이트
	모든 가이드를 장 끝으로 이동하여 쉽게 찾을 수 있도록 변경
2	모든 장에서 마이크로소프트 365에 대한 참조 업데이트
	새로운 So What? : 아마존 에브리웨어
	새로운 보안 가이드 : 치명적인 랜섬
	새로운 커리어 가이드 : 전무 이사
	새로운 윤리 가이드 : 이제 로봇이 당신을 고용한다
	새로운 학습목표 2-8 : 비즈니스 프로세스와 정보시스템의 미래는 무엇인가?
	스타트업, 유니콘, 로우코드 시스템, 로봇 프로세스 자동화, 지능형 자동화에 대한 논의 추가
	아마존 사례연구 업데이트
3	새로운 So What? : 지속적 인텔리전스?
	새로운 보안 가이드 : 캐피탈 데이터 유출
	새로운 커리어 가이드 : 수석 비즈니스 시스템 분석가
	새로운 윤리 가이드 : 대출을 권하는 전화 속 인물은 누구?
	새로운 사례연구 : 줌
	Q3-2 : 마스터 데이터 관리, 데이터 수집자에 대한 새로운 논의 추가
	Q3-3 : 데이터 레이크 및 데이터 늪에 대한 새로운 논의 추가
	Q3-4 : 데이터 발견 및 데이터 시각화에 대한 새로운 논의 추가
	새로운 협업과제 3 : 줌
	장 전반에 걸쳐 이미지, 차트 및 통계 업데이트
4	새로운 So What? : 2021년 CES의 신기술
	새로운 보안 가이드 : 사이버-물리적 공격
	새로운 윤리 가이드 : 빅데이터 = 빅 서베일런스(대규모 감시)
	새로운 사례연구 : 펠로톤
	Q4-1 : 산업용 사물인터넷(IIoT), 기계 간 통신M2M), 에지 컴퓨팅에 대한 새로운 논의 추가, IoT에 대한 논의 확장
	Q4-2 : 자율주행 차량에 대한 논의 업데이트
	Q4-2 : 드론, 로봇, 산업용 로봇, 역량강화에 대한 새로운 논의 추가
	Q4-2 : 3D 프린팅 예제에 대한 업데이트
	Q4-2 : 핀테크 및 디지털 지갑에 대한 새로운 논의 추가
	Q4-3 : 모바일 운영체제에 대한 논의 업데이트
	협업과제 4 : 홀로렌즈 2 업데이트
	장 전반에 걸친 산업 통계 업데이트
5	새로운 보안 가이드 : 패스워드를 재사용하지 마세요
	새로운 윤리 가이드 : 단서를 찾아서, 그리고 당신의 얼굴
	새로운 사례연구 : 데이터독
	장 전반에 걸쳐 이미지와 통계 업데이트
	엑셀 및 액세스 2019 이미지 업데이트

표 1 제10판에서 개정된 내용(계속)

장	변경사항
6	새로운 So What? : Working@Home
	새로운 보안 가이드 : 위험한 내부자, 잠수함, 크립토재킹, 아이고 머리야!
	새로운 커리어 가이드 : 클라우드 엔지니어
	새로운 윤리 가이드 : 비트코인 때문에 답답
	클라우드 사용 및 시장점유율 통계 업데이트
	Q6-3 : 온프레미스에 대한 논의
	Q6-5 : 논의 업데이트
	Q6-7 : 공용 클라우드, 사설 클라우드, 하이브리드 클라우드, 멀티 클라우드 전략, 클라우드 상호 운용성, 데이터 패브릭에 대한 새로운 논의 추가
7	새로운 아이메드 애널리틱스 도입 사례 시나리오
	새로운 So What? : 줌 폭격
	새로운 보안 가이드 : 코로나 팬데믹의 악용
	새로운 윤리 가이드 : Halt and Catch-22
	줌, 마이크로소프트 365 및 기타 데스크톱 및 클라우드 기반 소프트웨어에 대한 참조 업데이트
8	새로운 아이메드 애널리틱스 도입 사례 시나리오
	새로운 So What? : 직장에서의 웨어러블 기술
	새로운 보안 가이드 : ERP 취약성
	새로운 커리어 가이드 : 프로젝트 관리자, 문제 전문가
	새로운 윤리 가이드 : 측정할 수 없으면 관리할 수 없다
	새로운 사례연구 : 우버
	새로운 Q8-6 예제 : 아이메드 애널리틱스를 사용한 기업 간 정보시스템
9	새로운 아이메드 애널리틱스 도입 사례 시나리오
	새로운 So What? : 진화하는 소셜미디어
	새로운 보안 가이드 : 거짓말의 디지털 왕좌
	새로운 윤리 가이드 : 삶, 자유, 그리고 평가받지 않을 권리
	구글플러스에 대한 참조 삭제
	장 전반에 걸친 산업 통계 및 차트 업데이트
10	새로운 아이메드 애널리틱스 도입 사례 시나리오
	범주별 데이터 유출 비용에 대한 새로운 통계 추가
	새로운 So What? : 블랙햇의 뉴스
	새로운 보안 가이드 : 코로나19 위험 완화를 위한 기술 사용
	새로운 커리어 가이드 : 사이버 시스템 엔지니어
	새로운 윤리 가이드 : 화이트햇 해커, 퇴출되다
	새로운 사례연구 : 크라우드스트라이크
	제3자 쿠키 및 추적에 대한 논의
	Q10-3 : 비밀번호 재사용 및 자격 증명 스터핑에 대한 논의
	Q10-4 : 정보 보안 피로에 대한 논의
	Q10-5 : 크립토재킹 및 암호화 악성코드에 대한 논의
	Q10-6 : 일반 데이터 보호 규정(GDPR)에 대한 논의
	장 전반에 걸친 산업 통계 및 차트 업데이트
11	새로운 아이메드 애널리틱스 도입 사례 시나리오
	새로운 보안 가이드 : 당근 혹은 채찍? 둘 다 아니다

표 1   제10판에서 개정된 내용(계속)

장	변경사항
11	새로운 사례연구 : 슬랙
	장 전반에 걸친 산업 통계 및 차트 업데이트
	새로운 커리어 가이드 : 고객 직접 과학 고급분석가
12	새로운 아이메드 애널리틱스 도입 사례 시나리오
	새로운 So What? : 미래로의 속도, 5G와 함께
	새로운 윤리 가이드 : 당신의 노트북 안에 의사가 있다
	사례연구 12 업데이트

전 세계적인 팬데믹 봉쇄 외에도 대규모 데이터 유출이 여전히 큰 문제로 남아 있다. 리스크베이스드시큐리티에 따르면 지난해 3,932건의 보안 사고로 370억 개의 개인 기록이 유출되었다.[7] 주목할 만한 데이터 유출 사건으로는 야후(30억 개), 킵넷랩스(50억 개), 어드밴스드인포서비스(80억 개), CAM4(100억 개)의 사용자 계정 유출이 있다.[8] 이 중 77% 이상의 기록은 웹 취약점(94%)이나 직접 해킹(5%)을 통해 외부 공격자에게 도난당했다.[9] 그리고 이 사례들은 영향을 받은 조직의 일부에 불과하다.

이번 개정판에서는 이러한 발전사항을 반영하여 인공지능, 머신러닝, 클라우드 기반 서비스 등 새로운 기술을 다루는 내용을 업데이트했다.

이 모든 변화는 더 정교하고 까다로워진 사용자들이 조직을 빠르게 변화하는 미래로 밀어붙이고 있다는 사실을 강조한다. 이는 비즈니스 계획의 지속적인 조정을 요구한다. 이러한 비즈니스 환경에서 졸업생들이 새로운 기술을 활용하여 조직의 전략을 더 잘 달성하는 방법을 배우는 것이 중요하다. 이를 위해서는 MIS에 대한 지식이 필수적이다. 그리고 이러한 변화의 속도는 캐리 피셔의 말을 상기시킨다. "즉각적인 만족의 문제는 그것이 충분히 빠르지 않다는 것이다."

제10판의 특징

기술은 빠르게 변화하며, 이에 뒤처지지 않는 것은 매우 중요하다. 이전 판들의 서문에서도 반복적으로 언급했듯이 매번 개정판을 발행할 때마다 과정의 목표 달성에 필요한 정보를 업데이트하고, 불필요한 부분을 삭제하며, 새로운 내용을 추가한다.

어떤 학문 분야는 1년 반이라는 시간 동안 변화가 거의 없어 그 시간이 짧게 느껴질 수 있다. 그러나 MIS 분야는 다르다. 불과 몇 년 만에 새로운 회사가 설립되고 수십억 달러에 매각되는 일이 빈번하게 발생한다. 예를 들어 유튜브는 2005년 2월에 설립되어 2006년 11월, 단 21개월 만에 구글에 16억 5천만 달러에 매각되었다. 페이스북 역시 2004년에 설립되어 소셜미디어 혁명을 주도하며 2021년 중반 기준 9,540억 달러의 가치를 지닌 상장 기업으로 성장했다. 이는 16년 동안 연평균 590억 달러라는 놀라운 성장을 의미한다! MIS는 이처럼 매우 빠르게 변화한다. 이 새로운 10번째 개정판이 가장 최신의 MIS 교과서가 되기를 바란다.

주요 변경사항은 표 1에 자세히 나와 있다. 특히 3, 4, 6, 10장에는 대대적인 변화가 있었다. 로우코드 시스템, 로봇 프로세스 자동화, 지능형 자동화, 데이터 레이크, 데이터 검색, 자동화된 노동, 지속적 인텔리전스, 산업용 IoT, 자율주행 차량, 드론, 산업용 로봇, 핀테크, 모바일 운영체제, 5G, 하이브리드 클라우드, 멀티 클라우드 전략, 데이터 패브릭, 비밀번호 재사용, 크리덴셜 스터핑, 보안 피로, 크립토재킹, 크립토악성코드 및 GDPR과 같은 최신 기술 및 이슈에 대한 내용을 새롭게 추가했다.

7장부터 12장까지는 클라우드 기반 의료 분석 스타트업인 아이메드 애널리틱스(iMed Analytics)에 대한 새로운 논의로 시작하며, 1장부터 6장까지는 자율주행 차량을 이용한 모바일 쇼핑 경험을 제공하는 스타트업인 e헤르메스(eHermes)에 대한 논의를 이어간다. 두 사례 시나리오는 모두 장 내용에 대한 흥미와 이해를 높이는 데 도움을 줄 뿐만 아니라, 1장에서 다루는 핵심 기술 중 하나인 '새로운 기술을 평가하고 비즈니스에 적용하는 능력'을 연습할 수 있는 다양한 기회를 제공한다.

이번 개정판의 또 다른 특징은 각 장의 끝에 새롭게 추가된 보안 가이드이다. 이 가이드는 각 장의 내용과 관련된 사이버 보안 문제를 다루며, 데이터, 네트워크, 하드웨어, 직원 및 기업 전반에 걸쳐 점점 더 큰 영향을 미치고 있는 보안 문제에 대한 이해를 돕는다. 이를 통해 보안 문제가 자신과 조직에 미칠 수 있는 영향을 인지하고 대비할 수 있을 것이다.

또한 이번 개정판에서는 윤리 교육을 강조하는 기존의 방향을 유지한다. 모든 윤리 가이드는 임마누엘 칸트의 정언명령, 벤담과 밀의 공리주의, 또는 두 가지 모두를 가이드에서 설명하는 비즈니스 상황에 적용해보도록 요청한다. 정언명령은 1장 윤리 가이드(26~28쪽)에, 공리주의는 2장 윤리 가이드(57~59쪽)에 소개되어 있다.

표 1에서 볼 수 있듯이 모든 장에 걸쳐 추가적인 변경사항이 있다. 10개의 새로운 So What?, 12개의 새로운 보안 가이드, 6개의 새로운 커리어 가이드, 10개의 새로운 윤리 가이드, 6개의 장에서 새로운 사례가 포함되었다. 모든 가이드는 쉽게 찾을 수 있도록 각 장의 끝으로 배치했다. 또한 6장의 공공 클라우드, 사설 클라우드, 하이브리드 클라우드 간 차이점을 보여주는 그림과 같이 책의 내용에 대한 접근성을 높이기 위한 다양한 그림이 추가되었다. MIS 분야는 빠르게 변화하므로, 텍스트를 최신 상태로 유지하기 위해 모든 사실, 데이터, 문장 및 산업 관련 정보를 꼼꼼히 점검하고 필요한 경우 수정했다.

이 책의 구조, 구성 및 외관

오늘날의 교육 환경은 과거와는 많이 다르다. 학생들은 더 많은 방해 요소와 시간적 제약 속에서 학습해야 하며, 주의집중 시간도 매우 짧다. 어떤 이들은 학생들의 주의집중 시간을 래브라도리트리버 강아지에 비유하기도 한다. 우리는 이러한 현실을 안타까워할 수 있지만, 바꿀 수는 없다. 대신 학생들이 있는 곳으로 찾아가 창의적인 방법으로 그들의 참여를 유도해야 한다.

이 책은 바로 그러한 목표를 가지고 설계되었다. 모든 기능은 학생들이 내용을 쉽게 이해하고 흥미를 느낄 수 있도록 만들어졌다. 내용을 단순화하는 것이 아니라, 학생들에게 흥미롭고 관련성 있는 방식으로 정보를 전달하고자 노력했다. 이 책은 단순한 백과사전이 아니다. 핵심 주제를 효과적으로 가르치는 데 중점을 두며, 학생들이 콘텐츠에 능동적으로 참여할 수 있는 기회를 제공하고, 학습 시간을 효율적으로 관리할 수 있도록 돕는 기능을 제공한다. 또한 학생들이 쉽게 접근하고 시작할 수 있는 형식을 갖추고 있다.

능동적 참여

이번 개정판은 능동적으로 학습에 참여할 수 있는 다양한 기회를 제공한다. 각 장에는 해당 장의 자료와 관련된 질문에 답하고, 연습문제를 풀어보며 학습내용을 확인할 수 있는 So What?이 포함되어 있다. 또한 각 장에는 해당 장의 내용이 가져올 윤리적 의미를 살펴보는 윤리 가이드와 해당 개념이 실질적인 보안 문제와 어떻게 연결되는지를 설명하는 보안 가이드도 포함되어 있다.

학습 촉진

오늘날의 학생들은 끊임없는 자극과 채널 서핑이 일상적인 환경에서 자라왔기 때문에, 많은 학생이 몇 분 이상 한 가지 주제에 집중하는 것이 어려워 보인다. 이러한 상황이 다르기를 바랄 수는 없지만, 짧은 집중 시간은 학생들과 우리의 현실이다. 최근 연구에 따르면 학생들이 수업 중 문자 메시지를 제외하고는 멀티태스킹을 큰 문제 없이 수행할 수 있다는 주장이 뒷받침되기도 했다.[10]

이 책은 오늘날 학생들의 학습 스타일에 맞춰 설계되었다. 첫째, 학생들의 시간 관리를 돕기 위해 질문 중심으로 구성되었다. 각 장의 학습목표는 질문 목록으로 제시되어 있다. 자료의 각 주요 제목은 해당 질문 중 하나에 해당하며, 장 끝에는 각 질문에 대한 답변을 학습했음을 확인할 수 있는 **학습내용 점검**이 포함되어 있다. 학생들은 질문에 답할 수 있을 때까지 공부해야 한다. 이 방법은 마릴라 스비니키의 연구에서 비롯되었으며, 학습 시간을 효과적으로 관리하는 데 큰 도움이 된다.[11]

또한 교수자는 이러한 질문을 사용하여 수업 시간을 구성할 수 있다. 예를 들어, 수업 시작 시 학생들에게 "이 질문에 대해 답해보세요"라고 요청하고, 각 학생에게 질문의 일부를 답하도록 하여 수업을 진행할 수 있다.

둘째, 학생들은 자료에 감정적으로 몰입할 때 더욱 효과적으로 학습한다. 각 장의 시작 부분에 제시된 사례 시나리오는 학생들의 감정을 자극하여 장 내용에 대한 관심과 흥미를 유발하기 위한 것이다.

셋째, 경영대학 학생들의 82%는 청각 학습(음성 또는 단어)보다 시각 학습을 선호한다.[12] 따라서 학생들이 계속해서 읽을 수 있도록 흥미롭고 매력적인 그림과 사진을 활용했다. 그러나 모든 이미지는 단순히 시각적 즐거움을 위한 것이 아니라, 논의 중인 주제와 밀접하게 관련되어 있다. 이 책의 모든 사진과 그림을 철저히 검토하며, 책이 지루하지 않으면서도 시각 자료가 내용과 관련성 있도록 설계했다.

학생 참여

이 책은 비즈니스 환경에서 MIS의 중요성을 확실하게 인식할 수 있도록 구성되었다. 이 책은 접근하기 쉽고 사용하기 편리하며, 때로는 유머러스하고 긍정적인 태도를 취하면서도 21세기 비즈니스 전문가에게 MIS의 중요성을 강조한다.

협업 강조

이전 판과 마찬가지로 이번 개정판에서도 협업의 중요성을 강조한다. 협업은 21세기 전문가에게 필요한 핵심 기술 중 하나이다. 7장에서는 각각 협업 기술과 협업 정보시스템을 다루며, 각 장의 끝에는 협업과제가 포함되어 있다.

부 및 장 시작 시나리오

각 부와 각 장은 학생들의 감정적 참여를 유도하기 위한 사례 시나리오로 시작한다. 우리는 학생들이 해당 상황에 자신을 대입하고, 이 상황이나 이와 유사한 상황이 자신에게도 일어날 수 있다는 것을 깨닫기를 바란다. 각 시나리오는 장의 내용을 소개하며, 왜 해당 장의 내용을 이해해야 하는지를 명확하게 보여준다. 이러한 시나리오는 학생들의 학습 동기와 학습 전이 목표를 지원한다.

또한 두 가지 도입 사례는 모두 기존 비즈니스에 새로운 기술을 적용하는 것과 관련이 있다. 우리의 목표는 학생들이 새로운 기술이 비즈니스에 어떤 영향을 미치고, 어떻게 적응해야 하는지를 보고 이해할 수 있는 기회를 제공하는 것이다. 그리고 이를 통해 학생들과 함께 그러한 적응을 탐구할 수 있는 수많은 기회를 제공하고자 한다.

이러한 시나리오를 개발할 때 우리는 정보시스템에 대한 논의를 현실적으로 이끌어갈 수 있을 만큼 충분히 풍부하면서도 비즈니스 지식이 거의 없고 경험이 적은 학생들도 이해할 수 있을 만큼 간단한 비즈니스 상황을 만들기 위해 노력했다. 또한 가르치는 데 흥미로운 시나리오를 만들고자 했다. 이번 판에서는 새로운 아이메드 애널리틱스 사례를 소개하고, 제9판의 e헤르메스 애널리틱스 사례를 계속해서 이어간다.

e헤르메스

1부와 2부의 장들은 자율주행 차량을 이용한 모바일 쇼핑 경험을 제공하는 비상장 회사인 e헤르메스의 핵심 인물들의 대화로 시작된다. 우리는 학생들이 더 배우고 싶어 할 만한 흥미로운 비즈니스 모델을 중심으로 사례를 개발하고자 했다. 자율주행차는 언론에서 많은 주목을 받고 있지만, 학생들은 자율주행차가 비즈니스에 어떻게 활용되는지를 잘 모를 수 있다. 자율주행차는 이미 도로 위를 달리고 있으며, 앞으로 몇 년 안에 널리 보급될 것으로 예상된다. 학생들이 가까운 미래에 자율주행차를 소유하거나 사용할 가능성이 크다.

e헤르메스는 인공지능(AI)이나 머신러닝을 사용하여 차량 운영 효율성을 높임으로써 경쟁우위를 강화하는 방안을 고려하고 있다. 그러나 이 방안을 실행하려면 상당한 자본투자가 필요하며, AI 전문가 팀을 고용하고, 새로운 비즈니스 프로세스를 개발하고, 내부 정보시스템을 수정해야 한다. 이 모든 것은 2장에서 논의될 내용에 적합한 주제이며, 정보시스템(IS)이 진화하는 비즈니스 전략을 어떻게 지원해야 하는지에 대한 중요성을 강조하는 좋은 사례가 된다.

궁극적으로 e헤르메스는 AI에 투자하지 않기로 결정한다. 비용이 너무 많이 들고, 회사는 자본을 다른 비즈니스 부문의 성장에 사용하기를 원한다. 또한 e헤르메스는 AI를 훈련시킬 만큼 충분히 신뢰할 수 있는 데이터를 보유하고 있지 않으며, 추가적인 인프라에 대한 투자가 더 필요할 것이다. 결국 e헤르메스는 모바일 매장을 통한 판매라는 핵심 강점에 집중하기로 결정한다.

학생들은 e헤르메스의 사례를 통해 비즈니스적으로 타당하시 않고 궁극적으로 거부된 기회에 많은 시간을 투자하는 것에 대해 의문을 가질 수 있다. 하지만 이러한 결과는 성공적인 사례만큼이나 유익할 수 있다. 이 사례는 프로세스 지식과 비즈니스 인텔리전스를 활용하여 심각한 실수를 방지하고, 막대한 비용 낭비를 피할 수 있는 방법을 보여준다. e헤르메스는 AI 전문가를 고용하고, 새로운 인프라를 구입하고, 복잡한 AI를 구축하여 그것이 실수임을 알아차릴 필요가 없었다. 대신 프로토타입을 제작하고 비용과 이점을 분석한 후, 처음부터 실수를 피할 수 있었다. 문제를 해결하는 가장 좋은 방법은 문제를 발생시키지 않는 것이다!

아이메드 애널리틱스

아이메드 애널리틱스는 초기 단계의 헬스케어 정보 회사로, 인공지능(AI)과 머신러닝 기술을 활용하여 의료 데이터를 분석하고, 이를 통해 환자의 의료 결과를 개선하는 것을 목표로 하고 있다. 이 회사는 환자들이 스마트워치, 스마트 체중계, 산소포화도 측정기, 혈압 모니터, 혈당 모니터, EKG 모니터, 스마트 흡입기, 공기질 센서 등 다양한 IoT 의료 기기를 통해 의료 데이터를 업로드할 수 있는 환경을 제공한다.

이후 수집된 데이터는 환자 맞춤형으로 설계된 아이메드의 AI 및 머신러닝 알고리즘을 통해 분석된다. 환자들은 이 데이터를 자신만의 건강관리 대시보드에서 확인하고, 의사와 공유할 수 있다. 의사들은 환자의 상태를 지속적으로 모니터링하며, 새로운 약물에 대한 반응, 문제 발생 여부, 생명을 위협할 수 있는 상황 등을 실시간으로 파악할 수 있다.

탬파종합병원의 유명한 종양 전문의 그렉 솔로몬 박사는 코로나19 팬데믹 기간 동안 이러한 시스템의 필요성을 절실히 느꼈다. 봉쇄 조치로 인해 많은 암 환자들을 정기적으로 만날 수 없었고, 환자들 또한 병원 방문을 꺼렸다. 솔로몬 박사는 물리적으로 환자를 만나지 않고도 환자들에게 의료 서비스를 제공할 방법을 찾고자 했고, 아이메드는 이를 가능하게 했다.

아이메드는 실제로 C#으로 작성된 프로토타입을 기반으로 하며, 클라우드 기반 애저 데이터베이스에서 실행된다.

이 프로젝트는 비주얼스튜디오에 포함된 윈도즈 폰 에뮬레이터를 사용해 개발되었다. 솔로몬 박사는 새로 설립된 회사의 정보시스템 관리자로 에밀리 루이스를 고용했고, 병원과 의료 기관에 시연할 수 있는 간단한 프로토타입을 개발했다. 그는 또한 새로운 총괄 관리자 재스민 무어, 고객 서비스 관리자 펠릭스 라모스, 머신러닝 전문가 호세 나바로를 채용했다. 이러한 과정은 7장 시작 부분에서 자세히 설명한다.

윤리 가이드에서 정언 명령 및 공리주의 활용

이 책 초판에 윤리 가이드를 도입한 이후 우리는 학생들의 윤리에 대한 태도가 변화하고 있음을 확인했다. 많은 학생이 윤리 문제에 대해 더 냉소적이거나 냉담한 태도를 보이는 경향이 있다.

이에 따라 제5판부터는 학생들이 자신의 관점을 강요하기보다는 칸트의 정언 명령이나 벤담과 밀의 공리주의적 관점을 채택해 윤리 문제를 다루도록 유도하고 있다. 학생들에게 이러한 윤리 기준을 '시험해보라'는 요청을 통해 개인적인 편견을 넘어서 더 깊이 있는 윤리적 사고를 하기를 기대한다.

1장의 윤리 가이드에서는 정언 명령을, 2장에서는 공리주의를 소개하고 있다. 이 두 가지 가이드를 모두 활용하면 윤리 문제에 대한 다각적인 분석을 할 수 있다.

가이드

이 책에는 각 장의 끝에 '가이드'라고 불리는 글상자가 포함되어 있다. 각 장에는 정보시스템과 관련된 최신 문제에 초점을 맞춘 네 가지 고유한 가이드가 포함되어 있다. 첫 번째 가이드는 혁신적인 기술의 영향에 초점을 맞추고(So What?), 두 번째 가이드는 비즈니스 정보 보안 문제에 초점을 맞춘다(보안 가이드). 세 번째 가이드는 정보시스템 관련 직업에 초점을 맞추고(커리어 가이드), 네 번째 가이드는 정보시스템 분야의 윤리 문제를 다룬다(윤리 가이드). 이 가이드의 내용은 문제해결 능력을 개발하고, 더 나은 비즈니스 전문가가 될 수 있도록 사고, 토론 및 적극적인 참여를 자극하기 위해 설계되었다.

혁신적인 기술의 영향에 초점을 맞춘 So What?은 학생들에게 혁신적인 기술을 소개하고, 그 기술이 자신과 조직에 미칠 영향을 고려하도록 유도한다. 경영학과 학생들은 새로운 기술을 평가하고, 그것이 비즈니스에 미치는 영향을 이해할 수 있어야 한다.

비즈니스 정보 보안 문제를 다루는 보안 가이드는 최근 사이버 보안 문제에 대해 설명하며, 학생들이 정보 보안의 중요성을 이해하도록 도와준다.

정보시스템 관련 경력에 초점을 맞춘 커리어 가이드에서는 실제 정보시스템 관련 직업을 소개하며, MIS 졸업생이 작성한 내용을 통해 학생들이 경력과 관련된 통찰을 얻을 수 있도록 돕는다.

윤리 문제를 다루는 윤리 가이드는 학생들이 정보시스템 사용으로 발생할 수 있는 윤리 문제에 대해 고민하도록 유도한다. 이 가이드는 학생들이 윤리 문제를 비즈니스 환경에서 어떻게 해결할 수 있는지 사고하도록 도와준다.

콘텐츠 구성 방식

이 책은 4개의 부로 구성되어 있다. 부와 장은 앞부분의 요약 차례에서 확인할 수 있다.

1부 '왜 경영정보시스템인가?'에서는 경영정보시스템(MIS)을 소개하고, 경영학과 학생들에게 MIS가 왜 중요하며, 어떻게 중요한지 설명한다. 1부의 3개 장에서는 기본적인 MIS 정의와 다섯 가지 구성 요소 프레임워크를 설명하고, 조직 전략 및 경쟁우위를 지원하는 정보시스템(IS)의 역할을 설명하며, 비즈니스 인텔리전스 시스템을 다룬다.

2부 '정보기술'에서는 기본적인 IT 개념을 다룬다. 2부의 3개 장에서는 하드웨어와 소프트웨어, 데이터베이스 처리, 데이터 통신에 대해 설명한다.

3부의 제목은 '경쟁우위를 위한 정보시스템 활용'이다. 3부의 3개 장에서는 협업 정보시스템, 조직 및 시스템, 소셜미디어를 다룬다.

4부 '정보시스템 관리'는 정보시스템 보안, 아웃소싱을 포함한 정보시스템 관리, 시스템 개발을 다루는 3개 장으로 마무리한다. 보안의 중요성이 높아짐에 따라 이 장은 이 부의 첫 번째 장으로 배치했다.

주

1. McKinsey & Company, "The Future of Mobility Is at Our Doorstep," *McKinsey.com*, December 2019, accessed June 15, 2021, www.mckinsey.com/industries/automotive-and-assembly/our-insights/the-future-of-mobility-is-at-our-doorstep.

2. KPMG, "The Chaotic Middle: The Autonomous Vehicle, Insurance and Potential New Market Entrants," *KPMG.com*, May 12, 2017, accessed June 15, 2021, www.kpmg.com/US/en/IssuesAndInsights/ArticlesPublications/Documents/automobile-insurancein-the-era-of-autonomous-vehicles-survey-results-june-2015.pdf.

3. Fortune Business Insights, "Virtual Reality Market to Reach USD 120.5 Billion by 2026," *GlobalNewsWire.com*, May 15, 2020, accessed June 15, 2021, www.globenewswire.com/news-release/2020/05/15/2034035/0/en/Virtual-Reality-Market-to-Reach-USD-120-5-Billion-by-2026-Rising-Usage-in-Healthcare-Education-Sectors-to-Aid-Growth-Fortune-Business-Insights.html.

4. David Edwards, "Amazon Now Has 200,000 Robots Working in Its Warehouses," *RoboticsAndAutomationNews.com*, January 21, 2020, accessed June 15, 2021, https://roboticsandautomationnews.com/2020/01/21/amazon-now-has-200000-robots-working-in-its-warehouses/28840.

5. Research and Markets, "Autonomous Last-Mile Delivery Market by Platform (Aerial Delivery Drones, Ground Delivery Vehicles (Delivery Bots, Self-Driving Vans & Trucks)), Solution, Application, Type, Payload Weight, Range, and Region—Global Forecast to 2030," *Research and Markets*, July 2019, accessed June 15, 2021, www.researchandmarkets.com/reports/4804121/autonomous-last-mile-delivery-market-by-platform.

6. Stephen McBride, "Flying Robots Might Soon Deliver Your Morning Coffee," *Forbes.com*, May 21, 2020, accessed June 15, 2021, www.forbes.com/sites/stephenmcbride1/2020/05/21/flying-robots-will-soon-deliver-your-morning-coffee.

7. Risk Based Security, "Data Breach QuickView Report Year End 2020," *RiskedBasedSecurity.com*, January 2020, accessed June 15, 2021, www.riskbasedsecurity.com/quickviewreports.

8. Abi Tunggal, "The 56 Biggest Data Breaches," *UpGuard*, May 25, 2021, accessed June 15, 2021, www.upguard.com/blog/biggest-data-breaches.

9. Ibid.

10. James M. Kraushaar and David C. Novak, "Examining the Effects of Student Multitasking with Laptops During the Lecture," *Journal of Information Systems Education*, June 2010.

11. Marilla Svinicki, *Learning and Motivation in the Postsec-ondary Classroom* (New York: Anker Publishing, 2004).

12. Thomas E. Sandman, "Gaining Insight into Business Telecommunications Students Through the Assessment of Learning Styles," *DSI Journal of Innovative Education*, January 2009, pp. 295–320.

⟦ 요약 차례 ⟧

[차례]

03 비즈니스 인텔리전스 시스템

제 2 부　정보기술

04 하드웨어와 소프트웨어

05 데이터베이스 처리

06 클라우드

제 3 부   경쟁우위를 위한 정보시스템의 활용

07 의사결정, 문제해결, 프로젝트 관리를 위한 협업 정보시스템

PART 1

왜 경영정보시스템인가?

e헤르메스(eHermes)는 설립된 지 5년 된 비상장 기업으로, 자율주행 차량을 이용해 모바일 쇼핑 서비스를 제공하는 회사이다. 쉽게 말해 이베이의 이동형 버전으로, 이 이동식 매장은 고객의 집 앞까지 직접 찾아간다. e헤르메스는 중고 및 새 상품을 판매하는 지역 중개 플랫폼 역할을 하며, 고객이 판매하려는 물품을 수거하고, 구매하고자 하는 물품을 배달한다. 미래지향적인 투명한 컨테이너처럼 보이는 각 매장은 수백 가지의 다양한 상품을 보관할 수 있다.

출처 : Chesky/Shutterstock

이동식 매장은 고객이 판매자와 대면하지 않고도 수백 가지 유사한 상품을 실제로 확인할 수 있는 기회를 제공한다. 고객은 이러한 기능을 매우 선호하며, 매장이 집 앞에 도착했을 때 여러 품목을 구매하는 경우가 많다. e헤르메스는 상품을 판매 등록하는 데 수수료를 부과하며, 판매된 상품에 대해 커미션을 받는다. 또한 웹사이트와 모바일 앱을 통해 광고 수익도 창출한다.

e헤르메스의 CEO이자 공동 창업자인 제시카 라마는 캘리포니아의 중견 벤처 캐피털 회사에서 부사장을 역임한 바 있다. 제시카는 시카고대학교에서 MBA를 취득한 후 벤처 캐피털 회사에서 첨단 기술 스타트업을 분석하는 업무를 시작했다. 빠르게 승진해 8년 만에 부사장 자리에 올랐으며, 그 과정에서 숙련된 엔지니어와 엔젤 투자자들로 이루어진 폭넓은 네트워크를 구축했다.

어느 날 제시카는 한 스타트업을 조사하던 중 빅토르 바스케즈를 만났다. 당시 빅토르는 획기적인 비전 시스템을 개발 중인 소규모 인공지능(AI) 스타트업을 운영하고 있었다. 빅토르는 매력적이고 지적이며, 여러 성공적인 스타트업을 운영한 경험이 있는 인물이다. 그는 회사의 성공 가능성을 예측하고 빠르게 성장시키는 능력을 지니고 있었다.

제시카는 빅토르에게 그의 비전 시스템의 응용 가능성에 대해 물었고, 빅토르는 자율주행 차량에서의 활용 가능성을 강조했다. 자율주행 차량이 인간 운전자보다 더 나은 시야를 제공하고, 문제가 발생했을 때 훨씬 빠르게 대응할 수 있다고 설명했다. 이 대화는 자율주행 차량이 미칠 수 있는 더 광범위한 영향에 대한 논의로 이어졌다. 제시카는 자율주행 차량이 불가피하게 도입될 것이라고 확신했고, 이 기술이 비즈니스 모델에 어떤 영향을 미칠지 궁금해졌다. 사실 그녀의 친구 카말라 파텔은 차량 간 정보 교환에 사용되는 초기 프로토콜 중 일부를 개발한 바 있다. 카말라는 자율주행 기술이 거의 모든 산업에 영향을 미칠 것이라고 믿었다. 제시카는 빅토르에게 카말라와 함께 점심을 하자고 제안했다. 새로운 아이디어가 떠올랐다.

출처 : Andrey Suslov/Shutterstock

점심식사 자리에서 제시카는 빅토르와 카말라에게 e헤르메스 아이디어를 제안했고, 몇 달 후 회사가 설립되었다. 5년이 지난 지금, e헤르메스는 연간 약 8백만 달러의 매출을 올리는 수십 개의 이동식 매장을 운영 중이다. 제시카는 월마트와 같은 대기업, 지역 식료품점, 아마존 같은 전자상거래 소매업체와 협력해 회사를 더 빠르게 성장시키고 싶어 한다.

그러나 빅토르는 아직 확장할 준비가 되지 않았다고 우려한다. 기존 매장을 정상적으로 운영하는 것만으로도 많은 어려움을 겪어왔다. 매장을 설계하고 제작하는 과정에서 비용이 많이 들었고, 재고 추적 시스템을 구축하는 데 예상보다 복잡한 문제가 있었다. 이동 경로를 설정하고 최적화하는 작업도 어려운 문제였다. 경로가 비효율적으로 설정되면 연료 소비가 증가해 회사 수익에 부정적인 영향을 미친다. 게다가 매장 데이터를 자동으로 수집하고 분석하는 시스템 구축이 진행 중이다. 현재는 모든 기록을 매장에 탑승한 직원들이 수동으로 처리하고 있으며, 새로운 재고는 창고로 반입되어 사진을 찍어 온라인 시스템에 입력된다.

빅토르는 사업 확장을 늦춰야 한다고 주장한다. 제시카가 생각하는 것처럼 대규모 확장을 하기에는 자금이나 인력이 부족하기 때문이다. 하지만 고객들은 e헤르메스에서의 쇼핑 경험을 매우 만족스럽게 여기고 있으며, 판매 전망도 밝다. 회사는 긍정적인 언론 보도를 많이 받고 있으며, 투자자들도 자금을 투자하려고 한다.

제시카는 또한 AI나 머신러닝을 활용해 이동식 매장의 효율성을 높이는 방법을 고려 중이다. 판매 정류장 조정, 재고 픽업, 매장 재고관리, 이동 경로 설정, 충전 및 연료 보급, 유지 보수 일정을 최적화하는 일은 매우 복잡하다. 현재 시스템은 작동은 잘하고 있지만, 최적화되지 않아 회사 재정에 부정적인 영향을 미치고 있다. 완전히 통합된 솔루션이 필요하다.

경영정보시스템의 중요성

"해고라니요? 저를 해고한다고요?"

"'해고'라는 말은 좀 강하긴 한데… 음, e헤르메스에서는 더 이상 자네가 필요하지 않다는 거야."

"하지만, 빅토르, 이해가 안 돼요. 정말 이해가 안 돼요. 난 열심히 일했고, 당신이 시키는 대로 다 했잖아요."

"아만다, 그게 문제야. 내가 시키는 대로만 했다는 거지."

"정말 많은 시간을 투자했는데, 어떻게 저를 해고할 수 있어요?"

"자네 일은 AI나 머신러닝을 사용해 우리의 비용을 줄일 방법을 찾는 거였어."

"맞아요! 그래서 그걸 했잖아요."

"아니, 그렇지 않아. 자네가 한 건 내가 준 아이디어를 그대로 따랐을 뿐이야. 하지만 우리가 필요한 건 내 계획을 따라가는 사람이 아니야. 우리에게 필요한 건 스스로 무엇을 해야 할지 찾아내고, 그 계획을 나와 팀에 제시할 수 있는 사람이야."

"어떻게 그런 걸 기대할 수 있어요? 여기 온 지 겨우 6개월밖에 안 됐잖아요!"

"그걸 팀워크라고 해. 물론 자네가 아직 회사의 전반적인 시스템을 배우고 있다는 건 알고 있어. 그래서 선임 직원들이 도움을 줄 수 있도록 조치해뒀지."

"그분들을 귀찮게 하고 싶지 않았어요."

"그래서 카말라에게 자네 계획에 대해 어떻게 생각하는지 물어봤어. 그런데 그녀는 아만다가 누구냐고 묻더군."

"카말라는 창고 허브에 있잖아요? 그분과 이야기를 나눌 필요가 있다고 생각하지 않았어요."

"그게 문제야. 그녀는 운영을 담당하고 있지. 자네가 주도적으로 팀과 소통하고 문제를 해결했어야 해."

"바로 가서 얘기할게요!"

"아만다, 지금 무슨 일이 일어났는지 보이니? 내가 아이디어를 줬고, 자네는 그걸 따랐을 뿐이야. 그런데 내가 원하는 건 그게 아니었어. 자네가 스스로 문제를 해결할 방법을 찾길 바랐어."

"난 정말 열심히 일했어요. 많은 시간을 쏟아부었고, 보고서도 많이 작성했어요."

"그 보고서를 본 사람이 있니?"

"몇 가지는 당신에게 말했지만, 다 만족스럽지 않아서 기다렸어요."

"그렇지. 하지만 여기서는 모든 걸 다 알 필요는 없어. 우리는 아이디어를 서로 공유하고 다듬어가면서 최적의 결과를 만들어내는 팀이야. 모든 걸 완벽하게 하려고 하는 게 아니라, 함께 발전시키는 게 중요해."

"그랬던 것 같아요. 하지만 그게 좀 불편했어요."

"그건 이 회사에서 중요한 기술이야."

"저도 이 일을 잘 해낼 수 있어요."

"아만다, 자네가 여기서 6개월을 보냈고, 관련 학위도 갖추고 있어. 몇 주 전에 내가 자네에게 AI나 머신러닝을 사용해 비용을 절감할 방안을 제안해달라고 했을 때, 자네가 뭐라고 했는지 기억하나?"

"네, 어떻게 해야 할지 확신이 없어서 그냥 던져서 잘못될까 봐 걱정됐어요."

"그게 문제였지. 그럼 어떻게 그게 효과가 있는지 확인할 수 있을까?"

"돈을 낭비하고 싶지 않았어요…."

"맞아, 낭비는 하면 안 되지. 그래서 내가 자네에게 AI와 머신러닝을 사용하고 있는 기업들의 사례를 조사해달라고 했잖아. 그들이 어떻게 문제를 해결했는지, 얼마나 효율성을 높였는지, 시스템을 구현하는 데 얼마나 걸렸는지, 그리고 우리 회사에서 어떻게 적용할 수 있을지 개요만 달라고 했어."

"네, 그 자료를 보냈잖아요."

"아만다, 자네가 보낸 자료는 부적절했어. AI 비전 시스템과 자연어 처리 시스템을 사용하는 회사들에 대한 내용이 많았고, e헤르메스에 어떻게 적용할 수 있는지에 대한 설명은 부족했지."

"그것들이 계획과 최적화에 쓰일 수 있다는 걸 알고 있어요. 그 부분을 자료에 포함시키지 못한 거예요. 다시 시도해볼게요!"

"그 태도는 고마워. 하지만 우리는 아직 작은 스타트업이야. 여기서는 모든 직원이 자신의 역할 이상을 해내야 해. 더 큰 회사였다면 자네에게 성장할 시간을 줄 수 있었겠지만, 지금은 그럴 여유가 없지."

"그럼 제 추천서는 어떻게 되는 건가요?"

"자네가 성실하게 일했고, 주어진 시간 동안 최선을 다했다는 사실은 기꺼이 말해줄 거야."

"그게 중요한 거 아닌가요?"

"물론 중요하지. 하지만 이제 그것만으로 충분하지 않아."

"하지만 이제 그것만으로
충분하지 않아."

출처 : VORTEX/Shutterstock

 ## 학습목표

학습성과 : 기술이 비즈니스를 어떻게 변화시키고 있으며, 이 변화에서 경영정보시스템(MIS)의 역할이 무엇인지를 논의할 수 있다.

1-1   경영정보시스템(MIS) 입문이 왜 경영대학에서 가장 중요한 수업인가?

1-2   MIS는 우리에게 어떤 영향을 미칠 것인가?

1-3   MIS 관련 직업이 높은 수요를 보이는 이유는 무엇인가?

1-4   MIS란 무엇인가?

이 장의 **지식**이 **여러분**에게 어떻게 도움이 되는가?

1-1 경영정보시스템(MIS) 입문이 왜 경영대학에서 가장 중요한 수업인가?

경영정보시스템(MIS) 입문은 경영대학에서 가장 중요한 과목이다. 몇십 년 전만 해도 '컴퓨터' 전공은 다소 전문적인 영역으로 여겨졌지만, 이제는 상황이 크게 달라졌다. 오늘날 가장 인기 있는 직업들은 정보기술 기업에서 찾아볼 수 있다. 많은 사람이 정보기술 창업을 자랑스러워 한다. 예를 들어, 애플은 시가총액이 2조 1100억 달러에 달하는 세계에서 가장 큰 기업이며, 2014년 온라인 전자상거래 대기업 알리바바(알리바바홀딩스그룹)는 250억 달러 규모의 역사 상 두 번째로 큰 IPO(공개상장)를 기록했다.

그렇다면 왜 이러한 변화가 일어났을까? 정보기술이 단순히 기업을 지원하는 역할에서 벗 어나 기업의 수익성을 결정짓는 주요 요인이 된 이유는 무엇일까? 정보기술 분야 일자리가 가 장 높은 보수를 받는 이유는 무엇일까? 사람들이 정보기술 회사에서 일하는 이유는 무엇일까? 이 질문들에 대한 답은 정보기술이 비즈니스를 근본적으로 변화시키는 방식과 관련이 있다.

디지털 혁명

우리는 "정보화 시대에 살고 있다"는 말을 자주 듣는다. **정보화 시대**(Information Age)란 정보의 생산, 유통, 통제가 경제의 핵심 동력이 되는 시대를 말한다. 이 시대는 1970년대의 **디지털 혁 명**(Digital Revolution), 즉 기계식 및 아날로그 장치에서 디지털 장치로의 전환과 함께 시작되었 다. 이러한 변화는 기업과 개인, 사회 전반에 엄청난 영향을 미쳤다.

하지만 그 당시 사람들은 이 변화가 자신들에게 어떻게 영향을 미칠지 충분히 이해하지 못 했다. 그들은 과거의 경험을 바탕으로 미래를 예측했지만, 그 지식만으로는 다가오는 변화를 준비하기에 충분하지 않았다.

디지털 혁명은 단순히 아날로그 장비를 새로운 디지털 장비로 대체하는 것에 그치지 않았 다. 새로운 디지털 장치들은 서로 연결되어 데이터를 공유할 수 있게 되었고, 프로세서 속도는 점점 더 빨라졌다. 1972년, 컴퓨터 과학자 고든 벨은 디지털 장치들이 세상을 바꿀 것이라고 예측하며 **벨의 법칙**(Bell's Law)을 제시했다. 그는 "대략 10년마다 새로운 컴퓨터 클래스가 등장 하여 새로운 산업을 형성한다"고 주장했다.[1] 이 법칙에 따르면 디지털 장치는 10년마다 새로운 플랫폼, 프로그래밍 환경, 산업, 네트워크, 정보시스템을 가능하게 한다.

벨의 예측대로 1970년 이후로 10년마다 새로운 디지털 장치들이 등장해 새로운 산업과 기 업, 플랫폼을 탄생시켰다. 1980년대에는 개인용 컴퓨터(PC)와 소규모 로컬 네트워크가 등장했 고, 1990년대에는 인터넷과 휴대전화가 급격히 확산되었다. 2000년대에는 모든 '사물'이 네트 워크에 연결되기 시작했다. 그리고 2010년대에는 인공지능(AI), 3D 프린팅, 자율주행차, 암호 화폐 등 다양한 분야에서 디지털 기술이 급속히 발전했다.

이러한 디지털 기술의 발전은 기업의 운영 방식을 근본적으로 변화시키고 있으며, 이는 기업의 수익성에 직접적인 영향을 미치고 있다. 앞으로도 이러한 변화는 지속될 것이며, 이를 이해하기 위해서는 디지털 기술을 이끄는 힘을 알아야 한다.

진화하는 능력

디지털 장치의 발전을 촉진하는 근본적인 힘을 이해하기 위해 여러분의 신체가 디지털 장치와 같은 속도로 진화한다고 상상해보자. 오늘 여러분이 시속 8마일로 달릴 수 있다고 가정해보자. 이는 평균적인 속도이다. 이제 가정해보자. 여러분의 신체가 너무 빨리 변화하여 18개월마다 2배로 빠르게 달릴 수 있게 된다고 말이다. 18개월 후에는 시속 16마일로 달릴 수 있을 것이다. 또 다른 18개월 후에는 시속 32마일, 그다음은 64, 128, 256, 512마일로 달릴 수 있을 것이다. 그리고 10년 6개월 후에는 시속 1,024마일로 달리게 될 것이다. 그것도 발로!

이것이 여러분의 삶을 어떻게 바꿀까? 여러분은 확실히 자동차를 포기할 것이다. 너무 느리기 때문이다. 항공 여행도 아마 과거의 일이 될 것이다. 여러분은 매우 수익성 있는 택배 사업을 시작하여 시장을 빠르게 장악할 수 있을 것이다. 도시 밖에 살 수 있을 것이다. 출퇴근 시간이 짧아질 테니까. 또한 새로운 옷과 정말 튼튼한 신발이 필요할 것이다. 하지만 이 모든 것의 핵심은 단지 여러분이 변할 뿐만 아니라, 여러분이 하는 일과 그 일을 하는 방식도 변할 것이라는 점이다. 이것이 바로 벨의 법칙이다. 이와 같은 일이 지금 디지털 장치에서 일어나고 있다.

이 예시는 처음에는 우스꽝스럽게 보일 수 있지만, 기하급수적인 변화가 디지털 장치에 어떤 영향을 미치는지 이해하는 데 도움이 된다. 처리 능력, 장치 간 상호 연결성, 저장 용량, 대역폭이 모두 엄청나게 빠르게 증가하고 있으며, 이러한 변화는 이 장치들이 사용되는 방식을 변화시키고 있다. 이제 이러한 힘을 설명하는 법칙을 살펴보자.

무어의 법칙

1965년, 인텔코퍼레이션의 공동 설립자인 고든 무어는 전자칩 설계 및 제조 기술의 발전으로 인해 "집적 회로의 단위 면적당 트랜지스터 수가 18개월마다 2배씩 증가한다"고 말했다. 이는 **무어의 법칙**(Moore's Law)으로 알려지게 되었다. 그의 말은 흔히 "컴퓨터의 속도가 18개월마다 2배가 된다"는 것으로 오해되기도 하지만, 이는 엄밀히 말하면 틀린 표현일지라도 그의 원칙의 핵심을 담고 있다.

무어의 법칙 덕분에 컴퓨터 프로세서의 가격 대비 성능 비율은 극적으로 떨어졌다. 인터넷이 본격적으로 보급되기 시작한 1996년에는 표준 CPU가 백만 개의 트랜지스터당 약 110달러였지만, 2020년에는 그 가격이 백만 개의 트랜지스터당 0.02달러로 떨어졌다(그림 1-1 참조).[2] 처리 능력의 증가는 지난 30년 동안 다른 어떤 단일 요소보다 세계 경제에 더 큰 영향을 미쳤다. 새로운 장치, 응용 프로그램, 회사 및 플랫폼을 가능하게 했다. 실제로 대부분의 기술 회사는 처리 능력이 기하급수적으로 증가하지 않았다면 오늘날 존재하지 않았을 것이다.

그러나 미래의 비즈니스 전문가로서 여러분은 회사가 천 달러에 얼마나 빠른 컴퓨터를 살 수 있는지 신경 쓸 필요가 없다. 중요한 것은 무어의 법칙 덕분에 데이터 처리 비용이 0에 가까워지고 있다는 점이다. 신약 개발, 인공지능 및 분자 모델링과 같은 현재의 응용 분야에는 막대한 처리 능력이 필요하다. 충분한 처리 능력을 구매하는 비용이 너무 높기 때문에 이러한 분

그림 1-1 컴퓨터 가격/성능 비율의 하락

출처 : ark.intel.com#@Processors and techpowerup.com

야의 혁신은 지연되고 있다. 하지만 좋은 소식은 처리 비용이 빠르게 감소한다는 것이다.

멧커프의 법칙

디지털 장치를 바꾸는 또 다른 근본적인 힘은 멧커프의 법칙이다. 이더넷의 발명가인 로버트 멧커프의 이름에서 유래했다. **멧커프의 법칙**(Metcalfe's Law)에 따르면 네트워크의 가치는 네트워크에 연결된 사용자 수의 제곱과 같다고 한다. 즉 더 많은 디지털 장치가 함께 연결되면 해당 네트워크의 가치가 높아진다는 것이다.[3] 그림 1-2를 참조하라. 멧커프의 법칙은 1990년대 인터넷의 극적인 증가에서 분명하게 볼 수 있다. 인터넷에 접속하는 사용자가 늘어남에 따라 사

그림 1-2 네트워크의 가치 증가

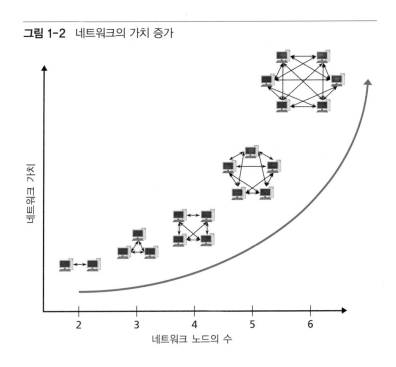

용자가 더 많아졌다. 닷컴 붐은 구글, 아마존, 이베이와 같은 거물 기술 기업들이 선도했다. 이 회사 중 누구도 인터넷에 연결된 수많은 사용자 없이는 존재하지 않았을 것이다.

멧커프의 법칙은 기술 회사에서도 마찬가지이다. 구글의 프로젝트 룬은 전 세계에 떠다니는 팽창된 풍선 네트워크를 사용하여 지구상의 모든 사람에게 인터넷 접속을 제공하기 위한 노력을 한다. 소셜미디어 회사의 주요 통계 중 하나는 월 단위로 활성화하는 사용자들을 찾는 것이다. 네트워크에 참여할 수 있는 사람이 많을수록 회사의 가치가 커지기 때문이다. 마이크로소프트 워드와 같은 제품 사용의 네트워크 효과를 살펴보라. 무료 워드 프로세서를 사용할 수 있는데도 마이크로소프트 워드를 구매하는 이유는 무엇일까? 리브레오피스 라이터는 어떠한가? 여러분은 다른 사람들이 사용하기 때문에 마이크로소프트 워드를 사용하고 있는 것이다.

디지털 변화의 다른 힘

디지털 변화는 네트워크 사용자 수뿐만 아니라 네트워크 속도와 같은 다른 요소들에 의해서도 크게 영향을 받는다. **닐슨의 법칙**(Nielsen's Law)에 따르면 고급 사용자의 네트워크 연결 속도는 매년 약 50%씩 증가한다. 이 네트워크 속도의 증가로 인해 새로운 회사, 제품, 플랫폼이 등장할 수 있는 환경이 만들어졌다.

예를 들어, 유튜브는 2005년 2월에 설립되었을 당시에는 인터넷을 통해 동영상을 공유하는 일이 그리 흔하지 않았다. 하지만 평균 인터넷 속도가 증가하면서 일반적인 가정에서도 유튜브 동영상을 스트리밍할 수 있는 환경이 조성되었고, 이는 유튜브의 급격한 성장에 기여했다. 설립된 지 2년도 되지 않아 유튜브는 2006년 11월에 구글에 16억 5천만 달러에 인수되었다. 이 사례는 네트워크 속도가 얼마나 중요한지를 명확히 보여준다. 하지만 여기서 한 가지 궁금한 점은 왜 구글이나 마이크로소프트, IBM, 애플과 같은 대기업들이 유튜브 창립자들보다 먼저 동영상 공유 플랫폼을 생각하지 못했느냐는 것이다. 네트워크 속도가 충분히 발전하지 않았기 때문에, 당시에는 동영상 스트리밍이 아직 실현 가능한 서비스 모델로 간주되지 않았던 것이다.

닐슨의 법칙 외에도 디지털 장치 발전에 영향을 미치는 여러 가지 힘들이 존재한다(그림 1-3 참조). 예를 들어, **크라이더의 법칙**(Kryder's Law)은 시게이트의 전 최고기술책임자 마크 크라이더의 이름을 따서 명명되었으며, 이는 자기 디스크의 저장 밀도가 기하급수적으로 증가하

그림 1-3 기본적인 힘의 변화된 기술

법칙	의미	요약
무어의 법칙	집적회로의 제곱인치당 트랜지스터 수는 18개월마다 2배가 된다.	컴퓨터가 기하급수적으로 빨라지고 데이터 처리 비용은 0에 가까워지고 있다.
멧커프의 법칙	네트워크의 가치는 네트워크에 연결된 사용자 수의 제곱과 같다.	디지털 및 소셜 네트워크의 가치는 기하급수적으로 증가한다.
닐슨의 법칙	상급 사용자의 네트워크 연결 속도는 연간 50%씩 증가한다.	네트워크 속도가 빨라지고 속도가 높아지면 새로운 제품, 플랫폼 등을 사용할 수 있다.
크라이더의 법칙	자기 디스크상의 저장 밀도는 기하급수적으로 증가한다.	저장 용량이 기하급수적으로 증가하고 데이터 저장 비용은 0에 가까워지고 있다.

그림 1-4 GB당 저장장치의 가격

고 있음을 설명한다(그림 1-4 참조). 디지털 저장장치는 매우 중요한 요소로, 새 컴퓨터, 스마트폰, 태블릿을 구입할 때 가장 먼저 고려하는 부분 중 하나이다. 또한 전력 소비, 이미지 해상도, 장치 간 상호 연결성 등 고려해야 할 요소들이 계속해서 변화하고 있다.

이 수업이 경영대학에서 가장 중요한 수업이다

이제 원래의 주장으로 돌아가보자. 경영정보시스템(MIS) 입문이 경영대학에서 가장 중요한 수업이라는 것이다. 왜 그럴까? 이 수업은 기술이 비즈니스를 근본적으로 어떻게 변화시키고 있는지를 보여줄 것이기 때문이다. 또한 경영진이 지속 가능한 경쟁우위를 창출하기 위해 새로운 기술을 활용하려고 끊임없이 노력하는 이유를 배우게 될 것이다. 이것이 오늘날 경영대학에서 MIS 입문이 가장 중요한 수업인 첫 번째 이유이다.

미래의 비즈니스 전문가들은 새로운 정보기술을 평가하고, 분석하며, 이를 비즈니스에 적용할 수 있는 능력을 갖춰야 한다.

이 능력을 갖추기 위해서는 이 과목의 지식이 필요하다.

1-2 MIS는 우리에게 어떤 영향을 미칠 것인가?

기술 변화는 점점 더 빠르게 진행되고 있다. 그럼 이는 여러분에게 어떤 영향을 미칠까? 기술 발전이 그저 흥미롭다고만 생각할 수도 있고, 다음에 나올 최신 기기를 기대할지도 모른다. 그러나 잠시 멈춰서 생각해보자.

2004년에 대학을 졸업하고, 당시 미국에서 가장 큰 홈 엔터테인먼트 회사 중 하나인 블록버스터에 취직했다고 상상해보자. 그때 블록버스터는 6만 명의 직원을 두고 있었고, 9천 개 이상의 매장과 함께 연간 매출이 59억 달러에 이르렀다. 모든 것이 완벽해 보였다. 하지만 6년 후 2010년에 블록버스터는 파산했다! 그 이유는 무엇일까? 인터넷으로 동영상을 스트리밍하는 것이 직접 가게에 가는 것보다 더 편리했기 때문이다. 고속 인터넷 연결이 이 모든 변화를 가능하게 했다.

여기서 중요한 점은 졸업 후 여러분이 크고 성공한 회사에 취직하더라도 기술 변화에 적응하지 않으면 그 회사가 파산할 수 있다는 것이다.

어떻게 하면 직업 안정성을 얻을 수 있는가?

오래전 나는 경험 많고 지혜로운 멘토에게 직업 안정성에 대해 물어본 적이 있었다. 그는 이렇게 답했다. "유일한 직업 안정성은 시장성 있는 기술과 그것을 사용할 용기에서 나옵니다." 그는 이어서 이렇게 말했다. "회사는 물론이고, 정부 프로그램이나 당신의 투자, 심지어 사회보장 제도에도 안정성은 없습니다." 그의 말이 얼마나 정확했는지, 시간이 지나면서 확실히 알게 되었다.

그렇다면 '시장성 있는 기술'이란 무엇일까? 과거에는 컴퓨터 프로그래밍, 세무회계, 마케팅 같은 특정 기술을 말할 수 있었다. 그러나 무어의 법칙, 멧커프의 법칙, 크라이더의 법칙 때문에 데이터 처리, 저장, 통신 비용은 사실상 0에 가까워지고 있다. 이러한 상황에서 일상적인 기술은 저렴한 비용을 제시하는 외부에 아웃소싱될 가능성이 크다. 특히 선진국에 사는 여러분이 그 입찰자일 가능성은 낮다.

많은 연구 기관과 전문가들이 어떤 기술이 미래에 시장성이 있을지 연구해왔다. 그중 두 가지를 살펴보자. 첫 번째로, 캘리포니아의 싱크탱크인 랜드코퍼레이션은 70년 넘게 획기적인 아이디어를 제시해왔다. 2004년에는 21세기 노동자들에게 필요한 기술을 설명하는 보고서를 발표했다.

"빠른 기술 변화와 국제 경쟁의 증가로 인해 노동력의 기술과 준비, 특히 변화하는 기술과 수요에 적응하는 능력이 중요해지고 있다. 조직의 변화는 비일상적인 인지 기술을 선호한다."[4]

여기서 중요한 것은 회계, 마케팅, 재무, 정보시스템 전공을 불문하고 비일상적 인지 기술을 개발해야 한다는 것이다.

전 노동부 장관 로버트 라이시는 이를 구체화하며, 네 가지 중요한 기술을 제시했다.[5]

- 추상적 추론
- 시스템 사고
- 협업
- 실험 능력

그림 1-5는 각각의 예를 보여준다. 이 장을 시작한 e헤르메스의 사례를 다시 읽어보면, 아만다가 이 핵심 기술들을 실천하지 못해 일자리를 잃었다는 것을 알 수 있을 것이다. 라이시의 책이 1990년대 초에 쓰였지만, 그가 언급한 인지 기술들은 여전히 오늘날에도 관련이 있다. 기술과 달리 인간은 그렇게 빠르게 변하지 않기 때문이다.[6]

그림 1-5 독특한 인지를 위한 기술의 예

기술	예	아만다의 문제
추상적 추론	모델이나 자료를 구성한다.	인공지능(AI)과 머신러닝을 활용하는 방법을 구상할 때 망설임과 불확실성이 존재함
시스템 사고	모델 시스템의 구성 요소를 만들어서 입력과 출력이 서로 어떠한 관련이 있는지를 보여준다.	e헤르메스의 운영 요구사항을 모델링하지 않음
협업	다른 사람들과 아이디어를 개발하고 그것에 대해 비판적 피드백을 주고받는다.	같이 일하는 사람들과 진행 중인 작업에 대해 협력하지 않음
실험 능력	유용한 자원을 활용하여 새로운 대안을 만들고 시험해본다.	실패의 두려움이 새로운 아이디어에 대한 논의를 막음

경영정보시스템 입문 수업이 비정형적인 기술 학습에 어떻게 도움이 되는가?

경영정보시스템 입문 수업은 라이히가 제시한 네 가지 핵심 기술(추상적 추론, 시스템 사고, 협업, 실험 능력)을 배우는 데 있어 경영대학에서 최고의 과목이다. 모든 주제에서 이 기술들을 적용하고 연습해야 하기 때문이다. 어떻게 적용되는지 살펴보자.

추상적 사고 추상적 추론(abstract reasoning)은 모델을 만들고 조작하는 능력이다. 이 책의 모든 주제와 장에서 하나 이상의 모델을 다루게 될 것이다. 예를 들어, 이 장의 뒷부분에서 정보시스템의 다섯 가지 구성 요소 모델에 대해 배울 것이다. 이 장에서는 이 모델을 사용해 새로운 정보시스템 프로젝트의 범위를 평가하는 방법을 설명할 것이다. 다른 장에서는 이 모델을 더 발전시킬 것이다.

이 과목에서는 이미 개발된 모델을 활용하는 것뿐만 아니라, 확장하여 여러분 스스로 모델을 구축하는 것도 포함한다. 예를 들어 5장에서는 데이터 모델을 만드는 방법을 배우고, 12장에서는 프로세스 모델을 만드는 방법을 배우게 된다.

시스템 사고 시스템 사고(system thinking)란 시스템의 구성 요소를 모델링하고, 그 구성 요소 간의 입력과 출력을 연결하여 관찰된 현상의 구조와 역학을 반영하는 일관된 전체로 만드는 능력을 말한다. 예를 들어, 식료품점에서 초록색 콩 통조림을 보고 그것을 미국의 이민 정책과 연결 지을 수 있는가? 펄프나무 숲을 벌채하는 트랙터를 보고 그 나무 쓰레기와 무어의 법칙을 연결할 수 있는가? 왜 시스코시스템스가 유튜브의 주요 수혜자 중 하나인지 아는가? 이 모든 질문에 대한 답은 시스템 사고를 요구한다.

이 수업에서는 정보시스템에 대해 배우게 된다. 우리는 시스템을 논의하고 설명할 것이며, 학생들은 시스템을 비판하고, 대안 시스템을 비교하며, 다른 상황에 다른 시스템을 적용하는 과제를 받게 될 것이다. 이러한 모든 과제는 학생들이 전문가로서 시스템 사고를 준비하는 데 도움이 될 것이다.

협업 협업(collaboration)은 2명 이상의 사람이 공동의 목표, 결과 또는 작업 결과를 달성하기 위해 함께 일하는 활동이다. 7장에서 협업 기술을 배우고 여러 예시 협업 정보시스템을 살펴볼 것이다. 이 책의 각 장에는 협업과제가 포함되어 있으며, 이는 수업에서나 과제로 할당될 수 있다.

학생들이 놀라는 사실 중 하나는 효과적인 협업이 반드시 친절함을 의미하지 않는다는 것이다. 사실 설문조사에 따르면 효과적인 협업에서 가장 중요한 기술은 비판적인 피드백을 주고받는 능력이라고 한다. 마케팅 부사장이 애지중지하는 프로그램에 도전하는 제안을 내놓으면, 곧바로 효과적인 협업 기술이 동네 바비큐 파티에서의 매너와는 다르다는 것을 알게 될 것이다. 그렇다면 부사장의 저항에도 불구하고 어떻게 자신의 아이디어를 추진할 수 있을까? 또한 일자리를 잃지 않고 어떻게 할 수 있을까? 이 과정에서는 이러한 협업 기술과 관련된 정보시스템을 배우고, 이를 실제로 연습할 수 있는 많은 기회를 가지게 될 것이다.

실험 능력

"한 번도 해본 적이 없다."

"어떻게 해야 할지 모르겠다."

"하지만 이게 효과가 있을까?"

"시장에 너무 이상하지 않을까?"

이러한 질문은 많은 훌륭한 사람들과 좋은 아이디어들을 마비시키는 실패에 대한 두려움을 반영한다. 비즈니스가 안정적이고, 새로운 아이디어들이 단지 동일한 노래의 다른 구절이었을 때, 전문가들은 실패에 대한 두려움에 제한될 수 있었다. 하지만 이제는 그렇지 않다.

예를 들어, 소셜 네트워킹을 오일 교체 비즈니스에 적용해본다고 상상해보자. 소셜 네트워킹이 여기에서 적절하게 사용될 수 있을까? 그렇다면 누군가 이미 그걸 해봤을까? 이와 관련해 누군가 조언을 해줄 사람이 있을까? 아마도 없을 것이다. 라이시는 21세기의 전문가들이 실험할 수 있는 능력을 갖추어야 한다고 말한다.

성공적인 실험이란 모든 엉뚱한 아이디어에 돈을 쏟아붓는 것이 아니다. 대신 **실험 능력**(experimentation)이란 기회를 신중하게 분석하고, 잠재적인 해결책을 구상하며, 가능성을 평가하고, 보유 자원과 일치하는 가장 유망한 해결책을 개발하는 것을 의미한다.

이 과정에서는 익숙하지 않은 제품들을 사용해야 할 것이다. 그 제품은 마이크로소프트 엑셀이나 액세스일 수 있고, 또는 한 번도 사용해보지 않은 블랙보드의 기능일 수도 있다. 아니면 원드라이브, 셰어포인트, 구글 드라이브를 사용하여 협업해야 할 수도 있다. 교수가 필요한 모든 기능을 일일이 설명해줄까? 그렇지 않기를 바란다. 교수는 학생들에게 실험할 기회를 주고, 스스로 새로운 가능성을 구상하고, 그 가능성을 시간 내에 실험해보도록 권장할 것이다.

1-3 MIS 관련 직업이 높은 수요를 보이는 이유는 무엇인가?

MIS(경영정보시스템) 입문 수업이 중요한 또 다른 이유는 바로 고용과 연관이 있다. 기술 컨설팅 및 아웃소싱 회사인 액센츄어는 2018년 CEO들을 대상으로 설문조사를 실시했는데, 그 결과 74%의 CEO가 향후 3년 내에 인공지능(AI)을 도입하여 업무를 대규모로 자동화할 계획이라고 답했다. 그러나 같은 CEO들은 직원 중 26%만이 AI 기술을 활용하여 협업할 준비가 되어 있다고 생각하고 있었다. 더 큰 문제는 오직 3%의 CEO만이 이러한 새로운 기술에 대비해 직원 교육 및 재교육에 투자할 계획이라는 것이다.[7] 앞으로 기술을 이해하고 빠르게 변화하는 환경에 적응하는 능력이 고용 안정성을 결정하는 중요한 요소가 될 것이다. 3장에서 AI를 포함한 지능형 시스템에 대해 더 깊이 배우게 될 것이다.

MIS 관련 직종은 높은 수요와 더불어 임금 상승을 주도한다. 미국 노동통계국에 따르면, 2020년 기준 중간 임금이 가장 높은 상위 5개 직종은 경영, 컴퓨터 및 수학, 법률, 건축 및 공학, 비즈니스 및 재무 운영이었다(그림 1-6). 이 중에서도 컴퓨터 및 수학 직종의 일자리 성장률은 12.1%로, 전체 직종 평균인 4.0%의 3배에 달했다. 이러한 수요와 공급의 불일치, 즉 기술 격차는 고용주가 원하는 기술 수준과 실제로 직원들이 보유한 **기술력의 차이**(technology skills gap)에서 비롯된다.

그림 1-6 산업부문별 중간 임금과 일자리 증가율

직업군	2019년 중간 임금($)	2020년 중간 임금($)	2019~2029년 일자리 증가율(%)
경영직	105,660	109,760	4.7
컴퓨터 및 수학적 직업군	88,340	91,350	12.1
법률직	81,820	84,910	5.1
건축 및 엔지니어링	81,440	83,160	2.7
비즈니스 및 금융 운영	69,820	72,250	5.3
의료 전문가 및 기술직	68,190	69,870	9.1
생명, 물리 및 사회과학	68,160	69,760	4.7
예술, 디자인, 엔터테인먼트, 스포츠 및 미디어	51,150	53,150	2.5
교육, 훈련 및 도서관	50,790	52,380	4.5
설치, 유지보수 및 수리	46,630	48,750	2.8
건설 및 채굴	47,430	48,610	4.0
커뮤니티 및 사회 서비스	46,090	47,520	12.5
보호 서비스	41,580	43,710	2.6
모든 직업군	39,810	41,950	3.7
사무 및 행정 지원	37,580	38,720	-4.7
생산	36,000	37,440	-4.5
운송 및 물류	32,440	34,080	3.4
영업 및 관련 직업군	29,630	31,500	-2.0
의료 지원	28,470	29,960	22.6
건물 및 부지 청소 및 유지 관리	28,330	29,940	4.9
농업, 어업 및 임업	27,180	29,670	-0.1
개인 관리 및 서비스	26,220	28,120	7.7
식품 준비 및 서비스 관련	24,220	25,500	7.3

출처 : Employment Projections program, U.S. Bureau of Labor Statistics

그림 1-7 2019~2029년 미국노동통계국 직업 전망

	2018년 중간 임금($)	2019년 중간 임금($)	2020년 중간 임금($)	2019~2029년 일자리 증가율(%)	2019~2029년 일자리 증가율(N)
기업 관리자					
마케팅 관리자	132,620	135,900	141,490	6	18,800
정보시스템 관리자	142,530	146,360	151,150	10	48,100
재무 관리자	127,990	129,890	134,180	15	108,100
인사 관리자	113,300	116,720	121,220	6	10,400
영업 관리자	124,220	126,640	132,290	4	15,400
컴퓨터 및 정보 기술자					
네트워크 관리자	109,020	112,690	116,780	5	8,000
시스템 분석가	88,740	90,920	93,730	7	46,600
데이터베이스 관리자	90,070	93,750	98,860	10	12,800
정보 보안 분석가	98,350	99,730	103,590	31	40,900
네트워크 및 시스템 관리자	82,050	83,510	84,810	4	16,000
소프트웨어 개발자	105,590	105,590	110,140	22	316,000
웹 개발자	69,430	73,760	77,200	8	14,000
현업 업무 종사자					
회계 및 감사자	70,500	71,550	73,560	4	61,700
재무 분석가	85,660	85,660	83,660	5	26,800
관리 분석가	83,610	85,260	87,660	11	93,800
마케팅 분석가	63,120	63,790	65,810	18	130,300
물류 담당자	74,600	74,750	76,270	4	8,200
인사 전문가	60,880	61,920	63,490	7	46,900

출처 : Bureau of Labor Statistics, "Computer Systems Analysts," Occupational Outlook Handbook, accessed April 18, 2021, *www.bls.gov/ooh.*

그림 1-7은 2018년부터 2020년까지 비즈니스 관리자, 컴퓨터 및 정보기술 전문가, 기타 비즈니스 직업 하위 범주별 임금 증가율과 2019년부터 2029년까지의 일자리 증가율 전망이다.[8] 정보시스템 관련 직업은 모든 직종의 평균 성장률 4%를 훨씬 웃돌고 있다. 특히 일부 직종은 다른 직종보다 몇 배 더 빠르게 성장한다.

컴퓨터 기술과 정보시스템은 단순히 IT 전문가들에게만 유리한 직업 기회를 제공하는 것이 아니다. 경제학자 아제모을루와 아우터는 1960년대부터 2010년까지 미국과 유럽 일부 지역의 직업과 임금 데이터를 분석해 초기에는 교육과 산업이 고용과 임금의 중요한 결정 요인이었으나, 1990년 이후부터는 업무의 성격이 결정적인 요소가 되었다고 밝혔다. 즉 컴퓨터 기술의 가격이 급격히 떨어짐에 따라 이를 효과적으로 활용할 수 있는 직업의 가치는 급등한다는 것이다.[9]

예를 들어, 정보시스템을 통해 비즈니스 프로세스를 개선하는 비즈니스 전문가, 데이터 마이닝을 통해 마케팅 전략을 강화하는 전문가, 또는 3D 프린팅과 같은 첨단 기술을 이용해 신제품을 개발하고 시장 변화에 대응하는 능력을 갖춘 전문가들은 높은 임금을 받는 직업을 얻

MIS 관련 직업을 고려해야 하는 이유에 대한 더 자세한 내용은 가이드(24~28쪽)를 참조한다.

을 가능성이 크다.

결론은 무엇인가?

결론은 이렇다. 이 과목이 경영대학에서 가장 중요한 과목인 이유는 다음과 같다.

1. 새로운 정보시스템 기술을 비즈니스에 평가하고 적용하는 데 필요한 배경지식을 제공하기 때문이다.
2. 추상적 추론, 시스템 사고, 협업, 실험 능력을 학습하는 데 도움을 줌으로써 궁극적인 직업 안정성, 즉 시장성 있는 기술을 갖출 수 있게 한다.
3. 고임금 경영정보시스템 관련 직종의 수요가 높다.

이 책의 각 장에 있는 윤리 가이드는 정보시스템 사용의 윤리를 다룬다. 이 가이드는 익숙하지 않은 상황에 윤리적 기준을 어떻게 적용할지 깊이 생각해보도록 한다.

윤리 가이드(26~28쪽)에서는 시청자를 기만하는 정보를 사용하는 것에 대한 윤리적 측면을 다루고 있다.

1-4 MIS란 무엇인가?

앞서 여러 번 MIS라는 용어를 사용했는데, 이제 정확히 MIS가 무엇인지 명확히 정의해보자. **MIS**는 **경영정보시스템**(management information system)을 의미하며, 이는 조직이 전략적 목표를 달성하는 데 도움을 주는 정보시스템을 관리하고 사용하는 것을 말한다. 이 용어는 종종 정보기술(IT)이나 정보시스템(IS)과 혼동되기도 한다. 먼저 **정보시스템**(information system, IS)은 하드웨어, 소프트웨어, 데이터, 절차, 사람들로 구성된 시스템으로, 이 시스템이 상호작용하여 정보를 생성한다. 반면 **정보기술**(information technology, IT)은 정보를 생성하기 위해 사용하는 제품, 방법, 발명품, 표준을 의미한다. 이 세 가지 개념이 혼용되기도 하지만, 각각의 역할과 목적은 서로 다르다.

MIS, IS, IT는 어떻게 다를까? 우선 IS는 구매할 수 없다. 이는 시스템의 본질적 구성 요소들이 통합되어 작동하는 방식으로, 완성된 '제품'으로서 존재하지 않기 때문이다. 그러나 IT는 구매 가능하다. 예를 들어, 하드웨어(컴퓨터, 서버 등), 소프트웨어(프로그램, 운영체제), 데이터베이스, 절차와 같은 미리 설계된 IT 요소들은 구매할 수 있다. 하지만 이러한 기술과 제품을 어떻게 구성하고 사용하는지는 사람들의 몫이다. 즉 정보기술이 도입되면 새로운 정보시스템 개발을 촉진한다.

새로운 시스템의 경우 항상 교육 과제(및 비용)가 있고, 직원들의 변화에 대한 저항을 극복해야 할 필요성이 있으며, 직원들이 새로운 시스템을 사용할 때 항상 관리해야 한다. 따라서 IT는 구매할 수 있지만 IS는 구매할 수 없다. 새로운 정보시스템이 가동되면 조직의 전반적인 전략을 달성하기 위해 효과적으로 관리하고 사용해야 한다. MIS는 바로 이런 작업을 수행하는 시스템이다.

간단한 예를 생각해보자. 조직이 페이스북 페이지를 개설하기로 결정했다고 가정해보자. 페이스북은 IT에 해당한다. 페이스북은 하드웨어와 소프트웨어, 데이터베이스 구조, 표준화된 절차를 제공하며, 이는 이미 설계된 정보기술이다. 하지만 IS는 여러분이 만들어야 하는 것이다. 페이지에 채울 데이터를 제공하고, 데이터를 최신 상태로 유지하는 절차를 설계하며, 페이지 관리자가 이를 따를 수 있도록 절차를 구성하는 과정이 필요하다. 이러한 절차는 가령 페이지의 콘텐츠를 정기적으로 검토하고 부적절하다고 판단되는 콘텐츠를 제거하는 수단을 제공해야 한다. 또한 직원들에게 이러한 절차를 따르는 방법에 대한 교육을 제공하고 직원들이 이를 따르도록 관리해야 한다. MIS는 조직의 전반적인 전략을 달성하기 위해 페이스북 페이지를 관리하는 것과 같다. 여러분의 페이스북 페이지를 관리하는 것은 가장 간단한 IS이다. 수십 개, 심지어 수천 명의 부서와 수천 명의 직원이 포함된 더 크고 포괄적인 IS는 상당한 작업이 필요하다.

MIS의 정의에는 세 가지 주요 요소가 있다. 바로 관리 및 사용, 정보시스템, 전략이다. 이제 정보시스템과 그 구성 요소부터 시작하여 각 요소를 살펴보자.

정보시스템의 구성 요소

시스템(system)은 특정 목적을 달성하기 위해 상호작용하는 구성 요소들의 집합이다. 따라서 정보시스템(IS)은 정보를 생성하기 위해 상호작용하는 구성 요소들의 집합이다. 그렇다면 이 정보 생성에 상호작용하는 구성 요소들은 무엇일까?

다음 그림 1-8은 정보시스템의 구성 요소 모델인 **다섯 가지 구성 요소 프레임워크**(five-component framework), 즉 **컴퓨터 하드웨어**(computer hardware), **소프트웨어**(software), **데이터**(data), **절차**(procedures), 그리고 **사람**(people)을 보여준다. 이 다섯 가지 구성 요소는 가장 단순한 시스템에서부터 가장 복잡한 시스템까지 모든 정보시스템에 존재한다. 예를 들어, 컴퓨터를 사용하여 수업 보고서를 작성할 때, 하드웨어(컴퓨터, 저장 디스크, 키보드, 모니터), 소프트웨어(워드, 워드퍼펙트 또는 다른 워드프로세서 프로그램), 데이터(보고서의 단어, 문장, 문단), 절차(프로그램을 시작하고, 보고서를 입력하고, 출력하고, 파일을 저장 및 백업하는 방법), 사람(여러분)이 모두 포함된다.

보다 복잡한 예로, 항공 예약 시스템을 생각해보자. 이 시스템도 이 다섯 가지 구성 요소로 이루어져 있으며, 각 구성 요소는 훨씬 더 복잡하다. 하드웨어는 데이터 통신 하드웨어로 연결된 수천 대의 컴퓨터로 구성되어 있다. 수백 개의 다른 프로그램이 컴퓨터 간의 통신을 조정하고, 또 다른 프로그램들이 예약 및 관련 서비스를 수행한다. 또한 시스템은 항공편, 고객, 예약 및 기타 정보를 저장하는 수백만의 문자를 저장해야 한다. 항공사 직원, 여행사, 고객이 따라야 하는 수백 가지 절차가 있다. 마지막으로 정보시스템에는 시스템 사용자뿐만 아니라 컴퓨터를 운영 및 유지보수하는 사람들, 데이터를 관리하는 사람들, 컴퓨터 네트워크를 지원하는 사람들도 포함된다.

자세한 내용은 커리어 가이드 (25~26쪽)를 참조하라.

이 다섯 가지 구성 요소는 하드웨어 기술자나 컴퓨터 프로그래머의 기술뿐만 아니라, 정보시스템을 구축하는 데 필요한 다양한 기술을 의미한다.

중요한 점은 그림 1-8에 있는 다섯 가지 구성 요소가 가장 작은 시스템에서부터 가장 큰 시스템에 이르기까지 모든 정보시스템에 공통적으로 존재한다는 것이다. 어떤 정보시스템이든, 소셜 네트워킹과 같은 새로운 시스템을 포함하여, 이 다섯 가지 구성 요소를 찾는 법을 배워야 한다. 또한 정보시스템은 단순히 컴퓨터와 프로그램이 아니라 컴퓨터, 프로그램, 데이터, 절

그림 1-8 정보시스템의 다섯 가지 구성 요소

다섯 가지 구성 요소 프레임워크

하드웨어	소프트웨어	데이터	절차	사람

차, 사람들의 조합이라는 점을 이해해야 한다.

앞으로 나아가기 전에 우리는 컴퓨터를 포함하는 정보시스템을 정의했다는 점을 유념하자. 일부 사람들은 이러한 시스템을 **컴퓨터 기반 정보시스템**(computer-based information system)이라고 말할 것이다. 이들은 회의실 밖에 걸려 있는 달력을 사용해 회의실 사용을 예약하는 것과 같은, 컴퓨터가 포함되지 않은 정보시스템도 있다고 말할 것이다. 이러한 시스템들은 수 세기 동안 기업에서 사용되어 왔다. 이러한 주장이 사실이긴 하지만, 이 책에서는 컴퓨터 기반 정보시스템에 초점을 맞춘다. 이 책을 간결하고 짧게 유지하기 위해, 우리는 **정보시스템**이라는 용어를 컴퓨터 기반 정보시스템의 동의어로 사용할 것이다.

경영정보시스템의 관리 및 활용

경영정보시스템(MIS)의 정의에서 다음 요소는 정보시스템의 관리 및 활용이다. 여기서 관리란 개발, 유지보수, 적응을 의미한다. 정보시스템은 비 온 뒤 버섯처럼 저절로 생겨나는 것이 아니며, 반드시 개발되어야 한다. 또한 유지보수가 필요하며, 비즈니스는 살아서 움직이므로 새로운 요구사항에 적합하도록 잘 조정해야 한다.

"잠깐만요, 저는 재무(또는 회계나 경영) 전공이지, 정보시스템 전공이 아닙니다. 정보시스템을 관리할 필요는 없지 않나요?"라고 말할 수도 있다. 만약 그렇게 생각한다면, 이는 마치 털 깎이러 가는 어린 양과 같다. 어떤 분야를 선택하든, 여러분의 커리어 동안 정보시스템은 여러분의 사용을 위해, 때로는 여러분의 지시에 따라 구축될 것이다. 여러분의 요구를 충족하는 정보시스템을 만들기 위해서는 그 시스템의 개발에 **적극적으로 참여**해야 한다. 프로그래머나 데이터베이스 설계자, 혹은 다른 정보시스템 전문가가 아니더라도 시스템 요구사항을 명확히 하고 개발 프로젝트를 관리하는 데 중요한 역할을 해야 한다. 또한 새로운 시스템을 테스트하는 데에도 중요한 역할을 수행하게 될 것이다. 여러분이 적극적으로 참여하지 않는다면, 새 시스템이 여러분의 요구를 충족시키는 것은 운에 맡길 수밖에 없다.

비즈니스 전문가로서 여러분은 비즈니스 요구사항을 가장 잘 이해하는 사람이다. 만약 소셜 네트워킹을 제품에 적용하고자 한다면, 고객 반응을 가장 잘 얻는 방법을 아는 사람도 바로 여러분이다. 네트워크를 구축하는 기술자, 데이터베이스를 설계하는 데이터베이스 전문가, 컴퓨터를 설정하는 IT 직원들은 무엇이 필요한지, 현재 시스템이 충분한지, 혹은 새로운 요구사항에 맞춰 조정이 필요한지 알지 못한다. 여러분이 그걸 알고 있다!

관리 업무 외에도 여러분은 정보 시스템을 **사용**하는 데 중요한 역할을 하게 된다. 당연히 업무를 수행하기 위해 시스템을 어떻게 사용하는지 배워야 한다. 하지만 그 외에도 중요한 부가적인 역할이 있다. 예를 들어, 정보시스템을 사용할 때 시스템과 데이터의 보안을 보호해야 할 책임이 있으며, 데이터 백업을 해야 할 수도 있다. 또한 시스템이 고장 났을 때(모든 시스템은 결국 고장 난다), 시스템이 다운된 동안 해야 할 작업과 시스템을 신속하고 정확하게 복구하는 데 필요한 작업을 수행해야 한다.

전략 달성

MIS 정의의 마지막 부분은 정보시스템이 조직의 전략 달성을 돕기 위해 존재한다는 것이다. 먼저 이 말에는 중요한 사실이 숨겨져 있다는 것을 깨달아야 한다. 조직 자체는 "아무것도 하지 않는다." 조직은 살아 있는 것이 아니며 행동할 수 없다. 비즈니스 내의 사람들이 판매하고, 구매하고, 설계하고, 생산하고, 자금을 조달하고, 마케팅하고, 회계하고, 관리한다. 따라서 정보시스템은 조직에서 일하는 사람들이 해당 비즈니스의 전략을 달성할 수 있도록 돕기 위해 존재한다.

정보시스템은 단순히 기술 탐구의 즐거움을 위해 만들어지는 것이 아니다. 회사가 '현대적'으로 되기 위해서나 웹에서 소셜 네트워킹 존재감을 보여주기 위해 만들어지는 것도 아니다. 정보시스템 부서에서 필요하다고 생각하거나 회사가 '기술 곡선에 뒤처지고 있다'는 이유만으로 만들어지는 것도 아니다.

이 점은 너무나 당연해서 왜 언급하는지 의아할 수도 있다. 그러나 매일 어딘가의 비즈니스는 잘못된 이유로 정보시스템을 개발한다. 지금 이 순간에도 세계 어딘가에서는 '다른 모든 기업이 가지고 있기 때문'이라는 이유만으로 페이스북 페이지를 만들기로 결정하는 회사가 있다. 이러한 회사는 다음과 같은 질문을 하지 않는다.

- "우리 회사 페이스북 페이지의 목적은 무엇인가?"
- "그것은 우리에게 무엇을 해줄 것인가?"
- "직원들의 기여에 대한 우리의 정책은 무엇인가?"
- "비판적인 고객 후기에 대해 어떻게 해야 하는가?"
- "페이지 유지 관리 비용은 이점에 의해 충분히 상쇄되는가?"

하지만 회사는 반드시 그러한 질문들을 해야 한다! 2장에서는 정보시스템과 전략의 관계에 대해 더 깊이 다룰 것이다. 9장에서는 특히 소셜미디어와 전략에 대해 다룬다.

다시 한번 강조하지만 MIS는 비즈니스가 전략을 달성하는 데 도움이 되는 정보시스템의 개발 및 사용이다. 여러분은 이 수업이 단순히 컴퓨터를 구입하고, 스프레드시트로 작업하거나 웹 페이지를 만드는 것 이상의 의미를 가진다는 것을 이미 깨닫고 있을 것이다.

1-5 정보란 무엇인가?

앞선 논의를 바탕으로 정보시스템을 "정보를 생산하기 위해 상호작용하는 하드웨어, 소프트웨어, 데이터, 절차 및 사람들의 조합"이라고 정의할 수 있다. 이 정의에서 유일하게 정의되지 않은 용어는 **정보**이며, 이제 살펴보도록 하자.

정의의 다양성

정보는 우리가 매일 사용하지만 정의하기는 놀랍도록 어려운 기본적인 용어 중 하나이다. 정보를 정의하는 것은 살아 있는, 진실과 같은 단어를 정의하는 것과 같다. 우리는 그 단어들의 의미를 알고, 서로 혼동 없이 사용하지만, 그럼에도 불구하고 정의하기는 어렵다.

이 책에서는 정보를 정의하는 기술적인 문제를 피하고 대신 일반적이고 직관적인 정의를 사용할 것이다. 아마도 가장 일반적인 정의는 **정보**(information)는 데이터에서 파생된 지식이며, 데이터는 기록된 사실이나 수치로 정의된다는 것이다. 따라서 직원 제임스 스미스가 시간당 70달러를 벌고, 메리 존스가 시간당 50달러를 번다는 사실은 데이터이다. 모든 그래픽 디자이너의 평균 시급이 시간당 60달러라는 진술은 정보이다. 평균 임금은 개별 임금 데이터에서 파생된 지식이다.

또 다른 일반적인 정의는 정보는 의미 있는 맥락에서 제시된 데이터라는 것이다. 제프 파크스가 시간당 30달러를 번다는 사실은 데이터이다.[10] 그러나 제프 파크스가 그래픽 디자이너의 평균 시급의 절반을 번다는 진술은 정보이다. 이는 의미 있는 맥락에서 제시된 데이터이다.

또 다른 정보의 정의는 처리된 데이터이거나 때로는 **합계, 정렬, 평균, 그룹화, 비교** 또는 기타 유사한 작업에 의해 **처리된** 데이터라는 것이다. 이 정의의 기본적인 아이디어는 정보를 생성하기 위해 데이터에 무언가를 한다는 것이다.

아직 네 번째 정보의 정의가 있는데, 이는 위대한 연구심리학자 그레고리 베이트슨에 의해 제시되었다. 그는 정보를 **차이를 만드는 차이**라고 정의했다.

이 책의 목적상 이러한 정보에 대한 정의 중 어떤 것이든 괜찮다. 당면한 목적에 맞는 정의를 선택하면 된다. 중요한 점은 데이터와 정보를 구별하는 것이다. 또한 서로 다른 상황에서 서로 다른 정의가 더 잘 작동한다는 것을 알게 될 수도 있다.

정보는 어디에 있는가?

그림 1-9와 같이 아마존의 주가와 순이익을 과거부터 현재까지 그래프로 표시한다고 가정해보자. 그 그래프에는 정보가 포함되어 있을까? 의미 있는 맥락에서 데이터를 제시하거나 차이를 만드는 차이를 보여준다면 두 가지 정보에 대한 정의에 부합하므로 그래프에 정보가 포함되어 있다고 말하고 싶은 유혹을 느낄 것이다.

그러나 그 그래프를 반려견에게 보여준다고 생각해보자. 반려견이 그 그래프에서 정보를 찾을 수 있을까? 적어도 아마존에 대한 정보는 아닐 것이다. 개는 여러분이 점심으로 무엇을 먹었는지 알 수 있지만 아마존의 주가에 대한 정보는 얻지 못할 것이다.

이 실험을 곰곰이 생각해보면 그래프 자체가 정보는 아니라는 것을 깨달을 것이다. 그래프는 여러분과 다른 인간이 인지하는 데이터이며, 그 인지에서 정보를 얻는다. 간단히 말해서 종이나 디지털 화면에 있는 것은 데이터이다. 인간의 마음속에 있는 것은 정보이다.

왜 이것이 중요할까? 우선 이는 인간인 여러분이 사용하는 모든 정보시스템에서 가장 중요한 부분인 이유를 설명한다. 데이터에서 정보를 얻는 사고 능력의 질은 인지 능력에 의해 결정된다. 데이터는 단지 데이터일 뿐이며, 데이터에서 얻는 정보는 정보시스템에 추가하는 가치이다.

또한 사람들은 서로 다른 인식과 관점을 가지고 있다. 따라서 같은 데이터에서 다른 정보를 인지하는 것은 놀라운 일이 아니다. "봐, 바로 눈앞에 데이터에 있어"라고 누군가에게 말할 수

그림 1-9 아마존 주가와 순이익

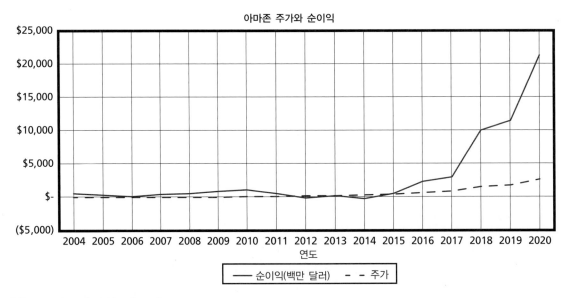

출처 : www.nasdaq.com/symbol/amzn/historical

없다. 왜냐하면 데이터에 있는 것이 아니라 여러분의 머릿속에 있기 때문이다. 여러분의 임무는 다른 사람들이 이해할 수 있도록 여러분이 생각한 것을 설명하는 것이다.

마지막으로 이것을 이해하면 "내가 그 정보를 보냈어"와 같은 모든 종류의 일반적인 문장이 말이 안 된다는 것을 이해할 것이다. "나는 당신에게 데이터를 보냈고, 당신은 그 데이터에서 정보를 얻었어"라고 말하는 것이 가장 정확한 표현이다. 비즈니스 경력 동안 이 관찰을 기억하고 적용하면 엄청난 좌절감을 덜 수 있을 것이다.

1-6 고품질 정보를 위해 필요한 데이터 특성은 무엇인가?

앞서 배운 것처럼 인간은 데이터로부터 정보를 인식한다. 여러분이 생성할 수 있는 정보의 품질은 부분적으로 여러분의 사고력에 달려 있다. 그러나 여러분에게 제공된 데이터의 품질에도 달려 있다. 그림 1-10은 중요한 데이터 특성을 요약한 것이다.

정확성

첫째, 좋은 정보는 정확하고, 올바르고, 완전한 데이터를 기반으로 하며, 예상대로 올바르게 처리된 데이터에서 도출된다. 정확성(accurate)은 매우 중요하다. 비즈니스 전문가들은 정보시스템의 결과를 신뢰할 수 있어야 한다. 시스템이 부정확한 데이터를 생성하는 것으로 알려진 경우 정보시스템은 시간과 돈을 낭비하게 된다. 사용자가 부정확한 데이터를 피하기 위해 다른 해결책을 찾는 경우가 생기기 때문에, 정보시스템의 평판이 나빠질 수 있다.

이 논의의 부수적인 점은, 정보시스템의 미래 사용자인 여러분이 웹 페이지, 잘 구성된 보고서, 또는 멋진 쿼리의 콘텍스트에서 나타나는 데이터만 믿어서는 안 된다는 것이다. 아름답고 활동적인 그래픽으로 제공된 데이터는 때때로 회의적으로 바라보기 어렵다. 속지 말라. 새로

그림 1-10 고품질 데이터의 특성

- 정확성
- 적시성
- 관련성
  - 내용
  - 주제
- 충분성
- 비용 대비 가치

운 정보시스템을 사용하기 시작할 때 회의적인 태도로 시작하라. 수 주 또는 수개월 동안 시스템을 사용한 후에는 신뢰할 수 있겠지만, 처음에는 회의적으로 시작하라. 다시 말해 부정확한 데이터로부터는 정확한 정보를 얻을 수 없다는 것이다.

적시성

좋은 정보는 데이터가 사용될 의도에 맞게 제때 제공되어야 한다. 6주 후에 도착하는 월간 보고서는 대부분 쓸모없다. 정보가 필요한 결정이 이미 내려진 후에 데이터를 받으면 그 정보는 무용지물이 된다. 정보시스템이 부실한 고객 신용 보고서를 배송한 후에 받게 되면, 이는 도움이 되지 않고 좌절감을 줄 뿐이다. 적시성(timely)은 달력(6주 후)이나 이벤트(발송 전)와 비교하여 측정할 수 있다.

정보시스템 개발에 참여할 때 적시성도 요구사항의 일부로 지정해야 한다. 적절하고 현실적인 적시성 요구사항을 제공해야 한다. 어떤 경우에는 데이터가 거의 실시간으로 제공되는 시스템을 개발하는 것이 몇 시간 후에 데이터를 제공하는 것보다 훨씬 더 어렵고 비용이 많이 든다. 몇 시간 지난 데이터로도 충분하다면, 요구사항 명세 단계에서 그렇게 말하라.

예를 들어, 여러분이 마케팅에서 일하고 새로운 온라인 광고 프로그램의 효과를 평가해야 한다고 가정해보자. 여러분에게는 웹을 통해 광고를 보여주는 것뿐만 아니라 고객들이 그 광고를 얼마나 자주 클릭하는지 알 수 있는 정보시스템이 필요하다. 실시간으로 클릭 비율을 알아내는 일은 비용이 많이 든다. 하지만 데이터를 모아뒀다가 몇 시간 후에 처리하면 훨씬 쉽고 저렴하다. 시스템을 만들고 운영하는 데 하루나 이틀 동안 모아두었다가 한꺼번에 처리하는 것이 더 쉽고 저렴하다.

관련성

데이터는 맥락과 주제 모두에 관련성(relevant)이 있어야 한다. 맥락을 고려할 때 CEO는 자신의 직무에 적합한 수준으로 요약된 데이터가 필요하다. 모든 직원의 시간당 임금 목록은 유용하지 않을 것이다. 현재 상황에서는 아마도 모든 직원의 개별 급여보다는 부서나 팀별 평균 급여정보가 필요할 것이다.

데이터는 또한 주제와 관련이 있어야 한다. 만약 단기 대출에 대한 금리를 알고 싶다면, 15년짜리 모기지 금리를 보여주는 보고서는 관련이 없다. 유사하게 필요한 데이터를 수 페이지에 걸쳐 파묻어두는 보고서도 목적에 부합하지 않는다.

충분성

데이터는 생성된 목적에 충분해야 하지만, 그 정도로만 충분해야 한다(just barely sufficient). 우리는 데이터에 압도당한다. 매일 어떤 데이터를 무시할지 결정하는 것이 중요한 문제이다. 높은 직급으로 올라갈수록 더 많은 데이터를 받게 되며, 그 데이터를 무시할 필요가 있다. 데이터는 충분해야 하지만, 그 정도로만 충분해야 한다.

비용 대비 가치

데이터는 무료가 아니다. 정보시스템을 개발하고 운영하며 유지하는 비용이 발생하고, 시스템이 생성한 데이터를 읽고 처리하는 시간과 급여도 포함된다. 데이터에 비용 대비 가치(worth its cost)가 있으려면 데이터를 얻기 위한 비용과 그 데이터의 가치 간에 적절한 관계가 있어야 한다.

예를 들어, 가득 찬 묘지의 일일 거주자 명단 보고서의 가치는 얼마일까? 무덤 도난의 문제가 아니라면, 그 가치는 0일 것이다. 이 보고서를 읽는 데 드는 시간은 가치가 없다. 이 터무니없는 예에서 경제의 중요성을 쉽게 이해할 수 있다. 하지만 새로운 기술이 제안될 때는 더 어려워질 것이다. 그때 "이 데이터로부터 인식할 수 있는 정보의 가치는 무엇인가?", "비용은 얼마인가?", "가치와 비용 간에 적절한 관계가 있는가?"라는 질문을 할 준비가 되어 있어야 한다. 정보시스템은 다른 자산과 마찬가지로 재정 분석을 받아야 한다.

이 장의 **지식**이 **여러분**에게 어떻게 도움이 되는가?

e헤르메스에서의 아만다에게는 이미 늦었지만, 여러분은 아직 늦지 않았고, 아만다 역시 다음 직장에서는 늦지 않았다. 그렇다면 이 장에서 얻을 수 있는 교훈은 무엇일까?

첫째, 미래는 정보시스템과 기술의 새로운 응용을 창의적으로 상상할 수 있는 비즈니스 전문가에게 달려 있다. 꼭 정보시스템을 전공할 필요는 없지만(물론 훌륭한 전공이고 직업 전망도 좋지만), 여러분이 전공하는 분야에 MIS의 활용을 혁신적으로 접목할 수 있어야 한다. 경영, 마케팅, 회계, 생산 등에서 어떻게 벨의 법칙, 무어의 법칙, 멧커프의 법칙의 이점을 활용할 수 있을까?

둘째, 라이시의 네 가지 핵심 기술인 추상적 추론, 시스템 사고, 협업, 실험 능력을 배우고 끊임없이 연습해야 한다. 이 수업은 경영대학에서 이러한 기술을 가르치는 데 가장 좋은 과목이므로 적극적으로 참여하라. 공부하고 과제를 수행하면서 여러분의 활동이 이 네 가지 능력과 어떤 관련이 있는지 스스로에게 질문하고 숙련도를 향상시키기 위해 노력해야 한다.

다음으로 IS의 구성 요소를 배우고 모든 비즈니스 전문가가 새로운 정보시스템 개발에 적극적인 역할을 해야 한다는 것을 이해해야 한다. 이러한 시스템은 여러분의 필요에 맞춰 만들어지며 여러분의 참여를 필요로 한다. IT, IS, MIS의 차이점을 알아야 한다. 마지막으로 정보와 데이터의 차이점과 데이터를 가치 있게 만드는 요소를 배워야 한다.

이제 막 시작했을 뿐이다. 앞으로 아만다(그녀의 다음 직장에서)와 여러분에게 도움이 될 더 많은 것들이 있다!

So What?

IoT 트렌드

월드와이드웹(WWW)에 처음 로그인하여 인터넷에 접속했던 때를 기억하는가? 만약 기억한다면 새로운 디지털 세상을 탐험할 기대감에 부풀었을 것이다. 아마도 부피가 큰 CRT 모니터 앞에 앉아 다이얼업 모뎀의 끽끽거리는 소리를 들으며 처음 방문하고 싶은 사이트를 생각하고 있었을 것이다.

1990년대와 2000년대 초반에 웹은 비교적 단순한 곳이었다. 웹사이트를 만들고 호스팅할 수 있는 기술적인 능력을 가진 사용자는 소수였고(따라서 대부분의 사용자는 콘텐츠 제작자가 아닌 콘텐츠 소비자였다), 가정용 인터넷 연결은 오늘날처럼 보편화되지 않았다. 게다가 웹사이트는 기본적으로 정적인 텍스트와 밑줄/파란색 하이퍼링크가 혼합된 형태였다. 멋진 고해상도 그래픽, 스트리밍 동영상, 사용자 기반 맞춤 설정, 사용자가 쉽게 자신의 콘텐츠를 만들 수 있는 플랫폼은 없었다. 이 시대를 웹 1.0이라고 부른다.

초기 웹 경험을 오늘날 상호작용하는 웹과 비교해보면 분명히 매우 다른 곳이다. 오늘날 웹사이트는 복잡한 그래픽, 고해상도 동영상 스트림, 계정 맞춤 설정 등 다양한 기능을 제공한다. 또한 이제는 얼마나 다양한 방식으로 콘텐츠 제작자가 되었는지 생각해보라. 소셜미디어에 게시물을 올리고, 취미에 대한 블로그를 운영하고, 개인 웹사이트를 갖고, 온라인에서 동료들과 협업하고, 자신의 유튜브 채널을 운영할 수도 있다.

마지막으로 웹 및 인터넷 접속은 더 이상 집이나 도서관에 있는 부피가 큰 데스크톱 컴퓨터에만 국한되지 않는다. 연결은 거의 모든 곳에서 가능하다. 광범위한 접근성, 풍부한 콘텐츠, 협업 도구, 비전문가 사용자의 콘텐츠 제작 기능은 현재 웹 시대인 웹 2.0의 특징 중 일부이다.

웹의 발전은 분명히 사용자들이 인터넷과 상호작용하는 방식을 변화시켰지만, 더욱 강력해진 인터넷은 모든 유형의 조직에도 심오한 영향을 미쳤다. 특히 사물인터넷(IoT) 덕분에 조직들은 그 어느 때보다 더 연결되어 있다.

출처 : Buffaloboy/Shutterstock

더 많은 무어 장치를!

사물인터넷(IoT)은 인터넷에 연결된 장치의 급증을 의미한다. 이러한 장치는 종종 다른 IoT 장치와 쉽게 통합할 수 있는 기능을 갖추고 있다는 점에 유의해야 한다.[11] 무어의 법칙은 IoT 확산의 주요 촉매제였으며, 처리칩은 놀라울 정도로 작지만 매우 강력할 수 있다.

초소형 처리칩과 인터넷 연결이 비즈니스를 어떻게 획기적으로 변화시킬 수 있는지 예를 들어 농장 운영을 살펴보자. 농사는 힘든 일이며, 수백 또는 수천 평에 달하는 농장을 운영하는 많은 임무 중 하나는 모니터링이다. 농부는 농작물, 가축, 관개 장비, 토양 조건, 수자원 및 근로자를 모니터링해야 한다.

그러나 IoT는 여러 면에서 농업에 혁명을 일으킬 수 있다. 농부는 이제 토양 조건(예 : 산소 공급 및 습도)을 실시간으로 보고하는 네트워크에 연결된 센서를 토양에 배치할 수 있다. 또한 네트워크에 연결된 드론을 배치하여 외딴 지역으로 날려 보내서 작물과 관개 라인을 점검하고 자율 농기계(예 : 트랙터)를 사용하여 독립적으로 파종하거나 수확하지만 위치 및 작업을 농부에게 실시간으로 보고하게 할 수도 있다. 이러한 모든 IoT 장치는 농부의 작물 수확량과 수익을 늘리는 데 도움이 된다.

이제 농업 외에도 IoT의 결과로 변화할 수 있는 다른 산업에 대해 궁금할 것이다. 다음 예를 고려해보자.[12]

1. **제조** : 자동화된 생산 장비가 연결되고 최적화되고 있다. 성능이 좋지 않은 기계는 문제를 보고하고 고장 나기 전에 교체될 수 있다.
2. **스마트 시티** : 센서는 신호등과 응급 구조대를 연결하고 휴대폰 앱을 사용하여 도로의 움푹 패인 곳을 감지하고 도로 작업 팀을 파견할 수도 있다.
3. **스마트 통근** : 인터넷 연결 자동차 및 휴대폰에 설치된 내비게이션 앱은 대도시 지역의 수천 명의 운전자를 서로 연결하여 공사, 교통 체증, 사고, 도로 위험 등을 보고하는 데 도움이 될 수 있다.
4. **스마트 헬스케어** : 의료 제공자를 병원에서 실시간으로 추적하고 응급 상황에 적절하게 안내할 수 있다. 환자에게 연결된 수많은 센서가 생리학적 판독값을 직원에게 보고하고 환자 주변 환경(예 : 조명, 온도)을 자동으로 제어할 수도 있다.

IoT 예측

IoT 장치의 확산으로 많은 산업이 혁신적인 영향을 받을 것이다. 그러나 IoT 장치는 정적인 것이 아니다. IoT 장치는 계속해서 진화할 것이며, 향후 몇 년, 몇십 년 동안 미칠 진정한 영향은 예측하기 어렵다.

한 예측에 따르면 2025년까지 210억 개의 IoT 장치가 있을 것이라 한다.[13] (이는 지구상의 모든 사람에게 약 2.7개의 장치가 있다는 것을 의미한다!) 이 추정치에는 자전거 및 자동차를 포함한 수많은 운송 방법의 연결성이 급격히 증가할 것이라는 전망이 포함되어 있다.

또 다른 예측은 5G가 더 좁은 영역에 수많은 장치를 연결하는 속도와 기회를 모두 가속화할 것이라는 것이다. 이를 통해 그 어느 때보다 훨씬 더 많은 데이터를 캡처하고 저장할 수 있다.

이러한 기회는 긍정적으로 들리지만, 이러한 변화는 오용의 문을 열 수도 있다. 예를 들어 인터넷 속도와 IoT 장치 수가 증가함에 따라 분산 서비스 거부(DDoS) 공격에 더 자주 사용될 수 있다. 요컨대 IoT는 계속해서 진화하고 확장되어 우리 삶의 거의 모든 측면에 영향을 미칠 것이다.

토의문제

1. 사람들은 종종 웹과 인터넷이라는 용어를 혼용하지만 둘은 같지 않다. 각각을 최대한 정의하고 어떻게 다른지 정확하게 설명해보라.

2. 이 기사는 웹 1.0과 웹 2.0에 대해 이야기한다. 웹 2.0이 끝인지 궁금할 수도 있다. 웹 3.0이 있을 것이라고 생각하는가? 있다면 무엇을 수반할까?

3. IoT가 분명히 비즈니스(예 : 생산 라인의 센서를 사용하여 제조 추적) 및 도시(예 : 교통 흐름, 조명, 대중 교통 추적)에 영향을 미치고 있지만, IoT가 여러분의 삶에 어떤 영향을 미쳤는가? 아파트나 집에 IoT 장치가 있는가? 없다면 어떤 IoT 장치를 소유하고 싶은가?

4. IoT 장치에는 최신 보안 조치가 적용되어 있다고 생각하는가, 아니면 IoT 장치 사용으로 인해 잠재적인 보안 위험이 있을 수 있다고 생각하는가?

보안 가이드

비밀번호와 비밀번호 에티켓

많은 형태의 컴퓨터 보안은 비밀번호를 사용하여 시스템과 데이터에 대한 접근을 통제한다. 아마도 여러분은 사용자 이름과 비밀번호로 접근하는 대학 계정을 가지고 있을 것이다. 계정을 설정할 때 **강력한 비밀번호**(strong password)를 사용하라는 조언을 받았을 것이다. 이는 좋은 조언이지만, 강력한 비밀번호란 무엇인가? 'sesame' 같은 비밀번호는 아닐 테지만, 그렇다면 어떤 것이 강력한 비밀번호인가?

출처 : Vitalii Vodolazskyi/Shutterstock

효과적인 보안을 추구할 이유가 많은 회사인 마이크로소프트는 강력한 비밀번호를 만드는 다음과 같은 가이드라인을 제공한다. 강력한 비밀번호는 다음과 같다.

1. 최소 12자 이상이어야 하며, 14자가 더 좋다.
2. 사용자 이름, 실제 이름, 또는 회사 이름을 포함하지 않아야 한다.
3. 어떤 언어로도 완전한 사전 단어를 포함하지 않아야 한다.

4. 이전에 사용한 비밀번호와 달라야 한다.
5. 대문자와 소문자, 숫자, 특수문자를 모두 포함해야 한다(예 : ~ ! @ # $ % ^ & * ( ) _ + = {} | [ ] : " ' 〈 〉?,./).

강력한 비밀번호의 예로는 다음과 같은 것이 있다.

- Qw37^T1bb?at
- 3B47qq〈3〉5!7b

이러한 비밀번호의 문제는 기억하기가 거의 불가능하다는 점이다. 그리고 비밀번호를 종이에 적어 사용 중인 기기 근처에 보관하는 것은 가장 피해야 할 일이다. 절대 그렇게 하지 말아야 한다!

기억하기 쉽고 강력한 비밀번호를 만드는 한 가지 방법은 문구의 첫 글자를 기반으로 비밀번호를 만드는 것이다. 이 문구는 노래 제목이 될 수도 있고 시의 첫 줄이 될 수도 있으며, 여러분의 삶에 대한 어떤 사실을 기반으로 할 수도 있다. 예를 들어, "I was born in Rome, New York, before 2000"이라는 문구를 사용해보자. 이 문구의 첫 글자를 사용하고 'before'라는 단어 대신 문자를 대체하여 비밀번호 IwbiR,NY<2000을 만든다. 이는 적절한 비밀번호지만, 숫자가 모두 끝부분에 있는 것은 바람직하지 않다. 그러므로 "I was born at 3:00 AM in Rome, New York."이라는 문구를 사용해보자. 이 문구는 비밀번호 Iwba3:00AMiR,NY를 생성하며, 이는 쉽게 기억할 수 있는 강력한 비밀번호이다.

강력한 비밀번호를 만들었으면, 모든 사이트에서 같은 비밀번호를 재사용하지 않도록 해야 한다. 모든 사이트가 데이터를 동일한 수준으로 보호하는 것은 아니며, 때로는 해커들에게 비밀번호를 유출하기도 한다. 해커들은 그 비밀번호를 사용하여 당신이 자주 사용하는 다른 사이트에 접근할 수 있다. 비밀번호의 다양성은 당신의 친구이다. 덜 중요한 사이트(예 : 소셜 네트워킹)와 더 중요한 사이트(예 : 온라인뱅킹)에 동일한 비밀번호를 사용하지 마라.

또한 비밀번호를 보호하는 올바른 행동을 해야 한다. 비밀번호를 적지 말고, 다른 사람과 공유하지 말며, 다른 사람의 비밀번호를 요청하지도 마라. 때때로 공격자는 관리자 행세를 하며 사용자들에게 비밀번호를 요청할 수 있다. 그러나 진짜 관리자는 비밀번호를 요구하지 않는다. 그들은 이미 모든 회사의 컴퓨터와 시스템에 대한 전체 접근권한을 가지고 있으며, 비밀번호를 물어보지 않는다.

토의문제

1. 셰익스피어의 희곡 '맥베스'의 한 구절인 "Tomorrow and tomorrow and tomorrow, creeps in its petty pace"를 사용하여 비밀번호를 만드는 방법을 설명하라. 이 비밀번호에 숫자와 특수문자를 추가하면서도 쉽게 기억할 수 있는 방법을 설명하라.

2. 강력한 비밀번호를 만들기 위해 사용할 수 있는 두 가지 다른 문구를 작성하고, 각각의 문구로 만든 비밀번호를 나타내라.

3. 사이버 세상에서 살아가는 데 있어 우리는 모두 여러 개의 비밀번호가 필요하다. 하나는 직장이나 학교를 위해, 다른 하나는 은행 계좌를 위해, 또 다른 하나는 이베이나 다른 경매 사이트를 위해. 물론 각 계정에 다른 비밀번호를 사용하는 것이 좋다. 그러나 그렇게 하면 3개 또는 4개의 다른 비밀번호를 기억해야 한다. 이들 다른 계정을 위해 기억하기 쉽고 강력한 비밀번호를 만들 수 있는 다양한 문구를 생각해보라. 문구를 계정의 목적에 연관지어 작성하고, 각 비밀번호를 나타내라.

4. 여러 사이트에서 비밀번호를 재사용하는 것이 왜 보안 문제를 일으킬 수 있는지 설명하라.

5. 진짜 시스템 관리자가 비밀번호를 요구하지 않는 이유를 설명하라.

커리어 가이드

직종과 다섯 가지 구성 요소

몇 년, 심지어 몇십 년 전에는 학생들이 마지막 학기까지 취업에 대해 진지하게 생각하지 않아도 괜찮았다. 전공을 선택하고, 필요한 수업을 듣고, 졸업을 준비하면서 졸업반이 되면 언젠가는 캠퍼스에 좋은 일자리를 가득 안고 채용 담당자들이 올 거라고 믿으면서 말이다. 안타깝게도 오늘날은 그런 시대가 아니다.

현재의 고용 상황에서는 구직 활동에 적극적이고 공격적이어야 한다. 생각해보라. 깨어 있는 시간의 3분의 1을 직장에서 보내게 될 것이다. 자신을 위해 할 수 있는 가장 좋은 일 중 하나는 지금 당장 미래의 직업 전망에 대해 진지하게 생각하기 시작하는 것이다. 물론 스타벅스를 창업할 계획이 아니라면 4년 동안 경영대학을 다니고 나서 바리스타로 일하고 싶지는 않을 것이다.

그러니 여기서 시작하자. MIS 분야의 경력에 관심이 있는가? 아직 충분히 알지 못해서 확신할 수 없겠지만, 그림 1-6과 1-7은 주목할 만하다. 아웃소싱의 영향을 받지 않는 직종에서 이러한 일자리 성장세를 보인다면, 적어도 IS 및 관련 서비스 분야에서 자신의 경력을 고려해볼 만하다.

하지만 그게 무슨 의미일까? 미국 노동통계국에 따르면 현재 미국에는 백만 명 이상의 컴퓨터 프로그래머와 60만 명 이상의 시스템 분석가가 있다. 프로그래머가 무슨 일을 하는지 어느 정도 알고 있겠지만, 시스템 분석가가 무슨 일을 하는지는 아직 모를 것이다. 하지만 그림 1-8의 다섯 가지 구성 요소를 살펴보면 어느 정도 감을 잡을 수 있다. 프로그래머는 주로 소프트웨어 구성 요소를 다루고, 시스템 분석가는 전체 시스템, 즉 다섯 가지 구성 요소 모두를 다룬다. 따라서 시스템 분석가로서 시스템 사용자와 협력하여 조직의 요구사항을 파악한 다음, 기술 담당자(및 기타 관련자)와 협력하여 해당 시스템을 개발하는 데 도움을 준다. 기술 문화를 비즈니스 문화로, 그리고 그 반대로 번역하는 문화 중개자 역할을 한다.

다행히도 많은 흥미로운 직업들이 미국 노동통계국의 데이터에 포함되어 있지 않다. 이것이 왜 다행일까? 이 과정에서 배우는 내용을 활용하여 다른 학생들이 생각하지 못하거나 심지어 알지 못하는 직업을 찾고 얻을 수 있기 때문이다. 그렇게 된다면 경쟁우위를 확보한 것이다.

다음 페이지의 그림은 색다른 방식으로 경력에 대해 생각할 수 있는 프레임워크를 제공한다. 보다시피 MIS에는 기술직도 있지만 매력적이고 도전적이며 급여가 높은 비기술직도 있다. 예를 들어 전문 영업직을 생각해보자. 메이요클리닉에 기업용 소프트웨어를 판매하는 일을 맡았다고 가정해보자. 수천만 달러를 지출할 수 있는 지적이고 의욕이 넘치는 전문가들에게 판매하게 될 것이다. 또는 메이요클리닉의 그 영업 제안을 받는 쪽에서 일한다고 가정해보자. 수천만 달러를

구성 요소	하드웨어	소프트웨어	데이터	절차	사람
영업 및 마케팅	공급업체(IBM, 시스코 등)	공급업체(마이크로소프트, 오라클 등)	공급업체(액시엄, 구글 등)	공급업체(SAP, 인포, 오라클)	리크루터(로버트하프, 루카스그룹)
지원	공급업체 내부 MIS	공급업체 내부 MIS	데이터베이스 관리, 보안	공급업체 및 내부 고객 지원	고객 지원, 교육
개발	컴퓨터 엔지니어링, 내부 MIS	응용 프로그램 프로그래머, 품질 테스트 엔지니어	데이터 모델러, 데이터베이스 설계	비즈니스 프로세스 관리, 프로세스 리엔지니어링	교육, 내부 MIS 채용
관리	내부 MIS	내부 MIS	데이터 관리	프로젝트 관리	기술 관리
컨설팅	프로젝트 관리, 개발, 사전 및 사후 지원				

어떻게 쓸 것인가? 비즈니스에 대한 지식이 필요하고, 기술을 충분히 이해하여 현명한 질문을 하고 답변을 해석할 수 있어야 할 것이다.

토의문제에 답하면서 이에 대해 생각해보라. 설령 점수가 매겨지지 않더라도 말이다!

토의문제

1. '아웃소싱의 영향을 받지 않는 직종'이라는 문구는 무엇을 의미하는가? 확실하지 않다면 그림 1–6에 대한 설명을 다시 읽어보라. 이것이 왜 여러분에게 중요한가?

2. 이 페이지의 직종과 다섯 가지 구성 요소 표를 살펴보고 자신의 관심사와 능력에 가장 적합해 보이는 행을 선택하라. 해당 행의 각 구성 요소 열에 있는 직업을 설명하라. 잘 모르겠으면 해당 행의 셀에 있는 용어를 구글에 검색해보라.

3. 문제 2에 대한 답변의 각 직업에 대해 해당 직업에 가장 중요한 기술과 능력 세 가지를 설명하라.

4. 문제 2에 대한 답변의 각 직업에 대해 올해 취업 가능성을 높이기 위해 취할 수 있는 혁신적인 조치 한 가지를 설명하라.

윤리 가이드

윤리와 전문가 책임

여러분이 젊은 마케팅 전문가로서 새로운 판촉 캠페인을 시장에 내놓은 상황을 가정해보자. 경영진 위원회가 캠페인의 판매 효과에 대한 요약을 발표해달라고 요청했고, 여러분은 그림 1에 나와 있는 그래프를 제출했다. 이 그래프에 따르면 캠페인은 정말 적절한 시기에 시작되었고, 판매가 하락하기 시작하는 순간부터 캠페인이 시작되어 이후 판매가 급증했다.

그러나 이 그래프의 세로축에는 정량적 레이블이 없다. 만약 정량적 레이블을 추가한다면, 그림 2에서 보듯 성과가 덜 인상적일 것이다. 상당한 성장이 20단위 이하에 그친 것으로 보인다. 여전히 그래프의 곡선은 인상

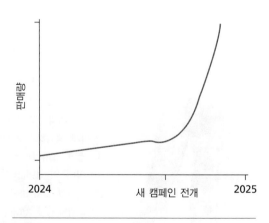

그림 1

적이며, 아무도 계산을 하지 않는다면, 캠페인은 성공한 것처럼 보일 것이다.

그러나 이러한 인상적인 모양은 그림 2가 비율에 맞춰 그려지지

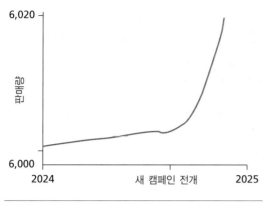

그림 2

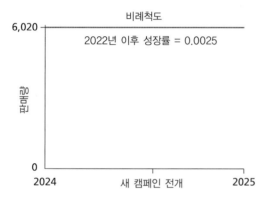

그림 3

명령의 의미에서 윤리적이지 않다.

칸트는 '의무'를 정언 명령에 따라 행동해야 할 필요성으로 정의했다. '완전한 의무'는 항상 충족되어야 하는 행동이다. 거짓말하지 않는 것은 완전한 의무이다. '불완전한 의무'는 정언 명령에 따라 요구되지는 않지만 칭찬받을 만한 행동이다. 자선 기부가 불완전한 의무의 예이다.

칸트는 자신의 재능을 키우는 것을 불완전한 의무의 예로 들었으며, 우리는 이를 식업석 책임을 정의하는 방법으로 사용할 수 있다. 비즈니스 전문가들은 직무를 수행하는 데 필요한 기술을 습득할 불완전한 의무가 있다. 또한 우리는 경력 동안 비즈니스 기술과 능력을 계속 개발해야 할 불완전한 의무가 있다.

우리는 이후의 장에서 이 원칙을 적용할 것이다. 지금은 이 원칙을 사용하여 그림 1에서 3에 대한 신념을 평가하고 다음 문제에 답해보라.

토의문제

1. 칸트의 정언 명령을 여러분의 언어로 다시 정의해보라. 시험에서의 부정행위가 정언 명령과 일치하지 않는 이유를 설명하라.
2. 의견의 차이가 있지만 대부분의 학자들은 황금률("자신이 대접받고 싶은 것처럼 다른 사람들을 대접하라")은 칸트의 정언 명령과 일치하지 않는다고 생각한다. 이 신념을 정당화하라.
3. 엑셀을 사용하여 그림 1을 생성했다고 가정해보자. 이를 위해 데이터를 엑셀에 입력하고 '그래프 만들기' 버튼을 클릭했다. 그림 1은 레이블 없이 작성되었다. 그리고 더 이상 이에 대해 고려하지 않고 이 결과를 프레젠테이션에 넣었다.
   a. 여러분의 행동은 칸트의 정언 명령과 일치하는가? 그 이유는 무엇인가?
   b. 엑셀이 그림 1과 같은 그래프를 자동으로 생성한다면 마이크로소프트의 행동은 칸트의 정언 명령과 일치하는가? 그 이유는 무엇인가?
4. 역할을 변경해서 생각해보자. 지금 여러분이 집행위원회의 일원이라고 가정해보라. 마케팅 전문가 부하 직원은 그림 1을 위원회에 제출했고 여러분은 레이블 부재에 반대한다. 마케팅 전문가 부하 직원은 "죄송하지만 저는 몰랐습니다. 데이터를 엑셀로 복사한 결과입니다"라고 했다. 이러한 응답에 중역 마케팅 전문가로서 여러분은 어떠한 결론을 내릴 것인가?
5. 문제 4에서 마케팅 담당 부하 직원의 답변은 완전한 의무를 위반한 것인가? 불완전한 의무는 어떠한가? 여러분의 답변을 설명하라.
6. 여러분이 마케팅 담당 부하 직원이라면 어떤 그래프를 위원회에 제출할 것인가?
7. 칸트에 따르면 거짓말은 정언 명령과 일치하지 않는다. 여러분이 회장 집에서 열리는 바비큐 파티에 초대되었다고 가정해보자. 여러분은 그 음식을 즐기는 것처럼 보이지만 사실은 개에게 줄 정도로 질기거나 너무 익어서 간신히 먹을 수 있는 스테이크가 제공되었다. 회장이 여러분에게 "스테이크는 어떻습니까?"라고 질문한다. 이에 여러분은 "훌륭하네요. 초대해주셔서 감사한다"라고 대답한다.

않았기 때문에 가능한 것이다. 만약 비율에 맞춰 그리면 그림 3에서 보듯 캠페인 성공은 문제적일 수 있다. 적어도 여러분에게는 말이다.

이 중 어떤 그래프를 위원회에 제출하겠는가?

이 책의 각 장에는 MIS와 관련된 다양한 맥락에서 윤리적이고 책임 있는 행동을 탐구하는 윤리 가이드가 포함되어 있다. 이 장에서는 데이터와 정보의 윤리를 살펴보겠다.

수세기 동안 철학적 사상은 "올바른 행동이란 무엇인가?"라는 질문을 다루어 왔으며, 여기서 모든 것을 논의할 수는 없다. 그러나 비즈니스 윤리 수업에서 이러한 내용의 대부분을 배울 것이다. 우리의 목적을 위해 우리는 윤리 철학의 주요 두 가지 기둥을 사용할 것이다. 여기서는 첫 번째 기둥을 소개하고, 두 번째는 2장에서 다룰 것이다.

독일 철학자 임마누엘 칸트는 **정언 명령**(categorical imperative)을 "하나의 행동이 보편적 법칙이 되어야 한다고 원할 정도로 행동해야 한다는 원칙"이라고 정의했다. 도둑질은 이러한 행동이 될 수 없다. 만약 모두가 도둑질을 한다면 아무것도 소유될 수 없기 때문이다. 도둑질은 보편적 법칙이 될 수 없다. 마찬가지로 거짓말도 정언 명령에 일치할 수 없다. 만약 모두가 거짓말을 한다면 단어는 쓸모가 없기 때문이다.

이 원칙이 일관된지 여부를 묻는 좋은 리트머스 시험은 "당신의 행동을 세상에 공개할 의향이 있는가? 페이스북 페이지에 올릴 의향이 있는가? 관련된 모든 사람에게 당신이 한 일을 말할 의향이 있는가?"라는 질문이다. 그렇지 않다면 여러분의 행동은 적어도 칸트의 정언

a. 여러분의 행동은 칸트의 정언 명령과 일치하는가?

b. 스테이크는 개에게나 주는 것이 적당해 보인다는 사실로 인해

문제 7-a에 대한 답변이 변경되는가?

c. 이 예에서 어떤 결론을 이끌어낼 수 있는가?

생생복습

이 장에서 학습한 내용을 이해했는지 확인해보자.

1-1 경영정보시스템(MIS) 입문이 왜 경영대학에서 가장 중요한 수업인가?

벨의 법칙을 정의하고, 그 결과가 오늘날 비즈니스 전문가에게 왜 중요한지 설명하라. 무어의 법칙, 멧커프의 법칙, 닐슨의 법칙, 크라이더의 법칙이 디지털 기기 사용 방식을 어떻게 변화시키고 있는지 설명하라. 비즈니스 전문가가 새로운 정보기술과 어떤 관계를 맺어야 하는지 설명하라.

1-2 MIS는 우리에게 어떤 영향을 미칠 것인가?

라이시의 네 가지 핵심 비일상적 인지 기술을 정의하라. 이 책에서 제시하는 직업 안정성의 정의를 설명하고, 라이시의 목록을 사용하여 이 과정이 어떻게 직업 안정성을 얻는 데 도움이 되는지 설명하라. 시스템 사고가 비즈니스에 왜 중요한지 설명하라.

1-3 MIS 관련 직업이 높은 수요를 보이는 이유는 무엇인가?

MIS 관련 직업 기회를 요약하라. 미국 노동통계국에 따르면, MIS 관련 직업의 성장률은 전국 모든 직업의 평균 성장률과 비교했을 때 어떠한가? 기술 혁신 또는 기술 비용의 상대적 하락이 MIS 관련 직업 기회의 가치를 높이는 이유를 설명하라.

1-4 MIS란 무엇인가?

MIS 정의에서 세 가지 중요한 문구를 확인하라. IT는 구매할 수 있지만 IS는 구매할 수 없는 이유를 설명하라. 이것이 잠재적인 미래 비즈니스 관리자인 여러분에게 어떤 의미인가? 정보시스템의 다섯 가지 구성 요소의 이름을 말하고 정의하라. 다섯 가지 구성 요소 모델을 사용하여 IT와 IS의 차이점을 설명하라. 최종 사용자가 정보시스템 관리에 참여해야 하는 이유를 설명하라. 조직이 무언가를 한다는 말이 오해인 이유를 설명하라.

1-5 정보란 무엇인가?

정보의 네 가지 정의를 설명하라. 가장 마음에 드는 정의를 선택하고 그 이유를 설명하라. 데이터와 정보의 차이점을 설명하라. 정보는 종이나 디스플레이 장치에 기록될 수 없는 이유를 설명하라.

1-6 고품질의 정보를 위해 필요한 데이터 특성은 무엇인가?

좋은 데이터의 특성을 기억하기 위한 연상 기억법을 만들어라. 이러한 데이터 특성이 정보 품질과 어떤 관련이 있는지 설명하라.

이 장의 **지식**이 **여러분**에게 어떻게 도움이 되는가?

라이시의 네 가지 기술을 숙달하는 것이 여러분의 경력에 어떻게 도움이 될지 요약하라. 모든 비즈니스 전문가가 IS의 기본을 배워야 하는 이유를 설명하라

주요용어

강력한 비밀번호(strong password)

경영정보시스템(management information system, MIS)

기술력의 차이(technology skills gap)

닐슨의 법칙(Nielsen's Law)

다섯 가지 구성 요소 프레임워크(five-component framework)

데이터(data)

디지털 혁명(Digital Revolution)

멧커프의 법칙(Metcalfe's Law)

무어의 법칙(Moore's Law)

벨의 법칙(Bell's Law)

사람(people)

소프트웨어(software)

시스템(system)

시스템 사고(system thinking)

실험 능력(experimentation)

절차(procedure)

정보(information)

정보기술(information technology, IT)

정보시스템(information system, IS)

정보화 시대(Information Age)

추상적 추론(abstract reasoning)

컴퓨터 기반 정보시스템(computer-based information system)

컴퓨터 하드웨어(computer hardware)

크라이더의 법칙 (Kryder's Law)

협업(collaboration)

학습내용 점검

1-1. 이 과목이 경영대학에서 가장 중요한 과목이라는 것에 대해 동의하는가? 회계가 더 중요하지 않은가? 경영은 회계 없이 존재할 수 없다. 혹은 인적자원 관리가 더 중요하지 않은가? 결국 여러분이 사람들을 관리할 수 있다면 기술로 혁신을 하는 방법을 알아야 할 필요가 있는가? 여러분은 혁신적으로 생각하는 사람들을 고용할 수 있다.

다른 한편으로는 어떤 하나의 요인이 정보시스템보다 모든 비즈니스에 영향을 미칠 수 있는가? 정보시스템과 정보기술에 대한 지식과 능력이 미래의 취업과 성공에 열쇠가 될 수 있는가?

이 질문을 진지하게 생각해보고 여러분이 동의하든 동의하지 않든 그 이유에 대해 한 페이지로 기술하라.

1-2. 이 장에서 제시된 정보의 네 가지 정의를 고려하라. 첫 번째 정의인 "데이터에서 파생된 지식"의 문제는 우리가 모르는 단어(정보)를 두 번째로 모르는 단어(지식)로 대체한다는 것이다. 두 번째 정의인 "의미 있는 맥락에서 제시된 데이터"의 문제는 너무 주관적이라는 것이다. 누구의 맥락인가? 어떤 맥락이 의미 있는가? 세 번째 정의인 "합계, 정렬, 평균 등으로 처리된 데이터"는 너무 기계적이다. 무엇을 해야 하는지 알려주지만 정보가 무엇인지 알려주지 않는다. 네번째 정의인 "차이를 만드는 차이"는 모호하고 도움이 되지 않는다.

또한 이러한 정의 중 어느 것도 우리가 받는 정보의 양을 정량화하는 데 도움이 되지 않는다. 모든 인간이 배꼽이 있다는 진술의 정보 내용은 무엇인가? 아무것도 없다. 이미 알고 있는 내용이기 때문이다. 반면 누군가가 여러분의 당좌계좌에 5만 달러를 입금했다는 진술은 정보로 가득 차 있다. 따라서 좋은 정보에는 놀라움의 요소가 있다. 이러한 점들을 고려하여 다음 문제에 답하라.

a. 정보는 무엇으로 구성되는가?

b. 더 많은 정보를 가지고 있다면 무게가 더 나가는가? 그 이유는 무엇인가?

c. 여러분의 성적표 사본을 잠재적 고용주에게 제출할 때 정보는 어떻게 생성되는가? 그 정보 생성 과정의 어느 부분을 통제하는가? 고용주가 받아들이는 정보의 질을 향상시키기 위해 할 수 있는 일이 있는가?

d. 여러분이 생각하는 가장 좋은 정보의 정의를 제시하라.

e. 정보라는 단어를 정의하는 데 큰 어려움을 겪고 있음에도 불구하고 정보기술이라는 산업이 존재하는 이유는 무엇이라고 생각하는가?

1-3. 다섯 가지 구성 요소에 비추어서 시스템의 비용을 생각해보라. 하드웨어의 구매와 유지 비용, 소프트웨어 프로그램 개발 또는 라이선스 획득 비용과 그것들의 관리 비용, 데이터베이스 설계와 데이터 입력 비용, 절차 개발과 최신 상태로 유지하기 위한 비용, 마지막으로 시스템을 개발하고 사용하기 위한 인력 비용이 있다.

　　a. 시스템의 수명주기상에서 많은 전문가들은 개별적으로 가장 비싼 구성 요소는 사람이라고 믿는다. 이러한 믿음이 합당하다고 생각하는가? 이러한 믿음에 동의하거나 동의하지 않는 이유를 설명하라.

　　b. 의도된 요구사항들을 충족시켜 주지 못하는 불완전한 시스템을 가정해보자. 비즈니스의 요구사항은 사라지지 않지만, 그들 스스로 그 요구사항을 수행할 수는 없다. 그러므로 무엇인가가 주어져야만 한다. 하드웨어와 소프트웨어 프로그램이 정확하게 작동하지 않을 때 어떤 구성 요소를 선택할 것인가? 불완전하게 설계된 시스템의 비용에 대해 이는 무엇을 말하는가? 무형적 요소인 인건비뿐만 아니라 직접적인 비용 모두를 생각하라.

　　c. 미래 비즈니스 관리자로서 문제 a와 b에 대한 응답이 어떤 영향을 미치는가? 이는 여러분의 개입 필요성에 대해 무엇을 말하는가? 요구사항 및 시스템 개발의 다른 측면은 무엇인가? 최후에 개발된 시스템의 비용은 누가 지불할 것인가? 해당 비용은 어느 예산에서 발생하는가?

1-4. 여러분이 큰 지역 의료제공 기관에서 일한다고 가정하라. 회사의 CIO(최고정보책임자)가 여러분에게 조직의 운영에 대한 데이터를 수집해달라고 요청했다. 특히 CIO는 병원과 클리닉에서의 물품 및 장비 추적을 더 신중하게 하고 싶어 한다. 문제는 대부분의 의료 종사자들이 그 정보를 제공하는 것에 관심이 없다는 것이다. 그들은 경영진이 환자 치료에 간섭하는 것을 원하지 않는다. 그들은 경영진이 특정 항목을 너무 많이 가지고 있다고 생각하면 물품을 줄이기 시작할 것이라고 걱정한다. 그러면 가장 필요한 순간에 필수 물품이 부족하게 될 것이다!

　　a. 이 경우에 **정확한** 정보를 수집하는 것이 왜 중요한가?

　　b. 이 경우에 **시기적절한** 정보를 수집하는 것이 왜 중요한가?

　　c. 이 경우에 **관련** 정보를 수집하는 것이 왜 중요한가?

　　d. 이 경우에 정보가 **비용 대비 가치**가 있는지 확인하는 것이 왜 중요한가?

협업과제 1

이 장에서는 협업이 직업 안정성을 유지하는 데 핵심적인 기술인 이유에 대해 논의했다. 이 연습에서는 협업 IS를 구축한 다음 해당 IS를 사용하여 다음 문제에 협력적인 방식으로 답할 것이다. IS를 구축하기 전에 아래 네 가지 문제를 읽어보는 것이 좋다.

문제 1-5에 답할 때까지는 이메일이나 대면 회의를 활용해야 한다. 문제 1-5에 답한 후에는 해당 의사소통 방법을 사용하여 문제 1-6에 답하라. 문제 1-6에 답한 후에는 의사소통 및 콘텐츠 공유 방법을 사용하여 문제 1-7에 답하라. 그런 다음 전체 IS를 사용하여 문제 1-8 및 1-9에 답하라.

1-5. 의사소통 방법 구축

　　a. 팀과 만나 향후 회의 방식을 결정한다.

　　b. a의 논의를 바탕으로 커뮤니케이션 시스템에 대한 요구사항을 나열한다.

　　c. 커뮤니케이션 도구를 선택하고 구현한다. 도구로는 스카이프, 구글 미트, 줌, 스카이프포비즈니스 등이 있다.

　　d. 새로운 커뮤니케이션 도구를 활용할 때 팀이 사용할 절차를 작성한다.

1-6. 콘텐츠 공유 방법 구축

　　a. 팀과 만나 생성할 콘텐츠 유형을 결정한다.

b. 팀으로서 데스크톱 애플리케이션 또는 클라우드 기반 애플리케이션을 사용하여 콘텐츠를 처리할지 결정한다. 사용할 애플리케이션을 선택한다.

c. 팀으로서 콘텐츠를 공유하는 데 사용할 서버를 결정한다. 구글 드라이브, 마이크로소프트 원드라이브, 마이크로소프트 셰어포인트 또는 기타 서버를 사용할 수 있다.

d. 콘텐츠 공유 서버를 구현한다.

e. 콘텐츠 공유 시 팀이 사용할 절차를 작성한다.

1-7. 작업 관리 방법 구축

a. 팀과 만나 작업 관리 방식을 결정한다. 작업 목록에 저장할 작업 데이터를 결정한다.

b. 팀으로서 작업 공유에 사용할 도구 및 서버를 결정한다. 구글 드라이브, 마이크로소프트 원드라이브, 마이크로소프트 셰어포인트 또는 기타 기능을 사용할 수 있다.

c. a의 도구 및 서버를 구현한다.

d. 작업 관리 시 팀이 사용할 절차를 작성한다.

1-8. 비일상적 기술

a. **추상적 추론**을 정의하고 비즈니스 전문가에게 중요한 기술인 이유를 설명하라. 비즈니스에서 일반적으로 사용되는 추상화의 다른 세 가지 예를 제시하라.

b. **시스템 사고**를 정의하고 비즈니스 전문가에게 중요한 기술인 이유를 설명하라. 벨의 법칙, 무어의 법칙 또는 멧커프의 법칙의 결과와 관련하여 시스템 사고 사용의 다른 세 가지 예를 제시하라.

c. **협업**을 정의하고 비즈니스 전문가에게 중요한 기술인 이유를 설명하라. 팀의 작업 산출물이 팀원 중 누구라도 개별적으로 할 수 있었던 것보다 더 나은가? 그렇지 않다면 협업이 효과적이지 않은 것이다. 이 경우 그 이유를 설명하라.

d. **실험 능력**을 정의하고 비즈니스 전문가에게 중요한 기술인 이유를 설명하라. 실패에 대한 두려움은 실험에 참여하려는 의지를 어떻게 영향을 미치는가?

1-9. 직업 안정성

a. 이 책에서 제시하는 **직업 안정성**의 정의를 설명하라.

b. 이 책에서 제시하는 직업 안정성의 정의를 평가하라. 효과적인가? 그렇지 않다고 생각되면 더 나은 직업 안정성 정의를 제시하라.

c. 팀으로서 문제 1-5부터 1-8까지의 네 가지 차원에 대한 기술을 향상하면 직업 안정성이 높아질 것이라는 데 동의하는가?

d. 기술 능력(회계 능력, 재무 분석 능력 등)이 직업 안정성을 제공한다고 생각하는가? 그 이유는 무엇인가? 2000년의 학생들은 이 문제에 다르게 답했을 것이라고 생각하는가? 그 이유는 무엇인가?

사례연구 1

플루럴사이트

기술 혁신의 속도는 점점 빨라지고 있다. 기술 전문가를 고용하는 기업은 잠재적인 신입 사원이 필요한 기술 역량을 갖추고 있는지 판단할 표준화된 방법이 없다. 학위나 전문 자격증조차도 기술이나 적성을 보장하지 않는다. 기술은 변하고, 지식은 희미해지고, 기술은 빠르게 쓸모없어진다. 조직은 누구를 고용해야 할지, 현재 직원들을 최신 기술 역량에 맞춰 어떻게 교육해야 할지 고민한다. 기술력의 차이는 빠른 속도로 벌어지고 있다.

2004년에 에런 스콘나드, 키스 브라운, 프리츠 어니언,

빌 윌리암스는 플루럴사이트라는 기술 교육 회사를 설립하여 교실 환경에서 현장 기술 및 비즈니스 관리 교육을 제공했다. 플루럴사이트는 사람과 조직에게 최신 기술 관련 기술 교육을 제공하여 기술 혁신 속도를 따라잡을 수 있도록 지원하는 데 중점을 두었다.

격차 해소

플루럴사이트는 기업이 필요로 하는 높은 수준의 기술 역량과 근로자가 제공하는 상대적으로 낮은 수준의 기술 역량 사이의 격차를 해소하는 데 주력한다. 플루럴사이트는 기술

을 모든 현대 기업의 필수적인 부분이자 끊임없이 기업을 발전시키는 원동력으로 보고 있다. 따라서 기업은 새로운 기술에 점점 더 의존하게 되고, 이러한 발전을 활용하기 위해 직원을 재교육해야 할 필요성을 느낀다. 대부분의 고용주와 직원은 지속적인 기술 교육의 필요성을 분명히 인식한다.

고속 온라인 성장

2004년 설립 이후 플루럴사이트는 1,700명 이상의 직원과 1,500명의 전문 저자를 보유한 회사로 성장했다.[14] 회사의 사명은 모든 사람에게 어디서나 학습 플랫폼을 제공하여 발전에 필요한 기술 역량을 습득할 수 있도록 지원하는 것이다. 2008년, 회사는 현장 강의실 학습에서 온라인 학습으로 초점을 전환했다. 플루럴사이트 온라인 학습 라이브러리는 마이크로소프트 기술을 기반으로 하는 10개 과정으로 시작되었다.[15] 오늘날 150개 이상의 국가에서 7,000개 이상의 과정을 이용할 수 있으며, 다양한 소프트웨어 개발 및 기술 역량을 다루고 있다. 이러한 과정은 엄격한 심사를 거친 강사가 제공한다.[16]

2011년 플루럴사이트는 가격 전략에 몇 가지 전략적 변화를 주고 학습 플랫폼에 대한 월간 구독 서비스를 제공하기 시작했다. 그 이후 회사는 빠르게 성장하여 매년 구독자 수가 거의 2배로 증가했다. 유타주에 본사를 둔 플루럴사이트는 Inc. 5000에서 가장 빠르게 성장하는 기업 목록에서 9위 교육 회사로 선정되었다. 포춘지 선정 500대 기업 중 70% 이상이 플루럴사이트 플랫폼을 사용하고 있으며, 2020년에는

그림 1-11 플루럴사이트 홈페이지

출처 : Sharaf Maksumov/Shutterstock

포춘지 선정 100대 일하기 좋은 기업으로 선정되었다.

기업 공개

2018년 4월 플루럴사이트는 기업 공개를 했다. 플루럴사이트 주식은 거래 첫날 20달러에 마감하여 회사의 상장 가격인 15달러보다 33% 상승했다. 이 주가를 기준으로 플루럴사이트는 시가 총액 25억 달러 이상을 기록했으며, 이는 마지막 비상장 기업 가치인 약 10억 달러를 훨씬 웃도는 수치이다.[17] IPO 직후 인터뷰에서 창립자 에런 스콘나드는 플루럴사이트의 주요 성장 분야 중 하나는 대기업 교육이라고 말했다. 2020년 플루럴사이트는 연간 매출 3억 8천만 달러를 보고했으며, 이는 전년 대비 15% 증가한 수치이다. 상반기 시가총액은 33억 3천만 달러였다.

궁극적으로 플루럴사이트는 설립자들이 정보시스템 기술의 혁신적인 응용 프로그램을 개발했기 때문에 성공했다. 교육은 새로운 것이 아니다. 인터넷도 마찬가지이다. 하지만 플루럴사이트는 일반적인 기술을 사용하여 온라인 교육을 제공하는 수십억 달러 규모의 회사를 만들었다. 성공의 열쇠 중 하나는 해당 기술을 비즈니스 기회에 적용할 방법을 찾은 다음, 관리 기술을 통해 해당 아이디어를 번창하는 비즈니스로 발전시키는 것이었다.

토의문제

1-10. *http://pluralsight.com*에 접속하여 관심 있는 과정을 검색해보라. 온라인 교육과 전통적인 교육 방식을 비교했을 때 온라인 교육의 매력은 무엇인가?

1-11. 플루럴사이트 경영진이 비즈니스 성장을 원한다면 어떤 조언을 해주겠는가? 어떻게 매출을 늘릴 수 있을까?

1-12. 기업 고객이 왜 내부 직원을 위한 온라인 기술 교육에 관심을 가질까? 플루럴사이트에 교육 비용을 지불하면 어떤 이점이 있을까?

1-13. 기술력의 차이는 왜 발생하는가? 고용주는 왜 숙련된 근로자를 필요로 하고, 그러한 기술을 가진 근로자가 적은 이유는 무엇인가?

1-14. 기존 대학은 플루럴사이트와의 파트너십을 통해 어떤 이점을 얻을 수 있을까? 일부 대학에서는 이러한 파트너십을 자신들의 존재에 대한 위협으로 보는 반

면, 다른 대학에서는 이를 좋은 기회로 보는 이유는 무엇일까?

1-15. 플루럴사이트 주식 구매를 고려한다고 가정해보자. 플루럴사이트는 향후 어떤 유형의 위협에 직면할 수 있을까? 대형 기술 기업이 비즈니스 모델을 모방하여 수익성을 위협할 수 있을까? 플루럴사이트는 이에 어떻게 대응할 수 있을까?

주

1. Gordon Bell, "Bell's Law for the Birth and Death of Computer Classes: A Theory of the Computer's Evolution," November 1, 2007, accessed April 18, 2021, *http://research.microsoft.com/pubs/64155/tr-2007-146.pdf*.

2. 이 수치는 인텔의 사양 아카이브(*http://ark.intel.com*)와 테크파워UP의 CPU 데이터베이스에 수집되었다.

3. 지프의 법칙(Zipf's Law)은 네트워크에 추가 노드가 추가될수록 네트워크의 가치가 어떻게 증가하는지 설명하는 보다 정확하지만 이해하기 어려운 방법이다. 더 자세한 설명은 다음을 참조하라. Briscoe, Odlyzko and Tilly's 2006 article "Metcalfe's Law Is Wrong" *http://spectrum.ieee.org/computing/networks/metcalfes-law-is-wrong*.

4. Lynn A. Kaoly and Constantijn W. A. Panis, *The 21st Century at Work* (Santa Monica, CA: RAND Corporation, 2004), p. xiv.

5. Robert B. Reich, *The Work of Nations* (New York: Alfred A. Knopf, 1991), p. 229.

6. 2011년 출간된 "Literacy Is NOT Enough: 21st Century Fluencies for the Digital Age"에서 Lee Crockett, Ian Jukes, Andrew Churches는 문제해결, 창의성, 분석적 사고, 협업, 의사소통, 윤리, 행동 및 책임감을 21세기 근로자에게 필요한 핵심 기술로 꼽았다.

7. Accenture, "Reworking the Revolution," accessed April 18, 2021, *www.accenture.com/us-en/company-reworking-the-revolution-future-workforce*.

8. Bureau of Labor Statistics, "Computer Systems Analysts," *Occupational Outlook Handbook*, accessed April 18, 2021, *www.bls.gov/ooh*.

9. Daron Acemoglu and David Autor, "Skills, Tasks, and Technologies: Implications for Employment and Earnings" (working paper, National Bureau of Economic Research, June 2010), *www.nber.org/papers/w16082*.

10. 사실 데이터(data)라는 단어는 복수형이다. 정확하게 말하면 단수형인 데이텀(datum)을 사용하여 "제프 파크스가 시간당 30달러를 번다는 사실은 데이텀이다"라고 말해야 한다. 그러나 데이텀이라는 단어는 현학적이고 까다롭게 들리므로, 이 책에서는 피할 것이다.

11. Matt Burgess, "What Is the Internet of Things? Wired Explains," *Wired*, February 16, 2018, accessed April 18, 2021, *www.wired.co.uk/article/internet-of-things-what-is-explained-iot*.

12. 9series Solutions, "IoT Trends That Will Take the Future by Storm," *Medium*, August 8, 2019, accessed April 18, 2021, *https://medium.com/@9series.solution/iot-trends-that-will-take-the-future-by-storm-9dbc5bc06cf8*.

13. Steve Symanovich, "The Future of IoT: 10 Predictions About the Internet of Things," *Norton*, n.d., accessed April 18, 2021, *https://us.norton.com/internetsecurity-iot-5-predictions-for-the-future-of-iot.html*.

14. Pluralsight, "At a Glance," accessed April 18, 2021, *www.pluralsight.com/about*.

15. Tim Green, "How Pluralsight Grew an Online Learning Business That Made Its Tutors Millionaires," *Hottopics*, May 21, 2015, accessed April 18, 2021, *www.hottopics.ht/13976/how-pluralsight-grew-an-online-learning-business-that-made-its-tutors-millionaires*.

16. Investing City, "Pluralsight: Foresight Is Not 20/20," *Seeking Alpha*, July 30, 2018, accessed April 18, 2021, *https://seekingalpha.com/article/4192231-pluralsight-foresight-is-not-20-20*.

17. Alex Konrad, "Utah Ed Tech Leader Pluralsight Pops 33% in First-Day Trading, Keeping Window Open for Software IPOs," *Forbes*, May 17, 2018, accessed April 18, 2021, *www.forbes.com/sites/alexkonrad/2018/05/17/utah-pluralsight-ipo*.

Chapter 2

조직 전략, 정보시스템, 그리고 경쟁우위

"카말라, 점심 먹으러 가요. 우리가 사용할 새로운 RFID 재고관리 시스템에 대해 더 들어봐야겠어요." 옷을 잘 차려입은 테스가 메인 유통 창고에 있는 회의실로 불쑥 들어왔다. 테스는 e헤르메스의 영업 부사장이다.

카말라는 회사의 자율주행 차량에서 데이터 시각화를 조사하고 대형 화이트보드에 다이어그램을 변경하는 두 직원을 보는 중이었다. 카말라는 인도와 런던에서 성장하고 MIT에서 석사 학위를 받은 자동화 및 로봇공학 전문가이다.

"네, 좋지요. 마침 쉴 수 있는 시간이네요."

"다들 무슨 일을 하고 계셨던 거예요?"

"음… 제시카는 운영 효율성의 향상을 위해 AI에 우리의 모든 데이터를 입력할 수 있는지 알아보고 있어요. 저는 컴퓨터 시각 시스템(computer vision system)과 머신러닝이 자율주행 차량에서 어떻게 작동하는지 알고 있지만, 계획 수립과 최적화를 위해 서로 다른 데이터를 전부 통합하는 일은 익숙하지 않네요."

"듣기만 해도 복잡하네요. 당신이 엔지니어고 제가 영업직이라서 다행이에요."

카말라는 개인적인 이야기를 하기 위해 테스에게 복도로 가자는 제스처를 취했다.

"솔직히 말하자면 알아낼 수는 있지만 걸리는 시간은 상상 이상일 거예요. 결국 매출은 늘어나고 비용은 줄어들겠지만, 이 프로젝트는 걱정되지 않는 편이에요." 카말라는 눈을 굴리며 진심으로 좌절한 표정을 지었다.

"그게 무슨 말이에요?"

"우리가 누구죠?"

"무슨 말을 하고 싶은 거예요?" 테스는 약간 당황했다.

"음, 한 기업으로서 우리는 누구죠? 우리는 모바일 방문형인 이베이에서 시작해서 명성을 쌓아왔죠. 그건 알고 있어요. 하지만 다른 분야로 확장하면 더 많은 돈을 벌 수 있어요."

"무슨 뜻이죠? 다른 분야라니요?"

"그게, 제시카가 얼마 전에 중고 상품뿐만 아니라, 새로운 상품도 판매하려면 현지 기업과 협력하는 것을 고려해야 한다고 말한 적이 있어요. 저도 그 말에 전적으로 동의해요. 심지어 우리는 그것보다 많은 일을 할 수 있어요. 택배 배송도 시작하면 어떨까요?"

"배송 회사가 되겠다는 건가요?"

"네…. 뭐, 그런 셈이죠. 잠재적 경쟁업체의 배송을 돕게 되겠지만, 우리 모바일 매장 앞에 구매할 준비가 된 고객도 있을 테니까요. 더 광범위하게 생각하지 않으면 정말 놓치게 될 것 같아요."

"이 내용에 대해 제시카랑 상의해보셨나요?"

"**우린 모두에게 전부가 될 수는 없으니까요.**"

출처 : VORTEX/Shutterstock

"네, 그녀는 전부 좋은 아이디어라는 데에는 동의했지만, 모바일 매장에서 새로운 상품을 운반하는 일을 확장하는 데 집중하고 싶어 하더라고요. 심지어 우리가 현지 농부들과 협력하여 모바일 농산물 직거래 장터를 만들 수 있을 것이라고 생각해요."

"그러면… 단점은 무엇인가요? 쉬운 일로 들리네요. 우리는 사업 방식을 바꿀 필요도 없고, 새로운 상품도 많이 출시하고, 기업 고객 이윤도 꽤 괜찮을 텐데요."

"맞아요, 근데 계약에 실패하면 어떡하죠? 우리가 유통망에서 그들을 근본적으로 배제할 수 있다는 걸 그들이 알게 되면요? 넷플릭스가 블록버스터에게 한 것처럼 우리도 소매업체에 그렇게 할 수 있을 겁니다. 오프라인 매장은 골칫거리가 될 거예요. 더 나쁜 경우 우리가 그들에게 의존하게 되고 그들이 우리의 이윤을 압박하기 시작하면 어떻게 될까요?"

"글쎄요. 제시카가 생각하는 만큼 돈이 된다면 시도해볼 가치는 있을 것 같아요."

"네, 시간과 돈을 투자해서 e헤르메스를 단순한 '소매' 회사가 아닌 그 이상의 회사로 만들 수 있겠죠. 배송이나 운송 회사가 된다면 엄청난 돈을 벌 수 있을 거예요." 카말라는 또렷하게 좌절감을 느끼고 고개를 저었다.

"카말라, 전적으로 동의해요. 우리는 자동화된 배송 및 배송 분야의 리더가 될 수 있어요. 이견이 있을 수 없죠."

"그래서요?"

"집중이 중요하겠죠. 우린 모두에게 전부가 될 수는 없으니까요. 기존 소매 사업을 확장하는 것과 배송 및 운송업체가 되는 것은 전혀 달라요."

"하지만 지금 당장 벌어들일 수 있는 돈은 어떡하죠? 우리가 벌지 못하면 다른 누군가가 차지할 텐데요. 아마존의 드론 배송 서비스가 말 그대로 시작되면 어떻게 될까요?"

테스가 미소를 지으며 말했다. "점심 먹으러 가는 길에 빅토르도 같이 데려가요. 빅토르도 이 얘기를 꼭 들어야 할 사람이에요. 제가 팟타이를 먹는 동안 둘이서 전략에 대해 얘기하면 되겠네요!"

학습목표

학습성과 : 경쟁 전략과 정보시스템 요구사항 간의 관계를 논의할 수 있다.

2-1   조직 전략은 어떻게 정보시스템 구조를 결정하는가?

2-2   산업구조를 결정하는 다섯 가지 세력은 무엇인가?

2-3   산업구조 분석은 어떻게 경쟁 전략을 결정하는가?

2-4   경쟁 전략은 어떻게 가치사슬 구조를 결정하는가?

2-5   비즈니스 프로세스는 어떻게 가치를 발생시키는가?

2-6　경쟁 전략은 어떻게 비즈니스 프로세스와 정보시스템의 구조를 결정하는가?

2-7　정보시스템은 어떻게 경쟁우위를 제공하는가?

2-8　비즈니스 프로세스와 정보시스템의 미래는 무엇인가?

이 장의 **지식**이 **여러분**에게 어떻게 도움이 되는가?

2-1 조직 전략은 어떻게 정보시스템 구조를 결정하는가?

MIS의 정의에 따르면 조직에는 전략을 달성할 수 있도록 지원하기 위해 정보시스템이 존재한다. 경영전략 수업에서 배우게 되겠지만, 조직의 목표와 목적은 경쟁 전략에 의해 결정된다. 따라서 궁극적으로 경쟁 전략은 모든 정보시스템의 구조, 특징, 기능을 결정한다.

그림 2-1은 이러한 상황을 요약한 것이다. 요약하면 조직은 해당 산업의 구조를 검토하고 경쟁 전략을 결정한다. 이 전략은 가치사슬을 결정하고, 가치사슬은 비즈니스 프로세스를 결정한다. 비즈니스 프로세스의 구조는 정보시스템 지원의 설계를 결정한다.

경쟁분석에 있어 핵심적인 연구자이면서 사상가 중 한 사람인 마이클 포터는 그림 2-1의 요소를 이해하는 데 도움이 되는 세 가지 다른 모델을 개발했다. 우리는 그가 제안한 다섯 가지 세력 모델로 시작하려 한다.

2-2 산업구조를 결정하는 다섯 가지 세력은 무엇인가?

조직 전략은 산업의 기본 특성과 구조에 대한 평가로 시작한다. 산업구조를 평가하는 데 사용되는 모델 중 하나는 그림 2-2에 요약된 포터의 **다섯 가지 세력 모델**(five forces model)[1]이다. 이 모델에 따르면 다섯 가지 경쟁 세력이 산업 수익성을 결정하는데, 고객 협상력, 대체재의 위협, 공급자 협상력, 신규 진입자의 위협, 기존 기업 간의 경쟁으로 구성된다. 다섯 가지 세력의 각각의 강도는 산업의 특성, 수익성, 수익의 지속 가능성을 결정한다.

이 모델을 이해하려면 그림 2-3의 각 세력에 대한 강점과 약점의 예시를 참고하면 된다. 여러분이 이해한 것을 확인하려면 그림 2-3에서 각 범주의 다른 세력을 생각할 수 있는지를 확

그림 2-1 조직 전략이 정보시스템을 결정한다

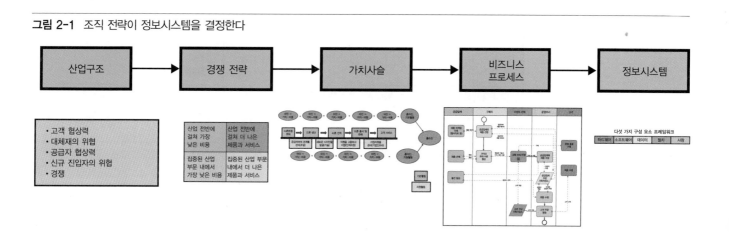

그림 2-2 포터의 다섯 가지 산업구조 세력 모델

- 고객 협상력
- 대체재의 위협
- 공급자 협상력
- 신규 진입자의 위협
- 경쟁

출처 : Michael E. Porter, *Competitive Advantage: Creating and Sustaining Superior Performance* (The Free Press, a Division of Simon & Schuster Adult Publishing Group).

인해보라. 또한 자동차 수리와 같은 특정 산업을 생각해보고, 이 다섯 세력이 해당 산업의 경쟁 구도를 어떻게 결정하는지 방법을 고려해보자.

이 장의 첫 장면에서 카말라는 제품 판매에만 집중하면 e헤르메스가 경쟁에서 불리해질 수 있다고 우려한다. 그녀는 회사가 배송이나 운송으로 사업을 확장할 수 있다고 생각한다. 또한 일부 대형 기업 고객에게 재정적으로 의존하는 것에 대해서도 걱정한다. 그림 2-4는 e헤르메스가 직면한 경쟁 환경에 대한 분석을 보여준다.

e헤르메스가 서비스를 제공하는 대형 기업 계정은 e헤르메스 매출의 큰 비중을 차지하기 때문에 더 많은 수익 분배를 요구할 수 있다. 현지 이베이 배송 서비스와 같은 대체 서비스의 위협은 다소 강하다. 그러나 이러한 대체 서비스는 기술력 부족이나 물리적 거리 제한으로 인해 일부 기업 고객에게는 실행 가능한 옵션이 아닐 수 있다. 자율주행 차량을 이용해 모바일 소매 서비스를 제공하는 우버와 같은 신규 진입자는 상당한 위협이 될 수 있다. 또는 새로운 기업 고객이 자체 모바일 시장을 구축할 수도 있다. 하지만 e헤르메스는 의류, 자동차 부품 또는 따뜻한 음식 판매와 같은 추가 서비스를 제공함으로써 이에 대응할 수도 있다. 또는 배송, 운송, 엔터테인먼트와 같은 새로운 시장에 진출할 수도 있다.

다른 세력은 e헤르메스에게 그다지 걱정거리가 되지 않는다. 자율주행 차량의 기본 차대를

그림 2-3 다섯 가지 세력 모델 예시

세력	강한 세력의 예	약한 세력의 예
고객 협상력	토요타의 자동차 페인트 구매(토요타는 대량으로 페인트를 구매하는 대규모 고객이기 때문)	대학의 절차와 정책에 대한 학생의 권한
대체재의 위협	빈번한 여행객의 자동차 렌탈 선택	자신의 암 유형에 효과가 있는 유일한 약을 사용하는 환자
공급자 협상력	신차 딜러(그들은 차량의 '진짜 가격'을 결정하며, 고객은 그 가격의 정확성을 신뢰할 수 없기 때문)	풍년을 맞은 곡물 농부(공급 과잉으로 인해 제품의 가치와 수익성이 낮아짐)
신규 진입자의 위협	골목에 있는 테이크아웃 카페(재현하기 쉬운 사업이기 때문)	프로축구 팀(NFL에 의해 팀 수가 엄격히 통제되기 때문)
경쟁	중고차 딜러(선택할 수 있는 곳이 많기 때문)	구글 또는 빙(검색 엔진을 개발하고 마케팅하는 데 많은 비용이 듦)

그림 2-4 e헤르메스의 다섯 가지 세력 모델

세력	e헤르메스의 예	세력의 강도	e헤르메스의 대응
고객 협상력	대규모 계정이 더 많은 이익을 원한다.	강함	가격을 낮추거나 다른 시장으로 다각화
대체재의 위협	이베이가 지역 배송 서비스를 제공한다.	중간	배송, 교통, 엔터테인먼트 등 차별화된 서비스 제공
공급자 협상력	우리는 자율주행 차량 섀시의 비용을 인상한다.	약함	다른 제조사의 제품을 구매
신규 진입자의 위협	우버가 모바일 소매 서비스 제공을 시작한다.	중간	차별화된 서비스 제공 및 타 시장 진출
경쟁	아마존이 드론 배송 서비스를 제공한다.	약함	추가 서비스 제공 또는 추가 파트너십 법인을 설립

판매하려는 회사가 많기 때문에 모바일 매장 공급업체의 협상력은 약하다. 자율주행 시장의 점유율을 차지하기 위한 자동차 제조업체 간의 경쟁은 치열하다. 경쟁업체의 위협이 크지 않은 이유는 e헤르메스가 맞춤형 모바일 매장 플랫폼을 개발하고 온라인 소매 시스템을 통합했기 때문이다. 경쟁업체가 이 시스템을 복제하기는 쉽지 않을 것이다.

e헤르메스와 마찬가지로 조직은 이 다섯 가지 세력을 조사하고 그 힘에 어떻게 대응할 것인지 결정한다. 이러한 조사는 경쟁 전략으로 이어진다.

2-3 산업구조 분석은 어떻게 경쟁 전략을 결정하는가?

조직은 **경쟁 전략**(competitive strategy)을 선택하여 산업구조에 대응한다. 포터는 그의 다섯 가지 세력 모델에 따라 그림 2-5와 같이 네 가지 경쟁 전략 모델을 제시했다. 포터에 따르면 기업은 이 네 가지 전략 중 하나를 선택한다.[2] 조직은 비용 리더가 되는 데 집중할 수도 있고, 제품 또는 서비스를 경쟁사와 차별화하는 데 집중할 수도 있다. 또한 조직은 산업 전반에 걸쳐 비용 또는 차별화 전략을 채택하거나 특정 산업 부문에 전략을 집중할 수 있다.

그림 2-5 포터의 네 가지 경쟁 전략

	비용	차별화
산업 전반	산업 전반에 걸쳐 가장 낮은 비용	산업 전반에 걸쳐 더 나은 제품과 서비스
집중화	집중된 산업 부문 내에서 가장 낮은 비용	집중된 산업 부문 내에서 더 나은 제품과 서비스

출처 : "How Competitive Forces Shape Strategy" by Michael Porter, *Harvard Business Review*, July-August 1997.

전략적 목표를 달성하기 위해 새로운 기술이 어떻게 의심스러운 방식으로 사용될 수 있는지 알아보려면 윤리 가이드(57~59쪽)를 참조하라.

예를 들어, 렌터카 산업을 생각해보라. 그림 2-5의 첫 번째 열에 따르면 렌터카 회사는 업계 전체에서 가장 저렴한 렌터카를 제공하기 위해 노력할 수도 있고, '집중된' 산업 부문(예 : 미국 국내 출장자)에 가장 저렴한 렌터카를 제공하기 위해 노력할 수도 있다.

두 번째 열에서 볼 수 있듯이 렌터카 업체는 제품을 경쟁사와 차별화하기 위해 노력할 수 있다. 예를 들어 다양한 고품질 차량을 제공하거나, 최고의 예약시스템을 제공하거나, 가장 깨끗한 차량을 보유하거나, 가장 빠른 체크인을 제공하거나, 기타 다양한 방법으로 차별화할 수 있다. 업계 전체 또는 미국 국내 출장자와 같은 특정 부분 내에서 상품 차별화를 제공하기 위해 노력할 수도 있다.

포터에 따르면 조직의 목표, 목적, 문화, 활동이 효과적이려면 조직의 전략과 일관성이 있어야 한다. 이는 MIS 분야의 사람들에게 조직의 모든 정보시스템이 조직의 경쟁 전략을 촉진해야 한다는 것을 의미한다.

2-4 경쟁 전략은 어떻게 가치사슬 구조를 결정하는가?

조직은 해당 산업의 구조를 분석하고, 그 분석을 이용하여 경쟁 전략을 수립한다. 그다음 해당 전략을 구현하기 위해 조직을 구성하고 구조화하는 것이 필요하다. 예를 들어, 경쟁 전략이 비용 주도가 되는 경우 비즈니스 활동은 가능한 한 최저 비용으로 필수 기능을 제공하도록 개발될 필요가 있다.

차별화 전략을 선택하는 비즈니스는 반드시 최소 비용 활동을 기반으로 구성할 필요가 없다. 비용이 많이 드는 시스템을 개발하는 것을 선택할 수도 있는데, 차별화 전략의 이점이 비용을 넘어선 경우에는 그렇게 할 수 있다. 제시카는 모바일 상점을 만드는 데 비용이 많이 든다는 것을 알고 있었고, 그 비용이 그만한 가치가 있다고 판단했다. 그녀는 e헤르메스의 자체 AI를 개발하는 것도 가치가 있다는 사실을 알아낼 것이다.

포터는 고객이 자원, 제품 또는 서비스의 비용을 기꺼이 지불하려는 금액의 양을 **가치**(value)라고 정의했다. 활동을 만드는 가치와 활동의 비용 간의 차이를 **이윤**(margin)이라고 부른다. 차별화 전략을 사용하는 비즈니스는 활동에 오직 긍정적인 이윤을 가지고 있는 동안에만 해당 활동에 비용을 추가한다.

가치사슬(value chain)은 가치창출 활동의 네트워크이다. 그 본원적 사슬은 다섯 가지 기본 활동과 네 가지 지원 활동으로 구성되어 있다. **기본 활동**(primary activity)은 조직의 제품이나 서비스의 생산과 직접 관련이 있는 비즈니스 기능이다. **지원 활동**(support activity)은 기본 활동을 지원하고 촉진하게 하는 비즈니스 기능이다.

가치사슬에서의 기본 활동

가치사슬의 본질을 이해하기 위해 중간 규모의 드론 제조업체를 예로 들어보자(그림 2-6 참조). 첫째, 제조업체는 공장 내 물류 활동을 이용해서 원재료를 획득한다. 이 활동은 원자재 및 기타 자재들을 받고 관리하는 것이다. 조립되지 않은 부품이라도 어떤 고객에게는 가치가 있다는 점에서 물자의 축적은 부가가치를 창출한다. 드론을 제작하는 데 필요한 부품의 수집은

그림 2-6 드론 제조업체의 가치사슬

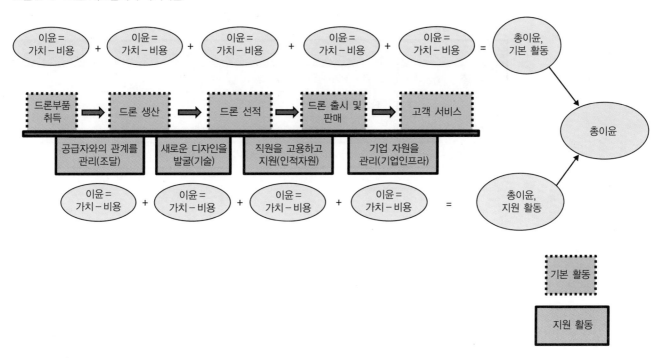

창고 선반의 공간보다 더 많은 가치가 있다. 그 가치는 부품 그 자체의 가치뿐만 아니라 해당 부품의 공급업체에 연락하고, 해당 공급업체와의 비즈니스 관계를 유지하고, 부품을 주문하고, 배송받는 등의 시간만큼 가치가 있다.

운영 활동에서는 드론 제조업체가 원자재를 완제품 드론으로 변환시킨다. 이 과정은 더 많은 가치를 추가한다. 다음으로 기업은 완제품 드론을 고객에게 전달하기 위해 외부 물류 활동을 수행한다. 물론 마케팅 및 판매라는 가치 활동 없이는 드론을 보낼 고객은 존재하지 않는다. 마지막으로 고객 서비스 활동을 통해 드론 사용자에게 고객지원을 제공한다.

이 일반적인 가치 사슬의 각 단계는 비용을 축적하고 제품에 가치를 더한다. 최종 결과는 가치 사슬의 총이윤으로, 이는 총부가 가치와 총발생 비용의 차이이다. 그림 2-7은 가치 사슬의 주요 활동을 요약한 것이다.

가치사슬에서의 지원 활동

본원적 가치사슬에서 지원 활동은 기본 활동을 촉진하고, 간접적으로 제품의 생산, 판매 및 서비스에만 기여한다. 여기에는 공급업체를 찾고 계약을 준비하며 가격을 협상하는 조달 프로세스를 포함한다(이는 조달에 의한 계약 절차에 따라 부품을 주문하고 수령하는 입고 물류 활동과는 다르다).

포터는 기술을 폭넓게 정의했다. 기술은 연구와 개발이 포함되지만, 또한 새로운 기법, 방법 및 절차를 개발하기 위한 회사 내 다른 활동도 포함된다. 그는 전일제와 시간제 직원의 채용, 보상, 평가 및 교육훈련을 인적자원으로 정의했다. 마지막으로 기업의 하부구조는 일반관리, 재무, 회계, 법무, 대정부 업무를 포함한다.

지원 활동은 간접적이지만 부가가치를 창출하면서 비용도 발생한다. 그래서 그림 2-6에서

그림 2-7 가치사슬의 기본 활동에 대한 작업 설명

기본 활동	설명
내부 물류	입력물을 받아 저장하고, 제품에 전달시킴
운영/제조	입력물을 최종제품으로 변환시킴
외부 물류	제품을 수집, 보관하고 구매자에게 물리적으로 유통
판매 및 마케팅	구매자가 제품을 구매하도록 유도하고 구매를 할 수 있는 수단을 제공
고객 서비스	고객의 제품 사용을 지원하여 제품의 가치를 유지하고 향상시킴

출처 : Michael E. Porter, *Competitive Advantage: Creating and Sustaining Superior Performance* (The Free Press, a Division of Simon & Schuster Adult Publishing Group). Copyright ⓒ 1985, 1998 by Michael E. Porter.

보듯이 지원 활동은 이윤 창출에 기여한다. 지원 활동의 경우 워싱턴 DC에 있는 제조업체의 대정부 로비스트 같은 특정 부가가치는 알기 어렵기 때문에 이윤을 계산하는 것은 어렵다. 하지만 개념일 뿐이라도 지원 활동은 부가가치가 있으면서 비용이 있고 이윤을 발생시킨다.

가치사슬 연결

포터의 비즈니스 활동 모델은 가치 활동 간 상호작용인 **연결**(linkage)을 포함한다. 예를 들어, 생산시스템은 재고 비용을 감소시키기 위해 연결을 사용한다. 이러한 시스템은 판매 예측을 사용해서 생산 계획을 만들고, 생산 계획을 사용해서 원재료 필요량을 결정하고, 원재료 필요량을 사용하여 구매 스케줄을 작성한다. 최종 결과는 JIT(just-in-time, 적시 생산 방식) 재고이며, 재고 규모와 비용을 감소시키는 재고관리를 하는 것이다.

가치사슬 분석은 드론 제조업체와 같은 제조업에 딱 맞게 적용된다. 하지만 가치사슬은 서비스 지향의 서비스업에도 존재한다. 차이는 서비스 업체의 대부분 가치가 생산운영, 마케팅/영업, 서비스 활동에 의해 생성된다는 것이다. 그래서 서비스업의 가치사슬에서 입고 및 출고 물류 활동은 일반적으로 그다지 중요하지 않다.

2-5 비즈니스 프로세스는 어떻게 가치를 발생시키는가?

가치는 고객이 리소스(resource), 제품 또는 서비스에 대해 기꺼이 지불할 의사가 있는 금액이라는 점을 기억하라. **비즈니스 프로세스**(business process)는 입력을 출력으로 변환하여 가치를 창출하는 활동의 네트워크이다. 비즈니스 프로세스의 **비용**(cost)은 투입 비용에 활동 비용을 더한 값이다. 비즈니스 프로세스의 이윤은 산출물의 가치에서 비용을 뺀 값이다. 비즈니스 프로세스는 비용과 효율성이 다양하다. 실제로 비즈니스 프로세스를 간소화하여 이윤을 늘리는 것(가치 증대, 비용 절감 또는 둘 다)은 경쟁우위의 핵심이다.

예를 들어, 잔디 관리 사업을 한다고 가정해보자. 고객은 잔디를 깎고 싶어 하고 비용을 지불할 의향이 있다. 하지만 새로 깎은 잔디의 가치는 무한하지 않다. 고객은 새로 깎은 잔디의 가치를 20달러 이하로 평가한다고 말한다. 이제 잔디를 깎는 방법에 대해 선택해야 한다. 저렴한 방법은 빌린 가위로 잔디를 자르는 것일 수 있다. 이 방법은 비용이 저렴하고 매우 정확하지

만, 시간이 엄청나게 많이 소요된다. 또 다른 방법은 잔디 깎는 기계와 연료를 구매하는 것이다. 비용은 더 많이 들고 개별 절단 정확도는 떨어지지만 같은 시간에 훨씬 더 많은 수입을 창출할 수 있다. 두 프로세스 모두 동일한 목표(잔디를 깎는 것)를 달성하지만, 그 방식은 매우 다르다.

이 예에서 알 수 있듯이 가치를 창출하는 **방식**은 비용, 이윤, 경쟁우위에 직접적인 영향을 미친다. 다시 말해 어떤 일을 하는 **방법**(비즈니스 프로세스)은 무엇을 하는지만큼이나 중요하다.

다음의 문제에서는 가상의 회사 베스트바이크에 대한 두 가지 비즈니스 프로세스 모델을 살펴본다. 베스트바이크는 온라인 자전거 부품 소매업체로, 공급업체에 부품을 주문하는 대신 자체적으로 3D 프린팅을 고려한다. 이 회사의 경영진은 3D 프린팅 부품을 사용하면 비용을 절감하고 이윤을 높일 수 있는지 궁금하다.

베스트바이크의 작동 방식

베스트바이크는 공급업체와 협상하여 특정 가격에 특정 조건으로 부품을 공급한다. 공급업체로부터 부품을 제공하겠다는 약속을 받으면 부품의 설명, 사진, 가격 및 관련 판매 데이터를 웹사이트에 게시한다. 그런 다음 베스트바이크는 초기 부품 수량을 주문하고 공급업체로부터 부품을 수령하여 재고에 넣는다. 고객이 부품을 주문하면, 운영 담당자가 재고에서 품목을 제거하고 고객에게 배송한다. 때때로 재고를 보충하기 위해 부품을 주문해야 하지만, 이 예에서는 재주문 프로세스를 고려하지 않는다. 물론 공급업체에 대금을 지급하고, 고객에게 청구하고, 재고 수준을 확인하며, 세금을 납부하는 등의 작업을 수행하려면 이러한 모든 활동에 대한 기록을 보관해야 한다.

베스트바이크의 비즈니스 프로세스는 비교적 단순한 재고를 보유한 소규모 온라인 소매업체의 전형적인 모습이다. 그럼에도 불구하고 3D 프린팅을 추구하지 않더라도 베스트바이크가 현재 하고 있는 일을 개선할 수 있는 방법이 있다는 것을 알 수 있다.

베스트바이크의 기존 프로세스

그림 2-8은 베스트바이크의 기존 프로세스 다이어그램을 보여준다. 이 다이어그램은 베스트바이크 활동의 모델 또는 추상화이며, **비즈니스 프로세스 모델링 표기법**(Business Process Modeling Notation, BPMN)의 기호를 사용하여 구성된다. 이 표기법은 비즈니스 프로세스 다이어그램을 작성하기 위한 국제 표준이다.[3] 이러한 기호의 핵심은 그림 2-9에 나와 있다.

그림 2-8은 주어진 역할(직무 유형)에 대한 모든 활동이 하나의 세로줄에 표시되는 그래픽 배열인 **스윔레인 형식**(swimlane format)으로 구성되어 있다. 각 스윔레인에는 프로세스의 일부로 수행해야 하는 특정 작업인 **활동**(activity)이 있다. **역할**(role)은 사람, 그룹, 부서, 조직 또는 정보시스템과 같은 **행위자**(actor)가 수행하는 비즈니스 프로세스에서 활동의 하위 집합이다. 그림 2-8은 공급업체, 구매자, 웹사이트 판매, 운영 및 고객의 역할을 보여준다.

스윔레인 상단에 사람의 이름을 쓰지 않고 역할의 이름을 적는다는 점에 유의하라. 이는 주어진 역할은 여러 사람이 수행할 수 있고 한 직원이 여러 역할을 수행할 수 있기 때문이다. 또한 시간이 지남에 따라 조직에서 주어진 역할을 맡는 사람이 바뀔 수도 있다. 어떤 경우에는 정보시스템에 의해 역할이 수행될 수도 있다.

그림 2-8 BPMN을 사용한 베스트바이크의 기존 비즈니스 프로세스

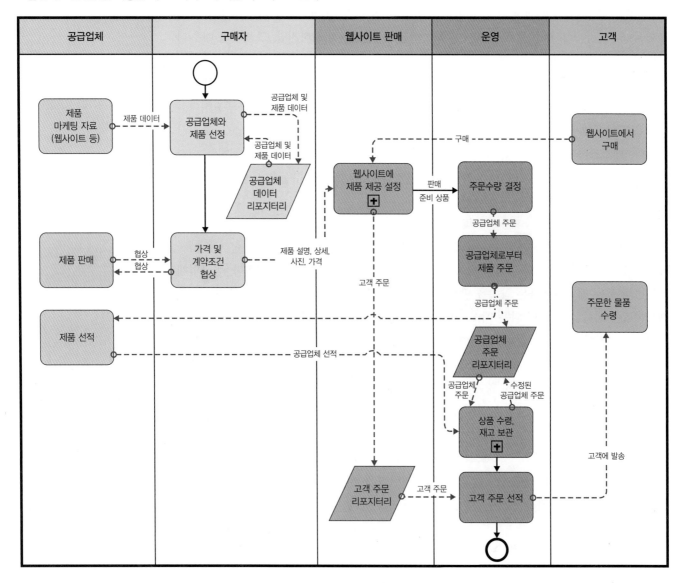

BPMN 표준에 따르면 비즈니스 프로세스의 시작은 테두리가 좁은 원으로 상징된다. 비즈니스 프로세스의 끝은 테두리가 두꺼운 원으로 표시된다. 따라서 그림 2-8에서 프로세스는 구매자 역할로 시작하거나 구매자가 프로세스를 시작한다고 말할 수 있다.

비즈니스 프로세스 내 활동은 모서리가 둥근 직사각형으로 표시된다. 구매자 역할의 첫 번째 활동은 **공급업체 제품 선정**이다. 그림 2-8에 따르면 구매자는 공급업체 데이터 **리포지터리** (repository)에서 공급업체 및 제품 데이터를 가져온다. 리포지터리는 비즈니스 프로세스 내에 저장되는 데이터의 모음이다. 리포지터리는 컴퓨터 데이터베이스일 수도 있고, 클라우드에 있는 파일 모음일 수도 있으며(지금은 인터넷을 생각하면 된다), 파일 캐비닛이나 신발장에 저장된 인쇄된 기록일 수도 있다. 비즈니스 프로세스를 문서화하기 위한 목적이라면 리포지터리 데이터가 저장되는 특정 매체는 중요하지 않다. 공급업체 데이터 리포지터리에는 이전 구매 데이터뿐만 아니라 공급업체 영업 통화 결과, 공급업체 메일링, 이전 구매자가 인터넷에서 공

그림 2-9 프로세스 기호(BPMN 표준)

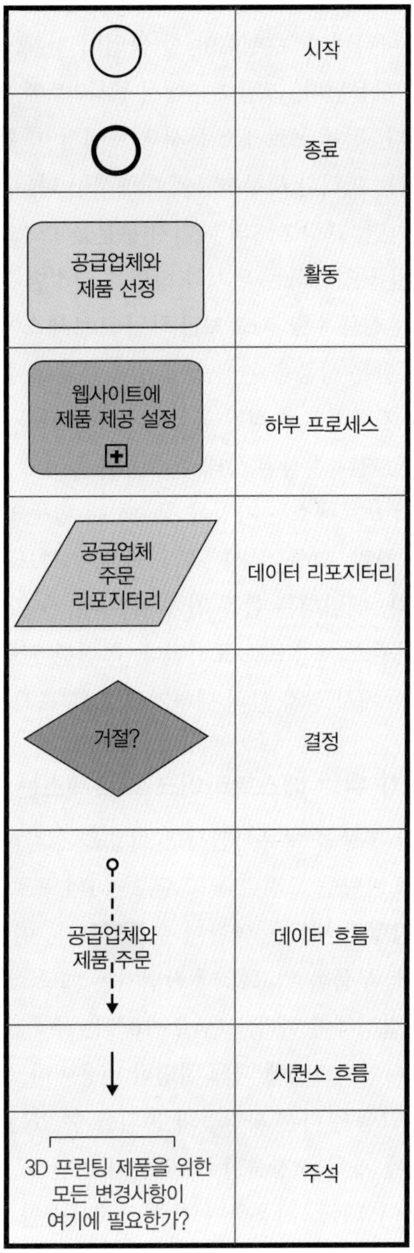

○	시작
⬤	종료
공급업체와 제품 선정	활동
웹사이트에 제품 제공 설정 ⊞	하부 프로세스
공급업체 주문 리포지터리	데이터 리포지터리
거절?	결정
공급업체와 제품 주문	데이터 흐름
↓	시퀀스 흐름
3D 프린팅 제품을 위한 모든 변경사항이 여기에 필요한가?	주석

급업체 및 제품 데이터를 검색한 결과 등이 포함된다.

그림 2-8에서 레이블이 지정된 점선을 **데이터 흐름**(data flow)이라고 한다. 이는 특정 활동에서 다른 활동으로 데이터가 이동하는 것을 나타낸다. 데이터는 이메일이나 문자 메시지, 전화, 팩스 또는 기타 수단을 통해 전달될 수 있다. BPMN 다이어그램에서는 데이터 전달 매체도 중요하지 않다. 이 논의의 수준에서는 데이터 항목의 형식도 중요하지 않다. 그림 2-8에 따르면 구매자는 공급업체 데이터 리포지터리에서 공급업체 및 제품 데이터를 읽고 쓸 수 있다.

공급업체와 제품 선정 활동과 가격 및 계약조건 협상 활동 사이의 실선은 구매자가 공급업체와 제품 선정 활동을 완료한 후 구매자의 다음 작업은 가격 및 계약조건 협상 활동을 수행한다는 의미이다. 이러한 실선을 **시퀀스 흐름**(sequence flow)이라고 한다.

그림 2-8에서 사용된 또 다른 BPMN 기호는 상자 안에 더하기 기호가 있는 활동이다. 이 표기는 하위 프로세스를 나타내며, 수행해야 할 작업이 자체 프로세스 다이어그램이 필요할 정도로 충분히 복잡할 때 사용된다. 그림 2-8에서 웹사이트에 제품 제공 설정 활동에는 많은 활동과 여러 역할이 포함된다. 전체 프로세스 문서 세트에서 이 활동은 자체적인 **BPMN 다이어그램**을 가질 것이다. 여기서는 이러한 세부사항에 대해서는 다루지 않는다.

이러한 기호를 이해하면, 그림 2-8의 나머지 부분을 스스로 해석하고 이 비즈니스 프로세스가 베스트바이크의 가치를 창출하는 위치와 방법을 결정할 수 있다. 한 가지 주목해야 할 점은 운영 역할에서 수행하는 **상품 수령, 재고 보관** 하위 프로세스에 관한 것이다. 베스트바이크는 공급업체 배송을 받으면, 받은 상품을 원래 공급업체 주문에 주문된 상품과 비교한다. 수령한 품목과 함께 해당 주문을 기록하고 수정된 공급업체 주문서를 공급업체 주문 리포지터리에 다시 배치한다. 또한 누락되었거나 손상된 상태로 수령된 품목도 기록한다.

요약하자면 비즈니스 프로세스는 가치를 창출하는 활동의 네트워크이다. 각 활동은 역할에 의해 수행된다. 역할은 사람, 그룹, 부서, 조직, 때로는 정보시스템에 의해 수행된다. 리포지터리는 데이터의 모음이다. 데이터는 활동 간에 흐르며, 한 활동이 다른 활동 바로 다음에 이어지는 경우 그 흐름은 시퀀스 흐름으로 표시된다. 복잡한 활동은 별도의 하위 프로세스 다이어그램으로 표시되며, 활동에서 상자 안의 더하기 기호로 표시된다.

3D 프린팅을 지원하기 위해 베스트바이크 프로세스는 어떻게 변화해야 하는가?

베스트바이크는 다양한 부품을 보유하면서도 비용을 절감하여 부가가치를 높이기 위한 목적으로 자체 부품의 3D 프린팅을 고려한다. 그림 2-10의 프로세스 다이어그램은 기존 프로세스를 보여주지만 3D 프린팅의 새로운 역할이 추가되었다. 이 다이어그램의 다이아몬드는 결정을 나타낸다. 예를 들어, 부품을 입고할 때 작업자는 해당 부품을 3D 프린팅을 사용하여 사내에서 제조할지 여부를 결정해야 한다. 그림 2-10에는 주석도 포함되어 있는데, 이는 베스트바이크의 운영 관리자가 다이어그램에 대해 설명한 내용이다.

그림 2-10의 다이어그램은 다른 사람들과 논의할 수 있는 근거를 제공하며, 이 비즈니스 프로세스가 실제로 회사에 가치를 창출할 수 있는지 판단하는 출발점이 된다. 베스트바이크의 운영 관리자는 이 다이어그램을 사용하여 기존 프로세스를 변경해야 하는 부분을 문서화하고 추가 인력의 필요성을 입증할 수 있다. 베스트바이크가 3D 프린팅을 진행한다면 **제품 제작 및 제품 품질 확인**의 하위 프로세스를 추가로 정의해야 한다. 하지만 이 예시를 통해 프로세스 다이어그램이 프로세스 구조와 변경 가능성에 대해 다른 사람들과 소통할 수 있는 수단을 제공하는 방법을 알 수 있다.

2-6 경쟁 전략은 어떻게 비즈니스 프로세스와 정보시스템의 구조를 결정하는가?

그림 2-11은 자전거를 제조하지 않고 대여하는 회사의 비즈니스 프로세스를 보여준다. 표의

그림 2-10 BPMN을 사용한 개선된 베스트바이크의 프로세스

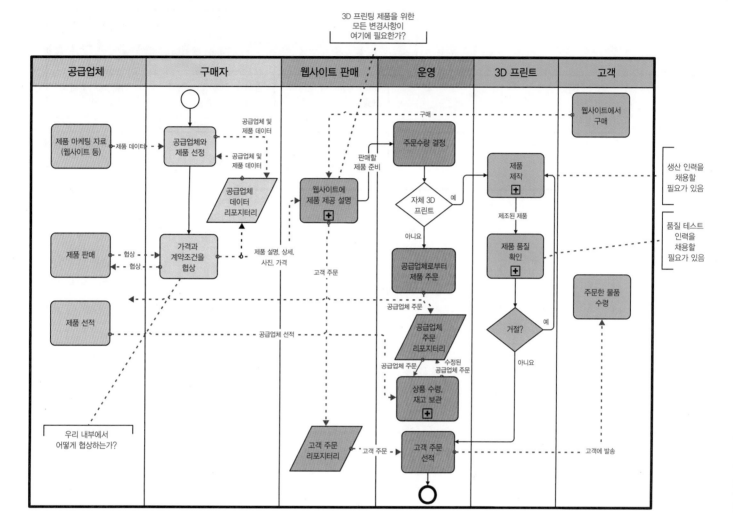

위쪽에는 가치 창출 활동이 표시되어 있고, 아래쪽 행에는 경쟁 전략이 다른 두 회사의 이러한 활동 실행이 나와 있다.

첫 번째 회사는 학생들에게 저렴한 비용으로 대여하는 경쟁 전략을 선택했다. 따라서 이 기업은 비용을 최소화하기 위해 비즈니스 프로세스를 구현한다. 두 번째 회사는 차별화 전략을 선택했다. 이 회사는 고급 컨퍼런스 리조트에서 경영진에게 '동급 최강'의 렌탈 서비스를 제공한다. 이 기업은 최고의 서비스를 보장하기 위해 비즈니스 프로세스를 설계했다. 플러스 이윤을 달성하려면 부가가치가 서비스 제공 비용을 초과할 수 있도록 보장해야 한다.

이제 이러한 비즈니스 프로세스에 필요한 정보시스템을 생각해보자. 학생 대여 업체는 데이터 시설로 슈박스를 사용한다. 이 비즈니스의 유일한 컴퓨터/소프트웨어/데이터 구성 요소는 신용카드 거래를 처리하기 위해 은행에서 제공하는 기계이다.

그러나 고도의 서비스를 제공하는 비즈니스는 그림 2-12에서 볼 수 있듯이 정보시스템을 광범위하게 활용한다. 과거 고객의 대여 활동을 추적하는 판매 추적 데이터베이스와 자전거 대여를 선별하고 상향 판매하는 데 사용되는 재고 데이터베이스가 있으며, 고급 고객에게 최소한의 번거로움으로 자전거 재고를 관리할 수 있다.

그림 2-11　자전거 대여 회사를 위한 운영 가치사슬

	가치사슬 활동	고객에게 인사 →	니즈를 결정 →	자전거 대여 →	자전거를 반납하고 결제
학생 대상 저가 대여	경쟁 전략을 실행하는 메시지	"자전거 찾으세요?"	"저기 있습니다. 가서 보세요."	"양식을 작성하고 여기로 가져다주세요."	"자전거를 보여주세요." "예, 23.5달러입니다."
	지원 비즈니스 프로세스	없음	절도 방지를 위한 물리적 통제와 절차	출력된 양식과 이를 보관하는 슈박스	임대 양식이 보관된 슈박스, 최소한의 신용카드와 현금 영수증 시스템
리조트 내 기업 임원 대상 고급 서비스 대여	경쟁 전략을 실행하는 메시지	"안녕하세요, 헨리 씨. 만나서 반갑습니다. 지난달에 임대하셨던 원더바이크4.5를 대여하시겠어요?"	"원더바이크 슈프림이 더 나을 것 같은데요. 왜냐하면…"	"자전거 번호 스캔을 좀 할게요. 그리고 의자를 조정해드릴게요."	"자전거는 어떠셨나요?" "제가 도와드릴게요. 자전거 태그를 다시 스캔하고 양식을 금방 작성해드리겠습니다." "음료 한 잔 드릴까요?" "호텔 청구서에 포함시킬까요, 아니면 여기서 지불하시겠어요?"
	지원 비즈니스 프로세스	고객 거래 이력 추적 및 과거 판매 활동 시스템	'상향 판매' 고객에 편향된 고객과 자전거를 연결하는 직원 교육 및 정보시스템	자전거의 재고를 확인하는 자동 재고관리 시스템	회수된 자전거를 다시 재고에 배치하는 자동 재고관리 시스템, 지불 서류 준비, 리조트 청구 시스템과 통합

그림 2-12　높은 수준의 서비스 자전거 대여를 위한 비즈니스 프로세스 및 정보시스템

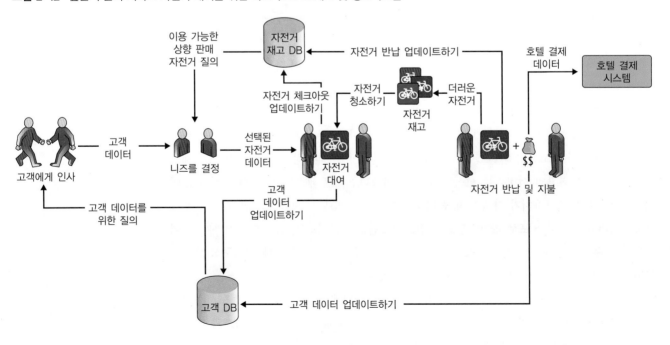

2-7 정보시스템은 어떻게 경쟁우위를 제공하는가?

경영전략 수업에서 여러분은 포터의 모델을 보다 더 자세히 학습하게 될 것이다. 이를 통해 조직이 다섯 가지 경쟁세력에 대응하는 다양한 방법을 배우게 될 것이다. 여기서는 이러한 방법을 그림 2-13에 표시된 원칙 목록으로 정리할 수 있다. 이러한 원칙은 조직의 경쟁 전략 맥락에서 적용해야 한다는 점을 명심하라.

이러한 일부 경쟁 기법은 제품 및 서비스를 통해 실현되고, 일부는 비즈니스 프로세스의 발전을 통해 실현된다. 각각에 대해 살펴보도록 하자.

제품을 통한 경쟁우위

그림 2-13의 처음 세 가지 원칙은 제품이나 서비스에 관련된 것이다. 기업은 **새로운** 제품 또는 서비스를 창출하거나, 기존 제품 또는 서비스를 **향상**시키거나, 경쟁업체와는 다른 그들만의 제품 및 서비스를 **차별화**함으로써 경쟁우위를 확보한다. 이 세 가지 원칙을 고려해서 정보시스템이 제품의 일부가 될 수 있거나 제품 또는 서비스에 대한 지원을 제공할 수 있다는 것을 인식해야 한다.

예를 들어 허츠 또는 에이비스와 같은 렌터카 업체를 생각해보자. 차량 위치에 대한 정보를 생성하고 목적지에 대한 운전 지침을 제공하는 정보시스템은 렌터카 사업의 일부이며, 제품 자체의 일부이다(그림 2-14a 참조). 반대로 차량 유지보수 일정을 예약하는 정보시스템은 제품의 일부가 아니라 제품을 지원하는 역할을 한다(그림 2-14b 참조). 어느 쪽이든 정보시스템은 그림 2-13의 처음 세 가지 목표를 달성할 수 있다.

그림 2-13의 나머지 다섯 가지 원칙은 비즈니스 프로세스의 구현으로 인해 생성되는 경쟁우위에 관련된 것이다.

선도 기업의 이점 경쟁우위를 확보하기 위해서는 기업이 새로운 기술을 선구적으로 개발해야

그림 2-13 경쟁우위의 원칙

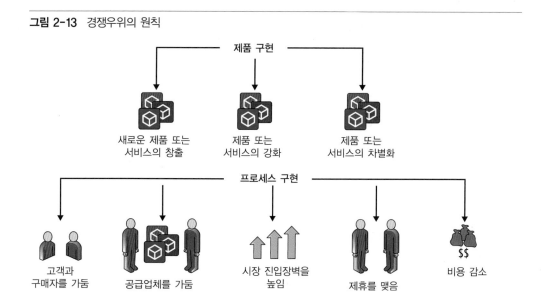

그림 2-14 제품 관련 정보시스템의 두 가지 역할

a. 렌터카 상품의 일부인 정보시스템

b. 렌터카 상품을 지원하는 정보시스템

일일 서비스 일정-2024년 11월 17일

지점ID	22					
지점명	주유					
	서비스 일자	서비스 시간	차량ID	제조사	모델	마일리지	서비스 설명
	2024/06/15	12:00 AM	155890 포드	익스플로러	2244	표준 윤활유
	2024/06/15	11:00 AM	12448 토요타	타코마	7558	표준 윤활유
지점ID	26					
지점명	정렬					
	서비스 일자	서비스 시간	차량ID	제조사	모델	마일리지	서비스 설명
	2024/06/15	9:00 AM	12448 토요타	타코마	7558	프런트엔드 정렬 검사
지점ID	28					
지점명	변속기					
	서비스 일자	서비스 시간	차량ID	제조사	모델	마일리지	서비스 설명
	2024/06/15	11:00 AM	155890 포드	익스플로러	2244	변속기 오일 교환

한다고 생각하는 것은 일반적인 오해이다. **선도 기업의 이점**(first mover advantage), 즉 시장 부문에서 신기술을 가장 먼저 개발하여 시장점유율을 확보한다고 해서 경쟁사보다 우위를 점할 수 있는 것은 아니다. 오히려 선구적인 기업은 연구개발(R&D)과 새로운 제품이나 서비스에 대한 대중의 교육에 상당한 자원을 투자해야 하므로 오히려 해가 되는 경우가 많다. 이런 식으로 순식간에 기술 개발의 최첨단을 이룰 수 있다.

오늘날 우리가 알고 있는 많은 선도 기업은 선구적인 기업을 따라 제품이나 서비스를 모방함으로써 시장점유율을 확보하고 비용이 많이 드는 R&D 지출을 줄임으로써 **후발 기업의 이점**(second mover advantage)을 얻었다. 예를 들어 구글은 최초의 검색 엔진이 아니다. 1997년에 구글이 도메인 이름을 등록하기 전에도 알타비스타, 웹크롤러, 라이코스, 에스크닷컴이 있었다. 하지만 현재 검색 엔진은 구글(알파벳)이 지배적이다. 실제로 세계에서 가장 큰 기술 회사 중 일부(예 : 애플 및 페이스북)는 초기 경쟁사(예 : 모토로라 및 마이스페이스)의 뒤를 잇는 후발 주자이다. "두 번째 쥐가 치즈를 가져간다"라는 오래된 격언은 값비싼 R&D 지출을 피하려는 투자자들이 종종 반복하는 말이다.

비즈니스 프로세스를 통한 경쟁우위

기업은 고객이 다른 제품으로 전환하는 것을 어렵게 하거나 비용이 많이 들도록 하여 고객을 잡으려 한다. 이 전략은 가끔 높은 **전환 비용**(switching cost)이라고도 한다. 기업은 다른 기업으로 전환하는 것을 어렵게 하거나 공급자와의 업무연결 및 작업처리를 쉽게 할 수 있다는 것을

긍정적으로 전달하여 **공급업체**를 고정할 수 있다. 경쟁우위는 새로운 경쟁력으로 시장에 진입하기 어렵고 비용이 많이 들게 하는 **진입장벽**을 만들어냄으로써 얻을 수도 있다.

경쟁우위를 확보하기 위한 다른 방법은 다른 기업과의 **제휴**를 **구축**하는 것이다. 이러한 제휴는 표준을 만들고, 제품 인지도와 요구사항을 촉진하며, 시장 규모를 키우며, 구매 비용을 줄이고, 다른 혜택을 제공한다. 마지막으로 더 나은 비즈니스 프로세스를 구축함으로써 기업은 **비용 절감**에 의해 경쟁우위를 확보할 수 있다. 이러한 감소는 기업으로 하여금 가격을 낮추고 수익성을 높일 수 있게 한다. 수익성 증대는 단순히 주주 가치가 향상될 뿐만 아니라 더 많은 현금 가치를 창출함으로써 더 큰 경쟁우위를 확보하기 위한 인프라 개발에 더 많은 자금을 투입할 수 있다는 것을 의미한다.

모든 경쟁우위의 원칙에는 의미가 있다. 그러나 다음 질문을 생각해보자. "정보시스템이 경쟁우위를 창출하는 데 어떻게 도움이 되는가?" 이 질문에 답하기 위해 정보시스템의 사례를 참고하라.

> 기업이 창출할 수 있는 이점 중 하나는 안전한 제품을 생산하는 것이다. 자세한 내용은 보안 가이드(55~56쪽)를 참조하라.

경쟁우위를 창출하기 위해 조직은 어떻게 정보시스템을 사용할 수 있는가?

이 책에 이름이 공개되는 것을 원치 않았던 주요 운송 회사인 ABC는 매출이 10억 달러가 훨씬 넘는 세계적인 운송업체이다. ABC는 설립 초기부터 정보기술에 막대한 투자를 했으며, 경쟁우위를 위한 정보시스템 적용에 있어 해운 업계를 선도했다. 여기에서 ABC가 정보기술을 성공적으로 활용하여 경쟁우위를 확보한 정보시스템의 한 가지 예를 살펴보자.

ABC는 고객의 이름, 주소, 청구 정보뿐만 아니라 고객이 배송하는 사람, 조직 및 위치에 대한 데이터도 포함하는 고객 계정 데이터를 유지 관리한다. ABC는 고객이 과거에 배송한 회사의 이름으로 드롭다운 목록을 자동으로 채우는 웹 인터페이스를 고객에게 제공한다.

사용자가 회사 이름을 클릭하면 기본 ABC 정보시스템이 데이터베이스에서 고객의 연락처 데이터를 읽는다. 데이터는 과거 발송물의 수취인 이름, 주소, 전화번호로 구성된다. 그런 다음 사용자가 연락처 이름을 선택하면 시스템이 데이터베이스의 데이터를 사용하여 해당 연락처의 주소 및 기타 데이터를 양식에 삽입한다. 따라서 시스템은 고객이 과거에 발송한 수취인의 데이터를 다시 입력하지 않아도 된다. 이러한 방식으로 데이터를 제공하면 데이터 입력 오류도 줄어든다. ABC의 시스템을 사용하여 고객은 발신자(고객), 수신자 및 다른 사람에게도 이메일 메시지를 보내도록 요청할 수 있다.

고객은 발송물이 생성될 때와 발송물이 배송되었을 때 ABC에서 이메일을 보내도록 선택할 수 있다. 고객은 배송 알림을 받을 사람을 선택할 수 있지만, 발신자만 배송 알림을 받게 된다. 고객은 개인 메시지를 추가하고 배송 라벨을 생성할 수 있다. 고객 사업장에서 배송 라벨을 자동으로 생성하면 배송 라벨 준비 시 오류가 줄어들고 회사의 비용도 크게 절감된다. ABC는 이러한 기능을 배송 예약시스템에 추가함으로써 제품을 택배 배송 서비스에서 택배 및 정보 배송 서비스로 확장했다.

이 시스템은 어떻게 경쟁우위를 창출하는가?

이제 그림 2-13의 경쟁우위 요소에 비추어 ABC 배송 정보시스템을 고려해보자. 이 정보시스템은 고객에게 발송물을 작성하는 수고를 덜어주고 오류를 줄여주기 때문에 기존 서비스를 향상시킨다. 이러한 정보시스템은 유사한 시스템이 없는 경쟁업체와 ABC 택배 배송 서비스를 차별화하는 데 도움이 된다. 또한 ABC가 택배를 픽업하고 배송할 때 이메일 메시지를 생성하는 것은 새로운 서비스로 간주될 수 있다.

이 정보시스템은 수취인에 대한 데이터를 저장하기 때문에 배송 일정을 잡을 때 고객이 해야 할 일을 줄여준다. 고객은 이 시스템에 의해 고정될 것이다. 고객이 다른 배송업체로 변경하려는 경우 새 배송업체에 대한 수취인 데이터를 다시 입력해야 한다. 데이터 재입력의 불편이 다른 배송업체로 전환할 때 얻을 수 있는 이점보다 훨씬 클 것이다.

이 시스템은 다른 두 가지 측면에서도 경쟁우위를 확보할 수 있다. 첫째, 시장 진입장벽을 높인다. 다른 회사가 배송 서비스를 개발하려면 화물 배송을 할 수 있어야 할 뿐만 아니라 유사한 정보시스템도 갖춰야 한다. 또한 이 시스템은 비용을 절감한다. 배송 서류의 오류를 줄이고 ABC 용지, 잉크, 인쇄비용을 절약할 수 있다.

물론 이 시스템이 순비용 절감 효과를 가져오는지 확인하려면 정보시스템 개발 및 운영 비용을 오류 감소와 종이, 잉크, 인쇄 비용 절감으로 인한 이득으로 상쇄해야 한다. 절감되는 비용보다 시스템 비용이 더 많이 들 수도 있다. 그런데도 고객 고정, 진입장벽 상승과 같은 무형의 이익 가치가 순비용을 초과한다면 건전한 투자가 될 수 있다.

계속하기 전에 그림 2-13을 검토해보자. 경쟁우위의 각 원칙과 정보시스템이 이를 달성하는 데 어떻게 도움이 될 수 있는지를 이해했는지 확인해야 한다. 사실 그림 2-13의 목록은 정보시스템이 아닌 애플리케이션에도 사용할 수 있으므로 외워야 할 만큼 중요할 것이다. 경쟁우위를 고려하여 모든 비즈니스 프로젝트에서 의견을 제시할 수 있을 것이다.

2-8 비즈니스 프로세스와 정보시스템의 미래는 무엇인가?

비즈니스 모델, 전략, 경쟁우위는 향후 10년간 진화할 것이며 새로운 모델이 등장할 것이다. 혁신적인 **스타트업**(startup)이나 개발 초기 단계에 있는 기업은 새로운 제품이나 서비스를 만들기 위해 기술을 사용할 것이다. 이들은 단기간에 10억 달러의 기업 가치를 달성하는 차세대 **유니콘**(unicorn), 즉 기술 기업이 되고 싶어 한다. 기존 기업은 기존 비즈니스 모델을 개선하고 기존 비즈니스 프로세스를 보강해야 할 것이다.

비즈니스가 변화하는 가장 일반적인 방식 중 하나는 **로우코드 시스템**(low-code system), 즉 비즈니스 애플리케이션 개발에 프로그래밍이 거의 또는 전혀 필요하지 않은 시스템을 채택하는 것이다. 사용자는 순서도(flow chart)를 만드는 것과 유사한 시각적인 방식으로 신속하게 애플리케이션을 구축할 수 있을 것이다. 기업은 비즈니스 모델이 발전함에 따라 내부 시스템을 변경할 수 있는 플랫폼을 채택할 것이다. 개발자 팀을 고용하는 것은 비용이 많이 들 수 있다. 로우코드 시스템은 기업이 기존 애플리케이션 개발에 많은 비용을 들이지 않고도 변화하는 환경에 빠르게 적응할 수 있는 기능을 제공한다.

기술이 기존 비즈니스를 변화시키는 또 다른 방법은 **로봇 프로세스 자동화**(robotic process automation, RPA)를 도입하거나 일상적인 비즈니스 프로세스를 자동화하기 위해 소프트웨어 로봇을 사용하는 것이다. RPA를 실제 물리적 로봇과 혼동하지 말라. RPA는 하드웨어 로봇과는 아무런 관련이 없다. RPA는 작업자가 어떻게 거래를 처리하고 데이터를 조작하거나 요청에 응답하는지를 살펴보기 위해 소프트웨어 '봇'을 사용한다. 그리고 같은 규칙 기반 프로세스를 반복한다. RPA는 인건비, 내부 사기, 인적 오류를 획기적으로 줄일 수 있다.

RPA는 기존 비즈니스 프로세스를 자동화하는 데 초점을 맞추고 있지만, 기업은 인공지능(3장)을 사용하여 미래의 비즈니스 의사결정을 개선할 수 있기를 원한다. RPA를 사용하여 비즈니스 프로세스를 자동화하고 AI를 사용하여 의사결정을 개선하는 것을 **지능형 자동화**(intelligent automation)라고 한다. 지능형 자동화를 통해 기업은 비용을 절감하고, 더 나은 의사결정을 내리고, 경쟁 환경의 변화에 더 잘 적응할 수 있다.

앞으로 기업에서는 자동화된 협업이 급격히 증가할 것이다. 한 작업자가 다른 작업자에게 이상 징후를 보고할 때까지 기다리는 대신, 작업자가 정보시스템에서 자동으로 메시지를 받는 것을 보게 될 것이다. 자동화된 협업은 비즈니스 프로세스, 데이터 공유, 직장 내 커뮤니케이션을 개선할 것이다.

또한 고객과의 소통을 위한 챗봇 사용이 급격히 증가할 것이고, 인터넷 속도 향상, 처리 능력 향상, 새로운 사물인터넷(IoT) 기기 및 향상된 하드웨어로 인해 혁신의 속도도 빠르게 변화할 것이다. 스마트폰, 인공지능, 드론, 자율주행차, 3D 프린팅, 클라우드 컴퓨팅은 지난 20년 동안 모두 발전했다. 애플, 알파벳(구글), 마이크로소프트, 페이스북과 같은 기업은 이러한 모든 제품 분야에서 경쟁한다. 하드웨어와 소프트웨어의 혁신에 대해서는 4장에서 자세히 알아보자.

기업 전략이 이 역동적인 환경에 얼마나 빠르게 적응해야 하는지 생각해봐야 한다. 기업은 비즈니스 프로세스를 재설계하거나 완전히 다시 만들어야 할 것이다. 가치사슬은 지속적으로 중단될 것이며, 비즈니스 모델을 자주 재평가해야 할 것이다.

이런 빠른 변화의 속도는 처음에는 벅차게 느껴질 수 있다. 그러나 이러한 변화는 배우기를 좋아하며, 열심히 일하고 기업가 정신을 가진 사람들에게 많은 기회를 창출한다는 점을 이해하는 것이 중요하다. 변화는 어려울 수 있지만 절대 지루하지 않을 것이다. 여러분은 변화가 다가오고 있다는 것을 알고 있다. 그렇다면 이 변화를 어떻게 활용할 수 있을 것인가?

이 장의 **지식**이 **여러분**에게 어떻게 도움이 되는가?

이 장의 첫 대사를 다시 읽어보자. 대기업 계정에 의존하는 것에 대한 카말라의 우려가 유효한 전략적 문제일 수 있는 이유를 설명해보자. 회사가 제공하는 서비스 유형을 다각화할지를 결정할 때, e헤르메스가 해결해야 할 핵심사항을 파악하라. 회사가 제공하는 서비스 유형을 다양화해야 할지를 결정할 때 e헤르메스가 해결해야 할 핵심사항을 파악해보자.

경쟁 전략과 정보시스템 요구사항 간의 관계에 대한 지침을 직접 개발해보자. 이 예제에서 배운 내용을 취업 면접에서 말할 수 있게 요약해보자. 비즈니스 전략과 정보기술 및 시스템 사용의 관계에 대한 이해를 확인해보자.

IT 아키텍처가 경쟁 전략을 지원하는 방법에 대한 자세한 내용은 커리어 가이드(56~57쪽)에서 확인할 수 있다.

So What?

아마존 에브리웨어

최근 슈퍼마켓에서 식료품을 샀을 때를 떠올려보자. 액면 그대로 보면 식료품을 계산하는 과정이 사소해 보일 수 있다. 하지만 자세히 생각해보면, 이 과정에는 눈에 보이는 것보다 훨씬 더 많은 일이 벌어지고 있다.

계산대에 들어선 고객은 잡지, 음료수, 사탕 등을 사느라 막바지 쇼핑을 하는 경우가 많다. 컨베이어 벨트와 식료품 칸막이 같은 요소는 거래 오류를 방지하고 효율성을 높이기 위해 사용된다. 바코드 스캐너, 디지털 저울, 자동 쿠폰 적용 및 주문표를 포함한 정보시스템을 사용하면 모든 품목의 비용을 쉽게 합산할 수 있다. 실제로 많은 상점에서 POS 시스템과 재고 데이터베이스를 연결하여 공급업체에 예정된 주문을 실시간으로 알릴 수 있는 정보를 확보한다.

그리고 마지막으로 전통적인 식료품점에서는 쇼핑객의 편의를 위해 다양한 거래 유형을 지원하고 뒷면에 쿠폰이 인쇄된 영수증을 자동으로 인쇄하여 주문 처리 속도를 높이고 고객 충성도를 높인다. 특히 몇 년 전에 프로세스가 얼마나 달랐는지 생각해보면, 이제 다음 식료품점에서 결제를 경험할 때 이것에 대해 조금 다르게 생각할 수 있을 것이다.

고객이 매장을 돌아다니며 직접 상품을 고를 수 있게 되기 전에는 (1900년대 초 이를 허용한 최초의 매장은 피글리위글리이다), 쇼핑객은 식료품 점원에게 원하는 품목을 말하곤 했다. 그러면 점원은 해당 품목을 가져와 수작업으로 총액을 반영한 표를 작성했다. 오늘날의 식료품 계산 프로세스는 20세기 초의 식료품점과는 분명하게 많이 다르고, 훨씬 효율적이며 기술적으로 발전했지만, 대략 한 세기가 지난 지금 우리는 계산 프로세스와 기술에서 다음 단계의 혁신을 보고 있다.

아마존의 놀라운 자동화

지난 몇 년 동안 아마존은 식료품 업계에서 매우 활발하게 활동해왔

출처 : MariaX/Shutterstock

다. 예를 들어, 아마존은 2017년에 130억 달러가 넘는 금액으로 홀푸드를 인수한다고 발표했다. 이듬해 아마존은 직원이 상주하는 계산대나 셀프계산대 키오스크가 필요 없는 소규모 매장 형식(편의점과 유사)인 아마존고라는 완전히 새로운 매장 콘셉트를 공개했다.

아마존이 말하는 이 새로운 형식은 '저스트 워크아웃(Just Walk Out)' 기술을 특징으로 하며, 하드웨어 관점에서 카메라, 센서, 컴퓨터 비전 기술 및 딥러닝 알고리즘으로 구성된다. 이러한 기술이 함께 작동하면 사람들은 줄을 서서 기다릴 필요 없이 원하는 상품을 선택하고 매장을 빠져나갈 수 있다.[4]

아마존은 이 기술을 쇼핑객이 진열대에서 상품을 꺼낼 때 이를 추적하는 시스템이라고 자세히 설명하며, 이러한 상품은 시스템이 관리하는 가상 쇼핑카트에 추가된다. 누군가 품목을 원하지 않는다고 판단하여 진열대에 다시 올려놓으면 해당 품목은 가상 쇼핑카트에서 제거된다.

쇼핑객은 상품 선택을 마친 후 매장 밖으로 나가기만 하면 별도의 거래 없이 자동으로 상품의 가격이 청구된다.[5] 2018년에 첫 번째 매장이 문을 연 이후 현재 시애틀, 시카고, 샌프란시스코, 뉴욕, 런던 등 5개 도시에 29개의 아마존고 매장이 존재한다.[6]

최근 아마존은 수많은 소매업체가 사업에 사용하기 위해 이 기술을 구매하는 데 관심을 보이고 있다고 밝혔다. 예를 들어, 아마존은 공항에 있는 OTG의 CIBO익스프레스 매장, 시네월드의 리갈극장, 야구장의 매점 등에서 관심을 받았다.[7]

이 새로운 결제 형식이 아마존에만 국한되는 것은 아니지만, 널리 채택된다면 소매업계의 전반적인 환경을 바꿀 수 있을 것으로 보인다.

센서 퓨전으로 순항

식료품 결제 프로세스는 아마존 덕분에 최근 큰 변화를 맞이했다. 이 프로세스는 식료품 점원이 수동으로 표를 작성하는 것에서 정보시스템에 의해 지원되는 직원 계산대 라인으로 진화하여 현재는 완전히 자동화된 계산대가 되었다. 이러한 패러다임의 변화는 기술이 거의 모든 산업에서 비즈니스 프로세스를 지속적으로 혁신시키고 있음을 보여주는 하나의 예이다.

현재 비슷한 혁신을 경험하고 있는 또 다른 산업의 예로 자동차 산업을 들 수 있다. 다양한 카메라, 센서, 컴퓨터 비전 기술을 사용하여 작동하는 자율주행 차량을 생각해보라. 차량호출 회사들이 자율주행차를 승객 수송에 활용하는 데 관심을 보이는 이유는 기계가 사람인 운전자에게 적용되는 일정 규정을 받지 않기 때문이다.

따라서 이러한 회사는 가능한 한 빨리 무인 차량으로 전환하려는 동기를 갖게 된다. 아이러니하게도 차량호출 회사에서 일하는 수많은 기존 택시 기사들을 대체해온 긱이코노미의 근로자들 역시 곧 기계에 의해 일자리를 잃을 수 있다.

넓게 본다면 많은 산업 분야의 근로자들은 자동화와 인공지능의

부상을 목격하고 있으며, 새로운 기술이 전 세계 근로자와 경제에 얼마나 파괴적인 영향을 미칠지는 불확실하다. 기계가 일자리를 대체하여 사람들을 실업자로 만들 것인가? 아니면 기계가 노동자를 대체하여 더 효율적이고 효과적으로 업무를 수행하게 될 것인가?

아직 말하기는 이르지만, 아마존이 '저스트 워크아웃' 기술을 대규모로 배치하기 시작하면서 식료품점이 처음 넘어지는 도미노 중 하나가 될 수 있다.

토의문제

1. 세계에서 가장 혁신적이고 강력한 기업 중 일부는 기술 기업(예 : 구글, 페이스북, 애플, 아마존, 넷플릭스)이다. 이 목록에 있는 5개 회사 중 아마존이 가장 강력한 회사로 간주되어야 한다고 주장할 수 있는가? 그렇다면 그 이유는 무엇인가?

2. 센서 퓨전, 카메라, 컴퓨터 비전을 활용한 다른 기술을 생각해볼 수 있는가?

3. 지난 10년 이상 기술 혁신으로 인해 프로세스가 크게 변화하거나 중단된 다른 산업을 생각해볼 수 있는가?

4. 향후 10년 이상 산업계의 프로세스를 혼란에 빠뜨리거나 변화시킬 새로운 기술이 있다면 어떤 것이 있는가?

보안 가이드

치명적인 랜섬

한 직원이 사무실에 들어와 칸막이가 있는 자리에 앉는다. 책상 위에 놓인 키보드를 들어 올려 자신의 자격 증명을 확인한 다음(부끄러운 일이지만!) 컴퓨터에 로그인을 시작한다. 하루의 첫 번째 작업은 긴급한 이메일을 파악하는 것이다. 상사의 몇 가지 메시지, 불만을 품은 고객의 '!!' 표시가 있는 이메일, 직원들의 의료보험 적용 범위 변경으로 인해 본인 부담금이 인상되었다는 인사 고지가 있다.

전화 한 통이 걸려오고 그 직원은 최근 구매 주문서에서 누락된 세부 정보에 대해 이야기하던 중 '귀하의 헬스케어 혜택에 대한 요율 변경이 지급에 어떻게 영향을 미치는가.pdf'라는 제목의 PDF 첨부 파일을 클릭한다. 최근 예상치 못한 지출이 쌓여 스트레스를 받은 직원은 이 변경으로 인해 향후 월급에서 얼마나 손해를 볼 수 있는지 확인하고자 한다.

전화 통화를 하면서 이메일을 보면 정신이 산만해지므로, 직원은 보낸 사람의 이메일 주소가 익숙하지 않고 고용주 또는 의료 서비스 제공자의 도메인과 일치하지 않는다는 사실을 알아차리지 못했다. 또한 직원은 이메일 본문에 2개의 오타가 있고 의료 서비스 제공자의 로고를 묘사한 그래픽의 품질이 좋지 않다는 사실을 알아채지 못했다.

직원이 데스크톱에서 파일을 다운로드하고 더블 클릭하여 열자마자 또 하나의 조직이 랜섬웨어 공격의 피해를 입게 되었다. 직원의 시스템에 있는 모든 파일이 빠르게 암호화되고 있으며, 공격자는 시스템의 암호를 해독하고 파일을 정상으로 복원하기 위해 거액의 몸값을 요구한다. 사이버 범죄자들은 자신의 익명성을 보호하고 기소 가능성을 줄이기 위해 추적이 어려운 암호화폐의 일종인 비트코인을 통한 지불을 요청한다.

랜섬웨어 공격이 성공하게 된다면 개인과 조직은 여러 가지 요소를 고려하여 대응 방법을 결정해야 한다. 시스템과 데이터에 대한 액세스를 즉시 복구하는 것이 중요한가? (예 : 생명이 위태로운 병원 응급실의 컴퓨터), 복구가 가능한 최근 백업을 사용할 수 있는가? (예 : 48시간 전의 클라우드 백업을 사용할 수 있는 경우), 이 공격의 다른 사례와 몸값을 지불할 경우 범죄자가 실제로 암호화된 파일을 잠금 해제했다는 증거를 찾을 수 있는가?

대부분의 개인과 조직의 경우 약간의 고장 시간은 감내할 수 있지만, 중요한 인프라를 대상으로 랜섬웨어의 공격이 성공하면 그 영향은 매우 심각해진다.

그리드 잠금

강력한 뇌우나 눈보라로 동네에 전기가 끊겼을 때를 기억해보자. 아마 공공시설 직원들이 전력을 복구하는 동안(일반적으로 몇 시간 이내에 전력이 복구됨) 주민들은 손전등과 시간을 보내기 위한 오락거리를 찾기 위해 앞다퉈 나섰을 것이다. 이제 유틸리티 회사의 시스템이 랜섬웨어 공격으로 인해 넓은 지역에서 며칠 또는 몇 주 동안 전기가 끊긴다고 상상해보자. 평범한 할리우드 각본에서 가져온 시나리오처럼 들리지만, 보안 전문가와 정부는 이러한 공격이 실제로 발생할 수 있다는 가능성을 점점 더 많이 지적한다.

실제로 2020년 초 미국 국토안보부의 사이버 보안 및 인프라 보

출처 : Posteriori/Shutterstock

안국(CISA)은 중요 인프라로 지정된 모든 기관에 대해 랜섬웨어 공격 가능성을 각별히 경계할 것을 경고했다. 이 경고는 천연가스 시설을 표적으로 삼은 랜섬웨어 공격이 성공함에 따라 발령되었다.[8] 이 시설은 공격자가 원격으로 제어할 위험은 없었지만, 운영자는 운영을 재개하기 전에 운영을 중단하고 새로운 시스템을 다시 배포해야 했기 때문에 시간과 비용을 낭비할 수밖에 없었다.

이는 중요 기반 시설에 대한 공격의 한 예일 뿐이지만, 이러한 유형의 공격은 이제 흔히 발생하며 특히 CISA[9]에서 정의한 화학 회사, 상업 시설, 통신, 중요 제조, 댐, 국방, 응급 서비스, 에너지, 금융 서비스, 식품 및 농업, 정부 시설, 의료, 정보기술, 원자력 운영, 운송 및 상하수도 시스템 등의 인프라를 표적으로 삼고 있다.

전력망으로 다시 돌아가서 2019년에는 2017년에 사우디아라비아 정유공장의 안전 기기를 공격한 것으로 알려진 해킹 그룹이 취약점을 파악하기 위해 미국 전력망을 적극적으로 감시한다는 보고가 있었다.[10]

요컨대 사이버 전쟁에서 민간단체와 중요한 인프라를 제공하는 형태로 민간인 생활을 지원하는 단체는 공격받을 가능성이 있다는 것이 분명하다. 이러한 공격은 시스템을 잠그고 중요한 데이터에 대한 접속을 차단하는 랜섬웨어 공격을 포함하여 다양한 형태로 나타날 수 있다.

안타깝게도 정부 및 군사 자산을 공격하는 데 사용되는 것과 동일한 유형의 도구가 기업과 심지어 가족을 혼란에 빠뜨리는 데에도 사용될 수 있다. 우리 모두는 다음 공격의 피해자가 되지 않도록 경계를 늦추지 말아야 한다. 또한 공격이 발생했을 때 지능적이고 신속하게 대응할 수 있도록 필요한 예방 조치를 취해야 할 것이다.

토의문제

1. 범죄자에게 몸값을 지불하면 실제로 데이터를 해독해줄 것이라고 생각하는가?
2. 데이터에 대한 몸값을 지불하면 데이터가 해독될 것이라고 100% 확신하는 경우 몸값을 지불해야 하는가? 이에 대해 설명해라.
3. 이 기사에서는 중요 인프라에 대한 감시와 공격이 점점 더 일반화되고 있다고 언급한다. 잠시 시간을 내어 중요 인프라 조직에 대한 공격의 최신 사례를 검색해보자(관련 산업을 검색하는 데 도움이 되는 기사에는 CISA 목록 참조).
4. 알려진 국제 사이버 공격 중 목표에 피해를 입히는 데 성공한 사례가 있는가?

커리어 가이드

이름 : 앤드루 옌칙
회사 : 찰스슈왑
직책 : 전무 이사
학력 : 카네기멜론대학교 졸업

출처 : Andrew Yenchik, Managing Director, Charles Schwab

1. 이 일을 어떻게 하게 되었습니까?

저는 제 지식과 능력을 확장할 수 있는 역할을 계속 찾고 있었습니다. 학부 재학 중 기술 관련 지식이 전무했던 저는 소프트웨어 개발 회사에서 인턴으로 일했습니다. 그곳에서 네트워킹, 시스템 관리, 소프트웨어 개발, 데이터 센터 운영 등 제가 배울 수 있는 모든 것을 배웠습니다. 그 후 대학원에서 학위 과정을 마치고 USAA에 입사했습니다. 그곳에서 은행 기술 부서의 기술 관리자로 일한 후 핀테크 및 운영 부서의 기술 이사로 재직했습니다. 이전의 모든 직책에서 저는 네트워크를 구축하고, 기술을 익히고, 리더십 문제를 해결하는 데 집중했습니다. 이러한 기회를 통해 현재 찰스슈왑 크로스엔터프라이즈서비스그룹에서 소프트웨어 개발 및 운영을 총괄하는 전무 이사로 근무하게 되었습니다.

2. 이 분야에 매력을 느낀 이유는 무엇입니까?

저는 비즈니스와 기술력이 혼합되어 있고 문제해결 마인드가 필요한 분야를 찾고 싶었습니다. 기술적인 능력만 갖추고 비즈니스 기능의 이유와 방법을 이해하지 못하는 것은 원치 않았기 때문입니다. 정보시스템 분야는 기술력과 비즈니스 감각이 결합된 분야입니다. 저는 관심 있는 분야의 교수 및 전문가들과 시간을 보내게 되었습니다. 여기에는 직업 체험, 점심 미팅, 전화 통화, 개인 미팅 등이 포함되죠. 이 멘토들은 제가 정보시스템 분야를 선택하게 된 데 귀중한 조언을 해주었습니다.

3. 일반적인 업무 일과(주어진 업무, 의사결정, 해결해야 할 문제)는 어떻게 진행됩니까?

저는 매일 경영진과 함께 일하며 꽤 많은 회의에 참석(또는 진행)합니다. 우리 팀과 저는 전 세계에 흩어져 있기 때문에 회의, 애자일(agile) 행사, 일대일 미팅을 통해 정보를 공유하고, 일정을 제공하고, 문제를 해결하고, 전략적 우선순위를 위해 노력합니다. 제 업무에는 협업, 파트너십, 협상이 필요합니다. 제 결과물과 성과는 팀의 성과이며, 제 역할의 핵심은 팀의 성공을 돕는 것입니다. 가끔은 팀원들과 함께 현지에서 시간을 보내기 위해 출장을 가기도 합니다. 전무 이사로서 저는 기술 및 전략적 리더십을 제공하고, 제가 소유한 모든 프로젝트 작업과 애플리케이션의 제공 및 운영을 책임지고 있습니다.

4. 이 직업에서 가장 마음에 드는 점은 무엇입니까?

저는 끊임없이 배우는 도전을 즐깁니다. 결정을 내리거나 프로젝트를 실행하는 데 필요한 모든 정보나 기술을 갖춘 경우는 거의 없습니다. 저는 성공을 위해 빠르게 배우고 성장해야 할 때 가장 큰 성취감을 느낍니다.

5. 이 직무를 잘 수행하려면 어떤 기술이 필요합니까?

문제해결 능력은 매우 중요한 기술입니다. 저는 매일 기술적인 장애를 해결하거나 팀에 적합한 인재를 채용하는 등 복잡한 문제에 직면합니다. 어떤 일이든 문제를 평가하고, 올바른 정보와 도구를 수집하고, 문제를 해결하는 능력이 핵심이죠. 팀워크와 리더십도 중요한 기술입니다. 한 사람이 모든 답을 알 수는 없습니다. 협력적인 방식으로 다른 사람들과 함께 일하고, 돕고, 가르치고, 동기를 부여하는 능력이 중요합니다.

6. 이 분야는 교육이나 인증이 중요합니까? 그 이유는 무엇입니까?

그렇습니다. 교육과 자격증은 중요하고 경력 자본을 제공하며, 많

이 취득할수록 더 가치 있는 사람이 될 수 있습니다. 성공적인 IT 전문가가 되기 위한 필요한 기술과 역량의 기초를 제공합니다. 또한 공부하고, 배우고, 지식을 습득할 수 있는 능력을 보여줍니다. 평판이 좋은 기관에서 받은 학위는 여러분의 통찰력과 기술을 입증할 것입니다.

7. 이 분야에서 일하고 싶어 하는 후배에게 어떤 조언을 해주고 싶습니까?

재학 중과 경력 초기에 다양한 기술과 경험을 쌓을 수 있도록 자신을 넓혀보길 바랍니다. 자신의 영역에서 벗어난 어려운 수업, 즉 쉬운 A가 아닌 수업을 수강하고 그 수업을 통과하기 위해서는 학습과 노력, 희생이 필요할 거예요. 질문하고 호기심을 가지십시오. 자신을 성장시키거나 확장하지 못하고 심지어 실패한다면 잘못된 동네에서 어울리고 있는 것입니다.

8. 10년 후 인기 있을 기술 직종은 무엇이라고 생각합니까?

네트워크 엔지니어링입니다. 연결된 기기의 수가 계속 증가하고 IoT 혁명이 일어나면서 네트워크 엔지니어링 기술에 대한 수요가 높아질 것입니다. 또한 연결된 기기의 종류와 수가 급격히 증가하고 기업과 개인 생활에 기술이 널리 보급됨에 따라 정보 보안 관련 직종은 인기 있는 직업이 될 것입니다.

윤리 가이드

이제 로봇이 당신을 고용한다

"오늘 우리의 자동화된 채용 플랫폼에 대해 여러분을 만날 수 있는 기회를 주셔서 감사합니다." 브라이언은 조명을 어둡게 하고 노트북으로 프레젠테이션 모드를 시작하여 영업 프레젠테이션을 시작했다. "지금 보실 시연은 약 10년간 노력의 정점입니다. 우리의 기술은 커뮤니케이션, 엔지니어링, 정보시스템, 데이터 과학 등 각 분야를 선도하는 과학자들이 기초부터 구축했습니다."

그는 '다음 슬라이드' 버튼을 클릭하여 가상의 지원자가 채용 시스템의 프로토콜을 거치는 과정을 보여주는 상세한 다이어그램을 표시했다. "지원자가 이력서 사본을 제출하면 시스템이 가장 먼저 하는 일은 지원자의 자격 증명을 자동으로 완벽하게 분석하는 것입니다. 이 시스템은 최첨단 알고리즘을 사용하여 이력서의 모든 단어를 분석하여 가장 적합한 후보자만을 식별합니다. 회사 내 최고 성과자의 이력서를 수집한 후 시스템이 그들과 비슷한 지원자를 찾도록 할 수도 있습니다. 시스템은 최고를 찾아내려고 하지만, 귀사의 특정 요구사항에 따라 '최고'의 의미를 정의하는 데 도움을 줄 수 있습니다"라고 설명한다.

"최고의 이력서가 식별되면 시스템은 이력서에 있는 연락처 정보를 사용하여 자동으로 각 지원자에게 온라인 면접을 예약하는 이메일 초대장을 발송합니다. 적절한 시점에 각 면접 대상자는 회사 웹사이트에 접속하여 온라인 면접을 시작하기만 하면 되니 손가락 하나 까딱할 필요가 없습니다. 디지털 면접관은 다양한 질문을 하고, 인터뷰 대

상자가 응답하는 동안 언어, 발성, 신체 움직임, 눈동자 움직임 등 다양한 행동에 대한 데이터 스트림을 캡처하게 됩니다. 우리 시스템은 이러한 각 데이터 스트림의 특징을 분석하여 자신감 있고 진실하게 답변하는 사용자를 식별하게 됩니다. 다시 말해 우리는 사람들이 말하는 내용뿐만 아니라 말하는 방식에도 관심을 기울입니다! 더 멋진 점은 이러한 인터뷰를 수천 건 진행했다는 것입니다. 이전 고객들은 우리 플랫폼을 사용하여 채용한 지원자 중 실제로 슈퍼스타 직원이 된 지원자를 알려주기로 동의했습니다. 이제 슈퍼스타 인터뷰 대상자와 관련된 고유한 기능을 사용하여 지원자 중에서 미래의 슈퍼스타를 찾을 수 있습니다."

회의실에 있던 모든 사람이 고개를 끄덕이며 브라이언이 매우 잘 진행한다고 느꼈다. 브라이언은 다음 슬라이드로 넘어가 디지털 면접관을 수정할 수 있는 다양한 방법을 보여주었다.

나만의 봇, 나만의 방식

그는 이어서 "우리 소프트웨어의 가장 흥미로운 부분 중 하나는 디지털 면접관을 무수히 많은 방식으로 수정하여 업계에 가장 적합한 분위기를 설정할 수 있다는 점입니다. 방위산업체인가요? 면접관이 좀더 격식을 차리고 심문 스타일에 가까운 질문을 하도록 할 수 있습니다. 재미있고 혁신적인 스타트업인가요? 면접관이 더 친근하고 경쾌

하면서도 호기심이 많은 것처럼 보이도록 할 수 있습니다. 요컨대 귀사에 가장 적합한 면접관을 선택할 수 있으며, 디지털 면접관의 얼굴 특징을 면접 대상자의 얼굴과 비슷하게 변형할 수도 있습니다. 사람들은 자신과 닮은 사람과 대화하는 것을 선호한다는 연구 결과가 있습니다."

브라이언은 방금 자신의 발언으로 회의실 분위기에 변화가 생겼다는 것을 감지할 수 있었다. 어떤 사람들은 모핑(morphing) 기능이 소름 끼치고 어떤 면에서는 일종의 심리 조종과 같다고 생각했기 때문이다. 그는 이를 회복하려고 노력했다.

"하지만 이 시스템에서 가장 중요한 부분 중 하나는 정말 과학적이고 자격에 따라 우선순위를 정한다는 점입니다. 우리 플랫폼의 장점은 면접관의 주관과 편견을 배제한다는 점입니다. 사람에게 지원서를 검토하고 면접을 진행하도록 맡겼는데, 결국 채용 결정이 가장 자격이 뛰어난 사람을 뽑는 것이 아니라 퇴근 후 함께 술 한잔하고 싶은 사람을 뽑는 것으로 결정된 경우가 몇 번이나 있었죠? 우리 시스템은 조직이 기회를 놓칠 수 있는 이러한 인적 결함을 제거합니다."

브라이언은 각 지원자와의 모든 상호작용에 대한 시스템의 세분화된 문서 추적에 대해 설명하는 몇 가지 슬라이드를 더 보여주었다. 이 플랫폼의 고객은 언제든지 로그인하여 지원 서류를 살펴보고, 온라인 설문조사 결과를 검토하거나, 녹화된 면접의 일부를 볼 수 있다.

그는 궁극적으로 이 모든 데이터가 시스템의 엄격한 분석을 기반으로 추천 채용 목록을 생성하는 데 사용될 것이라고 설명했다. 브라이언은 마지막 슬라이드를 끝내고 회의실에 있는 모든 사람을 향해 돌아섰다. 그는 이 부분이 재미있다고 속으로 생각하며 이렇게 질문했다. "질문 있는 사람 있나요?"

선입견

처음에는 회의실 전체가 움직이지 않다가 뒤쪽에 있던 관리자 중 한 명이 말을 시작했다. "시간 내주셔서 감사합니다. 브라이언, 몇 가지 질문을 하고 싶습니다. 인간은 의사결정에 있어 주관적이고 편향적인 경향이 있다고 지적하셨고, 직원 채용도 다르지 않다고 하셨는데, 우리도 동의할 수 있습니다."

"하지만 귀사의 기술이 이러한 편견을 제거한다고 주장하지만, 귀사의 시스템은 인간인 과학자, 엔지니어, 소프트웨어 개발자가 개발한 것이 아닌가요? 이 사람들이 실수로 또는 최악의 경우 의도적으로 시스템에 편견을 심어놓았을 수도 있지 않나요? 또한 이미 보유한 최고 성과를 바탕으로 새로운 스타를 발굴하기 위한 '시스템 훈련'에 대해 말씀하셨습니다. 이러한 접근 방식은 여러 의미에서 다양성이 결여된 매우 획일적인 조직 문화를 영속시키지 않을까요? 마지막으로 귀사

출처 : Kung_tom/Shutterstock

의 기술을 도입한 이후 고객사의 채용 데이터를 살펴보고 귀사의 채용 도구가 조직의 다양성을 촉진했는지 아니면 억압했는지 확인해보셨나요?"

브라이언은 다시 화면으로 돌아와 슬라이드를 클릭하기 시작했고 떨리는 목소리로 "사무실에 돌아가면 그 데이터 중 일부에 접속해볼 수 있겠지만, 질문의 일부라도 해결에 도움이 될 만한 슬라이드가 몇 개 더 있을 것 같습니다"라고 대답했다. 그는 거래를 성사시킬 수 있는 해답을 찾느라 정신이 없었지만, 이미 슬라이드에 해답이 없다는 것을 알고 있었고, 상황 또한 좋지 않았다.

공리주의

1장의 윤리 가이드는 윤리적 행위를 평가하는 한 가지 방법으로서 칸트의 정언 명령을 소개했다. 여기에서는 공리주의라는 두 번째 방법을 소개한다. **공리주의**(utilitarianism)에 따르면 행위의 도덕성은 그 결과에 의해 결정된다. 행위는 가장 많은 사람에게 최대의 선을 가져다주거나 행복을 극대화하고 고통을 줄이는 경우 도덕적인 것으로 판단된다.

공리주의의 기준으로 볼 때 살인이 최대 다수의 최대 이익을 가져온다면 도덕적일 수 있다. 홀로코스트를 막을 수 있었다면 아돌프 히틀러를 죽이는 것도 도덕적일 수 있다. 마찬가지로 공리주의는 거짓말이나 다른 형태의 속임수가 최대 다수의 최대 이익을 가져온다면 도덕적인 행위로 평가할 수 있다. 치명적인 질병에 걸린 사람에게 회복될 것이라고 거짓말을 하는 것이 그 사람의 행복을 증가시키고 고통을 줄인다면 도덕적이라고 할 수 있다.

토의문제

1. 브라이언이 설명한 채용 플랫폼에 대해 생각해보자.
   a. 그러한 시스템을 사용하는 것이 정언 명령(1장, 27쪽)에 따라 윤리적이라고 생각하는가?
   b. 공리주의적 관점에 따르면 그러한 시스템을 사용하는 것이 윤리적이라고 생각하는가?
2. 입사 지원 시 전통적인 채용 프로세스를 사용할 것인가, 아니면 브라이언이 설명하는 채용 플랫폼을 사용할 것인가? 선호하는 방식을 설명하라.

3. 관리자가 브라이언에게 물어보는 질문을 생각해보자. 여러분이 관리자라면 이 기술에 투자하고 사용할 것인가? 그렇다면 그 이유는 무엇인가? 또는 안 한다면 그 이유는 무엇인가? 이 질문에 대한 여러분의 답변이 문제 2에 대한 답변과 일치하는가? 그렇다면 그

이유는 무엇인가? 또는 안 한다면 그 이유는 무엇인가?

4. 폭스바겐 스캔들은 이 글에서 제시한 시나리오와 어떤 관련이 있는가? (잘 모르는 경우 인터넷 검색을 통해 조사해보자.) 폭스바겐 스캔들과 이 글은 기술 측면에서 어떤 문제를 지적하고 있는가?

생생복습

이 장에서 학습한 내용을 이해했는지 확인해보자.

2-1　조직 전략은 어떻게 정보시스템 구조를 결정하는가?
산업 구조, 경쟁 전략, 가치사슬, 비즈니스 프로세스, 정보시스템 간의 관계를 도표로 작성하고 설명하라. 밑에서 위로 작업하면서 처음 두 장에서 배운 지식이 해당 다이어그램과 어떻게 연관되는지 설명하라.

2-2　산업구조를 결정하는 다섯 가지 세력은 무엇인가?
다섯 가지 세력 모델의 원래 목적과 이 장에서 사용되는 다른 목적에 대해 설명하라. 두 가지 유형의 세력 이름을 말하고 각 세력의 강점 요인을 설명하라. 세 가지 경쟁 세력의 이름을 말하고 각각 강점인 요인을 설명하라. 두 가지의 협상력 요인을 말해보라. e헤르메스에서 작동하는 다섯 가지 힘을 요약하라.

2-3　산업구조 분석은 어떻게 경쟁 전략을 결정하는가?
포터가 정의한 네 가지 전략을 설명하라. 각 전략에 대해 해당 전략을 사용하는 기업의 예를 제시하라. e헤르메스의 경쟁 전략을 설명하고, 이를 정당화하라.

2-4　경쟁 전략은 어떻게 가치사슬 구조를 결정하는가?
가치, 이윤, 가치사슬이라는 용어를 정의하라. 차별화 전략을 선택하는 조직이 가치를 사용하여 차별화를 위해 지불해야 할 추가 비용의 한도를 결정할 수 있는 이유를 설명하라. 가치사슬의 주요 활동과 지원 활동의 이름을 정하고 각각의 목적을 설명하라. 연결의 개념을 설명하라.

2-5　비즈니스 프로세스는 어떻게 가치를 발생시키는가?
베스트바이크의 비즈니스 운영을 요약하라. 비즈니스 프로세스를 정의하고, 세 가지 예를 제시하라. BPMN, 스윔레인 형식, 활동, 역할, 행위자, 리포지터리, 데이터 흐름, 시퀀스 흐름, 하위 프로세스를 정의하라. 각각에 사용되는 BPMN 기호를 설명하라. 그림 2-8을 검토하고 이 비즈니스 프로세스가 어떻게 작동하는지 설명할 수 있는지 확인하라. 그림 2-8과 2-10의 프로세스 간의 차이점을 설명하고 이러한 차이점을 3D 프린팅 기회와 연관시켜보라.

2-6　경쟁 전략은 어떻게 비즈니스 프로세스와 정보시스템의 구조를 결정하는가?
경쟁 전략이 비즈니스 프로세스의 구조를 어떻게 결정하는지 여러분의 말로 설명하라. 어려운 학생들을 대상으로 하는 옷가게와 고급 동네의 전문 비즈니스맨을 대상으로 하는 옷가게의 예를 들어보라. 두 회사의 비즈니스 프로세스 활동을 나열하고, 그림 2-11과 같은 차트를 만들어라. 두 상점의 정보시스템 요구사항이 어떻게 다른지 설명하라.

2-7　정보시스템은 어떻게 경쟁우위를 제공하는가?
경쟁우위의 여덟 가지 원칙을 나열하고 간략하게 설명하라. 대학 서점을 생각해보고, 여덟 가지 원칙을 각각 하나씩 적용하는 사례를 나열하라. 정보시스템과 관련된 사례를 포함하도록 노력하라.

2-8　비즈니스 프로세스와 정보시스템의 미래는 무엇인가?
로우코드 시스템이 기업의 비용 절감과 적응력 향상에 도움이 되는 이유를 설명하라. 로봇 프로세스 자동화가 기존 비즈니스 프로세스를 어떻게 개선하는가? 지능형 자동화의 이점에 대해 설명하라. 새로운 혁신을 주도하는 힘은 무엇이며, 앞으로 기술이 어떻게 변화할 것인가? 이러한 새로운 혁신으로 인해 비즈니스 전략이 어떻게 변화할 수 있는지

설명하라.

이 장의 **지식**이 **여러분**에게 어떻게 도움이 되는가?

e헤르메스의 경쟁 전략이 일부 대형 기업 고객에 의존함으

로써 어떻게 위협받고 있는지 여러분의 말로 설명하라. e헤르메스의 계획된 대응을 설명하고, 그 대응에 대해 카말라가 인식하는 문제점을 요약하라. e헤르메스를 위한 행동 방침을 추천하라. 회사가 제공하는 서비스 유형을 다양화하려는 카말라의 아이디어를 사용하여 답을 설명하라.

주요용어

가치(value)

가치사슬(value chain)

경쟁 전략(competitive strategy)

기본 활동(primary activity)

다섯 가지 세력 모델(five forces model)

데이터 흐름(data flow)

로봇 프로세스 자동화(robotic process automation, RPA)

로우코드 시스템(low-code system)

리포지터리(repository)

비용(cost)

비즈니스 프로세스(business process)

비즈니스 프로세스 모델링 표기법(Business Process Modeling Notation, BPMN)

선도 기업의 이점(first mover advantage)

스윔레인 형식(swimlane format)

스타트업(startup)

시퀀스 흐름(sequence flow)

행위자(actor)

역할(role)

연결(linkage)

유니콘(unicorn)

이윤(margin)

전환 비용(switching cost)

지능형 자동화(intelligent automation)

지원 활동(support activity)

활동(activity)

후발 기업의 이점(second mover advantage)

학습내용 점검

2-1. 여름 아르바이트를 위해 학생을 모집하는 사업을 시작하기로 결정했다고 가정해보자. 여러분은 가능한 학생과 가능한 일자리를 연결해야 한다. 어떤 일자리가 있는지, 그 일자리를 채울 수 있는 학생은 어떤 학생인지 알아내야 한다. 사업을 시작할 때 지역 신문, 크레이그리스트(*www.craigslist.org*) 및 대학과 경쟁하게 될 것이며, 다른 지역 경쟁자들도 있을 것이다.

a. 포터의 다섯 가지 세력 모델에 따라 이 산업의 구조를 분석하라.

b. a의 분석을 바탕으로 경쟁 전략을 추천하라.

c. 이 비즈니스에 적용되는 주요 가치사슬 활동을 설명하라.

d. 학생 모집을 위한 비즈니스 프로세스를 설명하라.

e. d의 비즈니스 프로세스를 지원하는 데 사용할 수 있는 정보시스템을 설명하라.

f. d에서 설명한 프로세스와 e에서 설명한 시스템이

경쟁 전략을 어떻게 반영하는지 설명하라.

2-2. 2-6절의 두 가지 자전거 대여 회사를 생각해보자. 그들이 대여하는 자전거에 대해 생각해보자. 분명히 학생용 자전거는 가게에서 바로 탈 수 있는 거의 모든 자전거일 것이다. 그러나 비즈니스 임원을 위한 자전거는 새 것이어야 하고, 광택이 나고, 깨끗해야 하며, 최상의 상태여야 한다.

a. 자전거 관리와 관련된 두 비즈니스의 운영 가치사슬을 비교하고 대조하라.

b. 두 비즈니스의 자전거 유지 관리를 위한 비즈니스 프로세스를 설명하라.

c. 두 비즈니스의 자전거 구입을 위한 비즈니스 프로세스를 설명하라.

d. 두 사업체의 자전거 폐기에 대한 비즈니스 프로세스를 설명하라.

e. 앞선 문제에 대한 답변에서 정보시스템의 역할은

무엇이라고 생각하는가? 정보시스템은 회사 내에서 개발하는 시스템일 수도 있고 크레이그리스트와 같은 외부에서 개발하는 시스템일 수도 있을 것이다.

2-3. 서맨사 그린은 트위그트리트리밍서비스를 소유 및 운영한다. 서맨사는 인근 대학의 임업학과를 졸업하고 대형 조경 설계 회사에서 나무를 다듬고 제거하는 일을 했다. 몇 년간의 경험을 쌓은 후 트럭, 그루터기 분쇄기 및 기타 장비를 구입하여 미주리주 세인트루이스에서 자신의 사업을 시작했다.

나무나 그루터기를 제거하는 일회성 작업도 많지만, 매년 또는 격년으로 한 그루 또는 여러 그루의 나무를 다듬는 등 반복되는 작업도 있다. 사업이 부진할 때는 이전 고객들에게 전화를 걸어 자신의 서비스와 정기적으로 나무를 다듬어야 할 필요성을 상기시켜 준다.

서맨사는 마이클 포터나 그의 이론에 대해 들어본 적이 없다. 그녀는 자신의 사업을 '직감에 따라' 운영한다.

a. 다섯 가지 경쟁 요소 분석이 서맨사에게 어떻게 도움이 될 수 있는지 설명하라.

b. 서맨사에게 경쟁 전략이 있다고 생각하는가? 어떤 경쟁 전략이 서맨사에게 적합할 것 같은가?

c. 그녀의 경쟁 전략에 대한 지식이 영업 및 마케팅 활동에 어떻게 도움이 될 것인가?

d. 영업 및 마케팅 활동을 지원하는 데 필요한 정보시스템의 종류를 일반적인 용어로 설명하라.

협업과제 2

1장(30~31쪽)에서 협업하여 구축한 정보시스템을 사용하여 팀원들과 협력하여 다음 질문에 답하라. 아직 협업 정보시스템을 구축하지 않았다면 협업과제 1을 참고하라. 팀원들과 모여 구글 문서도구, 셰어포인트 또는 기타 협업 도구를 사용해서 협업 정보시스템을 구축하라. 절차와 팀 훈련이 필요함을 잊지 말라.

싱잉밸리리조트는 콜로라도 산맥 높은 곳에 위치한 50개의 객실을 갖춘 최고급 리조트이다. 객실 임대료는 계절과 숙박 시설 유형에 따라 1박에 400~4,500달러이다. 싱잉밸리의 고객 중에는 유명 연예인, 스포츠계 인사, 기업 임원 등 부유층이 많다. 이들은 우수한 서비스에 익숙하고 이를 요구한다.

싱잉밸리는 아름다운 산골짜기에 자리하고 있으며 고요한 산악 호수에서 몇 백 미터 떨어진 곳에 위치해 있다. 최고의 숙박 시설, 최고의 서비스, 맛있고 건강한 유기농 식사, 뛰어난 와인을 자랑하는 곳이다. 워낙 성공적이어서 싱잉밸리는 '성수기 전'(단풍이 지고 눈이 오기 전인 11월과 겨울 스포츠는 끝났지만 아직 눈이 쌓여 있는 4월 말)을 제외하고는 90%가 꽉 찬다.

싱잉밸리의 소유주는 수익을 늘리고 싶지만, 리조트가 거의 항상 만석이고 요금이 이미 최고 수준이기 때문에 숙박 수익으로는 수익을 늘릴 수 없다. 따라서 지난 몇 년 동안 플라이낚시, 강 래프팅, 크로스 컨트리 스키, 스노슈잉, 미술 수업, 요가 및 기타 운동 수업, 스파 서비스 등과 같은 액티비티를 고객에게 상향 판매하는 데 주력해왔다.

이러한 옵션 활동의 판매를 늘리기 위해 싱잉밸리는 객실 내 마케팅 자료를 준비하여 액티비티의 이용 가능 여부를 알렸다. 또한 모든 등록 담당자에게 이러한 액티비티를 도착한 고객에게 자연스럽고 적절하게 제안하는 기법을 교육했다.

이러한 프로모션에 대한 반응이 평범해서 싱잉밸리의 경영진은 프로모션을 강화했다. 첫 번째 단계는 고객에게 숙박기간 동안 이용할 수 있는 액티비티를 안내하는 이메일을 보내는 것이었다. 자동화된 시스템이 고객의 이름과 개인 데이터를 입력해 맞춤화된 이메일을 생성했다.

안타깝게도 자동화된 이메일 시스템은 역효과를 냈다. 시행 직후 싱잉밸리 경영진은 수많은 불만을 접수하게 되었다. 한 장기 고객은 7년 동안 싱잉밸리를 찾아왔다며 자신이 휠체어를 사용한다는 사실을 아직 몰랐느냐고 항의했다. 만약 눈치챘다면 왜 자신에게 하이킹 여행에 대한 맞춤형 초대장을 보냈겠는가? 또 다른 유명 고객의 에이전트는 지난 6개월 동안 TV를 켜본 사람이라면 누구나 두 사람이 극심한 이혼 소송에 휘말렸다는 사실을 알고 있는 상황에서 고객과 고객의 남편에게 개인화된 이메일이 전송되었다고 불만을 토로했다. 또 다른 고객은 3년 전에 자신과 아내가 싱잉밸리에서 휴가를 보낸 적이 있지만 그 이후로 그곳에 간 적이 없다고 불만을 토로했다. 알고 보니 그의 아내도 그곳에 가본 적이 없었기 때문에 그는 왜 이메일에 지난 겨울 방문에 대한 언급이 있는지 의아해했다. 그는 정말 아내가 최근에 자신 없이 리조트를 방문했는지 의심을 품게 되었다. 물론 싱잉밸리는 불만을 제기한 적이 없는 고객에 대해 알 방법이 없었다.

자동화된 이메일 시스템이 운영되는 동안 추가 활동의 매출이 15% 증가했다. 하지만 고객 불만이 심해지면서 경쟁 전략과 상충되었고, 추가 매출에도 불구하고 싱잉밸리는 자동화된 이메일 시스템을 중단하고 시스템을 개발한 공급업체를 해고했으며 이 시스템을 중개한 싱잉밸리 직원을 강등시켰다. 싱잉밸리는 어떻게 하면 매출을 늘릴 수 있을지에 대한 고민에 빠지게 되었다.

팀의 과제는 싱잉밸리의 문제를 해결하기 위한 두 가지 혁신적인 아이디어를 개발하는 것이다. 최소한 다음 사항을 답변에 포함하라.

2-4. 싱잉밸리 시장의 다섯 가지 세력에 대한 분석하라. 그리고 해당 시장에 대해 필요한 가정을 세우고 이를 정당화하라.

2-5. 싱잉밸리의 경쟁 전략에 대해 설명하라.

2-6. 문제에 대해 설명하라. 그룹 구성원들이 문제에 대해서 서로 다른 인식을 가지고 있다면 더욱 좋다. 협업 프로세스를 사용하여 모두가 동의할 수 있는 최상의 문제 설명을 얻어라.

2-7. 상향 판매 활동 과정을 일반적인 방식(예 : 그림 2-11의 맨 윗줄)으로 문서화하라.

2-8. 싱잉밸리 문제를 해결하기 위한 두 가지 혁신적인 아이디어를 개발하라. 각 아이디어에 대해 다음을 제공하라.

 a. 아이디어에 대한 간략한 설명

 b. 아이디어의 프로세스 다이어그램(예 : 그림 2-12). 그림 2-12는 마이크로소프트 비지오를 사용하여 만든 것으로, 해당 제품을 사용할 수 있다면 시간을 절약하고 더 나은 결과를 얻을 수 있을 것이다.

 c. 아이디어를 구현하는 데 필요한 정보시스템에 대한 설명

2-9. 문제 2-8의 대안의 장단점을 비교하고, 그중 하나를 실행할 것을 추천하라.

사례연구 2

혁신의 아마존

코로나19 봉쇄가 시작되기 전인 2019년에도 아마존은 전 세계 고객에게 35억 개 이상의 택배를 배송하고 있었다. 아마존의 2019년 연간 매출은 전년 대비 20% 증가한 2,080억 달러, 순이익은 116억 달러를 기록했다.[11] 대다수 기업이 세계적인 팬데믹으로 어려움을 겪는 동안 아마존은 1분기 수익이 2020년 25억 달러에서 2021년 81억 달러로 3배나 증가했다.[12] 아마존의 클라우드 서비스인 AWS도 팬데믹 기간에 전년 대비 32% 이상 급증하며 엄청난 성장을 보였다. 아마존은 여전히 세계에서 가장 혁신적이고 수익성이 높은 기업 중 하나이다. (아마존의 주요 혁신 사례 중 일부는 그림 2-15에 나와 있다.)

아마존을 단순히 온라인 소매업체라고 생각할 수 있다. 실제 아마존이 대부분의 성공을 거둔 분야이기도 하다. 이를 위해 아마존은 수십억 개의 택배를 배송하는 데 필요한 정보시스템과 주문 처리 시설 등 막대한 지원 인프라를 구축해야 했다. 그러나 이러한 인프라는 주로 바쁜 연말연시(블랙프라이데이부터 크리스마스까지)에 필요하다. 일 년 내내 아마존은 인프라 용량을 초과하는 상태로 남아 있다. 2000년부터 아마존은 그 용량 중 일부를 다른 회사에 임대하기 시작했다. 그 과정 중 6장에서 배우게 될 클라우드 서비스라는 개념이 탄생하는 데 중요한 역할을 했다. 지금은 클라우드 서비스를 인터넷 어딘가에 유연한 조건으로 임대되는 컴퓨터 리소스라고 생각하면 된다.

그림 2-15 아마존에서의 혁신

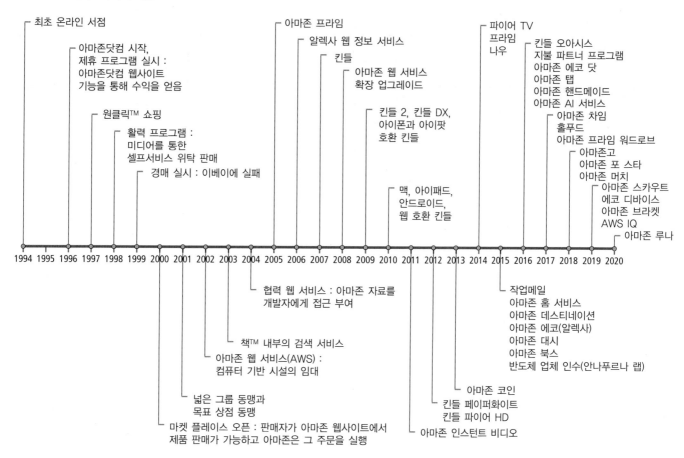

출처 : *Amazon.com*: press.aboutamazon.com/press-releases accessed May 2021.

오늘날 아마존의 비즈니스 라인은 크게 세 가지로 분류할 수 있다.

- 온라인 소매
- 주문처리
- 클라우드 서비스

각각을 생각해보자.

아마존은 온라인 소매업을 위한 비즈니스 모델을 만들었다. 처음에는 온라인 서점으로 시작했지만 1998년부터 매년 새로운 제품 범주를 추가했다. 회사는 온라인 소매업의 모든 측면에 관여한다. 자체 재고를 판매한다. 어소시에이츠 프로그램을 통해 재고를 판매하도록 인센티브를 제공한다. 또한 제품 페이지 내 또는 위탁 판매처 중 하나를 통해 재고를 판매할 수 있도록 도와준다. 온라인 경매는 아마존이 참여하지 않는 온라인 판매의 유일한 분야이다. 1999년에

경매를 시도했지만 이베이에 대항할 수 없었다.[13]

오늘날 우리가 당연하게 여기는 것 중 얼마나 많은 부분이 아마존에 의해 개척되었는지 기억하기 어려울 것이다. '이 제품을 구매한 고객이 구매한 다른 상품', 온라인 고객 후기, 고객 후기 순위, 도서 목록, 책 미리 보기, 특정 주문 또는 단골고객을 위한 자동 무료 배송, 킨들 책과 디바이스 등은 모두 아마존이 도입했을 당시만 해도 새로운 개념이었다.

아마존의 소매 사업은 매우 적은 이윤으로 운영된다. 제품은 일반적으로 정가보다 할인된 가격으로 판매되며, 연회비 119달러를 지불하는 아마존 프라임 회원에게는 2일 배송이 무료이다. 아마존은 이를 어떻게 하는가?

우선, 아마존은 직원들을 엄청나게 열심히 일하게 한다. 전직 직원들은 근무 시간이 길고 압박이 심하며 업무량이 많다고 주장한다. 하지만 또 다른 이유는 무엇인가? 무어의 법칙과 거의 무료에 가까운 데이터 처리, 저장 및 통신의 혁

표준 크기	아마존 주문 처리 비용($)
소형(10온스 이하)	2.50
소형(10~16온스)	2.63
대형(10온스 이하)	3.31
대형(10~16온스)	3.48
대형(1~2파운드)	4.90
대형(2~3파운드)	5.42
대형(3파운드 이상)	5.42달러 + 첫 3파운드 이상에 대해 0.38달러/파운드
보관(월당 세제곱 피트)	0.75

신적인 사용으로 귀결된다.

아마존은 온라인 소매업 외에도 주문처리 서비스도 판매한다. 재고를 아마존 창고로 배송하고 아마존의 정보시스템에 마치 자신의 창고처럼 접속할 수 있다. 웹 서비스라는 기술을 사용하여 웹을 통해 주문처리 정보시스템을 아마존의 재고, 주문처리 및 배송 애플리케이션과 직접 통합할 수 있다. 고객은 아마존이 어떤 역할을 했는지 전혀 알 필요가 없다. 또한 아마존의 소매 판매 애플리케이션을 사용하여 동일한 재고를 판매할 수도 있다.

AWS(Amazon Web Services)를 통해 조직은 매우 유연한 방식으로 컴퓨터 장비의 시간을 임대할 수 있다. 아마존의 EC2(Elastic Cloud 2)를 사용하면 조직에서 필요한 컴퓨터 리소스를 몇 분 안에 확장 및 축소할 수 있다. 아마존에는 다양한 요금제가 있으며, 시간당 1페니 미만의 비용으로 컴퓨터 시간을 구매할 수 있다. 이 기능의 핵심은 임대 조직의 컴퓨터 프로그램이 아마존의 컴퓨터 프로그램과 상호작용하여 임대 리소스를 자동으로 확장 및 축소할 수 있다는 것이다. 예를 들어, 뉴스 사이트에서 트래픽이 급증하는 기사를 게시하는 경우 해당 뉴스 사이트는 프로그래밍 방식으로 1시간, 하루, 한 달 등 얼마든지 더 많은 컴퓨팅 리소스를 요청, 구성, 사용할 수 있다. 아마존은 킨들 디바이스를 통해 태블릿 판매업체이자 장기적으로는 온라인 음악 및 동영상 판매업체로 성장했다.

아마존 에코(알렉사 지원 주문 시스템)와 아마존 대시(버튼 하나로 재주문할 수 있는 장치)는 아마존에서 가장 많이 판매되는 제품 중 두 가지가 되었다.

2016년 말, 제프 베이조스는 영국에서 아마존 프라임 에어를 통한 최초의 드론 배송을 발표했다.[14] 그러나 규제로 인해 미국에서의 드론 배송은 더디게 도입되었다. 드론 배송은 2019년 말에 시작될 예정이었지만 2021년 중반까지 아직 이루어지지 않고 있다. 드론 배송은 미래에 일어날 일이지만, 현재 아마존이 제공하고 있는 서비스를 생각해보자.

2017년 중반, 아마존은 대형 식료품점인 홀푸드를 인수해 화제가 되었다. 2021년까지 아마존은 5개의 매장을 오픈하고 24개의 자체 자동화 식료품점인 아마존고 매장을 추가로 발표했다. 아마존고 매장에서는 계산원이나 결제 단말기를 사용하지 않는다. 고객은 매장에 들어와서 휴대폰을 스캔하고 쇼핑을 한 후 걸어 나오면 된다. 아마존이 전통적인 식료품점 영역으로 확장하면서 아마존의 향후 확장 계획에 대한 추측이 쏟아졌을 뿐만 아니라, 아마존은 현재 모든 소매업체에 계산대 없는 기술을 라이선스한다.

아마존 주문 처리(FBA)

아마존 주문 처리(FBA)는 다른 판매자가 아마존 창고에 상품을 입고, 주문 포장 및 배송할 수 있는 아마존 서비스이다. FBA 고객은 서비스 이용료와 재고 공간에 대한 수수료를 지불하게 된다. 아마존은 자체 재고관리, 주문처리 비즈니스 프로세스 및 정보시스템을 사용하여 FBA 고객의 주문을 처리한다.

FBA 고객은 아마존에서 상품을 판매하거나 자체 판매 채널을 통해 판매하거나 둘 다 판매할 수 있다. FBA 고객이 아마존에서 판매하는 경우 아마존은 주문처리를 위한 고객 서비스(반품 처리, 잘못 포장된 주문 수정, 고객 주문 문의에 대한 답변 등)를 제공한다.

아마존 주문 처리 비용은 처리할 상품의 유형과 크기에 따라 다르다. 2021년 5월 기준 표준 사이즈 제품에 대한 FBA 수수료는 표에 나와 있다.[15]

아마존을 통해 상품을 판매하는 경우 아마존은 자체 정보시스템을 사용하여 주문처리 프로세스를 진행하게 된다. 그러나 상품이 FBA 고객의 판매 채널을 통해 판매되는 경우 FBA 고객은 자체 정보시스템을 아마존의 정보시스템과 연결해야 한다. 아마존은 이를 위해 표준화된 인터페이스인 아마존 마켓플레이스 웹 서비스(MWS)를 제공한다. 웹표준 기술(6장 참조)을 사용하여 FBA 고객의 주문 및 결제 데이터가 아마존의 정보시스템에 직접 연결된다.

FBA를 통해 기업은 주문 이행을 아마존에 아웃소싱할 수 있으므로 이를 위해 자체 프로세스, 시설 및 정보시스템을 개발하는 데 드는 비용을 피할 수 있게 된다.

토의문제

2-10. 이 사례에 제시된 사실에 근거하여 아마존의 경쟁 전략은 무엇이라고 생각하는가? 여러분의 답이 옳은지 증명하라.

2-11. 아마존의 CEO인 제프 베이조스는 최고의 고객 지원은 없는 것이라고 말했다. 이는 무엇을 의미하는가?

2-12. 여러분이 아마존이나 아마존만큼 혁신을 중요하게 생각하는 회사에서 일한다고 가정해보자. 상사에게 "하지만 어떻게 해야 할지 모르겠어요!"라고 말하는 직원에게 어떠한 반응이 나올 것 같은가?

2-13. 여러분의 말과 경험을 바탕으로 아마존과 같은 조직에서 성공하기 위해 어떤 기술과 능력이 필요하다고 생각하는가?

2-14. 아마존 프라임 에어를 통한 드론 배송에 대한 아마존의 관심에 대응하기 위해 UPS와 페덱스는 무엇을 해야 하는가?

2-15. 오프라인 소매업체가 아마존을 통해 상품을 판매할 때의 장점과 단점을 요약하라. 어떻게 하도록 권장하겠는가?

2-16. 오프라인 소매업체가 FBA를 사용한다면 어떠한 비즈니스 프로세스를 개발할 필요가 없을까? 어떤 비용을 절감할 수 있는가?

2-17. 오프라인 소매업체가 FBA를 사용한다면 어떠한 정보시스템을 개발할 필요가 없을 것인가? 어떤 비용을 절감할 수 있는가?

2-18. 오프라인 소매업체가 FBA를 사용한다면 정보시스템을 아마존과 어떻게 통합할 것인가? (답변에 깊이를 더하려면 아마존 MWS라는 용어를 구글에서 검색하라.)

주

1. Michael Porter, *Competitive Strategy: Techniques for Analyzing Industries and Competitors* (New York: Free Press, 1980).

2. Michael Porter, *Competitive Strategy* (New York: Free Press, 1980).

3. 이 기호는 마이크로소프트의 비지오 2019 전문가용 버전에 포함되어 있다. 대학이 마이크로소프트 드림스파크의 회원인 경우 라이선스 없이 비지오를 다운로드하여 자신만의 BPMN 다이어그램을 만드는 데 사용할 수 있을 것이다.

4. Sarah Perez, "Amazon Is Now Selling Its Cashierless Store Technology to Other Retailers," *TechCrunch*, March 9, 2020, accessed April 30, 2021, https://techcrunch.com/2020/03/09/amazon-is-now-selling-its-cashierless-store-technology-to-other-retailers/.

5. Just Walk Out technology by Amazon, https://justwalkout.com, accessed April 30, 2021.

6. Amazon: How to Shop at Amazon Go, www.amazon.com/b?ie=UTF8&node=16008589011, accessed April 30, 2021.

7. Annie Palmer, "Amazon Starts Selling Cashierless Checkout Technology to Other Retailers," *CNBC*, March 9, 2020, accessed April 30, 2021, www.cnbc.com/2020/03/09/amazon-selling-cashierless-checkout-technology-to-other-retailers.html.

8. Ravie Lakshmanan, "US Govt Warns Critical Industries After Ransomware Hits Gas Pipeline Facility," *The Hacker News*, February 19, 2020, accessed April 30, 2021, https://thehackernews.com/2020/02/critical-infrastructure-ransomware-attack.html.

9. CISA Critical Infrastructure Sectors, www.cisa.gov/critical-infrastructure-sectors, accessed April 30, 2021.

10. Andy Greenberg, "The Highly Dangerous 'Triton' Hackers Have Probed the US Grid," *Wired*, June 14, 2019, accessed April 30, 2021, www.wired.com/story/triton-hackers-scan-us-power-grid/.

11. Amazon.com Inc., "Customers Shopped at Record Levels this Holiday Season with Billions of Items Ordered Worldwide—Plus Customers Purchased Tens of Millions of Amazon Devices," press release, December 26, 2019, accessed April 30, 2021, http://press.aboutamazon.com/news-releases/news-release-details/amazoncom-announces-first-quarter-results.

12. Joseph Pisani, "Amazon's Profit More Than Triples as Pandemic Boom Continues," *Associated Press*, April 29, 2021, accessed April 30, 2021, https://pix11.com/ap-business/amazons-profit-more-than-triples-as-pandemic-boom-continues.

13. 이 이야기에 대한 기업 내부자의 흥미로운 관점을 살펴보려면 다음을 참조하라. "Early Amazon: Auctions" at http://glinden.blogspot.com/2006/04/early-amazonauctions.html, accessed April 30, 2021.

14. Frederic Lardinois, "Amazon Starts Prime Air Drone Delivery Trial in the UK—but Only with Two Beta Users," *TechCrunch*, December 14, 2016, accessed April 30, 2021, http://techcrunch.com/2016/12/14/amazons-prime-air-delivery-uk/.

15. "Fulfillment by Amazon Pricing," Amazon.com, accessed April 30, 2021, https://services.amazon.com/fulfillment-by-amazon/pricing.htm.

Chapter 3

비즈니스 인텔리전스 시스템

"새로운 기업 고객과의 진전이 있나요? 그들이 e헤르메스에 관심이 있나요?"라고 IT 서비스 담당 이사인 세스 윌슨이 소다 음료를 내려놓으며 물었다.

"꽤 좋아요"라고 영업 부사장인 테스가 샌드위치 포장을 풀고는 살짝 고개를 끄덕이며 대답했다. "식료품점에 집중하기로 했어요. 그들은 월마트와 아마존을 통한 온라인 식료품 판매와의 경쟁을 걱정하고 있어서, 새로운 것을 시도하게 하는 게 어렵지 않았어요."

"그리고요?"

"대규모 지역 식료품 체인이 관심을 보였어요. 고객들은 문을 나서면서 바로 모바일 e헤르메스 상점에서 직접 물건을 고를 수 있다는 아이디어를 좋아했어요. 일부 고객들은 식료품점 직원이 고른 농산물 품질에 대해 걱정해서 온라인으로 식료품을 사는 것을 주저한다고 말했어요. 비상식품은 문제가 없었지만, 식료품은 걱정이었죠. e헤르메스가 그 문제를 해결하고 그들의 온라인 판매를 증가시킬 수 있을 거예요."

세스는 놀란 표정을 지었다. "흠… 흥미롭네요. 그건 생각 못 했어요. e헤르메스와의 파트너십은요? 우리가 그들을 배제하고 직접 그들의 유통업체와 일할까 봐 걱정하지 않나요?"

"아니요. 사실 그들은 이를 월마트와 아마존의 온라인 판매와 전략적으로 경쟁하는 방법으로 보고 있어요. 그들은 자신들을 정육점 주인, 제빵사, 약사, 그리고 신선한 농산물의 공급자로 보고, 우리를 새로운 형태의 배달 서비스와 온라인 판매 채널로 보고 있어요. 우리가 그들의 핵심 사업을 위협할 것이라고 생각하지 않아요."

"아마 그들이 맞을 겁니다. 뭐, 대부분의 제품에 대해서는 그렇겠죠."

"네, 이건 정말 모두에게 윈윈(win-win)인 상황이에요." 테스가 고개를 끄덕이며 말했다. "그들은 기초 기술을 개발할 필요 없이 온라인 판매가 증가되고 자동화된 배송 기능을 갖게 됩니다. 우리는 제품 라인을 확장하고 고객에게 더 자주 다가갈 수 있어요. 모두가 각자의 강점을 발휘하고, 우리는 가장 큰 온라인 소매업체들과 경쟁할 수 있게 되는 거죠."

"음… 그들의 고객 데이터는요? 우리와 얼마나 공유할 의향이 있나요?"

"안타깝게도, 별로 없어요." 테스가 얼굴을 찡그리며 말했다.

"왜요? 그들이 우리와 데이터를 공유하는 것의 이점을 이해하지 못하나요?"

"아니요, 그들은 이점을 잘 이해하고 있어요. 우리가 그들의 고객이 가장 자주 구매하는 제품을 정확하게 타기팅해서 필요할 때 바로 제공할 수 있을 거라는 걸 알고 있어요. 그건 매우 편리할 것이고, 판매도 급격히 증가할 가능성이 높죠."

"그렇다면 뭐가 문제죠?" 세스가 고개를 저으며 물었다.

"그들의 기존 개인정보 보호 정책 때문에요. 그 정책은 그들이 고객의 개인 식별정보를 우리 같은 제휴사와 공유할 수 없도록 하고 있어요. 그리고 그들은 그 정책을 수정하고 싶어 하지 않아요. 이건 새로운 파트너십이라서 그들은 아직 우리를 잘 알지 못하고 신뢰하지 않아요."

"안타깝네요. 어떻게 할 생각이에요?"

"좋은 생각이 있어요." 테스가 웃으며 말했다. "하지만 당신의 도움이 필요해요."

"알겠어요, 들어볼게요. 어떤 도움이 필요한가요?"

테스는 마커를 집어 들고 화이트보드에 그림을 그리기 시작했다. "그 식료품 체인은 고객 이름이나 주소가 없는 '익명화'된 고객 데이터를 우리와 공유할 의향이 있어요. 그 자체로는 그다지 가치가 없어요. 우리는 개별화된 고객 데이터가 필요해요. 하지만 제가 그 식료품점의 데이터와 우리 데이터, 그리고 일부 공개적으로 이용 가능한 유권자 데이터를 결합할 수 있다면, 개별 고객을 식별할 수 있을지도 몰라요. 이 다양한 데이터 소스를 삼각 측량하면 각 고객을 식별할 수 있을 거예요. 그러면 우리는 그들의 개별 구매 습관을 알 수 있게 되죠."

"와! 그래서 제가 뭘 하면 돼죠?"

"우편번호, 성별, 생년월일만 있으면 대부분의 고객 기록을 식별할 수 있을 것 같아요. 하지만 솔직히 말해서, 제가 정확히 뭘 원하는지 아직 잘 모르겠어요."

"그게 BI의 전형이죠."

"BI가 뭐죠?"

"비즈니스 인텔리전스요. 첫 번째 질문에 대한 답을 보기 전까지 두 번째 질문이 뭔지 모르는 데이터 분석이죠."

"맞아요. 바로 그거예요! 그게 제가 있는 지점이에요."

"알겠어요, 기존 시스템에서 데이터를 모아서 스프레드시트에 넣어 줄게요. 그러면 다른 데이터 세트와 결합해서 얼마나 진전이 있는지 볼 수 있을 거예요."

"그거면 될 것 같아요." 테스가 의자에 기대며 말했다.

"네, 일이 잘되어 데이터 마트를 구축하고 싶을 때 제 예산으로 돈을 준비해야 할 거예요."

"당신의 데이터를 돈으로 바꿀 수 있다면, 그건 문제가 안 될 거예요." 테스는 웃으며 말했다.

세스는 소다 음료를 집어 들며 웃었다. "그게 항상 어려운 부분이죠."

"첫 번째 질문에 대한 답을 보기 전까지 두 번째 질문이 뭔지 모르는 데이터 분석이죠."

출처 : VORTEX/Shutterstock

학습목표

학습성과 : 비즈니스 인텔리전스를 획득, 처리 및 게시하는 기술과 BI의 사용법에 대해 논의할 수 있다.

3-1 조직은 비즈니스 인텔리전스(BI) 시스템을 어떻게 사용하는가?

3-2 BI 프로세스의 세 가지 주요 활동은 무엇인가?

3-3 조직이 데이터를 획득하기 위해 데이터 웨어하우스와 데이터 마트를 어떻게 사용하는가?

3-4 BI 데이터를 처리하기 위한 세 가지 기술은 무엇인가?

3-5 BI 게시를 위한 대안은 무엇인가?

이 장의 **지식**이 **여러분**에게 어떻게 도움이 되는가?

3-1 조직은 비즈니스 인텔리전스(BI) 시스템을 어떻게 사용하는가?

비즈니스 인텔리전스(BI) 시스템(business intelligence systems, 즉 BI 시스템)은 운영, 소셜, 기타 데이터를 처리하여 비즈니스 전문가와 기타 지식 근로자가 사용할 수 있도록 패턴, 관계, 트렌드를 식별하는 정보시스템이다. 이러한 패턴, 관계, 트렌드, 예측을 **비즈니스 인텔리전스**(business intelligence, BI)라고 한다. BI 시스템은 정보시스템으로서 하드웨어, 소프트웨어, 데이터, 절차, 사람이라는 다섯 가지 표준 구성 요소를 가지고 있다. BI 시스템의 소프트웨어 구성 요소는 **BI 애플리케이션**(BI application)이라고 한다.

조직은 일상적인 운영에서 막대한 양의 데이터를 생성한다. 예를 들어, AT&T는 데이터베이스에서 1조 9천억 건의 통화 기록을 처리하고, 구글은 33조 개 이상의 항목이 있는 데이터베이스를 보유한다.[1] 이 데이터에 비즈니스 인텔리전스가 숨겨져 있으며, BI 시스템의 기능은 이를 추

그림 3-1 BI 시스템의 구조

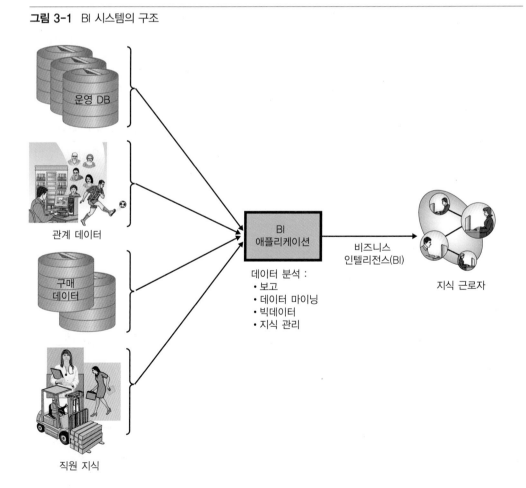

운영 DB

관계 데이터

구매 데이터

직원 지식

BI 애플리케이션

데이터 분석 :
- 보고
- 데이터 마이닝
- 빅데이터
- 지식 관리

비즈니스 인텔리전스(BI)

지식 근로자

출하여 필요한 사람들에게 제공하는 것이다.

그림 3-1에서 볼 수 있듯이 BI 시스템의 원천 데이터는 조직의 자체 운영 데이터베이스이거나 소셜미디어 정보시스템이 생성한 소셜 데이터일 수 있고, 조직이 구매한 데이터이거나 직원 지식일 수 있다. BI 애플리케이션은 데이터를 처리하여 지식 근로자가 사용할 비즈니스 인텔리전스를 생성한다. 이 정의는 보고 애플리케이션, 데이터 마이닝 애플리케이션, 빅데이터 애플리케이션, 지식경영 애플리케이션을 포괄한다.

조직은 BI를 어떻게 사용하는가?

그림 3-2의 첫 번째 행부터 시작하여 비즈니스 인텔리전스는 단순히 정보를 제공하기 위해 사용될 수 있다. 예를 들어, 소매 식료품점 관리자들은 BI 시스템을 사용하여 어떤 제품이 빠르게 팔리고 있는지 확인할 수 있다. 분석 시점에 특정한 목적 없이 단지 BI 결과를 살펴보고 미래의 불특정한 목적을 위해 정보를 수집할 수 있다. 그들은 특정한 목적 없이 단지 '우리가 어떻게 하고 있는지' 알고 싶어 할 수도 있다.

그림 3-2의 다음 행으로 내려가면, 일부 관리자는 결정을 내리기 위해 BI 시스템을 사용한다. 관리자는 사용자 데이터를 기반으로 가장 가까운 소매점 위치를 결정할 수 있다. 그런 다음 각 매장에 맞춤형 마케팅 계획을 세워 특정 고객들이 가장 자주 구매하는 제품을 타기팅할 수 있다. 예를 들어, 한 식료품 체인은 부유한 동네에서는 비싼 랍스터 꼬리를 마케팅하고, 다른 지역에서는 저렴한 햄버거를 마케팅할 수 있다. 이렇게 하면 수익이 증가하고 낭비가 줄어들 것이다.

[참고로 일부 저자는 BI 시스템을 오직 의사결정 지원으로 정의하여, 이 경우 의사결정 BI 시스템의 동의어로 오래된 용어인 **의사결정 지원시스템**(decision support system, DSS)을 사용한다. 우리는 여기서 그림 3-2의 네 가지 작업을 모두 포함하는 더 넓은 관점을 취하며, 의사결정 지원시스템(DSS)이라는 용어는 피할 것이다.]

BI 사용의 다음 범주는 문제해결이다. 문제란 실제 상황과 이상적인 상황 간의 인식된 차이이다. 비즈니스 인텔리전스는 실제 상황과 이상적인 상황 모두를 결정하는 데 사용될 수 있다. 매출이 기대에 미치지 못하면, 식료품점 관리자는 BI를 사용하여 판매를 증가시키고 음식 낭비를 줄이기 위해 변경할 요인을 학습할 수 있다. 매장은 적절한 종류의 음식을 적절한 양으로

그림 3-2 BI 시스템의 예제

과업	식료품점 예제
정보 제공	어떤 제품이 빠르게 팔리고 있는가? 어떤 제품이 가장 수익성이 높은가?
의사결정	각 지점에서 어떤 고객들이 쇼핑하는가? 매장별 맞춤 마케팅 계획 수립하기
문제해결	매출을 어떻게 증가시킬 수 있는가? 음식 낭비를 어떻게 줄일 수 있는가?
프로젝트 관리	매장 내 카페 구축하기 다른 지역으로 확장하기

구매할 수 있다.

마지막으로 비즈니스 인텔리전스는 프로젝트 관리 기간 동안 사용할 수 있다. 식료품점 관리자는 매장 내 카페를 구축하는 프로젝트를 지원하기 위해 BI를 사용할 수 있다. 카페가 성공하면, BI를 사용하여 향후 확장 대상이 될 위치를 결정할 수 있다.

그림 3-2를 공부하면서 이러한 작업의 계층적 특성을 기억하라. 결정은 정보를 필요로 하고, 문제해결은 결정(및 정보제공)을 필요로 하며, 프로젝트 관리는 문제해결[및 의사결정 (및 정보제공)]을 필요로 한다.

커리어 가이드(92~93쪽)에 데이터 및 분석을 관리하는 사람이 일반적으로 어떤 하루를 보내는지 확인해보라.

비즈니스 인텔리전스의 일반적인 사용

이 절에서는 비즈니스 인텔리전스의 세 가지 사용 사례를 요약하여 무엇이 가능한지 살펴볼 것이다. 비즈니스 인텔리전스와 관련된 용어인 빅데이터는 오늘날 뜨거운 주제이므로 웹 검색을 통해 유사한 수십 개의 사례를 찾아볼 수 있다. 이 장을 읽은 후에는 여러분의 특별한 관심에 맞는 더 많은 응용 사례를 검색해보라.

구매 패턴의 변화 식별하기 대부분의 학생들은 비즈니스 인텔리전스가 구매 패턴을 예측하는 데 사용된다는 것을 알고 있다. 아마존은 "이 제품을 구매한 고객이 구매한 다른 제품"라는 문구로 유명해졌다. 오늘날 우리가 무엇인가를 구매할 때, 우리는 전자상거래 애플리케이션이 우리가 원할 만한 다른 제품을 제안해주기를 기대한다.

그러나 더 흥미로운 것은 구매 패턴의 변화를 식별하는 것이다. 소매업체들은 중요한 생활 사건이 고객의 구매를 변화시키고, 일정 기간 동안 새로운 브랜드에 대한 충성도를 형성하게 만든다는 것을 알고 있다. 따라서 사람들이 첫 직장을 시작하거나 결혼하거나 아기를 낳거나 은퇴할 때, 소매업체들은 그 사실을 알고 싶어 한다. 비즈니스 인텔리전스가 등장하기 전에는 매장들이 졸업, 결혼 및 신생아 발표를 위해 지역 신문을 주시하고 그에 대한 광고를 보냈다. 이는 느리고, 노동 집약적이며 비용이 많이 드는 과정이다.

타깃코퍼레이션은 신문보다 앞서 나가고자 2002년에 구매 패턴을 사용하여 누군가가 임신했음을 파악하는 프로젝트를 시작했다. 판매 데이터를 활용하여 로션, 비타민 및 기타 제품의 구매 패턴을 적용함으로써 타깃은 신뢰할 수 있게 임신을 예측할 수 있었다. 타깃은 이 구매 패턴을 관찰하고 해당 고객들에게 기저귀 및 아기 관련 제품 광고를 보냈다.

이 프로그램은 성공적이었고, 아무에게도 임신 사실을 알리지 않은 한 10대 소녀에게는 지나칠 정도였다. 그녀가 아기용품 광고를 받기 시작하자 그녀의 아버지는 지역 타깃 매장 관리자에게 불만을 제기했고, 매장 관리자는 사과했다. 그러나 곧 그녀의 아버지는 딸이 실제로 임신했음을 알게 되었고, 이제 그녀의 아버지가 사과할 차례가 되었다.[2]

엔터테인먼트를 위한 비즈니스 인텔리전스 아마존, 넷플릭스, 판도라, 스포티파이 및 기타 미디어 배급 조직은 소비자 미디어 선호에 대한 수십억 바이트의 데이터를 생성한다. 아마존은 이 데이터를 활용하여 자신의 동영상 및 TV 프로그램을 제작하기 시작했으며, 줄거리와 캐릭터를 BI 분석 결과를 바탕으로 선택한다.[3]

스포티파이는 고객의 청취 습관에 대한 데이터를 처리하여 특정 밴드의 곡이 가장 자주 들리는 위치를 결정한다. 이를 통해 인기 밴드 및 기타 음악 그룹이 공연하기에 가장 좋은 도시를 추천한다.[4] 넷플릭스는 고객 시청 데이터를 분석하여 연간 150억 달러의 제작 예산 중 어떤 프로그램에 배정할지를 결정한다. 예를 들어, 넷플릭스는 4천만 명이 스트리밍한 기묘한 이야기의 세 번째 시즌을 출시 4일 만에 1800만 명(시리즈 구독자 4천만 명의 45%가량)이 완결까지 시청했다는 사실을 발견했다.[5] 이러한 고객 수요 수준을 이해함으로써 넷플릭스는 어떤 프로그램에 자금을 계속 지원할 것인지를 결정하는 데 도움을 얻는다.

마케팅 전문가들 사이에서 "구매자는 거짓말쟁이다"라는 유명한 속담이 있다. 이는 그들이 원하는 것과 실제로 구매하는 것이 다를 수 있음을 의미한다. 이러한 특성은 마케팅 포커스 그룹의 효과성을 감소시킨다. 그러나 시청, 청취 및 대여 습관에 대한 데이터에서 생성된 비즈니스 인텔리전스는 사람들이 실제로 원하는 것을 결정한다. 이것이 아마존과 같은 데이터 마이너들이 새로운 할리우드가 되는 것을 가능하게 할까? 충분히 그럴 수 있다. 현재 넷플릭스는 6개 주요 스튜디오를 모두 합친 것보다 더 많은 영화를 제작한다.[6]

적시 의료 보고 프랙티스퓨전은 의료 기록 회사로, 의사에게 검사 중 주사 알림 서비스를 제공한다. 의사가 데이터를 입력하면 소프트웨어가 환자 기록을 분석하고, 주사가 필요한 경우 검사가 진행되는 동안 의사에게 이를 처방할 것을 권장한다. 이 서비스는 효과적인 것으로 보인다. 4개월간의 연구 기간 동안 이 권장 서비스를 사용하는 의사에게 진료를 받은 환자들은 사용하지 않은 대조군에 비해 백신 접종이 73% 더 많이 이루어졌다.[7]

프랙티스퓨전은 실시간 데이터 마이닝 및 보고의 훌륭한 예제를 제공한다. 여러분의 경력 동안 영업 통화 중간에 영업 지원을 받는 사례가 많을 것이다. 오늘날 데이터가 생성되는 속도와 처리 비용이 거의 제로에 가까운 점을 고려할 때, 비즈니스 인텔리전스의 더 혁신적인 응용 프로그램이 많이 등장할 것이라는 확신이 생긴다. 이러한 변화에 주목하라. 그들은 여러분에게 흥미로운 경력 기회를 제공할 것이다.

이러한 예제를 바탕으로, 이제 비즈니스 인텔리전스를 생성하는 과정에 대해 살펴보자.

3-2 BI 프로세스의 세 가지 주요 활동은 무엇인가?

그림 3-3은 BI 프로세스의 세 가지 주요 활동인 데이터 수집, 분석 수행, 결과 게시를 보여준다. 이러한 활동은 그림 3-1의 BI 요소와 직접적으로 연결된다. **데이터 수집**(data acquisition)은 원천 데이터를 획득하고, 정리하고, 조직하며, 관계를 설정하고, 분류하는 과정이다. 다양한 원천에서 수집된 데이터는 **마스터 데이터 관리**(master data management)라는 과정을 통해 일관되고 균일하게 만들어진다. 마스터 데이터 관리는 하나의 원천에서 얻은 데이터가 다른 원천의 데이터와 일관되지 않을 수 있기 때문에 필요하다. 예를 들어, 외부 **데이터 집계기**(data aggregator, 여러 소스에서 정보를 수집하고 판매하는 회사)에서 구매한 잠재 고객 데이터는 내부 운영 데이터베이스의 데이터와 호환되지 않을 수 있다. 마스터 데이터 관리는 나중에 분석을 위해 모든 데이터가 일관되고 균일하게 유지되도록 한다.

이 질문의 나중에 간단한 데이터 수집 예를 설명하고, 3-3절에서 데이터 수집에 대해 더 자

그림 3-3 BI 프로세스에서의 세 가지 기본 활동

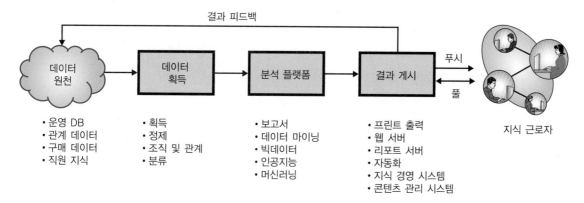

데이터 원천	**데이터 획득**	**분석 플랫폼**	**결과 게시**
• 운영 DB	• 획득	• 보고서	• 프린트 출력
• 관계 데이터	• 정제	• 데이터 마이닝	• 웹 서버
• 구매 데이터	• 조직 및 관계	• 빅데이터	• 리포트 서버
• 직원 지식	• 분류	• 인공지능	• 자동화
		• 머신러닝	• 지식 경영 시스템
			• 콘텐츠 관리 시스템

세히 논의할 것이다.

 BI 분석(BI analysis)은 비즈니스 인텔리전스를 생성하는 과정이다. BI 분석의 세 가지 기본 범주는 보고, 데이터 마이닝, 빅데이터이다. 이 질문의 후반부에서 보고 시스템의 간단한 예를 설명하고, 3-4절에서 BI 분석의 세 가지 범주를 더 자세히 설명할 것이다.

 결과 게시(publish result)는 필요한 비즈니스 인텔리전스를 지식 근로자에게 전달하는 과정이다. **푸시 게시**(push publishing)는 사용자 요청 없이 비즈니스 인텔리전스를 사용자에게 전달하며, BI 결과는 일정에 따라 또는 이벤트 또는 특정 데이터 조건의 결과로 전달된다. **풀 게시**(pull publishing)는 사용자가 BI 결과를 요청해야 한다. 게시 매체에는 인쇄물뿐만 아니라 웹 서버, 리포트 서버로 알려진 특수 웹 서버, 자동화된 애플리케이션, 지식 관리 시스템, 콘텐츠 관리 시스템을 통해 전달되는 온라인 콘텐츠가 포함된다. 이러한 게시 옵션 중 일부는 3-5절에서 더 논의할 것이다.

 지금은 BI 분석의 세 가지 단계에 대해 더 잘 이해하기 위해 비즈니스 인텔리전스 사용의 다음 예제를 고려해보자.

비즈니스 인텔리전스를 사용하여 후보 부품 찾기

3D 프린팅은 고객이 소매업체나 유통업체로부터 부품을 주문하기보다 필요한 부품을 인쇄할 수 있는 가능성을 제공한다. 한 대형 자전거 부품 유통업체는 이러한 수요 변화에 발맞추기 위해 부품 자체를 판매하는 대신 부품의 3D 프린팅 파일을 판매하는 가능성을 조사하기로 결정했다. 따라서 이 회사는 과거 판매 데이터를 조사하여 어떤 부품의 설계를 판매할 수 있을지 확인하기 위한 팀을 구성했다. 이를 위해 회사는 적격 부품을 식별하고 이 부품이 나타내는 수익 잠재력을 계산해야 했다.

 이 문제를 해결하기 위해 팀은 정보시스템(IS) 부서에서 판매 데이터 추출본을 얻어 마이크로소프트 액세스에 저장했다. 그런 다음 새로운 프로그램에 적합할 수 있는 부품에 대해 다섯 가지 기준을 설정했다. 구체적으로 팀은 다음과 같은 부품을 찾았다.

1. 특정 공급업체가 제공한 부품(판매를 위해 부품 설계 파일 제작에 이미 동의한 몇몇 공급업체로 시작)

2. 대형 고객이 구매한 부품(개인이나 소규모 회사는 3D 프린터나 사용에 필요한 전문 지식을 보유하지 않음)

3. 자주 주문되는 부품(인기 제품)

4. 소량으로 주문되는 부품(3D 프린팅은 대량 생산에 적합하지 않음)

5. 설계가 단순한 부품(3D 프린팅이 더 쉬움)

팀은 다섯 번째 기준을 평가하는 것이 어려울 것이라는 사실을 알고 있었다. 왜냐하면 회사가 부품의 복잡성에 대한 데이터를 저장하지 않기 때문이다. 몇 가지 논의 끝에 팀은 부품 무게와 가격을 단순성의 대체 변수로 사용하는 것을 결정했다. "무게가 아주 가볍거나 가격이 비싸지 않으면 아마 복잡하지 않을 것이다"라는 가정을 가지고 시작하기로 했다. 따라서 팀은 IS 부서에 부품 무게를 추출본에 포함시켜 달라고 요청했다.

데이터 수집 그림 3-3에 나와 있는 바와 같이 데이터 수집은 BI 프로세스의 첫 번째 단계이다. 팀의 데이터 요청에 응답하여 IS 부서는 3D 부품 설계 파일을 공개할 의향이 있는 특정 공급업체를 위해 운영 데이터를 추출하여 그림 3-4에 표시된 표를 생성했다. 이 표는 다음 두 테이블의 데이터 조합이다.

Sales (CustomerName, Contact, Title, Bill Year, Number Orders, Units, Revenue, Source, PartNumber)

Part (PartNumber, Shipping Weight, Vendor)

그림 3-4 추출데이터의 예제 : 주문 추출 테이블과 부품 데이터 테이블

CustomerName	Contact	Title	Bill Year	Number Orders	Units	Revenue	Source	PartNumber	Shipping Weight	Vendor
Gordos Dirt Bikes	Sergio Gutiérrez	Sales Represe	2021	43	107	$26,234.12	Internet	100-108	3.32	Riley Manufacturing
Island Biking			2022	59	135	$25,890.62	Phone	500-2035	9.66	ExtremeGear
Big Bikes			2020	29	77	$25,696.00	AWS	700-1680	6.06	HyperTech Manufacturing
Lazy B Bikes			2019	19	30	$25,576.50	Internet	700-2280	2.70	HyperTech Manufacturing
Lone Pine Crafters	Carlos Hernández	Sales Represe	2022	1	0	$25,171.56	Internet	500-2030	4.71	ExtremeGear
Seven Lakes Riding	Peter Franken	Marketing Ma	2019	15	50	$25,075.00	Internet	500-2020	10.07	ExtremeGear
Big Bikes			2022	10	40	$24,888.00	Internet	500-2025	10.49	ExtremeGear
B' Bikes	Georg Pipps	Sales Manage	2022	14	23	$24,328.02	Internet	700-1680	6.06	HyperTech Manufacturing
Eastern Connection	Isabel de Castro	Sales Represe	2022	48	173	$24,296.17	AWS	100-105	10.73	Riley Manufacturing
Big Bikes	Carine Schmitt	Marketing Ma	2019	22	71	$23,877.48	AWS	500-2035	9.66	ExtremeGear
Island Biking	Manuel Pereira	Owner	2021	26	45	$23,588.86	Internet	500-2045	3.22	ExtremeGear
Mississippi Delta Riding	Rene Phillips	Sales Represe	2022	9	33	$23,550.25	Internet	700-2180	4.45	HyperTech Manufacturing
Uncle's Upgrades			2022	9	21	$22,212.54	Internet	700-1680	6.06	HyperTech Manufacturing
Big Bikes			2020	73	80	$22,063.92	Phone	700-1680	6.06	HyperTech Manufacturing
Island Biking			2022	18	59	$22,025.88	Internet	100-108	3.32	Riley Manufacturing
Uncle's Upgrades			2021	16	38	$21,802.50	Internet	500-2035	9.66	ExtremeGear
Hard Rock Machines			2022	42	57	$21,279.24	Internet	100-108	3.32	Riley Manufacturing
Kona Riders			2022	11	20	$21,154.80	Internet	700-1880	2.28	HyperTech Manufacturing
Moab Mauraders			2022	6	20	$21,154.80	Internet	700-2180	4.45	HyperTech Manufacturing
Lone Pine Crafters			2022	35	58	$21,016.59	Internet	100-106	6.23	Riley Manufacturing
Big Bikes	Carine Schmitt	Marketing Ma	2020	9	36	$20,655.00	Internet	500-2035	9.66	ExtremeGear
East/West Enterprises			2021	14	60	$20,349.00	Internet	100-104	5.80	Riley Manufacturing
Jeeps 'n More	Yvonne Moncada	Sales Agent	2022	47	50	$20,230.00	AWS	500-2030	4.71	ExtremeGear
East/West Enterprises			2019	14	60	$20,178.15	AWS	500-2035	9.66	ExtremeGear
Lone Pine Crafters			2022	20	54	$20,159.28	Internet	100-106	6.23	Riley Manufacturing
Lone Pine Crafters	Carlos Hernández	Sales Represe	2022	1	0	$20,137.27	Internet	500-2030	4.71	ExtremeGear
Lazy B Bikes			2022	21	29	$19,946.78	AWS	700-1580	7.50	HyperTech Manufacturing

출처 : Microsoft Corporation

팀원들이 이 데이터를 조사하면서 필요한 정보를 얻었고 실제로 테이블의 모든 데이터 열이 필요하지 않다는 결론에 도달했다. 몇몇 누락되거나 의심스러운 값이 있다는 점에 유의하자. 여러 행에서 연락처(Contact)와 직함(Title) 값이 누락되어 있으며, 일부 행에서는 수량(Units) 값이 0이다. 연락처 데이터와 직함 데이터의 누락은 문제되지 않는다. 그러나 0인 수량 값은 문제가 될 수 있다. 팀은 이러한 값들이 의미하는 바를 조사하고 데이터를 수정하거나 해당 행을 분석에서 제거할 필요가 있을 수도 있다는 점을 인식했다. 하지만 당장은 이러한 잘못된 값이 있어도 진행하기로 결정했다. 이러한 문제 있는 데이터는 데이터 추출에서 흔히 발생하는 일이다.

데이터 분석 그림 3-4의 데이터는 특정 공급업체의 부품만 고려하기 위해 필터링되었다. 다음 기준으로 팀원들은 대형 고객을 어떻게 식별할 것인지 결정해야 했다. 이를 위해 각 고객의 수익, 수량 및 평균 가격을 합산하는 쿼리를 생성했다. 그림 3-5의 쿼리 결과를 살펴본 팀원들은 총수익이 20만 달러를 초과하는 고객만 고려하기로 결정했으며, 이러한 고객만 포함된 쿼리를 '대형 고객(Big Customers)'이라고 명명했다.

다음으로 팀원들은 '자주 구매'의 의미에 대해 논의하며, 평균적으로 주 1회 또는 연간 약 50회 주문된 항목을 포함하기로 결정했다. 그들은 소량으로 주문된 부품만 선택하기 위해 쿼리에서 주문 수(Orders)의 기준을 설정했다. 먼저 평균 주문 크기(Units/[Number Orders])를 계산하는 열을 생성한 후, 그 표현식에 대해 평균이 2.5보다 작아야 한다는 기준을 설정했다. 마지막 두 기준은 부품의 가격이 비교적 저렴하고, 무게가 가벼워야 한다는 것이었다. 팀원들

민감한 데이터를 포함하는 데이터의 유출이 점점 더 흔해지고 있다. 자세한 내용은 보안 가이드(90~91쪽)를 참조하라.

그림 3-5 고객 요약

CustomerName	SumOfRevenue	SumOfUnits	Average Price
Great Lakes Machines	$1,760.47	142	12.3976535211268
Seven Lakes Riding	$288,570.71	5848	49.3451963919289
Around the Horn	$16,669.48	273	61.0603611721612
Dewey Riding	$36,467.90	424	86.0092018867925
Moab Mauraders	$143,409.27	1344	106.7033234375
Gordos Dirt Bikes	$113,526.88	653	173.854335068913
Mountain Traders	$687,710.99	3332	206.395855432173
Hungry Rider Off-road	$108,602.32	492	220.736416056911
Eastern Connection	$275,092.28	1241	221.669848186946
Mississippi Delta Riding	$469,932.11	1898	247.593315542676
Island Biking	$612,072.64	2341	261.457770098249
Big Bikes	$1,385,867.98	4876	284.222310233798
Hard Rock Machines	$74,853.22	241	310.594267219917
Lone Pine Crafters	$732,990.33	1816	403.629038215859
Sedona Mountain Trails	$481,073.82	1104	435.755269474638
Flat Iron Riders	$85,469.20	183	467.044808743169
Bottom-Dollar Bikes	$72,460.85	154	470.52502012987
Uncle's Upgrades	$947,477.61	1999	473.975794047023
Ernst Handel Mechanics	$740,951.15	1427	519.236962438683
Kona Riders	$511,108.05	982	520.476624439919
Lazy B Bikes	$860,950.72	1594	540.119648619824
Jeeps 'n More	$404,540.62	678	596.667583185841
French Riding Masters	$1,037,386.76	1657	626.063224984912
B' Bikes	$113,427.06	159	713.377735849057
East/West Enterprises	$2,023,402.09	2457	823.525474074074
Bon App Riding	$65,848.90	60	1097.48160833333

출처 : Windows 10, Microsoft Corporation

그림 3-6 부품 조회 결과 확인

Number Orders	Average Order Size	Unit Price	Shipping Weight	PartNumber
275	1	9.14173854545455	4.14	300-1016
258	1.87596899224806	7.41284524793388	4.14	300-1016
110	1.18181818181818	6.46796923076923	4.11	200-205
176	1.66477272727273	12.5887211604096	4.14	300-1016
139	1.0431654676259	6.28248965517241	1.98	200-217
56	1.83928571428571	6.71141553398058	1.98	200-217
99	1.02020202020202	7.7775	3.20	200-203
76	2.17105263157895	12.0252206060606	2.66	300-1013
56	1.07142857142857	5.0575	4.57	200-211
73	1.15068493150685	5.0575	4.57	200-211
107	2.02803738317757	6.01096405529954	2.77	300-1007
111	2.072072072072072207	6.01096434782609	2.77	300-1007

출처 : Microsoft Corporation

은 단가(Revenue/Units)가 100 미만이고 배송 중량이 5파운드 이하인 부품을 선택하기로 결정했다.

이 쿼리의 결과는 그림 3-6에 나타나 있다. 회사가 판매하는 모든 부품 중에서 이 12개가 팀이 만든 기준에 부합했다. 다음 질문은 이 부품들이 얼마나 많은 수익 잠재력을 나타내는지였다. 따라서 팀은 선택된 부품과 과거 판매 데이터를 연결하는 쿼리를 생성했다. 그 결과는 그림 3-7에 나타나 있다.

결과 게시 결과 게시는 그림 3-3에 나타난 BI 프로세스의 마지막 활동이다. 경우에 따라 BI 결과를 서버에 배치하여 인터넷이나 다른 네트워크를 통해 지식 근로자들에게 공개하는 것을 의미할 수 있다. 다른 경우에는 다른 애플리케이션에서 사용할 수 있도록 웹 서비스를 통해 결과를 제공하는 것을 의미한다. 또 다른 경우에는 동료나 관리진과 소통하기 위해 PDF 또는 파워포인트 프레젠테이션을 만드는 것을 의미한다.

이번 경우, 팀은 이러한 결과를 팀 회의에서 관리진에게 보고했다. 그림 3-7의 결과만 봤을 때, 이 부품들의 설계를 판매하는 데에는 수익 잠재력이 낮아 보인다. 회사는 부품 자체로부터 최소한의 수익만을 얻을 것이며, 설계 가격을 상당히 낮춰야 하므로 거의 수익이 없을 것이다.

수익 잠재력이 낮음에도 불구하고 회사는 여전히 고객에게 3D 설계를 제공하기로 결정할 수 있다. 고객에게 좋은 의도의 표시로 설계를 무료로 제공하기로 결정할 수도 있으며, 이 분석 결과는 그렇게 하더라도 큰 수익 손실이 없음을 나타낸다. 또는 최신 제조 기술을 잘 활용하고 있음을 보여주는 PR 차원에서 그렇게 할 수도 있다. 또는 많은 고객이 해당 부품을 주문하지 않는다고 판단하여 3D 프린팅 고려를 보류할 수도 있다.

그림 3-7 선택된 부품의 매출 기록

Total Orders	Total Revenue	PartNumber
3987	$84,672.73	300-1016
2158	$30,912.19	200-211
1074	$23,773.53	200-217
548	$7,271.31	300-1007
375	$5,051.62	200-203
111	$3,160.86	300-1013
139	$1,204.50	200-205

출처 : Microsoft Corporation

물론 팀원이 잘못된 기준을 선택했을 가능성도 있다. 시간이 있다면 기준을 변경하고 분석을 반복하는 것이 가치가 있을 수 있다. 그러나 이러한 과정은 위험할 수 있다. 팀원들은 원하는 결과를 얻기 위해 기준을 변경하다가 매우 편향된 연구 결과를 초래할 수 있다.

이 가능성은 정보시스템(IS)의 인간 요소의 중요성을 다시 한번 강조한다. 하드웨어, 소프트웨어, 데이터, 쿼리 생성 절차는 팀이 기준을 설정하고 수정할 때 내린 결정이 부실하면 가치가 떨어진다. 비즈니스 인텔리전스는 그것을 생성하는 사람만큼만 똑똑하다!

이 예제를 염두에 두고, 그림 3-3의 각 활동을 더 자세하게 살펴보자.

3-3 조직이 데이터를 획득하기 위해 데이터 웨어하우스와 데이터 마트를 어떻게 사용하는가?

운영 데이터로부터 기본 보고서를 생성하고 간단한 분석을 수행하는 것은 가능하다 할지라도, 이 과정은 일반적으로 권장되지 않는다. 보안 및 제어 상의 이유로 정보시스템(IS) 전문가들은 데이터 분석가들이 운영 데이터를 처리하는 것을 원하지 않는다. 만약 분석가가 실수를 한다면, 그 오류는 회사 운영에 심각한 혼란을 초래할 수 있다. 또한 운영 데이터는 신속하고 신뢰할 수 있는 거래 처리를 위해 구조화되어 있다. BI 분석을 지원하기에 적합한 방식으로 구조화되어 있는 경우는 드물다. 마지막으로 BI 분석은 상당한 처리 능력을 요구할 수 있으며, 운영 서버에서 BI 애플리케이션을 실행하는 것은 시스템 성능을 급격히 저하시킬 수 있다.

이러한 이유로 대부분의 조직은 BI 처리를 위해 운영 데이터를 추출한다. 소규모 조직의 경우, 이 추출은 액세스 데이터베이스와 같은 간단한 형태일 수 있다. 그러나 대규모 조직은 일반적으로 BI 데이터를 관리하기 위해 **데이터 웨어하우스**(data warehouse)를 생성하고 운영하는 그룹을 조직하고 인력을 배치한다. 데이터 웨어하우스의 기능은 다음과 같다.

- 데이터 획득
- 데이터 정제
- 데이터 구성 및 관계 설정
- 데이터 목록

그림 3-8은 데이터 웨어하우스의 구성 요소를 보여준다. 프로그램은 운영 및 기타 데이터를 읽고 추출, 정제 및 BI 처리를 위해 데이터를 준비한다. 준비된 데이터는 데이터 웨어하우스 데이터베이스에 저장된다. 데이터 웨어하우스에는 외부 원천에서 구매한 데이터도 포함된다. 조직에 대한 데이터를 구매하는 것은 드문 일이 아니며, 특히 개인정보를 사는 것에 대한 우려가 크지 않다. 그러나 일부 기업은 액시엄코퍼레이션과 같은 데이터 공급자로부터 개인 소비자 데이터(예 : 결혼 상태)를 구매하려고 선택하기도 한다. 그림 3-9는 쉽게 구매할 수 있는 소비자 데이터의 일부를 나열한다. 놀라운 (프라이버시 관점에서 무서운) 양의 데이터가 제공되고 있다.

데이터에 관한 메타데이터(데이터의 소스, 형식, 가정과 제약 조건, 기타 데이터에 관한 사

인공지능(AI) 애플리케이션은 사용자들이 대량의 데이터를 처리하고 결정을 내리는 데 도움을 주고 있다. 이러한 결정이 경쟁 제품에 대한 추천을 포함할 때는 어떻게 될까? 윤리 가이드(93~94쪽)에서는 이러한 문제를 다루고 있다.

그림 3-8 데이터 웨어하우스의 구성 요소

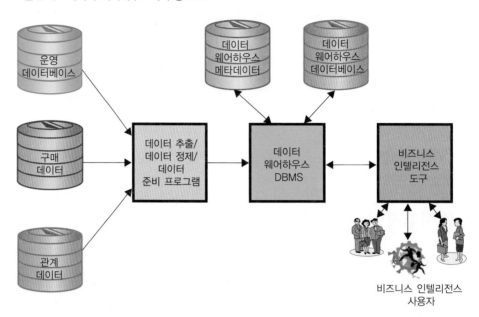

비즈니스 인텔리전스
사용자

실들)는 데이터 웨어하우스 메타데이터 데이터베이스에 저장된다. 데이터 웨어하우스 DBMS는 데이터를 추출하여 BI 애플리케이션에 제공한다.

비즈니스 인텔리전스(BI) 사용자라는 용어는 그림 3-1의 지식 근로자와 다르다. BI 사용자는 일반적으로 데이터 분석 전문가인 반면, 지식 근로자는 BI 결과의 비전문 사용자인 경우가 많다. 은행의 대출 승인 담당자는 지식 근로자이지만 BI 사용자는 아니다.

운영 데이터의 문제점

대부분의 운영 데이터와 구매한 데이터는 비즈니스 인텔리전스(BI) 용도로 사용하기에 문제를 가지고 있다. 그림 3-10은 주요 문제 범주를 나열한다. 첫째, 성공적인 운영을 위해 중요한 데이터는 완전하고 정확해야 하지만, 그다지 필요하지 않은 데이터는 그렇지 않아도 된다. 예를 들어, 일부 시스템은 주문 과정에서 인구 통계 데이터를 수집한다. 하지만 이러한 데이터는 주문을 처리하고, 배송하며, 청구하는 데 필요하지 않기 때문에 품질이 저하된다.

그림 3-9 구매할 수 있는 소비자 데이터의 예제

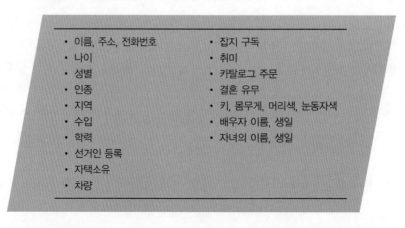

- 이름, 주소, 전화번호
- 나이
- 성별
- 인종
- 지역
- 수입
- 학력
- 선거인 등록
- 자택소유
- 차량

- 잡지 구독
- 취미
- 카탈로그 주문
- 결혼 유무
- 키, 몸무게, 머리색, 눈동자색
- 배우자 이름, 생일
- 자녀의 이름, 생일

그림 3-10 원천 데이터가 가진 문제점

- 더티 데이터
- 값 누락
- 비일관적인 데이터
- 통합되지 않은 데이터
- 잘못된 세분화
  - 너무 자세함
  - 충분히 자세하지 않음
- 너무 많은 데이터
  - 속성이 너무 많음
  - 데이터 포인트가 너무 많음

문제 있는 데이터는 더티 데이터(dirty data)라고 불린다. 예를 들어, 고객 성별에 'B'가 들어가거나 고객 나이에 '213'이 들어가는 경우가 있다. 다른 예로는 미국 전화번호에 '999-999-9999'가 들어가거나, 부품 색상에 'gren'이 들어가거나, 이메일 주소가 *WhyMe@GuessWhoIAM.org*인 경우가 있다. 그림 3-4의 'Units' 값이 0인 것도 더티 데이터이다. 이러한 모든 값은 BI 용도로 문제가 될 수 있다.

구매한 데이터는 종종 누락된 요소를 포함한다. 그림 3-4의 연락처 데이터가 대표적인 예이다. 주문은 연락처 데이터 없이도 배송될 수 있기 때문에 그 품질이 좋지 않고, 많은 누락된 데이터를 가지고 있다.

대부분의 데이터 판매업체는 판매하는 데이터의 각 속성에 대해 누락된 값의 비율을 명시한다. 조직은 일부 용도에서 일부 데이터가 없는 것보다 있는 것이 더 나은 경우가 있기 때문에 이러한 데이터를 구매한다. 이는 특히 가구 내 성인 수, 가구 소득, 주거 유형 및 주요 소득자의 교육 수준과 같이 얻기 어려운 데이터 항목에 해당된다. 그러나 일부 BI 애플리케이션의 경우 몇 개의 누락되거나 오류가 있는 데이터 포인트가 분석에 심각한 편향을 초래할 수 있기 때문에 주의가 필요하다.

그림 3-10의 세 번째 문제인 일관성 없는 데이터는 오랜 기간 동안 수집된 데이터에서 특히 흔하다. 예를 들어, 지역 코드가 변경되면 변경 이전의 고객 전화번호는 변경 이후의 고객 전화번호와 일치하지 않는다. 마찬가지로 부품 코드나 영업 구역도 변경될 수 있다. 이러한 데이터는 사용 전에 연구 기간 동안 일관되게 재코딩되어야 한다.

일부 데이터 불일치는 비즈니스 활동의 특성에서 발생한다. 전 세계 고객이 사용하는 웹 기반 주문 입력 시스템을 생각해보자. 웹 서버가 주문 시간을 기록할 때 어떤 시간대를 사용할까? 서버의 시스템 클록 시간은 고객 행동 분석과는 무관하다. 협정 세계시(UTC, 이전의 그리니치 표준시)도 의미가 없다. 웹 서버 시간은 고객의 시간대로 조정되어야 한다.

또 다른 문제는 통합되지 않은 데이터이다. 특정 BI 분석에는 내부 시스템, 전자상거래 시스템 및 소셜 네트워킹 애플리케이션의 데이터가 필요할 수 있다. 분석가는 조직의 데이터를 구매한 소비자 데이터와 통합하고자 할 수 있다. 데이터 웨어하우스의 직원들은 이러한 데이터를 어떻게든 통합하는 역할을 한다.

데이터의 세부 수준을 나타내는 **세분화**(granularity)가 잘못될 수도 있다. 세분화는 너무 세밀하거나 너무 거칠 수 있다. 예를 들어, 지역별 판매 합계 파일은 특정 지역 내 매장의 판매를 조사하는 데 사용할 수 없으며, 매장별 총판매 데이터는 매장 내 특정 품목의 판매를 결정하는 데 사용할 수 없다. 대신 우리가 생성하고자 하는 최하위 보고서에 충분히 세밀한 데이터를 얻어야 한다. 일반적으로 세분화가 너무 거친 것보다는 너무 세밀한 것이 낫다. 세분화가 너무 세밀하면 데이터를 합산하고 결합하여 더 거칠게 만들 수 있다. 그러나 세분화가 너무 거칠면 데이터를 구성 요소로 분리할 방법이 없다.

그림 3-10에 나열된 마지막 문제는 데이터가 너무 많다는 것이다. 그림에서 보여주듯이 속성이나 데이터 포인트가 너무 많을 수 있다. 열이 너무 많거나 행이 너무 많을 수도 있다.

첫 번째 문제, 속성이 너무 많은 경우를 고려해보자. 고객이 프로모션에 어떻게 반응하는지에 영향을 미치는 요소를 알고자 한다고 가정해보자. 내부 고객 데이터와 구매한 고객 데이터를 결합하면 고려해야 할 속성이 100개가 넘을 수 있다. 이 중에서 어떻게 선택할 수 있을까? 일부 경우에는 분석가가 필요하지 않은 열을 무시할 수 있다. 그러나 더 정교한 데이터 마이닝 분석에서는 속성이 너무 많으면 문제가 될 수 있다. **차원의 저주**라는 현상으로 인해 속성이 많을수록 샘플 데이터에 맞는 모델을 구축하기 쉬워지지만 예측치로서의 가치는 없다.

두 번째 문제, 과잉 데이터 문제는 데이터 포인트가 너무 많은 경우, 즉 데이터 행이 너무 많은 경우이다. CNN닷컴의 클릭스트림 데이터를 분석하거나 해당 웹사이트 방문자의 클릭 행동을 분석하고자 한다고 가정해보자. 그 사이트는 한 달에 몇 번이나 클릭을 받을까? 수백만 번이다! 그러한 데이터를 의미 있게 분석하려면 데이터 양을 줄여야 한다. 이 문제의 좋은 해결책은 통계적 샘플링이다. 조직은 이러한 상황에서 데이터를 샘플링하는 것을 꺼리지 않아야 한다.

데이터 웨어하우스와 데이터 마트

데이터 웨어하우스와 데이터 마트의 차이를 이해하려면, 데이터 웨어하우스를 공급망의 유통업자로 생각하면 된다. 데이터 웨어하우스는 데이터 제조업체(운영 시스템 및 기타 원천)로부터 데이터를 받아 이를 정리하고 처리한 후, 데이터 웨어하우스의 '선반'에 배치한다. 데이터 웨어하우스와 함께 일하는 데이터 분석가는 데이터 관리, 데이터 정리, 데이터 변환, 데이터 관계 등에서 전문가이다. 하지만 이들은 일반적으로 특정 비즈니스 기능에 대한 전문가가 아니다.

데이터 마트(data mart)는 특정 부서나 비즈니스의 기능 영역의 요구를 충족하는, 데이터 웨어하우스보다 작은 데이터 모음이다. 데이터 웨어하우스가 공급망의 유통업자라면, 데이터 마트는 공급망의 소매점과 같다. 데이터 마트의 사용자는 데이터 웨어하우스로부터 특정 비즈니스 기능과 관련된 데이터를 얻는다. 이러한 사용자는 데이터 웨어하우스 직원들이 가진 데이터 관리 전문 지식은 없지만, 특정 비즈니스 기능에 대한 지식이 풍부한 분석가들이다.

그림 3-11은 이러한 관계를 설명한다. 이 예에서 데이터 웨어하우스는 데이터 생산자로부터 데이터를 받아 3개의 데이터 마트에 배포한다. 하나의 데이터 마트는 웹 페이지 설계를 목적으로 클릭스트림 데이터를 분석하는 데 사용된다. 두 번째 데이터 마트는 매장 판매 데이터를 분석하여 어떤 제품이 함께 구매되는 경향이 있는지를 파악하는 데 사용된다. 이 정보는 판매 직원이 고객에게 추가 판매를 할 때 최적의 방법을 교육하는 데 사용된다. 세 번째 데이터 마트는 창고에서 상품을 고르는 작업을 줄이기 위해 고객 주문 데이터를 분석하는 데 사용된다. 예를 들어, 아마존과 같은 회사는 픽킹 비용을 줄이기 위해 창고를 조직하는 데 많은 노력

그림 3-11 데이터 마트 예제

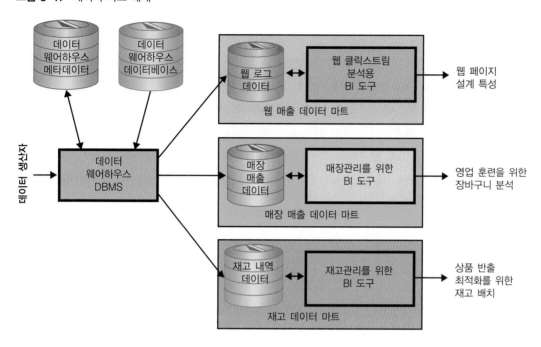

을 기울인다.

   상상할 수 있듯이 데이터 웨어하우스와 데이터 마트를 만들고, 직원으로 채우고, 운영하는 데는 비용이 많이 든다. 대규모 조직만이 그림 3-8에 표시된 시스템을 운영할 수 있는 재정을 갖추고 있다. 소규모 조직은 이 시스템의 부분 집합을 운영하지만, 데이터 웨어하우스가 해결하는 기본 문제를 해결할 방법을 찾아야 하며, 그 방법이 비공식적일지라도 해결해야 한다.

데이터 레이크

조직의 BI 데이터를 관리하는 또 다른 방법은 **데이터 레이크**(data lake)를 만드는 것이다. 데이터 레이크는 대량의 원시 비정형 데이터를 위한 중앙 저장소이다. 데이터 레이크는 데이터 웨어하우스와 유사하지만, 다른 목적으로 사용된다. 회사는 필요에 따라 데이터 웨어하우스와 데이터 레이크를 모두 유지하고 사용할 수 있다. 그림 3-12는 데이터 레이크와 데이터 웨어하우스 간의 차이점을 보여준다.

그림 3-12 데이터 웨어하우스와 데이터 레이크의 차이

	데이터 웨어하우스	데이터 레이크
데이터 구조	구조화된 데이터	구조화 및 비구조화된 데이터
데이터 형식	정제되고 여과된 데이터	원시 데이터
데이터 시간 프레임	시계열 데이터	시계열 및 실시간 데이터
데이터 원천	운영시스템과 구매한 데이터	운영시스템과 구매한 데이터, 스마트 장치, 클릭 스트림, 소셜미디어 게시물, 이미지 등
사용자	비즈니스 분석가에 의해 사용	데이터 과학자에 의해 사용

데이터 레이크는 데이터 웨어하우스보다 더 많은 유형의 데이터를 포함할 수 있으며, 원시 비정형 형태로 데이터를 저장할 수 있다. 데이터 레이크는 스마트 기기, 웹사이트, 모바일 애플리케이션의 실시간 데이터를 저장할 수도 있다. 데이터 레이크는 나중에 데이터 과학자가 머신러닝과 딥러닝(이 장의 후반부 참조)에 사용할 대량의 데이터를 저장하는 데 유용하다. 데이터 레이크의 데이터 분석은 전통적으로 보고서 작성, 트렌드, 운영 질문에 답하는 데 중점을 둔 데이터 웨어하우스에서는 찾을 수 없는 새로운 통찰력을 제공할 수 있다.

그러나 데이터 레이크는 고유한 문제를 가지고 있다. 데이터 레이크의 데이터가 제대로 관리되고 카탈로그화되지 않으면 시간이 지남에 따라 데이터가 의도치 않게 숨겨질 수 있다. 회사의 데이터 레이크는 대량의 데이터가 저장되어 있지만 결코 사용되지 않는 **데이터 늪**(data swamp)이 될 수 있다.

3-4 BI 데이터를 처리하기 위한 세 가지 기술은 무엇인가?

그림 3-13은 세 가지 기본적인 BI 분석 유형의 목표와 특징을 요약한 것이다. 일반적으로 보고서 분석은 과거 성과에 대한 정보를 생성하는 데 사용되며, 반면에 데이터 마이닝은 주로 분류와 예측을 위해 사용된다. 예외도 있지만, 이러한 진술은 대체로 타당한 경험의 법칙이다. 빅데이터 분석의 목표는 소셜미디어 사이트나 웹 서버 로그와 같은 원천에서 생성되는 방대한 양의 데이터에서 패턴과 관계를 찾는 것이다. 언급된 바와 같이 빅데이터 기술에는 보고서 분석과 데이터 마이닝도 포함될 수 있다. 각 유형의 특징을 고려해보자.

보고서 분석

보고서 분석(reporting analysis)은 구조화된 데이터를 정렬, 그룹화, 합산, 필터링 및 형식화하는 과정이다. **구조화된 데이터**(structured data)는 행과 열의 형태로 된 데이터를 의미한다. 대부분의 경우 구조화된 데이터는 관계형 데이터베이스의 테이블을 의미하지만, 스프레드시트 데이터도 포함될 수 있다.

3-2절에서 읽은 부품 분석은 보고서 분석의 한 예이다. 또 다른 유형의 보고서로는, 미리 정의된 범위를 벗어나는 일이 발생했을 때 생성되는 **예외 보고서**(exception report)가 있다. 3-1절에서 논의된 적시 의료 보고 서비스는 예외 보고서의 예이다.

그림 3-13 BI 분석의 세 가지 유형

BI 분석 유형	목표	특징
보고	과거 성과에 대한 정보 생성	정렬, 그룹, 합산, 필터링, 형식화에 의한 구조화된 데이터 처리
데이터 마이닝	분류와 예측	패턴과 관계를 발견하기 위한 복잡한 통계 기법 활용
빅데이터	빅데이터에서 패턴과 관계 발견	양, 속도, 다양성이 맵리듀스 기법 활용 유도. 어떤 애플리케이션은 보고와 데이터 마이닝을 사용하기도 함

과거에는 보고서가 인쇄되었기 때문에 정적일 필요가 있었다. 하지만 모바일 시스템의 사용이 증가함에 따라 많은 보고서가 동적일 수 있게 되었다.

데이터 마이닝 분석

데이터 마이닝(data mining)은 데이터를 분류하고 예측하기 위해 통계적 기법을 적용하여 데이터 간의 패턴과 관계를 찾는 과정이다. 그림 3-14에 나타나 있듯이 데이터 마이닝은 인공지능 및 머신러닝을 포함한 여러 학문이 융합된 결과이다.

대부분의 데이터 마이닝 기술은 정교하고 잘 사용하기 어렵다. 하지만 이러한 기술은 조직에 매우 가치가 있으며, 일부 비즈니스 전문가들, 특히 금융 및 마케팅 분야의 전문가들은 이러한 기술을 잘 활용할 수 있다. 실제로 오늘날 데이터 마이닝 기술에 대한 지식을 갖춘 비즈니스 전문가들을 위한 흥미롭고 보람 있는 많은 업무가 있다.

데이터 간의 패턴과 관계를 더욱 사용자 친화적으로 찾기 위해, 사용자가 데이터를 시각적으로 분석하고 탐색할 수 있는 프로세스가 개발되었다. 이 프로세스를 **데이터 디스커버리**(data discovery)라고 한다. **데이터 시각화**(data visualization), 즉 데이터의 그래픽 표현은 사용자가 복잡한 데이터를 빠르게 이해할 수 있도록 도와준다. 데이터 디스커버리 도구는 그 유용성 때문에 인기가 높아지고 있다. 그러나 데이터 디스커버리 도구는 데이터 마이닝 기술에 의해 발견될 수 있는 의미 있는 패턴이나 상관관계를 놓칠 수 있다.

데이터 마이닝 기법은 두 가지 넓은 범주로 나뉜다. 비지도 학습과 지도 학습이다. 두 가지 유형에 대해 다음 절에서 설명한다.

비지도 데이터 마이닝　**비지도 데이터 마이닝**(unsupervised data mining)에서는 분석가가 분석을 실행하기 전에 모델이나 가설을 만들지 않는다. 대신 데이터 마이닝 기법을 데이터에 적용하고 결과를 관찰한다. 이 방법에서는 분석 후 발견된 패턴을 설명하기 위해 가설을 만든다.

비지도 학습의 일반적인 기법 중 하나는 **클러스터 분석**(cluster analysis)이다. 클러스터 분석은

그림 3-14 데이터 마이닝의 학문

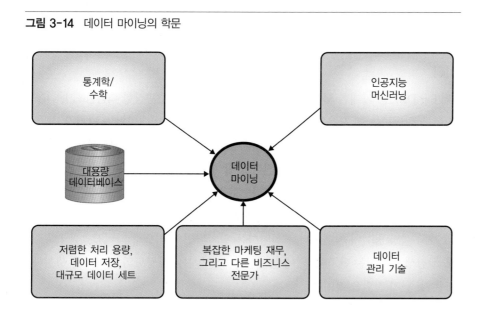

통계적 기법을 통해 유사한 특성을 가진 개체의 그룹을 식별한다. 클러스터 분석의 일반적인 용도는 고객 주문 및 인구 통계 데이터를 기반으로 유사한 고객 그룹을 찾는 것이다.

예를 들어, 클러스터 분석 결과, 2개의 매우 다른 고객 그룹이 발견되었다고 가정해보자. 첫 번째 그룹의 평균 나이는 33세이며, 노트북, 안드로이드 폰 4대, 아이패드, 킨들을 소유하고, 비싼 SUV를 운전하며, 비싼 어린이 놀이 장난감을 구매하는 경향이 있다. 두 번째 그룹의 평균 나이는 64세이며, 휴양지를 소유하고, 골프를 치며, 비싼 와인을 구매한다. 분석 결과 두 그룹 모두 디자이너 아동 의류를 구매한다는 것도 발견되었다.

이러한 발견은 전적으로 데이터 분석을 통해 얻은 것이다. 패턴과 관계에 대한 사전 모델이 존재하지 않으며, 분석가는 두 그룹이 모두 디자이너 아동 의류를 구매하는 이유를 설명하기 위해 이후에 가설을 세워야 한다.

지도 데이터 마이닝 지도 데이터 마이닝(supervised data mining)에서는 데이터 마이너가 분석 전에 모델을 개발하고, 모델의 매개변수를 추정하기 위해 통계적 기법을 데이터에 적용한다. 예를 들어, 통신 회사의 마케팅 전문가가 주말의 휴대전화 사용이 고객의 나이와 고객의 휴대전화 계정을 가진 개월 수에 의해 결정된다고 믿는다고 가정해보자. 그러면 데이터 마이닝 분석가는 고객과 계정 나이가 미치는 영향을 추정하는 분석을 실행할 것이다.

변수 집합이 다른 변수에 미치는 영향을 측정하는 분석을 **회귀 분석**(regression analysis)이라고 한다. 휴대전화 예시에서의 샘플 결과는 다음과 같다.

$$주말\ 휴대전화\ 사용량 =$$
$$12 + (17.5 \times 고객\ 나이) + (23.7 \times 계정유지\ 개월\ 수)$$

이 공식을 사용하면, 분석가는 12를 더하고, 고객의 나이에 17.5를 곱하고, 그리고 23.7을 계정의 개월 수와 곱하여 더한 결과 값을 합산하면 주말 휴대전화 사용 시간을 예측할 수 있다.

통계 수업에서 배울 수 있듯이 이러한 모델의 품질을 해석하는 데는 상당한 기술이 필요하다. 회귀 도구는 위와 같은 방정식을 생성할 것이다. 이 방정식이 미래의 휴대전화 사용을 잘 예측하는지는 t 값, 신뢰 구간, 관련 통계 기법과 같은 통계적 요소에 따라 달라진다.

빅데이터

빅데이터(Big Data)는 거대한 **볼륨**(volume), 빠른 **속도**(velocity), 굉장한 **다양성**(variety)을 가진 데이터 집합을 설명하는 데 사용되는 용어이다. 볼륨 측면에서 빅데이터는 크기가 최소 1페타바이트 이상인 데이터 세트를 말한다. 특정 하루 동안 미국에서 발생한 모든 구글 검색을 포함하는 데이터 세트는 빅데이터의 크기를 가진다고 할 수 있다. 또한 빅데이터는 높은 속도를 가지고 있으며, 이는 데이터가 빠르게 생성된다는 것을 의미한다. [물리학을 아는 사람이라면 속도(speed)라는 용어가 더 정확하다는 것을 알겠지만, 속도라는 단어는 'v'로 시작하지 않기 때문에 'vvv' 세 가지 설명 방식이 빅데이터를 설명하는 일반적인 방법으로 자리잡았다.] 특정 하루 동안의 구글 검색 데이터는 단 하루 만에 생성된다. 과거에는 이 정도의 데이터를 생성하는 데 몇 개월 또는 몇 년이 걸렸을 것이다.

마지막으로 빅데이터는 다양성을 가지고 있다. 빅데이터에는 구조화된 데이터가 포함될 수 있지만, 자유 형식의 텍스트, 수십 가지의 다양한 형식의 웹 서버 및 데이터베이스 로그 파일, 페이지 콘텐츠에 대한 사용자 반응의 데이터 스트림, 그리고 아마도 그래픽, 오디오 및 동영상 파일도 포함될 수 있다.

맵리듀스 빅데이터는 크고 빠르며 다양하기 때문에 전통적인 기법으로는 처리할 수 없다. **맵리듀스**(MapReduce)는 수천 대의 컴퓨터가 병렬로 작동하는 힘을 활용하기 위한 기법이다. 기본 아이디어는 빅데이터 집합을 여러 조각으로 나누고, 수백 또는 수천 개의 독립적인 프로세서가 이러한 조각을 검색하여 관심 있는 정보를 찾는 것이다. 이 과정을 맵 단계라고 한다. 예를 들어, 그림 3-15에서는 구글 검색 로그가 조각으로 나뉘고, 각 독립 프로세서가 검색 키워드를 찾아 세도록 지시된다. 이 그림은 데이터의 아주 작은 부분만 보여준다. 여기에서 'H'로 시작하는 키워드의 일부를 볼 수 있다.

프로세서들이 작업을 완료하면, 그 결과는 리듀스 단계에서 결합된다. 결과적으로 특정 날짜에 검색된 모든 용어와 각 용어의 수가 포함된 목록이 생성된다. 이 과정은 설명한 것보다 훨씬 더 복잡하지만, 기본 아이디어는 이렇다.

그런데 구글 트렌드를 방문하면 맵리듀스의 적용 사례를 볼 수 있다. 여기에서 특정 용어 또는 용어의 검색 수에 대한 추세선을 얻을 수 있다. 그림 3-16은 'Web 2.0'과 'Big Data' 용어의 검색 추세를 비교한다. *www.google.com/trends*를 방문하여 'Big Data'와 'data analytics'라는 용어를 입력하면 이 주제를 배우는 것이 왜 좋은지 알 수 있다!

그림 3-15 맵리듀스 처리 과정 요약

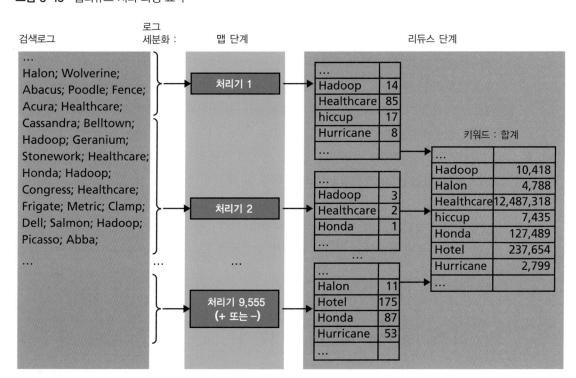

그림 3-16 웹 2.0과 하둡 용어의 구글 트렌드

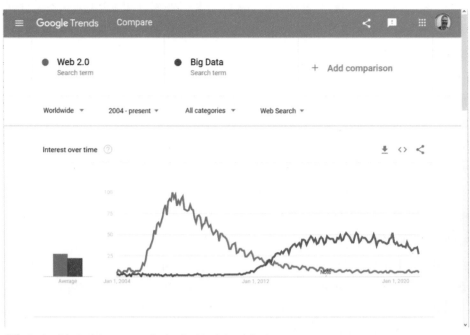

출처 : Google and the Google logo are registered trademarks of Google Inc. Used with permission.

하둡 하둡(Hadoop)은 아파치재단(Apache Foundation)[8]에서 지원하는 오픈 소스 프로그램으로, 수천 대의 컴퓨터에서 맵리듀스를 구현한다. 하둡은 구글 검색 용어를 찾고 세는 과정을 구동할 수 있지만, 구글은 이를 위해 자체의 독점 버전의 맵리듀스를 사용한다. 일부 기업은 자체 관리하는 서버 팜에 하둡을 구현하고, 다른 기업은 클라우드에서 하둡을 운영한다. 아마존닷컴은 EC3 클라우드 제공의 일부로 하둡을 지원하며, 마이크로소프트는 애저 플랫폼에서 HD 인사이트라는 서비스로 하둡을 제공한다. 하둡에는 **피그**(Pig)라는 쿼리 언어가 포함되어 있다.

현재 하둡을 운영하고 사용하는 데는 깊은 기술적 기술이 필요하다. 수년간 다른 기술의 발전을 감안할 때, 하둡 위에 더 높은 수준의, 사용하기 쉬운 쿼리 제품이 구현될 가능성이 높다. 현재로서는 이를 사용하려면 전문가가 필요하다는 점을 이해하고, 여러분은 빅데이터 연구를 계획하거나 결과를 해석하는 데 참여할 수 있다.

빅데이터 분석은 보고서 작성이나 데이터 마이닝 기법을 모두 포함할 수 있다. 그러나 가장 큰 차이점은 빅데이터가 전통적인 보고서 작성 및 데이터 마이닝의 특성을 훨씬 초과하는 볼륨, 속도 및 다양성의 특성을 가진다는 것이다.

분석이 보고서 작성, 데이터 마이닝 또는 빅데이터 기법 중 어느 것으로 수행되든, 결과는 적절한 사용자에게 전달되기 전까지 가치를 제공하지 않는다. 다음 절에서 이 주제를 살펴보자.

3-5 BI 게시를 위한 대안은 무엇인가?

BI 결과가 가치를 가지려면 적절한 사용자에게 적시에 게시되어야 한다. 이 질문에서는 BI 게

시의 주요 대안을 논의하고, BI 서버의 기능에 대해 설명한다. BI 서버는 특별한 유형의 웹 서버이다.

BI 게시 대안의 특징

그림 3-17은 BI 게시를 위한 네 가지 서버 대안을 나열한다. **정적 보고서**(static report)는 생성 시 고정된 BI 문서로, 이후에 변경되지 않는다. 출력된 판매 분석이 정적 보고서의 예제이다. BI에서 대부분의 정적 보고서는 PDF 문서로 게시된다.

동적 보고서(dynamic report)는 요청되는 시기에 업데이트되는 BI 문서이다. 사용자가 웹 서버에서 접근한 시점에 최신 판매 보고서가 동적 보고서의 예제이다. 거의 모든 경우에 동적 보고서를 게시하려면 BI 애플리케이션이 보고서를 사용자에게 전달할 때 데이터베이스 또는 다른 데이터 원천에 접근해야 한다.

그림 3-17의 각 서버에 대한 풀 옵션은 동일하다. 사용자는 사이트를 방문하고 링크를 클릭하여(또는 이메일을 열어) 보고서를 얻는다. 모든 네 가지 서버 유형에 대해 동일하므로 그림 3-17에는 표시되지 않는다.

푸시 옵션은 서버 유형에 따라 다르다. 이메일이나 협업 도구의 경우, 푸시는 수동이다. 관리자나 전문가가 보고서를 첨부파일(또는 협업 도구의 URL)로 포함하여 관심이 있는 사용자에게 이메일을 보낸다. 웹 서버와 셰어포인트에서는 사용자가 경고 및 RSS 피드를 생성하여 콘텐츠가 생성되거나 변경될 때, 특정 기간 만료 시 또는 특정 간격에 따라 서버가 콘텐츠를 푸시하도록 설정할 수 있다. 셰어포인트 워크플로도 콘텐츠를 푸시할 수 있다.

BI 서버는 알림/RSS 기능을 확장하여 특정 일정에 따라 특정 BI 결과에 대한 사용자 **구독**(subscription)을 지원한다. 예를 들어, 사용자는 매일 판매 보고서를 구독하여 매일 아침 배달받기를 요청할 수 있다. 또는 사용자는 서버에 새로운 결과가 게시될 때마다 분석 결과를 전달받도록 요청하거나, 판매 관리자는 해당 주에 자신의 지역에서 판매가 1백만 달러를 초과할 때마다 판매 보고서를 수신하도록 구독할 수 있다.

BI 게시 애플리케이션을 생성하는 데 필요한 기술은 낮거나 높을 수 있다. 정적 콘텐츠의 경우 필요한 기술이 거의 없다. BI 작성자는 콘텐츠를 생성하고 게시자(보통 동일한 사람)는 이를 이메일에 첨부하거나 웹 또는 셰어포인트 사이트에 올리면 끝이다. 동적 BI를 게시하는 것은

그림 3-17 BI 게시 대안

서버	보고서 유형	푸시 옵션	필요한 기술 수준
이메일 또는 협업 도구	정적	수작업	낮음
웹 서버	정적 동적	알림경고/RSS	정적일 경우 낮음 동적일 경우 높음
셰어포인트	정적 동적	알림경고/RSS 워크플로	정적일 경우 낮음 동적일 경우 높음
BI 서버	동적	알림경고/ RSS 구독예약	높음

그림 3-18 일반적인 BI 시스템의 구성 요소

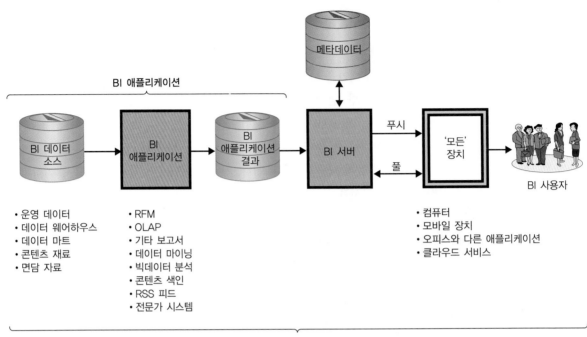

더 어렵다. 이는 게시자가 문서 소비 시 데이터베이스 접근을 설정해야 하기 때문이다. 웹 서버의 경우 게시자는 이를 위해 코드를 개발하거나 프로그래머에게 작성하게 해야 한다. 셰어포인트와 BI 서버의 경우 반드시 프로그래밍 코드가 필요하지는 않지만, 동적 데이터 연결을 생성해야 하며, 이 작업은 기술적으로 간단하지 않다. 동적 BI 솔루션을 개발하려면 이 수업의 범위를 넘어서는 지식이 필요하다. 하지만 몇 가지 추가 IS 과목을 수강하거나 IS 전공을 하면 이를 수행할 수 있어야 한다.

BI 서버의 두 가지 기능은 무엇인가?

BI 서버(BI server)는 비즈니스 인텔리전스를 게시하기 위해 특별히 설계된 웹 서버 애플리케이션이다. 마이크로소프트 SQL 서버 리포팅 서비스의 일부인 마이크로소프트 SQL 서버 리포트 매니저는 현재 가장 인기 있는 제품이지만, 다른 제품도 존재한다.

BI 서버는 관리와 전달이라는 두 가지 주요 기능을 제공한다. BI 서버의 관리 기능은 BI 결과를 사용자에게 할당하는 권한에 대한 메타데이터를 유지한다. BI 서버는 어떤 결과가 사용가능한지, 어떤 사용자가 해당 결과를 볼 수 있는지, 그리고 결과가 승인된 사용자에게 제공되는 일정이 무엇인지 추적한다. 결과가 변경되거나 사용자가 새로 추가되거나 사라질 때 할당을 조정한다.

그림 3-18에 나타나 있듯이 BI 서버에 의해 필요한 모든 관리 데이터는 메타데이터에 저장된다. 이러한 데이터의 양과 복잡성은 물론 BI 서버의 기능에 따라 달라진다.

BI 서버는 메타데이터를 사용하여 어떤 결과를 어떤 사용자에게, 그리고 어떤 일정에 따라 전달할지를 결정한다. 오늘날 BI 결과는 '모든' 장치에 전달될 수 있어야 한다는 기대가 있다.

실제로 '모든'은 컴퓨터, 스마트폰, 태블릿, 마이크로소프트 오피스와 같은 애플리케이션, 표준 웹 애플리케이션을 의미하는 것으로 해석된다.

이 장의 **지식**이 **여러분**에게 어떻게 도움이 되는가?

미래의 비즈니스 전문가로서 비즈니스 인텔리전스를 사용하는 것은 중요한 기술이다. 2019년 가트너의 연구 부사장 짐 헤어는 "인텔리전스는 모든 디지털 비즈니스의 핵심에 있으며, IT 및 비즈니스 리더들은 계속해서 분석 및 BI를 최우선 혁신 투자로 삼고 있다"고 말했다.[9] BI 시장의 규모는 2025년까지 1,470억 달러로 성장할 것으로 예상된다.[10] 2020년 드레스너 어드바이저리 서비스의 연간 BI 보고서에 따르면, 54%의 기업이 BI를 현재 또는 미래 전략에 매우 중요하거나 중요한 것으로 보고했다.[11] 비즈니스 인텔리전스는 조직의 디지털 전략을 지원하는 핵심 기술이다. 이 장에서는 점점 더 중요한 비즈니스 분야의 기초를 제공했다. BI 분석의 세 가지 단계에 대해 알게 되었고, 비즈니스 인텔리전스를 획득, 처리 및 게시하는 일반적인 기술에 대해 배웠다. 이러한 지식은 데이터의 혁신적인 사용을 상상하는 데 도움이 될 것이며, 이러한 사용의 제약 조건을 이해하는 데에도 도움이 될 것이다. e헤르메스에서 이 장의 지식은 생성되는 데이터의 가능한 사용을 이해하는 데 도움이 될 것이다. 만약 e헤르메스가 성공하여 수백만 명의 사용자를 보유하게 된다면, 분 단위 데이터 분석에 빅데이터 기술을 사용할 수 있다는 사실을 알게 될 것이다. 하지만 이러한 BI의 가치 있는 사용을 찾는 것은 여러분의 몫이다!

So What?

지속적 인텔리전스?

차에 탑승하고 웨이즈 내비게이션 앱을 시작하여 다음 목적지로 가는 데 도움을 받은 적이 있는가? 웨이즈와 같은 앱은 운전자가 해당 지역의 가장 정확하고 최신의 주행 조건을 찾고 있기 때문에 주류가 되었다. 이 앱은 사용자들의 실시간 위치 정보를 추적하여 교통 흐름과 발생하는 혼잡에 기반하여 주행 시간을 추정할 뿐만 아니라, 사용자가 위험, 교통 상황, 경찰 검문소, 우회로 및 변화하는 날씨 조건에 대한 업데이트를 게시함으로써 주행 시간 예측에 기여한다.

기본적으로 수천 명의 자원봉사자(그렇다, 이들은 무료로 일한다!)가 웨이즈 지도의 정확성을 유지하기 위해 활동하고 있으며, 이들은 장기 우회로, 새로운 도로 및 폐쇄된 도로를 시스템에 가능한 한 빨리 업데이트한다.

요컨대 웨이즈 서비스의 가치는 다양한 출처(지도 편집자, 운전자의 실시간 보고, 운전 중 앱의 수동 모니터링)로부터 실시간으로 정보를 통합하고 각 특정 운전자를 위한 내비게이션 지침의 형태로 실행 가능한 정보를 생성하는 것이다.

이 서비스의 가치 제안은 웨이즈가 약 1억 1,500만 명의 운전자가 이 플랫폼을 이용한다고 보고함에 따라 분명히 드러난다. 여러 데이터

출처 : Panchenko Vladimir/Shutterstock

스트림을 실시간으로 컴파일하여 비즈니스가 장기적인 성공으로 최적화되도록 돕는 실행 가능한 통찰력을 생성할 수 있는 개념을 생각해 볼 수 있다.

이 답은 바로 이 개념이 현재 주목받고 있는 새로운 비즈니스 솔루션인 '지속적 인텔리전스(continuous intelligence, CI)'라는 것이다.

비즈니스 인텔리전스와 지속적 인텔리전스

먼저 지속적 인텔리전스는 우리가 이 장에서 논의해온 비즈니스 인텔리전스(BI)와 매우 유사하게 들린다. 그러나 두 가지 사이에는 뚜렷한 차이가 있다. BI 시스템은 사용자에 의해 구성, 도입 및 포맷된 데이터 스트림을 요구하는 경우가 많아 훨씬 덜 정교하다. 분석을 유도하고 관련 대시보드를 정의하는 데 많은 개입이 필요하다. 또한 BI 시스템에 도입될 수 있는 데이터 유형은 종종 제한적이다.[12]

조직들이 다양한 데이터 스트림을 컴파일하고 분석하여 실행 가능한 정보를 생성하는 엄청난 가치를 인식함에 따라(경쟁이 치열한 글로벌 경제에서 점점 더 필요하고 풍부해지고 있다), 기업들은 가능한 한 모든 데이터 세트를 수집하고 저장하기 시작했다.

시간이 지나면서 이러한 데이터 수집 접근 방식은 BI 플랫폼에 로드되기 전에 정제 및 표준화하는 데 매우 시간이 소모되는 다양한 형식의 데이터 저장고로 이어졌다.

최근 기업들은 인공지능(AI)과 머신러닝을 활용하여 이러한 대량의 데이터 세트를 분류하여 패턴, 관계 및 의미 있는 통찰력을 동적으로 식별할 수 있다는 것을 깨닫기 시작했다. 이제 너무 많은 데이터라는 부담이 지속적 인텔리전스 시스템의 '유추하고 조화시키는' 능력으로 인해 놀라운 자산으로 변모한다.[13]

지속적 인텔리전스 시스템의 채택은 데이터 저장을 보완하는 IoT(사물인터넷) 장치 및 센서의 확산에 의해 가속화되었다. 또한 아마존 웹서비스(AWS)와 같은 클라우드 기반 솔루션은 데이터 수집 작업의 변동에 따라 데이터 저장소의 빠른 확장을 위한 동적 저장소 역할을 할 수 있다.[14] 이를 통해 기업은 피크 용량으로 항상 채워지지 않는 IT 인프라에 투자하지 않아도 된다. 이러한 모든 요소는 2022년까지 대부분의 새로운 비즈니스 플랫폼이 지속적 인텔리전스 기능을 활용할 것이라는 예측으로 이어졌다.[15]

조직들은 지금보다 더욱 데이터 중심이 되고 있다. 데이터 저장 및 분석을 통한 의사결정 지원을 위한 일반적인 방법은 번거롭고 비정교하다. IoT, 클라우드 컴퓨팅, 머신러닝, AI는 모두 기업이 방대한 양의 이질적인 데이터를 신속하고 동적으로 효율적으로 컴파일하여 의미 있는 통찰력을 생성할 수 있도록 한다. 이러한 새로운 지속적 인텔리전스 플랫폼은 기업이 점점 더 치열한 글로벌 경제에서 경쟁하는 데 도움을 줄 수 있는 흥미로운 다음 단계이다.

토의문제

1. 위의 글은 웨이즈 지도 시스템을 최신 상태로 유지하기 위해 무료로 수많은 시간을 일하는 자원봉사자를 언급한다. 이는 크라우드소싱의 한 예라고 할 수 있다. 혜택받은 크라우드소싱의 다른 사례에는 무엇이 있는가?
2. 기업이 분석을 위해 지속적 인텔리전스 플랫폼에 제출할 수 있는 다양한 데이터 스트림의 종류를 설명해보라.
3. 정보 보안의 맥락에서 지속적 인텔리전스를 어떻게 사용할 수 있는는가?
4. 지속적 인텔리전스 플랫폼을 사용하는 조직의 잠재적인 위험을 정의할 수 있는가?

보안 가이드

캐피탈 데이터 유출

여러분이 좋아하는 영화 장르는 드라마, 코미디, 로맨스, 액션 가운데 무엇인가? 어떤 사람들은 여러 전문가로 구성된 무리의 도둑들이 귀중한 예술품, 보석, 또는 단순히 많은 현금을 훔치는 이야기인 강도 영화를 특히 좋아한다. 하지만 영화에서 보는 것과는 다르게 오늘날의 많은 대형 강도 사건은 물리적인 보물을 목표로 하지 않으며, 대규모 팀에 의해 수행되지도 않는다.

오늘날의 강도 사건은 단독으로 활동하는 범죄자나 소수의 협력자들에 의해 저질러진다. 가장 지루한 점은 이 범죄자들이 다이아몬드나 보석을 추구하는 것이 아니라 데이터베이스의 내용을 추구한다는 것이다. 이는 기본적으로 1과 0에 불과하다. 많은 기업이 이러한 강도의 희생자가 되었다. 2019년 7월, 캐피탈원은 이러한 희생자 중 하나라는 사실을 알게 되었다.

출처 : Ascannio/Shutterstock

대문자 C의 범죄

오늘날 많은 조직은 데이터를 자체 IT 인프라에 저장할 것인지 클라우드에 저장할 것인지의 장단점을 고려해야 한다. 로컬에 데이터를 저장하면 더 큰 제어권과 안도감을 제공할 수 있다(즉 "내 데이터가 어디에 저장되어 있는지 가리킬 수 있다!"). 하지만 대규모 클라우드 제공업체는 최고의 보안 전문가를 고용하고, 최첨단 보안 모범 사례를 적용하며, 데이터의 호스팅 및 보안을 아웃소싱하여 클라우드 사용자가 다른 이니셔티브에 집중할 수 있는 기회를 제공한다.

캐피탈원은 아마존 웹서비스(AWS) 클라우드에 데이터를 저장하기로 결정했고, 그 결과 대가를 치르게 되었다. 한 전직 AWS 직원이 1억 개가 넘는 신용카드 신청서 데이터를 다운로드할 수 있었다. 이 데이터 세트에는 14만 개의 사회보장번호와 8만 개의 은행 계좌번호가 포함되어 있었다. (또한 이는 캐나다의 6백만 명에게도 영향을 미쳤다.)[16]

유출에 대한 분석 결과, 클라우드의 캐피탈원 데이터 세트에 접근할 수 있는 포인트는 잘못 구성된 웹 애플리케이션 방화벽으로 밝혀졌다.[17] [이러한 유형의 공격은 기술적으로 서버 측 위조 요청(SSRF)이라고 한다.] 다행히 신용카드 번호나 로그인 자격 증명은 유출되지 않았다.

공격 후 범죄자는 자신의 해킹을 언급하는 온라인 단서를 남겼고, 결국 컴퓨터 사기 및 남용 혐의로 기소되었다.[18] 공격자가 유출된 파일을 광범위하게 배포하거나 도난당한 데이터를 사용하여 사기를 저지를 가능성은 낮다고 여겨지지만, 캐피탈원은 이 유출로 인해 약 1억 5천만 달러의 비용이 들 것으로 추정한다.

금융기관들은 이러한 유형의 유출로부터 시스템과 데이터를 보호하기 위해 막대한 금액을 지출한다. 예를 들어, JP모건체이스의 최고경영자는 6억 달러 이상의 보안 예산을 보고했으며, 뱅크오브아메리카의 보안 지출에는 한도가 없다고 전해진다.

이러한 보안 예산은 최고의 인재를 고용하고, 매우 정교한 하드웨어 솔루션(예 : 방화벽 및 침입 탐지 시스템)을 구현하고, 조직의 보안 정책을 시행하며, 사용자가 이러한 정책을 준수하도록 교육하는 데 사용된다. 무한한 자금은 디지털 범죄자와의 전쟁에서 좋은 것처럼 보일 수 있지만, 너무 과한 보안이 나쁜 결과를 초래할 가능성이 있는가?

충분한 것이 충분하다

캐피탈원 이야기는 최근 고위험 사이버 보안 사건 중 하나에 불과하다. 사실 뉴스나 신문을 통해 대규모 조직이 해킹당하는 소식을 듣는 것은 드문 일이 아니다. 아이러니하게도 데이터 유출에 대한 소식을 정기적으로 듣는 것이 유출 사건을 증가시키는 원인이 될 수 있다.

정보 보안 연구자들은 '정보 보안 피로(information security fatigue)'라는 개념을 조사하고 있으며, 이는 사람들이 보안 관련 이니셔티브에 지치고 실망한 상태를 의미한다. 즉 사이버 사건에 대해 정기적으로 듣는 사람은 이러한 사건이 너무 흔하여 불가피하다고 가정할 수 있으며, 각 개인이 유출을 예방하기 위해 할 수 있는 일이 거의 없다고 생각할 수 있다.

안타깝게도 이러한 인식은 사람들이 보안 모범 사례를 따르는 것을 포기하게 만들고 문제의 일원이 되기보다는 해결책의 일원이 되지 않도록 한다. 조직적 관점에서 보면, 보안 피로는 심각한 문제와 큰 위험이 될 수 있다.

조직은 직원의 안전한 행동을 촉진하기 위해 다양한 보안 조치와 통제를 시행한다(예 : 외부 장치를 기업 컴퓨터에 연결할 수 없고, 비밀번호는 특정 기준을 충족해야 하며, 역할 및 프로젝트와 관련된 기업 파일에만 접근할 수 있음). 직원들이 설정된 모든 통제에 의해 지치거나 소외감을 느끼게 되면, 보안 조치를 무시하거나 통제를 우회하거나 최악의 경우 조직에 대해 악의적으로 행동할 가능성이 있다.

실무자는 직원들이 더 이상 정책 및 관련 통제를 준수하지 않는 피로한 문턱에 도달하지 않도록 하기 위해 조직 내에서 안전한 문화를 조성하는 조치를 균형 있게 시행해야 한다. 이러한 피로는 잘못 구성된 서버나 방화벽만큼 심각한 취약점이 될 수 있다.

토의문제

1. 여러분은 해커를 최첨단 공간이나 어두운 지하실에서 고보안 대상을 해킹하는 모습으로 그린 많은 TV 프로그램이나 영화를 보았을 것이다. 이러한 표현이 범죄 활동을 미화하여 사람들이 이러한 활동에 참여하도록 유도한다고 생각하는가?

2. 금융기관의 가장 큰 자산 중 하나는 명성이다. 만약 여러분이 사용하는 은행이나 신용카드 회사가 유출의 피해자였다면, 그 금융기관을 계속 이용하는 것에 대한 두려움이 있는가? 경쟁사로 전환할 것인가? 여러분의 결정에 영향을 미칠 요인은 무엇인가?

3. 이 기사에서 정보 보안 피로라는 현상을 소개한다. 이는 한 사람이 정보 보안 정보나 통제에 의해 피곤하거나 압도되어 포기하게 되는 현상이다(선의적이든 악의적이든). 서로 다른 유형의 조직에서 보안 피로의 한계가 다를 것이라고 생각하는가?

4. 여러분의 대학(또는 고용주)이 시행하는 보안 통제를 생각해보자. 시행 중인 보안 정책의 내용을 기억하고 있는가? 여러분은 보안 커뮤니케이션이나 통제에 대해 불만이나 피로감을 느낀 적이 있는가? 이에 대해 설명해보자.

커리어 가이드

이름 : 콜턴 무리첸
회사 : 허니웰
직책 : 수석 비즈니스 시스템 분석가
학력 : 카네기멜론대학교 졸업

출처 : Colton Mouritsen,
Honeywell, Inc., Senior Business
Systems Analyst

1. 이 일을 어떻게 하게 되었습니까?

카네기멜론대학교(CMU)는 현재 학생들과 졸업생들에게 독특한 채용 기회를 많이 제공합니다. 대규모 취업박람회 중, 제가 목표로 한 회사들을 모두 만나고 나서 허니웰을 발견했습니다. 별생각 없이 채용 담당자에게 다가가 제 소개를 시작했습니다. 그녀는 저의 이전 업무 경험과 CMU에서의 학업에 대해 흥미를 보였습니다. 허니웰에서 최근에 생긴 리더십 개발 프로그램에 대해 알려주었고, 이는 IT의 여러 분야에서 경험을 쌓을 수 있는 기회를 제공했습니다. 저는 매우 관심이 생겼습니다. 그들은 다음 날 인터뷰를 진행할 수 있는지 물어봤고, 인터뷰는 잘 진행되었습니다. 이후 제가 잠재적으로 함께 일할 IT/데이터 관리자들과의 추가 인터뷰도 잘 이루어졌고, 일주일 내에 제안서를 받았습니다.

2. 이 분야에 매력을 느낀 이유는 무엇입니까?

제 경로는 비슷한 직종의 다른 사람들과는 상당히 다릅니다. 저는 회계사로 시작했으며, 웨버주립대학교에서 세무학 석사 학위를 받았습니다. 회계 산업에서 5년간 일하는 동안, 저는 제 자신과 경력 목표에 대해 많은 것을 배웠습니다. 매일 반복되는 회계 작업이 그리 좋지는 않았지만, 데이터 분석을 하는 업무는 정말 좋았습니다. 데이터 분석 경로를 추구하기 위해 교육을 계속하고 새로운 기술을 개발해야 한다는 것을 깨달았습니다. 그래서 CMU로 가게 되었습니다. 저는 의사결정을 개선하기 위해 통계적 및 프로그래밍적으로 통찰력을 제공하는 모델을 구축하는 것을 좋아합니다. 비즈니스 감각과 기술적 스킬을 결합하면 실제 세계의 지식과 통계적 증거가 결합되어, 제 생각에 의사결정을 극적으로 개선합니다.

3. 일반적인 업무 일과(주어진 업무, 의사결정, 해결해야 할 문제)는 어떻게 진행됩니까?

현재 저는 데이터 과학 및 시각화와 관련된 여러 프로젝트를 진행합니다. 코로나19 팬데믹은 허니웰의 고위 리더들이 재택근무를 하면서 직원들이 어떻게 참여하고 있는지 더 잘 이해할 필요성을 촉발했습니다. 저는 시각화 개발을 주도할 기회를 얻었습니다. 이 프로젝트는 최고디지털기술책임자가 요청했고, 허니웰의 CEO와 기타 경영진에게 공유되었습니다. 제 하루는 일반적으로 다양한 데이터 소유자와의 소통을 포함하며, 이들은 고위 리더에게 제시되는 데이터의 유효성을 검증하는 데 도움을 줍니다. 또한 허니웰의 비즈니스 중 하나를 위해 수요와 판매를 예측하는 머신러닝 모델을 구축하는 일에도 관여합니다. 저희 팀은 전 세계에 퍼져 있으며, 대부분의 커뮤니케이션은 스카이프 또는 마이크로소프트 팀즈 회의를 통해 이루어집니다.

4. 이 직업에서 가장 마음에 드는 점은 무엇입니까?

매일 해결해야 할 복잡한 도전과제가 있으며, 이를 해결하기 위해 노력하는 것이 즐겁습니다. 프로그래밍을 배우는 것은 제가 문제를 생각하고 해결하는 방식을 변화시켰습니다. 문제를 제시받고, 이를 프로그래밍적으로 해결하는 방법을 설계한 후, 실제 솔루션을 개발하는 것을 즐깁니다. 또한 시각화를 구축하는 과정에서의 창의성을 즐깁니다. 정확하고 이해하기 쉬운 데이터를 제공하는 동시에 시각적으로도 매력적인 시각화를 만드는 것은 어려운 일일 수 있습니다.

5. 이 직무를 잘 수행하려면 어떤 기술이 필요합니까?

문제와 해결책을 설명할 수 있는 능력이 제 직업에서 매우 중요합니다. 비즈니스 리더들이 기술적이지 않은 경우가 많기 때문입니다. 기술 용어를 이해하지 못하는 개인에게 간단한 기술 솔루션을 전달하는 것은 어려울 수 있습니다. 또한 새로운 기술을 빠르게 배우려는 의지가 필요합니다. 저는 처음부터 태블로 개발자가 아니었습니다. 사실 제 데이터 시각화 전문성은 초보 수준이었습니다. 처음 배정된 프로젝트는 태블로 대시보드를 개발하는 것이었고, 저는 솔루션을 제공하고 마감일을 준수하는 동시에 현장에서 배워야 했습니다. 이는 스트레스를 유발할 수 있지만, 계속 배우고자 하는 열망은 끊임없이 변화하는 기술 세계에서 매우 중요합니다.

6. 이 분야는 교육이나 인증이 중요합니까? 그 이유는 무엇입니까?

어떤 면에서는 그렇습니다. 최고 수준의 교육을 받은 것은 조직에 들어가는 좋은 방법입니다. 동시에 솔루션 구축 및 제품 개발에서 자신의 가치를 증명할 수 있다면 교육이나 자격증이 그리 중요하지 않다는 것을 알게 되었습니다. 일을 잘 수행할 수 있고 그것이 이전 성과로 입증되면, 자격증과 교육의 중요성은 낮아집니다. 제 직종에서 많은 자가학습한 개인들이 교육이나 자격증 없이도 높은 급여를 받으며 회사의 소중한 자산이 되는 것을 보았습니다.

7. 이 분야에서 일하고 싶어 하는 후배에게 어떤 조언을 해주고 싶습니까?

제가 지키는 유명한 격언은 "성장하는 영역에는 편안함이 없고, 편안한 영역에서는 성장할 수 없다"는 것입니다. 편안한 영역에서 벗어나 스스로에게 도전하는 것을 기꺼이 받아들이세요. 실패하더라도 한계를 넘는 경험은 개인적으로나 경력적으로나 여러분을 성장시키는 데 도움이 될 것입니다. 실패와 새로운 시도를 두려워하지 마세요.

8. 10년 후 인기 있을 기술 직종은 무엇이라고 생각합니까?

데이터 과학 산업과 관련된 모든 것은 계속해서 증가할 것입니다. 세계는 이미 매우 연결되어 있으며, 앞으로 더욱 그렇게 될 것입니다. 인공지능은 거의 모든 산업에 다양한 방식으로 영향을 미치고 있습니다. 데이터 과학자, 데이터 엔지니어 및 머신러닝 엔지니어의 수요는 지금보다 더 높아질 것입니다. 모든 회사는 그들을 필요로 할 것입니다. 의사결정을 내리고, 제품을 개발하며, 시스템/프로세스를 자동화하기 위해 데이터를 사용하여 모델을 구축하는 것은 더 이상 사치가 아니라 모든 비즈니스를 운영하는 데 필수적인 요소가 될 것이라고 생각합니다.

윤리 가이드

대출을 권하는 전화 속 인물은 누구?

드루는 지난 3~6개월 동안 대출 연체율이 급격히 증가했다는 사실을 발견했다. 은행에서 위험한 대출 신청자를 걸러내기 위해 사용하는 프로세스가 잘 작동하지 않고 있다는 사실을 깨달았다. 최근에 발행된 몇몇 대출이 신용이 없는 차용자에게 지급되었고, 이는 연체율 증가로 이어지게 되었다.

드루는 이러한 패턴을 빠르게 변경해야 했다. 데이터를 더 많이 수집하여 대출 신청자들이 누구인지 더 잘 파악할 수 있다면, 더 정확하게 향후 채무불이행을 예측할 수 있을 것이라고 생각했다.

드루는 최근 은행 전체 사회 행사에서 만난 흥미로운 동료를 떠올렸다. 그 동료의 성은 기억나지 않았지만, 이름이 케빈이라는 것만은 확신했다. 케빈은 은행의 정보 보안 팀에서 근무하며, 데이터를 다루는 전문성을 가지고 있었다.

케빈은 직원의 의심스러운 행동을 식별하여 내부 위협을 파악하는 데 도움을 주는 분석 도구를 사용했다. 그는 HR 부서로부터 올바른 인재를 채용하기 위해 도움을 요청받기도 했다. 그러나 케빈은 자신의 방법에 대한 자세한 내용을 밝히지 않았다.

다른 대안이 보이지 않자 드루는 온라인 직원 디렉터리에서 케빈을 찾아 메시지를 작성했다. 그는 상황을 설명하고 대출 신청서 파일이 어디에 저장되어 있는지 알렸다. 마지막으로 위험한 신청자를 걸러내는 데 도움이 될 수 있는 어떤 방법이든 감사하다고 전했다.

출처 : ImageFlow/Shutterstock

메일이 도착했다

며칠 후, 드루는 자신의 책상에 앉아 이메일 클라이언트를 실행했다. 수많은 이메일이 쏟아지는 가운데, 그는 케빈의 답메일을 발견했다. 드루는 메시지에 첨부된 파일이 있다는 것을 즉시 알아차렸다. 그 파일은 모든 대출 신청서 목록이 담긴 스프레드시트였고, 각 이름은 초록색이나 빨간색으로 색칠되어 있었다. 목록 외에는 아무것도 포함되어 있지 않았다. 드루는 이메일로 돌아가 다음과 같은 짧은 단락을 읽었다.

> 드루,
> 나는 모든 대출 신청서를 수집하고 광범위한 분석을 수행했습니다. 신청자들이 제공한 데이터 외에도 여러 방법을 사용하여 추가 데이터를 수집했습니다. 방법에 대해 자세히 말씀드리기보다는, 내 분석에는 이제 다른 지역에서 신용을 평가하는 데 사용되고 있는 비전통적인 요소들이 포함되어 있다는 것만 알려드리겠습니다. 나는 내 추천이 은행이 위험한 신청자를 식별하는 전통적인 방법보다 훨씬 더 신뢰할 수 있다고 확신합니다. 이만 마치겠습니다.
>> 케빈으로부터

드루는 이 메시지에 어떻게 반응해야 할지 확신이 서지 않았다. 그는 대출자 보호를 위한 규제가 있다는 것을 잘 알고 있었다. 그러나 또한 오늘날 데이터가 실질적인 자산임을 알고 있었다. 드루는 케빈의 방법이 전통적인 재무 기록 외에 소셜미디어 활동, 가족 및 친구와의 관계, 범죄 기록 등을 분석하는 새로운 사회 신용 시스템과 관련이 있을 것이라는 직감을 가졌다.

케빈이 권고에 대한 세부 정보를 제공하지 않았기 때문에 드루는 케빈이 추천한 방법의 법적 정당성에 대해 확신할 수 없었다. 그럼에도 불구하고 드루는 질문하지 않기로 결심하고 케빈의 권고를 그대로 따르기로 했다. 그는 은행이 계속 나쁜 투자 결정을 내린다면, 오래가지 못할 것이라고 생각했다. 그 지역의 유일한 은행으로서 은행이 실패하면 대출이 필요한 사람들이 대출을 받을 수 없게 되어 지역 사회에 피해를 줄 것이라고 우려했다. 그는 초록색으로 표시된 신청자들에게 대출 승인 통지를 보내기 위해 이메일을 작성하기 시작했다. 이 시점에서 그는 자신의 직업과 지역 사회의 이익을 위해 대출 연체율 추세를 바꾸기 위해 무슨 일이든 필사적이었다.

토의문제

1. 드루가 결정한 케빈의 대출 승인 권고에 대해 생각해보자.

a. 케빈의 권고를 사용하는 것은 정언 명령(1장 27쪽)에 따라 윤리적인가?

b. 케빈의 추천을 사용하는 것은 공리주의 관점(2장 58쪽)에서 윤리적인가?

2. 기업의 데이터 세트 남용에 대한 보고는 흔하며, 기업은 생존하기 위해 더욱 효율적이고 효과적이어야 한다. 기업이 생존하기 위해 '모두가 하고 있는 대로' 행동하는 것은 정당한가?

3. 본국에서 주요 금융기관들이 사회 신용 시스템을 채택한다는 사실을 알게 된다면 어떤 반응을 보일 것인가? 이 추진 방법에 대해 지지할 것인가?

4. 대학에서 퇴학 위험이 있는 학생을 식별하는 책임을 맡게 된다면, 가장 정확하게 대학을 떠날 가능성이 있는 학생을 식별하기 위해 어떤 데이터 스트림을 수집하고 싶은가? 반면 학생으로서 대학이 학생 유지 촉진을 위해 자신의 데이터 스트림을 수집하는 것에 대해 얼마나 편안하게 느낄 것인가?

생생복습

이 장에서 학습한 내용을 이해했는지 확인해보자.

3-1 조직은 비즈니스 인텔리전스(BI) 시스템을 어떻게 사용하는가?

비즈니스 인텔리전스와 BI 시스템을 정의하라. 그림 3-1에 있는 요소들을 설명하라. 그림 3-2에 있는 네 가지 협업 과제의 각각에 대해 조직이 비즈니스 인텔리전스를 사용할 수 있는 방안에 대해 사례를 제시하라.

3-2 BI 프로세스의 세 가지 주요 활동은 무엇인가?

BI 프로세스에서 세 가지 기본활동에 대해 명칭을 제시하고 설명하라. 부품 유통기업의 팀이 BI 결과를 만들기 위한 이러한 활동들을 어떻게 사용하였는지 요약하여 설명하라. 마스터 데이터 관리가 왜 중요한지 설명하라.

3-3 조직이 데이터를 획득하기 위해 데이터 웨어하우스와 데이터 마트를 어떻게 사용하는가?

데이터 웨어하우스와 데이터 마트의 필요성과 기능을 설명하라. 데이터 웨어하우스 구성 요소의 역할에 대해 명칭을 제시하고 설명하라. 데이터 웨어하우스와 데이터 레이크의 차이점을 설명하라. 데이터 마이닝과 복잡한 보고서 작성을 위해 사용된 데이터에 존재하는 문제점 목록을 제시하고 설명하라. 데이터 웨어하우스와 데이터 마트의 차이점을 설명하기 위한 공급사슬의 예를 들어 설명하라.

3-4 BI 데이터를 처리하기 위한 세 가지 기술은 무엇인가?

세 가지 기술의 명칭을 제시하고 설명하라. 각각의 목표와 특징을 설명하라. 보고서 작성 분석을 요약하여 설명하라. 인공지능을 정의하고 잠재적 이점을 설명하라. 머신러닝과 데이터 마이닝의 차이점을 설명하라. 구조화된 데이터를 정의하라. 데이터 마이닝을 설명하라. 지도 데이터 마이닝과 비지도 데이터 마이닝의 차이점을 설명하라. 보고서 분석과 데이터 마이닝의 차이점을 설명하라. 조직이 데이터 발견과 데이터 시각화로부터 어떻게 이익을 얻을 수 있는지 설명하라. 빅데이터의 세 가지 v에 대해 명칭을 제시하고 설명하라. 맵리듀스가 어떻게 작동하는지 설명하라. 그리고 하둡의 목적이 무엇인지 설명하라.

3-5 BI 게시를 위한 대안은 무엇인가?

BI 게시를 위한 네 가지의 서버 유형에 대해 명칭을 제시하

라. 정적 보고서와 동적 보고서의 차이점을 설명하라. 구독이라는 용어를 설명하라. 동적 보고서가 생성하기 어려운 이유를 설명하라.

이 장에서 얻은 지식을 요약하라. 그리고 미래의 비즈니스 전문가로서 어떻게 그것을 이용할 것인가 설명하라. 여러분의 지식이 e헤르메스 프로젝트에 어떻게 이익을 줄 것인가에 대해 설명하라. 빅데이터와 e헤르메스의 사용을 설명하라.

이 장의 **지식**이 **여러분**에게 어떻게 도움이 되는가??

주요용어

결과 게시(publish result)
구독(subscription)
구조화된 데이터(structured data)
데이터 늪(data swamp)
데이터 디스커버리(data discovery)
데이터 레이크(data lake)
데이터 마이닝(data mining)
데이터 마트(data mart)
데이터 시각화(data visualization)
데이터 웨어하우스(data warehouse)
데이터 집계기(data aggregator)
데이터 획득(data acquisition)
동적 보고서(dynamic report)

마스터 데이터 관리(master data management)
맵리듀스(MapReduce)
보고서 분석(reporting analysis)
비즈니스 인텔리전스(business intelligence)
비즈니스 인텔리전스 시스템(business intelligence system)
비지도 데이터 마이닝(unsupervised data mining)
빅데이터(Big Data)
세분화(granularity)
예외 보고서(exception report)
의사결정 지원시스템(decision support

system, DSS)
정적 보고서(static report)
지도 데이터 마이닝(supervised data mining)
클러스터 분석(cluster analysis)
푸시 게시(push publishing)
풀 게시(pull publishing)
피그(Pig)
하둡(Hadoop)
회귀 분석(regression analysis)
BI 분석(BI analysis)
BI 서버(BI server)
BI 애플리케이션(BI application)

학습내용 점검

3-1. 3-2절에서 판매 분석 팀이 개발한 다섯 가지 기준의 각각을 어떻게 실행하였는지 설명하라. 3-2절에서 제시한 데이터와 테이블을 이용하여 답을 설명하라.

3-2. 3-2절에서 판매분석 팀이 과거 판매실적(선택 부품의 판매이력)으로 선택한 부품과 연결된 쿼리를 생성했다. 쿼리의 결과가 그 부품 설계의 판매를 위한 전

제가 되는지 이유를 설명하라. 이 결과의 측면에서 팀은 기준을 변경해야만 하는가? 만약 그렇다면 어떻게 해야 하는가? 그렇지 않다면 그 이유는 무엇인가?

3-3. 선택된 부품 조회의 판매 이력 결과가 주어지면, 기업이 취해야 할 세 가지 행동을 목록으로 제시하라. 이 행동 중 한 가지를 추천하고 그 이유를 설명하라.

협업과제 3

1장(30~31쪽)에서 구축한 협업 정보시스템을 사용하여 팀원과 협력하여 다음 질문에 답하라.

사례연구 3(96~98쪽)를 읽어보지 않았다면 읽어보라. 코

로나19로 인한 전 세계적인 봉쇄는 많은 조직이 모든 직원을 원격으로 근무하도록 허용하도록 강요했다. 일부 직원은 수년간 원격 근무를 계속할 수 있다. 트위터(현 엑스) CEO

인 잭 도시는 2020년에 모든 트위터 직원이 원할 경우 언제든지 재택근무를 할 수 있다고 발표했다. 이는 트위터의 기업 문화에 어떤 영향을 미칠 수 있을까? 원격 근무 직원은 사무실에 가기로 선택한 직원과 동일한 기회를 가질 수 있을까? 팀과 협력하여 다음 문제에 답하라.

3-4. 재택 근무의 많은 장점이 있지만 단점도 있다. 원격 근무의 장점과 잠재적인 단점을 비교하고 대조하라. 환경에 미치는 영향, 조직의 효율성, 비싼 사무실 공간 비용 절감 등을 고려하라.

3-5. "보이지 않으면 잊혀진다"는 속담을 고려하라. 재택근무가 개인의 경력 발전에 어떤 영향을 미칠 수 있는지 논의하라. 상사가 여러분을 보지 못하면 승진 기회에 영향을 받을까? 직장에서 자신을 홍보하지 않으면 기여가 최소화되거나 완전히 잊혀지기 쉬울까?

3-6. 2020년 코로나19 봉쇄는 현대 직장의 진화를 가속화했을 수 있다. 이미 재택근무를 하고 있는 직원들이

있었다. 원격 위치로 일부 작업을 아웃소싱하는 것도 수년간 이루어졌다. 그러나 봉쇄는 가능했던 모든 사람이 재택근무를 하도록 강요했다. 기업은 정책, 작업 흐름 및 기대를 변경해야 했다. 전통적인 9시부터 5시까지의 근무 시간은 사라졌다. 이제 모든 사람이 유연한 근무 시간을 가질 수 있게 되었다. 재택근무가 직원 보상에 미칠 영향을 논의하라. 직원들이 2~3개의 일을 동시에 하는 것이 더 쉬워질까? 더 효과적인 직원들이 더 많은 돈을 벌 수 있을까? 기업들이 보상을 '시간당' 모델에서 '생산성' 모델로 변경하려고 할 동기는 무엇인가?

3-7. 보안 관점에서 원격 협업은 예기치 않은 문제를 일으킬 수 있다. 직원들이 재택근무를 할 때 발생할 수 있는 잠재적인 정보 보안 문제에 대해 논의하라. 데이터 관리 및 백업, 기업 컴퓨팅 장치 관리, 데이터 및 개인정보 보호 준수를 고려하라.

사례연구 3

줌

우리는 모두 휴대전화 통화가 왜곡되거나 끊어질 때 느끼는 불만을 경험해보았을 것이다. 하지만 직장에서의 화상회의 중에, 더 심하게는 취업 면접 중에 기술적인 어려움을 경험했다면, 그 스트레스가 얼마나 큰지 잘 알고 있을 것이다. 놀랍게도 불안정하고 오류가 많은 화상회의 통화는 과거의 일이 아니라 여전히 흔히 발생하는 문제이다.

이러한 기술을 얼마나 오랫동안 사용해왔는지를 고려하면, 믿기 힘든 일이기도 하다. 예를 들어, 스카이프는 2000년대 초반에 시작된 매우 인기 있는 영상 채팅 플랫폼이었다. 그러나 거의 20년간 통신, 인터넷 인프라, 소프트웨어 개발 등에서 많은 발전이 있었음에도 불구하고 끊김 없는 화상회의 경험이 오늘날 널리 유용하게 되었다고 생각할 수 있다. 최근까지 그렇게 되지는 않았다.

줌의 IPO로 가는 길

에릭 유안은 시스코웹엑스에서 일할 때 이러한 생각을 했

출처 : Julio Ricco/Shutterstock

다. 그는 화상회의를 위한 기존 솔루션이 약하다는 말을 반복해서 들었다. 이 시장에는 이미 많은 솔루션과 운영 중인 많은 회사가 있었음에도 불구하고 말이다. 고위 엔지니어링 직책에 있었음에도 불구하고, 유안은 여전히 시스코웹엑스 플랫폼을 재설계하여 불안정한 오디오, 동영상 및 기능 부

족 문제를 해결할 수 있도록 경영진을 설득할 수 없었다.[19] 그는 경쟁사가 새로운 기능이 풍부한 클라우드 기반 도구를 개발하여 자사를 위협할까 우려했다.

이러한 도전과제를 고려할 때, 유안은 기회를 보았고 2011년에 시스코웹엑스를 떠나 자신의 회사를 시작하기로 결정했다. 그는 시스코웹엑스에서 몇몇 엔지니어를 데리고 와서 새로운 플랫폼을 만들기 위한 작업을 시작했다. 이 새로운 플랫폼을 만드는 데 자금을 지원할 투자자를 찾는 것은 어려웠다. 많은 투자자들이 화상회의 시장에 이미 너무 많은 경쟁이 있다고 느꼈기 때문이다.

몇 년의 개발 끝에 유안과 그의 팀은 소프트웨어를 실행하는 시스템을 신속하게 식별할 수 있는 오류 저항 도구를 개발했다(작업 속도를 크게 향상시킴). 이 플랫폼의 사용 용이성과 안정성 시연은 많은 고객과 투자자의 관심을 불러일으켰다.

2013년, 줌은 새로운 플랫폼의 첫 번째 버전을 출시했으며, 한 달 만에 수십만 명의 사용자가 생겼다. 몇 개월 후에는 사용자 수가 백만 명을 초과했다. 성장은 계속해서 가속화되었으며, 2014년에는 사용자 수가 천만 명에 도달하고 2015년에는 4천만 명에 도달했다.

2017년, 회사는 1억 달러의 네 번째 자금을 받았고, 10억 달러의 가치를 인정받아 유니콘(기업 가치가 10억 달러 이상인 비상장 스타트업을 일컫는 용어)이 되었다. 2019년 4월, 줌은 주당 36달러로 IPO를 진행했고, 첫 거래일에 72%의 이익을 기록했다. 상장 첫날, 줌의 가치는 약 160억 달러로 추정되었다.

재앙으로 향하는 줌

줌의 성공에도 불구하고 2020년 코로나19 팬데믹은 줌 사용의 급증을 초래했다. (2021년 5월 기준으로 회사 가치는 870억 달러였다.) 위기 동안 정부, 기업, 대학 및 기타 유형의 조직은 사람들이 집에 갇혀 있는 상황에서도 운영을 지속할 수 있도록 새로운 디지털 회의 플랫폼을 찾고 있었다.

그러나 회사의 성공적인 도구와 코로나19로 인한 추가 관심에도 불구하고 줌의 이점이 얼마나 오래 지속될지는 불확실했다. 사용자가 급증한 후 줌이 겪었던 성장통 중 하나는 화상회의 플랫폼의 보안과 개인정보 보호에 대한 가혹한 비판이었다.

예를 들어, 줌바밍(Zoom bombing, 초대받지 않은 사람들이 줌 회의에 참여하여 혼란을 일으키는 행위)에 대한 보고가 2020년 1분기에 만연해졌다. 이러한 회의 중단은 소프트웨어 자체에 대한 집중적인 검토와 함께 진행되었으며, 전문가들은 다양한 보안 및 개인정보 보호 통제가 약하다는 점을 지적했다.[20] 줌에 대한 의문이 떠올랐다. 줌은 너무 빠르게 성장했는가? 이 소프트웨어는 대규모 기업 및 정부 운영에서 사용하기에 충분히 안전한가?

다른 주요 기술 회사들은 '피의 냄새'를 감지하고, 이 전례 없는 화상회의 활동의 급증 속에서 시장점유율을 빼앗을 기회를 찾고 있었다. 사실 줌의 부상과 보안 및 개인정보 보호 문제에 대한 광범위한 노출 이후, 페이스북, 구글, 시스코, 버라이즌 모두 자사 화상회의 플랫폼을 조정 및 홍보하기 시작했다.[21]

줌의 향후 궤적이 어떻게 변화할지는 아직 알 수 없다. 그러나 보안 결함으로 인한 회사의 손상된 평판과 점점 더 치열해지는 시장에서의 경쟁은 이 회사의 성공 행진을 중단시킬 수 있다.

토의문제

3-8. 유안이 시스코웹엑스에서 경험한 것을 고려해보자. 창립자가 이전 고용주와 함께 어떤 일을 할 수 없었기 때문에 시작된 다른 기술 회사들을 알고 있는가? 그렇지 않다면 다양한 기술 회사의 역사를 찾아 최소한 가지의 사례를 찾아보라.

3-9. 줌은 비회원 사용자에게도 플랫폼을 개방하여 비판을 받았다(일부 제한이 있음). 줌이 이렇게 한 이유는 무엇이며, 유료 고객은 왜 걱정해야 할까?

3-10. 줌 사용자 수가 급증함에 따라 소프트웨어의 개인정보 보호 및 보안에 대한 정밀조사도 급증했다. 왜 줌 개발자들이 불안정한 소프트웨어를 만들었다고 생각하는가?

3-11. 줌의 장기적인 성공에 대한 예측은 무엇인가? 코로나19 상황이 정상화되면 사용자가 줄어들 것이라고 생각하는가? 경쟁자가 시장점유율을 빼앗는 더 나은 도구를 공개할 것인가? 이에 대해 설명하라.

3-12. 줌 또는 페이스북, 구글, 마이크로소프트 등의 경쟁 화상회의 플랫폼을 사용해본 적이 있는가? 어떤 면이

비슷하고 어떤 면이 다른가? 어떤 플랫폼이 여러분의 선호도에 가장 맞는가? 선호하는 이유를 설명하라.

3-13. 이미 솔루션이 풍부하고 경쟁이 치열한 화상회의 플랫폼 시장에도 불구하고 유안은 기회를 포착하여 10억 달러 규모의 회사를 만들었다. 현재 많은 경쟁자와 대안이 존재하지만 제공되는 제품이 부족한 시장이 있다고 생각하는가?

주

1. Nipun Gupta, "Top 10 Databases in the World," May 4, 2014, accessed May 6, 2021, *http://csnipuntech.blogspot.com/2014/05/top-10-largest-databases-in-world.html*.

2. Charles Duhigg, "How Companies Learn Your Secrets," *The New York Times*, last modified February 16, 2012, *www.nytimes.com/2012/02/19/magazine/shopping-habits.html?_r=2&hp=&pagewanted=all&*.

3. Alistair Barr, "Crowdsourcing Goes to Hollywood as Amazon Makes Movies," *Reuters*, last modified October 10, 2012, *www.reuters.com/article/2012/10/10/us-amazon-hollywood-crowd-idUSBRE8990JH20121010*.

4. Martin U. Müller, Marcel Rosenbach, and Thomas Schulz, "Living by the Numbers: Big Data Knows What Your Future Holds," *Der Spiegel*, accessed May 6, 2021, *www.spiegel.de/international/business/big-data-enables-companies-and-researchers-to-look-into-the-future-a-899964.html*.

5. Lisette Voytko, "Netflix: 'Stranger Things' 3 Smashes Its Ratings Record," *Forbes.com*, July 9, 2019, accessed May 6, 2021, *www.forbes.com/sites/lisettevoytko/2019/07/09/netflix-stranger-things-3-smashes-its-record/#52f9163767c9*.

6. Sean Fennessey, "Netflix and Shill," *TheRinger.com*, April 20, 2018, accessed May 6, 2021, *www.theringer.com/movies/2018/4/20/17258960/netflix-movies-streaming-business*.

7. Elizabeth Dwoskin, "The Next Marketing Frontier: Your Medical Records," *Wall Street Journal*, March 3, 2015, accessed May 6, 2021, *www.wsj.com/articles/the-next-marketing-frontier-your-medical-records-1425408631?mod=WSJ_hpp_MIDDLENextto WhatsNewsFifthhttp*.

8. 오픈소스 소프트웨어 프로젝트를 지원하는 비영리기업으로, 원래는 아파치 웹 서버를 위한 프로젝트였으나 오늘날에는 많은 주요 소프트웨어 프로젝트를 지원한다.

9. Jim Hare, "Gartner Reveals Five Major Trends Shaping the Evolution of Analytics and Business Intelligence," *Gartner.com*, October 2, 2019, accessed May 6, 2021, *www.gartner.com/en/newsroom/press-releases/2019-10-02-gartner-reveals-five-major-trends-shaping-the-evoluti*.

10. Kenneth Research, "Business Intelligence Market Analysis, Size, Share, Growth, Trends and Forecast to 2025," *MarketWatch.com*, press release, March 3, 2020, accessed May 6, 2021, *www.marketwatch.com/press-release/business-intelligence-market-analysis-size-share-growth-trends-and-forecast-to-2025-2020-03-03*.

11. Louis Columbus, "The State of Cloud Business Intelligence, 2020," *Forbes.com*, April 12, 2020, accessed May 6, 2021, *www.forbes.com/sites/louiscolumbus/2020/04/12/the-state-of-cloud-business-intelligence-2020*.

12. Sharmila Mulligan, "What Is Continuous Intelligence?," *Forbes*, October 18, 2018, accessed May 6, 2021, *www.forbes.com/sites/forbestechcouncil/2018/10/18/what-is-continuous-intelligence/#112ff2577d25*.

13. Ibid.

14. Sumo Logic, "What Is Continuous Intelligence?," Sumo Logic, n.d., accessed May 6, 2021, *www.sumologic.com/continuous-intelligence*.

15. Ibid.

16. Brian Krebs, "What We Can Learn from the Capital One Hack," *Krebs on Security*, August 2, 2019, accessed May 6, 2021, *https://krebsonsecurity.com/tag/capital-one-breach*.

17. Rob McLean, "A Hacker Gained Access to 100 Million Capital One Credit Applications and Accounts," *CNN*, July 30, 2019, accessed May 6, 2021, *www.cnn.com/2019/07/29/business/capital-one-data-breach/index.html*.

18. Emily Flitter and Karen Weise, "Capital One Data Breach Compromises Data of Over 100 Million," *The New York Times*, July 29, 2019, accessed May 6, 2021, *www.nytimes.com/2019/07/29/business/capital-one-data-breach-hacked.html*.

19. Alex Konrad, "Zoom, Zoom, Zoom! The Exclusive Inside Story of the New Billionaire Behind Tech's Hottest IPO," *Forbes*, April 19, 2019, accessed May 6, 2021, *www.forbes.com/sites/alexkonrad/2019/04/19/zoom-zoom-zoom-the-exclusive-inside-story-of-the-new-billionaire-behind-techs-hottest-ipo/#77766e114af1*.

20. Robert McMillan and Aaron Tilley, "Zoom Hires Se-

curity Heavyweights to Fix Flaws," *The Wall Street Journal*, April 16, 2020, accessed May 6, 2021, *www.wsj.com/articles/zoom-hires-security-heavyweights-to-fix-flaws-11587061868?mod=searchresults&page=1&pos=1.*

21. Mike Isaac and Sheera Frenkel, "Zoom's Biggest Rivals Are Coming for It," *The New York Times*, April 24, 2020, accessed May 6, 2021, *www.nytimes.com/2020/04/24/technology/zoom-rivals-virus-facebook-google.html?searchResultPosition=3.*

PART 2

정보기술

앞으로 3개의 장은 정보시스템의 기초가 되는 정보기술을 중점적으로 학습할 것이다. 만일 여러분이 미래 비즈니스계 현업 전문가가 되기를 희망한다면, 정보기술이 별로 중요하지 않을 것이라고 생각할 수도 있다. 그렇지만 오늘날 경영자와 비즈니스 전문가들은 항상 자신들의 업무수행을 위해 정보기술의 활용이 절대적이라는 것을 여러분들은 곧 깨달을 것이다.

4장에서는 하드웨어, 소프트웨어, 오픈소스 대안들을 학습하게 되며 컴퓨터 관련 기본 용어와 개념을 학습하게 될 것이다. 이 장에서는 자율주행장치, 3D 프린트, 사물인터넷(Internet of Things, IoT), 증강현실(augmented reality, AR) 등과 같이 최근에 개발된 기술에 대해 간략하게 언급할 것이다.

5장에서는 데이터베이스 처리를 설명하면서 정보시스템의 데이터 구성 요소에 대해 학습하게 된다. 여러분은 기본적인 데이터베이스 용어를 배우게 될 것이고, 데이터베이스 처리를 위한 기술을 배우게 될 것이다. 또한 데이터 모델링을 학습함으로써 데이터베이스 개발에 대한 기본적인 설계 방법을 배우고 다른 사람이 개발한 데이터 모델을 평가할 수 있게 될 것이다.

6장에서는 4장에서 언급한 다른 컴퓨터 장치들에 대해 학습하게 되며 데이터 통신, 인터넷 기술, 클라우드에 대해 학습하게 될 것이다. 클라우드를 사용함으로써 발생할 수 있는 잠재적 보안에 대해서도 학습할 것이다.

앞으로 배울 3개 장의 목적은 효과적인 IT 고객이 되기 위해 충분한 기술을 가르치는 것이다. 여러분들은 정보기술과 관련된 기본 용어, 핵심 개념, 그리고 유용한 프레임워크를 배우게 될 것이다. 여러분들이 정보기술에 대한 기초지식을 갖추고 있다면, 정보시스템 전문가와 쉽게 소통하고 그들에게 필요한 것을 요구할 수 있는 지식을 갖출 수 있다.

환경변화가 매우 빠르기 때문에 가장 최근의 정보기술 변화를 모두 다 반영하는 것은 어렵다. 매년 수많은 새로운 기술 혁신이 등장한다. 그중 일부는 조직의 전략에 실질적인 위협이

출처 : Chesky/Shutterstock

출처 : Andrey Suslov/Shutterstock

될 수 있다. 그렇지만 일부는 성장을 위한 잠재적인 새로운 기회가 될 수 있다. 따라서 이러한 새로운 기술이 가진 전략적 의미를 이해하는 것이 중요하다. 앞으로의 학습을 통해 여러분들은 이러한 문제에 대해 정곡을 찌를 수 있을 것이다.

앞으로 배울 3개의 장에서 제시된 개념과 프레임워크는 최신 기술 동향을 배우는 것보다 훨씬 유용하다. 트렌드는 항상 변한다. 지금은 첨단 정보기술이지만 10년 후에는 구식이 될 것이다. 새로운 혁신이 가지는 비즈니스상의 의미를 파악하는 방법을 이해하는 것이 여러분의 인생 경력에 도움이 될 것이다.

Chapter 4

하드웨어와 소프트웨어

e헤르메스사의 자동화 문제 전문가(SME)인 카말라 파텔은 CEO인 제시카 라마, COO인 빅토르 바스케즈, 그리고 IT 서비스 담당 이사인 세스 윌슨에게 인공지능(AI) 프로젝트가 어떻게 진행되고 있는지 확인하기 위해 대형 사무실로 내려오라고 요청했다. 제시카는 좋은 소식을 기대하면서 얼굴에 미소를 짓고는 "캠, AI 프로젝트는 어떻게 되어 갑니까?"라고 묻는다.

"괜찮아지고 있어요. 사실, 우리가 생각했던 것보다 훨씬 느리게 진행되고 있어요." 카말라는 고개를 살짝 젓고는 대형 모니터에 뜬 도시 지도를 가리키며 다양한 색상의 경로, 목적지, 모바일 매장을 보여주며 "이 모든 것을 종합하는 것은 우리가 처음에 생각했던 것보다 훨씬 더 많은 작업이 필요하다는 것이 밝혀졌습니다. 제 전문 분야는 AI가 아닌 자율주행 장치지만 저는 온갖 것을 다 짜내었다고 생각합니다. 우리에게는 AI 전문가가 정말 필요합니다"라고 말했다.

"몇 달 전에 이것에 대해 이야기했을 때, 당신은 그것이 효과가 있을 수 있다고 말했습니다. 뭐가 바뀌었나요?" 제시카는 실망한 어조로 묻는다.

"바뀐 건 아무것도 없어요. 그것은 여전히 작동합니다. 또한 그것은 우리에게 많은 돈을 절약할 수 있게 할 거예요. 이를 통해 비용을 최소 20% 절감하고 운영 효율성을 2배로 높일 수 있습니다. 하지만 그 지점에 도달하려면 처음에 생각했던 것보다 훨씬 더 많은 시간과 돈이 필요할 겁니다." 카말라는 다소 희망적인 어조로 고개를 끄덕이며 말했다.

세스는 몸을 돌려 화면 중 하나를 가리켰다. "보시다시피 지금 우리는 각 모바일 매장 앞에 고객이 구매할 수 있다고 생각하는 유사한 유형의 품목을 가득 올려놓고 있어요. 고객이 아기 옷을 사고 싶어 한다고 가정해보겠습니다. 글쎄요, 그들은 유아 관련 다른 품목을 구매하는 데 관심이 있을 수 있습니다. 그런데 우리는 그 매장에 아기용품으로만 가득 채워놓고 있습니다. 고객들은 대개 아기 옷뿐만 아니라 다른 것들도 구매할 거예요."

"그리고 사람들은 근처에서 e헤르메스 차임벨이 연주되는 것을 들을 때 아이스크림 트럭 효과를 얻을 거예요"라고 카말라는 덧붙였다. "여러 이웃사람들이 나와서 같은 트럭에서 물건을 사고, 그들은 또한 판매를 위해 자신의 물건을 가져옵니다. 각각의 매장에서 머무르는 시간은 다를 거예요. 고객이 판매하려는 새 아이템을 등록하고 아이템을 판매하는 데 많은 시간이 소요됩니다. 각 매장이 특정 위치에 얼마나 오래 머무를지 예측하기는 어렵습니다."

　　제시카는 약간 혼란스러워 보였다. "하지만 우리는 지난 몇 년 동안 이런 상황을 목격해왔습니다. 사람들이 e헤르메스에 대해 더 많이 알게 되면서 상점에 머무르는 시간이 늘어났습니다. 이것이 AI 프로젝트에 영향을 미치는 이유는 무엇입니까?"

　　"몇 가지 이유가 있습니다. 첫째, AI를 훈련시키기에 충분한 데이터가 없습니다. AI가 최적의 솔루션을 제시하도록 훈련시키려면 많은 데이터가 필요합니다. 비즈니스 운영 중에 변동성은 도움이 되지 않습니다. 우리는 빠르게 성장하고 있으며 몇 년 전의 데이터는 좋은 훈련 데이터가 아닙니다. 둘째, 저는 이 모든 것을 알아내는 데 도움을 받기 위해 대학원 친구에게 의지하고 있습니다. 그것은 매우 복잡하며, 저는 AI 전문가가 아닙니다. 우리는 단순한 공급망 그 이상을 최적화하기 위해 노력하는 중이에요. 우리는 진실로 배송, 온라인 쇼핑, 그리고 매장판매를 결합한 회사죠. 우리는 유통경로, 매장, 예상 매출, 고객 구매습관, 재고관리를 최적화해야 합니다…"

　　빅토르는 걱정스러운 표정으로 카말라의 말을 가로막는다. "이 작업을 수행하려면 무엇이 필요할까요? 비용이 얼마나 드나요?"

　　"현재로서는 우리가 가진 것보다 더 많이 필요할 수도 있습니다. 최소 두 명의 AI 전문가와 중급 기술자를 고용해야 하며, 비용이 생각보다 많이 들어갈 거예요. 또한 추가적인 처리용량, 데이터 저장소, 백엔드 시스템을 위한 인프라에 더 많은 비용을 지출해야 하므로 당사의 현금 소요량이 지속적으로 증가할 거예요."

　　제시카는 실망한 기색이 역력하다. "당신을 위해 관리할 사람을 몇 명 더 고용하면 어떨까요? 그걸로 충분할까요?"

　　카말라는 미소를 지었다. "아뇨, 근처에도 못 갔어요. 이 프로젝트를 시작하기도 전에 저는 늪에 빠졌습니다. 저는 우리의 자율주행장치에 대한 소프트웨어 업그레이드를 소홀히 해왔고, 더 중요한 것은 매장에서 데이터 수집을 자동화하기 위한 새로운 시스템 개발 프로젝트를 완료해야 한다는 거예요. 판매자로부터 실시간으로 갱신된 재고정보를 받자마자 우리 시스템에서 바로 등록하여 즉시 판매할 수 있다면 훨씬 더 많은 돈을 벌 수 있어요."

　　제시카는 실망한 표정을 짓는다. "글쎄, 어쩌면 당신 말이 맞을지도 몰라요. 그것을 작동시킬 수 있는 어떤 방법이 있었으면 좋겠습니다. 아직 존재하지도 않는 최적화 시스템 없이 우리 회사는 충분히 빠르게 성장할 수 없습니다. 최첨단에 있다는 것은 정말 실망스럽습니다."

　　"최첨단 등등을 말하는 것이지요?" 빅토르가 능글맞은 웃음을 지으며 말했다.

**"AI를 훈련시키기에 충분한
데이터가 없습니다."**

출처 : VORTEX/Shutterstock

∨ 학습목표

학습성과 : 하드웨어 및 소프트웨어의 변화가 비즈니스 전략에 어떤 영향을 미치는지 논의할 수 있다.

4-1　현업 전문가들이 하드웨어에 대해 알아야 할 것은 무엇인가?

4-2　새로운 하드웨어가 경쟁 전략에 어떻게 영향을 미치는가?

4-3　현업 전문가들이 소프트웨어에 대해 알아야 할 것은 무엇인가?

4-4　오픈소스 소프트웨어는 현실적인 대안인가?

이 장의 **지식**이 **여러분**에게 어떻게 도움이 되는가?

4-1 현업 전문가들이 하드웨어에 대해 알아야 할 것은 무엇인가?

대부분의 사람들은 컴퓨터 하드웨어를 노트북, 데스크톱, 서버 또는 심지어 태블릿으로 생각한다. 그러나 시간이 지남에 따라 컴퓨터 하드웨어를 생각하는 방식이 바뀌고 있다. 휴대전화를 예로 들어보자. 25년 전 전화는 음성 통신을 위해 제한적으로 사용했다. 아무도 휴대전화를 컴퓨터 하드웨어라고 생각하지 않았을 것이다.

지금은 어떤가? 스마트폰은 상당한 처리 능력을 가지고 있으며 네트워크, 내부 메모리 및 가상 키보드에 연결할 수 있는 기능을 갖추고 있고 다른 장치와도 서로 연결할 수 있다. 이제 '전화'는 확실하게 컴퓨터 하드웨어의 중요한 부분이다. 컴퓨터 하드웨어는 시계, 안경, TV, 자동차, 칫솔과 같은 다른 장치에도 통합되고 있다.

컴퓨터 하드웨어(computer hardware)는 컴퓨터 프로그램 또는 소프트웨어로 인코딩된 지침에 따라 데이터를 입력, 처리, 출력 및 저장하는 전자 부품 및 관련 장치로 구성된다. 모든 하드웨어는 유사한 핵심 구성 요소를 갖추고 있다. 먼저 이러한 구성 요소를 살펴보고 곧이어 기본 유형의 하드웨어와 이러한 장치의 용량을 살펴볼 것이다.

하드웨어 구성 요소

모든 컴퓨터는 컴퓨터의 '두뇌'라고도 부르는 **중앙처리장치**(central processing unit, CPU)를 장착한다. 동물의 두뇌와 같이 추상화의 능력이 없음에도 불구하고 이처럼 두뇌라고 불리는 것이 일반화된 것은 CPU가 기계장치의 '정교함'을 가지고 있기 때문이다. CPU는 명령을 선택하고 처리하고 논리 연산 비교를 수행하여, 그 동작의 결과를 기억장치에 저장한다. 일부 컴퓨터는 2개 혹은 그 이상의 CPU를 내장한다. 2개의 CPU를 장착한 컴퓨터를 **듀얼 프로세서**(dual-processor) 컴퓨터라고 한다. **쿼드 프로세서**(quad-processor) 컴퓨터는 4개의 CPU를 장착한다. 일부 고성능 컴퓨터는 16개 이상의 CPU를 장착한다.

CPU는 속도, 기능 및 가격이 다양하다. 인텔, AMD, 내셔널 반도체와 같은 하드웨어 공급업체들은 CPU의 속도와 성능을 향상시키는 반면 가격은 오히려 내리고 있다(1장의 무어의 법칙 참조). 여러분 또는 여러분이 속한 조직에 최신 CPU가 필요한지 여부에 대한 판단은 여러분 또는 여러분이 속한 조직이 수행하는 업무 성격에 따라 다르다.

CPU는 **주기억장치**(main memory)와 연계하여 작동한다. CPU는 메모리에서 데이터 및 명령을 읽고, 계산결과는 주기억장치에 저장한다. CPU와 주기억장치 간의 관계에 대해서는 이후에 다시 설명하기로 한다. 주기억장치는 **램**(random access memory, RAM)으로 부르기도 한다.

RAM과 1개 이상의 CPU 외에도 모든 컴퓨터는 데이터와 프로그램을 저장할 때 사용하는 **저장 하드웨어**(storage hardware)를 장착한다. 마그네틱 디스크(하드 디스크라고도 함)가 가장 보편적인 저장 하드웨어이다. **고체 저장장치**(solid-state storage, SSD 드라이브라고도 함)는 다른 저장 하드웨어보다 속도가 빨라서 점차 인기를 끌고 있지만 상당히 비싸다. 범용직렬버스(USB) 플래시 메모리는 작지만, 휴대형 SSD로서 데이터를 백업하거나 컴퓨터와 컴퓨터 간의 자료 이동에 사용할 수 있다. CD와 DVD 같은 광학 디스크는 널리 사용되는 휴대용 저장 매체이다.

하드웨어 종류

그림 4-1은 하드웨어의 기본 종류를 열거한다. **개인용 컴퓨터**(personal computer, PC)는 기본형 연산장치로서 개인적 목적으로 사용된다. 옛날에는 PC가 업무용으로 사용되는 주된 컴퓨터였다. 지금은 태블릿과 다른 모바일 장치로 대체되고 있는 상황이며 여전히 PC가 대세를 이루고 있다. 맥프로(Mac Pro)는 현대적인 PC의 한 예이다. 애플은 아이패드와 더불어 획기적인 **태블릿**(tablet)을 선보였다. 2012년 마이크로소프트는 서피스를, 그리고 구글은 넥서스 시리즈를 발표하면서 태블릿 시장에 진입했다.

그림 4-1의 하드웨어 목록에서 **패블릿**(phablet)이라는 모바일 장치는 스마트폰의 기능과 태블릿의 더 큰 사이즈의 화면을 결합한 것이다. 삼성의 갤럭시 노트나 애플의 아이폰 XS 맥스가 이러한 크로스오버 장치에 속한다. **스마트폰**(smartphone)은 처리 능력을 가진 휴대전화로, 삼성 갤럭시 S10이나 아이폰 XS가 좋은 예이다. 오늘날에는 '스마트'하지 않은 휴대전화를 찾기가 어려워졌기 때문에 사람들은 종종 이들을 그냥 '폰'이라고 부른다.

서버(server)는 여러 원격 컴퓨터와 사용자의 처리 요청을 지원하도록 설계된 컴퓨터이다. 서버는 본질적으로 성능이 강화된 PC이며, 주로 하는 작업에 따라 PC와 구별된다. PC와 서버의 관계는 일반적인 식당에서 고객과 서버의 관계와 유사하다. 간단히 말해 서버는 고객의 요청을 받고 필요한 것을 제공한다. 식당에서는 음식, 음료, 식기를 제공하듯이, 컴퓨팅 환경에서는 서버가 웹 페이지, 이메일, 파일 또는 데이터를 PC나 기타 장치로 전송할 수 있다. 서버에 접속하는 PC, 태블릿, 스마트폰을 **클라이언트**(client)라고 부른다. 2019년 기준으로 델 파워에지 서버가 좋은 서버의 예이다.

마지막으로 **서버 팜**(server farm)은 일반적으로 수천 대의 서버로 구성된 집합체이다(그림 4-2 참조). 서버 팜은 종종 5,000대 이상의 서버를 수용할 수 있는 대형 트럭 트레일러에 넣어 둔다. 일반적으로 트레일러에는 2개의 큰 케이블이 연결되는데, 하나는 전원 공급용이고 다른 하나는 데이터 통신용이다. 서버 팜 운영자가 트레일러를 미리 준비된 슬래브(창고나 때로는 야외에 위치)로 후진시켜 전원과 통신 케이블을 연결하면, 수천 대의 서버가 가동된다!

점점 더 많은 서버 인프라가 인터넷을 통해 서비스로 제공되고 있으며, 이것이 클라우드(cloud)이다. 데이터 통신에 대한 지식이 어느 정도 생긴 후, 6장에서 클라우드 컴퓨팅에 대해 논의할 것이다.

그림 4-1 하드웨어의 기본 종류

하드웨어 종류	사례
데스크톱과 랩톱을 포함한 개인용 컴퓨터(PC)	애플 맥프로
e-book 리더를 포함한 태블릿	아이패드, 마이크로소프트 서피스, 구글 넥서스, 킨들 파이어
패블릿	삼성 갤럭시 노트, 아이폰 프로 맥스
스마트폰	삼성 갤럭시, 아이폰
서버	델 파워에지 서버
서버 팜	서버의 랙(그림 4-2)

그림 4-2 서버 팜

출처 : Shutterstock

각 유형의 컴퓨터 하드웨어 용량은 데이터 단위에 따라 지정되며, 이는 다음 절에서 설명할 것이다.

사물인터넷

사물인터넷(Internet of Things, IoT)은 여러 개의 객체들(objects)이 인터넷에 연결되어 다른 장치, 애플리케이션 또는 서비스와 상호작용할 수 있게 된다는 개념이다. 일상적으로 객체들은 데이터를 감지, 처리, 전송할 수 있는 하드웨어를 내장한다. 이러한 물건들은 네트워크에 연결되어 다른 애플리케이션, 서비스 또는 장치와 데이터를 공유할 수 있다.

예를 들어, 여러분의 휴대폰을 보자. 정말 똑똑한 스마트폰일 것이다. 하지만 처음부터 '스마트'했던 것은 아니다. 처음에는 단순히 음성통화만 처리하는 장치였다. 시간이 지나면서 더 많은 처리 능력과 메모리, 인터넷 접속, 와이파이 연결 기능이 추가되며 **스마트 장치**(smart device)로 발전했다. 또한 다른 장치 및 애플리케이션과 연결할 수 있는 **기계 간 통신**(machine to machine, M2M) 연결성도 갖추게 되었다(그림 4-3 참조). 사람들은 휴대폰을 이전과는 다르게 사용하기 시작했고, 이는 비즈니스 운영 방식에도 변화를 가져왔다. 2018년 12월, 아마존은 모바일 브라우저에서 1억 6,200만 명 이상의 쇼핑객과 앱에서 1억 2,200만 명의 쇼핑객을 기록했다고 보고했다.[1]

그럼 만일 다른 장치들이 스마트해지면 어떻게 될까? 스마트 자동차, 스마트 가전제품, 또는 스마트 건물을 사용할 수 있다면 우리의 삶은 어떻게 달라질까? 몇십 년 내에 우리는 주변의 거의 모든 물건과 스마트폰으로 상호작용할 수 있게 될 가능성이 있다. 실제로 여러분의 장치들이 다른 장치들과 소통하고, 여러분의 행동을 예측하며, 스스로 변화를 주고 설정할 수 있을 것이다.

이렇게 '단순한' 장치에서 상호 연결된 스마트 장치로의 전환은 기업들도 주목한다. 소비자들은 스마트 장치를 선호하며, 그에 더 많은 비용을 지불할 의향이 있다. 기업들은 자사의 기존 장치를 스마트 장치로 개선하여 더 높은 가격에 판매하려고 한다. 그렇지 않으면 다른 경쟁자가 그 일을 할 것이다.

그림 4-3 IoT 개발

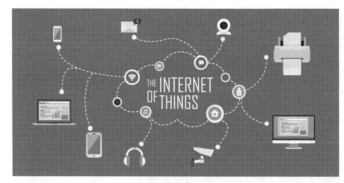

출처 : Aa Amie/Shutterstock

예를 들어, 아이폰은 컴퓨터 하드웨어 및 소프트웨어 회사인 애플이 출시했다. 당시 모바일 폰 시장은 이미 성숙한 상태였다. 업계의 주요 기업들은 스마트폰을 만들 수 있었지만 그렇게 하지 않았다. 애플의 휴대용 오디오 플레이어(아이팟)와 모바일 폰(아이폰)에서의 성공은 다른 하드웨어 제조업체들에게 큰 충격을 주었다. 이제는 스마트 장치의 물결이 다가오고 있다. 아이폰이 휴대폰 업계에 혁명을 일으킨 것처럼 다른 스마트 장치들도 다른 산업에도 혁명을 일으킬 것이다.

사물인터넷의 영향 앞으로 IoT의 영향을 다양한 첨단 산업 분야에서 느끼게 될 것이다. 스마트 장치에는 마이크로프로세서, 메모리, 무선 네트워크 연결, 전원 그리고 새로운 소프트웨어가 필요하다. 또한 이러한 장치들은 새로운 프로토콜, 더 많은 대역폭 그리고 엄격한 보안이 필요하게 될 것이며, 더 많은 에너지를 소비할 것이다. 스마트 기기는 데이터를 생성하는 현장에서 컴퓨팅을 수행할 수 있도록 하여 대역폭을 절약하고 애플리케이션의 반응성을 향상시킨다. 이를 에지 컴퓨팅이라고 한다. **에지 컴퓨팅**(edge computing)은 클라우드에서 전송, 저장, 처리되는 데이터의 양을 줄일 것이다(6장 참조).

비즈니스에서 스마트 기기 사용을 촉진하는 좋은 예는 제너럴일렉트릭(GE)의 산업용 인터넷이다.[2] **산업용 사물인터넷**(Industrial Internet of Things, IIoT)은 네트워크를 통해 데이터를 공유하는 산업용 스마트 기기와 센서를 연결한다. IIoT는 이러한 스마트 기기에서 데이터를 분석한 후 효율성을 높이고, 낭비를 줄이며, 의사결정을 개선하는 변화를 만든다. GE는 병원, 전력망, 철도, 제조공장에서 산업용 스마트 기기의 잠재력이 가장 크다고 본다.

GE는 제트 항공기에 스마트 기기를 사용하는 항공사가 연료 소비를 평균 2% 절약할 수 있을 것으로 추산한다. 이러한 연료 및 이산화탄소 절감 효과는 도로에서 1만 대의 자동차를 제거하는 것과 같다.[3]

또한 마이크로소프트는 스마트 장치를 사용하여 큰 이득을 얻었다. 마이크로소프트는 미국 워싱턴주 레드먼드에 61만 평에 달하는 125개의 스마트 빌딩 네트워크를 구축했다(그림 4-4 참조).[4] 이 운영 센터는 난방기, 에어컨, 조명, 환풍기, 문을 포함한 3만 개의 기기로부터 매일 5억 건의 데이터 거래를 처리한다.

마이크로소프트 엔지니어들은 낭비되는 조명, 아낌없이 쓰는 냉난방 시스템, 비정상적을 작

그림 4-4 마이크로소프트의 워싱턴주 레드먼드 캠퍼스

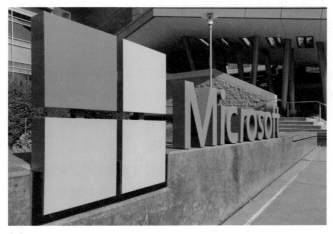

출처 : vladdon/Shutterstock

동하는 환풍기 등의 문제를 파악하여 연간 에너지 비용을 6~10%까지 절감할 수 있었다. 이는 마이크로소프트의 경우만 보더라도 수백만 달러에 해당한다. 모든 기업용 건물이 스마트 빌딩이라면 어떨까? 세계 에너지의 40%가 기업용 건물에서 소비된다는 점을 고려할 때 엄청난 재정적 비용 절감 효과를 이해할 수 있다. 간접적으로 이는 전 세계적으로 거대한 환경적, 경제적 영향을 미칠 것이다.

다음으로 논의할 내용은 데이터 단위에 따른 컴퓨터 하드웨어의 용량이다.

컴퓨터 데이터

컴퓨터는 **비트**(bit)라고 부르는 **이진화된 부호**(binary digit)를 사용한다. 한 비트는 0 또는 1로 표현된다. 비트는 컴퓨터 데이터에서 사용되는데, 이는 물리적으로 표현하기 쉽기 때문이다. 그림 4-5에 설명된 것처럼 스위치는 닫히거나 열릴 수 있다. 컴퓨터는 열린 스위치를 0으로, 닫힌 스위치를 1로 나타내도록 설계할 수 있다. 또는 자기장의 방향으로 비트를 표현할 수 있는데, 자기장이 한 방향으로 향할 때는 0을, 반대 방향으로 향할 때는 1을 나타낸다. 이와 달리

그림 4-5 비트는 물리적으로 표현하기 쉽다

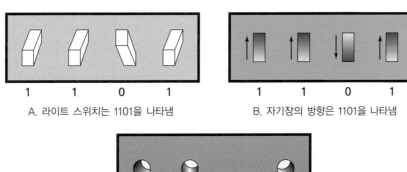

A. 라이트 스위치는 1101을 나타냄   B. 자기장의 방향은 1101을 나타냄

C. 빛의 반사와 없음으로 1101을 나타냄

광학 매체에서는 디스크 표면에 작은 홈을 태워 빛을 반사하게 한다. 특정 지점에서 빛이 반사되면 1을, 반사되지 않으면 0을 나타낸다.

컴퓨터 데이터의 크기   모든 형태의 컴퓨터 데이터는 비트로 표현된다. 데이터는 숫자, 문자, 화폐 금액, 사진, 녹음 등 어떤 형태이든 상관없이 모두 비트 문자열로 표현된다. 비트는 8비트 단위로 묶여 **바이트**(byte)라고 불리며, 이는 대부분의 사람들이 관심을 갖지만 미래의 관리자들에게는 큰 의미가 없다. 예를 들어, 이름의 문자를 포함한 문자 데이터는 한 문자가 한 바이트에 해당한다. 따라서 컴퓨팅 장치에 1억 바이트의 메모리가 있다는 사양을 읽으면 그 장치가 최대 1억 개의 문자를 저장할 수 있음을 알 수 있다.

바이트는 비문자 데이터의 크기를 측정하는 데에도 사용된다. 예를 들어, 특정 사진의 크기가 10만 바이트라고 말할 수 있다. 이는 그 사진을 나타내는 비트 문자열의 길이가 10만 바이트 또는 80만 비트(1바이트는 8비트이므로)임을 의미한다.

메인 메모리, 디스크 및 기타 컴퓨터 장치의 데이터 저장 용량은 바이트로 표현된다. 그림 4-6은 데이터 저장 용량을 나타내는 약어들을 보여준다. **킬로바이트**(kilobyte, KB)는 1,024바이트로 구성된다. **메가바이트**(megabyte, MB)는 1,024킬로바이트로, **기가바이트**(gigabyte, GB)는 1,024메가바이트로, **테라바이트**(terabyte, TB)는 1,024기가바이트로, **페타바이트**(petabyte, PB)는 1,024테라바이트로, **엑사바이트**(exabyte, EB)는 1,024페타바이트로, **제타바이트**(zettabyte, ZB)는 1,024엑사바이트로 구성된다. 때때로 1KB는 1,000바이트, 1MB는 1,000KB 등으로 단순화된 정의를 볼 수 있지만, 이러한 단순화는 잘못된 것이며 단지 수학 계산을 쉽게 할 뿐이다.

이러한 크기를 이해하기 위해 연결된 자동차가 하루에 4TB의 데이터를 생성하고, 페이스북이 하루에 4PB의 데이터를 생성하며, 저장된 전체 데이터 양이 약 44ZB에 달한다는 점을 고려할 수 있다.[5] 유타에 있는 NSA의 비밀 데이터 센터는 약 12EB의 데이터를 보유하고 있는 것으로 추정된다.[6] 시스코는 2022년 말까지 연간 글로벌 인터넷 트래픽이 4.8ZB를 초과할 것으로 예상한다.[7]

컴퓨터 데이터 크기 및 처리 속도로 하드웨어 사양 지정   컴퓨터 디스크 용량은 저장할 수 있는 데

그림 4-6 저장용량 관련 주요 용어

용어	정의	축약
바이트	한 문자를 표현하기 위해 필요한 비트의 수	
킬로바이트	1,024바이트	KB
메가바이트	1,024KB=1,048,576바이트	MB
기가바이트	1,024MB=1,073,741,824바이트	GB
테라바이트	1,024GB=1,099,511,627,776바이트	TB
페타바이트	1,024TB=1,125,899,906,842,624바이트	PB
엑사바이트	1,024PB=1,152,921,504,606,846,976바이트	EB
제타비이트	1,024EB=1,180,591,620,717,411,303,424바이트	ZB

이터의 양에 따라 지정된다. 예를 들어, 5TB 디스크는 최대 5TB의 데이터와 프로그램을 저장할 수 있다. 다소 오버헤드가 있어 실제 사용 가능한 저장 용량은 5TB에 약간 못 미치지만, 큰 차이는 없다.

장치를 선택할 때 저장 용량만 고려하는 것은 아니다. CPU 속도가 다른 컴퓨터도 구매할 수 있다. CPU 속도는 **헤르츠**(hertz)라고 불리는 주기로 표현된다. 2021년에는 느린 개인용 컴퓨터의 속도가 4.0기가헤르츠였으며, 여러 프로세서를 탑재하고 있었다. 반면 빠른 개인용 컴퓨터는 5.0+기가헤르츠의 속도를 가지고 있으며, 역시 여러 프로세서를 사용했다. 단순한 작업, 예를 들어 워드 프로세싱만 하는 직원은 빠른 CPU가 필요하지 않으며, 멀티코어 4.0기가헤르츠 CPU로 충분하다. 하지만 대형 스프레드시트 처리, 대형 데이터베이스 파일 관리, 또는 대형 사진, 소리, 동영상 파일 편집을 수행하는 직원은 5.0기가헤르츠 이상의 속도를 가진 멀티프로세서가 있는 빠른 컴퓨터가 필요하다. 마찬가지로 데이터 저장과 관련해서는 많은 대형 애플리케이션을 동시에 사용하는 직원을 위해서는 64GB 이상의 RAM이 필요할 수 있다. 그렇지 않은 경우에는 더 적은 용량으로도 충분하다.

[마지막 코멘트] 컴퓨터의 캐시 메모리와 메인 메모리는 **휘발성**(volatile) 메모리로, 전원이 꺼지면 그 안의 내용이 사라진다. 반면 자기 디스크와 광학 디스크는 **비휘발성**(nonvolatile)으로, 전원이 꺼져도 그 안의 내용은 유지된다. 따라서 전원이 갑자기 꺼지면 저장되지 않은 메모리, 예를 들어 수정된 문서의 내용은 사라진다. 데이터를 더 잘 보호하기 위해 자주(몇 분마다) 변경 중인 문서나 파일을 저장하는 습관을 들이는 것이 좋다. 여러분의 룸메이트가 전원 코드에 실수로 걸려 넘어지기 전에 문서를 저장해두자!

4-2 새로운 하드웨어가 경쟁 전략에 어떻게 영향을 미치는가?

많은 조직들이 새로운 하드웨어에 관심을 가지는 이유는 그것이 수익 창출 능력에 대한 잠재적 기회나 위협을 나타내기 때문이다. 새로운 기술 하드웨어를 주시해야 하는 이유는 날씨 예보를 확인하는 이유와 같다. 미래가 자신에게 어떤 영향을 미칠지 신경 써야 하기 때문이다. 이 절에서는 기존 조직을 혼란에 빠뜨릴 수 있는 다섯 가지 새로운 하드웨어 개발을 살펴볼 것이다. 디지털 현실 기기, 자율주행차, 산업용 로봇, 3D 프린팅, 핀테크가 그 주제이다.

디지털 현실 기기

첫 번째로 비즈니스에 변화를 가져올 수 있는 파괴적인 힘은 디지털 현실 기기이다. 디지털 현실 기기는 우리의 일상생활을 혁신할 수 있는 엄청난 잠재력을 가진 신기술이다. 1990년대 중반 인터넷이 등장했을 때처럼, 이러한 기기들은 완전히 새로운 유형의 기업을 만들어내고 사람들이 살아가고, 일하고, 쇼핑하고, 여가를 즐기는 방식을 바꿀 것이다. 디지털 현실 시장은 2026년까지 1,200억 달러 규모로 성장할 것으로 예상된다.[8]

디지털 현실은 완전히 현실적인 환경부터 완전히 **가상**(virtual) 환경, 즉 물리적이지 않은 시뮬레이션된 환경에 이르기까지 연속적인 다양한 수준이 있다. 디지털 현실 기기가 비즈니스에 어떤 영향을 미칠지 생각하기 전에, 먼저 디지털 현실의 각 수준이 어떻게 다른지 이해할 필요가 있다. 첫째, **현실**(reality)은 사물이 실제로 존재하는 상태를 말한다. 종이로 된 교과서를 눈,

콘택트 렌즈, 안경을 통해 읽고 있다면, 이는 디지털 변화 없이 실제 세계를 보고 있는 것이다. 여러분은 (아마도) 현실을 경험하고 있는 것이다.

증강현실(augmented reality, AR) 기기는 실제 세계의 물체에 디지털 정보를 겹쳐 보여주는 방식으로 작동한다. AR 기기의 예로는 구글 글래스 엔터프라이즈(1,800달러), 엡슨의 모베리오 스마트글래스(700달러), 서드아이 젠 X2(1,950달러) 등이 있다. 이러한 기기들은 기본적으로 사용자가 경험하는 현실 세계에 대한 정보를 제공하는 헤드업 디스플레이처럼 작동한다. 예를 들어, AR 기기는 도로 위에 가상 화살표를 표시하여 사용자가 방향을 안내받을 수 있게 하며, 사용자는 공중에 표시된 가상 이메일을 읽거나, 운동 중에 가상 건강 데이터를 눈앞에 볼 수 있다.

디지털 현실 스펙트럼에서 그다음 단계는 그림 4-7에서 보는 바와 같이 **혼합현실**(mixed reality, MR)이다. 혼합현실(MR)은 실제 물리적 세계와 상호작용이 가능한 가상 이미지나 물체를 결합한 것이다. 마이크로소프트의 홀로렌즈 2(3,500달러)와 메타의 메타 2(949달러)는 2019년 초에 MR 기기를 출시했다. 두 회사는 이 기기를 디지털 현실 애플리케이션을 개발하려는 개발자들에게 마케팅한다. MR 기기는 가상 물체와 실시간으로 상호작용할 수 있다는 점에서 일반적으로 AR 기기보다 더 큰 잠재력을 가진 것으로 인식된다.

예를 들어, AR을 사용하면 벽에 2D 가상 날씨 예보가 투영된 것을 볼 수 있다. 그러나 MR을 사용하면 커피 테이블 위에 실시간 3D 가상 모델로 만들어진 여러분의 도시를 볼 수 있을 것이다. 이 모델은 가상 토네이도가 도시를 향해 이동하는 모습을 보여주며, 3D 날씨 애플리케이션과 상호작용하여 예상 경로를 확인할 수 있다. 이건 단지 하나의 예일 뿐이다. 방 한가운데에서 고해상도의 3D로 스포츠 경기를 실시간으로 시청하는 모습을 실제로 상상해보라.

AR과 MR 기기에 대해 이야기할 때 한 가지 문제가 있다. 현재 증강현실(AR)이라는 용어가 일관되게 사용되지 않는다는 점이다. AR이 AR과 MR 기기 모두를 설명하는 데 사용되는 경우가 흔하다.[9] 하지만 이는 새로운 기술에서 흔히 일어나는 일이다. 용어는 기술이 발전함에 따라 만들어지고, 세분화되며, 일반적인 언어로 자리 잡는다. 따라서 AR이 두 가지 디지털 현실 유형을 설명하는 데 사용되더라도 놀랄 필요는 없다.

디지털 현실 스펙트럼에서 마지막 단계는 **가상현실**(virtual reality, VR)이다. VR은 완전히 컴퓨터로 생성된 가상 세계로, 상호작용이 가능한 디지털 객체들로 구성된다. 이 단계에서는 페이스북의 오큘러스리프트(400달러), 소니의 플레이스테이션 VR(309달러), 삼성 기어 VR(145달러)과 같은 기기들을 볼 수 있다. 이러한 기기들은 사용자가 가상 환경에서 몰입감을 느끼게 하며, 실제와 같은 **존재감**(sense of presence)을 만들어내려 한다. 다시 말해 VR 기기가 강한 몰입감을 제공한다면, 가상 롤러코스터가 궤도를 벗어나려 할 때 여러분은 몸을 뒤로 젖히고 꽉

그림 4-7 디지털 현실의 수준

	현실	증강현실	혼합현실	가상현실
예시	글래스	구글 글래스	마이크로소프트 홀로렌즈	페이스북 오큘러스리프트
가상정보	아니요	예	예	예
가상객체	아니요	아니요	예	예
가상세계	아니요	아니요	아니요	예

잡게 될 것이다.

디지털 현실 기기의 영향 디지털 현실 기기는 지난 20년간 휴대전화가 발전한 방식과 유사하게 발전한다. 실제로 AR 시장이 스마트폰 시장을 뒤흔들 가능성도 충분하다. 예를 들어, 스마트폰을 주머니에서 꺼내지 않고도 전화를 받고, 웹을 검색하고, 친구에게 메시지를 보내고, 영화를 감상할 수 있다고 상상해보라.

디지털 현실 기기의 응용 범위는 개인용을 넘어선다. 현재 기업들은 교육, 훈련, 협업, 신제품 디자인, 홀로포테이션, 게임, 스포츠, 광고, 관광, 쇼핑을 위한 디지털 현실 애플리케이션을 구축하고 있다. 예를 들어, 로위의 새로운 홀로룸은 고객이 주요 변경사항을 결정하기 전에 이상적인 방을 디자인하고 시각화할 수 있게 한다. 또한 케이스웨스턴리저브대학교는 마이크로소프트와 협력하여 해부학을 상호작용 환경에서 가르치는 3D 혼합현실 애플리케이션을 개발했다.[10]

디지털 현실 기기의 전체적인 영향은 몇 년이 지나야 이해될 것이다. 우리는 아직 이러한 기기들이 어떻게 사용될지 정확히 알지 못한다. 심지어 이 분야의 전문가들조차 디지털 현실 기기가 조직을 어떻게 변화시킬지에 대한 시사점을 이제 막 이해하기 시작했다. 2D 평면 화면에서 3D 가상 세계로의 전환은 화가에서 조각가로 직업을 바꾸는 것과 같다(그림 4-8 참조). 이는 새로운 기술, 프로세스, 도구, 그리고 사고방식을 요구한다. 디지털 현실 기기는 지난 20년간 등장한 하드웨어 혁신 가운데 가장 변혁적인 기술 중 하나이다.

자율주행차

미래 비즈니스 운영 방식을 변화시킬 수 있는 두 번째 파괴적인 힘은 자율주행차이다. 가장 변

그림 4-8 디지털 현실 애플리케이션

출처 : Denphumi/Shutterstock

그림 4-9 미래 자동차는 스스로 운전할 것이다

출처 : Metamorworks/Shutterstock

혁적인 자율주행차 유형은 자율주행차와 드론이다. 두 가지가 비즈니스에 미칠 잠재적 영향을 살펴보자.

자율주행차(self-driving vehicle, 또는 자율주행 자동차)는 다양한 센서를 사용하여 전통적인 차량처럼 이동하지만, 인간의 개입 없이 운행된다. 이 차량에는 첨단 하드웨어와 통합 소프트웨어가 가득할 것이며, 모바일 시스템의 정점이라 할 수 있다. 사실 이 차량은 아무도 타고 있지 않아도 스스로 이동할 수 있을 만큼 매우 이동성이 뛰어나다. 그렇다, 자율주행차는 머지않은 미래에 우리 곁에 있을 것이다.

매킨지앤컴퍼니의 최근 보고서에 따르면, 자율주행차는 2030년경에 널리 보급될 수 있다고 한다.[11] 하지만 KPMG는 자율주행차의 대중화가 2050년까지는 이루어지지 않을 것이라고 예상한다.[12] 대부분의 자동차 제조사(GM, 도요타, BMW, 포드 등)는 자율주행차가 필연적이라고 말하며, 이미 대규모 투자를 진행한다.[13] 2021년 기준으로 자동차 제조사들은 여전히 자율주행차의 도로 테스트를 진행 중이다. 웨이모(구글)는 현재 2,000만 마일 이상의 완전 자율주행 기록으로 선두를 달리고 있다.[14] 자율주행차 개발 경쟁은 점점 치열해지고 있으며, 경쟁은 매우 뜨거울 것이다.

자율주행차는 더 쉽고, 더 저렴하며, 더 안전한 세상을 만들 것이다. 동시에 오랫동안 자리잡은 여러 산업에 큰 변화를 가져올 것이다.

자율주행차는 삶을 더 편리하게 만들 것이다 자율주행차가 일반적인 가족의 삶을 어떻게 바꿀지 상상해보자. 아빠는 자율주행차를 타고 출근하는 동안 판매 보고서를 검토할 수 있다. 그는 이전의 차를 타고 출근할 때보다 훨씬 덜 스트레스를 받고 더 생산적이다. 자율주행차는 아빠 없이 아이들을 학교에 내려주고, 다시 집으로 돌아와 엄마를 직장으로 데려다줄 수 있다.

퇴근 후 가족이 쇼핑을 가면, 자율주행차는 상점 앞에 그들을 내려주고 주차할 필요가 없다. 더 안전하기도 하다. 쇼핑 중에 아빠는 대학생 딸로부터 공항에 마중 나와 달라는 메시지를 받는다. 아빠는 직접 운전해서 갈 필요가 없다는 사실에 기뻐한다. 자율주행차는 경로를 계획하고, 스스로 주유를 하고, 수리가 필요하면 알아서 수리소에 가며, 사고나 교통체증이 있으면 스스로 경로를 변경할 수 있다. 더 이상 스트레스도, 공격적인 운전도 없다.

자율주행차는 비용을 절감할 것이다 자율주행차가 삶을 더 편리하게 만들 수 있다는 것을 보았지만, 비용은 어떨까? 자율주행차는 시간이 지나면 지금의 자동차보다 훨씬 저렴해질 가능성이 크다. 초기 도입자들은 자율주행차가 처음 시장에 출시될 때 프리미엄을 지불하겠지만, 이는 대부분의 신제품에 해당하는 사실이다. 그러나 여러 방식으로 비용 절감이 나타날 것이다. 앞서 언급된 시나리오에서 알 수 있듯이, 가족은 자율주행차 한 대만을 사용했다. 자율주행차는 현재의 자동차보다 훨씬 더 효율적으로 사용될 것이다. 대부분의 자동차는 하루에 22시간 동안 주차된 채로 있다. 자율주행차를 공유하면 여러 대의 차가 필요 없을 수 있으며, 이는 큰 비용 절감을 의미한다.

또한 자율주행차는 더 효율적으로 운전하므로(브레이크 사용 감소, 엔진 과열 방지, 도로 경주 감소 등) 더 많은 비용을 절감할 수 있다. 교통 위반 딱지, 주차 위반 딱지, 사고, 음주운전 적발로 인한 비용도 피할 수 있다. 자동차 보험료도 크게 감소할 것이다. 보험료가 너무 낮아져 더 이상 보험이 필요 없을 수도 있다. KPMG의 보고서에 따르면, 자율주행차가 보험 산업에 미치는 영향으로 2050년까지 사고 발생률이 90% 감소할 것으로 예상된다. 그 결과 개인 자동차 산업은 현재 규모의 22%로 축소될 것이다.[15] 이러한 예측은 아마도 정확할 것이다. 자율주행차는 매년 자동차 보험료로 지불되는 1,500억 달러 중 상당 부분을 절감할 가능성이 크다.

자율주행차는 더 안전할 것이다 그렇다, 여러분이 읽은 그대로 자율주행차는 더 안전해질 것이다. 현재 자동차 사고의 90%는 인간의 실수로 발생한다.[16] 자동차 사고는 3세에서 33세 사이 사람들의 주요 사망 원인이다. 하루 동안 운전하는 것이 가장 위험한 활동일 수 있다. 자율주행차는 인간보다 더 잘 볼 수 있고, 더 빠르게 반응하며, 운전환경에 대한 더 나은 정보를 가지고 있을 것이다. 주변의 다른 차량과 소통하고, 실시간으로 교통 패턴을 분석하며, 공사 구역을 피하고, 필요할 때 응급 서비스에 연락할 수 있다.

자율주행차는 더 안전한 운전, 더 적은 사고, 음주 운전자의 감소, 도로 질주사건 감소, 차량과 보행자 간의 사고 감소를 의미할 것이다. 자율주행차는 더 빠르게 주행하면서도 사고가 적을 것이다. 미래에는 수동 운전이 위험하고 비용이 많이 드는 취미가 될 수도 있다.

자율주행차가 산업을 혼란에 빠뜨릴 것이다 자율주행차는 오랫동안 자리 잡은 여러 산업에 큰 변화를 가져올 잠재력이 있다. 자율주행차는 도로 위의 차량 수를 줄일 수 있으며, 이는 자동차 판매 감소(운송), 자동차 대출 감소(금융), 자동차 보험 계약 감소(보험), 사고 감소로 인한 자동차 부품 판매 감소(제조), 주차장 수요 감소(부동산)를 의미할 수 있다. 운전을 직접 하지 않아도 된다면, 소비자들은 비행기나 기차보다 자동차를 이용한 여행을 더 많이 할지도 모른다(운송).

자율주행차의 생산은 엔지니어, 프로그래머, 시스템 설계자들을 위한 더 많은 일자리를 창출할 것이다. 차량에는 더 많은 컴퓨터 하드웨어, 센서, 카메라가 장착될 것이다. 기업들은 자율주행차가 기존 산업에 미칠 광범위한 영향을 완전히 이해하지 못할 수도 있다. 자율주행차는 우리 사회를 근본적으로 변화시킬 수도 있다. 만약 '수동'으로 운전하는 것이 너무 비용이 많이 든다면 어떻게 될까? 미래의 10대들은 자동차 운전법을 배우지 않을 수도 있다. 우리 조상들이 그랬듯이 "말을 탈 줄 아는가?"라고 자문해보라.

드론 자율주행차의 또 다른 유형으로 비즈니스를 변화시킬 수 있는 것은 **드론**(drone), 즉 원격 조종되는 무인 항공기이다. 아마존, 페덱스, UPS, 보잉, DHL과 같은 회사들은 모두 택배 배송을 위한 드론을 테스트 중이다. 드론 택배 배송 시장은 2030년까지 910억 달러 규모로 성장할 것으로 예상된다.[17] 아마존은 2019년 말 드론 배송을 시작할 것으로 예상했으나, 2021년 중반까지도 시행되지 않았다.

그림 4-10은 드론 배송의 장단점을 보여준다. 비평가들은 드론 배송의 잠재적 단점들을 빠르게 지적하지만, 비용 절감과 빠른 배송 시간의 이점은 매우 크다. 아마존의 드론 배송 추진을 생각해보자. 매킨지앤컴퍼니는 택배 배송 비용이 약 4달러이며, 아마존의 2020년 배송 비용은 570억 달러에 달했다고 추정한다. 드론 배송은 아마존의 배송 비용을 50% 줄일 것으로 예상된다.[18] 아마존은 연료 소비를 줄이고, 배송 차량을 덜 구매하며, 운전기사 고용을 줄일 수 있을 것이다.

드론은 배송 속도를 크게 높일 것으로 예상된다. 아마존 프라임에어는 드론을 통해 물류센터에서 24킬로미터 이내 지역에 30분 이내로 배송할 수 있다. 이는 기존 배송 시간에 비해 놀랍도록 빠르다. 하지만 모든 사람이 물류센터 가까이에 살지는 않으며, 일부 택배는 너무 무거울 수 있다. 이러한 우려는 타당하다. 그러나 아마존은 쉽게 물류센터 위치를 확장하여 배송 범위를 넓힐 수 있으며, 현재 아마존 택배의 86%는 2.3킬로그램 이하로, 드론의 최대 적재 용량 내에 있다.[19] 이는 아마존이 대부분의 택배를 대부분의 지역으로 배송할 수 있음을 의미한다.

드론 배송은 실시간으로 사용자의 위치에 따라 택배를 배송할 수도 있다. 예를 들어, 공원에서 소풍을 즐기다가 갑자기 비가 올 것 같으면 아마존에서 우산을 주문하고, 첫 빗방울이 떨어지기 전에 드론으로 공수받을 수 있다. 실시간 드론 배송은 충동 구매를 증가시키고 우리가 배송을 생각하는 방식을 바꿀 수 있을 것이다.

산업용 로봇

비즈니스 운영 방식을 변화시킬 수 있는 세 번째 파괴적인 힘은 로봇이다. **로봇**(robot)은 환경을 감지하고, 결정을 내리며, 작업을 자동으로 수행하도록 프로그래밍된 기계이다. 로봇은 현재 인간이 수행하는 많은 신체적 작업을 자동화함으로써 비즈니스를 변화시킬 것이다. 로봇은

그림 4-10 드론 배송의 장단점

드론 배송의 장점	드론 배송의 단점
1. 빠른 배송	1. 다른 수송체와의 충돌 가능성
2. 인간 노동 절감	2. 사고 가능성과 인체 상해
3. 배송비용 절감	3. 배송 범위 제한
4. 실시간 지점 배송	4. 택배 크기와 무게 제한
5. 환경 영향 저감	5. 해킹과 오남용 가능성
6. 도로 교통체증 감소	6. 날씨 영향 가능성
7. 충동구매를 위한 판매 증가	

단순한 **산업용 로봇**(industrial robot), 즉 제조 공정에서 사용되는 로봇 이상의 역할을 한다. 로봇은 헬스케어, 물류, 농업, 군사, 식품 서비스 산업에서 널리 사용되고 있다.

로봇은 앞서 3장에서 언급된 자동화 노동의 모든 이점을 가지고 있다. 24시간 작업할 수 있으며, 정밀하고 정확하며 일관된 작업을 수행할 수 있다. 또한 로봇은 건강관리, 휴가, 휴식, 병가, 산재 보상을 필요로 하지 않는다. 로봇은 노동조합에 가입하지 않고, 화를 내거나 고용주를 고소하지 않으며, 동료를 괴롭히거나 근무 중 음주를 하지 않는다.

로봇 노동자가 비즈니스나 사회 전반에 미칠 영향을 완전히 이해하는 사람은 없다. 연구자들은 2030년까지 전 세계 노동력에서 약 8억 명의 노동자가 대체될 것으로 추정한다.[20] 이들은 미국 인구의 90% 이상보다 높은 IQ를 가진 로봇으로 대체될 것이다. 그림 4-11은 전 세계적으로 산업용 로봇 공급의 증가세를 보여준다. 국제로봇연맹은 2023년까지 산업용 로봇에 대한 수요가 연평균 12% 증가할 것으로 예측한다.[21]

로봇은 어떤 종류의 일자리를 대체할까? 모든 일을 대신하지는 않을 것이다. 여전히 인간 노동의 필요성은 남아 있다. 사실 이 새로운 로봇들은 새로운 일자리를 창출할 것이다. 사람들은 새로운 로봇 노동력을 만들고, 프로그래밍하고, 관리하는 역할을 할 것이다. 또한 인간은 고차원적이고 비정형적인 인지 작업에서 뛰어나다. 그러나 로봇은 주로 일상적이고 반복적인 신체적 및 정신적 작업을 대체할 가능성이 크다.

기업들은 현재 직원들에게 조직의 필요에 맞는 새로운 기술을 가르쳐 **역량강화**(upskill)를 해야 할 것이다. 로봇과 AI가 인간이 맡고 있던 일자리를 자동화하는 상황에서 직원들의 역량강화는 더욱 중요해질 것이다. 미래에는 공장에서 로봇과 함께 일하거나, 키오스크에서, 식료품점의 계산대에서, 병원 접수처나 수술실에서 로봇과 상호작용할 수도 있다.

로봇의 사례 예를 들어, 로봇이 패스트푸드 산업을 어떻게 변화시킬 수 있을지 생각해보자. 전 맥도날드 CEO 에드 렌시는 최저임금 인상을 요구하는 최근의 시위에 대해 인터뷰했다. 패스트푸드 업계 종사자들은 전국적으로 시간당 15달러의 최저임금을 요구했다. 렌시는 35,000달

그림 4-11 연간 전 세계 산업용 로봇 공급량

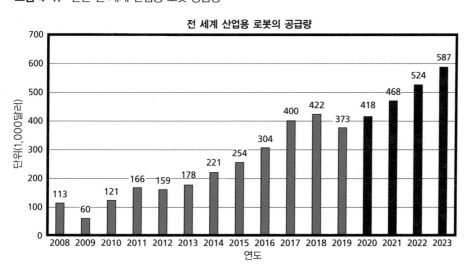

전 세계 산업용 로봇의 공급량

출처 : International Federation of Robotics

러짜리 로봇 노동자가 시간당 15달러를 받는 인간 노동자보다 비용이 적게 들고 더 생산적일 것이라고 언급했다.[22] 그는 또한 높은 임금 요구가 자동화 노동의 도입을 가속화할 것이라고 지적했다. 그의 말이 맞을 수도 있다.

캘리포니아 기반의 모멘텀머신스가 만든 햄버거 제조 로봇은 시간당 400개의 햄버거를 만들 수 있으며, 휴식 없이 매 시간 작업할 수 있다. 이 로봇은 갈고, 굽고, 맞춤형 햄버거를 인간보다 더 일관되게, 정확하게, 깨끗하게 조립할 수 있다. 기본적으로 이 로봇은 세 명의 인간 패스트푸드 노동자를 완전히 대체할 수 있다.[23]

자동화 도입에 뛰어드는 것은 패스트푸드 회사들만이 아니다. 2018년, 애플의 주요 공급업체인 중국의 폭스콘은 2016년에 6만 명의 공장 노동자를 로봇으로 성공적으로 대체한 후 40억 달러를 투자할 계획을 발표했다. 폭스콘의 자동화 도입이 매우 성공적이었기 때문에, 600여 개의 다른 회사들도 유사한 자동화 계획을 검토한다.[24] 2019년, 유럽 항공기 제조사 에어버스는 시애틀 기반의 MTM 로보틱스를 인수하여 항공기 조립 자동화를 추진했다.[25] 미국에서는 아마존이 25개의 물류 센터에서 20만 대의 키바 로봇을 사용해 고객 주문 처리를 돕고 있다.[26]

로봇 노동력의 전략적 시사점은 과소 평가될 수 없다. 3장에서 언급한 것처럼 인간과 물리적으로 유사한 형태의 인공지능(AI)이 내장된 산업용 로봇이 기업에 미칠 영향을 고려해보자. 기업은 **신체적 작업**뿐만 아니라 인지 작업의 특정 유형을 수행할 수 있는 자동화된 노동력을 보유하게 될 것이다.

3D 프린팅

비즈니스에 변화를 가져올 수 있는 네 번째 파괴적인 힘은 3D 프린팅이다. 3D 프린팅은 경쟁 환경을 변화시키며, 나아가 비즈니스 자체의 성격을 바꿀 수도 있다. 예를 들어, 나이키는 3D 프린팅을 사용하여 신발을 설계하고 제작하는 방식을 개선했다. 최근 나이키는 3D 프린터를 사용해 세계 최초의 3D 프린팅 신발인 나이키 줌엑스베이퍼플라이넥스트를 만들었다.[27] 나이키가 3D 프린터를 사용하여 이 신발을 제작한 이유는 최적의 기하학적 형태를 통해 최상의 접지력을 제공할 수 있었기 때문이다. 3D 프린터를 사용함으로써 나이키는 이전보다 더 가볍고 강한 신발을 훨씬 빠르게 설계하고 제작할 수 있었다. 실제로 나이키는 세계 기록을 세운 마라토너 엘리우드 킵초게를 위해 맞춤형 러닝화를 제작하여 이러한 성과를 이루었다.[28] 독립적인 테스트 결과, 새롭게 설계된 신발은 달리기 효율성을 4% 향상시킨 것으로 나타났다.

3D 프린터는 스포츠 장비를 넘어 다양한 산업에 영향을 미칠 잠재력을 가지고 있다. 3D 프린터가 플라스틱뿐만 아니라 금속, 목재, 세라믹, 음식, 생체 물질 등을 출력할 수 있다는 사실을 깨달으면 변화의 범위를 가늠할 수 있다(그림 4-12).

다양한 재료로 3D 프린팅이 가능해지면 항공우주, 국방, 자동차, 엔터테인먼트, 헬스케어 산업에서의 기회를 모색할 수 있다. 만약 자동차, 비행기, 보트, 집, 드론 같은 초대형 물체를 3D 프린팅하는 것[29]이 현실적으로 가능해진다면 어떤 변화가 일어날지 상상해보라.

핀테크

비즈니스에 변화를 가져올 수 있는 다섯 번째 파괴적인 힘은 **핀테크**(financial technology, FinTech)이다. 핀테크는 자동화된 금융 서비스를 제공하기 위해 설계된 정보기술을 의미한다.

그림 4-12 3D 프린터

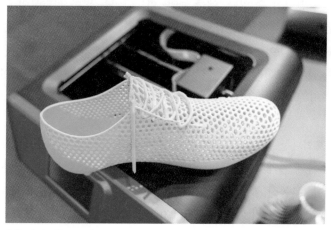

출처 : asharkyu/Shutterstock

핀테크는 암호화폐, 온라인 전용 은행, 금융 로보 어드바이저, P2P 대출, 디지털 지갑과 같은 혁신을 포함한다. 핀테크 회사들도 빠르게 성장한다. 디지털 결제 서비스를 제공하는 벤모는 2020년에 59% 성장하여 1,590억 달러 이상의 결제를 처리했다.[30]

금융 기관과 기술 회사들은 모두 핀테크 분야에서 경쟁한다. 예를 들어, 구글, 애플, 삼성, 알리바바, 페이팔은 각각 **디지털 지갑**(digital wallet)을 개발했다. 디지털 지갑은 사람들이 전자 금융 거래를 할 수 있게 해주는 서비스 또는 소프트웨어이다. 또한 웰스파고, 체이스, 뱅크오브아메리카, 씨티, 바클레이와 같은 잘 알려진 은행들도 자체 디지털 지갑을 홍보한다.

수백 개의 핀테크 회사들이 다양한 디지털 금융 서비스를 제공하기 위해 경쟁하고 있으며, 이는 비즈니스 운영 방식을 변화시킬 것이다. 경제 전반을 혁신할 잠재력을 가진 가장 중요한 핀테크 혁신 중 하나는 암호화폐이다.

암호화폐 암호화폐(cryptocurrency)는 디지털 전용 화폐로, 암호학적 보호를 통해 안전한 거래를 관리하고 기록한다. 2009년에 도입된 **비트코인**(Bitcoin)은 현재 수천 개의 암호화폐 중 가장 잘 알려진 화폐이다. 암호화폐는 세계 경제를 변혁할 잠재력을 지닌 중요한 파괴적 힘이다.

암호화폐를 선호하는 이유는 많다. 전통적인 결제 방식과 비교했을 때, 암호화폐 거래는 더 빠르고 쉬우며 수수료가 거의 없거나 아예 없다. 정부가 암호화폐를 쉽게 감시하거나 세금을 부과하거나 압수할 수 없다. 또한 암호화폐를 보유한 소비자는 인플레이션으로부터 보호받는다.

예를 들어, 비트코인은 최대 2,100만 개만 존재할 수 있다. 각 비트코인은 더 작은 단위로 쪼갤 수 있으며, 가장 작은 단위는 1/1억 비트코인에 해당하는 **사토시**(satoshi)이다. 원래의 2,100만 개를 넘어 더 많은 비트코인이 생성되지는 않는다. 이는 전통적인 **명목화폐**(fiat currency), 즉 정부가 승인한 법정 통화와는 다르다. 역사적으로 정부가 막대한 부채를 지게 되면 그 부채를 갚기 위해 돈을 더 찍어내는데, 이는 인플레이션을 유발하여 물가를 상승시키고 화폐의 구매력을 감소시킨다. 전 세계 소비자들이 암호화폐를 선호하는 이유는 암호화폐가 인플레이션으로부터 그들을 보호해주기 때문이다.

암호화폐의 위험 암호화폐에도 위험이 존재한다. 암호화폐의 가치는 대규모 보유자들이 그들의 코인을 팔면 0으로 떨어질 수 있다. 예를 들어, 비트코인은 많은 사람들이 그것을 가치 있다고 인식하기 때문에 가치를 지닌다. 금과 같은 자산이 그 가치를 뒷받침하지 않으며, 정부가 승인한 법정 통화도 아니다. 이는 전적으로 인식에 의해 결정된다. 이러한 특성은 극심한 가격 변동성을 초래할 수 있다. 또한 비트코인은 비교적 적은 수의 기업들만이 결제 수단으로 받아들이며, 처음에는 조직 범죄에 사용되었다는 나쁜 평판을 얻기도 했다.

암호화폐의 미래 암호화폐는 점차 수용되고 있다. 은행들과 일부 정부는 자체 암호화폐를 발행한다. 기업들은 암호화폐 거래를 기록하는 분산형 공공 장부 시스템인 **블록체인**(blockchain)을 전통적인 부문인 물류, 부동산, 투표, 주식 거래 등의 관리에 사용한다. 암호화폐가 기존의 법정 통화를 대체하지 않더라도, 암호화폐의 기반 기술은 모든 종류의 거래를 더 안전하고 관리하기 쉽게 만들어가고 있다.

4-3 현업 전문가들이 소프트웨어에 대해 알아야 할 것은 무엇인가?

미래의 관리자 또는 현업 전문가로서 지능적인 소프트웨어 소비자가 되기 위해 필수적인 용어와 소프트웨어 개념을 알아야 한다. 먼저 그림 4-13에서 보여주는 소프트웨어의 기본 범주를 고려해보자.

모든 컴퓨터에는 해당 컴퓨터의 자원을 제어하는 **운영체제**(operating system, OS)가 있다. 운영체제의 기능에는 데이터를 읽고 쓰는 것, 주기억장치를 할당하는 것, 메모리 스와핑을 수행하는 것, 프로그램을 시작하고 중지하는 것, 오류 상태에 대응하는 것, 백업과 복구를 용이하게 하는 것이 포함된다. 또한 운영체제는 디스플레이, 키보드, 마우스 및 기타 장치를 포함한 사용자 인터페이스를 생성하고 관리한다.

운영체제가 컴퓨터를 사용할 수 있게 하지만, 애플리케이션별 작업은 거의 수행하지 않는다. 예를 들어, 날씨를 확인하거나 데이터베이스에 접근하려면, 아이패드의 날씨 애플리케이션 또는 오라클의 고객관계관리(customer relationship management, CRM) 소프트웨어와 같은 애플리케이션 프로그램이 필요하다.

클라이언트와 서버 컴퓨터 모두 운영체제가 필요하지만, 반드시 동일할 필요는 없다. 또한 클라이언트와 서버 모두 애플리케이션 프로그램을 처리할 수 있다. 애플리케이션의 설계는 클라이언트, 서버 또는 둘 다 해당 프로그램을 처리할지 여부를 결정한다.

그림 4-13 컴퓨터 소프트웨어 분류

	운영체제	애플리케이션 프로그램
클라이언트	클라이언트 컴퓨터의 리소스를 통제하는 프로그램	클라이언트 컴퓨터에서 동작하는 애플리케이션
서버	서버 컴퓨터의 리소스를 통제하는 프로그램	서버 컴퓨터에서 동작하는 애플리케이션

교육을 받은 컴퓨터 소비자가 되기 위해서는 두 가지 중요한 소프트웨어 관련 제약을 이해해야 한다. 첫째, 특정 운영체제의 버전은 특정 유형의 하드웨어를 위해 작성된다는 점을 기억해야 한다. 예를 들어, 마이크로소프트 윈도즈는 인텔과 인텔 명령어 세트(즉, CPU가 처리할 수 있는 명령어)를 준수하는 프로세서를 만드는 회사들의 프로세서에서만 작동한다. 리눅스와 같은 다른 운영체제의 경우 여러 다른 명령어 세트를 위한 다양한 버전이 존재한다.

둘째, 네이티브 애플리케이션과 웹 애플리케이션이라는 두 가지 유형의 애플리케이션 프로그램이 존재한다는 점을 인식해야 한다. **네이티브 애플리케이션**(native application)은 특정 운영체제를 사용하도록 작성된 프로그램이다. 예를 들어, MS 액세스는 윈도즈 운영체제에서만 실행된다. 일부 애플리케이션은 여러 버전으로 제공되는데, MS 워드의 경우 윈도와 맥킨토시 버전이 있다. 그러나 별도의 안내가 없는 한, 네이티브 애플리케이션은 하나의 운영체제에서만 실행된다고 가정해야 한다. 네이티브 애플리케이션은 종종 **씩 클라이언트 애플리케이션**(thick-client application)이라고도 불린다.

웹 애플리케이션(web application) 또는 **씬 클라이언트 애플리케이션**(thin-client application)은 파이어폭스, 크롬, 오페라, 에지(이전의 인터넷 익스플로러)와 같은 컴퓨터 브라우저 내에서 실행되도록 설계된 애플리케이션이다. 웹 애플리케이션은 브라우저 내에서 실행되기 때문에, 어떤 유형의 컴퓨터에서도 실행될 수 있다. 이상적으로는 웹 애플리케이션은 모든 브라우저 내에서 실행될 수 있지만, 항상 그렇지는 않다(추후에 배우게 될 것이다).

주요 운영체제는 무엇인가?

모든 현업 전문가들은 다음 세 가지 유형의 운영체제를 알아야 한다. 그림 4-14에 주요 운영체제가 제시되어 있고 이제부터 자세히 알아보자.

비이동형 클라이언트 운영체제 개인용 컴퓨터에서 사용된다. 가장 인기 있는 것은 **마이크로소프트 윈도즈**(Microsoft Windows)이다. 전 세계 데스크톱 중 88% 이상에 윈도즈의 일부 버전이 설치되어 있으며, 비즈니스 사용자만 고려하면 그 수치는 95% 이상이다. 이 글을 작성할 당시 최신 버전은 윈도즈 10이다. 넷애플리케이션스에 따르면, 2021년 기준으로 윈도즈 10의 전체 시장점유율은 58%, 윈도즈 7은 25%, 윈도즈 8.1은 3%, 윈도즈 XP는 1%였다.[31] 흥미롭게도 윈도즈 7은 마이크로소프트가 2015년 1월에 공식 지원을 종료했음에도 불구하고 여전히 25%의 데스크톱에 설치되어 있다.

윈도즈 8은 이전 버전의 윈도즈 운영체제를 대대적으로 개편한 버전이었다. 윈도즈 8은 **모던 스타일 애플리케이션**(modern-style application)을 실행할 수 있는 특징을 가지고 있었다.[32] 이 애플리케이션들은 이제 윈도즈 10으로 계승되었으며, 터치스크린을 중심으로 작동하며 상황에 맞는 팝업 메뉴를 제공한다. 이들은 마우스와 키보드로도 사용할 수 있다. 마이크로소프트는 이러한 모던 스타일 애플리케이션이 태블릿 컴퓨터와 같은 휴대용 모바일 장치에서도 데스크톱 컴퓨터에서와 마찬가지로 잘 작동한다고 주장한다. 모던 스타일 애플리케이션의 주요 특징 중 하나는 메뉴 바, 상태표시줄 및 기타 시각적 오버헤드를 최소화한 것이다. 그림 4-15는 엣지에서 이미지를 검색하는 모던 스타일 버전의 예를 보여준다.

그러나 모든 컴퓨터가 윈도즈를 사용하는 것은 아니다. 예를 들어, 애플은 매킨토시를 위한

그림 4-14 주요 운영체제

분류	운영체제	주요 사용처	비고
비모바일 클라이언트	윈도즈	개인용 컴퓨터 클라이언트	현업에서 제일 많이 사용되는 운영체제. 현재 버전은 윈도즈 10으로, 터치인터페이스를 포함한다.
	맥OS	매킨토시 클라이언트	그래픽 아티스트와 기타 아트 분야에서 처음 사용했으며, 현재는 보편화되었다. 터치 인터페이스를 제공한 첫 번째 OS이다. 2021년 버전은 맥OS 빅서이다.
	유닉스	워크스테이션 클라이언트	공학, 컴퓨터 지원 설계, 건축에서 사용하는 고성능 클라이언트에서 주로 사용되며 일반 사용자에게는 어렵다. 비즈니스 클라이언트는 거의 사용하지 않는다.
	리눅스	모든 장치	유닉스 변형 오픈소스. 거의 모든 컴퓨터 단말기에서 채택되었다. 리브레오피스 애플리케이션 소프트웨어를 사용하는 PC에서 동작한다. 비즈니스 클라이언트는 잘 사용하지 않는다.
모바일 클라이언트	iOS	아이폰, 아이팟 터치, 아이패드	아이폰과 아이패드의 성공에 기반하여 빠른 증가 추세를 보이며 맥OS에 기초한다.
	안드로이드	삼성, 구글, 화웨이, 샤오미, 노키아, 소니 스마트폰과 기타 태블릿	구글에서 시작된 리눅스 기반 폰/태블릿 운영체제. 시장점유율이 급격하게 증가한다.
	윈도즈 10	마이크로소프트 서피스	모바일 단말기에 최적화되었으며 서피스 프로에 깔려 있다.
서버	윈도즈 서버	서버	마이크로소프트에 강하게 의존하는 업무에 활용한다.
	유닉스	서버	사양화. 리눅스로 대체되고 있다.
	리눅스	서버	매우 보편화. IBM이 강력하게 밀고 있다.

자체 운영체제인 **맥OS**(macOS)를 개발했다. 현재 버전은 맥OS 빅서(macOS Big Sur)이다. 애플은 맥OS를 세계에서 가장 진보된 데스크톱 운영체제라고 주장한다. 윈도즈 10은 이제 그 타이틀을 놓고 맥OS와 경쟁한다.

최근까지 맥OS는 주로 그래픽 아티스트나 예술계 종사자들에 의해 사용되었다. 그러나 여러 이유로 맥OS는 전통적인 윈도즈 시장에서 점유율을 확대해왔다. 넷마켓셰어에 따르면, 2019년 기준 데스크톱 운영체제 시장점유율은 윈도즈 버전이 87%, 맥OS가 10%, 리눅스가 2%로 나뉘어 있었다.[33]

맥OS는 원래 모토로라의 CPU 프로세서 라인에서 실행되도록 설계되었으나, 오늘날 인텔 프로세서를 탑재한 매킨토시는 윈도즈와 맥OS를 모두 실행할 수 있다.

그림 4-14에서 언급된 다른 두 가지 비이동형 클라이언트 운영체제는 유닉스와 리눅스이다. **유닉스**(Unix)는 1970년대에 벨연구소에서 개발된 운영체제이다. 그 이후로 과학 및 공학 커뮤니티에서 주로 사용되어 왔다. 유닉스는 비즈니스 환경에서 거의 사용되지 않는다.

리눅스(Linux)는 유닉스의 한 버전으로, 오픈소스 커뮤니티에 의해 개발되었다. 이 커뮤니티는 대부분 자원하여 코드를 기여하는 느슨하게 결합된 프로그래머들의 그룹이다. 오픈소스 커뮤니티가 리눅스를 소유하고 있으며, 이를 사용하는 데는 비용이 들지 않는다. 리눅스는 클라이언트 컴퓨터에서도 실행될 수 있지만, 주로 예산이 중요한 경우에만 사용되고 있다. 리눅스는 서버 운영체제로 훨씬 더 인기가 많다. 디스트로워치닷컴에 따르면, 2021년 기준으로 가장 인기 있는 리눅스 버전 다섯 가지는 MX 리눅스, 만자로, 리눅스 민트, 팝!_OS, 우분투, 데

그림 4-15 모던 스타일 인터페이스의 예

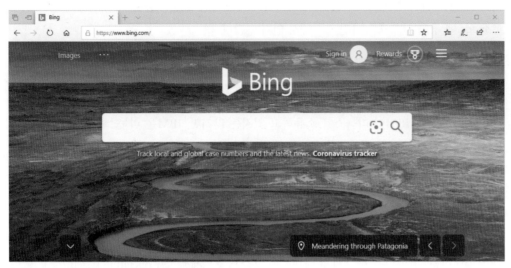

출처 : Microsoft Edge, Windows 10, Microsoft Corporation, Inc.

비안이었다.[34]

모바일 클라이언트 운영체제 그림 4-14의 세 가지 주요 모바일 운영체제 중 하나이다. iOS는 아이폰, 아이팟 터치, 아이패드에서 사용되는 운영체제이다. 처음 출시되었을 때, 사용의 용이성과 매력적인 디스플레이로 새로운 지평을 열었으며, 이러한 기능은 이제 안드로이드에서 복제되고 있다. 아이폰과 아이패드의 인기로 애플은 iOS의 시장점유율이 증가하는 것을 보았다. 넷마켓셰어에 따르면, 2021년 기준으로 iOS는 모바일 기기의 28%에서 사용되고 있다.[35] 현재 iOS의 버전은 iOS 18이다.

대부분의 업계 관측자들은 애플이 맥OS와 iOS 모두에서 사용하기 쉬운 인터페이스를 만드는 데 선도적인 역할을 했다는 것에 동의할 것이다. 확실히 많은 혁신적인 아이디어들이 처음에는 매킨토시나 i섬싱에서 등장한 후, 다양한 형태로 안드로이드와 윈도즈 운영체제에 추가되었다.

이들 운영체제에 대해 말하자면 **안드로이드**(android)는 구글이 라이선스하는 모바일 운영체제이다. 안드로이드 기기는 특히 기술 사용자들 사이에서 매우 충성도가 높은 사용자를 가지고 있다. 넷 마켓셰어는 안드로이드의 시장점유율을 거의 71%로 추정한다.[36]

윈도즈 10을 모바일 기기에서 사용하고자 하는 사용자는 **윈도즈 10(모바일)**[Windows 10(mobile)]을 스마트폰에서 사용하거나 서피스 프로 기기에서 윈도즈 10의 전체 버전을 사용할 수 있다. 윈도즈는 모바일 운영체제 시장점유율에서 1% 미만을 차지한다.

스마트폰 시장은 항상 컸지만, 최근에는 전자책 리더기와 태블릿이 모바일 클라이언트 운영체제 시장을 크게 확장시켰다. 2021년 기준으로, 미국인의 85%가 스마트폰을 소유하고 있으며, 53%는 스마트폰 외에 태블릿도 소유한다.[37]

서버 운영체제 그림 4-14의 마지막 세 행에서 가장 인기 있는 세 가지 서버 운영체제를 보여준다. **윈도즈 서버**(Windows server)는 서버 사용을 위해 특별히 설계되고 구성된 윈도즈의 한 버전이다. 다른 버전의 윈도즈보다 훨씬 더 엄격하고 제한적인 보안 기능을 가지고 있으며, 마이크로소프트에 강한 선호도를 가진 조직에서 인기가 많다.

유닉스도 서버에서 사용할 수 있지만, 점차 리눅스로 대체되고 있다.

리눅스는 마이크로소프트에 서버 의존을 피하고자 하는 조직에서 자주 사용된다. IBM은 리눅스의 주요 지지자이며, 과거에는 마이크로소프트와의 경쟁력을 강화하기 위한 수단으로 리눅스를 사용했다. IBM이 리눅스를 소유하고 있지는 않지만, IBM은 리눅스를 활용한 많은 비즈니스 시스템 솔루션을 개발해왔다. 리눅스를 사용함으로써 IBM이나 그 고객은 마이크로소프트에 라이선스 비용을 지불할 필요가 없다.

가상화

가상화(virtualization)는 하나의 물리적 컴퓨터가 그 안에서 여러 개의 가상(실제가 아닌) 컴퓨터를 호스팅하는 과정이다. 하나의 운영체제는 **호스트 운영체제**(host operating system)라고 불리며, 하나 이상의 운영체제를 애플리케이션으로 실행한다. 이러한 호스팅된 운영체제들은 **가상머신**(virrual machine, VM)이라고 불린다. 각 가상머신에는 디스크 공간과 기타 자원이 할당된다. 호스트 운영체제는 가상 머신들이 서로 간섭하지 않도록 제어한다. 가상화를 통해 각 VM은 독립된 비가상 환경에서 실행되는 것과 동일하게 작동할 수 있다.

가상화에는 세 가지 유형이 있다.

- PC 가상화
- 서버 가상화
- 데스크톱 가상화

PC 가상화(PC virtualization)에서는 데스크톱이나 노트북과 같은 개인용 컴퓨터가 여러 가지 다른 운영체제를 호스팅한다. 예를 들어, 사용자가 교육이나 개발 프로젝트를 위해 한 컴퓨터에서 리눅스와 윈도즈 10을 모두 실행해야 한다고 가정해보자. 이 경우 사용자는 호스트 운영체제에 오라클 버추얼박스나 VM웨어 워크스테이션과 같은 소프트웨어를 설치하여 리눅스와 윈도즈 10 가상머신을 생성할 수 있다. 호스트 운영체제가 충분한 자원(예 : 메모리와 CPU 성능)을 가지고 있다면, 사용자는 동일한 하드웨어에서 두 운영체제를 동시에 실행할 수 있다.

서버 가상화(server virtualization)에서는 하나의 서버 컴퓨터가 다른 하나 이상의 서버 컴퓨터를 호스팅한다. 예를 들어, 그림 4-16에서 윈도즈 서버 컴퓨터가 여러 가상머신을 호스팅한다. 사용자는 이러한 가상머신 중 어느 하나에 로그인할 수 있으며, 그 가상머신은 일반 데스크톱 컴퓨터처럼 보인다. 그림 4-17은 그 가상 데스크톱을 사용하는 사용자가 어떻게 보일지를 보여준다. 가상 머신 사용자가 웹 브라우저를 실행하는 모습이 마치 로컬 데스크톱에서 실행되는 것처럼 보인다. 서버 가상화는 클라우드 제공업체에게 중요한 역할을 하며, 이는 6장에서 자세히 다룰 것이다.

PC 가상화도 흥미롭고 유용한 기술이지만, 데스크톱 가상화는 혁신적일 가능성이 있다. **데스크톱 가상화**(desktop virtualization)에서는 하나의 서버가 여러 버전의 데스크톱 운영체제를

그림 4-16 윈도즈 서버 컴퓨터 호스팅 가상머신

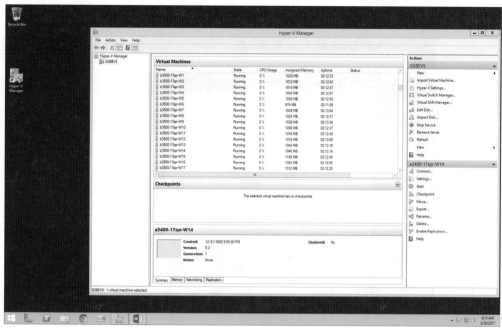

출처 : Courtesy of Microsoft Corporation, Inc.

호스팅한다. 이러한 각각의 데스크톱은 완전한 사용자 환경을 가지고 있으며, 사용자에게는 그저 또 다른 PC처럼 보인다. 하지만 그 데스크톱은 사용자가 접근할 수 있는 모든 컴퓨터에서 사용할 수 있다. 예를 들어, 공항에서 단말기 컴퓨터를 사용하여 가상화된 데스크톱에 접속할 수 있을 것이다. 이 경우 그 공항 컴퓨터가 마치 자신의 개인용 컴퓨터처럼 보일 것이다. 가상 데스크톱을 사용하는 것은 회사 노트북이나 기밀 데이터를 잃어버릴 걱정을 하지 않아도 된다는 뜻이기도 하다. 또한 여러 사용자가 공항의 단말기처럼 단 하나의 단말기를 통해 각자의 '개인' 컴퓨터에 접근할 수 있다는 의미이기도 하다.

데스크톱 가상화는 아직 초기 단계에 있지만, 여러분의 경력 초기에 큰 영향을 미칠 수 있다.

소유 vs 라이선스

컴퓨터 프로그램을 구입할 때, 실제로 그 프로그램을 구매하는 것이 아님을 유의해야 한다. 대신 그 프로그램을 사용할 수 있는 **라이선스**(license)를 구매하는 것이다. 예를 들어, 맥OS 라이선스를 구매할 때, 애플은 맥OS를 사용할 권리를 판매하는 것이며, 애플 자체는 맥OS 프로그램을 계속 소유한다. 개인과 달리 대규모 조직은 각 컴퓨터 사용자마다 라이선스를 구매하지 않는다. 대신 조직은 사이트 라이선스를 협상한다. **사이트 라이선스**(site license)는 조직이 제품(운영체제 또는 애플리케이션)을 모든 컴퓨터에 설치할 수 있도록 허가하는 일괄 요금이다.

리눅스의 경우 어떤 회사도 사용 라이선스를 판매할 수 없다. 이는 리눅스가 오픈소스 커뮤니티에 의해 소유되며, 리눅스에는 (합리적인 제한사항을 제외하고) 라이선스 비용이 없다고 명시되어 있기 때문이다. IBM과 같은 대기업이나 레드햇과 같은 소규모 기업은 리눅스를 지원함으로써 수익을 창출할 수 있지만, 리눅스 라이선스를 판매하여 수익을 창출하는 회사는 없다.

그림 4-17   가상머신의 예

출처 : Windows 10, Microsoft Corporation.

어떤 유형의 애플리케이션이 생존 가능하며, 기업은 그것을 어떻게 획득할 것인가?

앞서 언급했듯이 **애플리케이션 소프트웨어**(application software)는 서비스를 제공하거나 기능을 수행한다. 일부 애플리케이션 프로그램은 마이크로소프트 엑셀이나 워드와 같은 범용 프로그램이다. 다른 애플리케이션 프로그램은 특정 기능을 제공한다. 예를 들어, 퀵북스는 일반 회계 및 기타 회계 기능을 제공하는 애플리케이션 프로그램이다. 다음 절에서는 애플리케이션 프로그램의 범주를 설명한 후, 해당 프로그램의 출처를 설명한다.

일부 애플리케이션은 무료로 제공되도록 설계되었지만, 사용자의 데이터를 수집한다. 이것이 어떻게 이루어지는지에 대한 내용은 윤리 가이드(134~135쪽)를 참고하라.

수평 애플리케이션   수평 시장 애플리케이션(horizontal-market application) 소프트웨어는 모든 조직과 산업에서 공통적으로 사용하는 기능을 제공한다. 워드 프로세서, 그래픽 프로그램, 스프레드시트, 프레젠테이션 프로그램 모두가 수평 시장 애플리케이션 소프트웨어에 속한다.

잘 알려진 수평 시장 애플리케이션의 예로는 마이크로소프트 워드, 엑셀, 파워포인트가 있다. 다른 업체의 예로는 어도비의 아크로뱃, 포토샵, 페이지메이커, 재스크코퍼레이션의 페인트샵 프로가 있다. 이러한 애플리케이션들은 모든 산업에 걸쳐 다양한 비즈니스에서 사용된다. 이들은 기성 제품으로 바로 구매할 수 있으며, 기능을 맞춤화할 필요가 거의 없고, 실제로 맞춤화가 불가능할 때도 있다. 이러한 애플리케이션은 자동차의 세단에 비유할 수 있다. 누구나 이를 구매한 후 다양한 목적으로 사용한다.

소프트웨어가 어떻게 개발되고 관리되는지에 대한 더 자세한 내용은 커리어 가이드(133~134쪽)를 참고하라.

수직 애플리케이션   수직 시장 애플리케이션(vertical-market application) 소프트웨어는 특정 산업의 요구를 충족시킨다. 예를 들어, 치과에서 예약을 잡고 환자에게 청구하는 프로그램, 자동차 정비사가 고객 데이터와 수리를 추적하는 프로그램, 부품 창고에서 재고, 구매, 판매를 추적하는 프로그램 등이 있다. 수평 시장 애플리케이션이 세단에 비유된다면, 수직 시장 애플리케이션은 굴착기와 같은 건설 차량에 비유될 수 있다. 이는 특정 분야에서 사용하도록 특화된 소프트웨어이기 때문이다.

수직 애플리케이션은 대개 수정하거나 맞춤화할 수 있다. 일반적으로 애플리케이션 소프트웨어를 판매한 회사가 이러한 서비스를 제공하거나, 해당 서비스를 제공할 수 있는 자격을 갖춘 컨설턴트를 추천한다.

독자적인 애플리케이션 독자적인 애플리케이션(one-of-a-kind application) 소프트웨어는 특정하고 독특한 필요를 충족하기 위해 개발된다. 예를 들어, 미국 국방부는 다른 조직이 갖고 있지 않은 요구사항을 가지고 있어 이러한 소프트웨어를 개발한다.

독자적인 애플리케이션 소프트웨어는 군용 탱크에 비유될 수 있다. 탱크는 매우 특정하고 독특한 필요를 위해 개발된다. 탱크는 세단보다 제조 비용이 많이 들며, 예산 초과가 흔하다. 제조 시간이 더 길고, 고유한 하드웨어 부품이 필요하다. 하지만 탱크는 매우 맞춤화가 가능하며, 중장비 전투차량의 요구사항을 잘 충족한다.

애플리케이션 유형 선택 전투에 나갈 때 네 문짜리 세단을 운전하고 싶지는 않을 것이다. 맞춤형 차량에 돈을 지불하는 것이 비싸더라도 필요할 때가 있다. 이는 여러분이 하는 일에 달려 있다. 예를 들어, 군대는 세단, 건설 차량, 탱크를 구매한다. 각 차량은 고유한 필요를 충족한다. 컴퓨터 소프트웨어도 마찬가지 방식으로 구매할 수 있다. 즉 **기성 소프트웨어**(off-the-shelf software), **일부 수정이 가해진 기성 소프트웨어**(off-the-shelf with alterations software), 또는 **맞춤 개발된 소프트웨어**(custom-developed software)로 구분할 수 있다.

기업은 맞춤형 애플리케이션 소프트웨어를 자체적으로 개발하거나 개발 벤더를 고용한다. 탱크를 구매하는 것과 마찬가지로 조직의 요구가 너무 독특하여 수평 또는 수직 애플리케이션이 제공되지 않을 때 이러한 개발이 이루어진다. 맞춤형 소프트웨어를 개발함으로써 기업은 애플리케이션을 요구사항에 맞게 조정할 수 있다.

맞춤 개발은 어렵고 위험하다. 소프트웨어 개발 팀을 구성하고 관리하는 것은 도전적이다. 소프트웨어 프로젝트 관리도 만만치 않다. 많은 조직이 애플리케이션 개발 프로젝트를 시작하지만, 프로젝트가 계획보다 2배 이상 길어지거나 완성까지 더 많은 시간이 걸리는 경우가 흔하다. 200% 또는 300%의 비용 초과도 드물지 않다. 이러한 위험에 대해서는 12장에서 더 자세히 논의할 것이다.

또한 모든 애플리케이션 프로그램은 변화하는 요구와 기술에 맞게 적응해야 한다. 수평 및 수직 소프트웨어의 적응 비용은 해당 소프트웨어의 모든 사용자, 아마도 수천 또는 수백만 명의 고객에게 분산되지만, 맞춤 개발된 소프트웨어의 경우 사용하는 조직이 모든 적응 비용을 자체 부담해야 한다. 시간이 지남에 따라 이러한 비용 부담은 매우 크다.

이러한 위험과 비용 때문에 맞춤 개발은 다른 선택이 없을 때만 사용하는 최후의 대안이다. 그림 4-18은 소프트웨어 원천과 유형을 요약한 것이다.

그림 4-18 소프트웨어 원천과 유형

소프트웨어 원천

소프트웨어 유형	기성	일부 수정이 가해진 기성	맞춤 개발
수평 애플리케이션	■		
수직 애플리케이션	■	■	
독자적인 애플리케이션			■

펌웨어란 무엇인가?

펌웨어(firmware)는 프린터, 프린트 서버, 다양한 종류의 통신 장치와 같은 기기에 설치된 컴퓨터 소프트웨어이다. 이 소프트웨어는 다른 소프트웨어와 마찬가지로 코딩되지만, 프린터나 다른 장치의 특수한 읽기 전용 메모리(ROM)에 설치된다. 이 방식으로 프로그램은 장치의 메모리 일부가 되며, 마치 프로그램의 논리가 장치의 회로에 설계된 것처럼 작동한다. 따라서 사용자는 펌웨어를 장치의 메모리에 로드할 필요가 없다. 펌웨어는 변경하거나 업그레이드할 수 있지만, 이는 일반적으로 정보시스템(IS) 전문가의 작업이다.

4-4 오픈소스 소프트웨어는 현실적인 대안인가?

오늘날 기업의 리더들은 오픈소스 소프트웨어가 비싸지는 않은지, 상업적으로 판매되거나 맞춤 개발 소프트웨어 대신 합리적이고 비용 효과적인 대안이 되는지에 대한 궁금함이 꾸준히 늘고 있다. 이러한 질문에 답하기 위해 우리는 오픈소스 운동과 프로세스에 대해 알아야 한다. 대부분의 컴퓨터 역사학자들은 리처드 매슈 스톨먼이 그러한 운동의 아버지라는 데 동의한다. 그는 1983년 **GNU**(GNU는 유닉스가 아니다)라는 무료 유닉스와 유사한 운영체제를 구축하기 위한 도구를 개발했다. 스톨먼은 오픈소스 소프트웨어를 위한 표준 라이선스 협정 중 하나인 **GNU 일반 오픈 라이선스 협정**[GNU general public license (GPL) agreement]을 포함하여 오픈소스에 많은 기여를 했다. 스톨먼은 무료 유닉스 시스템을 완성하지는 못했지만, 오픈소스 운동에 여러 가지로 기여했다.

1991년 헬싱키에 근무하던 리누스 토발즈는 스톨먼의 도구를 이용하여 유닉스의 다른 버전을 개발하기 시작했다. 그 버전은 리눅스로 발전하였으며, 앞서 말한 바와 같이 정교하며 매우 유명한 운영체제가 되었다.

인터넷은 오픈소스 운동을 위한 든든한 후원을 제공하였으며 소프트웨어는 계속 만들어지고 있다. **오픈소스**(open source) 소프트웨어는 일반적으로 무료이며 수정 가능하고 해당 소스코드는 공개적으로 이용 가능하다. **소스코드**(source code)는 사람에 의해 작성된 컴퓨터 코드로서 사람이 이해 가능하다. 다음과 같이 많은 오픈소스 프로젝트가 성공했다.

- 리브레오피스(리눅스 배포판 기본 오피스)
- 파이어폭스(브라우저)
- MySQL(DBMS, 5장 참조)
- 아파치(웹 서버, 6장 참조)
- 우분투(윈도와 유사한 데스크톱 운영체제)
- 안드로이드(모바일 장치 운영체제)
- 카산드라(NoSQL DBMS, 5장 참조)
- 하둡(빅데이터 처리 시스템, 3장 참조)

왜 프로그래머는 그러한 서비스에 봉사하는가?

컴퓨터 프로그램을 작성해본 적이 없는 사람들이 보면 컴퓨터 프로그래머들이 자신의 시간과 기술을 오픈소스 프로젝트에 기부하는 이유는 이해하기 힘들다. 그러나 프로그래밍은 예술과 논리에 대한 고도의 조합이며, 복잡한 컴퓨터 프로그램을 설계하고 만든다는 것은 정말 즐거운 일이다.

오픈소스에 기부하는 첫 번째 이유는 엄청난 즐거움 때문이다. 일부 사람은 참여할 프로젝트를 스스로 선택 가능하기 때문이라고 한다. 주어진 직무로서 자신의 선택과 다르게 프로그래밍에 투입되는 것에는 동기 부여가 되지 않을 때도 종종 있지만 자신이 선택한 재능기부는 즐거운 일이 되기 때문이다.

1950년대 할리우드 스튜디오 음악가들은 흥미 없는 영화를 위한 긴 시간 동안 지루함을 주는 비슷비슷한 음악을 찍어내는 것 때문에 괴로워했다. 음악가들은 자신들의 세계를 만들기 위해 일요일에는 재즈를 연주했고, 수준 있는 재즈클럽들이 만들어졌다. 그것이 오픈소스에 대한 프로그래머들의 입장이다. 그들은 창의력을 발산할 수 있는 곳에서 흥미와 몰입감을 느낀다.

오픈소스에 참여하는 다른 이유는 오픈소스가 자신의 재능을 보여주기 위한 것으로서 과시용일 수도 있으며 일부는 직장을 구하기 위한 방안이 되기도 한다. 마지막 이유는 오픈소스 제품을 지원하는 사업의 시작 때문이다.

오픈소스는 어떻게 작동하는가?

오픈소스는 컴퓨터가 처리하는 **기계코드**(machine code)로 변환된다. 그림 4-19는 아이메드 애널리틱스 프로젝트(7장 첫부분 참조)를 위해 작성한 컴퓨터 코드의 일부이다. 기계 코드는 사람들이 이해할 수 없으며 수정될 수 없다.

예를 들어, 사람이 웹사이트에 접속할 때 프로그램의 기계코드 버전이 사용자 컴퓨터에 나타난다.

110100101001011111001110111100100011100000111111011101111100111…

마이크로소프트 오피스와 같은 **클로즈드소스**(closed source) 프로젝트에서 마이크로소프트 오피스 소스코드는 고강도로 보호되며, 인가된 직원 및 확실하게 검증된 계약업체에게만 이용

그림 4-19 소스코드 예

```
/// <summary>
/// Allows the page to draw itself.
/// </summary>
private void OnDraw(object sender, GameTimerEventArgs e)
{
    SharedGraphicsDeviceManager.Current.GraphicsDevice.Clear(Color.CornflowerBlue);

    SharedGraphicsDeviceManager.Current.GraphicsDevice.Clear(Color.Black);

    // Render the Silverlight controls using the UIElementRenderer.
    elementRenderer.Render();

    // Draw the sprite
    spriteBatch.Begin();

    // Draw the rectangle in its new position
    for (int i = 0; i < 3; i++)
    {
        spriteBatch.Draw(texture[i], bikeSpritePosition[i], Color.White);
    }

    // Using the texture from the UIElementRenderer,
```

가능하다. 소스코드는 광산의 금괴와 같이 보호받는다. 인가된 프로그래머만이 클로즈드된 소스 프로젝트를 변경할 수 있다.

오픈소스와 더불어 누구나 오픈소스 프로젝트의 웹사이트를 통해 소스코드를 이용할 수 있다. 프로그래머는 이러한 코드를 자신의 관점 및 필요에 따라 수정 혹은 첨삭할 수 있다. 대개 프로그래머들은 오픈소스 코드를 자신의 프로젝트에 섞어서 사용한다. 프로그래머들은 프로젝트 사용의 라이선스 협정의 유형에 따라 그러한 프로젝트를 재판매할 수도 있다.

오픈소스는 협업 때문에 계승되고 있다. 프로그래머는 소스코드를 검증하고 필요성이나 관심을 가질 프로젝트인지를 확인한다. 프로그래머들은 새로운 기능을 만들 수 있고, 현재의 기능을 재설계 혹은 다시 프로그램할 수 있으며, 발견된 문제점을 교정한다. 그러한 코드는 다른 사람에게 전송되어 오픈소스 프로젝트의 수준과 장점을 평가하고 적합성이 있다고 판단되면 작업에 추가된다.

일반적으로 여러 번의 반복과 피드백 주기가 있다. 이러한 반복성 때문에 엄격한 동료 평가를 거친 잘 관리된 프로젝트가 리눅스와 같은 높은 품질의 코드로 탄생하게 된다.

그래서 오픈소스는 가치가 있는가?

대답은 누구에게 그리고 누구를 위한 것인가에 따라 다르다. 오픈소스는 확실하게 합법화되어 가고 있다. 이코노미스트(The Economist)에 의하면 "소유권이 있는 소프트웨어와 오픈소스 소프트웨어가 양립할 것"[38]이라고 한다. 여러분의 직장 경력에서 오픈소스는 소프트웨어 분야에서 정말로 큰 역할을 할 것이다. 그러나 여러분 요구사항과 처한 환경에 따라 오픈소스는 다를 수 있다. 여러분은 요구사항과 프로그램 간의 매칭에 대해 12장에서 배우게 될 것이다.

일부의 경우 기업은 오픈소스가 무료라서 선택한다. 이러한 장점은 여러분이 생각하는 것보다는 덜 중요하다. 이유는 많은 경우에 지원과 운영 비용이 초기 라이선싱 비용을 능가하기 때문이다.

이 장의 **지식**이 **여러분**에게 어떻게 도움이 되는가?

지금의 세계 경제 상황을 고려할 때 여러분은 직장에서 기술을 사용하게 될 것이다. 여러분은 현실적인 선택권이 없으며, 유일하게 수동적으로 참여할 것인가 혹은 적극적으로 참여할 것인가에 대한 선택만 가능하다. 이 장의 지식은 후자의 선택이 될 수 있도록 한다. 그렇게 함으로써 여러분은 하드웨어와 소프트웨어에 대한 좋은 질문을 할 수 있게 되고 당혹스러움을 비켜갈 수 있을 만큼 충분히 숙지하게 될 것이다. 또한 애플리케이션 소프트웨어의 유형과 각 유형의 선택 이유를 알게 되었다. 마지막으로 오픈소스는 '아마추어들의 향연'이 아니라 수많은 양질의 소프트웨어 제품들을 만들어내는 움직임이라는 것을 알게 되었으며, 대안으로 충분한 가치가 있음을 알게 되었다. 그러나 이러한 모든 지식은 농장의 토마토와 같아서 부패되기 쉽다. 여러분의 지식을 지속적으로 충전해야 할 필요가 있다.

So What?

2021년 CES의 신기술

마지막으로 휴대폰, 태블릿, 노트북, TV 또는 헤드폰을 업그레이드한 것이 언제였는가? 평균적인 사람이 새로운 기기를 구매하는 빈도를 생각해보면 꽤 놀라울 수 있다. 서랍이나 옷장 속에서 몇 년 전의 오래된 기기를 찾아보면 더욱 충격적일 수 있다. 오리지널 아이폰을 만져보면 마치 이전 세대의 기술처럼 느껴진다. 하지만 지금은 상자 속에서 먼지를 쌓고 있는 모든 버려진 기기도 한때는 혁신적이고 최첨단 기술의 정점에 있던 제품이었다.

출처 : Marish/Shutterstock

새롭고 빛나는 기술의 중심은 소비자 가전 전시회(CES)이며, 이 전시회는 50년 넘게 매년 1월 라스베이거스에서 개최되고 있다. 2021년 CES에서 개발 중이었던 최신 기술 중 일부를 살펴보자. 이 기술들은 곧 근처 상점에서 얼리 어답터들의 손에 들어갈지도 모른다!

1. **8K QLED TV** : 새로운 TV 개발은 항상 CES에서 인기 있는 주제이다. 왜냐하면 모두가 TV를 시청하고, 하드웨어 마니아들은 최신 기능을 위해 큰 돈을 쓰기 때문이다. 하지만 삼성의 새로운 네오 QLED 8K TV는 명백히 전시회의 하이라이트 중 하나였다. 65인치의 8K TV는 매우 얇고, 매우 가볍고, 매우 밝은 TV로, 거의 테두리가 없다. 이러한 TV는 미래의 디스플레이가 어떤 모습일지 보여준다.

2. **폴더블 스마트폰** : 올해 CES에서 가장 눈길을 끌었던 제품 중 하나는 LG의 새로운 롤러블 스마트폰이었다. LG는 기자회견에서 작동 중인 롤러블 스마트폰의 영상을 공개했다. 이 스마

출처 : RYO Alexandre/Shutterstock

트폰의 화면은 스마트폰 상단 부분이 위로 확장됨에 따라 커졌다. CES에서는 종종 소비자에게 출시되지 않는 프로토타입이 전시되기도 하지만, 내부 관계자에 따르면 LG는 이 스마트폰을 2022년 초에 출시할 계획이라고 하였다. 그러나 2021년 7월, LG가 스마트폰 사업을 철수한다고 전격적으로 발표함에 따라 롤러블 스마트폰은 출시되지 못했다.

3. **자율주행 캐딜락** : 캐딜락은 지난해 헤일로라는 새로운 자율주행차 콘셉트를 공개했다. 완전 자율주행 차량은 자동차와 포드의 교차점처럼 보이며, 내부에는 둘러싼 형태의 소파가 있다. 이 새로운 차량은 음성이나 손동작으로 제어할 수 있다. 헤일로를 당장 볼 수는 없겠지만, GM이 생각하는 미래의 자동차가 어떤 모습일지 엿볼 수 있다. GM은 개인 항공기 드론의 콘셉트 영상도 공개했다. 이 드론은 90kWh 배터리를 사용하며, 시속 56마일로 이동할 수 있다. 현대, 애스턴마틴, 에어버스, 우버와 같은 다른 여러 회사도 새로운 도시 항공택시 시장에서 경쟁한다.

토의문제

1. TV 혁신을 이끄는 트렌드는 무엇이라고 생각하는가? 이 트렌드가 소비자에게 중요한 이유는 무엇인가?
2. 소비자들이 롤러블 스마트폰에 끌리는 이유는 무엇일까? 롤러블 스마트폰의 단점은 무엇일 수 있을까?
3. 캐딜락의 헤일로 같은 완전 자율주행 차량이 차량 판매에 어떤 영향을 미칠 수 있을까?
4. 완전 자율주행 차량의 수용을 가속화할 수 있는 요인은 무엇일까?

보안가이드

사이버 - 물리적 공격

개리는 시계를 확인하며 자신이 서버실에 얼마나 오래 앉아 있었는지 궁금해했다. 팬이 내는 지속적인 소음과 시원한 온도가 이 더운 여름날 휴식을 취하고 한숨 돌리기에 완벽한 장소가 되었다. 무엇보다도 여기는 그의 상사가 그를 찾으러 올 것이라고 생각하지 못할 장소였다.

지난 몇 주 동안 상황은 매우 혼란스러웠다. 약 한 달 전 개리와 그의 팀은 스피어피싱 공격의 표적이 된 한 임원의 보고에 대응했다(스피어피싱 공격은 기본적인 피싱 공격과 비슷하지만, 특정 개인을 대상으로 설계된 공격이다). 그 임원은 전화 통화를 하면서 이메일을 확인하던 중 한 메시지에 첨부된 파일을 클릭했다. 파일이 로드되지 않고 아무 일도 일어나지 않자, 그녀는 이메일을 다시 확인했고, 그제야 의심스러운 이메일임을 깨달았다. 그때 개리와 그의 팀이 조사를 위해 호출되었다.

정보 보안 팀은 이메일과 이메일 첨부 파일의 페이로드를 조사했지만, 의미 있는 것을 찾지 못했다. 내부 네트워크 활동 모니터링 결과, 트래픽은 대체로 평소와 비슷해 보였고, 회사의 최첨단 침입 탐지 시스템(IDS)에서도 어떤 경고도 발생하지 않았다. 더불어 회사 내 누구도, 심지어 최초 공격의 표적이 되었던 그 임원조차도, 자신의 기기에서 어떤 의심스러운 활동도 보고하지 않았다.

솔직히 말해서 이는 아무런 말이 되지 않았다. 누군가가 아무 일도 하지 않는 악성 이메일을 보내는 수고를 왜 했을까? 개리는 그것이 공격이 아니라 단순한 실수일지도 모른다고 생각하기 시작했다.

그때 서버실 문이 벌컥 열리더니 개리의 보안 팀 멤버 중 하나인 리처드가 급히 들어오며 말했다. "개리, 여기 있어?" 개리는 그를 불러 세우고 무슨 일인지 물었다. 리처드는 흥분한 듯 말했다. "개리, 믿을 수가 없어. 그 스피어피싱 공격과 관련된 것을 아무것도 찾지 못했지만, 지금 그 공격이 무엇을 목표로 했는지 알아낸 것 같아. 방금 에릭에게서 들었는데, 생산 라인의 한 기계가 이상하게 작동하고 있어.

출처 : Sergey Nivens/Shutterstock

알고 보니 우리가 지난 몇 달 동안 F-16 전투기 엔진 부품을 생산하고 있었는데, 겉보기엔 멀쩡해 보이지만, 치수가 약간 틀렸고 고장 가능성이 있다는 거야. 그 생산 계획을 변경할 수 있는 유일한 사람은 생산 감독자뿐인데, 그가 변경한 게 아니래.

그는 누군가가 시스템을 침입하지 않고 어떻게 구성 파일에 접근할 수 있었는지 확신하지 못해서 보안 팀에 연락해야 한다고 생각했대. 그 스피어피싱 공격에서 유입된 악성코드가 그 특정 기계를 목표로 한 건 아닐까?" 이 가능성을 깨닫자 개리의 피가 얼어붙는 듯했다. 그는 리처드를 바라보며 천천히 물었다. "우리도 스턱스넷의 다음 목표가 된 건가?"

비트와 바이트의 폭발

앞의 시나리오가 과장된 것처럼 보일 수 있지만, 사실 그렇지 않다. 실제로 물리적 피해를 일으키거나 물리적 피해를 일으킬 수 있음을 보여주기 위해 실행된 여러 사이버 공격 사례가 있다. 이 중 가장 악

명 높은 사례는 2009년에서 2010년 사이에 배포된 스턱스넷이다.[39]

스턱스넷은 미국과 이스라엘이 협력하여 개발한 악성코드로, 모든 컴퓨터에 영향을 미치는 일반적인 악성코드가 아니다. 스턱스넷은 이란의 핵 농축 시설을 구체적 목표로 설계되었다.[40] 이 악성코드는 외부 인터넷과 연결되지 않은 시설 내부 네트워크에 어떻게든 도입되었다.

악성코드가 배포되자 우라늄 농축 원심분리기의 회전 속도를 제어하는 프로그래머블 로직 컨트롤러(PLC)를 감염시켰다. 시설 직원들이 알아채지 못한 상태에서 원심분리기의 속도가 증가하고 감소하다가 결국 파손되어 회복 불가능한 손상을 입혔고, 이란의 핵 프로그램에 상당한 차질을 빚게 했다.

스턱스넷은 물리적 영향을 미친 가장 유명한 사이버 공격 사례이지만, 이러한 유형의 공격은 이후에도 발생했다. 2014년에서 2015년 사이, 독일의 한 제철소가 해커들의 표적이 되었다고 보고되었다. 이 공격은 제어 시스템을 교란시켜 용광로 하나를 끌 수 없게 만드는 것이었다.[41]

부상자는 보고되지 않았지만, 시설에 막대한 피해가 발생했다. 공격 분석 결과, 해커들은 스피어피싱 공격을 통해 네트워크에 접근할 수 있었다. 사무실 네트워크에 접근할 수 있는 자격 증명을 얻은 후, 용광로를 제어하는 시스템을 손상시켰다.[42]

에드워드 스노든과의 인터뷰에서 그는 물리적 인프라의 사이버 위험에 대해 강조했다. 스노든은 인터넷에 연결된 모든 인프라 구성 요소는 중단, 손상 또는 파괴될 가능성이 있다고 주장했다. 전력망은 잠재적 표적으로 자주 거론되는 인프라의 첫 번째 영역 중 하나이다.

미국의 전력망은 국가 전체에 대한 전력 차단이 일어날 가능성은 낮지만(이 작업을 완료하려면 9개의 주요 전력 시설이 오프라인 상태여야 한다고 보고된 바 있다), 지역적 차단이 장기간 발생할 가능성은 있다. 실제로 전문가들은 사이버 공격으로 인한 전력 장비의 손상이나 파괴로 인해 몇 달 또는 1년 동안 지속될 수 있는 정전이 발생할 수 있다고 예측한다.

토의문제

1. 이 기사 시작 부분에 제시된 가상 시나리오에서 생산 사양이 외부 해커와 악성코드에 의해 변경되었다고 보고되었다. 생산 감독자가 이를 변경했을 가능성은 없을까?
2. 기사에서는 스턱스넷 공격이 프로그래머블 로직 컨트롤러(PLC)를 손상시켰다고 언급했다. PLC가 다른 응용 프로그램에도 사용되는지 온라인 조사를 해보라. 이것이 다른 유형의 조직에 위험을 초래할 수 있는가?
3. 피싱 공격이 성공률이 높은 이유는 무엇이라고 생각하는가? 여러분이 스피어피싱 공격의 표적이 될 가능성은 있다고 생각하는가?
4. 미국 북동부 지역에서 몇 달 동안 정전이 발생하면 어떤 일이 일어날까? 그러한 규모의 정전이 발생할 때 시기가 어떤 영향을 미칠 것이라고 생각하는가?

커리어 가이드

이름 : 마셜 페팃
회사 : 프리패리스인코퍼레이션
직책 : 수석 소프트웨어 엔지니어
학력 : 유타대학교 졸업

출처 : Marshall Pettit, Preparis, Inc. Senior Software Engineer

1. 이 일을 어떻게 하게 되었습니까?

네트워킹 덕분입니다. 현업 전문가들과의 점심 모임이나 가까운 친구들의 가치를 절대 과소평가하지 마세요. 제 학력과 초기 경력은 현재 직무와 상당히 달랐지만, 뛰어난 친구 한 명이 제 꿈을 따라 소프트웨어 개발자가 되는 것을 권유해주었고, 최근에 그에게 입사 제안을 한 회사에 저를 강력하게 추천해주었습니다. 우리는 함께 일을 시작했고, 그는 제 중요한 멘토가 되었습니다.

2. 이 분야에 매력을 느낀 이유는 무엇입니까?

학부에서 경영학 공부 중 선택 과목으로 들은 이후 웹 소프트웨어 개발은 항상 저를 매료시켰습니다. 텍스트 편집기에서 명령어를 사용하여 복잡하면서도 우아한 비즈니스 시스템을 구축하는 일은 마치 원재료로 집을 짓고 그 모습을 보며 완성해가는 것만큼 성취감을 줍니다.

3. 일반적인 업무 일과(주어진 업무, 의사결정, 해결해야 할 문제)는 어떻게 진행됩니까?

이 일은 자기 동기 부여와 팀에 대한 강한 헌신을 요구합니다. 매일 아침 팀원들과 간단하게 만나서 우리의 진행 상황을 검토하고, 각 2~3주에 걸쳐서 시작 시 설정한 목표와 일치하는지 확인합니다. 또한 하루 동안 팀원들의 코드와 개별 작업을 검토하며, 그들이 저의 작업을 검토해주는 것처럼 저도 그들의 작업을 검토할 수 있도록 항상 대기합니다.

4. 이 직업에서 가장 마음에 드는 점은 무엇입니까?

제 집이 제 사무실이고, 일정이 유연하다는 점입니다. 덕분에 아이들의 스포츠 팀을 코치할 기회도 있고, 숙제를 도와주거나 일상적인 필요를 지원할 수 있는 시간이 생깁니다.

5. 이 직무를 잘 수행하려면 어떤 기술이 필요합니까?

빠르게 배우는 능력입니다! 프로그래밍 언어, 플랫폼, 패러다임은 끊임없이 변화합니다. 이러한 변화에 뒤처지지 않는 것이 지속적으로 긍정적인 기여를 하기 위해 중요합니다.

6. 이 분야는 교육이나 인증이 중요합니까? 그 이유는 무엇입니까?

공식적인 교육은 모든 분야에서 중요합니다. 제 교육 배경은 현재의 업무와 다르지만, 우리가 고객을 위해 솔루션을 개발할 때 비즈니스 리더들과 상호작용하는 데 더 깊은 이해를 제공해줍니다. 자격증은 제 분야에서 그렇게 중요하지 않습니다. 대신 코딩 챌린지 웹사이트에서의 지속적인 비공식 학습과 실습이 더 큰 성과를 가져다줍니다.

7. 이 분야에서 일하고 싶어 하는 후배에게 어떤 조언을 해주고 싶습니까?

그냥 도전하세요. 믿음을 가지고 앞으로의 도전에 맞서세요. 상상 속의 장벽에도 불구하고 꿈의 직업에 용감하게 도전하는 것은 재미있고 보람찰 것입니다.

8. 10년 후 인기 있을 기술 직종은 무엇이라고 생각합니까?

인공지능이 앞으로 가장 흥미로운 기회를 제공할 것입니다. 머신러닝, 데이터 과학, 비즈니스 인텔리전스 분야의 기회가 크게 증가할 것입니다.

윤리 가이드

빅데이터 = 빅 서베일런스(대규모 감시)

웬디는 시계를 힐끗 보고 깜짝 놀랐다. 벌써 오후 2시였다. 그녀는 약 4시간 동안 뉴스를 시청하고 있었으며, 같은 헤드라인과 뉴스 기사를 세 번 정도 반복해서 본 것 같았다. 그럼에도 불구하고 그녀는 뉴스를 끌 수가 없었다. 한창 팬데믹 속에서의 삶은 더 이상 비현실적일 수 없었고, 마치 미친 영화 세트장에서 사는 것 같았다. 웬디는 자신도 모르게 계속 나쁜 소식을 접하면서 더 이상 나쁜 감정을 느끼지 않도록 무감각해지려는 건 아닌지 생각하기 시작했다.

이 모든 상황에서 그녀를 구원해주는 유일한 것은 밖에 나가 신선한 공기를 마실 수 있다는 점이었다. 그녀의 동네는 하루에 몇 번 산책하기에 좋은 루트를 제공했다. 이웃들과 대화를 나눌 수는 없었지만, 하루 종일 집에 틀어박혀 있다가 다른 사람들을 보기만 해도 반가운 위안이 되었다. 웬디는 철저한 손 씻기, 사회적 거리두기, 공공장소에서 마스크 착용, 꼭 필요할 때만 가게에 가기 등의 모든 권장 안전 지침을 철저히 따르는 것에 자부심을 느끼고 있었다. 어차피 그녀는 몇 주 전에 직장을 잃었고, 그 이후로 대체할 일을 찾지 못한 상태였다. 일이 정상화되면 직장이 자신을 기다리고 있기를 바랄 뿐이었다.

위태로운 줄타기

웬디는 눈을 깜빡이며, 너무 오랜 시간 TV를 본 탓에 눈이 따갑다는 것을 깨달았다. 이제 산책할 시간이 된 것이다! 그녀는 신발 끈을 묶고, 휴대폰을 챙겨 밖으로 나섰다. 날씨는 너무나 아름다웠고, 모험심이 샘솟았다. 오늘은 조금 더 멀리 가서 동네 주변 숲길을 탐험하기에 좋은 날이었다. 예상보다 훨씬 멀리까지 갔지만, 숲의 아름다움은 숨이 멎을 듯했고, 그녀를 더 깊이 탐험하라고 부르는 듯했다. 수많은 새들이 지저귀며, 바람에 따라 일렁이는 녹색 고사리의 끝없는 바다 속을 그녀는 헤치고 나아갔다.

갑작스러운 진동이 주머니 속에서 그녀의 주의를 끌었다. 다시 통신이 연결된 모양이었다. 그녀는 휴대폰을 꺼내 화면을 확인했다. 또 다른 뉴스 속보일까? 최신 건강 통계, 주식 시장 데이터, 실업 수치? 그녀는 화면의 메시지를 읽고 믿을 수 없다는 듯 입이 떡 벌어졌다.

> "이 메시지는 국가 팬데믹 대응 태스크 포스에서 보낸 것입니다. 당신은 등록된 자택 주소로부터 너무 멀리 이동하여 자택 대기 명령을 위반한 것으로 식별되었습니다. 이는 첫 번째이자 유일한 경고입니다. 추가 위반 시 지역, 주, 또는 연방 당국에 의해 처벌을 받을 수 있습니다."

웬디는 급히 휴대폰을 주머니에 넣고 동네로 향해 발걸음을 돌렸다.

타오르는 저항

고요함이 소름끼칠 정도였다. 보통은 멀리서 나는 비행기 소음이 이 침묵을 깼을 텐데, 대부분의 상업 항공편이 중단되면서 깜빡이는 불빛이나 소리 없이 검은 밤하늘이 그대로 남아 있었다. 베스는 장작 더미에서 자작나무 장작 몇 개를 집어들어 화로에 던졌다. 새로운 장작들

출처 : petovarga/Shutterstock

이 빛나는 잔불에 부딪히면서 불꽃이 공중으로 쏟아져 나왔고, 하나하나 불이 꺼지면서 마법처럼 사라지는 듯했다. 쉽게 타는 자작나무 껍질은 순식간에 불길로 변했고, 다시 활활 타오른 불은 주변 나무를 노란빛으로 비추었다.

불빛 속에서 베스는 마당 건너편에서 자신을 향해 다가오는 몇 개의 실루엣을 볼 수 있었다. 오랜 이웃 친구들이라는 것을 그 모습만으로도 쉽게 알아볼 수 있었다. 자가 격리로 인해 몇 주간 고통받은 후, 그들은 모두 충분히 참았다고 결론 내렸다. 앞으로 언젠가는 감염될 것이 불가피할 테니, 차라리 지금 그것을 끝내자는 것이었다. 게다가 집에 앉아 있는 건 지루했고, 친구들과 함께 이걸 끝내면 역사적으로 저렴한 항공료를 이용해 여행도 갈 수 있을 테니까.

베스는 친구들을 따뜻한 불가로 맞이하며, 스낵과 음료를 내왔다. 그들은 함께 화장지를 구하러 다닌 이야기를 하며 웃고, 웃다가 눈물을 흘리기도 했다. 서로의 휴대폰을 차례로 돌려가며 격리 생활 동안의 유머를 공유했다. 모두가 다시 모이니 기분이 좋다고 입을 모았다. 대화를 나눌 때 상대방을 화면 속이 아닌 눈을 마주보고 볼 수 있다는 것이 얼마나 특별한지 그동안 당연하게 여겼다는 것을 깨달았다.

갑자기 여러 개의 하얀 빛이 동시에 그들의 시선을 불에서 빼앗았다. 모두 진동하는 휴대폰을 집어 들었고, 마치 연습이라도 한 듯 동시에 화면을 읽었다.

"이 메시지는 국가 팬데믹 대응 태스크 포스에서 보낸 것입니다. 귀하는 등록된 자택 주소가 아닌 다른 사람들과 가까운 거리에서 사회적 거리두기 명령을 위반한 것으로 식별되었습니다. 즉시 해산하십시오. 이는 첫 번째이자 유일한 경고입니다. 추가 위반 시 지역, 주, 또는 연방 당국에 의해 처벌을 받을 수 있습니다."

그들은 동시에 고개를 들고 말했다. "장난하냐?" 친구 중 한 명이 물었다. "우리가 자유 국가에 살고 있지 않나?" 그들은 모두 휴대폰을 껐고, 베스는 다시 음료를 가져오기 위해 집으로 들어갔다. 이 파티가 일찍 끝날 리 없었다.

토의문제

1. 코로나19 팬데믹 동안 통신사와 정부는 휴대폰에서 수집된 GPS 데이터를 사용하여 시민들의 이동을 추적하고 분석했다. 위의 글에서 설명한 가상 경고 메시지는 실제로 사용되지 않았지만, 위기 상황에서 휴대폰 추적 데이터를 활용해 시민들을 모니터링하고 소통할 수 있는 가능성을 고려해보자.
   a. 이 행동이 칸트의 정언 명령(1장, 27쪽)에 따르면 윤리적인가?
   b. 이 행동이 공리주의적 관점(2장, 58쪽)에 따르면 윤리적인가?
2. 대부분의 휴대폰 사용자는 자신의 기기가 위치 데이터를 지속적으로 기록하고, 이 데이터를 통신사에 보내고 있다는 사실을 인식하지 못한다. 통신사들은 종종 이 데이터를 제3자와 공유하거나 판매한다. 문제 1a와 1b에 대한 답변과 관련하여 이러한 관행에 대해 어떻게 생각하는가?
3. 두 명의 주인공 중 누구에게 가장 공감했는가? 이 문제에 대한 답변이 휴대폰 사용자 추적과 위치 데이터 분석의 윤리에 대한 여러분의 입장을 어떻게 드러낸다고 생각하는가?
4. 권력자들은 종종 위기 상황에서 자신들의 권한을 확대하는데, 이는 평상시에는 비판받을 수 있는 방식이다. 위기 상황에서 휴대폰 위치 데이터를 추적하고 분석하는 것이 윤리적이라고 동의한다면, 이러한 추적 노력이 위기가 끝나자마자 즉시 중단될 것이라고 생각하는가, 아니면 그 행동의 윤리가 변할 것이라고 생각하는가?

생생복습

이 장에서 학습한 내용을 이해했는지 확인해보자.

4-1 현업 전문가들이 하드웨어에 대해 알아야 할 것은 무엇인가?

하드웨어의 범주를 나열하고 각 범주의 목적을 설명하라. 비트와 바이트를 정의하라. 컴퓨터 데이터를 나타내기 위해 비트를 사용하는 이유를 설명하라. 메모리 크기를 측정하는 데 사용되는 바이트 단위를 정의하라. 산업용 사물인터넷(IIoT)과 기계 간 통신(M2M)이 비즈니스에 미치는 영향을 설명하라.

4-2 새로운 하드웨어가 경쟁 전략에 어떻게 영향을 미치는가?

사물인터넷(IoT)을 정의하고 스마트 장치를 설명하라. 스마트 장치가 왜 바람직한지 설명하라. 비즈니스가 스마트 장치로부터 이익을 얻을 수 있는 두 가지 예를 제시하라. 자율 주행 차량이 어떻게 더 안전하고 저렴하며 삶을 더 편리하게 만들 수 있는지 설명하라. 드론과 로봇이 근로자에게 기술 향상을 요구하여 동일한 회사에서 계속 일할 수 있도록 할 수 있는 방식을 설명하라. 3D 프린팅이 어떻게 작동하는지 설명하고, 신제품 설계, 제조, 유통 및 소비자 구매에 어떻게 영향을 미칠 수 있는지 설명하라. 몇 가지 핀테크 혁신을 나열하고, 그것들이 왜 큰 영향을 미칠 잠재력이 있는지 설명하라. 비트코인과 같은 암호화폐를 사용하는 것의 몇 가지 장점과 위험을 설명하라.

4-3 현업 전문가들이 소프트웨어에 대해 알아야 할 것은 무엇인가?

그림 4-14를 검토하고 이 표의 각 셀이 의미하는 바를 설명하라. 세 가지 유형의 가상화를 설명하고 각 가상화의 사용목적을 설명하라. 소프트웨어 소유와 소프트웨어 라이선스의 차이를 설명하라. 수평 시장, 수직 시장, 독자적 애플리케이션의 차이를 설명하라. 조직이 소프트웨어를 획득할 수 있는 세 가지 방법을 설명하라.

4-4 오픈소스 소프트웨어는 현실적인 대안인가?

GNU와 GPL을 정의하라. 성공적인 오픈소스 프로젝트 세 가지를 나열하라. 프로그래머들이 오픈소스 프로젝트에 기여하는 네 가지 이유를 설명하라. **오픈소스, 클로즈드소스, 소스코드, 기계코드**를 정의하라. 오픈소스가 합법적인 대안인 이유와 주어진 애플리케이션에 적합할 수도 있고 그렇지 않을 수도 있는 이유에 대해 의견을 제시해보라.

이 장의 **지식**이 **여러분**에게 어떻게 도움이 되는가?

기업에서 사용하는 기술과 관련하여 여러분의 관심사항을 진술하라. 하드웨어와 소프트웨어에 대한 배운 주제를 나열하라. 애플리케이션 소프트웨어 소스에 대한 지식을 어떻게 활용할 수 있는지 설명하라. 오픈소스 소프트웨어를 간단히 설명하고, 그것이 때로는 현실적인 선택이지만 항상 그런 것은 아닌 이유를 설명하라. 이러한 지식이 소멸 가능성이 있는 이유를 설명하고, 그 사실에 대해 무엇을 할 수 있는지 진술하라.

주요용어

가상(virtual)

가상머신(virtual machines, vm)

가상현실(virtual reality, VR)

가상화(virtualization)

개인용 컴퓨터(personal computer, PC)

고체 저장장치(solid-state storage, SSD)

기가바이트(gigabyte, GB)

기계 간 통신(machine to machine, M2M)

기계코드(machine code)

기성 소프트웨어(off-the-shelf software)

네이티브 애플리케이션(native application)

데스크톱 가상화(desktop virtualization)

독자적인 애플리케이션(one-of-a-kind application)

듀얼 프로세서(dual-processor)

드론(drone)

디지털 지갑(digital wallet)

라이선스(license)

램(random access memory, RAM)

로봇(robot)

리눅스(Linux)

마이크로소프트 윈도즈(Microsoft Windows)

맞춤 개발 소프트웨어(custom-developed software)

맥OS(macOS)

메가바이트(megabyte, MB)

명목화폐(fiat currency)

모던 스타일 애플리케이션(modern-style application)

바이트(byte)

블록체인(blockchain)

비트(bit)

비트코인(Bitcoin)

비휘발성(nonvolatile)

사물인터넷(Internet of Things, IoT)

사이트 라이선스(site license)

사토시(satoshi)

산업용 로봇(industrial robot)

산업용 사물인터넷(Industrial Internet of Things, IIoT)

서버(server)

서버 가상화(server virtualization)

서버 팜(server farm)

소스코드(source code)

수직 시장 애플리케이션(vertical-market application)

수평 시장 애플리케이션(horizontal-market application)

스마트 장치(smart device)

스마트폰(smartphone)

씩 클라이언트 애플리케이션(thick-client application)

씬 클라이언트 애플리케이션(thin-client application)

안드로이드(android)

암호화폐(cryptocurrency)

애플리케이션 소프트웨어(application software)

에지 컴퓨팅(edge computing)

엑사바이트(exabyte, EB)

역량강화(upskill)

오픈소스(open source)

운영체제(operating system, OS)

웹 애플리케이션(web application)

윈도즈 서버(Windows server)

윈도즈 10(모바일)[Windows 10 (mobile)]

유닉스(Unix)

이진화된 부호(binary digit)

일부 수정이 가해진 기성 소프트웨어(off-the-shelf with alterations software)

자율주행차(self-driving vehicle)

저장 하드웨어(storage hardware)

제타바이트(zettabyte, ZB)

존재감(sense of presence)

주기억장치(main memory)

중앙처리장치(central processing unit, CPU)

증강현실(augmented reality, AR)

컴퓨터 하드웨어(computer hardware)

쿼드 프로세서(quad-processor)

클라이언트(client)

클로즈드소스(closed source)

킬로바이트(kilobyte, KB)

태블릿(tablet)

테라바이트(terabyte, TB)

패블릿(phablet)

펌웨어(firmware)

페타바이트(petabyte, PB)

핀테크(financial technology, FinTech)

헤르츠(hertz)

현실(reality)

호스트 운영체제(host operating system)

혼합현실(mixed reality, MR)

휘발성(volatile)

GNU

GNU 일반 오픈 라이선스 협정[GNU general public license (GPL) agreement]

iOS

PC 가상화(PC virtualization)

학습내용 점검

4-1. 여러분의 룸메이트가 정치학 전공자라고 가정해보라. 그녀가 새 노트북을 구매하는 데 도움을 요청했다. 이메일, 인터넷 사용, 수업 중 필기를 위해 컴퓨터를 사용하려고 하며, 1,000달러 이하로 지출하고 싶어 한다.

a. 어떤 CPU, 메모리, 디스크 사양을 추천하겠는가?

b. 그녀에게 필요한 소프트웨어는 무엇인가?

c. *www.dell.com, www.hp.com, www.lenovo.com*에서 가장 좋은 가격의 컴퓨터를 찾아보라.

d. 어떤 컴퓨터를 추천하겠는가? 그 이유는 무엇인가?

4-2. 마이크로소프트는 마이크로소프트 이매진 프로그램에 참여하는 대학과 대학생들에게 특정 소프트웨어 제품의 무료 라이선스를 제공한다. 여러분의 학교가 이 프로그램에 참여한다면 수백 달러 상당의 소프트웨어를 무료로 받을 기회가 있다. 다음은 제공되는 소프트웨어의 일부 목록이다.

- 마이크로소프트 액세스 2019
- 마이크로소프트 윈도즈 서버 2019
- 마이크로소프트 프로젝트 2019
- 마이크로소프트 비주얼 스튜디오 2019
- 마이크로소프트 SQL 서버 2019
- 마이크로소프트 비지오 2019

a. *www.microsoft.com, www.google.com, www.bing.com*에서 각 소프트웨어 제품의 기능을 찾아보라.

b. 이 소프트웨어 중 운영체제는 무엇이고, 애플리케이션 프로그램은 무엇인가?

c. 이 프로그램 중 데이터베이스 관리 시스템(DBMS) 제품은 무엇인가? (다음 장의 주제이다.)

d. 오늘 밤 어떤 프로그램을 다운로드하고 설치해야 하는가?

e. d의 답에서 언급한 프로그램을 다운로드 및 설치하거나, 그렇게 하지 않기로 선택한 이유를 설명하라.

f. 마이크로소프트 이매진이 마이크로소프트에 불이익을 제공한다고 생각하는가? 그 이유는 무엇이며, 그렇지 않은 이유는 무엇인가?

4-3. 오픈소스 이니셔티브의 웹사이트 *www.opensource.org*를 방문하라. 이 재단의 미션을 요약하라. 이 사이트에서 **오픈소스**의 정의를 찾아보고, 그 정의를 여러분의 말로 요약하라. 이 재단의 역할이 오픈소스 라이선스와 관련하여 무엇인지 설명하라. 이 재단에서 라이선스를 승인받기 위한 절차를 요약하라. 재단의 승인을 받는 것이 어떤 장점을 제공하는지 설명하라.

협업과제 4

여러분의 팀원들과 만나서 구글 오피스, 셰어포인트 또는 기타 협업 도구를 사용해서 협업 정보시스템을 구축하라. 아직 협업한 정보시스템을 구축하지 않았다면 협업과제 1을 참고하라. 절차와 팀 훈련이 필요하다는 것을 명심하라. 이제 정보시스템을 이용해서 다음 질문에 답하라.

2019년 3월, 마이크로소프트는 새로운 혼합현실 헤드셋 장치인 홀로렌즈 2의 두 번째 버전을 출시했다. 홀로렌즈는 오큘러스리프트와 같은 디지털 현실 장치와는 다르다. 왜냐하면 홀로렌즈는 독립형, 무선 컴퓨팅 장치이기 때문이다. 다시 말해 컴퓨터에 연결하지 않아도 된다. 홀로렌즈는 완전한 윈도우 10 컴퓨터이다.[43]

홀로렌즈는 맞춤형 홀로그램 CPU, 스냅드래곤 850 프로세서, 4GB RAM, 64GB 저장 용량을 갖추고 있다. 2~3시간 동안 충전 없이 사용할 수 있으며, 블루투스/와이파이 연결이 가능하다. 또한 8메가픽셀 HD 동영상 카메라, 5개의 마이크, 모션 센서, 조도 센서, 환경 카메라, 깊이 감지 카메라가 함께 제공된다.

이러한 결과로 홀로렌즈는 매우 놀라운 일을 할 수 있다. 음성 명령과 제스처 명령(예 : 공중 탭)을 받아들이며, 공간을 매핑하고, 가장 중요한 기능은 공중에 홀로그램(가상 물체)을 생성한다는 것이다. 홀로렌즈가 어떻게 작동하는지에 대한 동영상을 유튜브 채널에서 시청할 수 있다.

최근 시연에서 마이크로소프트는 홀로렌즈를 어떻게 협업적으로 사용할 수 있는지 보여주었다. 장비를 수리하려고 하는 공장 직원이 홀로렌즈를 착용하고, 장비를 수리하는 방법을 알고 있는 전문가는 다른 장소에 있으면서 서로 협력하여 공장 장비를 함께 수리할 수 있었다. 홀로렌즈를 착용한 사람은 장비에 3D 홀로그램 화살표가 나타나는 것을 볼 수 있었고, 화살표는 장비를 수리하기 위해 무엇을 해야 하는지를 나타냈다. 이 화살표는 홀로렌즈에서 실시간 동영상 피드를 보여주는 컴퓨터에서 손으로 그려진 것이었다.

다른 예에서 필립스 영상도움치료 시스템(Philips Image Guided Therapy Systems)은 홀로렌즈를 자사의 영상 시스템에 통합하여 외과 의사들이 실시간 3D 모델을 보며 수술을 수행할 수 있도록 했다.[44] 또한 의사들은 자신 앞에 떠 있는 홀로그램 화면에 실시간 정보를 표시할 수 있었다. 홀로렌즈와 이러한 고급 의료 영상 시스템의 조합은 의료 절차의 효과를 크게 향상시킬 것이다.

PACCAR는 직원 교육을 개선하기 위해 홀로렌즈를 사용하고 있다. 신규 직원들은 켄워스 트럭을 조립하는 방법을 보여주는 홀로그램 오버레이 이미지를 시청한다. 홀로렌즈를 사용하여 직원들은 복잡한 조립 절차를 짧은 시간 내에 배울 수 있다. 이를 통해 교육 비용을 절감하고 직원 생산성을 높일 수 있다. 또한 PACCAR는 신제품을 위해 제조 공정을 빠르게 변경할 수 있게 될 것이다.

홀로렌즈의 잠재적인 사용처는 무궁무진하다. 게이머들은 더 이상 소파에 앉아 동영상 게임을 할 필요가 없다. 이제 어디서나 누구와도 2시간 동안 다중 플레이어 홀로그램 게임을 할 수 있을 것이다. 홀로렌즈는 또한 사람들의 소통 방식을 변화시킬 것이다. 마이크로소프트 엔지니어들은 최근 '홀로포테이션(holoportation)'이라는 시연을 했다. 이는 한 사람의 실시간 인터랙티브 3D 홀로그램이 다른 방으로 전송되는 기술이다. 홀로렌즈를 착용한 사용자들은 마치 같은 방에 있는 것처럼 그 사람과 상호작용할 수 있었다.

교육, 엔터테인먼트, 관광, 디자인, 공학, 영화 등 다양한 분야에서 홀로렌즈를 활용한 많은 애플리케이션이 개발되고 있다. 홀로렌즈는 상업적으로 이용 가능한 첫 번째 혼합현실 장치 중 하나이기 때문에, 이 기술의 가장 유용한 애플리케이션이 아직 알려지지 않았을 가능성이 크다. 사람들이 이 기술을 어떻게 사용할지는 아직 모르지만, 구글, 마이크로소프트, 애플과 같은 큰 기업들이 혼합현실 장치에 큰 투자를 한다는 것은 명확하다. 이들은 혼합현실 장치의 잠재력을 알고 있으며, 과감하게 투자하고 있다.

1장에서 언급된 RAND 연구를 떠올려보라. 이 연구는 새로운 기술과 제품을 혁신적인 방식으로 적용하여 비즈니스 문제를 해결할 수 있는 인재에 대한 세계적인 수요가 증가할 것이라고 예측했다. 마이크로소프트 홀로렌즈는 혁신적으로 적용될 새로운 기술의 훌륭한 예이다.

4-4. 홀로렌즈가 여러분의 대학에서 사용될 수 있는 방법

을 고려해보라. 홀로렌즈는 건축, 화학, 법학, 의학, 경영학, 지리학, 정치학, 예술, 음악 또는 여러분의 팀이 관심 있는 다른 분야에서 어떻게 사용될 수 있을까? 다섯 가지 다른 분야에서 홀로렌즈의 잠재적 활용 사례를 설명하라.

4-5. 문제 4-4에서 선택한 다섯 가지 애플리케이션 각각의 구체적인 기능과 이점을 나열하라.

4-6. 문제 4-4에서 확인한 애플리케이션을 만들기 위해 일반적으로 수행해야 할 작업을 설명하라.

4-7. 일부 사람들은 독점 게임 때문에 소니 플레이스테이션이나 마이크로소프트 엑스박스와 같은 게임 콘솔을 구매한다. 모든 동영상 게임이 모든 콘솔에서 사용할 수 있는 것은 아니다. 홀로렌즈, 매직리프, 오큘러스리프트와 같은 디지털 현실 장치의 성공에 애플리케이션이 얼마나 중요할까?

4-8. 가끔 "신기술이 끊임없이 경쟁의 장을 평준화한다"는 표현을 듣게 된다. 즉 기술은 기존 회사의 경쟁우위를 없애고 새로운 회사에 기회를 제공한다. 이 말과 관련하여 홀로렌즈, 아이패드, 윈도즈 10, 애플, 구글은 어떻게 하였는가?

사례연구 4

펠로톤

삶은 점점 더 바빠지는 것처럼 보인다. 오늘날 조직들은 프로세스의 효율성과 효과성을 증진하기 위해 기술에 공격적으로 투자하지만, 어디에나 있는 기술은 직원들이 프로젝트, 회의, 이메일에서 완전히 벗어나지 못한다는 것을 의미하기도 한다. 점점 더 일이 삶을 지배하는 것 같고, 자신을 위한 시간은 거의 남지 않는다.

그러나 지난 몇십 년간 사회에서 기술의 확산은 점점 더 많은 건강을 중시하는 성인들의 증가와 함께 진행되어 왔다. 이러한 경향의 예로, 어디에서나 등장한 다양한 종류의 경쟁 레이스와 피트니스 도전을 보면 알 수 있다(예 : 마라톤, 자전거 경주 등). 요컨대 노트북과 모바일 기기로 인해 많은 사람들은 집에까지 와서 일을 해야 하지만, 점점 더 많은 사람들이 운동을 더 하고 건강한 생활 방식을 추구한다. 이는 분명히 상충하는 목표들이다.

2010년대 초반, 스피닝 클래스는 고강도 운동을 원하는 사람들에게 널리 인기 있는 옵션이 되었다. 수십 명의 사람들과 함께 스피닝 스튜디오에서 고정식 자전거를 타는 것은 흔한 일이 되었다. 고객들은 경쾌한 음악에 맞춰 신나게 움직이고, 동기 부여를 해주는 강사의 지시를 받고, 양옆의 라이더들과 함께 땀을 흘리며 공동체 의식을 느끼는 것을 좋아했다.

그러나 스피닝 스튜디오는 완벽한 경험은 아니었다. 좋은 스튜디오에서 최고 강사와 함께 수업을 듣는 것은 비용이 많이 들었다. 게다가 인기 있는 시간대와 강사의 수업 시간을 찾는 것은 어려웠고, 마치 파트타임 일처럼 느껴지기도 했다. 또한 혼잡한 쇼핑몰에서 주차장을 찾고, 각 수업 전마다 자전거 설정을 맞추고, 고강도 땀을 흘리는 운동에서 자전거를 공유하는 것의 위생 문제를 생각해야 하는 등 불편함도 모든 사람에게 환영받는 것은 아니었다. 더 나은 방법이 필요했다.

혁신의 자전거 바퀴

이러한 여러 요인들의 상호작용으로 인해 새로운 연결 피트니스 제품을 만들 기회가 생겼다. 2012년, 그레이엄 스탠턴, 히사오 쿠시, 존 폴리, 톰 코르테즈, 요니 펑은 이러한 요인들을 인식하고 펠로톤을 창립했다. 이 회사는 집에서

출처 : JHVEPhoto/Shutterstock

편안하게 고급 부티크 스타일의 스핀 클래스를 제공하는 데 중점을 두고 있다. 그들의 비전은 펠로톤 고정식 자전거의 개발로 이어졌다.

첫 번째 펠로톤 자전거는 2014년에 공식적으로 출시되었으며, 가격은 2,245달러였다. 이 자전거는 사용자 선호에 맞게 세밀하게 조정할 수 있는 요소들(예 : 안장 높이, 안장 거리, 핸들바 높이 등)을 갖추고 있다. 또한 자전거에는 큰 터치스크린이 장착되어 있어 메뉴 탐색, 사용자 계정 설정 및 관리, 지표 표시(예 : 회전 수, 저항, 와트), 그리고 가장 중요한 기능인 실시간 또는 사전 녹화된 스피닝 클래스를 스트리밍하는 데 사용된다. (고객은 실시간/녹화된 스피닝 클래스 아카이브에 접속하기 위해 월 39달러의 요금을 지불해야 한다.)

사용자들은 가상으로 구성된 스피닝 스튜디오에서 지리적으로 분산된 라이더들과 경쟁하며 '가상 리더보드'에서 성과를 겨룬다. 강사들은 미리 선택한 재생 목록을 틀며 리더보드의 라이더들과 상호작용한다. 운동 중에 라이더에게 지시를 내리는 것 외에도 종종 특정 라이더의 사용자 이름을 불러 격려하거나 운동 성과를 축하하기도 한다(예 : "100번째 라이딩 달성, 잘했어요!"). 펠로톤은 이후 고정식 자전거를 기반으로 한 트레드밀도 출시했는데, 가격은 4,295달러로 더 높다.

자금 조달과 성장

펠로톤은 총 여섯 번의 자금 조달 라운드를 거쳐 총 10억 달러에 가까운 자본을 모았다. 자금 조달은 성장에 기반했으며, 매출은 2017년에 5억 달러에서 2019년에 10억 달러에 가까운 수준으로 증가했다. 또한 실시간 및 아카이브된 스피닝 클래스에 접속하기 위해 매월 요금을 지불하는 구독자 수는 2017년에 10만 명 미만에서 2019년에 50만 명 이상으로 증가했다.[45] 펠로톤은 2019년 9월에 상장되었고, 29달러의 초기가격으로 11억 6천만 달러를 조달했지만, 주가는 25.76달러로 마감하여 11.2% 하락했다. 2020년의 매출 및 구독자 수 예상치는 각각 15억 달러와 90만 명이었다.

그러나 코로나19 팬데믹으로 인해 체육관이 문을 닫고 사람들이 오랜 기간 집에 갇히면서 펠로톤은 2020년 1분기에 17만 4,100개의 신규 계정을 추가하며 가입자 수가 급증했다.[46] 이 예상치 못한 증가로 인해 2020년 예상치는 약

105만 명의 신규 가입자로 상향 조정되었다.[47]

불확실성을 향해 나아가는 펠로톤

펠로톤은 세련되고 연결된 피트니스 플랫폼의 초기 개발자로서 선도 기업의 이점을 잘 활용했다. 하지만 펠로톤의 장기적인 성공은 불확실할 수 있다. 펠로톤은 자사를 빠르게 따라오는 경쟁사들로부터 보호하기 위해 소송을 제기하면서 소송이 일상화되었다(예 : 펠로톤은 에셜론을 상표 복제, 허위 광고, 리더보드 개념 도용 등의 이유로 고소했다). 펠로톤이 이러한 소송에서 패소한다면, 수많은 회사들이 모든 종류의 운동 플랫폼을 위해 자체 버전의 '펠로톤'을 개발하고 출시하면서 진입장벽이 무너지기 시작할 수 있다.

또한 투자자들은 아직 펠로톤 주식을 어떻게 인식해야 할지 잘 모르고 있다. 이는 기술 회사인지, 아니면 운동 회사인지에 대한 질문 때문이다. (마치 사람들이 소노스와 우버가 각각 기술 회사인지, 아니면 스피커 회사와 택시 회사인지 묻는 것과 같다.) 회사의 궁극적인 분류는 투자자들이 잠재적인 안정성과 수익성을 보는 방식에 왜곡을 일으킬 수 있으며, 특히 팬데믹 이후 운동 세계가 정상화되면서 그럴 수 있다.

사람들이 집에서 운동하는 것에 만족할 것인가, 아니면 다시 체육관으로 대규모로 돌아갈 것인가? 후자라면 펠로톤은 현재 이익을 보고 있는 단꿈에서 벗어나 강한 역풍을 맞게 될 것이다.

토의문제

4-9. 펠로톤 운동 기계를 사용해본 적이 있는가? 없다면 *www.onepeloton.com*에 가서 그들의 제품 라인업을 살펴보라. 이 제품들이 여러분에게 흥미로운가? 그 이유를 설명하라.

4-10. 게임화(예 : 점수 매기기, 경쟁, 놀이 규칙)는 사람들이 특정 유형의 행동에 참여하도록 동기를 부여하기 위해 다양한 맥락에서 사용되었다. 펠로톤 개발자들이 게임화를 어떻게 활용하여 구독자를 유지하려고 하는지 생각해보라.

4-11. 이 기사에서는 펠로톤이 고정식 자전거 제품과 함께 사용할 새로운 트레드밀 운동 플랫폼을 출시했다고 언급했다. 두 제품 모두 매우 비싸기 때문에, 이 회사

가 두 제품의 판매를 증가시키기 위해 어떤 추천을 할 수 있을까?

4-12. 사람들이 집에서 운동하는 피트니스 솔루션을 사용하는 데 따른 단점이 있을까? 창의적으로 생각해보라.

4-13. 펠로톤의 고정식 자전거와 트레드밀이 성공적이었지만, 회사가 장기적인 성공을 위해서는 지속적인 혁신이 필요하다. (예 : 애플은 첫 번째 아이폰만 출시

하고 영구적인 성공을 거두지 않았다.) 펠로톤이 장기적인 수익을 보장하기 위해 추구할 수 있는 혁신의 유형은 무엇인가?

4-14. 펠로톤은 코로나19 팬데믹으로 인해 구독자가 급증했지만, 이 회사의 장기적인 성공에 대한 여러분의 기대는 무엇인가? 펠로톤 주식을 사겠는가? 그 이유를 설명하라.

주

1. Daniel Keys, "Mobile App Users Are Key to Amazon's Success," *Business Insider*, March 27, 2019, accessed May 8, 2021, *www.businessinsider.com/mobile-app-users-amazon-2019-3*.

2. General Electric, "Industrial Internet," accessed May 8, 2021, *www.ge.com/reports/tag/industrial-internet/*.

3. Ibid.

4. Jennifer Warnick, "88 Acres: How Microsoft Quietly Built the City of the Future," Microsoft Corp., accessed May 8, 2021, *www.microsoft.com/en-us/news/stories/88acres/88-acres-how-microsoft-quietly-builtthe-city-of-the-future-chapter-1.aspx*.

5. Raconteur, "A Day in Data," *Raconteur.net*, 2019, accessed May 8, 2021, *www.raconteur.net/infographics/a-day-in-data*.

6. Kashmir Hill, "Blueprints of NSA's Ridiculously Expensive Data Center in Utah Suggest It Holds Less Info Than Thought," *Forbes.com*, accessed May 8, 2021, *www.forbes.com/sites/kashmirhill/2013/07/24/blueprints-of-nsa-data-center-in-utah-suggest-its-storage-capacity-is-lessimpressive-than-thought*.

7. Cisco Systems, Inc., "VNI Forecast Highlights," *Cisco.com*, accessed May 8, 2021, *www.cisco.com/c/m/en_us/solutions/service-provider/vni-forecast-highlights.html*.

8. Fortune Business Insights, "Virtual Reality Market to Reach USD 120.5 Billion by 2026," *GlobalNewsWire.com*, May 15, 2020, accessed May 8, 2021, *www.globenewswire.com/news-release/2020/05/15/2034035/0/en/Virtual-Reality-Market-to-Reach-USD-120-5-Billion-by-2026-Rising-Usage-in-Healthcare-Education-Sectors-to-Aid-Growth-Fortune-Business-Insights.html*.

9. Eric Johnson, "Choose Your Reality: Virtual, Augmented or Mixed," *Re/code*, July 27, 2015, accessed May 8, 2021, *http://recode.net/2015/07/27/whats-the-difference-between-virtual-augmented-and-mixed-reality*.

10. 홀로렌즈에 대해 최근에 개발된 혼합현실(MR) 애플리케이션을 알아보려면 마이크로소프트 사이트를 찾아보라. *www.microsoft.com/microsofthololens/en-us*.

11. McKinsey & Company, "The Future of Mobility Is at our Doorstep," *McKinsey.com*, December 2019, accessed May 8, 2021, *www.mckinsey.com/~/media/McKinsey/Industries/Automotive%20and%20Assembly/Our%20Insights/The%20future%20of%20mobility%20is%20at%20our%20doorstep/The-future-of-mobility-is-at-our-doorstep.ashx*.

12. KPMG, "The Chaotic Middle: The Autonomous Vehicle, Insurance and Potential New Market Entrants," *KPMG.com*, May 12, 2017, accessed May 8, 2021, *www.kpmg.com/US/en/IssuesAndInsights/ArticlesPublications/Documents/automobile-insurancein-the-era-of-autonomous-vehicles-survey-results-june-2015.pdf*.

13. Daniel Faggella, "The Self-Driving Car Timeline—Predictions from the Top 11 Global Automakers," *Emerj.com*, March 14, 2020, accessed May 8, 2021, *http://emerj.com/ai-adoption-timelines/self-driving-car-timeline-themselves-top-11-automakers*.

14. Kelsey Piper, "It's 2020. Where Are Our Self-Driving Cars?" *Vox.com*, February 28, 2020, accessed May 8, 2021, *www.vox.com/future-perfect/2020/2/14/21063487/self-driving-cars-autonomous-vehicles-waymo-cruise-uber*.

15. KPMG, "The Chaotic Middle: The Autonomous Vehicle, Insurance and Potential New Market Entrants," May 12, 2017, accessed May 8, 2021, *www.kpmg.com/US/en/IssuesAndInsights/ArticlesPublications/Documents/automobile-insurancein-the-era-of-autonomous-vehicles-survey-results-june-2015.pdf*.

16. Network of Employers for Traffic Safety, "10 Facts Employers Must Know," accessed May 8, 2021, *http://trafficsafety.org/safety/fleet-safety/10-facts-employers-must-know*.

17. Research and Markets, "Autonomous Last-Mile Delivery Market by Platform (Aerial Delivery Drones, Ground Delivery Vehicles (Delivery Bots, Self-Driving Vans & Trucks)), Solution, Application, Type, Payload Weight, Range, and Region—Global Forecast to 2030," *Research and Markets*, July 2019,

accessed May 8, 2021, *www.researchandmarkets.com/ reports/4804121/autonomous-last-mile-delivery-market-by-platform.*

18. Stephen McBride, "Flying Robots Might Soon Deliver Your Morning Coffee," *Forbes.com*, May 21, 2020, accessed May 8, 2021, *www.forbes.com/sites/ stephenmcbride1/2020/05/21/flying-robots-will-soon-deliver-your-morning-coffee.*

19. Tom Gorski, "Possible Benefits of Drone Delivery," *SAASGenius.com*, January 26, 2019, accessed May 8, 2021, *www.saasgenius.com/blog/possible-benefits-drone-delivery.*

20. Courtney Connley, "Robots May Replace 800 Million Workers by 2030. These Skills Will Keep You Employed," *CNBC*, November 30, 2017, accessed May 8, 2021, *www.cnbc.com/2017/11/30/robots-may-replace-up-to-800-million-workers-by-2030.html.*

21. International Federation of Robotics, "World Robotics 2019 Industrial Robots," *IFR.org*, April 8, 2019, accessed May 8, 2021, *https://ifr.org/free-downloads.*

22. Julia Limitone, "Fmr. McDonald's USA CEO: $35K Robots Cheaper Than Hiring at $15 per Hour," *FoxBusiness. com*, May 24, 2016, accessed May 8, 2021, *www.foxbusiness. com/features/2016/05/24/fmr-mcdonalds-usa-ceo-35k-robots-cheaper-than-hiring-at-15-per-hour.html.*

23. Dylan Love, "Here's the Burger-Flipping Robot That Could Put Fast-Food Workers Out of a Job," *Business Insider*, August 11, 2014, accessed May 8, 2021, *www. businessinsider.com/momentum-machines-burger-robot-2014-8.*

24. Sam Francis, "Foxconn to Invest $4 Billion in New Robotics and Automation Technology," *Robotics and Automation News*, February 24, 2018, accessed May 8, 2021, *https:// roboticsandautomationnews.com/2018/02/24/foxconn-to-invest-4-billion-in-new-robotics-and-automation-technology/16182.*

25. Alan Boyle, "Airbus Acquires MTM Robotics, Which Makes Aircraft-Building Systems in Boeing's Backyard," *GeekWire*, December 12, 2019, accessed May 8, 2021, *www.geekwire.com/2019/airbus-acquires-mtm-robotics-makes-aircraft-building-systems-boeings-backyard.*

26. Jason Del Rey, "How Robots Are Transforming Amazon Warehouse Jobs—for the Better and Worse," *Vox.com*, December 11, 2019, accessed May 8, 2021, *www.vox.com/recode/2019/12/11/20982652/robots-amazon-warehouse-jobs-automation.*

27. Rae Witte, "Nike Is Making Footwear to Improve Athletes' Efficiency for the Tokyo Olympics," *Tech-Crunch.com*, February 5, 2020, accessed May 8, 2021, *https://techcrunch.com/2020/02/05/how-nike-is-making-footwear-to-improve-athletes-efficiency-for-the-tokyo-olympics.*

28. Reuters, "Factbox: Nike's Vaporfly Running Shoes and Tumbling Records," *Reuters.com*, January 24, 2020, accessed May 8, 2021, *www.reuters.com/article/us-athletics-shoe-factbox/factbox-nikes-vaporfly-running-shoes-and-tumbling-records-idUSKBN1ZN0NH.*

29. EDAG의 제네시스 프로토타입 차를 보려면 www.EDAG.de 를 참조하라.

30. David Curry, "Venmo Revenue and Usage Statistics," *BusinessofApps.com*, May 6, 2021, accessed May 8, 2021, www.businessofapps.com/data/venmo-statistics.

31. "Net Marketshare," Operating System Market Share, accessed May 8, 2021, *www.netmarketshare.com/operating-system-market-share.aspx.*

32. 이전에는 매트로 스타일이라 불렸다. 유럽발 상표소송 때문에 마이크로소프트가 이름을 변경했다.

33. "Net Marketshare," Operating System Market Share, accessed May 8, 2021, *www.netmarketshare.com/operating-system-market-share.aspx.*

34. DistroWatch.com, accessed May 8, 2021, www. distrowatch.com.

35. "Net Marketshare," Operating System Market Share, accessed May 8, 2021, *www.netmarketshare.com/operating-system-market-share.aspx.*

36. Ibid.

37. Pew Research Center, "Mobile Fact Sheet," PewInternet.org, accessed May 8, 2021, *www.pewinternet.org/ fact-sheet/mobile.*

38. "Unlocking the Cloud," *The Economist*, May 28, 2009, accessed May 8, 2021, *www.economist.com/ node/13740181.*

39. Kim Zetter, "An Unprecedented Look at Stuxnet, the World's First Digital Weapon," *WIRED*, November 3, 2014, accessed May 8, 2021, *www.wired.com/2014/11/ countdown-to-zero-day-stuxnet/.*

40. J. M. Porup, "Why America Is Not Prepared for a Stuxnet-Like Cyber Attack on the Energy Grid," *CSO*, January 28, 2019, accessed May 8, 2021, *www. csoonline.com/article/3336061/why-america-is-not-prepared-for-a-stuxnet-like-cyber-attack-on-the-energy-grid.html.*

41. Kim Zetter, "A Cyberattack Has Caused Confirmed Physical Damage for the Second Time Ever," *Wired*, January 8, 2015, accessed May 8, 2021, *www.wired. com/2015/01/german-steel-mill-hack-destruction/.*

42. R. A. Becker, "Cyber Attack on German Steel Mill Leads to 'Massive' Real World Damage," *NOVA*, January 8, 2015, accessed May 8, 2021, *www.pbs.org/wgbh/ nova/article/cyber-attack-german-steel-mill-leads-massive-real-world-damage/.*

43. Horia Ungureanu, "TAG Microsoft, HoloLens, Augmented Reality Microsoft HoloLens Full Processor, RAM

and Storage Specs Revealed: All You Need to Know," *Tech Times*, May 4, 2016, accessed May 8, 2021, *www.techtimes.com/articles/155683/20160504/microsofthololens-full-processor-ram-and-storage-specs-revealed-all-you-need-toknow.htm*.

44. Microsoft Corp., "Microsoft Hololens2: Partner Spotlight with Philips," February 24, 2019, accessed May 8, 2021, *www.youtube.com/watch?v=loGxO3L7rFE*.

45. John D. Stoll, "Is Peloton a Fitness Fad or a Tech Company? Everything's Riding on the Answer," *The Wall Street Journal*, January 17, 2020, accessed May 8, 2021, *www.wsj.com/articles/is-peloton-a-fitness-fad-or-a-tech-company-everythings-riding-on-the-answer-11579273632*.

46. Dan Gallagher, "In Premium Tech, Necessity Still Sells," *The Wall Street Journal*, May 7, 2020, accessed May 8, 2021, *www.wsj.com/articles/in-premium-tech-necessity-still-sells-11588847581*.

47. Reuters, "Peloton Gets Lockdown Boost as Home Workouts Drive Exercise Bike Sales," *The New York Times*, May 6, 2020, accessed May 8, 2021, *www.nytimes.com/reuters/2020/05/06/business/06reuters-peloton-results.html*.

Chapter 5

데이터베이스 처리

1부에서 설명했듯이 e헤르메스는 자율주행 차량을 사용하여 모바일 쇼핑 경험을 제공하는 회사이다. 본질적으로 이 회사는 사용자의 문 앞까지 모바일 매장을 가져다주는 일종의 이동형 이베이와 같으며, 새 상품과 중고 상품을 모두 판매하는 지역 중개 역할을 한다. e헤르메스의 모바일 매장은 고객이 판매를 원하는 물품을 수거하고, 구매를 원하는 물품을 배달한다. e헤르메스의 IT 서비스 담당 이사인 세스 윌슨은 고객이 판매하려는 물품을 자동으로 촬영하고, 식별하며, 설명을 제공하는 머신러닝 프로젝트를 진행 중이다. 이를 통해 물품 판매 과정을 더 쉽고 빠르게 만들 수 있을 것이다.

"문제는 컴퓨터가 물품을 정확하게 식별하는 것이죠"라고 세스가 말한다. "우리는 수백 가지 물품을 테스트해보았고, 약 85%의 정확도로 자동적으로 물품을 식별하고 있어요. 물품이 올바르게 배치되고 적절한 조명이 있으면, 시스템은 꽤 물품을 잘 식별합니다. 그러나 고유 물품이나 매우 오래된 물품의 경우에는 잘되지 않아요."

"저는 85%의 정확도도 꽤 괜찮다고 생각하는데요"라고 e헤르메스의 COO인 빅토르 바스케즈는 말한다.

"네, 이렇게 하면 물품을 더 빨리, 정확하게 재고 목록에 추가할 수 있겠죠. 현재는 판매자가 우리가 판매할 물품의 이미지를 수동으로 업로드하고 간단한 설명을 작성해야 해요. 그런데 가끔 설명이 좋지 않은 경우도 있어요. 그러면 구매자가 원하는 물품을 찾기가 어렵죠. 만약 우리가 물품에 대해 더 많은 정보를 가지고 있다면, 예를 들어 색상, 연식, 브랜드 이름, 유형 같은 정보가 있으면, 고객이 진짜로 원하는 물품을 찾기가 훨씬 쉬울 겁니다."

세스는 작은 장난감 트랙터를 휴대용 사진 촬영 라이트박스에 넣고 마우스를 클릭한다. 이미지가 모니터에 나타나고 그 아래에 데이터가 채워지기 시작한다. 화면을 가리키며 세스는 말한다. "물품을 정확하게 식별하고 나면, 고객 후기, 제품 후기 동영상, 제조업체 사이트 링크도 불러올 수 있고, 이전에 판매된 물품의 비교 가격도 보여줄 수 있어요."

빅토르는 환하게 웃으며 말한다. "와, 이거 정말 멋지네요. 구매자와 판매자 모두 좋아할 겁니다. 정말 재고 목록화 과정을 빠르게 할 수 있겠군요. 언제쯤 출시할 수 있을까요?"

세스는 약간 찡그리며 말한다. "아직 몇 가지 세부사항을 조정 중이에요. 이미지를 식별하기 위해 구글의 이미지 분류 API를 사용하고 있어요. 우리가 원하는 기능에 따라 1,000개의 이미지 검색당 몇 달러가 소요될 수 있습니다. 하지만 더 많은 데이터 저장 공간이 필요하고, 데이터베이스를 새로 설계해야 하며, 새로운 애플리케이션 프론트엔드와 새로운 DBMS도 필요할 수 있어요."

"흠… 이미지 검색은 그렇게 비싸 보이지 않네요. 하지만 데이터베이스 재설계와 새로운 애플리케이션은 비용이 꽤 들겠어요"라고 빅토르는 걱정스러운 어조로 말한다.

"사실 그렇지 않아요. 데이터베이스 재설계는 내부에서 할 수 있습니다. 우리가 직접 만든 것이기 때문에 재설계 비용이 많이 들지 않을 겁니다. 그리고 저는 훌륭한 현지 애플리케이션 개발자를 알고 있어서 그 비용도 최소화될 겁니다. 저장 공간 증가 비용도 미미할 거예요. 우리 데이터 센터에 꽤 큰 NAS(network-attached storage)가 있거든요. 가장 걱정되는 건 데이터 흐름, API, 저장 요구사항, 그리고 보안보호 조치를 모두 알아내는 거예요. 우리는 여러 다른 데이터 원천에서 데이터를 주고받고 있어요."

빅토르는 이해한다는 듯이 고개를 끄덕인다. "그렇군요. 앞으로 데이터 원천이 문제가 될 수도 있겠네요."

"분명히 그렇죠. 우리는 모든 이미지 식별을 구글에 의존하게 될 거예요. 그들이 가격을 인상하면 우리는 그들의 결정에 종속될 겁니다. 또한 유튜브 동영상이나 제조업체의 제품 페이지, 그리고 다른 온라인 웹사이트에서 제품 후기를 가져와야 해요. 내부적으로는 과거 판매 데이터를 연동하게 될 텐데, 이는 데이터 처리 요구사항을 증가시킬 겁니다. 모든 것이 잘 작동될 수 있도록 하는 것이 제 걱정입니다."

"이해가 돼요. 하지만 위험보다 보상이 더 크지 않나요?"라고 빅토르는 고개를 저으며 묻는다.

"물론이죠." 세스는 미소 지으며 말한다. "정말 대단할 겁니다. 각 모바일 상점에 디지털 카메라가 내장된 라이트박스를 설치할 수 있어요. 판매자는 물품을 라이트박스에 넣으면 시스템이 자동으로 물품을 인식할 거예요. 몇 초 만에 모든 관련 데이터 필드가 채워지고, 적정 판매 가격을 제안하고, 잠재적 구매자에게 아이템을 마케팅하기 시작할 겁니다. 유사한 물품의 과거 판매 기록을 기반으로 더 정확하게 가격을 책정할 수 있어 물품이 훨씬 더 빨리 팔릴 겁니다. 판매자가 더 이상 길고 번거로운 설명을 작성할 필요가 없을 거예요."

"좋은데요. 다음 단계는 뭐죠?"

"데이터베이스 재설계와 애플리케이션 개발 작업이 필요해요. 그 후에 모바일 매장에 라이트박스를 설치하고 데이터 전송과 새 시스템을 테스트할 겁니다. 할 일이 많아요."

"약 85%의 정확도로 자동적으로 물품을 식별하고 있어요."

 학습목표

학습성과 : 데이터베이스의 목적을 설명하고, 데이터베이스가 조직에 이익을 주는 효과적인 활용 방법을 논의할 수 있다.

5-1   데이테베이스를 알아야 하는 이유는 무엇인가?

5-2   데이터베이스란 무엇인가?

5-3   데이터베이스 관리시스템(DBMS)이란 무엇인가?

5-4   데이터베이스 애플리케이션은 어떻게 데이터베이스를 더 유용하게 만드는가?

5-5   e헤르메스는 데이터베이스 시스템을 통해 어떻게 이득을 얻는가?

5-6   비전통적인 DBMS 제품이란 무엇인가?

이 장의 **지식**이 **여러분**에게 어떻게 도움이 되는가?

5-1 데이터베이스를 알아야 하는 이유는 무엇인가?

이 지식은 미래의 현업전문가로서 중요하다. 첫째로, 데이터베이스는 어디에나 존재한다. 여러분은 이를 인식하지 못할 수 있지만, 매일 수십 개, 아니면 수백 개의 데이터베이스에 접근한다. 휴대전화로 전화를 걸거나, 인터넷에 접속하거나, 신용카드를 사용해 온라인으로 구매할 때마다, 배후에서 애플리케이션이 수많은 데이터베이스를 처리한다. 스냅챗, 페이스북, 엑스(구 트위터), 링크드인 등을 사용할 때도 애플리케이션이 데이터베이스를 대신 처리한다. 구글에서 무언가를 검색할 때도 마찬가지로 수십 개의 데이터베이스가 처리되어 검색 결과를 제공한다.

데이터베이스 기술을 배우는 이유

사용자로서 여러분은 기본 기술에 대해 아무것도 알 필요가 없다. 여러분의 관점에서는 '그저 작동한다'고 스티브 잡스가 말했듯이, 시스템이 알아서 일을 처리한다. 그러나 21세기 현업 전문가로서 이야기는 달라진다. 여러분에게는 이 장과 관련된 확장된 지식을 알아야 하는 네 가지 주요 이유가 있다.

데이터 엔지니어 직업에 대해 더 많이 알아보려면 커리어 가이드(168쪽)를 참조하라.

1. 여러분은 신규사업 개발 프로젝트에 참여할 때, 데이터베이스 기술이 프로젝트 목표달성에 도움이 되는지 판단할 필요가 있다. 만약 그렇다면 데이터베이스 구축이 작은 창고를 짓는 것과 비슷한지, 아니면 마치 고층 빌딩을 짓는 것처럼 복잡한지 평가할 수 있는 충분한 지식이 필요하다. 이 장의 서두에 나온 빅토르처럼 데이터베이스 구축의 어려움과 비용을 평가할 수 있는 지식이 필요하다.

2. 데이터베이스는 상거래에서 흔히 사용되며, 매일 수십억 바이트의 데이터가 저장된다. 이 데이터를 유용한 정보로 변환하는 방법을 알아야 한다. 이를 위해 다양한 그래픽 도구를 사용하여 데이터를 질의할 수 있으며, 더 나아가 숙련되기 위해 SQL과 같은 국제 표준 데이터베이스 질의 언어를 배울 수 있다.

3. 비즈니스는 역동적이며, 정보시스템은 이에 적응해야 한다. 종종 이러한 적응은 데이터베이스 구조를 변경해야 함을 의미하며, 때로는 완전히 새로운 데이터베이스를 만들어야 할 수도 있다. 이 장에서 배울 내용처럼 사용자인 여러분만이 무엇을 어떻게 저장해야 할 것인지에 대해 알고 있다.

4. 마지막으로 언젠가 여러분이나 여러분의 부서가 복잡한 문제에 직면할 수도 있다. 예를 들어, 누가 어떤 장비를 가지고 있는지, 특정 도구가 어디에 있는지, 혹은 보관실에 무엇이 있는지 모를 수 있다. 이 경우 여러분은 직접 데이터베이스를 구축하기로 할 수 있다. 정보시스템 전문가가 아니라면 그 데이터베이스는 작고 비교적 간단하겠지만, 여전히 여러분과 동료들에게 매우 유용할 수 있다.

먼저 데이터베이스의 목적부터 알아보자.

데이터베이스의 목적은 무엇인가?

데이터베이스의 목적은 관리 대상에 대한 기록을 관리하는 것이다. 데이터베이스를 배우게 될 때 대부분의 학생들은 그렇게 간단한 문제를 풀기 위해 따로 기술을 배워야 하는지 의아해한다. 목록을 이용하면 되지 않는가? 목록이 길면 스프레드시트를 이용하면 될 것이다.

실제로 많은 사람들이 스프레드시트를 이용하여 기록을 관리한다. 목록 구조가 간단하다면 데이터베이스 기술까지는 필요 없다. 그림 5-1에서와 같이 학생 성적 목록은 스프레드시트만으로도 잘 관리할 수 있다.

그러나 교수님께서 학점을 포함하여 다른 항목까지 동시에 관리하고자 한다고 가정해보자. 교수님께서는 전자우편 주소를 포함하고자 한다. 또는 교수님께서는 전자우편 메시지와 연구실 방문기록을 동시에 관리하실지 모른다. 그림 5-1은 데이터를 추가할 수 있는 구성이 아니다. 물론 교수님께서 스프레드시트를 2개로 나누어서 하나는 전자우편을, 다른 하나는 방문에 대한 기록을 정리할 수 있다. 그러나 그러한 어색한 방법은 한번에 모든 것을 보여주지 못하기 때문에 사용이 불편하다.

대신 교수님께서는 그림 5-2와 같은 폼(form)을 필요로 한다. 폼을 이용하여 교수님께서는 학생들의 학점, 전자우편, 그리고 연구실 방문기록을 함께 관리할 수 있다. 그림 5-2에 있는 것과 같은 폼은 스프레드시트에서는 어렵거나 거의 불가능하다. 폼은 데이터베이스를 이용하면 간단하게 생성할 수 있다.

그림 5-1과 그림 5-2의 근본적인 차이는 그림 5-1이 단일 주제 혹은 개념이라는 것이다. 주제는 학생 학점이 유일하다. 그림 5-2에서는 복수 주제를 가진다. 학점, 전자우편, 그리고 상담기록을 한꺼번에 관리할 수 있다. 예제를 통해 우리는 다음과 같이 합의할 수 있다. 하나의 주제를 가진 목록은 스프레드시트를 이용하면 가능하다. 여러 가지 주제를 한꺼번에 포함할 경우는 데이터베이스를 이용하는 것이 좋다. 이 장에서는 이러한 내용에 대해 학습하게 될 것이다.

그림 5-1 스프레드시트에 표시된 학생 성적 목록

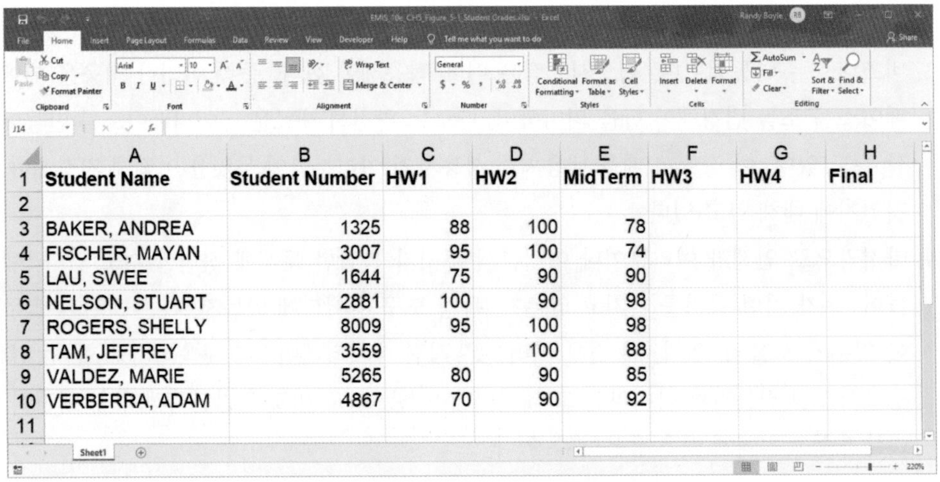

출처 : Microsoft Excel 2019

그림 5-2 데이터베이스 폼에 표시된 학생 데이터

STUDENT			−	□	×

Student Name   BAKER, ANDREA

Student Number   1325

HW1   88

HW2   100

MidTerm   78

EMAIL

Date	Message
2/1/2025	For homework 1, do you want us to provide notes on our ref
3/15/2025	My group consists of Swee Lau and Stuart Nelson.
*	

Record: ◄ ◄ 1 of 2 ► ►I ►*   No Filter   Search

OFFICE VISITS

Date	Notes
2/13/2025	Andrea had questions about using IS for raising barriers to entry.
*	

Record: ◄ ◄ 1 of 1 ► ►I ►*   No Filter   Search

Record: ◄ ◄ 1 of 8 ► ►I ►*   No Filter   Search

출처 : Microsoft Access 2019

5-2 데이터베이스란 무엇인가?

데이터베이스(database)는 통합된 레코드에 대한 자기기술적 집합이다. 이 말을 이해하기 위해 그림 5-3의 용어를 살펴보자. 앞에서 배운 것처럼 바이트는 데이터의 한 글자이다. 데이터베

그림 5-3 학생 테이블(파일)

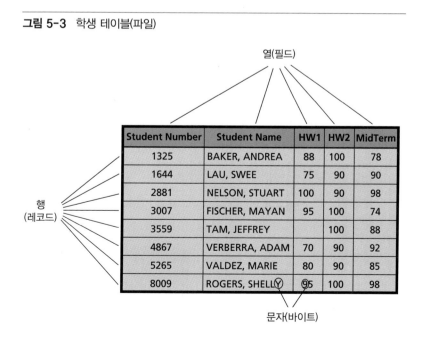

Student Number	Student Name	HW1	HW2	MidTerm
1325	BAKER, ANDREA	88	100	78
1644	LAU, SWEE	75	90	90
2881	NELSON, STUART	100	90	98
3007	FISCHER, MAYAN	95	100	74
3559	TAM, JEFFREY		100	88
4867	VERBERRA, ADAM	70	90	92
5265	VALDEZ, MARIE	80	90	85
8009	ROGERS, SHELLY	95	100	98

열(필드)

행(레코드)

문자(바이트)

그림 5-4 데이터 요소들의 계층적 구조

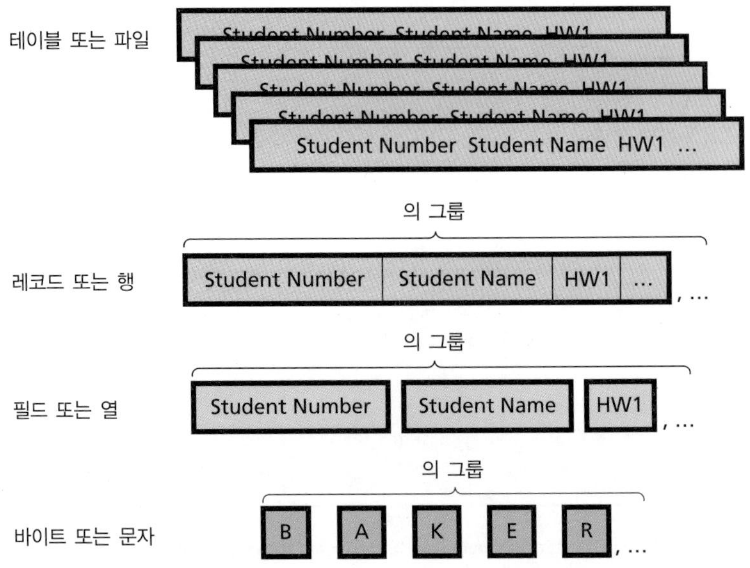

테이블 또는 파일

Student Number Student Name HW1 ...
Student Number Student Name HW1 ...
Student Number Student Name HW1 ...
Student Number Student Name HW1 ...
Student Number Student Name HW1 ...

의 그룹

레코드 또는 행

| Student Number | Student Name | HW1 | ... |, ...

의 그룹

필드 또는 열

Student Number   Student Name   HW1 , ...

의 그룹

바이트 또는 문자

B A K E R , ...

이스에서 바이트는 학번(*Student Number*), 학생 이름(*Student Name*)과 같은 **열**(column, 칼럼)로 그룹화된다. 열은 **필드**(field)라고도 한다. 열 또는 필드는 다시 **행**(row, 로우)으로 그룹화되며, 이 행은 **레코드**(record)라고도 불린다. 그림 5-3에서는 학번(*Student Number*), 학생 이름(*Student Name*), *HW1*, *HW2*, 중간고사(*MidTerm*)와 같은 열의 데이터 모음을 하나의 행 또는 레코드라고 한다. 마지막으로 유사한 행이나 레코드의 그룹은 **테이블**(table) 또는 **파일**(file)이라고 부른다. 이러한 정의에 따르면 데이터 요소는 계층적 구조를 가지며, 이는 그림 5-4에서 보여준다.

이 그룹화 과정을 계속해서 데이터베이스를 테이블 또는 파일의 모음이라고 정의할 수도 있지만, 이는 충분하지 않다. 그림 5-5에서 볼 수 있듯이 데이터베이스는 테이블의 모음, 테이블 내 행들 간의 관계, 그리고 데이터베이스의 구조를 설명하는 메타데이터라는 특수한 데이터를 포함하는 모음이다. 참고로 그림 5-5에서 데이터베이스라고 표시된 원통형 기호는 컴퓨터 디스크 드라이브를 나타낸다. 이는 데이터베이스가 대부분 디스크에 저장되기 때문이다.

행 간의 관계

그림 5-5의 왼쪽에 대한 용어를 보자. 여러분은 테이블이 무엇인지는 알고 있다. 테이블 내 행 간의 관계가 의미하는 것을 이해하기 위해 그림 5-6을 살펴보자. *Email, Student, Office_Visit*의 3개 테이블로부터 얻은 샘플 데이터를 보여준다. *Email* 테이블에서 *Student Number*라고 적힌

그림 5-5 데이터베이스 구성 요소

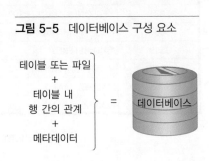

테이블 또는 파일
+
테이블 내
행 간의 관계   =   데이터베이스
+
메타데이터

그림 5-6 각 행 간의 관계 예

Email 테이블

EmailNum	Date	Message	Student Number
1	2/1/2020	For homework 1, do you want us to provide notes on our references?	1325
2	3/15/2020	My group consists of Swee Lau and Stuart Nelson.	1325
3	3/15/2020	Could you please assign me to a group?	1644

Student 테이블

Student Number	Student Name	HW1	HW2	MidTerm
1325	BAKER, ANDREA	88	100	78
1644	LAU, SWEE	75	90	90
2881	NELSON, STUART	100	90	98
3007	FISCHER, MAYAN	95	100	74
3559	TAM, JEFFREY		100	88
4867	VERBERRA, ADAM	70	90	92
5265	VALDEZ, MARIE	80	90	85
8009	ROGERS, SHELLY	95	100	98

Office_Visit 테이블

VisitID	Date	Notes	Student Number
2	2/13/2020	Andrea had questions about using IS for raising barriers to entry.	1325
3	2/17/2020	Jeffrey is considering an IS major. Wanted to talk about career opportunities.	3559
4	2/17/2020	Adam will miss class Friday due to job conflict.	4867

열을 보기 바란다. 그 열은 *Email*이 연결된 행과 일치하는 *Student*의 행을 가리킨다. *Email*의 첫 번째 열에서 *Student Number*는 1325의 값을 가진다. 이러한 것은 *Student Number*가 1325인 학생의 전자우편을 가리킨다. *Student* 테이블을 살펴보면, 이 값이 있는 것은 Andrea Baker의 행임을 알 수 있다. 그러므로 *Email* 테이블의 첫 번째 행은 Andrea Baker와 연관된다.

이제 그림 5-6의 아랫부분에 있는 *Office_Visit* 테이블의 맨 마지막 행을 살펴보자. 그 행의 *Student Number*는 4867 값을 가진다. 이 값은 Adam Verberra가 속한 *Office_Visit* 테이블의 제일 마지막 행이다.

이러한 예제로부터 여러분은 한 테이블 내의 값은 두 번째 테이블의 행과 연관된다는 것을 볼 수 있다. 몇 개의 전문용어가 이러한 생각들을 나타내기 위해 사용된다. **키**(key), 즉 **주키**(primary key)는 테이블 내의 유일한 행을 식별하는 열, 또는 열의 그룹이다. *Student Number*는 *Student* 테이블의 키가 된다. *Student Number*의 값을 알게 되면, 여러분은 *Student* 테이블에서 유일한 행 값을 결정할 수 있다. 예를 들면 오직 한 학생만이 1325라는 학번을 가지게 된다.

모든 테이블은 반드시 키를 가진다. *Email* 테이블의 키는 *EmailNum*, *Office_Visit* 테이블의 키는 *VisitID*이다. 경우에 따라서는 하나 이상의 열이 유일한 식별을 위해 필요할 수 있다. *City* 테이블에서 (*City*, *State*)의 열의 조합으로 구성된 것이 키가 된다. 이는 도시 이름은 여러 주에서 나타날 수 있기 때문이다.

*Student Number*는 *Email* 또는 *Office_Visit* 테이블의 키가 될 수 없다. 1325라는 *Student Number*를 가진 행이 2개가 있음을 볼 수 있다. 따라서 1325는 유일한 값이 될 수 없고, *Student Number*는 *Email* 테이블의 키가 될 수 없다.

또한 *Student Number*는 *Office_Visit* 테이블의 키가 될 수 없다. 그림 5-6의 데이터만으로는 이를 알 수 없지만, 논리적으로 생각해보면 학생이 교수님을 여러 번 방문하는 것을 막을 이유가 없다. 그러한 일이 있게 된다면, *Office_Visit* 테이블에서 동일한 *Student Number*가 2개의 행에 나타나게 된다. 그림 5-6의 제한된 데이터에서는 학생이 두 번 방문한 경우가 없을 뿐이다.

*Email*과 *Office_Visit*에서 *Student Number*는 키이지만 *Student*라는 다른 테이블의 키이다. *Email*과 *Office_Visit* 테이블의 *Student Number*와 같은 역할을 하는 열을 **외래키**(foreign key)라고 한다. *Student Number*는 *Student* 테이블에서 키로 사용되었지만, *Email*이나 *Office_Visit* 테이블의 입장에서 보면 내가 속한 테이블이 아닌 외래 테이블의 키이기 때문이다.

테이블 형태로 데이터를 나타내면서 외래키를 이용하여 관계를 나타내는 데이터베이스를 **관계형 데이터베이스**(relational database)라고 한다[여기서 관계형이라는 용어는 우리가 논의 중인 테이블의 더 공식적인 이름인 **관계**(relation)에서 유래한 것이다]. 5-5절에서 다른 종류의 데이터베이스에 대해 더 배울 것이다.

메타데이터

데이터베이스의 정의를 다시 상기해보자. 데이터베이스는 통합된 레코드에 대한 자율적 기술 집합이다. 레코드는 여러분이 학습한 것처럼 데이터베이스에 표현된 행 사이의 관계이기 때문에 통합될 수 있다. 그런데 **자율적 기술**(self-describing)이란 무슨 말인가?

그것은 데이터베이스가 자율적으로 자신의 콘텐츠를 기술함을 의미한다. 도서관을 생각해보자. 도서관은 서적과 기타 다양한 자료들의 자율적 기술의 집합이다. 자율적 기술이라 함은 도서관은 도서관이 보유하고 있는 자료에 대한 분류표를 포함하고 있기 때문이다. 동일한 생각이 데이터베이스에도 적용된다. 데이터베이스는 데이터뿐만 아니라 데이터베이스가 포함하는 데이터에 대한 데이터도 동시에 포함하기 때문에 자율적 기술이다.

메타데이터(metadata)는 데이터를 설명하는 데이터이다. 그림 5-7은 *Email* 테이블에 대한 메타데이터를 보여준다. 메타데이터의 형식은 데이터베이스를 처리하는 소프트웨어 제품에 의존한다. 그림 5-7은 마이크로소프트 액세스의 메타데이터이다. 이 폼의 꼭대기 부분의 각 행은 *Email* 테이블의 열을 설명한다. 이러한 설명 열은 필드 이름, 데이터 유형, 설명이다. **필드 이름**(*field name*)은 열의 이름이며, **데이터 유형**(*data type*)은 열이 포함하게 될 데이터의 유형이며, **설명**(*description*)에서는 열의 원천 또는 활용에 대한 상세설명을 적는다. 여러분도 볼 수 있듯이 *Email* 테이블의 네 열 각각에 대한 메타데이터의 첫 번째 행은 *EmailNum, Date, Message, Student Number*이다.

이 폼의 아랫부분은 더 많은 메타데이터를 보여주는데, 각 열에 대한 **필드 속성**(*field properties*)들이다. 그림 5-7에서 핵심은 날짜 열에 있다(*Date* 행 부근에 표시된 밝은 사각형 참조). 위쪽 창에 있는 *Date*에 집중하는 이유는 아래쪽 창에서 *Date* 열에 대한 상세설명이 있기 때문이다. 필드 속성은 폼, 새로운 행이 생성될 때 제공될 액세스를 위한 초기 값, 그리고 해당 열에 필요한 값에 대한 제약조건을 설명한다. 이러한 세부적인 설명은 여러분에게 중요한 것

그림 5-7 MS 액세스에 있는 메타데이터 샘플

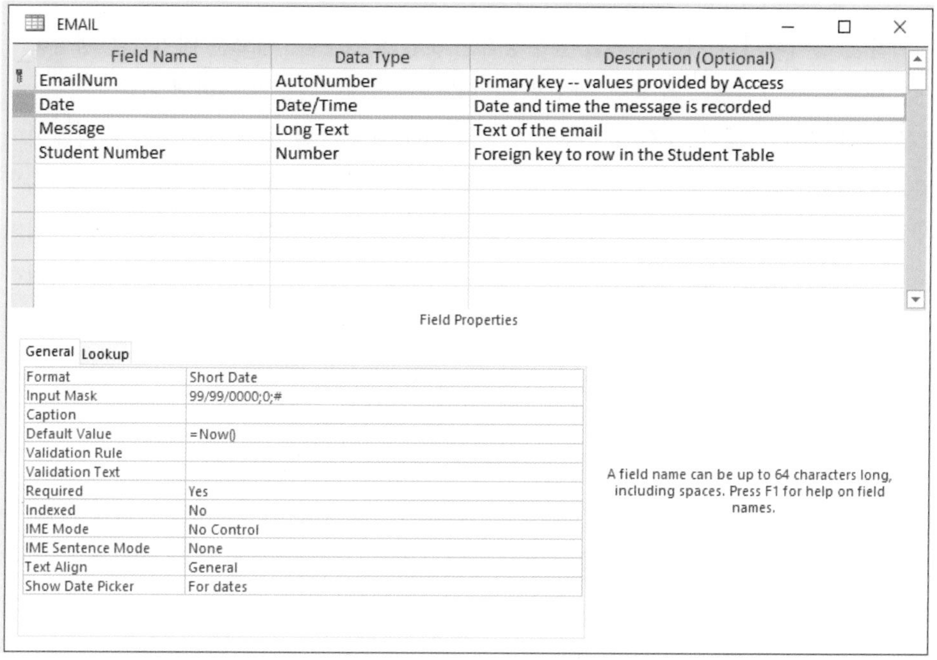

출처 : Microsoft Access 2019

은 아니다. 대신 메타데이터가 데이터를 설명하는 데이터이며, 그러한 메타데이터는 항상 데이터베이스의 일부가 된다는 것을 이해하기 바란다.

메타데이터가 있기 때문에 스프레드시트나 다른 목록 형태의 데이터보다 더 유용하게 데이터베이스를 이용할 수 있다. 데이터베이스 내 레코드에 대한 추측이나 기억이 필요 없다. 데이터베이스가 포함하고 있는 것을 알고 있으므로 그냥 데이터베이스 내 메타데이터를 뒤져보면 되는 것이다.

5-3 데이터베이스 관리시스템(DBMS)이란 무엇인가?

데이터베이스 관리시스템(database management system, DBMS)은 데이터베이스를 생성, 처리, 관리를 위한 프로그램이다. 운영체제와 마찬가지로 각 기관들은 독자적인 DBMS를 보유하지 않는다. 대신 기관들은 IBM, 마이크로소프트, 오라클 등의 벤더로부터 DBMS 제품 라이선스를 구매한다. 널리 알려진 DBMS 제품으로는 IBM의 **DB2**, 마이크로소프트의 **액세스**(Access)와 **SQL 서버**(SQL Server), 오라클의 **오라클 데이터베이스**(Oracle Database)이다. 그 외에 잘 알려진 DBMS는 **MySQL**로서 모든 애플리케이션에서 무료로 이용할 수 있는 오픈소스 DBMS 제품이다.[1] 또 다른 DBMS 제품도 있으나 이 다섯 가지가 오늘날 거의 대부분의 데이터베이스를 처리한다.

DBMS와 데이터베이스는 서로 다른 것이다. 몇 가지 이유에서 잡지나 심지어 일부 책에서도 둘을 혼용한다. DBMS는 소프트웨어 프로그램이며, 데이터베이스는 테이블, 관계, 메타데이터의 집합이다. 이 둘은 매우 다른 개념이다.

데이터베이스 생성 및 DB 구조 데이터베이스 개발자는 DBMS를 사용하여 데이터베이스 내에 테이블, 관계 및 기타 DB 구조를 생성한다. 그림 5-7은 마이크로소프트 액세스를 이용하여 새로운 테이블을 정의하거나 기존 테이블을 수정하는 것을 보여준다. 새로운 테이블을 생성하기 위해 개발자는 단지 그림 5-7의 폼에 새로운 테이블의 메타데이터를 입력하면 된다.

새로운 열의 추가와 같이 기존 테이블의 수정을 위해 개발자는 해당 테이블의 메타데이터 폼을 열고 메타데이터에 새로운 행을 추가한다. 예를 들어, 그림 5-8에서 개발자는 'Response?' 라는 새로운 열을 추가했다. 이러한 새로운 열은 데이터 타입을 *Yes/No*를 가지며, 이것의 의미는 열이 유일하게 *Yes* 또는 *No* 중에서 하나의 값만을 가질 수 있다는 것이다. 교수님은 이러한 열을 이용하여 학생의 전자우편에 답장을 보냈는지 여부를 기록할 수 있다. 실제로 데이터베이스에서 하나의 열(칼럼)은 이 폼에서 해당 행을 삭제함으로써 제거할 수 있지만, 이 경우 기존 데이터는 손실됨을 유의해야 한다.

데이터베이스 처리 DBMS의 두 번째 기능은 데이터베이스를 처리하는 것이다. 이러한 처리는 복잡할 수 있지만 DBMS는 기본적으로 데이터를 읽고, 삽입하고, 수정하고, 삭제하는 네 가지 처리작업을 위한 애플리케이션을 제공한다. 이러한 처리작업은 애플리케이션에서 DBMS에 요청된다. 사용자가 폼에 새로운 데이터나 수정된 데이터를 입력하면, 폼 뒤에 있는 컴퓨터 프로그램이 DBMS를 호출하여 필요한 데이터베이스 변경을 수행한다. 웹 애플리케이션에서는 클라이언트 또는 서버 애플리케이션의 프로그램이 DBMS를 호출하여 변경을 수행한다.

구조화된 질의 언어(Structured Query Language, SQL)는 데이터베이스 처리를 위한 국제 표준 언어이다. 앞서 언급했던 다섯 가지 DBMS 제품 모두 SQL('시퀄'로 발음) 문장을 받아들이고 처리한다. 예컨대 다음의 SQL 문장은 *Student* 테이블에 새로운 행을 추가한다.

그림 5-8 마이크로소프트 액세스에서 테이블에 새로운 열의 추가

	EMAIL			− □ ×
	Field Name	Data Type	Description (Optional)	
	EmailNum	AutoNumber	Primary key -- values provided by Access	
	Date	Date/Time	Date and time the message is recorded	
	Message	Long Text	Text of the email	
	Student Number	Number	Foreign key to row in the Student Table	
	Response?	Yes/No	True / false value indicates whether or not prof has responded	

Field Properties

General Lookup

Format	Yes/No
Caption	
Default Value	No
Validation Rule	
Validation Text	
Indexed	No
Text Align	General

A field name can be up to 64 characters long, including spaces. Press F1 for help on field names.

출처 : Microsoft Access 2019

```
INSERT INTO Student
([Student Number], [Student Name], HW1, HW2, MidTerm)
VALUES (1000, 'Franklin, Benjamin', 90, 95, 100);
```

앞서 언급한 것처럼 이러한 명령문들은 폼을 처리하는 프로그램에 의해 '백그라운드'에서 실행된다. 또 다른 방법으로는 애플리케이션 프로그램이 DBMS에 직접 명령을 내릴 수도 있다.

여러분은 SQL 문장 구문을 이해하거나 기억할 필요는 없다. 대신 단지 SQL이 데이터베이스 처리를 위한 국제표준이라는 것만을 알고 있으면 된다. 또한 SQL은 데이터베이스를 생성하거나 데이터베이스 구조를 만들기 위해 사용된다. SQL에 대해 더 알고자 한다면 데이터베이스 관리 수업을 수강하기 바란다.

데이터베이스 관리 세 번째 DBMS의 기능은 데이터베이스의 관리를 지원하기 위한 도구를 제공하는 것이다. **데이터베이스 관리**(database administration)는 여러 가지 다양한 활동을 포함한다. 예를 들어 DBMS는 사용자 계정, 비밀번호, 접근허가, 데이터베이스 처리를 위한 제약조건 등과 관련된 보안시스템 구축에도 사용될 수 있다. 데이터베이스 보안을 위해 사용자는 데이터베이스 사용 이전에 반드시 올바른 사용자 계정을 이용한다는 동의를 해야만 한다.

그림 5-9 데이터베이스 관리(DBA) 업무의 요약

세력	데이터베이스 관리 업무	설명
개발	만들기 및 DBA	DBA 그룹의 크기는 데이터베이스의 크기와 복잡성에 의존한다. 그룹은 파트타임 한 사람에서 소수 그룹에 이르기까지 다양하다.
	운영위원회 구성	모든 사용자 그룹의 대표로 구성된다. 커뮤니티 단위의 토론과 의사결정을 위한 포럼이다.
	요구사항 구체화	모든 적절한 사용자 입력이 고려되었는지 확인한다.
	데이터 모델 유효성 검증	정확성과 완전성을 위한 데이터 모델을 확인한다.
	애플리케이션 설계 평가	모든 필요한 양식, 보고서, 조회 및 애플리케이션이 개발되었는지 확인한다. 애플리케이션 구성 요소의 설계와 유효성을 검증한다.
운영	프로세스 처리의 권한 및 책임 관리	프로세스 처리에 대한 각 테이블 및 열의 권한/제한을 결정한다.
	보안관리	필요 시 사용자 및 사용자 그룹의 추가 및 삭제, 안전한 시스템이 동작한다는 것을 보증한다.
	문제점 추적 및 해결 관리	문제해결의 기록 및 관리를 위한 시스템을 개발한다.
	데이터베이스 성능 모니터	성능 향상을 위한 전문 지식/솔루션을 제공한다.
	DBMS 관리	새로운 특성이나 기능을 평가한다.
백업 및 복구	백업 절차 모니터	데이터베이스 백업 절차를 준수하는지 확인한다.
	교육 실시	사용자 및 운영요원이 복구 절차를 알고 이해하는지 보증한다.
	복구 관리	복구 과정을 관리한다.
적응	요청 추적 시스템 설치	변화요청 기록 및 우선순위 부여를 위한 시스템을 개발한다.
	구성 변경 관리	애플리케이션과 사용자에 대한 데이터베이스 구조 변경의 영향을 관리한다.

접근허가는 다양한 방법으로 제한할 수 있다. 학생 데이터베이스 예제에서 특정 사용자에게 *Student* 테이블에서 *Student Name*만 읽을 수 있도록 제한하는 것이 가능하다. 다른 사용자는 *Student* 테이블의 모든 데이터를 읽을 수 있지만 *HW1*, *HW2*, *MidTerm* 열만 업데이트하도록 할 수 있다. 다른 사용자는 다른 접근허가를 가질 수 있다.

보안 기능 외에도 DBMS 관리의 기능은 DB 데이터의 백업, DB 애플리케이션의 성능 향상을 위한 구조 추가, 필요하지 않을 데이터의 제거 등 여러 가지가 있다.

중요한 DB를 위해 대부분 조직들은 데이터베이스관리의 역할을 전담하는 직원으로 하나 혹은 그 이상을 두고 있다. 그림 5-9는 DB 관리 기능의 주요 책임사항을 요약한다. 여러분이 데이터베이스관리 과목을 수강하게 된다면 이러한 주제에 대해 더 많이 배우게 될 것이다.

5-4 데이터베이스 애플리케이션은 어떻게 데이터베이스를 더 유용하게 만드는가?

DB 테이블 집합 그 자체만으로는 그리 유용하지 않다. 그림 5-6의 각 테이블에는 교수님께서 원하는 데이터가 포함되어 있는 것은 사실이지만 그 형식은 아직 조잡하다. DB 테이블의 데이터는 그림 5-2에 있는 것처럼 여러 개의 테이블이 서로 연관되어 상황에 맞는 정보의 형식으로 나타날 때 더 가치가 있으며 유용하다.

데이터베이스 애플리케이션(database application)은 사용자와 DB 사이의 중계 역할을 하는 **폼**(form), **리포트**(report), **쿼리**(query), 그리고 애플리케이션 프로그램[2]의 집합체이다. 데이터베이스 애플리케이션은 데이터베이스 테이블 데이터를 재구성하여 더 유용하게 만들고 더 쉽게 업데이트할 수 있도록 한다. 애플리케이션 프로그램은 또한 보안을 제공하고, 데이터의 일관성을 유지하며, 특수한 상황을 처리하는 기능을 가지고 있다.

데이터베이스 애플리케이션의 네 가지 요소는 다음과 같은 구체적인 목적을 가진다.

폼	데이터 조회, 새로운 데이터 삽입, 기존 데이터의 갱신과 삭제
리포트	정렬, 그룹화, 필터링, 기타 오퍼레이션을 통한 데이터의 구조적 표현
쿼리	사용자에 의해 제공되는 데이터 값에 기초한 조회
애플리케이션 프로그램	보안, 데이터 일관성 유지, 특수목적 처리(예 : 재고부족 상황 처리)

데이터베이스 애플리케이션 프로그램은 1990년대에 등장했으며, 그 당시의 기술을 기반으로 만들어졌다. 오늘날까지도 장수하여 현존하는 많은 시스템들은 그 당시에 만들어진 애플리케이션의 확장판이다. SAP의 ERP 시스템이 대표적 예이다(8장 참조). 여러분은 입사 초기에는 이러한 종류의 애플리케이션 프로그램을 만나게 될 수도 있다.

그러나 오늘날 많은 데이터베이스 애플리케이션 프로그램은 브라우저, 웹 및 관련 표준을 사용하는 새로운 기술을 기반으로 한다. 이러한 브라우저 기반 애플리케이션 프로그램은 이전 애플리케이션 프로그램의 모든 기능을 수행할 수 있지만 지금의 상황에 맞게 더 역동적이고 더 최적화되어 있다. 그 이유를 이해하기 위해 각 유형별로 살펴보자.

그림 5-10 전통적인 DB 애플리케이션의 처리 환경

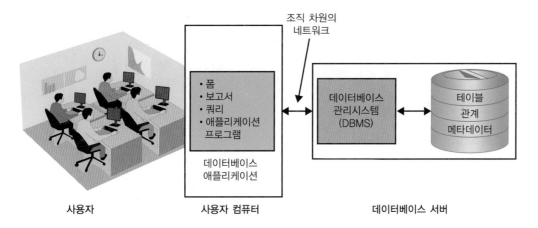

전통적 폼, 쿼리, 리포트, 그리고 애플리케이션

일반적으로 전통적 데이터베이스는 여러 사용자들과 공유된다. 그렇기 때문에 그림 5-10에서 애플리케이션은 사용자 컴퓨터에 있으며, DBMS와 데이터베이스는 서버 컴퓨터에 배치했다. 네트워크(모두 인터넷은 아님)가 사용자 컴퓨터와 DBMS 서버 컴퓨터 간의 전송을 위해 사용된다.

마이크로소프트 액세스와 같은 단일 사용자용은 다르다. 액세스는 데이터베이스, 애플리케이션, DBMS와 데이터베이스가 모두 사용자 컴퓨터 속에 있다.

전통적 폼은 그림 5-2에서와 같이 고정된 틀(창틀) 모양으로 제시된다. 이러한 고정된 형태의 폼을 통해 사용자가 데이터를 읽고, 삽입하고, 수정하고, 삭제할 수 있는데, 지금의 관점에서 보면 다소 투박해 보인다. 이는 4장에서 논의된 모던 인터페이스와는 확실히 다르다.

그림 5-11은 전통적인 리포트 형식을 보여준다. 이는 데이터를 사용자에게 의미 있는 형식으로 배치한 정적인 화면이다. 이 보고서에서는 특정 학생의 이름과 성적 데이터 뒤에 해당 학생의 이메일이 각각 표시된다. 또한 그림 5-12는 전통적인 **쿼리**(query), 즉 데이터베이스에서 데이터를 요청하는 예시를 보여준다. 사용자는 창틀 모양의 상자(그림 5-12a)에 쿼리 조건문을 지정하며, 애플리케이션은 그 조건에 맞는 데이터를 반환한다(그림 5-12b).

> 데이터베이스는 의도하지 않았거나, 심지어 비윤리적인 방식으로 사용되는 데이터를 포함할 수 있다. 이에 대한 예는 윤리 가이드(168~170쪽)를 참조하라.

그림 5-11 Student 리포트의 예시

Student Homework Progress with Emails

Student Name		Student Number	HW1	HW2
BAKER, ANDREA		1325	88	100
	Email Date	Message		
	3/15/2025	My group consists of Swee Lau and Stuart Nelson.		
	2/1/2025	For homework 1, do you want us to provide notes on our references?		
LAU, SWEE		1644	75	90
	Email Date	Message		
	3/15/2025	Could you please assign me to a group?		

그림 5-12a 검색을 위한 입력명령문을 사용한 쿼리폼 예

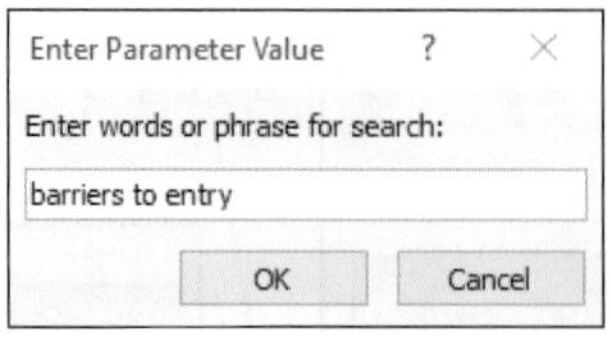

출처 : Microsoft Corporation

그림 5-12b 쿼리 처리 결과 예

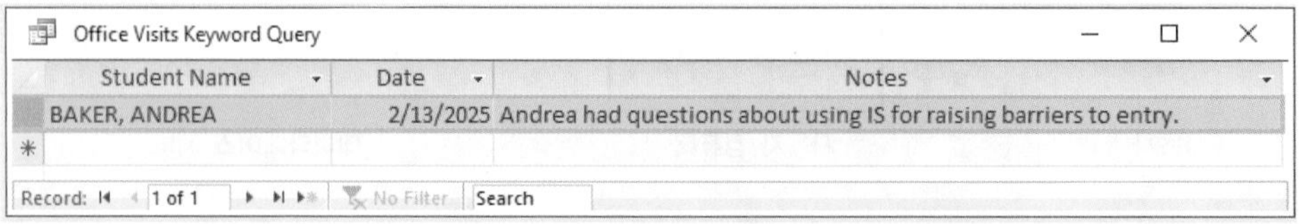

출처 : Microsoft Access 2019

전통적 데이터베이스 애플리케이션 프로그램은 C++와 비주얼베이직 같은 같은 객체지향 언어로 작성되었다(심지어는 그 이전 언어인 COBOL로 작성되었다). 이러한 전통적 DB 애플리케이션은 사용자 컴퓨터에 설치가 필요한 '씩 애플리케이션'이다. 일부의 경우에는 애플리케이션 로직 전체가 사용자의 컴퓨터에 있는 프로그램에 포함되어 있고, 서버는 DBMS를 실행하고 데이터를 제공하는 역할만 한다. 또 다른 일부의 경우에는 애플리케이션 코드가 사용자 컴퓨터와 데이터베이스 서버 컴퓨터 모두에 배치된다.

앞부분에서 언급한 것처럼 여러분 중에서 입사 초기에는 전사적으로 사용되는 ERP나 CRM과 같은 전통적 애플리케이션(8장 참조)을 여전히 사용하게 될 수도 있다. 또한 전통적인 애플리케이션에서 브라우저 기반 애플리케이션으로의 전환에 대해 사용자로서, 또는 더 깊이 관여하는 방식으로 관심을 가지게 될 가능성이 높다.

브라우저 폼, 리포트, 쿼리, 그리고 애플리케이션

브라우저 기반 애플리케이션의 데이터베이스는 거의 항상 여러 사용자 간에 공유된다. 그림 5-13에서 볼 수 있듯 사용자의 브라우저는 인터넷을 통해 웹 서버 컴퓨터에 연결되고, 그 웹 서버는 다시 데이터베이스 서버 컴퓨터에 연결된다(서버 쪽에는 여러 대의 컴퓨터가 연관되어 있을 수 있으며, 이는 6장에서 다룬다).

브라우저 애플리케이션은 클라이언트 쪽에서 사전 설치가 필요 없는 '씬 클라이언트 애플리케이션'이다. 대부분의 경우 애플리케이션 요소를 생성하고 처리하는 코드는 사용자 컴퓨터와 서버 간에 공유된다. 사용자 측 처리를 위해 자바스크립트가 표준 언어로 사용되며, 서버 측 코드에는 C#이나 자바와 같은 언어가 사용된다. 하지만 오픈소스 제품인 노드.js를 통해 자바스크립트도 서버에서 사용되기 시작했다.

브라우저 데이터베이스 애플리케이션의 폼, 리포트, 쿼리는 HTML, 최근에는 HTML5, CSS3, 자바스크립트를 사용하여 표시되고 처리된다(이는 4장에서 배웠다). 그림 5-14는 마이크로소프트 365에서 새로운 사용자 계정을 생성하기 위해 사용되는 브라우저 폼을 보여준다. 이 폼을 그림 5-2의 폼과 비교하면, 더욱 깔끔하고 불필요한 요소가 적다는 것을 알 수 있다.

그림 5-13 브리우저 기반 DB 애플리케이션의 처리 환경

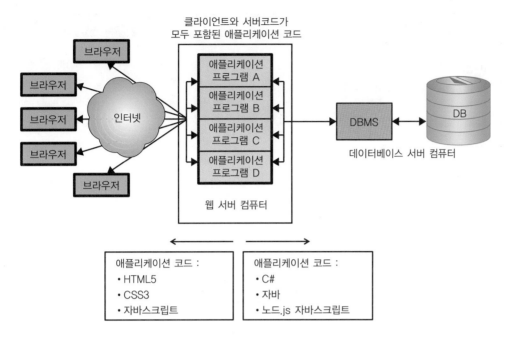

그림 5-15는 셰어포인트 사이트의 콘텐츠를 보여주는 브라우저 리포트를 예시로 보여준다. 이 콘텐츠는 동적이며, 대부분의 항목을 클릭하면 다른 리포트를 생성하거나 다른 작업을 수행할 수 있다. 사용자는 오른쪽 상단에 있는 검색창에서 특정 항목을 찾기 위해 검색할 수 있다. 브라우저 기반 애플리케이션은 전통적인 쿼리를 지원할 수 있지만, 더 흥미로운 것은 사용자가 그래픽을 클릭할 때 쿼리 조건이 생성되는 **그래픽 기반 쿼리**(graphical query)이다.

브라우저 기반 애플리케이션의 보안 요구사항은 전통적인 애플리케이션보다 더 엄격하다. 대부분의 전통적인 애플리케이션은 인터넷에서 흔히 발생하는 위협으로부터 보호된 기업용

그림 5-14 사용자 계정 생성 브라우저 폼

그림 5-15 셰어포인트 사이트의 브라우저 리포트

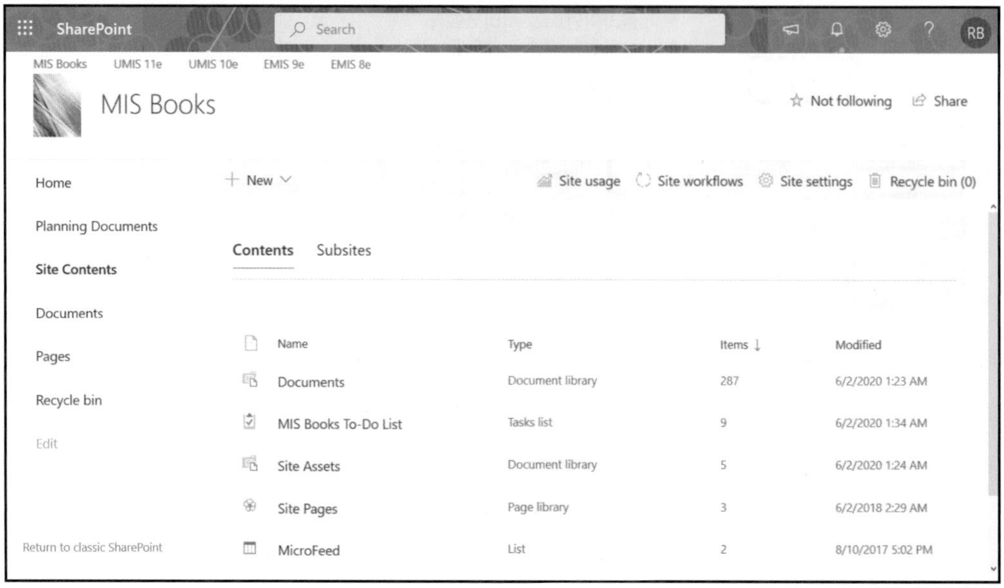

출처 : Microsoft Corporation

네트워크 내에서 실행된다. 반면 인터넷을 통해 공개되는 브라우저 기반 애플리케이션은 훨씬 더 취약하다. 따라서 브라우저 기반 애플리케이션 프로그램에서 보안을 통해 정보를 보호하는 것은 주요 기능 중 하나이다. 전통적인 DB 애플리케이션 프로그램처럼, 이 경우에도 데이터 일관성을 제공하고 특수한 상황을 처리할 필요도 있다. 다중 사용자 처리문제의 대표적인 예로 데이터 일관성을 들 수 있다.

다중사용자 처리

대부분의 전통적인 애플리케이션이든 브라우저 기반 애플리케이션이든 동일한 데이터베이스로 다수의 사용자 처리를 하는 경우가 많다. 이러한 **다중사용자 처리**(multiuser processing)는 일반적이지만, 독특한 문제를 야기할 수 있다. 여러분들은 미래의 정보시스템 관리자로서 이러한 문제에 대해 알고 있어야 한다. 이러한 문제의 본질을 이해하기 위해 다음과 같은 시나리오를 고려해보자. 이 시나리오는 두 가지 유형의 애플리케이션 모두에서 발생할 수 있다.

티켓 판매 웹사이트에서 두 명의 고객인 안드레아와 제프리는 모두 인기 있는 이벤트의 마지막 두 장의 티켓을 구매하려고 시도한다. 안드레아는 브라우저로 사이트에 접속하여 두 장의 티켓이 남아 있음을 확인하고, 그 둘을 장바구니에 담는다. 그녀는 모르지만, 주문서를 열 때 판매자의 서버에서 애플리케이션 프로그램이 실행되어 데이터베이스에서 두 장이 남아 있음을 읽어들인 것이다. 결제하기 전에 그녀는 친구와 함께 갈 것인지 확인하기 위해 잠시 시간을 보낸다.

그 사이에 제프리도 브라우저로 접속하여 두 장의 티켓이 남아 있음을 확인한다. 그 역시 동일한 애플리케이션이 데이터베이스에서 두 장이 남아 있음을 읽어들여 장바구니에 넣고 결제를 완료한다.

그 후 안드레아와 친구는 가기로 결정하고 결제를 진행한다. 여기서 문제가 발생한다. 안

드레아와 제프리가 동일한 두 장의 티켓을 모두 구매한 것이다. 둘 중 한 명은 실망하게 될 것이다.

이 문제는 **갱신 실패 문제**(lost-update problem)로 알려져 있으며, 이는 다중사용자 데이터베이스 처리의 특수한 문제 중 하나이다. 이 문제를 방지하기 위해서는 서로 알지 못하는 사용자들의 활동을 조정하는 일종의 잠금(locking) 메커니즘이 사용되어야 한다. 그러나 잠금은 또 다른 문제들을 야기할 수 있으며, 이러한 문제도 해결해야 한다.

다중 사용자 처리가 포함된 비즈니스 활동을 관리할 때, 데이터 충돌 가능성에 유의해야 한다. 원인을 알 수 없는 부정확한 결과를 발견하면, 다중 사용자 데이터 충돌을 겪고 있을 가능성이 있다. 이 경우 IS 부서에 도움을 요청해야 한다.

5-5 e헤르메스는 데이터베이스 시스템을 통해 어떻게 이득을 얻는가?

e헤르메스는 판매자로부터 받은 신제품의 재고관리를 더 빠르게 하고자 한다. 현재는 판매사원이 고객이 입력하는 긴 제품 설명을 기다려야 하는데, 이 설명이 종종 불완전하거나 부정확하다. 만약 판매사원이 신제품의 사진을 찍고, 구글의 이미지 분류기를 사용하여 자동으로 인식할 수 있다면, e헤르메스는 데이터베이스를 자동으로 채울 수 있을 것이다. 이 정보는 현재 e헤르메스가 받는 것보다 더 상세하고 정확할 가능성이 있으며, 제품을 훨씬 더 빨리 판매할 수 있을 것이다.

이 프로세스는 많은 데이터 저장 공간과 다중 데이터 흐름을 요구한다. 각각의 이미지들은 모바일 매장에서 전송되어 로컬 또는 클라우드에 저장될 것이다. 그런 다음, 클라우드 서비스로 전송되어 처리된다. 상품이 인식되면 e헤르메스는 추가적인 상품 정보, 후기, 과거 판매 데이터를 얻기 위해 다른 사이트를 조회할 것이다. e헤르메스가 성장함에 따라 이 전체 프로세스는 빠르고 확장 가능해야 한다.

e헤르메스는 두 가지 데이터베이스 아키텍처 중 하나를 선택할 수 있다. 첫 번째로, 이미지를 파일 서버에 저장하고 각 이미지에 대한 메타데이터를 쿼리할 수 있는 관계형 데이터베이스에 저장할 수 있다. 이 메타데이터에는 파일 서버에 있는 이미지의 주소가 포함될 것이다. 또는 e헤르메스는 몽고DB와 같은 새로운 NoSQL DBMS 제품을 사용할 수 있다. **몽고DB**(MongoDB)는 오픈소스 문서 지향 DBMS로 메타데이터와 이미지를 동일한 데이터베이스에 저장할 수 있다(5-6절 참조).

IT 서비스 담당 이사인 세스 윌슨은 두 가지 대안을 조사하고 자동화 전문가인 카말라 파텔과 그 결과를 논의한다. 두 사람 모두 몽고DB 사용 가능성에 관심을 갖고 있지만, 이 관심이 부분적으로는 새로운 것을 배우고 싶어 하는 욕구에서 비롯된 것임을 알고 있다. 그들은 몽고DB가 실제로 얼마나 잘 작동할지, 그리고 몽고DB의 쿼리 기능이 얼마나 견고할지에 대해서는 확실히 알지 못한다.

한편 세스와 카말라는 기존의 마이크로소프트 SQL 서버 데이터베이스를 수정하여 메타데이터를 저장하는 방법을 쉽게 사용할 수 있다. 메타데이터에는 이미지가 저장된 파일 서버 위치의 URL을 저장할 수 있다(예 : *https://abc.ehermes.com/image1*). 이렇게 하면 마이크로소프트 SQL 서버를 사용하여 데이터를 저장하고, 그래픽 쿼리 디자이너를 사용하여 데이터를 DB로부터 쿼리할 수 있다. 또한 마이크로소프트 SQL 서버는 기본 SQL 처리가 가능하므로, 필요시 가장 복잡한 쿼리 작업에도 사용할 수 있다.

세스와 카말라는 이러한 대안들을 논의한 후, 메타데이터를 저장하는 데 마이크로소프트 SQL 서버를 사용하기로 결정한다. 이 접근 방식은 이미 알려진 기술을 사용하기 때문에 위험이 적다는 것을 알고 있기 때문이다. 또한 둘 다 마이크로소프트 SQL 서버에 능숙하며, 이를 통해 데이터베이스와 애플리케이션을 신속하게 개발할 수 있다. 세스와 카말라는 이러한 추천 내용을 간단한 프레젠테이션으로 만들어 e헤르메스의 CEO인 제시카 라마에게 제시했고, 그녀는 이를 승인했다.

승인이 된 후, 세스는 그림 5-16에 나온 E-R 다이어그램을 작성하고 이를 카말라와 논의했다. 카말라는 직원의 이름만 저장하는 대신 직원 엔티티를 추가하여 이름 외에도 추가적인 직원 데이터를 저장하는 것이 좋겠다고 생각했다. 하지만 둘은 아직 직원이 많지 않으며, 적어도 현재로서는 추가 엔티티를 추가하면 애플리케이션이 너무 복잡해질 수 있다는 결론을 내렸다. 그래서 그 결정에 따라 데이터베이스와 관련 애플리케이션을 구축하기로 했다. 여러분도 협업 과제 5(172쪽)에서 팀원들과 함께 이와 같은 작업을 할 기회가 있을 것이다.

5-6 비전통적인 DBMS 제품이란 무엇인가?

관계형 모델은 30년 이상 데이터베이스를 처리하는 하나의 표준 방식이었다. 그러나 최근에는 변화가 시작되었다. 이유 중 하나는 1960년대 말기와 1970년대 초기에는 저장 공간 제약과 처리 속도의 제약으로 생긴 관계형 모델의 주요 원칙(고정 크기의 테이블, 외래키에 의한 관계 표현, 그리고 정규화 이론) 때문이다.[3] 1990년대 중반쯤에 이러한 제한사항은 저장 및 처리 기술의 발전으로 제거되었고, 오늘날에는 더 이상 존재하지 않는다. 다시 말해 오늘날에는 관계형 모델이 반드시 필요하지 않다는 것이다.

더욱이 관계형 모델은 비즈니스 문서와 잘 맞지 않았다. 예를 들어, 사용자들은 판매 주문서를 저장하고 싶어 하지만, 이를 정규화하여 데이터를 여러 테이블에 나누어 저장하는 것을 원하지 않는다. 이는 마치 자동차를 주차장에 맡기면 주차장 직원이 자동차를 여러 조각으로 분해하여 각각 다른 장소에 보관하고, 나중에 차를 찾으러 올 때 다시 조립해주는 것과 같다. 그 이유는 주차장 관리의 효율성과 편리성을 위한 것이지만, 사용자 입장에서는 불편하다. 따라서 관계형 모델이 존재했던 주요 이유는 사라졌고, 정규화를 통해 문서를 조각내는 방식은 더 이상 필요하지 않다.

새로운 데이터 유형을 다르게 저장해야 한다

새로운 데이터베이스 처리 방식이 등장한 또 다른 이유는 여러 기관에서 이미지, 오디오, 동영상과 같은 새로운 유형의 데이터를 저장하고자 하기 때문이다. 이러한 파일들은 방대한 비트 집합으로 구성되어 있으며, 관계형 구조에 적합하지 않다. 5-5절에서 배운 것처럼 이러한 파일들의 모음에도 여전히 메타데이터가 필요하다. 우리는 파일이 언제, 어디서, 어떻게, 어떤 목적으로 존재하는지를 기록하기 위해 이러한 데이터를 필요로 하지만, 메타데이터를 얻기 위해 군이 파일들을 관계형 데이터베이스에 넣을 필요는 없다.

또한 많은 인터넷 애플리케이션은 전통적인 애플리케이션에 비해 훨씬 더 많은 거래를 처리하지만, 데이터 구조는 훨씬 더 단순하다. 예를 들어, 트윗은 켄워스 트럭의 구성과 비교했을 때 데이터 구조가 매우 간단하지만, 트럭 구성보다 훨씬 더 많은 트윗이 존재한다.

더 중요한 점은, 전통적인 관계형 DBMS 제품이 상당한 코드와 처리 능력을 **ACID**(atomic, consistent, isolated, durable) 거래를 지원하는 데 할애한다는 것이다. 이 약어는 기본적으로 트랜잭션이 모두 처리되거나 전혀 처리되지 않음을 의미하며(원자성), 수백만 개의 다른 트랜잭션과 함께 처리되든 단독으로 처리되든(독립성), 동일한 방식으로 처리됨을 보장하고(일관성), 한 번 저장된 트랜잭션은 시스템 오류가 발생해도 사라지지 않음(지속성)을 의미한다.

ACID 거래는 전통적인 상업 애플리케이션에 매우 중요하다. 예를 들어, 뱅가드 같은 금융기관에서는 매도와 매수 양측이 모두 처리되어야 하며, 트랜잭션의 일부만 처리되는 일이 있어서는 안 된다. 또한 오늘 저장된 데이터는 내일도 반드시 남아 있어야 한다. 그러나 많은 새로운 인터넷 애플리케이션은 ACID를 필요로 하지 않는다. 백만 번 중 한 번 정도 트윗의 절반만 저장되거나, 오늘 저장된 것이 내일 사라진다 해도 큰 문제가 되지 않는다.

많은 서버를 이용한 신속한 처리 필요성

비관계형 데이터베이스의 개발이 필요한 다른 이유는 많은 서버를 통한 빠른 성능을 확보할 필요가 있어서이다. 몇 년 전 아마존은 관계형 데이터베이스 기술이 자신들의 처리 방식과 맞지 않다고 하며 **다이나모**(Dynamo)라고 하는 비관계형 데이터 스토어를 개발했다.[4] 같은 이유로 구글은 **빅테이블**(Bigtable)이라는 비관계형 데이터 스토어를 개발했다.[5] 페이스북은 이 두 시스템의 개념을 모두 이용하여 **카산드라**(Cassandra)라는 비관계형 데이터 스토어를 개발했다.[6] 2008년 페이스북은 카산드라를 오픈소스 커뮤니티로 전환하여, 지금은 아파치가 오픈소스 프로젝트 존경의 대상인 최상위 프로젝트(TLP)가 되었다.

비전통적 DBMS 유형

이러한 새로운 요구사항으로 인해 DBMS의 세 가지 새로운 유형이 생겼다.

1. **NoSQL DBMS** : 이 약어는 잘못된 것이다. 정확하게는 정규형이 아닌(NonRelational) DBMS가 되어야 한다. ACID 트랜잭션 처리 없이 클라우드의 많은 서버에서 복제되는, 비교적 단순한 데이터 구조를 처리하는 매우 높은 처리 성능을 가진 새로운 DBMS 제품이다. 몽고DB, 카산드라, 빅테이블, 다이나모가 NoSQL 제품이다.

2. **NewSQL DBMS** : 이러한 DBMS 제품들은 NoSQL DBMS처럼 매우 높은 수준의 트랜잭션을 처리하지만, ACID 지원도 제공한다. 이들 제품은 관계형 모델을 지원할 수도 있고, 지원하지 않을 수도 있다. 이러한 제품들은 새로운 공급업체들이 거의 매일 등장하면서 활발한 개발이 이루어지고 있는 분야이다. 선도적인 제품이 아직 명확하게 정해지지 않은 상황이다.

3. **인메모리 DBMS** : 이 범주는 데이터베이스를 주 메모리에서 처리하는 DBMS 제품들로 구성된다. 오늘날의 컴퓨터 메모리가 매우 커져서 전체 데이터베이스를 한 번에, 또는 적어도 그 일부를 메모리에 저장할 수 있기 때문에 이러한 기술이 가능해졌다. 보통 이들 제품은 관계형 모델을 지원하거나 확장한다. SAP HANA는 인메모리 DBMS(in-memory DBMS)를 탑재한 컴퓨터로, 대량의 ACID 트랜잭션을 처리하면서 동시에 복잡한 관계형 쿼리 처리를 지원한다. 태블로 소프트웨어의 리포트 작성 제품들도 SQL의 확장을 사용하는 독점적인 인메모리 DBMS에 의해 지원된다.

이러한 새로운 제품이 관계형 모델을 대체할 것인가?

신제품의 출현은 관계형 데이터베이스의 퇴출을 의미할까? 관계형 데이터 구조에 대해 SQL 문을 처리하는 수백만 줄의 애플리케이션 프로그램 코드를 사용하여 수천 개의 전통적인 관계형 데이터베이스를 만들었기 때문에 쉽게 퇴출하지 못할 것으로 보인다. 많은 기업은 데이터베이스와 코드를 다른 것으로 변환하는 데 드는 비용과 노력을 감당해야 한다. 또한 관계형 모델을 고집하는 과거 기술 전문가들 사이의 강한 사회적 경향도 있다. 그러나 이러한 신제품은 관계형 기술이 수십 년 동안 누려왔던 요새를 허물게 될 것이며 장차 수많은 NoSQL, NewSQL 및 메모리 내장 데이터베이스가 시장에 존재할 것이다.

또한 오라클, 마이크로소프트, IBM과 같은 기존의 DBMS 공급업체들이 가만히 있을 리는 없다. 이들은 막대한 자금과 뛰어난 개발자들을 보유하고 있어, 이러한 새로운 DBMS 범주의 기능을 기존 제품이나 새로운 제품에 통합할 가능성이 크다. 특히 NewSQL 스타트업 중 일부는 인수될 가능성도 있다.

2장에서 배운 용어를 사용하자면, 20년 넘게 처음으로 데이터베이스 소프트웨어 시장에 실질적인 새로운 진입자들이 등장한 것이다. 그렇다면 마이크로소프트와 오라클 같은 DBMS 공급업체들은 비전통적인 제품과 공급업체들에게 일부 시장을 잃을 것인가? 아니면 IBM의 길을 따라갈 것인가? 소프트웨어 판매업체보다는 카산드라 같은 오픈소스 소프트웨어를 지원하는 서비스 제공자로 변모할 것인가? 아니면 현금이 풍부한 오라클 같은 회사가 이러한 새로운 회사들 중 하나를 인수할 것인가? 실제로 여러분이 이 글을 읽을 때쯤이면 이러한 일이 이미 발생했을지도 모른다.

비관계형 DBMS는 우리에게 어떤 의미인가?

여러분의 입사 초기에는 아마존, 구글, 페이스북과 같은 선도적인 기업들뿐만 아니라 많은 비전통적인 데이터베이스들이 개발될 것이다. 그렇다면 현업 전문가로서 이 점이 어떤 의미일까? 먼저 이러한 지식을 습득하는 것은 유용하다. 이 분야의 발전 상황을 지속적으로 파악하고, 문제가 주어졌을 때 이러한 새로운 유형의 데이터베이스를 활용할 수 있을지 고민해볼 수 있다. 하지만 IT 전문가가 아닌 이상, 직접 다룰 기회는 많지 않을 것이다. 그럼에도 불구하고 이러한 데이터베이스에 대한 지식을 가지고, 이를 여러분의 요구를 지원하는 IS 인력에게 제안하는 것은 큰 이점이 될 것이다.

또한 비관계형 DBMS 제품 개발을 투자자의 관점에서 주목할 필요가 있다. 모든 제품이 오픈소스는 아닐 것이며, 오픈소스 제품이라 하더라도 이를 자사 제품이나 서비스에 통합하는 기업들이 있을 것이다. 그러한 기업들은 좋은 투자 기회가 될 수 있다.

만약 정보시스템에 관심이 있거나 이를 부전공으로 선택할 생각이 있다면, 이러한 제품들에 주목해야 한다. 여전히 관계형 모델과 관계형 데이터베이스 처리 방법을 배워야 하며, 이는 앞으로도 산업의 주요 기반이 될 것이다. 그러나 비관계형 데이터베이스를 중심으로 흥미로운 새로운 기회와 경력 경로가 생길 것이다. 그 지식을 쌓아 취업 면접에서 경쟁자들과 차별화하는 데 활용하라.

흥미롭고 유망한 발전들이 많이 진행 중이다!

이 장의 **지식**이 **여러분**에게 어떻게 도움이 되는가?

이제 여러분은 데이터베이스의 목적을 이해하고, 데이터베이스 처리 방법에 대한 기본적인 이해를 갖추었다. 또한 비전통적인 DBMS의 새로운 범주에 대해서도 알게 되었다. 이러한 지식은 조직이 e헤르메스와 같은 요구를 가질 때 효과적인 팀원이 될 수 있게 해줄 것이다.

So What?

스마트한 분석 도구

소규모 비즈니스를 위해 설계된 스프레드시트 소프트웨어는 종종 잘못 사용된다. 예를 들어, 수십만 행에 달하는 데이터 세트를 스프레드시트 소프트웨어로 관리할 경우, 정렬이나 업데이트 저장과 같은 간단한 작업에도 몇 분씩 걸리게 된다. 이러한 기본작업에 시간을 낭비하면 효율적이고 효과적으로 일하기 어렵다. 기업들이 점점 더 큰 데이터 세트를 수집함에 따라 보다 더 강력하고 확장 가능한 데이터 관리 솔루션에 대한 수요가 증가한다. 이러한 솔루션은 중요한 데이터를 신속하게 수집하고 분석하는 데 도움이 되어야 하며, 방해가 되어서는 안 된다.

오늘날 많은 데이터 수집, 저장, 분석 작업이 클라우드로 이동한다. 아마도 인식하지 못하고 있을지 모르지만, 여러분도 이미 어떤 형태의 클라우드 기반 저장 솔루션을 활용하고 있을 가능성이 크다. 예를 들어, 드롭박스, 원드라이브, 구글 드라이브 같은 애플리케이션을 사용한다면 클라우드를 이용하는 것이다. 더 이상 USB 드라이브나 기타 물리적 저장 매체를 사용해 기기 간에 파일을 전송할 필요가 없다. 인터넷에 연결된 모든 기기에서 파일에 접근할 수 있다.

학생으로서 여러분은 클라우드 저장소가 매우 편리하다는 것을 느껴본 적이 있을 것이다(예 : 그룹 프로젝트에서 큰 파일을 동료들과 공유할 때). 기업들 또한 이러한 클라우드의 편리함과 강력함을 대규모로 활용한다. 기업들은 단순히 편리한 파일 접근만을 원하는 것이 아니라, CIO(최고정보책임자)들은 데이터의 저장과 분석을 하나의 시너지 작업으로 통합하려 한다.

답을 찾기 위한 탐구
라레도페트롤리엄(현 바이탈에너지인코퍼레이션)은 클라우드 분석이

제공하는 혜택을 인식한 회사 중 하나이다.[7] 최근 인터뷰에서 이 회사의 CIO는 시추 작업을 개선하기 위해 사용했던 번거로운 데이터 분석 과정을 설명했다. 이전에는 수많은 스프레드시트와 수작업 계산을 사용했으며, 이 작업들은 시간이 오래 걸렸다. 데이터를 통해 실행 가능한 해답을 찾을 즈음에는 정보의 가치가 시간이 지나 이미 감소한 상태였다.

라레도페트롤리엄이 해결해야 하는 중요한 질문 중 하나는 언제 시추공의 화학적 침전물을 청소해야 하는가이다. 이러한 침전물을 청소하면 시추공의 효율성이 향상되지만, 유지보수 팀을 보내 청소작업을 수행하는 것은 비용이 많이 든다. 라레도페트롤리엄은 이 문제를 분석하는 데 사용했던 낡은 스프레드시트 기반 접근 방식에서 클라우드 기반 분석 플랫폼으로 전환했다. 이 새로운 접근 방식은 데이터 관리의 확장성, 데이터 분석의 견고함, 데이터 접근성을 크게 개선했다. 이제 데이터는 전통적인 PC뿐만 아니라 모바일 기기에서도 언제 어디서나 접근할 수 있게 되었다.[8]

클라우드 분석은 훨씬 더 유연한 정보시스템 아키텍처를 제공한다. 시장 상황의 변화에 더 쉽게 대응할 수 있으며(예 : 2008년과 2015년의 급격한 유가 하락은 라레도페트롤리엄의 비즈니스 방식에 영향을 미쳤다), 라레도페트롤리엄만이 클라우드 분석을 빅데이터가 주도하는 세상에서 생존하고 성장하기 위한 실현 가능한 솔루션으로 인식한 것은 아니다. 최근 연구에 따르면, 글로벌 클라우드 분석 시장은 2026년까지 24% 성장할 것으로 예상된다.[9] 클라우드 분석에 대한 폭넓은 관심은 향상된 확장성, 장치 간 병렬처리, 자원공유(resource pooling), 민첩한 가상화(agile virtualization)와 같은 데이터 저장 및

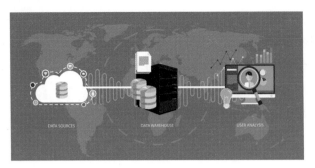

출처 : Aa Amie/Shutterstock

분석 기능의 발전에 의해 촉진되고 있다.[10]

클라우드의 단점?

클라우드 서비스의 이점을 강조하는 것은 쉽지만, 단점에 대해서도 고민해볼 필요가 있다. 여러분은 클라우드 서비스를 사용할 때 우려되는 부분이 있는가? 예를 들어, 개인 파일을 클라우드에 저장하는 것에 대해 불안감을 느끼는 사람들도 있다. 자신의 사진이나 재정 정보(예 : 세금 신고서)를 클라우드에 저장하는 것이 안전한가? 개인 데이터를 통제할 수 없는 '외부'에 맡기는 것이 과연 안전한가?

다른 위험도 존재한다. 시스템 오류나 클라우드 서비스 제공자의 악의적인 내부자에 의해 데이터가 영구적으로 손실될 수 있을까?[11] 또는 클라우드 서비스 제공자에 대한 서비스 거부(DoS) 공격으로 인해 오랜 기간 동안 데이터에 접근할 수 없게 될 위험은 없을까?[12] 어떤

시스템에서든 보안은 종종 편리함을 희생하면서 이루어진다. 비즈니스 리더로서, 클라우드 기반 서비스의 '이점'이 잠재적인 '위험'(때로는 실제 손실로 이어질 수 있는)을 능가하는지 고려해야 한다.

토의문제

1. 개인 데이터를 클라우드에 저장하기로 선택한 적이 있는가? 만약 그렇다면 모든 데이터를 저장하는가, 아니면 특정 유형의 데이터만 저장하는가? 그렇지 않다면 클라우드 제공자에게 데이터를 맡기지 않은 이유는 무엇인가? 클라우드 기반 저장소를 사용하지 않는다면 데이터를 어떻게 백업하는가?

2. 위의 글에서는 클라우드 기반의 데이터 분석을 사용하여 의사결정을 개선한 석유 회사의 구체적인 예를 다루었다. 실시간으로 대량의 데이터를 수집하고 이를 분석한 후, 분석 결과를 활용하여 더 나은 의사결정을 내릴 수 있는 다른 산업들 찾아보라.

3. 위의 글에서는 일부 사용자가 클라우드 기반 서비스를 사용하기보다 데이터를 '사내(in-house)'에서 관리하기로 결정할 수 있다고 언급했다. 이는 DoS 공격이 발생할 경우 데이터에 접근할 수 없는 위험을 방지하기 위함이다. DoS 공격이 무엇인지, 그리고 그러한 공격이 어떻게 사용자가 데이터에 접근하는 것을 막을 수 있는지 조사해보라.

4. 비즈니스 환경에서 어떤 유형의 조직이 편리함보다 보안을 더 중시할까? 역으로 어떤 유형의 조직이 보안보다 편리함을 우선시할까?

보안가이드

패스워드를 재사용하지 마세요

다음 시나리오를 고려해보자. 당신은 인터넷에서 새 신발을 찾고 있다. 마침내 원하는 색상 조합과 당신에게 딱 맞는 사이즈의 신발을 재고로 보유한 사이트를 발견했다. 결제를 진행하려고 하자, 게스트로 체크아웃할지, 아니면 계정을 생성하고 10% 할인을 받을지를 선택하라는 메시지가 뜬다.

잠재적으로 절약할 수 있는 금액이 계정을 생성할 동기가 충분하다고 생각하여, 이메일 주소를 사용자 이름으로 입력하고 비밀번호를 생성하면서 계정을 만들기로 한다. 원래는 계정을 만들 계획이 없었기 때문에, 빠르게 체크아웃 과정을 완료하기 위해 이메일 계정과 연결된 비밀번호를 그대로 사용하기로 결정한다(외워야 할 것이 하나 줄어드니까, 그렇지 않은가?). 결제는 기프트 카드로 완료하고, 며칠 내로 도착할 신발을 기대한다.

몇 주 후 친구들과 어울리던 중 최근 좋아하는 앱에 대해 이야기를 나눴다. 그 앱은 사람들이 짧은 동영상을 공유하는 플랫폼으로, 내용이 상당히 재미있는 경우가 많다고 한다. 누구나 앱을 다운로드하고

바로 콘텐츠를 볼 수 있지만, 광고를 줄이고 투표하거나, 다른 사용자와 동영상을 공유하며, 좋아하는 동영상에 기반한 맞춤 콘텐츠를 생성하고, 댓글을 달기 위해서는 프로필을 만들어야 한다.

앱의 상호작용과 맞춤형 피드가 앱의 가장 좋은 기능이라고 생각한 당신은 프로필을 만들기로 결정하고, 신발 구매에 사용했던 동일한 이메일 주소와 비밀번호를 다시 사용한다. 이번에도 시간을 절약하고 편리함을 택한 당신은 여러 계정에서 동일한 비밀번호를 사용하는 것이 위험할 수 있다는 생각을 무시했다. 불행히도 이러한 습관은 계속되고, 소셜미디어 사이트, 대학 계정, 금융기관 등에서도 같은 비밀번호를 반복해서 사용하게 된다.

도미노처럼 무너지는 계정 보안

몇 주 후 당신은 인기 있는 전자상거래 사이트에서 보안 침해가 발생했다는 뉴스 보도를 접하게 된다. 알고 보니 그 사이트는 당신이 신발을 구매했던 곳이다. 하지만 당신은 크게 걱정하지 않는다. 신용카드

출처 : Vitalii Vodolazskyi/Shutterstock

를 사용하지 않고 기프트 카드를 사용했기 때문에 민감한 정보가 노출될 일이 없다고 생각했기 때문이다.

그러나 해커들은 사용자들의 기본적인 개인정보와 계정 자격증명(account credentials)을 평문으로(즉, 암호화되지 않은 상태로) 저장한 회사의 데이터베이스에 접근했다. 해커들은 이 데이터를 다크웹에 공개했고, 다른 악의적인 해커들이 자동화된 도구를 사용해 이 도난당한 사용자 이름과 비밀번호를 다양한 웹사이트에 시도한다[이를 '자격증명 대입 공격(credential stuffing)'이라고 한다].

48시간 이내에 당신은 갑자기 소셜미디어 친구들로부터 돈을 빌려달라는 요청을 받았다는 알림을 받게 된다. 은행 계정에 로그인해보니 알 수 없는 계정으로 850달러가 송금 대기 상태로 되어 있고, 여러 개의 애플 제품이 당신의 계정으로 청구되어 알 수 없는 주소로 배송되었다는 사실도 발견한다. 또한 당신의 이메일 계정은 수많은 피싱 공격을 보낸 것으로 표시되어 있다.

당신은 이제 비밀번호 재사용으로 인한 도미노 효과의 희생자가 된 것이다. 도미노 효과는 동일한 비밀번호와 이메일 주소를 여러 계정에서 사용할 때 발생한다. 하나의 계정이 해킹되면 다른 모든 계정이 쉽게 해킹될 수 있기 때문이다. 이 시나리오가 과장된 것처럼 들릴 수 있지만, 비밀번호 재사용으로 인한 피해 사례는 실제로 자주 발생한다.[13]

슬픈 현실

행동 기반 정보보안 분야에서는 여러 가지 문제가 있다. 직원들을 대상으로 사회공학 공격(social engineering attack)에 저항하도록 훈련시키고, 경영진이 스피어피싱 공격을 피할 수 있도록 돕거나, 사용자들이 의심스러운 이메일의 징후를 식별하도록 교육하는 것 등이 그 예이다. 상대적으로 사람들이 서로 다른 계정에 대해 다른 비밀번호를

사용하는 것처럼 간단한 행동을 하도록 설득하는 것은 쉬워야 할 것이다. 하지만 이 문제는 여전히 개인과 조직 모두에게 골칫거리가 되고 있다.

한 연구에 따르면 약 2,800만 개의 자격증명 세트를 분석한 결과, 약 50%의 사용자가 비밀번호를 재사용하거나 약간만 수정한 것으로 나타났다.[14] 또한 이러한 자격증명을 분석한 결과, 수정된 비밀번호 중 3분의 1과 모든 재사용된 비밀번호는 쉽게 해독될 수 있다는 것이 밝혀졌다. 최근 마이크로소프트는 수십억 개의 유출된 비밀번호를 분석한 결과, 4천만 명 이상의 마이크로소프트 사용자가 비밀번호를 재사용한 것으로 나타났다.

분명히 비밀번호 재사용은 매우 흔한 문제이다. 비밀번호 재사용의 위험에 대해 교육하는 것 외에도 여러 기술적 솔루션이 개발되었다. 예를 들어, 이중 인증은 계정에 접근하기 위해 비밀번호 외에 추가적인 정보(예 : 휴대폰으로 전송된 코드)를 입력하도록 요구한다.

또한 비밀번호 관리 소프트웨어는 고유한 비밀번호를 저장하고 사용할 수 있도록 도와주며, 일부 웹 브라우저는 웹사이트가 해킹되어 비밀번호를 변경해야 할 때 경고를 제공한다.[15] 심지어 키보드 입력 분석을 통해 재사용된 비밀번호를 식별하는 방법도 제안되었다. 이러한 기술적 안전장치들이 존재하지만, 그것들은 사용자가 실제로 이러한 솔루션을 사용하고 스스로를 보호하려는 노력을 기울일 때만 효과를 발휘할 수 있다.

토의문제

1. 여러분의 비밀번호 재사용 행동에 대해 생각해보자. 개인 계정에서 비밀번호를 재사용하고 있는가? 그렇다면 이 글에서 제공된 시나리오가 비밀번호 재사용에 대한 인식을 바꾸어 앞으로는 이를 피하게 만들었는가?

2. 문제 1에 대한 후속 문제로, 고용주를 위해 계정을 생성한 적이 있는가? 그 계정에서 비밀번호를 재사용했는가? 그렇지 않았다면 개인 계정이 해킹될 경우 고용주에게 미칠 잠재적 위험을 인식했기 때문인가? 이러한 위험 인식이 자신을 보호하려는 동기로 작용하지 않았던 경우와는 다른가?

3. 위의 글에서 언급한 키보드 입력 분석을 통해 비밀번호 재사용을 감지하고 궁극적으로 방지할 수 있다고 했다. 누군가의 타이핑 행동을 평가하는 것으로 어떻게 비밀번호 재사용을 식별할 수 있다고 생각하는가?

4. 비밀번호 재사용은 일주일 동안 열어야 하는 모든 문에 동일한 물리적 열쇠를 사용하는 것과 어떻게 비교되거나 대조되는가? 모든 문을 여는 단 하나의 열쇠를 잃어버리는 상황이 가지는 의미를 생각해보자.

커리어 가이드

성명 : 케일리 스미스
회사 : 익스텐드
직책 : 수석 데이터 플랫폼 엔지니어
학력 : 유타대학교 졸업

출처 : Kailey Smith, Extend, Senior Data Platform Engineer

1. 이 일을 어떻게 하게 되었습니까?

졸업 후 정보시스템 분야 중 어떤 부분에 관심이 있는지 아직 결정하지 못한 상태였습니다. 데이터 분석가로 첫 직장을 얻었고, 데이터를 다루는 일을 정말 즐긴다는 것을 깨달았습니다. 지난 몇 년 동안 데이터 및 클라우드 기술과 관련된 직업을 거치며 기술적 역량을 키웠고, 지금은 데이터 플랫폼 엔지니어로 데이터와 데이터 인프라를 다루고 있습니다.

2. 이 분야에 매력을 느낀 이유는 무엇입니까?

컴퓨터를 다루고 문제를 해결하는 일을 항상 즐겨왔습니다. 유타대학교에서 첫 정보시스템 수업을 들은 후 이 분야에 매료되었습니다. 이 분야는 새로운 기회가 계속해서 생겨나고 성장하는 영역입니다. 탐구할 수 있는 다양한 분야가 있으며, 급여도 꽤 좋다는 점도 매력적이었습니다.

3. 일반적인 업무 일과(주어진 업무, 의사결정, 해결해야 할 문제)는 어떻게 진행됩니까?

저는 매 시기마다 다양한 데이터 프로젝트를 작업합니다. 외부 SFTP(Secure File Transfer Protocol) 서버 또는 내부 다이나모 데이터베이스에서 새로운 데이터 원천을 수집하거나, 데이터 웨어하우스에 새로운 테이블을 생성하거나, 기존 테이블의 데이터 오류를 해결하는 일 등을 합니다. 이는 몇 가지 예일 뿐이지만, 동료들과 함께 최적의 접근 방식을 논의하고 작업의 우선순위를 결정하는 것이 주요 업무입니다.

4. 이 직업에서 가장 마음에 드는 점은 무엇입니까?

항상 다양한 일을 할 수 있다는 점과 여러 기술을 접할 수 있어 끊임없이 배울 수 있다는 점을 좋아합니다.

5. 이 직무를 잘 수행하려면 어떤 기술이 필요합니까?

데이터를 다루는 일은 분석적 사고와 세부사항에 대한 감각이 필요합니다. 인내심도 중요합니다. 하루 종일 잘못된 길을 따라가다가 다음 날 단 한 시간 만에 답을 찾을 수도 있습니다. 기술적으로는 데이터 모델링, SQL, 데이터 분석을 이해해야 하고, 대부분의 직업에서처럼 파이썬을 알아야 합니다.

6. 이 분야는 교육이나 인증이 중요합니까? 그 이유는 무엇입니까?

정보시스템 분야에 들어오려면 지속적으로 새로운 기술을 학습하는 것이 중요합니다. 스스로 학습하고, 직장에서도 계속해서 배우려는 의지를 보인다면, 고용주들은 당신을 더 고용하고 싶어 할 것입니다.

7. 이 분야에서 일하고 싶어 하는 후배에게 어떤 조언을 해주고 싶습니까?

열린 마음을 유지하세요. 새로운 것들을 시도해보세요. 학교에 다닐 때는 보안 쪽에 집중했는데, 실제로는 데이터 쪽에서 더 많은 일을 하게 되었습니다. 무엇이 당신을 정말 흥미롭게 하는지 파악하세요. 더 많이 배우면 더 많은 기회가 열릴 것입니다.

8. 10년 후 인기 있을 기술 직종은 무엇이라고 생각합니까?

지난 몇 년간 데이터 과학과 머신러닝 직업이 증가하는 것을 보았고, 앞으로 더 인기를 끌 것이라고 생각합니다. 이로 인해 데이터 엔지니어링 직업도 더 많이 늘어날 것입니다!

윤리 가이드

단서를 찾아서, 그리고 당신의 얼굴

형사 밀렛의 경찰순찰차는 닳아가는 타이어가 자갈을 부딪히며 천천히 굽이치는 시골길을 따라 범죄 현장으로 향하고 있었다. 오늘 아침 야심 찬 조깅 커플이 홍수조절 구역 근처에서 시신을 발견했다. 이곳은 가장 가까운 집이나 사업체에서도 몇 마일이나 떨어진 곳이었고, 경찰 훈련을 받았음에도 불구하고 밀렛은 이곳에서 달리기를 하고 싶지 않을 것 같았다. (생각해보니 아마도 단순히 달리기를 싫어해서일

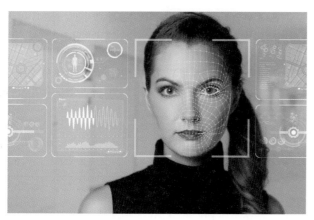

출처 : Metamorworks/Shutterstock

지도 모른다.) 바람에 펄럭이는 노란 범죄 현장 테이프와 경찰 무전기에서 갑작스럽게 터져 나오는 소리가 그의 집중을 다시 불러왔다. 그는 도로에서 차를 천천히 빼내어 거대한 흰 소나무 몇 그루가 모여 있는 곳에 주차했다.

범죄 현장의 상황은 참담했고, 피해자가 입은 부상은 심각했다. 밀렛은 이미 이 사건에서 발견된 증거와 부상이 지난 6~8개월 동안 이 지역에서 발생한 다른 살인 사건들과 유사한 패턴을 따르고 있다고 생각하고 있었다. 지금까지는 용의자를 지목할 만한 증거가 전혀 없었다. 아마 이번 범죄 현장에서 새로운 단서가 나올지도 모른다. 어쩌면, 정말 어쩌면, TV에서처럼 포렌식 팀이 영웅이 되어 사건을 해결해줄 수도 있을 것이다.

범죄 현장은 피해자와 가해자의 경로가 두 방향에서 서로 교차된 것처럼 보였다. 그때 신참 경찰관이 흙으로 덮인 휴대전화를 장갑 낀 손으로 움켜쥐고 달려왔다. 그는 약 20미터 떨어진 덤불 근처에서 휴대전화를 발견했다고 설명하며, 전화기 옆에 움푹 들어간 자국이 있어 꽤 힘껏 던져진 것 같다고 말했다.

전화기는 켜져 있고 작동하는 듯 보였으며, 운 좋게도 비밀번호로 보호되지 않은 것 같았다. 경찰들은 피해자의 신원, 범죄가 발생한 시간, 더 나아가 가해자가 누구인지를 파악할 수 있을 만한 최근 사진이나 문자 메시지가 있는지 확인하기 위해 휴대전화를 간단히 조사하기 시작했다.

휴대전화를 검색하던 경찰관이 사진 앱을 선택하고 갤러리의 첫 번째 이미지를 불러왔을 때, 화면을 가득 채운 사진을 본 경찰관들은 숨을 멈췄다. 바로 이 숲에서 찍힌 어떤 인물의 사진이

었고, 그 사진이 찍힌 시간은 범죄가 발생한 시점과 맞아떨어졌다. 사진은 몰래 촬영된 듯 보였고, 사진 속 인물은 자신이 찍히고 있다는 사실을 모르는 듯했다. 아마도 피해자는 이 사람에 대해 뭔가 수상함을 느끼고 몰래 사진을 찍었을 것이다.

인물의 얼굴 일부는 비교적 선명했지만, 후드가 얼굴의 상하 부분을 가리고 있었다. 가려진 부분들 때문에 밀렛은 이 사진으로 신원을 확인할 가능성이 낮다고 생각했다. 처음에는 결정적인 증거처럼 보였지만, 이 사진은 그저 허탕을 치게 만들지도 모른다. 다른 요원들이 범죄 현장 처리를 마치는 동안, 밀렛은 경찰차로 돌아갔다. 집으로 돌아가는 길에 그는 이번 범죄를 해결할 가능성에 대해 비관적인 감정을 떨칠 수 없었다.

해결책이 될 앱이 있다

형사 밀렛이 홍수조절 지역에서 범죄 현장에 출동한 지 몇 주가 흘렀다. 수많은 포렌식 테스트와 용의자의 사진을 언론에 공개했음에도 불구하고, 사건에는 신뢰할 만한 단서가 없었다. 경찰 외에 밀렛을 한 마디로 표현할 수 있다면, 그는 '러다이트(신기술 반대자)'였을 것이다. 그는 어떻게든 기술을 피하려 했다. 그가 근무하는 소도시 경찰서에는 여분의 예산이 많지 않기 때문에 큰 경찰서에서 사용하는 각종 장비와 기술을 갖출 수 없었다. 보통 이는 다행이었지만, 이번 사건 때문에 밀렛은 이제는 어떤 방법이라도 시도할 준비가 되어 있었다. 어쩌면 자신이 알지 못했던 기술이 이번 수사에 실낱 같은 희망을 제공할 수도 있겠다는 생각이 들었다.

밀렛은 큰 도시 경찰서에서 일하고 있는 오랜 친구에게 전화를 걸었다. 그의 친구는 퓨어사이트라는 회사를 알려주었다. 이 회사는 인터넷에서 공개적으로 이용할 수 있는 이미지를 대규모로 수집하여 데이터베이스를 구축했으며, 법 집행 기관들은 이 데이터베이스에 접근할 수 있는 권한을 구매하여 피해자나 용의자의 신원을 확인하기 위해 이미지를 대조할 수 있었다. 이 아이디어는 매력적으로 들렸고, 밀렛은 이 회사의 웹사이트를 찾아보고 해결책이 될 수 있을지 알아보기 위해 노트북을 열었다.

웹 검색 첫 결과로 퓨어사이트의 웹페이지가 떴지만, 밀렛은 검색 결과에 뜬 여러 뉴스 기사가 눈에 들어왔다. 헤드라인을 빠르게 훑어보는 것만으로도 그를 망설이게 했다. 이 회사는 꽤 많은 논란의 대상이 된 것 같았다. 특히 이 회사가 수집한 얼굴 이미지가 프라이버시를 침해한 것으로 간주되었으며, 데이터 세트에 어린이들의 이미지도 포함되어 있었기 때문이다. 한 기사에서 밀렛은 한 주 검사가 이 회사를 비윤리적이고 부도덕한 행위로 고소한 사례도 읽었다. 퓨어사이트는 모든 이미지가 인터넷에서 자유롭게 이용 가능한 것이라고 방어했으며, 소셜미디어에서 개인 이미지를 스크랩한 것이 아니라고 주장했다. 그러나 퓨어사이트의 입장은 비판을 잠재우지 못한 듯했다.

밀렛은 의자에 기대어 머리를 흔들었다. 그는 무엇보다도 이 범죄를 해결하고 싶었지만, 그에게 가장 필요한 것은 끝없이 쌓이는 미해결 사건들 위에 홍보 재앙까지 더하는 것이 아니었다. 그는 어떻게 해야 할지 확신할 수 없었다.

토의문제

여러분이 밀렛이라고 가정하고 다음 문제에 답하라.

1. 형사 밀렛의 곤경을 짐작하고, 그가 범죄 해결을 돕기 위해 퓨어사
   이트의 서비스에 접근 권한을 구매하기로 결정했다고 가정하라.
   a. 정언 명령(1장, 27쪽 참조)에 따르면 그의 행동이 윤리적인가?
   b. 공리주의적 관점(2장, 58쪽)에 따르면 그의 행동은 윤리적인가?
2. 여러분이나 여러분에 관한 다른 데이터가 퓨어사이트 같은 기업
   데이터베이스에 저장될 가능성에 대해 어떻게 생각하는가?

3. 문제 2에 대한 답변은 퓨어사이트가 데이터와 관련해 여러분이나
   다른 사람들의 동의 없이 수익을 내고 있다는 사실을 고려할 때
   바뀌는가?
4. 범죄의 피해자를 알고 있고, 경찰이 사건 해결을 위해 퓨어사이트
   플랫폼을 사용할지 말지 고민한다면, 여러분은 그들이 사용하기를
   원할 것인가?

생생복습

이 장에서 학습한 내용을 이해했는지 확인해보자.

5-1 데이터베이스를 알아야 하는 이유는 무엇인가?

데이터베이스가 직접적으로 명확하지 않더라도 여러분이
매일매일 데이터베이스에 접촉하는 세 가지 방법을 설명하
라. 현업 전문가가 데이터베이스 기술을 배워야 하는 네 가
지 이유를 요약하라.

5-2 데이터베이스란 무엇인가?

데이터베이스를 정의하라. 데이터의 계층과 데이터베이스의
세 가지 구성 요소에 대해 설명하라. 메타데이터를 정의하
라. *Student*와 *Office_Visit* 테이블을 이용하여, 데이터베이스
에서 행 사이의 관계가 어떻게 표현되는지 나타내라. 주키,
외래키, 관계형 데이터베이스의 용어를 정의하라.

5-3 데이터베이스 관리시스템(DBMS)이란 무엇인가?

DBMS의 풀네임을 말하고 기능을 설명하라. 잘나가는 5개
의 DBMS 제품을 열거하라. DBMS와 데이터베이스의 차이
를 설명하라. DBMS의 기능을 요약하라. SQL을 정의하라.
데이터베이스 관리의 주요 기능을 설명하라.

5-4 데이터베이스 애플리케이션은 어떻게 데이터베이스를 더 유용하게 만드는가?

데이터베이스 테이블 자체가 비즈니스 사용자에게 별로 유
용하지 않은 이유를 설명하라. 데이터베이스 애플리케이션
프로그램의 네 가지 요소의 이름을 정의하고, 각 요소의 목
적을 설명하라. 데이터베이스 애플리케이션과 데이터베이
스 애플리케이션 프로그램의 차이점을 설명하라. 전통 데이

터베이스 애플리케이션의 특성을 설명하라. 브라우저 기반
애플리케이션 프로그램이 전통 애플리케이션보다 나은 이
유를 설명하라. 브라우저 기반 애플리케이션을 지원하는 데
사용되는 주요 기술의 이름을 정의하라.

5-5 e헤르메스는 데이터베이스 시스템을 통해 어떻게 이득을 얻는가?

e헤르메스에서 사용할 수 있는 두 가지 시스템 아키텍처 대
안을 설명하라. 각각의 장점과 단점을 설명하라. 각자가 선
택한 대안을 설명하고 선택한 이유를 설명하라.

5-6 비전통적 DBMS 제품이란 무엇인가?

NoSQL 데이터 저장소를 정의하고 세 가지 예시를 제시하라.
NoSQL이 조직에서 어떻게 사용될 것인지 설명하고, 여전
히 MS 액세스를 배우는 것이 중요한 이유를 설명하라. 이
러한 시스템 개발의 특이점이 무엇인지 설명하라. NoSQL
이 DBMS 제품 시장에 미칠 수 있는 결과에 대해 설명하라.

이 장의 **지식**이 **여러분**에게 어떻게 도움이 되는가?

이 장에서 제시된 개념을 배우고 MS 액세스에 대한 기본적
인 지식을 습득하면 여러분은 데이터를 쿼리하고 추출하여
조직이 직면한 문제를 해결하는 데 도움을 줄 수 있게 될 것이
다. 또는 최소한 문제를 정확히 짚어낼 수 있을 것이다.
또한 조직의 데이터베이스 요구에 중요한 역할을 할 수 있
는 새로운 범주의 DBMS 제품이 등장한다는 사실도 알게
될 것이다.

주요용어

갱신 실패 문제(lost-update problem)
관계(relation)
관계형 데이터베이스(relational database)
구조화된 질의 언어(Structured Query
　Language, SQL)
그래픽 기반 쿼리(graphical query)
다이나모(Dynamo)
다중사용자 처리(multiuser processing)
데이터베이스(database)
데이터베이스 관리(database administration)
데이터베이스 관리시스템(database
　management system, DBMS)
데이터베이스 애플리케이션(database
　application)

레코드(record)
리포트(report)
메타데이터(metadata)
몽고DB(MongoDB)
빅테이블(Bigtable)
액세스(Access)
열(columns, 칼럼)
오라클 데이터베이스(Oracle Database)
외래키(foreign key)
인메모리 DBMS(in-memory DBMS)
주키(primary key)
카산드라(Cassandra)
쿼리(query)
키(key)

테이블(table)
파일(file)
폼(form)
필드(field)
행(row, 로우)
ACID
DB2
MySQL
NewSQL DBMS
NoSQL DBMS
SQL 서버(SQL server)

학습내용 점검

5-1. 전자제품 회사의 마케팅 어시스턴트로 일하면서 무역 전시회에서 회사 부스를 설치하는 일을 담당한다고 가정해보자. 전시회가 열리기 몇 주 전, 마케팅 관리자들과 만나서 그들이 어떤 전시물과 장비를 전시하고 싶은지 결정한다. 그런 다음 배송해야 할 각 구성 품목을 식별하고, 이를 전시회 장소로 배송할 업체를 예약한다. 전시회 현장에서는 부스와 장비를 설치할 때 컨벤션 직원들을 감독하고, 전시회가 끝나면 부스와 모든 장비를 포장하여 본사로 다시 배송하는 일을 감독한다. 장비가 도착하면 창고에서 각 부품과 장비가 모두 반납되었는지 확인한다. 배송 중 발생한 손상이나 분실이 있는 경우, 그 문제들을 처리한다. 이 일은 매우 중요한데, 일반적인 전시회에서는 25만 달러 이상의 장비를 책임지고 있기 때문이다.

　a. 부스 부품, 장비, 선적하는 사람, 선적 회사에 대한 데이터 추적이 필요할 것이다. 각 데이터 유형에 필요한 필드를 열거하라.

　b. 이러한 데이터의 추적을 위해 스프레드시트를 사용할 수 있는가? 그러할 경우의 장점과 단점은 무엇인가?

　c. 문제에 대한 답을 기반으로 추적 관리해야 할 두 가지 데이터 간 관계에 대한 보기를 제시하라. 각각의 키와 외래키를 정의하라.

　d. 데이터베이스 애플리케이션의 다음 구성 요소, 즉 데이터 입력 폼, 리포트, 쿼리 또는 애플리케이션 프로그램 중 어떤 것이 필요할 것 같은가? 각각의 필요성을 설명하라.

　e. 이 애플리케이션은 한 명의 사용자용인가? 아니면 다중 사용자용인가? 개인용 DBMS가 필요한가? 아니면 기업용 DBMS가 필요한가? 개인용 DBMS가 필요하다면 어떤 제품을 사용할 것인가?

5-2. 서맨사 그린은 트위그트리트리밍서비스라는 나무 손질 서비스를 운영하고 있다. 서맨사는 산림학 학위를 가지고 있으며, 최근 미주리주 세인트루이스에서 사업을 시작했다. 그녀의 사업은 나무나 그루터기 제거와 같은 일회성 작업뿐만 아니라, 매년 또는 2년에 한 번 고객의 나무를 손질하는 정기적인 서비스로 구성되어 있다. 사업이 한가할 때, 서맨사는 이전 고객들에게 전화를 걸어 그녀의 서비스와 정기적으로 나무를 손질해야 할 필요성을 상기시킨다.

a. 서맨사의 사업을 위해 필요한 데이터 테이블의 이름을 적고 설명하라. 각 테이블에 예상되는 필드를 표기하라.

b. 서맨사는 스프레드시트를 사용하여 데이터를 관리할 수 있을까? 그러할 경우의 장점과 단점은 무엇인가?

c. 문제에 대한 답을 기반으로 여러분이 추적 관리해야 할 두 가지 데이터 간의 관계에 대한 보기를 제시하라. 각각의 키와 외래키를 정의하라.

d. 서맨사의 데이터베이스에는 어떠한 데이터베이스 애플리케이션이 필요한지 데이터 입력 폼, 보고서, 쿼리, 애플리케이션 프로그램 중에서 선택하라. 그렇게 선택한 이유는 무엇인가?

e. 이 애플리케이션은 단일 사용자용인가, 아니면 다수 사용자용인가? 개인용 DBMS와 전사용 DBMS 중에서 필요한 것은 무엇인가? 만약 개인용이라면 어떤 제품을 사용할 것인가?

5-3. 유어파이어는 커트와 줄리 로바드가 운영하는 자그마한 사업장이다. 오스트레일리아의 브리즈번에 위치하고 있으며, 경량 캠핑난로인 유어파이어를 만들어서 팔고 있다. 커트는 강한 바람에도 난로가 꺼지지 않는 노즐을 발명하는 항공우주 산업 엔지니어로서의 경력을 가지고 있다. 산업디자인 경험을 활용하여, 줄리는 난로를 작고 가볍고 설치가 쉬우며 견고하게 디자인했다. 커트와 줄리는 난로를 인터넷이나 전화를 이용하여 고객에게 직접 판매했다. 레크리에이션 목적으로 사용된 난로의 경우 5년 무상 보증했다.

a. 유어파이어는 모든 스토브와 이를 구매한 고객을 추적하고 싶어 한다. 그들은 고객에게 안전 문제를 알리거나 스토브 리콜을 주문해야 할 경우에 대비하여, 어떤 고객이 어떤 스토브를 소유하고 있는지 알고 싶어 한다. 커트와 줄리는 또한 그들이 수행한 모든 수리 내역도 기록하고 싶어 한다.

b. 유어파이어가 필요하게 될 데이터 테이블의 이름을 적고 설명하라. 각 테이블에 예상되는 필드를 표기하라.

c. 유어파이어가 스프레드시트를 사용하여 자사의 데이터를 관리할 수 있을까? 그러할 경우의 장점과 단점은 무엇인가?

d. 문제에 대한 답을 기반으로 유어파이어가 추적 관리해야 할 두 가지 데이터 간의 관계에 대한 보기를 제시하라. 각각의 키와 외래키를 정의하라.

e. 유어파이어 데이터베이스에는 어떠한 데이터베이스 애플리케이션 요소들(데이터 입력 폼, 보고서, 쿼리, 애플리케이션 프로그램 등)이 필요한가? 각 필요한 구성 요소의 사용 예를 설명하라.

f. 이 애플리케이션은 단일 사용자용인가, 아니면 다수 사용자용인가? 유어파이어는 개인용 DBMS와 기업용 DBMS 중에서 어떤 것이 필요한가? 만약 개인용 DBMS라면 어떤 제품을 사용할 것인가? 만약 기업용 DBMS라면 무료 라이선스 조건으로 이용할 수 있는 제품은 무엇인가?

협업과제 5

여러분의 팀원들과 만나서 구글 오피스, 셰어포인트 또는 기타 협업 도구를 사용해서 협업 정보시스템을 구축하라. 아직 협업한 정보시스템을 구축하지 않았다면 협업과제 1을 참고하라. 절차와 팀 훈련이 필요하다는 것을 명심하라. 이제 정보시스템을 이용해서 다음 질문에 답하라.

5-4. 엔티티와 그 관계를 이해하기 위해 그림 5-16을 학습하라. 이 모델에서 각각의 카디널리티를 정의하라.

5-5. 팀원과 협력하여 그림 5-16의 모든 엔티티를 함께 사용하는 일곱 가지 쿼리 목록을 작성하라.

5-6. 그림 5-16의 E-R 모델을 수정하여 계약(Contact) 엔티티를 포함하고, 이를 설비(Facility) 엔티티와 연결하라. 이들 간의 관계를 생성하고, 두 엔티티 간의 관계의 카디널리티를 정의하고 이를 설정하라.

5-7. 문제 5-6에서 작성한 모델과 그림 5-16의 E-R 모델의 장점과 단점에 대해 토론하라.

5-8. 그림 5-16의 데이터 모델을 관계형 데이터베이스 설

계로 변환하라(힌트 : 각 엔티티에 대한 테이블을 만들고 이들 테이블을 연결한다).

5-9. 문제 5-8에서 설계한 것을 MS 액세스를 이용하여 데이터베이스를 작성하라.

5-10. 샘플 데이터로 데이터베이스를 채워라.

5-11. MS 액세스 쿼리 기능을 사용하여 문제 5-5에서 생성한 일곱 가지 쿼리를 처리하라.

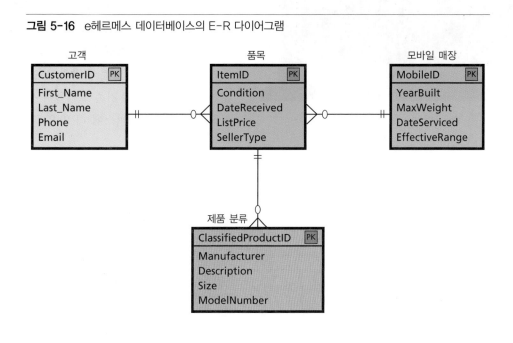

그림 5-16   e헤르메스 데이터베이스의 E-R 다이어그램

사례연구 5

데이터독

시속 113킬로미터로 바쁜 고속도로를 달리고 있다고 가정해보자. 속도위반 단속을 위해 경찰들이 자주 매복해 있는 구간에 접근한다. 속도계를 확인하기 위해 아래를 보았을 때, 평소 계기판이 있는 대시보드에 계기판이 사라진 것을 보고 충격을 받을 것이다. 그 자리는 텅 비어 있었다. 이제 여러분은 '눈을 가리고' 운전하는 상태와 같다. 이 시나리오가 실제로 일어난다면 어떤 결과가 발생할지 생각해보자.

운전자는 차량의 속도가 얼마나 빠른지 알 수 없을 것이다. 또한 연료가 얼마나 남았는지, 차량의 오일 온도가 어떤지에 대해서도 알지 못할 것이다. 연료가 갑자기 떨어지거나 오일이 과열될 수도 있다. 방향, GPS 위치, 경로 안내와 같은 내비게이션 데이터도 사용할 수 없을 것이다. 익숙한 지역을 벗어나면 운전자는 길을 잃을 것이다.

또한 차선 변경 경고, 타이어 압력 센서, 충돌 회피 시스템과 같은 경고 시스템도 작동하지 않을 것이다. 그 차량은 문제가 발생했을 때 운전자가 사고를 피하도록 도울 수 없을 것이다. 요컨대 운전자는 제한된 데이터 세트(예 : 앞을 보거나, 거울을 확인하거나, 엔진 이상을 나타내는 이상한 소음을 듣는 것)에 의존하여 차량을 운전해야 할 것이다.

이제 이 가상 시나리오를 오늘날의 경쟁이 치열하고 디지털 중심의 경제에서 운영되는 회사와 비교해보자. 데이터는 이제 많은 기업의 생명줄과 같다. 기업이 직면할 수 있는 가장 큰 도전 중 하나는 데이터를 효과적으로 활용하는 것이다. 이는 일반적으로 데이터 분석과 시각화를 통해 이루어지며, 종종 실시간 데이터 대시보드 형태로 제공된다.

시간이 지나면서 클라우드 기반 인프라를 사용하여 회사를 관리하는 것은 다소 '혼란스러운' 비즈니스 패러다임이 되었다. 애플리케이션을 개발하고 관리하는 소프트웨어 엔지니어들은 실제 인프라를 배포하고 관리하는 시스템 관리자들과 다른 사고방식, 다른 도구를 사용하며, 심지어 서로 다른 목표를 가질 수도 있다. 그러나 클라우드 플랫폼으로

출처 : Karol Ciesluk/Shutterstock

의 전환은 이 두 그룹이 새로운 방식으로 상호작용하고 협력하도록 강요하며, 이는 기존 기술이나 협업 도구로는 이미 지원되지 않는 방식이다.

기업들에게 기회를 제공하다

2010년, 올리비에 포멜과 알렉시스 레콕은 시장의 이러한 격차를 인식하고, 클라우드 운영을 위한 실시간 모니터링 및 데이터 분석 도구를 개발하기 시작했다. 이 도구는 서버, 데이터베이스, 네트워크, 애플리케이션 등의 운영을 위한 경고 및 대시보드를 포함했다.[16] 플랫폼의 핵심 요소 중 하나는 다양한 클라우드 인프라와 다른 기업 도구와의 쉬운 통합(종종 '턴키'라고 불림)이다. 회사가 출범한 시기는 완벽했으며, 점점 더 많은 기업들이 클라우드로 운영을 전환하고 있었다.

몇 년에 걸쳐 데이터독은 몇몇 소규모 기업을 인수하며 성장했다. 약 1억 5천만 달러에 달하는 5차례의 자금 조달 이후, 데이터독은 빠른 성장과 성공을 바탕으로 2019년 9월에 기업공개(IPO)를 했다. 초기 주가는 27달러로 책정되었고, 첫 거래일 종료 시점에는 37.55달러로 상승하여 39% 증가를 기록했다. 회사의 시장 가치는 110억 달러에 달했다.[17] 현재 이 회사는 분기별로 1억 달러 이상의 수익을 보고한다.[18]

휴식을 취하는 중인가?

많은 사람들이 이 '개'가 이제 휴식을 취하고 있는지, 아니면 또 다른 도약을 준비하고 있는지 궁금해한다. 전반적으로 기술 인프라를 클라우드로 이전하는 추세는 계속될 것으로 보이며, 데이터독은 지속적인 성장을 위한 유리한 위치에 있을 것이다. 또한 회사는 새로운 기능과 특징을 추가하여 혁신의 선두 자리를 유지할 것으로 예상된다.[19]

추가적으로 코로나19 팬데믹이 데이터독 플랫폼의 도입에 긍정적인 영향을 미칠 것이라는 예측도 있다.[20] 기업들이 데이터 기반이며 민첩한 대응이 그 어느 때보다 중요한 시점이기 때문이다. 새로운 고객층으로의 확장과 더불어 기존 데이터독 고객의 지출 분석(달러 기준 유지율 계산을 통해 분석) 결과에 따르면, 기존 고객들이 시간이 지남에 따라 데이터독의 제품과 서비스에 더 많은 돈을 지출하고 있는 것으로 나타났다.[21]

그러나 경제가 침체에 접어든다면 고급 모니터링 도구와 디지털 대시보드에 대한 투자가 기업 이사회에서 설득력을 얻기 어려울 수 있다. 또한 데이터독은 '손쉬운(low-hanging-fruit)' 고객층과의 포화 상태에 도달할 수 있으며, 새로운 판매를 촉진하는 것이 점점 더 어려워질 수 있다. 이 '개'는 이미 최전성기를 지나간 것일까?

토의문제

5-12. 그렇게 많은 회사들이 클라우드로 이전하는 이유는 무엇이라 생각하는가? 여러분의 기술 사용을 고려해보라. 클라우드 기술로부터 어떤 혜택을 받고 있는가?

5-13. 데이터를 디지털 대시보드 형식으로 요약/보고하는 기술을 사용해본 적이 있는가? 그 기술은 무엇이었으며, 어떻게 사용하여 결정을 내렸는가? 수업에서 답변을 공유할 준비를 하라.

5-14. 데이터독 웹사이트의 고객 페이지로 가서 그 페이지에서 제공되는 고객사례 연구 중 하나를 살펴보라. 수업에서 데이터독이 그 사례의 회사에 어떻게 도움을 주었는지 간략한 개요를 공유할 준비를 하라.

5-15. 대학에서 데이터독을 사용하는 것이 도움이 될 것이라고 생각하는가? 어떻게 도움이 되는가?

5-16. 데이터독의 오랜 성장 기록과 기사 마지막 부분에 설명된 다른 요인들을 바탕으로, 잠재적인 위험을 고려할 때 향후 몇 년 동안 이 회사가 어떻게 성장할 것이라고 생각하는가?

주

1. MySQL은 MySQL 회사에 의해 지원되었다. 2008년, 그 회사는 선마이크로시스템스에 인수되었고, 그해 말 선마이크로시스템스는 다시 오라클에 인수되었다. 그러나 MySQL은 오픈소스이기 때문에 오라클이 소스코드를 소유하지 않는다.

2. 데이터베이스 애플리케이션과 데이터베이스 애플리케이션 프로그램 사이의 혼동에 주의하라. 데이터베이스 애플리케이션에는 폼, 리포트, 쿼리, 데이터베이스 애플리케이션 프로그램이 포함된다.

3. 이 초기 역사에 대한 요약과 이러한 아이디어의 확대된 설명은 다음 논문을 참조하라. David Kroenke, "Beyond the Relational Model," *IEEE Computer*, June 2005.

4. Werner Vogel, "Amazon's Dynamo," All Things Distributed blog, last modified October 2, 2007, *www.allthingsdistributed.com/2007/10/amazons_dynamo.html*.

5. Fay Chang, Jeffrey Dean, Sanjay Ghemawat, Wilson C. Hsieh, Deborah A. Wallach, Mike Burrows, Tushar Chandra, Andrew Fikes, and Robert E. Gruber, "Bigtable: A Distributed Storage System for Structured Data," OSDI 2006, Seventh Symposium on Operating System Design and Implementation, Seattle, WA, last modified November 2006, *http://labs.google.com/papers/bigtable.html*.

6. Jonathan Ellis, "Cassandra: Open Source Bigtable + Dynamo," *Slideshare.net* accessed May 11, 2021, *www.slideshare.net/jbellis/cassandra-open-source-bigtable-dynamo*.

7. Clint Boulton, "Oil Company Hopes to Strike Efficiency with Cloud Analytics," *CIO.com*, November 10, 2015, accessed May 11, 2021, *www.cio.com/article/3003498/cloud-computing/oil-company-hopes-to-strike-efficiency-with-cloud-analytics.html*.

8. Ibid.

9. Fortune Business Insights, "Cloud Analytics Market to Rise at 24.3% CAGR till 2026," *PRNewswire.com*, February 25, 2020, accessed May 11, 2021, *www.prnewswire.com/news-releases/cloud-analytics-market-to-rise-at-24-3-cagr-till-2026-increasing-number-of-product-launches-by-major-companies-to-aid-growth-says-fortune-business-insights-301010706.html*.

10. Ibid.

11. Ibid.

12. Fahmida Y. Rashid, "The Dirty Dozen: 12 Cloud Security Threats," *InfoWorld.com*, March 11, 2016, accessed May 11, 2021, *www.infoworld.com/article/3041078/security/the-dirty-dozen-12-cloud-security-threats.html*.

13. Alex Perakalin, "Why You Should Never Reuse Passwords," *Kaspersky Daily*, December 4, 2018, accessed May 11, 2021, *www.kaspersky.com/blog/never-reuse-passwords-story/24808*.

14. Catalin Cimpanu, "44 Million Microsoft Users Reused Passwords in the First Three Months of 2019," *ZDNet*, December 5, 2019, accessed May 11, 2021, *www.zdnet.com/article/44-million-microsoft-users-reused-passwords-in-the-first-three-months-of-2019*.

15. Stephen Shankland, "Firefox Now Warns When Password Reuse Is Particularly Dangerous," *CNET*, May 5, 2020, accessed May 11, 2021, *www.cnet.com/news/firefox-76-adds-new-warnings-about-password-data-breaches*.

16. Danny Crichton, "Through Luck and Grit, Datadog Is Fusing the Culture of Developers and Operators," *TechCrunch*, April 21, 2018, accessed May 11, 2021, *https://techcrunch.com/2018/04/21/datadog-and-new-york*.

17. Dan Gallagher, "This Dog Will Hunt," *The Wall Street Journal*, September 20, 2019, accessed May 11, 2021, *www.wsj.com/articles/this-dog-will-hunt-11568983730?mod=searchresults&page=1&pos=6*.

18. Stephen Guilfoyle, "This Datadog Can Run," *TheStreet*, May 12, 2020, accessed May 11, 2021, *https://realmoney.thestreet.com/investing/this-datadog-can-run-15319773*.

19. Danny Crichton, "Through Luck and Grit, Datadog Is Fusing the Culture of Developers and Operators," *TechCrunch*, April 21, 2018, accessed May 11, 2021, *https://techcrunch.com/2018/04/21/datadog-and-new-york*.

20. Stephen Guilfoyle, "This Datadog Can Run," *TheStreet*, May 12, 2020, accessed May 11, 2021, *https://realmoney.thestreet.com/investing/this-datadog-can-run-15319773*.

21. Rick Munarriz, "4 Reasons Datadog Is a Hot IPO," *The Motley Fool*, September 23, 2019, accessed May 11, 2021, *www.fool.com/investing/2019/09/23/4-reasons-datadog-is-a-hot-ipo.aspx*.

Chapter 6

클라우드

"그렇다면 클라우드가 우리가 처한 문제에 대한 해답이라는 말이죠?" e헤르메스의 CEO 제시카 라마가 IT 서비스 담당 이사 세스 윌슨, COO 빅토르 바스케즈와 만나 e헤르메스의 데이터 저장 비용에 대해 논의한다.

"네, 맞습니다. 데이터 저장을 클라우드로 아웃소싱하면 비용을 크게 절감할 수 있습니다"라고 세스는 자신 있게 말한다.

"뭐라구요?" 빅토르가 다소 짜증 난 듯이 되물었다.

"클라우드요. 모든 데이터를 클라우드로 옮기면 되죠."

제시카는 호기심이 발동했다. "좋아요, 세스, 클라우드가 어떻게 도움이 되나요?"

"제3자로부터 저장 용량을 임대해 인터넷을 통해 접속하는 겁니다."

빅토르는 혼란스럽다. "그러면 하드 드라이브를 구매하지 않고 임대한다는 말씀이신가요?"

"정확하게는 그런 건 아닙니다. 우리 데이터 센터에 더 이상 추가적으로 하드 드라이브를 설치하지 않을 뿐입니다. 클라우드를 사용하면 매우 유연한 종량제 조건으로 온라인 저장소를 임대할 수 있습니다. 비즈니스가 성장함에 따라 더 많은 저장소를 확보하고 필요에 따라 확장할 수도 있습니다."

"매일이요? 매일 임대 조건을 변경할 수 있다고요?"

빅토르는 회의적이었다. "좋아요, 그럼 비용은 얼마나 들지요? 저렴할 리가 없잖아요."

"테라바이트당 10달러는 어때요?"

제시카는 의아하다. "테라바이트당 10달러라니 무슨 말이죠?"

"한 달에 10달러 정도면 1테라바이트의 온라인 저장소를 얻을 수 있다는 뜻이죠." 세스가 웃으며 대답한다.

"그게 어떻게 가능하죠? 그렇게 적은 비용으로 가능한가요?" 빅토르는 어안이 벙벙해졌다.

**"테라바이트당 10달러는
어때요?"**

출처 : Haiyin Wang/Alamy Stock Photo

"네, 그 정도면 충분해요. 우리는 원하는 만큼의 저장소를 확보할 수 있고, 우리 시스템은 모바일 매장에 들어오는 모든 데이터를 자동으로 업로드합니다. 월 평균 저장 비용이 지금보다 최소 50% 이상 줄어들 거예요. 이외에도 전력 절감, 백업 시간 절약, 새로운 하드웨어를 추가로 구성할 필요가 없다는 추가적인 장점도 있어요."

세스는 확실하지는 않지만 실제 저장 비용은 더 적을 수 있다고 예상한다.

"세스, 농담이죠? 그렇다면 수만 달러의 저장 비용을 절감할 수 있어요. 이건 엄청난 일이에요. 작년에 저장에 지출하는 비용이 350% 증가했습니다. 회사가 빠르게 성장하고 있기 때문에 이러한 비용 절감이 필요합니다. 게다가 현재 온라인 재고관리 시스템 프로젝트가 진행 중에 있습니다. 이 프로젝트의 데이터 저장 비용은 상당할 거예요." 빅토르는 이 말을 하면서 마음속으로 사실이기를 바라고 있다.

"글쎄요, 좋은 것은 맞는데, 엄청난 비용이 절감된다는 뜻은 아닙니다. 시스템을 구축하려면 추가 개발 비용이 들 것이고 시간이 좀 걸릴 겁니다. 또한 단일 공급업체에 종속되는 것도 걱정이고 보안에 대한 우려도 있어요."

"세스, 계획을 세워주세요. 계획이 필요해요."

제시카는 이러한 비용 절감이 다음 2분기와 그 이후에 어떤 영향을 미칠지를 생각한다.

"알겠습니다. 다음 주까지 말씀드리겠습니다."

"금요일까지 부탁해요. 세스."

 학습목표

학습성과 : 클라우드가 무엇인지에 대해 설명할 수 있으며, 클라우드가 비즈니스에 중요한 이유에 대해 논의할 수 있다.

6-1 클라우드가 대부분의 조직에 미래인 이유는 무엇인가?

6-2 기업에서는 클라우드를 어떻게 사용하는가?

6-3 e헤르메스는 어떻게 클라우드를 사용할 수 있을까?

6-4 기업에서는 어떻게 클라우드 서비스를 안전하게 사용할 수 있을까?

6-5 클라우드는 기업의 미래에 어떤 의미를 가질까?

이 장의 **지식**이 **여러분**에게 어떻게 도움이 되는가?

6-1 클라우드가 대부분의 조직에 미래인 이유는 무엇인가?

클라우드(cloud)는 인터넷을 통해 공유되고 있는 컴퓨터 리소스를 탄력적으로 임대하는 것이다. 클라우드라는 용어가 사용된 이유는 과거 인터넷 기반 시스템의 다이어그램에서 인터넷을 나타내기 위해 **구름**(cloud) 모양의 기호를 사용했고, 기업에서도 인프라를 '구름 안 어딘가에 있는 것'으로 간주했기 때문이다. 우선 클라우드의 중요성을 이해하려면 클라우드라는 용어가 어디에서부터 유래했는지 알아야 한다.

1960년대 초부터 1980년대 후반까지 대부분의 기업에서는 내부 데이터 처리를 위해 **메인프레임**(mainframe) 또는 대규모 고속 중앙 집중식 컴퓨터를 사용했다(그림 6-1 참조). **메인프레**

그림 6-1 메인프레임 시대(1960~1980년대)

씬 클라이언트　지역 네트워크　메인프레임

애플리케이션
데이터 저장소
프로세서

임 아키텍처(mainframe architecture)는 중앙 메인프레임과 수많은 **씬 클라이언트**[thin client, **컴퓨터 단말기**(computer terminal)라고도 함] 간의 연결을 지원했으며, 씬 클라이언트는 기본적으로 화면, 키보드, 네트워크 연결로 구성되었다. 또한 메인 프레임에 각종 애플리케이션이나, 데이터, 처리 능력 등이 탑재되었다. 당시에는 인터넷이 등장하기 이전이었기에 현재 우리가 알고 있는 클라우드라는 개념은 없었다.

1990년대 초부터 인터넷 사용이 급증하기 시작했다. 사용자들은 개인용 컴퓨터(stand-alone client, 독립형 클라이언트)를 인터넷에 연결하고, 기업에서는 웹사이트와 데이터를 호스팅하기 위해 서버를 구입했다(인하우스 호스팅). 4장에서 살펴본 것처럼 **클라이언트–서버 아키텍처**(client-server architecture)는 클라이언트(사용자)가 인터넷을 통해 서버에 요청을 보낼 수 있게 해준다. 서버는 데이터를 클라이언트로 다시 전송하여 요청에 응답한다. 예를 들어 집에 있는 사용자가 웹 서버에 웹사이트를 요청하기 위해서는 해당 링크 주소만 클릭하면 된다. 그러면 웹 서버는 웹 페이지의 사본을 사용자에게 다시 보낸다. 그림 6–2에서 볼 수 있듯이 애플리케이션과 데이터 저장소는 클라이언트나 서버 또는 둘 다에 상주할 수 있다. 처리 부하(processing load)도 클라이언트와 서버 간에 공유할 수 있다.

클라이언트–서버 아키텍처는 메인프레임 가격보다 서버 가격이 훨씬 저렴했기 때문에 기업에게 더 매력적이었다. 메인프레임은 수백만 달러의 비용이 들지만 서버는 수천 달러에 불과했다. 또한 서버는 메인프레임보다 **확장성**(scalability)이 뛰어나고 점진적인 수요 증가에 쉽게 대응할 수 있었으며, 증설 비용도 더 저렴했다. 또한 클라이언트–서버 아키텍처를 통해 사용자는 인터넷만 연결되어 있으면 전 세계 어디에서나 시스템에 접근할 수 있었다. 지금 우리가 알고 있는 클라우드가 등장했지만, 오늘날의 현대적인 클라우드 컴퓨팅과는 몇 년의 시간차가 있었다. 클라이언트–서버 아키텍처의 등장으로 메인프레임이 완전히 사라지지는 않았다. 실제로 일부 대형 조직(예 : 대형 은행)에서는 여전히 메인프레임을 사용하여 일상적인 거래 처리를 수행했다.

그림 6-2 클라이언트–서버 시대(1990~2000년대)

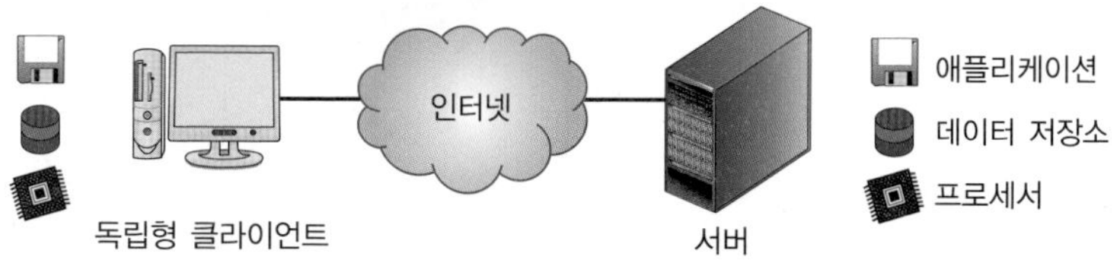

인터넷

독립형 클라이언트　서버

애플리케이션
데이터 저장소
프로세서

클라우드 컴퓨팅

2008년경까지만 해도 대부분의 기업에서는 자체 컴퓨팅 인프라를 구축해서 유지 관리를 수행했다. 기업에서는 하드웨어를 구매하거나 임대해 사내에 설치하고, 이를 통해 조직의 이메일, 웹사이트, 전자상거래 사이트, 회계 및 결재 시스템과 같은 기업 내 애플리케이션을 지원했다. 하지만 2008년 이후부터 많은 기업들은 컴퓨팅 인프라를 클라우드로 옮기기 시작했다.

클라우드 컴퓨팅 아키텍처(cloud computing architecture)를 통해 직원과 고객들은 클라우드 내에 위치한 조직의 데이터와 애플리케이션에 접근할 수 있다. 그림 6-3에서 볼 수 있듯이 애플리케이션, 데이터, 처리 능력은 PC, 씬 클라이언트, 모바일 기기, IoT 기기 등을 포함한 다양한 장치에서 원격으로 사용할 수 있다. 이로써 기업은 더 이상 값비싼 컴퓨팅 인프라에 대한 구매, 설치, 유지 보수 등과 같은 노력이 더 이상 필요치 않는다. 이제 기업은 과거 클라이언트-서버 아키텍처로 전환한 것과 같이 비용 절감과 확장성 향상이라는 동일한 이유로 클라우드로 전환한다.

클라우드를 사용하면 추가적인 이점이 있다. 이 장에서는 클라우드를 인터넷을 통해 풀링된 컴퓨터 자원을 유연하게 빌려 사용하는 것으로 정의내리고 있다. 이러한 정의를 토대로 다음의 볼드체로 표시된 각 용어를 통해 클라우드의 이점을 엿볼 수 있다.

탄력성 아마존에서 처음 사용한 **탄력성**(elasticity)이라는 용어는 임대하는 컴퓨팅 리소스를 단시간에 프로그래밍 방식으로 동적으로 늘리거나 줄일 수 있으며, 해당 조직은 사용한 리소스(공간)에 대해만 비용을 지불한다는 의미를 가지고 있다.

탄력성은 상대적으로 느리면서 점진적인 수요 증가에 대응하는 능력인 '확장성'과는 다른 개념이다. 향후 10년간 매년 1,000명의 신규 고객을 추가할 수 있는 시스템의 능력(증가)이 바로 확장성의 예가 될 수 있다. 이와 대조적으로 소규모 지역 뉴스 채널에서 제공하는 일회성 뉴스 기사에 대해도 전 세계 모든 사람의 웹 페이지 요청을 처리할 수 있는 능력(대규모 증가 및

그림 6-3 클라우드 컴퓨팅 시대(2008년~현재)

감소)은 탄력성의 예가 된다.

    클라우드 기반 호스팅은 기존 클라이언-서버 환경에서는 제공할 수 없는 상당한 탄력성을 제공한다. 조직에서는 수요 증가에 대응할 수 있는 충분한 서버 용량을 구매할 수 있지만 그만 큼의 비용이 소요된다. 이때 클라우드 공급업체로부터 필요에 따라 적은 비용으로 용량을 임 대할 수 있다.

리소스 풀   클라우드 정의의 두 번째 핵심은 풀링이다. 클라우드 리소스가 **풀링**(pooling)되는 이 유는 여러 조직이 동일한 물리적 하드웨어를 사용하며, 가상화를 통해 해당 하드웨어를 공유 하기 때문이다. 가상화 기술을 통해 새로운 가상 머신을 신속하게 생성할 수 있다. 고객은 프 로비전(provision)을 하려는 머신의 데이터나 프로그램의 디스크 이미지를 제공하거나 클라우 드에서 생성한다.

    가상화 소프트웨어가 바로 이러한 작업을 처리한다. 가상화는 점진적인 수요 증가에 신속하 게 대응할 수 있어 조직의 시스템 확장성을 높여준다. 새로운 가상 머신은 몇 분 안에 생성할 수 있지만, 물리적 서버를 주문, 배송, 설치, 구성하는 데는 며칠이 걸릴 수 있다. 더불어 가상 화는 비용도 절감할 수 있다. 수백 개의 가상 머신(가상 서버)이 하나의 물리적 서버에 상주할 수 있기에 물리적 서버의 비용은 각각의 개별 가상 머신으로 분산된다.

인터넷을 통해   마지막으로 클라우드를 사용하면 **인터넷을 통해**(over the internet) 리소스에 접근 할 수 있다. 물론 우리는 항상 인터넷을 사용하고 있기에 별다른 감흥이 없을 수도 있다. 하지 만 이것을 한번 생각해보기 바란다. 인터넷을 통해 리소스에 접속한다는 것은 리소스가 로컬 에 저장되지 않음을 의미한다. 조직의 입장에서는 해당 조직 내에 더 이상 서버를 둘 필요가 없 다는 뜻이다. 즉 서버를 가동하기 위한 전력 비용을 지불할 필요도 없고, 정전에 대비해 백업 발전기를 구입하거나 서버를 보관할 추가적인 임대 공간이나 서버실의 냉난방, 화재 발생에 대비한 특수 화재 진압 시스템을 설치할 필요도 없다. 또한 고장난 부품을 교체하거나 구성 요 소를 업그레이드하는 등 서버를 물리적으로 관리하기 위해 누군가에게 비용을 지불할 필요도 없다. 일반적으로 자체 컴퓨팅 인프라를 물리적으로 관리하는 것은 많은 비용이 소요된다. 많 은 기업에서 이와 관련된 많은 비용을 지출한다.

커리어 가이드(204~205쪽)에서 클라우드를 관리하는 담당자의 일상적인 업무 내용을 살펴볼 수 있다.

기업에서 클라우드를 선호하는 이유는 무엇인가?

최근 설문조사에 따르면 거의 94%의 기업이 어떤 형태로든 클라우드를 사용하고 있는 것으 로 조사되었다.[1] 대부분의 기업(92%)은 여러 개의 서로 다른 클라우드를 활용하는 멀티클라우 드 전략을 사용한다.[2] 가장 대표적인 퍼블릭 클라우드 제공업체 세 곳인 아마존웹서비스(AWS, 32%), 마이크로소프트 애저(20%), 구글 클라우드(9%)가 60% 이상의 시장점유율을 차지한다.[3] 넷플릭스, 버라이즌, 디즈니, GE, 컴캐스트 등 거의 모든 알 만한 기업들이 클라우드로 전환했 다.[4] 이와 함께 클라우드에 대한 기업의 지출도 증가하고 있다. 2020년 기준으로 기업에서 클 라우드 지출은 24% 증가했다.

    기업들이 클라우드로 얼마나 빨리 전환했는지 실제로 대부분의 사람들은 깨닫지 못한다. 아 마존은 2006년에 실험적인 차원에서 AWS를 출시했다. 대부분의 산업 분석가들은 수년 동안

그림 6-4 AWS 수익성장

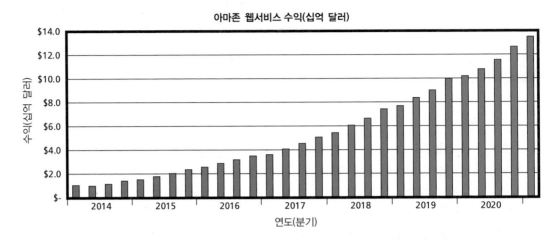

수익을 창출하지 못하는, 그저 비용을 발생시키는 센터로 간주했다. 그런데 그림 6-4에서 볼 수 있듯이 2021년 1분기까지 AWS의 매출은 135억 달러였으며, 연간 매출은 560억 달러를 예상할 정도로 단기간에 엄청난 성장을 이루었다.[5] 또한 AWS는 아마존 전체 영업이익의 절반 이상을 창출했으며, 이커머스 부문보다 2배 빠른 속도로 성장한다.

더욱 놀라운 사실은 아마존이 클라우드 컴퓨팅 시장에서 34%의 시장점유율을 자랑하며 백만 명 이상의 실제 고객을 보유한다는 점이다.[6] 백만 명의 고객이 그리 많지 않은 것처럼 느껴질 수도 있지만, 이들은 아마존닷컴에서 상품을 구매하는 개인 소비자가 아니라 어도비 시스템(시가총액 2,320억 달러), 넷플릭스(시가총액 2,180억 달러), 화이자(시가총액 2,230억 달러) 같은 대형 기업을 의미한다. 즉 이러한 유형의 고객이 백만 명이라는 것은 엄청난 숫자임에 틀림없다.

저렴한 비용, 유비쿼터스 접근성, 향상된 확장성 및 탄력성 등 여러 가지 이유로 인해 기업에서는 클라우드 기반 호스팅으로 전환한다. 하지만 클라우드로 전환해야 하는 또 다른 이유도 존재한다. 그림 6-5에서 클라우드 기반 호스팅과 기업 내(클라이언트-서버) 호스팅을 비교한 결과를 보여주고 있다. 그림에서 볼 수 있듯이 클라우드 기반 호스팅의 장점이 더 많음을 알 수 있다. 클라우드 공급업체 랙스페이스는 시간당 1페니 미만의 비용으로 중형 서버 1대를 임대해 몇 분 안에 해당 서버를 확보하고 접속할 수 있다. 추후 수천 대의 서버가 필요한 경우에도 쉽게 확장하여 서버를 확보할 수도 있다. 또한 비용 구조를 알기 때문에 웹사이트에 접속하려는 고객이 얼마나 늘어나더라도 그에 따른 비용 증가에 대해 크게 고민할 필요가 없다.

또 다른 장점은 평판이 좋은 대규모 클라우드 기업과 계약을 맺은 동안에는 동급 최고의 보안 및 재해 복구 서비스를 제공받을 수 있다는 점이다(10장 참조). 또한 조만간 노후화되는 기술에 투자할 필요가 없어지게 된 것도 클라우드 공급업체가 이러한 위험을 감수하고 있기 때문이다. 이 모든 것이 가능한 이유는 클라우드 공급업체가 고객뿐만 아니라 전체 산업을 대상으로 판매함으로써 규모의 경제를 달성하고 있기 때문이다. 마지막으로 클라우드 컴퓨팅을 사용하면 인프라 유지 관리에 시간을 낭비하지 않고 비즈니스에 집중할 수 있다. 즉 핵심 역량이 아닌 기능은 아웃소싱하고 경쟁우위를 제공하는 기능에 집중할 수 있다(2장 참조).

그림 6-5 클라우드 기반 호스팅과 자체 호스팅의 비교

클라우드 기반 호스팅	자체 호스팅
긍정적인 측면 :	
소규모 투자 가능	데이터 저장 위치에 대한 통제 가능
신속한 개발	보안 및 재난 방지에 대해 확인 및 추적 가능
수요 증가 또는 변동에 따른 높은 확장성	
명확한 비용 구조	
최신 보안 및 재난 방지 기술 적용	
노후화 방지	
규모의 경제 달성으로 인한 저렴한 비용	
인프라가 아닌 핵심 비즈니스에 주력	
부정적인 측면 :	
업체에 종속되는 경향	상당한 규모의 투자 요구
데이터 저장 위치에 대한 통제 결여	개발을 위한 충분한 자원 필요
보안 및 재난 방지에 대해 실제 확인 및 추적 불가	수요 변동성에 대한 대처 미흡(불가)
	지속적인 지원 비용 발생
	개인에 대한 교육 및 훈련
	관리 요구사항의 증가
	연간 유지보수 비용 발생
	비용에 대한 불확실성
	노후화

　클라우드 컴퓨팅의 단점은 통제력을 잃어버리게 된다는 점이다. 공급업체에 종속되어 공급업체의 관리, 정책 및 가격 변경에 대한 부분은 사용자가 통제할 수 없다. 기업 가치의 큰 부분을 차지할 수 있는 데이터가 어디에 있는지도 모른다. 또한 데이터의 사본이 몇 개나 있는지, 심지어 같은 국가에 있는지조차 알 수 없다. 마지막으로 실제로 어떤 보안 및 재해 대비책이 마련되어 있는지에 대한 가시성을 확보할 수 없다. 경쟁사가 데이터를 훔쳐가고 있는데도 이를 알지 못할 수도 있다.

　기업 내 호스팅의 장점과 단점을 그림 6-5의 두 번째 열에 나타냈다. 대부분 항목이 클라우드 기반 호스팅의 경우와 정반대이지만, 인력과 관리의 필요성에 대한 부분은 주지할 필요가 있다. 기업 내 호스팅의 경우 자체 데이터 센터를 구축해야 할 뿐만 아니라 이를 운영할 인력을 확보하고 교육해야 하며 해당 인력과 시설을 관리해야 한다.

일반적으로 클라우드는 고도로 숙련된 소수의 직원들이 관리한다. 이러한 직원에 대한 감독이 부실할 경우 클라우드 자원이 오용될 가능성을 배제할 수 없다. 이러한 문제를 윤리 가이드 (205~206쪽)에서 다루고 있다.

클라우드가 적합하지 않는 경우

물론 클라우드 기반 호스팅은 대부분의 조직에 적합하다. 하지만 클라우드 기반 호스팅이 어

울리지 않는 조직은 법률 업계 혹은 업계 표준 관행에 따라 데이터를 물리적으로 제어해야만 하는 조직이다. 이러한 조직은 자체 호스팅 인프라를 만들고 유지해야 할 것이다. 예를 들어 금융기관에서는 법적으로 데이터에 대한 물리적 제어를 유지해야만 한다. 하지만 이러한 상황에서도 사설 클라우드와 가상 사설 클라우드를 사용하여 클라우드 컴퓨팅의 장점을 이을 수 있으며, 그 가능성에 대해 6-4절에서 살펴보고자 한다.

6-2 기업에서는 클라우드를 어떻게 사용하는가?

이제까지 클라우드가 무엇인지에 대해 살펴보았기에 지금부터는 기업에서 클라우드를 사용하는 구체적인 사례를 살펴보고자 한다. 자동차 제조업체에서 클라우드의 자원(리소스) 탄력성, 풀링 및 클라우드가 가진 독특한 인터넷 연결의 장점이 어떻게 활용되고 있는지 알아볼 예정이다.

자원(리소스) 탄력성

어떤 자동차 제조 회사가 아카데미 시상식 기간에 게시할 광고를 만든다고 가정해보자. 해당 기업은 수백만 건의 조회수를 기록할 수 있는 환상적인 광고 웹사이트를 만들었다고 믿고 있다. 하지만 해당 사이트 방문자가 천 명, 백만 명, 천만 명 혹은 그 이상이 될지 미리 예상할 수는 없다. 또한 이 광고가 국내보다 국외에서 더 어필될 수도 있다. 웹사이트 방문자의 70%는 미국에서 발생하고 나머지는 유럽에서 발생할 수도 있다. 아니면 일본이나 호주에서 수백만 명이 방문할 수도 있다. 이러한 불확실성을 고려할 때 해당 자동차 제조업체는 컴퓨팅 인프라를 어떻게 준비해야 할까? 해당 기업은 아주 짧은 응답 시간(예 : 몇 분의 1초)에 광고를 보여주지 못한다면 엄청나게 비싼 광고의 이점을 잃게 된다는 사실을 잘 알고 있다. 반면에 광고가 실패할 경우 수천 대의 서버를 사전 프로비저닝해버리면 낭비되는 비용도 늘어나게 될 것이다.

그림 6-6은 아마존의 클라우드프론트가 지원하는 실제 사례를 바탕으로 이러한 상황을 보여주고 있다. 해당 그림에서 아카데미 시상식 기간 동안 자동차 제조업체의 웹사이트에서 처리되는 상황을 볼 수 있다. 이 자동차 제조업체는 하루 종일 사용자에게 10Gbps 미만의 콘텐츠를 전송하고 있다. 하지만 광고가 실행되자마자(데이터가 수집된 하와이-알류샨 시간대에서는 오후 2시) 수요가 7배 증가하여 30분 동안 계속 높은 수준을 유지한다. 최우수 작품상 발표후 광고가 다시 실행되면 수요는 한 시간 동안 30~40Gpbs로 증가하다가 이후 기본 수준으로 돌아간다.

이때 서버를 늘리지 않으면 응답 시간이 3초 또는 5초 이상으로 늘어나 아카데미 시상식 시청자의 관심을 끌기에는 너무 길어져버린다. 하지만 이 자동차 제조업체는 응답 시간을 0.5초 미만으로 유지하기 위해 클라우드 공급업체와 계약을 맺고 전 세계에 필요한 곳에 서버를 추가하기로 했다. 클라우드 공급업체는 클라우드 기술을 사용하여 프로그래밍 방식으로 서버를 늘려 응답 시간을 0.5초 미만으로 유지한다. 광고가 두 번째로 실행된 후 수요가 감소하면 초과 서버를 해제하고 시상식이 끝날 때쯤이면 다시 서버를 재할당한다.

그림 6-6 동영상 배너광고 고객의 사례

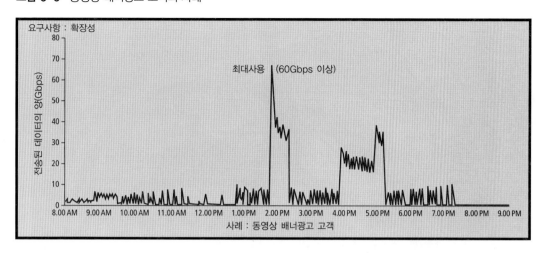

요구사항 : 확장성

최대사용 (60Gbps 이상)

사례 : 동영상 배너광고 고객

　이러한 방식으로 해당 기업은 최대 수요를 지원할 만큼의 인프라를 구축하거나 계약할 필요가 없다. 만약 그렇게 했다면 대부분의 서버가 저녁 내내 유휴 상태로 놓였을 것이다. 또한 클라우드 공급업체는 클라우드를 사용하여 전 세계 서버를 프로비저닝할 수 있다. 예를 들어 초과 수요의 상당 부분이 싱가포르에 있는 경우 아시아에 추가 서버를 프로비저닝하여 글로벌 전송 지연으로 인한 대기 시간을 줄일 수 있다.

리소스 풀링

상기 자동차 제조업체는 단 몇 시간 동안만 서버가 필요했기 때문에 비용이 훨씬 적게 들었다. 그리고 아카데미 시상식을 위해 필요했던 서버는 같은 날 추후 필요할 수도 있는 공인회계사 협회나 다음 주 월요일에 온라인 강좌를 위한 교재 출판사, 혹은 그다음 주 후반에 필요한 호텔 예약에 재할당할 수 있다.

　이러한 발전의 본질을 이해할 수 있는 쉬운 방법은 전력 공급을 생각해보면 된다. 초창기 전력 발전을 위해 기업에서는 자체 발전기를 돌려서 자사에 필요한 전력을 만들었다. 하지만 시간이 지남에 따라 전력망이 확장되면서 전력 생산은 중앙 집중화되었고, 기업에서는 필요한 전기만 전력회사로부터 구매할 수 있게 되었다.

　클라우드 공급업체와 전기 공과금 모두 **규모의 경제**라는 장점을 누릴 수 있다. 이 원칙에 따르면 운영 규모가 커질수록 평균 생산 비용은 감소한다. 주요 클라우드 공급업체는 대규모 웹 팜을 운영한다. 그림 6-7은 애플이 2011년에 아이클라우드 서비스를 지원하기 위해 만든 웹 팜의 컴퓨터가 들어 있는 건물을 보여준다. 10억 달러 규모의 이러한 시설은 14,800평에 달하며, 대부분 인접한 태양광 전지판을 통해 전력을 공급받고 있다.[7] 애플은 애리조나, 네바다, 오리건, 아이오와, 캘리포니아, 덴마크, 홍콩에도 유사한 데이터 센터를 보유한다. 이외에도 아마존, IBM, 구글, 마이크로소프트, 오라클을 포함한 여타 대기업들도 각자 이와 유사하게 전 세계에 흩어진 데이터 센터를 운영한다.

인터넷을 통해

앞의 사례에서와 같이 자동차 회사는 클라우드 공급업체와 최대 응답 시간에 대한 계약을 맺

그림 6-7 노스캐롤라이나주 메이든에 위치한 애플 데이터 센터

출처 : U.S. Geological Survey Department of the Interior/USGS

었고, 해당 클라우드 공급업체는 요구사항을 충족하기 위해 필요에 따라 서버를 추가한다. 앞서 언급했듯이 클라우드 공급업체는 거의 즉각적으로 전 세계에 서버를 프로비저닝하고 있을 수 있다. 그렇다면 자동차 회사처럼 단 한 명의 고객도 아닌데, 이처럼 수천 명의 고객을 위해 이것이 어떻게 가능할까?

과거에는 이처럼 조직 간 프로세스가 진행되기 위해서는 자동차 제조사의 개발자가 클라우드 공급업체의 개발자를 만나 인터페이스를 설계해야만 했다. "우리 프로그램은 이 데이터를 제공해서 이 작업을 수행하고, 귀사의 프로그램은 이에 대한 응답으로 변경된 데이터를 다시 보내주기를 바랍니다"라는 식으로 진행되었다. 이러한 회의는 며칠이 걸릴뿐만 아니라 비용도 많이 들고 오류도 발생하기 쉬웠다. 그런 다음 개발자들은 각자 집으로 돌아가 합의된 인터페이스 디자인을 충족하는 코드를 작성했는데, 모든 당사자가 동일하게 이해하지 못했을 수도 있다.

이러한 과정은 시간이 많이 걸리고, 느리고, 비용도 많이 들며, 실패하기 쉬운 업무 처리 방식이다. 만일 오늘날 기업이 이러한 과정을 거쳐야만 한다면 클라우드 프로비저닝은 경제적으로도 현실적으로도 실현 불가능할 것이다.

대신 컴퓨터 업계는 인터넷을 통해 서비스를 요청하고 받는 일련의 표준 방식을 채택했다. 이러한 표준 중 일부에 대해서는 6-5절에서 알아볼 것이다. 지금은 이러한 표준을 통해 이전에는 서로 '만난 적'이 없는 컴퓨터들이 전 세계적으로 춤추듯 연결되어 PC, 아이패드, 구글 휴대폰, 엑스박스, 심지어 운동기구의 사용자들에게 콘텐츠를 10분의 1초 이내에 전달하고 처리할 수 있다는 사실이다. 정말 매혹적이고 멋진 기술이지 않은가! 아쉽게도 6-3절과 6-4절에서는 몇 가지 기본 용어만 배울 것이다.

클라우드 공급업체가 제공하는 클라우드 서비스

어떤 기업이든 다양한 방법으로 클라우드를 사용할 수 있다. 가장 많이 사용되는 첫 번째 방법은 클라우드 서비스 공급업체로부터 클라우드 서비스를 제공받는 것이다. 하지만 모든 조직이 클라우드 서비스를 같은 정도로 사용하는 것은 아니다. 클라우드를 더 많이 사용할 수도 있고 더 적게 사용할 수도 있으며, 이는 전적으로 우리에게 달려 있다. 즉 비즈니스 전문가로서 클라우드 서비스 수준의 차이를 이해해야 한다.

클라우드 서비스 제품을 설명하기 위해 교통 통제나 운송 체계의 비유를 가져온다면 이러한 차이점을 이해하는 데 도움이 될 것이라 여겨진다.

서비스로서의 운송 체계 우리 모두 매일 출퇴근을 해야 한다고 가정해보자. 자동차를 직접 만들거나, 자동차를 사거나, 자동차를 렌트하거나 혹은 택시를 이용하는 네 가지 교통수단을 선택할 수 있다. 각각의 방식마다 고유의 장단점이 존재한다. 그림 6-8에서 볼 수 있듯이 스펙트럼의 한쪽 끝에서는 본인의 교통 수단을 완전히 본인 통제하에 둘 수 있다(자동차를 만드는 경우). 반대로 다른 쪽 끝에서는 다른 사람이 교통수단을 관리한다(택시 서비스).

예를 들어, 자동차를 직접 제작하지 않고 구매하기로 결정한 경우 자동차 제조업체에 내 운송의 일부를 아웃소싱하는 것이다. 즉 자동차 부품을 사서 조립하고 제대로 작동하는지 테스트할 필요가 없다. 물론 처음에는 자동차를 직접 제작하는 것이 더 저렴해 보일 수도 있다. 하지만 현실적으로 신뢰할 수 있는 자동차를 실제로 제작하기 위한 시간, 지식, 기술, 인내심 등이 부족하게 마련이다. 결국 자동차를 만드는 것보다 자동차를 사는 것이 더 저렴할 수 있다.

마찬가지로 렌터카를 이용하기로 결정하면 기본적으로 더 많은 교통수단을 다른 사람에게 아웃소싱하는 것이다. 렌터카를 이용하면 차량 등록비와 세금을 지불할 필요가 없다. 또한 차를 수리하거나 청소할 필요도 없다. 당연히 일의 양은 줄어들지만, 비용은 더 많이 지불할 수

그림 6-8 서비스로서의 운송 체계

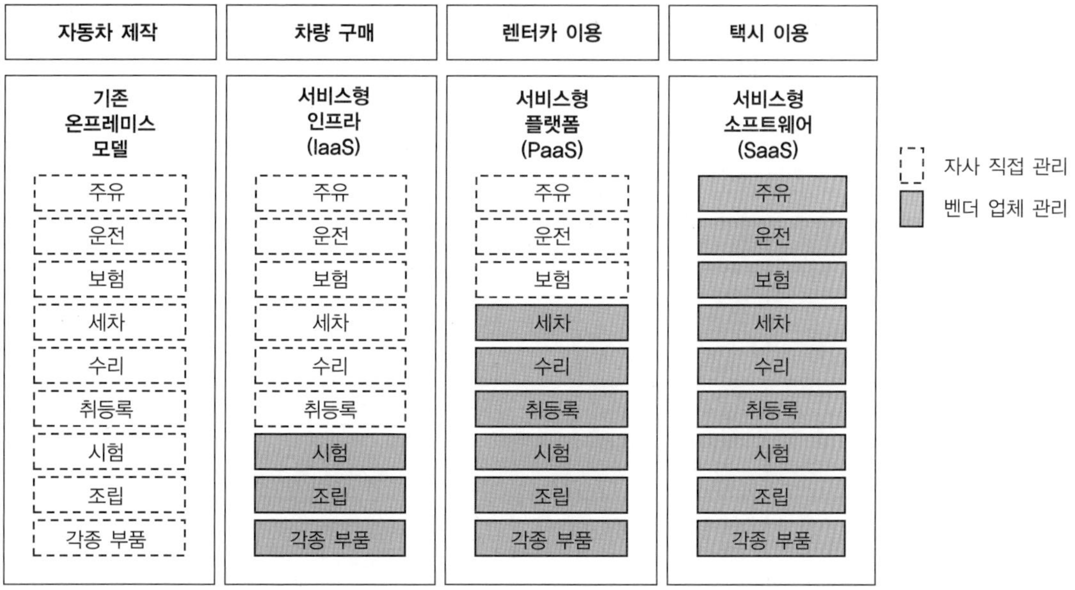

도 있다. 렌터카와 택시의 차이도 마찬가지이다. 택시를 타면 자동차 보험에 가입하거나 운전을 하거나 기름을 넣을 필요가 없으며, 운전면허증도 필요치 않다. 다시 말하지만 출퇴근이라는 동일한 목적을 달성하는 데 있어 단지 교통수단에 대한 관리는 덜해도 된다.

클라우드 서비스 제공 유형 '서비스로서의 운송'이라는 비유는 기업이 제공하는 모든 서비스를 내부에서 제공해야 하는 기존의 온프레미스 모델로부터 벗어나기 위해 클라우드 서비스를 어떻게 사용해야 하는지를 잘 설명해줄 수 있다. **온프레미스 시스템**(on-premise system), 즉 기업 내부에 구축되어 있는 정보시스템은 설치 및 구성하기 어렵고, 관리 시간이 많이 걸리며, 소유 비용 또한 많이 들 수 있다. 하지만 어떤 클라우드 서비스를 선택하는가에 따라 기업에서는 인프라, 플랫폼 및 소프트웨어 기능 등에 대한 관리 부담이 덜어진다. 일반적으로 한 유형의 서비스가 반드시 다른 서비스보다 나은 것은 아니다. 개별 조직에 가장 적합한 것은 관리자가 클라우드를 사용하는 방식에 따라 달라진다. 클라우드 기반 서비스는 그림 6-9에 표시된 세 가지 범주로 분류할 수 있다.

그림 6-10에서 볼 수 있듯이 가장 기본적인 클라우드 서비스는 베어(bare) 서버 컴퓨터, 데이터 저장소, 네트워크 및 가상화 기술이 탑재된 클라우드 호스팅 방식인 **서비스형 인프라**(infrastructure as a service, IaaS)이다. 대표적으로 랙스페이스 기업은 고객이 원하는 운영체제를 로드할 수 있는 하드웨어를 제공하고 있으며, 아마존은 클라우드에서 무제한의 안정적인 데이터 저장소를 제공하는 S3(Simple Storage Service)의 라이선스를 제공한다. 기존 온프레미스 호스팅에 비해 IaaS의 비용 절감 효과는 높은 편이다.

클라우드 호스팅의 두 번째 범주는 **서비스형 플랫폼**(platform as a service, PaaS)으로, 공급업체가 호스팅 컴퓨터에 운영체제, 런타임 환경, 웹 서버나 DBMS와 같은 미들웨어를 제공하는 방식이다. 예를 들어 MS 윈도즈 애저는 윈도 서버가 설치된 서버를 제공한다. 그리고 나면 해당 고객은 호스팅된 플랫폼 위에 자체 애플리케이션을 추가하면 된다. MS SQL 애저는 윈도즈 서버 및 SQL 서버가 설치된 호스트를 제공한다. 오라클 온디맨드는 오라클 데이터베이스가 설치된 서버를 제공한다. 아마존 EC2는 윈도즈 서버 또는 리눅스가 설치된 서버를 제공한다. 즉 PaaS의 경우 기업에서 자체 애플리케이션을 호스트에 추가하는 방식이다.

또 다른 형태로 **서비스형 소프트웨어**(software as a service, SaaS)를 제공하는 조직은 하드웨어

그림 6-9 세 가지 기본 클라우드 유형

클라우드 서비스	사용자	사례
SaaS	직원 고객	세일즈포스닷컴 아이클라우드 오피스365
PaaS	애플리케이션 개발자 애플리케이션 테스터	구글 앱 엔진 MS 애저 AWS 일래스틱 빈스토크
IaaS	네트워크 아키텍트 시스템 관리자	아마존 EC2(Elastic Compute Cloud) 아마존 S3(Simple Storage Service)

그림 6-10 클라우드 서비스 제공

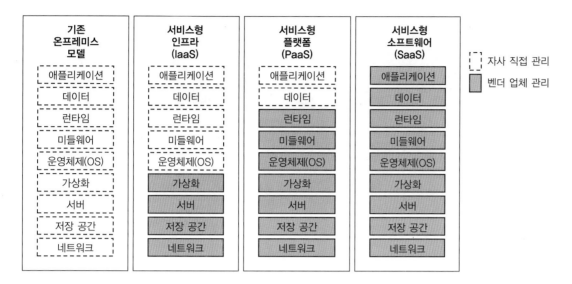

인프라와 운영체제뿐만 아니라 애플리케이션 프로그램과 데이터베이스도 함께 제공하는 방식이다. 예를 들어 세일즈포스닷컴은 고객 및 판매 추적을 위한 하드웨어와 소프트웨어 모두를 서비스로 제공한다. 마찬가지로 구글은 구글 드라이브를, 마이크로소프트는 원드라이브를 서비스로 제공한다. 마이크로소프트 365를 사용하면 익스체인지, 비즈니스용 스카이프, 셰어포인트 애플리케이션 등이 '클라우드'에서 서비스로 제공된다.

이러한 각각의 방식에 대해 구매 계약을 하고 사용 방법을 배우기만 하면 된다. 하드웨어 구매, 운영체제 로딩, 데이터베이스 설정, 소프트웨어 설치 등에 대해 걱정할 필요가 없다. 이는 마치 택시를 이용할 때 그냥 올라타기만 하면 되는 것처럼 클라우드 서비스 제공업체에서 모든 것을 관리한다.

비즈니스 전문가라면 온프레미스 호스팅, IaaS, PaaS, SaaS의 장단점을 잘 알고 있어야 한다. 클라우드 서비스 선택은 경쟁 환경, 비즈니스 전략, 기술 리소스 수준에 따라 결정된다. 앞서 언급한 '서비스로서의 교통수단'의 비유처럼 모든 사람이 자동차를 직접 만들거나 소유하거나 혹은 렌트해서는 안된다.

대도시에 거주하는 직장인이라면 택시를 이용하는 것이 가장 좋은 교통수단이 될 것이다(SaaS). 출장으로 항상 이동해야 한다면 각 도시에서 자동차를 렌트하는 것이 올바른 선택일 것이다(PaaS). 만약 대형 택배 회사를 소유한다면 트럭을 여러 대 구입하는 것이 좋다(IaaS). 고성능 레이싱카 드라이버라면 자신만의 특수 레이싱 차량을 만들어야 할 수도 있다(온프레미스). 클라우드 서비스 중에서 올바른 선택을 하려면 조직의 요구사항에 가장 적합한 서비스를 찾아야 할 것이다.

CDN(콘텐츠 전송 네트워크)

클라우드의 또 다른 주요 용도는 전 세계에 위치한 서버들로부터 콘텐츠를 전송하는 것이다. **콘텐츠 전송 네트워크**(content delivery network, CDN)는 사용자 데이터를 다양한 지리적 위치에 저장하고 필요에 따라 데이터를 사용할 수 있도록 하는 하드웨어 및 소프트웨어 시스템을 지

그림 6-11 기존의 콘텐츠 전송 방식

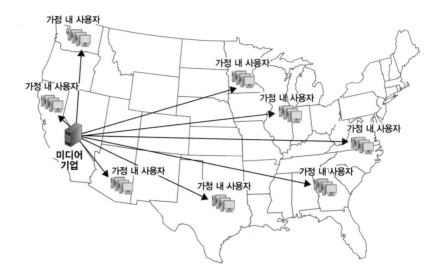

칭한다. CDN은 특수한 유형의 PaaS를 제공하지만, 일반적으로 여기서는 또 다른 클라우드 범주로 나뉜다. CDN이 콘텐츠를 전송하는 방식을 이해하기 위해 기존 서버가 콘텐츠를 전송하는 방식과 비교해볼 것이다.

그림 6-11은 캘리포니아에 위치한 서버가 미국 전역의 사용자에게 어떻게 콘텐츠를 전송하는가를 보여주고 있다. 이 가상의 캘리포니아 소재 미디어 회사가 미국 전역의 수백만 가정에 HD 영화를 스트리밍한다고 가정해보자. 이 회사의 대역폭 사용량은 엄청날 것이다. 어느 정도인지 짐작해보면, 넷플릭스 트래픽이 전 세계 인터넷 트래픽의 12%를 소비한다는 보고가 있다. 북미에서는 전체 인터넷 트래픽의 19%를 소비하며, 저녁 시간대에는 트래픽이 최고 26%에 달한다.[8] 이 정도의 대역폭 소비는 전송 비용의 과부하를 초래할 뿐만 아니라 다른 회사의 콘텐츠 전송 속도를 저하시킬 수도 있다.

그림 6-12는 해당 온라인 미디어 회사가 CDN을 사용하여 영화 복사본을 저장하는 방법을

그림 6-12 분산 CDN 서버

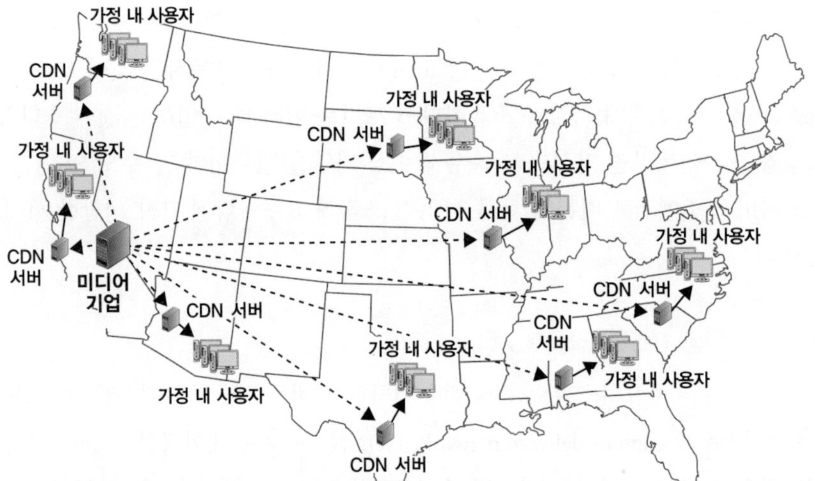

그림 6-13 콘텐츠 전송 네트워크의 이점

```
콘텐츠 전송 네트워크의 이점

• 로딩시간 감소
• 신뢰성 증대
• 모바일 사용자를 위한 전송비용 감소
• 원서버에 대한 부하 감소
• DoS 공격으로부터의 보호
• 사용한 양만큼의 비용 지불
```

보여주고 있다. CDN 공급업체는 응답 시간을 단축하기 위해 전 세계에 있는 서버에 영화를 복제해놓고 있다. 집에 있는 사용자가 영화를 요청하면 해당 요청이 라우팅 서버로 전송되고, 라우팅 서버는 사용자에게 가장 빠르게 영화를 전송할 CDN 서버를 결정한다. 트래픽 상황은 빠르게 변화하기 때문에 이러한 결정은 실시간으로 이루어진다. 특정 시점의 콘텐츠 요청이 샌디에이고에 있는 컴퓨터에서 제공될 수도 있고, 몇 분 후 같은 사용자의 동일한 요청이 시애틀에 있는 컴퓨터에서 제공될 수도 있다.

영화 외에도 CDN은 거의 변경되지 않는 콘텐츠를 저장하고 전송하는 데에도 자주 활용된다. 예를 들어, 어떤 기업의 웹 페이지에 있는 회사 배너는 여러 CDN 서버에 저장될 수 있다. 웹 페이지의 다양한 부분을 CDN의 여러 서버에서 가져올 수 있으며, 이러한 모든 결정은 가능한 가장 빠른 콘텐츠 전송을 위해 실시간으로 이루어진다.

그림 6-13에 CDN의 장점을 요약했다. 처음 두 가지는 따로 설명이 필요 없으니 넘어가고, 데이터가 여러 서버에 저장되므로 안정성이 향상된다. 한 서버에 장애가 발생되더라도 잠재적인 다수의 다른 서버가 콘텐츠를 전송할 수 있다. 10장에서 서비스 거부(DOS) 공격에 대해 배우게 될 것이다. 지금은 이러한 보안 위협이 특정 서버로 너무 많은 데이터를 전송하여 정상적인 트래픽에 대한 서버의 성능을 감당할 수 없게 만든다는 점만 이해하고 넘어가면 된다. CDN은 여러 대의 서버를 보유함으로써 이러한 공격으로부터 보호하는 데 도움이 된다.

경우에 따라 CDN은 모바일 사용자(데이터 사용량이 제한된 사용자)의 접속 비용을 줄여주기도 한다. 데이터를 보다 더 빠르게 전송함으로써 사이트 연결 비용을 절감할 수 있다. 마지막으로 전부는 아니지만 많은 CDN 서비스가 유연한 종량제 과금 방식으로 제공되고 있다. 고객은 고정 서비스 및 지불에 대해 계약할 필요 없이 사용한 만큼만 비용을 지불하면 된다. 주요 CDN 공급업체로는 아마존 클라우드프론트, 아카마이, 클라우드플레어 CDN, 맥스CDN 등이 있다.

내부 웹 서비스 사용

기업에서 클라우드 기술을 사용할 수 있는 마지막 방법은 웹 서비스를 활용하여 내부 정보시스템을 구축하는 것이다. 엄밀히 말하면 이는 클라우드가 보유한 탄력성이나 풀링된 리소스의 이점을 제공하지 않기에 클라우드를 사용한다고 보기는 어렵다. 하지만 클라우드 표준을 유리하게 따르고 있기에 클라우드 영역에 포함하기로 한다.

그림 6-14 재고 앱 서비스에 적용된 웹 서비스 원리

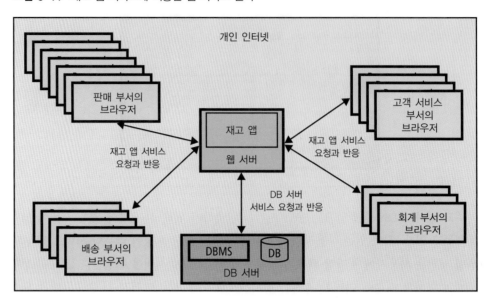

그림 6-14는 온라인 자전거 부품을 판매하는 베스트바이크라는 기업의 웹 서비스 인벤토리 애플리케이션을 보여주고 있다. 해당 사례에서 베스트바이크는 자체 인프라에 자체 서버를 운영한다. 이를 위해 베스트바이크는 기업 내부에다가 회사 외부에서는 접속할 수 없는 사설 인터넷망을 구축한다.

베스트바이크는 웹 서비스 표준을 사용하여 인벤토리 처리를 위한 애플리케이션을 구동하고, 애플리케이션은 WSDL(Web Services Description Language)에 따라 게시되며, 기업 내 다른 애플리케이션은 SOAP를 사용해서 웹 서비스에 접근하고, 데이터는 JSON을 통해 전달한다. 애플리케이션 사용자는 사용자의 브라우저로 전송되는 자바스크립트를 사용하여 인벤토리 웹 서비스에 접근한다. 인벤토리 웹 서비스의 사용자는 영업, 배송, 고객 서비스, 회계 및 기타 부서 등 모두 포함된다. 내부 애플리케이션은 인벤토리 웹 서비스를 빌딩 블록처럼 사용해서 필요한 서비스만 사용할 수 있다. 웹 서비스는 캡슐화되어 있기 때문에 다른 애플리케이션에 영향을 주지 않고 인벤토리 시스템을 변경할 수도 있다. 이러한 방식을 통해 보다 유연하고 빠르게 시스템을 개발하고, 결국 비용도 절감된다.

하지만 앞서 언급했듯이 이는 엄밀히 말해 클라우드는 아니다. 이 사례에서 베스트바이크는 서버 수가 고정되어 있기에 탄력적으로 운영하지 않는다. 또한 서버는 인벤토리 전용이기에 유휴 기간 동안에는 다른 용도로 동적으로 재사용되지도 않는다. 어떤 기업에서는 6-5절에서 설명한 대로 사설 클라우드를 만들어 이러한 제한을 없애기도 한다.

6-3 e헤르메스는 어떻게 클라우드를 사용할 수 있을까?

e헤르메스는 상대적으로 작은 IT 부서를 보유하고 있지만 혁신적인 스타트업 기업이다. 따라서 대규모 서버 인프라를 개발하는 데 필요한 리소스를 보유하지 않을 가능성이 많다. 즉 클라우드 공급업체가 제공하는 클라우드 서비스를 활용할 가능성이 훨씬 높다.

e헤르메스의 SaaS 서비스

SaaS는 하드웨어 및 소프트웨어 시스템 구성 요소에 대한 투자가 거의 필요치 않다. SaaS 공급업체는 클라우드 서버를 관리하고 씬 클라이언트 형태로 소프트웨어를 구동할 수 있도록 해야 한다. 하지만 e헤르메스에서는 기존 데이터를 보내고 새 데이터를 만들어야 하는데, 이를 위해서는 관련 절차를 개발해야 하고 사용자를 교육해야 한다.

e헤르메스가 활용할 수 있는 SaaS 제품군 중 일부를 나열하면 다음과 같다.

- 구글 메일
- 구글 드라이브
- 마이크로소프트 365
- 세일즈포스닷컴
- 마이크로소프트 CRM 온라인
- 그 외 기타 여러 가지

처음 세 가지 SaaS 제품이 무엇인지는 이미 알고 있을 것이다. 이후 고객관계 관리시스템 (CRM)인 세일즈포스닷컴과 마이크로소프트의 CRM 온라인은 8장에서 배우게 될 것이다.

e헤르메스의 PaaS 서비스

PaaS를 사용하면 e헤르메스는 클라우드 공급업체로부터 하드웨어와 클라우드의 운영체제를 임대하게 된다. 예를 들어, EC2(아마존에서 제공하는 PaaS 제품인 엘라스틱 클라우드 2)를 임대할 수 있으며, 아마존은 클라우드 하드웨어에 리눅스나 윈도즈 서버를 사전 설치해서 공급한다. 이러한 기본 기능이 탑재된 상태에서 e헤르메스는 자체 소프트웨어를 올리면 된다. 예를 들어 자체 개발한 애플리케이션을 깔거나 소프트웨어 공급업체로부터 라이선스를 받은 다른 프로그램을 설치할 수 있다. 또한 마이크로소프트의 SQL 서버와 같은 DBMS를 라이선스하여 EC2 윈도즈 서버 인스턴스에 물릴 수도 있다. 이때 다른 업체로부터 라이선스를 받은 소프트웨어의 경우, 아마존이 서버를 증설할 때 소프트웨어를 복제해야 하기 때문에 e헤르메스는 복제를 허용하는 라이선스를 추가로 구매해야 한다.

일부 클라우드 공급업체는 PaaS 서비스에 DBMS 제품을 포함하기도 한다. 따라서 e헤르메스는 마이크로소프트 애저 클라우드 서비스에서 SQL 서버가 이미 설치된 윈도즈 서버를 받을 수 있다. 해당 옵션은 세스가 월 TB당 10달러를 언급할 때 고려했던 옵션일 가능성이 높다. DBMS는 다른 공급업체의 클라우드 서비스에도 포함되어 있다.

2021년 5월 기준 아마존에서는 EC2와 함께 아래와 같은 DBMS 제품을 제공한다.

아마존 오로라	빠른 성능이 탑재된 MySQL 관계형 데이터베이스
아마존 다이나모DB	빠른 성능과 확장성을 가진 NoSQL 데이터베이스 서비스
아마존 도큐먼트DB	문서 데이터베이스
아마존 엘라스티캐시	빠른 성능이 탑재된 인메모리 캐시 데이터베이스 서비스
아마존 넵튠	복잡한 계층 구조를 위한 완전관리형 그래프 데이터베이스

아마존 퀀텀 레저 데이터베이스	회계 데이터베이스
아마존 관계형 데이터베이스 서비스(RDS)	MySQL, 오라클, SQL 서버, 포스트그레SQL을 지원하는 관계형 데이터베이스 서비스
아마존 레드시프트	페타 바이트 규모의 데이터 웨어하우스
아마존 타임스트림	시계열 데이터베이스

마지막으로 e헤르메스 기업이 성장하고 새로운 시장을 확장함에 따라 전 세계에 콘텐츠를 배포하기 위해 CDN을 사용할 수도 있다.

e헤르메스의 IaaS 서비스

앞서 설명했듯이 IaaS는 클라우드에서 기본적인 하드웨어를 제공하는 방식이다. 어떤 기업에서는 이러한 방식으로 서버를 구입한 다음 운영체제를 올린다. 이렇게 하려면 상당한 기술 전문 지식과 관리가 필요하다. e헤르메스와 같은 회사는 서버를 구성하는 데 시간을 소비하기보다는 자체 모바일 상점과 내부 시스템을 개발하는 데 역량을 집중할 가능성이 더 크다.

그러나 e헤르메스는 클라우드에서 데이터 저장 서비스를 이용할 수도 있다. 예를 들어 아마존은 S3 제품을 통해 데이터 저장소를 제공한다. 이를 통해 기업에서는 데이터를 클라우드에 저장하고 해당 데이터를 탄력적으로 사용할 수 있다. 하지만 다시 말하지만 e헤르메스와 같은 조직은 SaaS와 PaaS가 제공하는 부가 가치 때문에 SaaS나 PaaS를 사용할 가능성이 더 높을 것으로 예상된다.

6-4 기업에서는 어떻게 클라우드 서비스를 안전하게 사용할 수 있을까?

인터넷, 즉 인터넷 인프라에 기반한 클라우드 서비스는 사설 데이터 센터보다 훨씬 저렴한 비용으로 강력한 처리 능력 및 저장 서비스를 제공할 수 있다. 하지만 10장에서 설명한 것처럼 인터넷이라는 공간은 데이터와 컴퓨팅 인프라에 대한 보안 위협의 정글이다. 기업이 이러한 위협에 굴복하지 않고 클라우드 기술의 이점을 실현하려면 어떻게 해야 할까?

해당 질문에 대한 답변은 앞으로 다루게 될 다양한 고급 기술의 적절한 조합이 이를 대신할 수 있다. 이 책을 읽으면서 보안에 대한 이야기는 끝이 없으며 공격자들은 끊임없이 보안 보호 장치를 우회하는 방법을 찾기 위해 노력하고 때로는 성공하기도 한다는 사실을 기억해야 한다. 따라서 클라우드 보안은 앞으로도 이 책에서 다루는 것 이상으로 발전할 것으로 예상할 수 있다. 우선 인터넷을 통해 안전한 네트워크를 제공하는 데 사용되는 기술인 VPN부터 시작하고자 한다.

VPN

가상 사설망(virtual private network, VPN)은 인터넷 공간에서 비공개 보안 연결처럼 보이게 한다. IT 업계에서 가상이라는 용어는 존재하는 것처럼 보이지만 실제로는 존재하지 않는 것을 의미한다. 이에 VPN은 공용 인터넷을 사용하여 보안된 네트워크상에서 개인 연결처럼 보이게 한다.

전형적인 VPN   그림 6-15는 마이애미에 있는 호텔에서 근무하는 직원이 원격 컴퓨터를 연결하기 위한 VPN을 만들어 멀리 떨어진 시카고에 있는 LAN에 접속하는 방법을 보여주고 있다. 이때 원격 사용자는 VPN 클라이언트가 된다. 먼저 해당 클라이언트는 인터넷에 공용 연결을 설정한다. 그림 6-15와 같이 로컬 ISP에 접속해서 연결할 수도 있고, 물론 경우에 따라 호텔 자체에서 직접 인터넷 연결을 제공할 수도 있다.

어떤 경우가 되었든 인터넷 연결이 완료되면 원격 사용자 컴퓨터의 VPN 소프트웨어가 시카고에 있는 VPN 서버와 연결을 설정한다. 그러면 VPN 클라이언트와 VPN 서버 간의 보안 연결이 만들어진다. **터널**(tunnel)이라고 하는 이 연결은 공용 또는 공유 네트워크를 통해 VPN 클라이언트에서 VPN 서버로 연결되는 가상의 비공개 경로이다. 그림 6-16은 원격 사용자에게 표시되는 연결을 보여주고 있다.

공용 인터넷을 통한 VPN 통신을 보호하기 위해 VPN 클라이언트 소프트웨어는 메시지를 암호화하거나 코딩해서 스누핑 공격으로부터 해당 메시지를 보호한다. 그런 다음 VPN 클라이언트는 메시지에 VPN 서버의 인터넷 주소를 추가하고 인터넷을 통해 해당 패킷을 VPN 서버로 보낸다. VPN 서버는 메시지를 수신하면 메시지 앞부분의 주소를 제거하고 암호화된 메시지를 해독한 후 일반 텍스트 메시지를 LAN 내부의 원래 주소로 보낸다. 이러한 방식으로 공용 인터넷을 통하지만 안전하게 비공개 메시지가 전달될 수 있다.

그림 6-15 VPN을 통한 원격접속 : 직접 연결

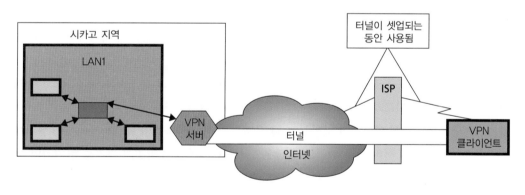

그림 6-16 VPN을 통한 원격접속 : 가상 연결

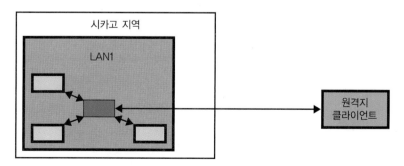

그림 6-17 VPN을 통한 공공 클라우드 접속

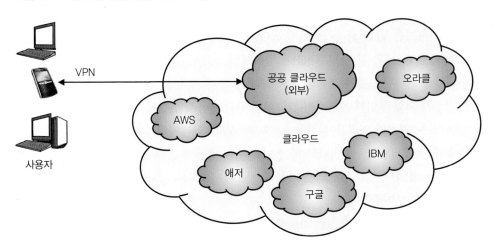

공공 클라우드와 사설 클라우드

기업에서는 VPN을 설정하여 민감한 데이터에 대한 접근을 제어할 수 있다. 사용자는 그림 6-17과 같이 VPN을 사용하여 공공 클라우드에 안전하게 접속한다. 아마존, 구글, 마이크로소프트, 오라클과 같은 클라우드 제공업체는 누구나 사용할 수 있는 **공공 클라우드**(public cloud) 또는 인터넷 기반 클라우드 서비스를 제공한다.

하지만 때로는 기업에서 매우 민감한 기밀이거나 심지어 법으로 규제되는 데이터를 저장해야만 하는 경우도 있다. 또한 악의적인 내부자의 위협을 차단하기 위해 조직 인프라 내에 보안을 제공해야 할 수도 있다. 이러한 유형의 위협으로부터 보호하고 민감한 데이터를 보호하기 위해 기업은 외부 공공 클라우드 대신 내부 사설 클라우드를 활용할 수 있다.

사설 클라우드(private cloud)는 기업 자체의 목적을 위해 구축하고 운영하는 클라우드로서 기업 내 사설 컴퓨팅 인프라를 구축한다(그림 6-18). 사설 클라우드를 만들기 위해 기업은 그림 6-14와 같이 내부 사설 인터넷망을 만들고 웹 서비스 표준을 사용하여 애플리케이션을 설계한다. 이후 기업에서는 서버 팜을 만들고 클라우드 서비스 공급업체와 마찬가지로 탄력적인 부하 분산 기능을 통해 해당 서버를 관리한다. 다수의 데이터베이스 서버를 관리하는 것이 복잡하기 때문에 대다수 기업은 데이터베이스 서버를 복제하지는 않는다. 그림 6-19에서 사설 클

그림 6-18 사설 클라우드 접속

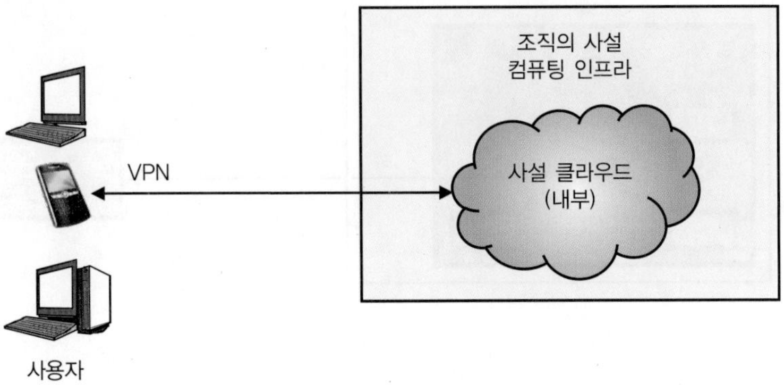

그림 6-19 재고관리 및 기타 애플리케이션을 위한 사설 클라우드

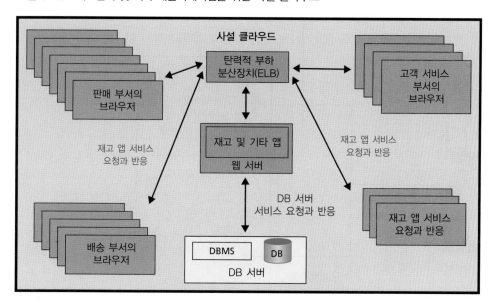

라우드의 구현 가능성을 잘 나타낸다.

사설 클라우드는 탄력성이라는 이점을 제공하지만, 그 이점이 의심스럽긴 하다. 해당 기업은 남는 유휴 서버로 무엇을 할 수 있을까? 물론 유휴 서버를 꺼둠으로써 비용을 절감할 수도 있다. 하지만 클라우드 공급업체와 달리 다른 기업에서 유휴 서버를 사용하도록 용도를 변경할 수는 없다. 대기업이나 글로벌 기업은 자회사 사업부 및 여러 지역에 나눠서 처리 부하를 분산시킬 수는 있다. 예를 들어 3M은 여러 가지 제품군에 따라 혹은 여러 대륙에 걸쳐 처리 부하를 분산할 수 있지만, 그렇게 해서 비용이나 시간을 절약할 수 있다고 상상하기는 어렵다. 따라서 e헤르메스와 같은 회사에서 사설 클라우드를 개발할 가능성은 거의 없다.

아마존, 마이크로소프트, 오라클, IBM 등 주요 클라우드 서비스 공급업체는 수천 명의 고도로 숙련된 인력을 고용하여 클라우드 서비스를 구축, 관리, 운영, 개선한다. 클라우드 전문 기업이 아닌 회사에서 심지어 3M과 같은 대기업에서조차 전문기업에 필적할 만한 클라우드 서비스 시설을 구축하고 운영하는 것은 상상하기 힘들다. 이것이 합리적일 수 있는 유일한 상황은 법률이나 비즈니스 관행에 따라 해당 기업이 저장된 데이터에 대한 물리적 제어를 유지해야만 하는 경우가 될 것이다.

그러나 이러한 경우에도 기업이 모든 데이터를 물리적으로 제어할 필요는 없기에 매우 중요한 데이터는 사내에 보관하고 나머지 데이터와 관련 애플리케이션은 공공 클라우드 공급업체의 시설에 놓을 수 있다. 이는 지금부터 살펴볼 가상 사설 클라우드를 사용할 수도 있다.

하이브리드 클라우드의 사용

공공 클라우드가 가지고 있는 보안 문제를 해결하기 위해 널리 사용되는 방법은 **하이브리드 클라우드**(hybrid cloud) 또는 공공 클라우드 환경과 사설 클라우드 환경을 결합한 컴퓨팅 환경을 사용하는 것이다. 그림 6-20에 제시된 것과 같이 하이브리드 클라우드를 사용하면 클라우드 서비스 간 데이터와 애플리케이션을 공유할 수 있다.

그림 6-20 하이브리드 클라우드 환경

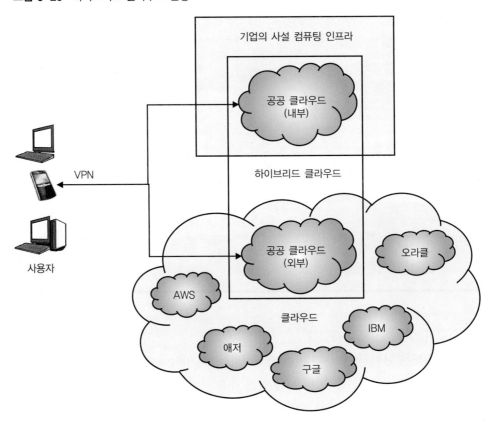

기업에서는 가장 민감한 데이터를 자체 내부 인프라(사설 클라우드)에 저장하고 상대적으로 덜 민감한 데이터는 **외부** 공공 클라우드에 저장할 수 있다. 이러한 방식으로 일부 데이터에 대한 물리적 제어가 필요한 기업은 해당 데이터를 자체 서버에 넣고 나머지 데이터는 공공 클라우드에 위치시킬 수 있다.

하이브리드 클라우드는 공공 클라우드가 제공하는 비용 절감과 확장성의 이점을 누리면서도 내부 사설 클라우드 사용으로 인한 보안, 안정성 및 규정 준수를 지킬 수 있도록 도와준다. 최근 설문조사에 따르면 92%의 조직에서 멀티플 공공 클라우드(10%)와 하이브리드 클라우드(82%)를 포함해서 2개 이상의 클라우드 컴퓨팅 환경을 사용하는 **멀티클라우드 전략**(multicloud strategy)을 채택한 것으로 나타났다.[9] 가장 많이 사용되는 하이브리드 클라우드 환경(43%)은 멀티플 공공 클라우드와 멀티플 사설 클라우드를 활용하는 형태이다.

하이브리드 클라우드를 구축하는 데 있어 문제 중 한 가지는 **클라우드 상호 운용성**(cloud interoperability), 즉 한 클라우드와 다른 클라우드 간에 데이터를 교환하고 애플리케이션을 이동할 수 있는 기능이다. 이 문제를 해결하기 위해 기업들은 내부 사설 클라우드와 외부 공공 클라우드에서 일관된 데이터 서비스를 제공하는 통합 아키텍처, 즉 **데이터 패브릭**(data fabric)을 구축하려고 한다. 데이터 패브릭은 데이터가 사일로처럼 변화되어 다른 클라우드에서 접속할 수 없게 되는 것을 방지해준다. 또한 클라우드 간에 데이터를 더 쉽게 보호하고 전송할 수 있다.

6-5 클라우드는 기업의 미래에 어떤 의미를 가질까?

그렇다면 앞으로 몇 년 동안 클라우드는 어떤 방향으로 갈 것인가? 인터넷 트래픽에 대한 정부로부터의 세금이나 인터넷 트래픽에 대한 마이닝(채굴)에 대한 소비자의 반발과 같은 알려지지 않은 요인이 없다면 클라우드 서비스는 보다 빠르고, 더 안전하며, 더욱 사용하기 쉽고, 더 저렴해질 것이다. 자체 컴퓨팅 인프라를 구축하는 기업은 점점 더 줄어들 것이며, 대신 여러 기업에 걸쳐 서버를 풀링하고 클라우드 공급업체가 제공하는 규모의 경제라는 혜택을 누릴 수 있을 것이다.

하지만 조금 더 자세히 살펴보면 클라우드는 좋은 소식과 나쁜 소식을 모두 가지고 있다. 우선 좋은 소식은 기업에서는 매우 저렴한 비용으로 탄력적인 리소스를 쉽게 확보할 수 있다는 점이다. 이러한 추세는 아이클라우드나 구글 드라이브를 사용하는 개인부터 마이크로소프트 365를 사용하는 중소규모의 기업, PaaS를 사용하는 e헤르메스와 같은 기업, IaaS를 사용하는 대규모 조직에 이르기까지 모두에게 도움이 된다는 점이다.

클라우드의 전체 규모도 점점 커지고 있다. 구글의 프로젝트 룬(Loon)은 과거에는 도달할 수 없었던 지구의 일부 지역에도 인터넷 접속을 제공할 수 있는 고고도 풍선을 대기에 뿌릴 계획을 가지고 있다. 5G가 출시되면 그 어느 때보다 많은 디바이스가 인터넷에 연결될 것이다. 이러한 기기는 더욱 빠르게 실행되고 방대한 양의 데이터를 클라우드로 전송할 것이다. 이러한 데이터는 AI와 지능형 시스템에 의해 처리될 것이다. 아마도 불과 몇 년 전까지만 해도 불가능했었던 일이지만 이제는 데이터를 통해 새로운 지식을 발견할 수 있게 될 것이다.

그렇다면 나쁜 소식은 무엇일까? 그림 6-7에 있는 14,000평 규모의 애플 웹팜을 보기 바란다. 여기서 주차장의 규모를 주목해보면, 이 작은 주차장에 전체 운영 인력이 전부 수용되고 있다. 컴퓨터월드에 따르면, 해당 건물에는 50명의 운영 직원이 근무하고 있으며, 24시간 연중 무휴로 3교대로 근무하기 때문에 한 번에 8명 이상이 센터를 운영할 수 없다고 한다. 불가능해 보이지만 과연 그럴까? 다시 한번 주차장의 규모를 살펴보면 짐작 가능하다.

하지만 컴퓨팅 인프라가 훨씬 저렴해지면 어딘가에 새로운 일자리가 생겨나게 될 것이다. 우선 IT 기반의 스타트업이 늘어날 것이다. 저렴하고 탄력적인 클라우드 서비스 덕분에 축구 선수 평가 기업 허들(*www.hudl.com*)과 같은 소규모 스타트업의 경우 예전에는 여러 해가 걸렸거나 수천 달러가 들었을 CDN 및 기타 클라우드 서비스를 지금은 거의 무료로 이용할 수 있게 되었다. 사이트를 방문하여 응답 시간을 확인해보면 정말 빠르다는 것을 실감할 수 있다.

IaaS, PaaS, SaaS 외에도 새로운 클라우드 서비스가 추가될 수도 있다. 클라우드 서비스 제공업체는 기업이 수집하는 방대한 양의 빅데이터를 분석할 수 있도록 서비스형 분석(analytics as a service, AaaS)을 제공할 수 있다. 더 나아가 서비스형 비즈니스 프로세스(business process as a service, PBaaS)를 제공할 수도 있다. 그러면 기업은 배송이나 조달과 같은 일반적인 비즈니스 프로세스를 아웃소싱할 수도 있을 것이다. 실제로 클라우드는 특정 기업에서 가치를 창출해내는 한 가지 측면을 제외한 나머지 일반적인 비즈니스의 기능(측면)을 서비스 제공업체에 아웃소싱할 수 있는 EaaS(everything as a service)로도 발전할 수 있다.

그 밖에도 무엇이 있을까? 클라우드는 새로운 업무 영역을 만들어낼 수도 있다. 어떤 것이든 또 다른 무엇인가와 연결될 것이다. 멀리 떨어진 곳에서 컴퓨터 기반 업무나 작업을 제공하는

원격 작업 시스템(remote action system)을 생각해보면 된다. 해당 정보시스템은 원거리에서 작업을 가능하게 함으로써 시간과 출장 비용을 절약하고 전문가가 물리적으로 위치하지 않은 곳에서도 전문가의 기술과 능력을 활용할 수 있도록 해준다. 또한 해당 전문가 또한 본인의 전문성을 확장할 수도 있다. 몇 가지 예를 살펴보자.

원격 진료(telemedicine)는 의료 전문가가 시골이나 외딴 지역에 있는 환자를 진단하고 치료하는 데 사용하는 원격 진료 시스템이다. 의사는 지역 약국에 있는 환자와 화상회의를 통해 혈압과 체온 등의 진단 수치를 전송할 수 있다. 원격 진료 시장은 2027년까지 1,550억 달러를 넘어설 것으로 예상된다.[10] 코로나19 팬데믹은 원격 진료의 사용을 넓힐 가능성을 높였다. 사람들은 감염에 대한 두려움 때문에 병원에 가는 것을 꺼리지만 여전히 치료는 필요하기 때문이다.

캐나다의 메흐란 안바리 박사는 **원격 수술**(telesurgery), 즉 통신망을 통해 서로 멀리 떨어져 있는 로봇 장비와 외과 의사를 연결하는 수술을 400킬로미터 이상 떨어져 있는 환자에게 정기적으로 시행한다.[11] 이러한 사례는 아직은 다소 드물고 극복해야 할 문제도 있지만 2031년에는 더욱 보편화될 것이다. 실제로 미국 최대 의료 서비스 제공업체인 유나이티드헬스케어는 최근에 모든 화상 기반 의사 면담을 일반 의사 면담과 마찬가지로 보험 적용을 받을 것이라고 발표했다.[12]

원격 시스템의 다른 용도로서 카메라와 동작 감지 장치를 사용해서 도로 위 신호 위반이나 속도 위반에 대한 티켓을 발부하는 레드플렉스 시스템과 같은 **원격 법 집행**(telelaw enforcement)이 있다. 호주 빅토리아주 사우스멜버른에 본사를 둔 레드플렉스 그룹은 전체 매출의 87%를 미국에서 발생되는 교통 위반 단속으로 벌어들이고 있다. 이 기업은 정보시스템의 다섯 가지 구성 요소를 모두 포함하는 턴키 교통위반 정보시스템을 제공한다.

원자로나 생물학적으로 오염된 장소를 청소하는 로봇과 같이 위험한 장소에서 특정 역할을 수행하도록 설계된 원격 시스템도 많이 볼 수 있다. 드론을 포함한 다양한 군용 장비는 전쟁 지역에서 사용되는 원격 시스템의 사례가 될 수 있다. 민간 경호업체 및 법 집행 기관에서도 원격으로 조종되는 드론과 로봇을 점점 더 많이 활용할 것이다. 아마도 10년 후가 되면 업그레이드된 형태의 나이트스코프의 바퀴 달린 로봇인 K7이 동네를 순찰하는 모습을 볼 수 있을 것이다.

하지만 이러한 새로운 기회에도 불구하고 좋은 소식만 있는 것은 아니다. 뉴욕의 메트로폴리탄 오페라는 세계 최고의 오페라단임에는 반박의 여지가 없다. 우리가 라이브 공연을 보려면 맨해튼까지 가서 차를 주차하고 링컨 센터까지 택시를 타고 가서 좌석당 300달러를 지불해야 한다. 그런데 만약 메트라이브를 통해 원격으로 중계되는 동일한 오페라를 동네 영화관에서 무료로 주차하고 12달러만 지불하면 좌석에 앉을 수 있다. 디지털 고화질 방송의 마법으로 가수들이 입고 있는 의상의 바느질 형태까지 볼 수가 있기에 오히려 메트로폴리탄의 300달러짜리 좌석에서는 볼 수 없는 세세한 부분까지 볼 수가 있다. 더구나 음질도 훨씬 더 좋다. 정말로 훌륭하지만, 그렇다면 이제 누가 지방의 작은 오페라 공연을 보러갈까?

이렇듯 원격 작업 시스템에 대한 접근은 지역적 평범함의 가치를 떨어뜨릴 수 있다. "내가 최고는 아니지만 적어도 나는 여기 존재한다"라는 주장은 상호 연결된 세상에서는 그 가치가 퇴색되어 버린다. 1990년 로버트 라이시 전 노동부 장관은 국가의 일(The Work of Nations)[13]을 저술하면서 일상적인 대면 서비스를 제공하는 사람들은 오프쇼어링의 위험에서 면제된다고 합리적으로 주장할 수 있었다. 하지만 이렇게 상호 연결된(teleaction) 세상에서는 이러한 주장이 더 이상 타당하지 않다.

오늘날 최고 수준의 공연자의 가치가 기하급수적으로 증가한다. 평균 4백만 명이 메트라이브 중계를 시청하며, 이 공연장에서 공연하는 아티스트의 에이전트는 1억 2천만 달러의 수입 중 상당 부분을 가질 수 있다. 유명한 외과의사나 스케이트 코치는 더 큰 시장에 더 빨리 더 효율적으로 도달할 수 있으며 훨씬 더 많은 수입을 올릴 수 있다. 그렇기 때문에 여러분은 세계 최고가 될 수 있는 분야가 있다면 무조건 도전해야 한다!

하지만 나머지는 어떻게 해야 될까? 우리가 어떤 분야에서 세계적인 전문가가 아니라면 누군가에게 없어서는 안 될 존재가 될 수 있는 방법을 찾아보길 바란다. 메트라이브를 방송하는 극장을 보유하길, 원거리 피겨 스케이팅 코치를 위한 스케이트장을 가지길, 멀리 떨어진 이벤트 장소에 음식을 공급하는 업체가 되어 보길 바란다.

또는 이러한 새로운 기회를 지원하는 정보시스템의 구축, 사용, 관리의 핵심이 될 수도 있다. IS에 대한 전문 지식을 갖춘 비즈니스 능력은 여러분에게 매우 큰 경쟁력을 가져다줄 것이다. 다음 6장에서는 기존 및 새로운 IS 애플리케이션에 대해 설명할 것이다. 계속 읽어보길 바란다!

이 장의 **지식**이 **여러분**에게 어떻게 도움이 되는가?

클라우드는 컴퓨팅의 미래이다. 클라우드가 무엇이고, 기업에서 클라우드를 통해 어떤 이점을 얻을 수 있는지, 클라우드 사용 시 중요한 보안 문제가 무엇인지 이해하는 것은 이제 발 들여놓은 모든 비즈니스 전문가에게 핵심적인 지식을 제공할 수 있다. 또한 클라우드에 대한 지식은 향후 경쟁력 있는 새로운 직업군을 예측하는 데에도 도움이 된다. 마지막으로 클라우드 관련 지식은 기업에서 운영 비용을 절감하는 데 도움을 준다.

So What?

Working@Home

로빈은 휴대폰 알람 소리에 깜짝 놀랐다. 정말 벌써 일어날 시간이 된 것일까? 침대 옆 협탁 위 시계를 보니 오전 8 : 30이라는 숫자가 무정하게 그녀를 보고 있다. 그녀는 한숨을 내쉬고 자리에서 일어났다. "오늘 아침 출근길은 나쁘지 않아야 할 텐데…." 그녀는 먹을 것을 챙기러 부엌으로 나가면서 혼자 농담을 던지고 있다.

그녀는 부실한 식탁에 앉아 시리얼 한 그릇을 먹었다. 한 손으로는 휴대폰을 들고 자신이 팔로우하고 있는 소셜미디어 피드를 스크롤하며 식사를 마쳤다. 친구와 가족들이 아침식사 메뉴나, 아기나 고양이 사진, 혹은 정치적 비방 등을 공유하는 그저 전형적인 모습으로.

스크롤링의 무아지경에서 반짝 깨어나 보니 오전 8시 57분, 출근 시간이 다되었음을 알아차린다. 소파로 걸어가 노트북을 열고 업무용 계정에 로그인했다. 이제부터는 엄밀히 말하면 '근무 중'이기에 다시

방으로 들어가 트레이닝복과 슬리퍼, 후드티를 입고 출근 준비를 했다. 오후 3시에 프로젝트 팀과 미팅이 예정되어 있기 때문에 오후에는 좀 더 격식을 갖춘 옷으로 갈아입어야 하겠지만 지금은 이 정도로 충분하다.

다시 거실에 돌아와 전날 밤 폭풍 시청했던 최신 TV 프로그램을 틀어놓고 소파에 주저앉아 일을 시작했다. 그리고 종종 무아지경에 빠진 듯 창밖으로 길 건너 공원을 바라보다가 동료가 보낸 새 메시지의 익숙한 벨소리에 다시 집중하게 된다. 그녀는 가끔 이런 생각에 사로잡힌다. 내 소중한 경력을 이렇게 쌓아도 되는걸까…?

성장 추세

현재 미국에서는 재택근무가 점점 더 보편화되고 있다. 2016년의 한

출처 : G-Stock Studio/Shutterstock

연구에 따르면 43%의 근로자가 파트타임 이상의 재택근무를 하고 있으며, 이는 2012년에 비해 4% 증가한 수치이다.[14] 특히 젊은 세대의 많은 근로자는 재택근무가 제공하는 유연성과 자유로운 스케줄 관리를 높게 평가한다.

실제 전 세계 3,521명의 원격 근무자를 대상으로 한 설문조사에 따르면 재택근무의 가장 큰 장점으로 유연한 스케줄 관리(32%), 어디서든 근무할 수 있는 유연성(2%), 출퇴근 시간을 피할 수 있다는 점(21%), 가족과 더 많은 시간을 보낼 수 있는 기회(11%) 등을 꼽았다.[15] 또한 기업은 소규모 사무실 공간을 유지하면서 생산성을 극대화하며, 보다 나은 조직 문화를 조성하고, 숙련된 직원을 채용할 수 있다는 점에서 재택근무의 가치에 주목한다.

종종 현지에서 고도로 숙련된 직원을 고용하기 힘들거나, 다른 곳으로 이사를 원하지 않거나 이사를 할 수 없는 경우(예 : 배우자가 다른 도시에 있는 직장에 묶여 있는 경우)도 있을 수 있다.[16]

사장과 직원 모두가 선호하는 재택근무에 대한 지원은 관련 협업 소프트웨어와 정보기술 인프라의 발전으로 인해 가능해졌다. 원격 근무에는 동기식 및 비동기식 커뮤니케이션 플랫폼, 파일 공유 플랫폼, 가상 회의 공간[17] 등이 필요한데, 클라우드 컴퓨팅의 발전으로 이러한 기능 중 상당수가 가능해졌거나 더욱 강력해졌다.

원격 근무자는 안정적인 인터넷 연결과 온라인 협업을 위한 소프트웨어를 문제 없이 사용할 수 있는 하드웨어를 가지고 있어야 하는데, 이 두 가지 모두 점점 저렴해지고 있으며 널리 보급되고 있다. 이것이 바로 원격 근무의 성장을 촉진하는 촉매제 역할을 해왔다. 초창기에는 재택근무가 모두에게 이득이 될 것처럼 보였다. 하지만 여전히 재택근무는 많은 사람에게 낯설고, 재택근무가 가진 고유한 어려움 또한 존재한다.

워터쿨러*, 혼자만의 파티

사무실에서의 전통적인 업무 시간이라 함은 회의, 점심식사, 동료와의 농담, 이메일이나 전화로 걸려오는 일 처리 등에 대한 불만 대응 등이 모두 포함된다. 이러한 유형의 상호작용은 생산성을 저해할 수 있으므로 재택근무는 이러한 방해요소를 없애고 집중할 수 있는 환경을 제공한다는 점에서 '플러스원'이라고 생각할 수도 있다.

그러나 직장 동료들과의 교류는 책상 앞에서만 계속 업무를 수행한다는 단조로움에서 벗어날 수 있으며, 자칫 번아웃으로 이어질 가능성을 낮춰준다. 원격 근무자의 가장 큰 어려움(앞부분에 서술된 전 세계 재택 근무자 3,521명을 대상으로 한 동일한 설문조사 기준)으로는 동료와의 협업 및 소통 부족(20%), 외로움(20%), 플러그를 뽑을 수 없음(18%), 집에서의 방해(12%), 다른 시간대에 있는 것(10%)으로 나타났다.[18]

원격 근무의 또 다른 어려움으로는 가상 회의 중 가족 구성원의 방해, 가정에서의 자녀 돌봄[19] 중 발생되는 돌발 상황, 동료와의 동료애 구축, 활동성과 건강 유지, 어떤 형태로든 사회적 교류 기회를 찾는 것 등도 포함되었다.[20]

많은 사람에게 재택근무는 점점 더 새로운 업무 형태로 자리잡고 있다. 하지만 단점 또한 존재한다. 재택근무자는 재택근무에 내재된 어려움을 능동적으로 관리해야 할 것이다.

토의문제

1. 코로나19 팬데믹이 재택근무에 어떤 영향력을 행사했는가? 과연 재택근무가 가능한 직원의 비율에 지속적인 영향을 미칠 것이라고 보는가?

2. 재택근무자가 점점 더 많아짐에 따라 인터넷 안정성과 속도에 부정적인 영향을 미칠 가능성이 있다고 생각하는가?

3. 상기 내용에서 살펴본 재택근무의 장점과 단점을 고려할 때 여러분은 일반적인 사무실 근무 방식과 재택근무 중 어떤 쪽을 더 선호하는가? 그 이유를 설명해보라.

4. 온라인 강의를 수강한 적이 있는가? 그렇다면 일반 강의실 환경과 달랐던 점은 무엇이었는가? 온라인 학습에서 좋았던 점과 싫었던 점은 무엇이었는가? 이러한 장단점이 전통적인 사무실 환경에서 일하는 것과 원격으로 일하는 것에 어떤 영향을 미칠 것이라고 생각하는가?

---

* 정수기 주변에 물을 마시러 모였다가 동료들끼리 가볍게 나누는 대화나 모임. (역주)

보안 가이드

위험한 내부자, 잠수함, 크립토재킹, 아이고 머리야!

USB나 외장 하드 드라이브를 마지막으로 언제 연결했는지 기억이 나는가? 어떤 물리적 장치에서 또 다른 물리적 장치로 데이터를 보내는 빈도가 줄어듦에 따라 유형의 저장 매체에 대한 수요가 예전만큼 크지 않다.

요즘은 데이터 파일을 보낼 때 링크를 보내서 사람들이 개인 클라우드 저장 공간에서 대용량 파일을 다운로드하거나, 파일 크기가 작다면 이메일이나 소셜 네트워크를 이용한다. 이제는 외장 드라이브를 들고 다니던 시대는 지났다!

클라우드에 대한 우리의 의존도를 더 잘 이해하려면 매일 사용하는 애플리케이션이 모바일 장치로 데이터를 얼마나 다양한 방법으로 스트리밍할 수 있는지 살펴보면 된다.

- 수년 또는 수십 년 전의 사진 즉시 열기 가능
- Full HDTV나 고화질 영화 스트리밍 가능
- 각종 계약서나 건강보험 내역 등과 같은 개인 문서에 수 초 내 접근 가능
- 버튼 하나로 지금까지 녹음된 거의 모든 음악에 대한 스트리밍 가능
- 19세기 후반부터 기상 데이터 기록이 시작된 이래 특정 시점의 기상 데이터 조회 가능

상기 예시로 나와 있는 데이터는 로컬 장치에 저장할 필요가 없다. 클라우드를 사용하면 단 몇 초(대용량 파일의 경우 몇 분) 만에 다운로드해서 사용할 수 있다. 이렇듯 개인적인 클라우드 사용뿐만 아니라 기업에서도 클라우드 컴퓨팅에 점점 더 많이 의존한다.

IBM에 따르면 클라우드 컴퓨팅 서비스가 널리 채택되는 이유는 유연성(예 : 다양한 저장 옵션 등), 효율성(예 : 장비 비용 절감 등), 전략적 가치(예 : 전 세계에 흩어진 리소스에 접근 가능하기에 협업이 용이함) 등이 있다.[21] 하지만 클라우드 컴퓨팅의 많은 장점에도 불구하고 클라우드 컴퓨팅에 의존할 경우 기업에서 생각해야 할 위험도 존재한다.

출처 : Blackboard/Shutterstock

위험한 클라우드

클라우드로의 전환을 고려할 때 기업이 고민하는 보안 위험 중 하나는 통제력 상실이다. 본사 내 데이터 센터나 서버실을 가리키며 '여기가 우리 기업의 모든 거래 내역 및 고객 데이터가 저장되는 곳'이라고 말할 수 없다. 이제는 하늘을 가리키며 클라우드에 저장된다고 말해야 하며 이는 불안할 수밖에 없다.

이러한 우려를 더욱 악화시키는 것은 클라우드 기업이 인프라 및 데이터 관리를 위해 고용한 정보기술 전문가가 누군지도 모르고 통제할 수도 없다는 점이다. 악의를 가진 내부자와 부주의한 내부자의 조합이 보안 위협의 절반 이상을 차지할 수 있고, 내부자 위협 사고로 인한 평균 지출 비용이 약 9백만 달러로 계산되는 만큼[22] 신뢰할 수 있고 보안에 민감한 사람을 배치하는 것은 클라우드 고객에게는 매우 중요한 문제가 된다.

내부자 위협이 얼마나 큰 위험을 초래할 수 있는지 믿기지 않는다면, 최근 클라우드 서비스 제공업체인 전 아마존 웹 서비스(AWS) 계약업체에 의해 1억 건의 고객 기록이 유출된 캐피탈원의 사례를 참고하길 바란다.

내부 또는 외부 공격자에 의한 클라우드 내 데이터 유출 외에도 클라우드 리소스를 사용할 수 없게 되는 위험에는 어떤 것이 숨어 있을까? 일반적으로 기술력 있는 클라우드 제공업체는 일반적인 서비스 거부 공격을 처리하거나 일시적으로 클라우드 접속을 중단시킬 수 있는 시스템 결함이나 충돌(내결함성)을 처리하기 위한 기술적 조치를 잘 갖추고 있다. 하지만 인터넷의 전체 세그먼트가 장시간 다운된다면 어떻게 될까?

사실 인터넷은 물리적으로 수많은 광케이블과 케이블로 구성되어 있으며, 이러한 케이블들이 섬과 대륙을 연결하기 위해 바다 밑에 설치되어 있다는 사실을 모르는 사람도 많다. 지난 몇 년 동안 러시아 잠수함과 스파이 선박이 주요 광케이블이 설치되어 있는 지역에서 활동한다는 보고도 있었다.[23]

관련 정보 기관들은 러시아가 조직적인 공격으로 수많은 광섬유 회선을 절단하여 광범위한 지역에 인터넷 장애를 일으킬 계획을 가지고 있을 수 있다는 점을 우려한다. 이러한 공격이 발생한 지역에서 운영 중인 모든 기업은 광케이블 회선이 복구될 때까지 클라우드에 저장된 모든 데이터에 접근할 수 없게 될 것이 분명하다.

내부자 위협과 바닷속을 배회하는 잠수함 외에도 클라우드 컴퓨팅에는 여러 가지 위험이 도사리고 있다. 예를 들어, 해커가 암호 화폐 채굴에 클라우드 리소스를 사용하기 위해 클라우드 컴퓨팅 회사를 침해할 수도 있다.[24] 이를 '크립토재킹(cryptojacking)'이라고 부르며, 클라우드 제공업체에서는 이를 탐지하기가 매우 어려울 수 있다.

클라우드 컴퓨팅 위험의 다른 예로서는 기업이 클라우드 리소스에 접근하는 데 불안전한 소프트웨어 애플리케이션을 사용하거나, 클라우드 서비스 제공업체 직원에 대한 교육 부족, 클라우드 리소스에 접

속하는 데 사용되는 계정의 손상 등도 존재한다.

토의문제

1. 물리적 저장장치를 버리고 클라우드를 사용하는 경우 클라우드 파일을 백업해놓은 외장 드라이브를 계속 보관해야 한다고 생각하는가?

2. 인터넷에서 해저 광케이블 회선 지도를 검색해서 여러분이 거주하는 지역으로 연결되는 회선 수를 기준으로 인터넷 연결이 장기적으로 중단될 가능성은 얼마나 된다고 생각하는가?

3. 상기 내용에서 기술된 다양한 클라우드 컴퓨팅 위험을 바탕으로 이제 여러분의 데이터를 클라우드에 저장하는 것에 대한 생각이 바뀌었는가?

4. 해저 광케이블을 손상시키려는 군사 작전 외에 해저 광케이블에 또 다른 위험이 있다고 생각하는가?

커리어 가이드

이름 : 라이언 피셔
회사 : 세일즈포스닷컴
직책 : 클라우드 엔지니어
학력 : 유타대학교 졸업

출처 : Ryan Fisher, Cloud Engineer, Salesforce.com, Inc.

1. 이 일을 어떻게 하게 되었습니까?

세일즈포스 IT는 클라우드를 수용할 생각을 가지고 있었고, 기존 데이터 센터에서 벗어나 AWS로 마이그레이션할 계획을 가지고 있었습니다. 마이그레이션은 기업에서 가장 중요한 프로젝트 중 하나였고, 클라우드 변환 과정에 참여할 수 있는 기회는 저를 흥분시켰습니다. 저는 프로젝트 리더에게 관심을 표명하고 이력을 쌓기 위해 상사와도 충분한 소통을 했습니다. 그 후 몇 달 동안 AWS 어소시에이트 자격증을 공부했고, 세 가지 자격증 모두를 취득했습니다. 제가 AWS 플랫폼을 배우기 위해 기울인 노력을 직속 상사가 알아봐주었고, 이후 저는 시스템 운영 팀에서 마이그레이션 프로젝트에 참여할 팀원 중 한 사람으로 선발되었습니다.

2. 이 분야에 매력을 느낀 이유는 무엇입니까?

세일즈포스에서 윈도 시스템 관리자로 업무를 담당하면서 또 다른 기술 영역을 찾고 싶었고, 단순 지원 업무가 아닌 엔지니어링 솔루션으로 나아가고 싶은 마음이 생겼습니다. 풀스택(full-stack) 클라우드 인프라 엔지니어가 된다는 것은 네트워킹, 데이터 처리, 저장, 보안 등을 모두 다루게 된다는 의미이기 때문에 매력적으로 다가왔습니다.

3. 일반적인 업무 일과(주어진 업무, 의사결정, 해결해야 할 문제)는 어떻게 진행됩니까?

우리는 '스프린트'라고 부르는 2주 단위 시간으로 작업을 나누는 게 있습니다. 우리가 진행하는 프로젝트는 고객 요청(다른 내부 팀), 비즈니스에 제공하는 서비스에 대한 기능 개선 및 운영 업무로부터 시작되며, 이를 KLO(Keeping the Lights On)라고 부릅니다. 우리는 매일 스탠드업 회의에 참석하여 전날 진행된 작업을 검토하고 작업 진행에 방해가 되는 요소에 대해 논의합니다. 선택된 솔루션을 구현하고 인프라를 구축하기 전에 우선 계획과 요구사항 수집을 먼저 합니다. 이후 솔루션 설계가 승인되면, 인프라스트럭처를 코드로 작성하고(IaC), 비프로덕션 AWS 계정으로 넘깁니다. 거기서 애플리케이션 환경을 테스트하고 필요한 모든 조정을 수행합니다. 이 모든 테스트가 성공적으로 완료되면 프로덕션 환경으로 배포합니다.

4. 이 직업에서 가장 마음에 드는 점은 무엇입니까?

한 가지 방식으로만 할 수 있는 일이 거의 없습니다. 최종 사용자의 요구사항을 충족하는 방법을 결정하고 최상의 솔루션을 설계하는 과정은 좌절감과 보람을 동시에 맛볼 수 있습니다. 다양한 선택 사항을 기웃거리는 것은 제 체질에는 맞지 않습니다. 제가 선택하는 반응은 그저 제가 편한 방식으로 진행하거나, 딱 정해진 솔루션이 있으면 좋겠다는 생각을 하게 됩니다. 하지만 제 직업은 저의 안전지대를 벗어나 창의적이고 비판적인 사고를 하도록 유도합니다. 저는 끊임없이 도전받고 있으며, 이러한 노력을 통해 성장하는 것이 정말 즐겁습니다.

5. 이 직무를 잘 수행하려면 어떤 기술이 필요합니까?

클라우드 엔지니어는 최고의 클라우드 제공업체에서 지속적으로 출시하는 업데이트와 새로운 서비스에 대한 정보를 계속 파악하고 있어야 합니다. 네트워킹, 컴퓨팅, 저장, 데이터베이스, 보안 등 다양한 기술이 사용되므로 이에 대한 지식이 풍부해야 합니다. 코딩 방법까지 배워야 한다는 사실에 놀라실 수도 있습니다. 저희는 웹 GUI에서 클릭을 통해 클라우드에 리소스를 배포하지 않습니다.

모든 것이 IaC로 작성되고 자동화를 통해 프로비저닝됩니다. 클라우드는 비용 효과성과 효율성을 높일 수 있는 다양한 기회를 제공합니다. 운영 지원, 보안, 안정성, 성능 및 비용에 대한 요구사항을 충족하는 올바른 솔루션을 선택할 수 있는 능력을 개발하기 위해 열심히 노력해야 합니다. 기술적인 능력 외에도 강력한 소프트 스킬을 갖추면 도움이 될 것입니다. 다양한 팀과 교류하게 되므로 효과적이고 정중하게 소통하는 능력은 장기적인 성공을 위해 반드시 필요합니다.

6. 이 분야는 교육이나 인증이 중요합니까? 그 이유는 무엇입니까?

모든 기술 분야는 빠르게 변화하기 때문에 지속적인 교육은 성공을 위해 매우 중요합니다. 기술은 모든 산업을 뒤흔들고 있으며, 혁신의 속도를 따라잡기란 쉽지 않습니다. 훌륭한 기업은 직원에게 투자하고 지속적인 교육과 훈련 기회를 제공합니다. 제가 개인적으로 자격증 시험을 배우고 준비하는 데 사용하는 온라인 학습 플랫폼으로는 어클라우드구루, 리눅스 아카데미, 플루럴사이트 등이 있습니다. 관심 있는 분야의 자격증 취득을 꼭 추천하고 싶습니다. 자격증을 취득하면 자신감이 높아지고, 특정 주제에 대해 일정 수준의 역량을 갖추고 있음을 고용주에게 보여줄 수 있습니다.

7. 이 분야에서 일하고 싶어 하는 후배에게 어떤 조언을 해주고 싶습니까?

일단 무언가를 만들어보세요! 모든 주요 클라우드 제공업체는 무료 크레딧을 제공합니다. 이를 활용하세요! 작지만 워드프레스 블로그를 호스팅할 수 있는 인프라를 구축하고 애플리케이션을 직접 설치하는 프로젝트를 시도해볼 수 있습니다. 웹 콘솔에서 모든 것을 수동으로 조작할 수 있습니다. 이러한 모든 것이 어떻게 상호 연결되는지 확실히 이해했다면, 동일한 작업을 두 번째로 진행하되 테라폼 또는 클라우드포메이션과 같은 IaC 도구를 사용하여 만들어보세요. 해당 코드를 무료 깃허브 계정에 저장하여 작업 기록을 보관해놓길 바랍니다. 이때 작업한 프로젝트를 문서화하면 면접에 도움이 될 것입니다. 코드를 보여주고 프로젝트 작업 과정에 대한 이야기를 들려줄 수 있습니다.

8. 10년 후 인기 있을 기술 직종은 무엇이라고 생각합니까?

전 세계 수십억 대의 디바이스가 인터넷에 연결되어 매일 엄청난 양의 데이터를 생성합니다. 이러한 데이터를 분석하고 관련 정보를 추출하여 기업이 고객에게 더 나은 서비스를 제공할 수 있도록 돕는 직업에 대한 수요는 계속 늘어날 것입니다. 데이터 과학, 인공지능/머신러닝, 소프트웨어 엔지니어링, 클라우드 컴퓨팅은 조직의 리더가 현명한 결정을 내릴 수 있도록 서비스를 제공하는 다양한 분야입니다. 또한 네트워크로 연결되는 디바이스들의 급속한 증가로 인해 보안을 공격할 수 있는 영역 또한 늘어나고 있습니다. 사이버 보안은 오늘날 비즈니스 운영에 있어 가장 중요한 요소이며, 앞으로도 더욱 중요해질 것입니다. 기업은 최선을 다해 고객 데이터를 보호해야 합니다. 이러한 신뢰가 침해되면 비즈니스의 연속성에 재앙을 가져올 것이기 때문입니다.

윤리 가이드

비트코인 때문에 답답

랄프는 마치 황홀경에 빠진 것 같은 기분을 느꼈다. 마치 손가락이 계속해서 위로 쓸어올리는 것을 제어하지 못하는 것 같았다. 점심시간 동안 레딧에서 가장 인기 있는 게시물을 훑어보는 것은 그가 가장 좋아하는 오락 중 하나였고, 가끔 정말 재밌는 게시물을 발견하여 큰 웃음을 터뜨리곤 했다. 주변에서 그를 지켜보는 사람이 있었다면 아마도 눈을 동그랗게 굴렸을 것이다. 점심 시간을 차 안에서 보내는 것이 랄프의 전통이었으니까. 회사 IT 팀의 관리자 중 한 사람으로서 사무실 문을 들어서면 프라이버시가 충분히 보장되지 않았다.

랄프는 이 기업에서 약 5년 동안 근무했다. 이 기업은 보스턴에 있는 의료 기기를 개발하고 판매하는 기

출처 : Zapp2Photo/Shutterstock

업이다. 랄프는 나름 해당 의료 산업계에서 인정받는 기업에서 경력을 쌓았다는 사실과 무엇보다 생명을 구하는 데 도움이 되는 제품을 개발하는 기업에서 근무한다는 자부심도 가지고 있었기에 일하는 데는 어느 정도 만족감을 느끼고 있었다.

그가 예전에 일했던 기업들 중 일부는 사회적으로 가치가 의심스

러운 제품이나 서비스를 판매하기도 했는데, 랄프에게 그런 직장은 항상 더 힘들었다. 그래서 그는 정말 세상을 긍정적으로 변화시키고 있는지 끊임없이 의문을 품었다. 하지만 다행히도 이제 더 이상 그런 질문을 할 필요가 없어졌다.

이제 랄프에게 남은 유일한 질문은 동료 중 한 사람인 마이크와 얼마나 오랫동안 참고 관계를 유지할 수 있는가이다. 랄프는 두 사람의 유일한 공통점은 성이 같다는 점뿐이라고 혼자 농담하곤 했다.

마이크 확인, 하나-둘 하나-둘

마이크는 랄프보다 훨씬 더 오랫동안 이 기업에서 근무했다. 랄프가 본사에 아직 남아 있는 로컬 인프라 관련 기술 관리를 담당하는 동안 마이크는 기업의 전사적 데이터와 프로세스 대부분을 클라우드 기반 플랫폼으로 전환할 것을 제안하고 경영진의 지원을 이끌어내는 팀을 관리했다.

첨단 의료 기기를 개발하는 기업일수록 지적 재산에 대한 절대적인 통제권을 유지하고 중요한 정보는 제3자에게 저장하지 않아야 한다는 것이 랄프의 생각이었다. 그렇지만 클라우드 솔루션의 놀라운 비용 절감 효과에 대한 마이크의 프레젠테이션은 경영진의 마음을 사로잡았고, 그의 프로젝트는 승인되었다.

다행히도 랄프는 가장 중요한 데이터는 클라우드에 전송하지 말고 로컬에 저장해야 한다고 경영진을 설득했으며, 이는 마이크와의 지속적인 갈등 상황에서 거둔 작은 승리이자 자신의 일자리를 지켜낸 것이기도 했다.

멀리서 들려오는 경찰차 사이렌 소리가 랄프의 주의를 끌었고, 시계를 보니 이미 다음 회의에 5분이나 늦었다는 사실을 깨달았다. 그는 차에서 내려 주차장을 가로질러 걸어서 사무실로 서둘러 들어갔다. 화상회의 접속을 위한 링크 주소를 불러오기 위해 이메일 계정에 로그인했지만 로그인하자마자 다른 참석자로부터 지각으로 인해 이미 회의가 취소되었다는 새로운 이메일이 도착했음을 발견했다. (이때 랄프는 약 10분 정도 지각했다.) 랄프는 이왕 이렇게 된 바에야 차라리 남은 시간을 이메일이나 확인해야겠다고 생각했다.

제출해야 할 보고서와 예산을 요청하는 상급 관리자의 요청, 회사의 하드웨어를 업그레이드해야 하는지 문의하는 공급업체로부터의 연락, 시스템 접근에 문제가 발생한 타부서 직원들의 기술 지원 요청 등 평소와 같이 다양한 이메일이 섞여 있었다.

다른 이메일과 달리 눈에 띄는 이메일이 하나 있었는데, 우리 기업의 클라우드 서비스 제공업체로부터 발송된 메일이었다. 이 메일은 마이크에게 발송되었지만 헤더 정보에는 랄프가 유일한 수신자인 것처럼 보였다. 아마 발신자가 성만 입력하고 실수로 랄프에게 메시지가 전송될 것이라는 사실을 인지하지 못한 채 혼동해서 발송한 것이 분명해 보였다. 그런데 더 큰 문제가 된 것은 바로 메시지의 내용이었는데, 마이크에게 현재 우리 기업이 부담하고 있는 클라우드 저장용량을 다음 티어로 늘려야 한다는 경고였다.

랄프는 클라우드 전환 계획 회의에 참석 중이었고, 마이크 팀은 회사가 성장 궤도에 올라 있는 상태에서 저장소 할당에 충분한 버퍼를 남기기로 결정했기 때문에 증설 관련 일은 금시초문이었다. 더구나 계약 후 불과 몇 달 만에 업그레이드가 필요하다는 것이 믿기지 않았다.

당신의 것은 나의 것

랄프는 호기심 많은 성격의 소유자였기 때문에 이러한 차이를 그냥 지나칠 수 없었다. 물리적 인프라를 주로 담당했지만 다행히도 관리자로서의 역할 때문에 마이크 외에 클라우드 플랫폼에 대한 광범위한 접근 권한이 주어진 사람은 랄프가 유일했다.

그는 로그인하여 저장 상황을 둘러보기 시작했다. 10분 정도 살펴본 후 랄프의 입은 벌어졌고, 아무 생각 없이 사무실 의자를 책상으로부터 밀어버렸다. 이 상황이 믿기지 않았다.

왜냐하면 마이크가 회사 클라우드 계정의 빈 공간을 악용해서 암호 화폐 채굴 작업을 설정한 것처럼 보였기 때문에 클라우드 담당자는 저장용량이 거의 다 찼다고 판단했고, 다음 티어로 저장용량을 늘리도록 회사를 설득하려고 했던 것이었다.

마이크의 프로그램을 자세히 들여다 보면 과거 데이터를 기반으로 현재 사용 중인 회사의 실제 저장 사용량을 하루에 여러 번 계산한 다음, 다음 메모리 가용성 확인이 완료되기 전에 용량이 최대치에 도달하는 위험을 피하기 위해 버퍼를 남겨두고 남은 공간을 차지하게끔 암호화폐 채굴 스크립트를 조정하도록 설정한 것처럼 보였다. 특히 이 로그에 접속할 수 있는 사람이 랄프와 마이크 단 두 사람뿐이었기 때문에 들키지 않도록 만든 꽤 기발한 방법이었다.

랄프는 어떻게 해야 할지 판단이 서지 않았다. 과연 가장 싫어하는 동료를 신고해서 해고할 수 있는 절호의 기회일까? 아니면 그냥 마이크가 회사에서 필요도 없는 클라우드 저장소를 사용하고 있다는 사실만을 상부에 공식적으로 보고할까? 혹은 그냥 비웃으며 그를 돌려보내버릴까? 아니면 반대로 아무 말도 하지 않으면, 나 또한 곤경에 처할 수도 있지 않을까?

랄프는 마이크 건에 대해 보고하고도 아무도 신경 쓰지 않는다는 사실을 알게 되고, 또 이 일로 아무 성과가 없다면 괜히 불편한 근무 환경에 대해 불평하는 바보처럼 보일 것이라는 생각을 감당할 수 없었다. 랄프는 천천히 의자를 앞으로 굴려 팔꿈치를 책상에 대고 머리를 손에 얹었다. 그냥 다시 본인 자리로 가서 첨부터 이 정보를 우연히라도 발견한 적이 없었던 것처럼 행동해야 할지도 모르겠다.

토의문제

1. 마이크가 암호화폐 채굴 작업을 위해 기업에 여분으로 남아 있는 클라우드 저장 공간을 사용한다고 가정해보자.
   a. 이러한 행동이 정언 명령(1장, 27쪽)에 따라 윤리적이라고 판단할 수 있는가?
   b. 공리주의적 관점(2장, 58쪽)에 따를 때 이 행동은 윤리적인가?
2. IT 직원이 개인적인 이익을 위해 회사 시스템을 사용한다는 사실을 알게 된다면 경영진이 어떻게 대응할 것이라고 생각하는가?
3. 마이크가 암호화폐 채굴 작업을 설정하여 자신뿐만 아니라 더 많은 사람에게 혜택을 줄 수 있는 방법은 없을까?
4. 랄프와 같은 처지에 놓인다면 여러분은 어떻게 행동하겠는가?

생생복습

이 장에서 학습한 내용을 이해했는지 확인해보자.

6-1 클라우드가 대부분의 조직에 미래인 이유는 무엇인가?

클라우드에 대해 정의를 내리고, 해당 정의에 포함된 세 가지 핵심 용어를 설명해보라. 메인프레임, 클라이언트-서버, 클라우드 아키텍처의 차이점을 설명해보라. 확장성과 탄력성의 차이점을 설명해보라. 그림 6-5를 참고하여 클라우드 기반 호스팅과 기업 내(클라이언트-서버) 호스팅을 비교해서 설명해보라. 조직이 클라우드로 옮기도록 만드는 요인은 무엇인가? 어떤 경우에 클라우드 기반 인프라를 사용하는 것이 합리적이지 않은가?

6-2 기업에서는 클라우드를 어떻게 사용하는가?

기업에서 클라우드가 가진 특징인 리소스 탄력성, 풀링 및 고유한 인터넷 연결의 장점을 어떻게 활용할 수 있는지 설명해보라. SaaS, PaaS, IaaS를 정의내리고 각각의 예를 설명해보라. 그리고 각 형태별 가장 적합한 비즈니스 상황을 설명해보라. CDN을 정의하고, CDN의 목적과 장점에 대해 설명해보라. 내부적으로 웹 서비스를 어떻게 사용할 수 있는지 설명하라.

6-3 e헤르메스는 어떻게 클라우드를 사용할 수 있을까?

e헤르메스가 클라우드를 사용해야 하는 이유를 서술해보라. e헤르메스가 사용할 수 있는 SaaS 제품의 이름을 정하고 이에 대해 설명해보라. e헤르메스가 PaaS 제품을 사용할 수 있는 다양한 방법을 설명해보라. e헤르메스가 IaaS를 사용할 가능성이 낮은 이유를 요약해서 설명해보라.

6-4 기업에서는 어떻게 클라우드 서비스를 안전하게 사용할 수 있을까?

VPN의 목적을 설명하고, VPN의 작동 원리를 개략적으로 설명하라. 가상이라는 용어를 정의하고, VPN과 어떤 관련성이 있는지 설명해보라. 공공 클라우드와 사설 클라우드의 차이점을 설명하고, 각각의 장점을 요약해보라. 어떤 종류의 기업에서 사설 클라우드가 가진 장점을 누릴 수 있을까? 아주 큰 규모의 조직에서도 공공 클라우드 유틸리티와 경쟁할 수 있을 만큼의 사설 클라우드를 만드는 것이 힘든 이유를 설명해보라. 어떤 상황에서 사설 클라우드가 기업에 더 적합할 수 있을까? 하이브리드 클라우드를 정의하고, 기업에서 하이브리드 클라우드를 사용하는 방법과 그 이유를 설명해보라. 데이터 패브릭이 클라우드 상호 운용성을 개선하는 데 어떻게 도움이 되는지 설명해보라.

6-5 클라우드는 기업의 미래에 어떤 의미를 가질까?

클라우드의 미래는 어떻게 될까? 클라우드가 가져올 좋은 소식과 나쁜 소식을 요약해보라. 그림 6-7의 사진이 불안한 이유를 설명해보라. 원격 작업 시스템의 세 가지 범주를 설명해보라. 원격 시스템이 초전문가의 가치를 높이는 반면, 로컬의 평범함을 감소시키는 이유를 설명해보라. 그렇다면 초전문가가 아닌 다른 사람들은 무엇을 할 수 있을까?

이 장의 **지식**이 **여러분**에게 어떻게 도움이 되는가?

클라우드는 기업이 컴퓨팅 인프라를 구축하는 방식에 근본적인 변화를 가져왔다. 클라우드를 통해 기업은 데이터 처리, 데이터 저장 및 네트워크 비용이 거의 들지 않는다는 이점을 가질 수 있다. 이 장 앞부분에 실린 e헤르메스의 이야기에서 볼 수 있듯이 클라우드는 수익성 개선에 지대한 영향을 미칠 수 있다.

따라서 이 장은 비즈니스 전문가로서 보다 나은 정보를 얻고, 새롭고 흥미로운 직업을 예측하는 데 도움이 되며, 기업이 상당한 비용을 절감할 수 있는 방법을 찾는 데 도움을 주고 있다. 근본적인 변화의 움직임이 시작되었다. 이를 적극 활용하길 바란다!

주요용어

가상 사설망(virtual private network, VPN)

공공 클라우드(public cloud)

데이터 패브릭(data fabric)

멀티클라우드 전략(multicloud strategy)

메인프레임(mainframe)

메인프레임 아키텍처(mainframe architecture)

사설 클라우드(private cloud)

서비스형 소프트웨어(software as a service, SaaS)

서비스형 인프라(infrastructure as a service, IaaS)

서비스형 플랫폼(platform as a service, PaaS)

씬 클라이언트(thin client)

온프레미스 시스템(on-premises system)

원격 법 집행(telelaw enforcement)

원격 수술(telesurgery)

원격 작업 시스템(remote action system)

원격 진료(telemedicine)

인터넷을 통해(over the Internet)

컴퓨터 단말기(computer terminal)

콘텐츠 전송 네트워크(content delivery network, CDN)

클라우드(cloud)

클라우드 상호 운용성(cloud interoperability)

클라우드 컴퓨팅 아키텍처(cloud computing architecture)

클라이언트-서버 아키텍처(client-server architecture)

탄력성(elasticity)

터널(tunnel)

풀링(pooling)

하이브리드 클라우드(hybrid cloud)

확장성(scalability)

학습내용 점검

6-1. 클라우드의 정의를 내리고, 해당 정의에 내포된 세 가지 주요용어를 설명하라. 6-1절에 제시된 비교표를 참고해서 참고하여 클라우드 기반 호스팅과 인하우스 호스팅의 차이점을 설명해보라. 클라우드 기반 호스팅이 기업 내 호스팅보다 나은 가장 중요한 세 가지 요소를 설명해보라.

6-2. 애플은 6-2절에서 언급되었던 노스캐롤라이나 데이터 센터에 30억 달러 이상을 투자했다. 애플이 이정도의 금액을 지출하려면 아이클라우드를 미래의 핵심요소로 인식해야 한다. 2장의 2-6절에서 논의된 원칙을 토대로 기존의 다른 모바일 관련 기업들과 다르게 아이클라우드가 애플에게 어떤 경쟁우위를 제

공할 수 있는지에 대해 최대한 모든 측면에서 설명해보라.

6-3. *http://aws.amazon.com*에 접속해서 AWS 데이터베이스 서비스를 검색하라. 아마존의 오로라, 다이나모DB, 도큐먼트DB, 엘라스티캐시, 넵튠, 퀀텀 레저, RDS, 레드시프트, 타임스트림 서비스의 차이점을 설명해보라. 여러분이라면 e헤르메스의 데이터를 저장하는데 이들 중 어떤 서비스를 추천할 것인가? (참고로 인터넷에서 AWS 제품을 검색할 때는 반드시 검색어에 AWS라는 키워드를 포함해야 한다. 그렇지 않으면 아마존에서 판매되고 있는 도서 목록이 검색 결과로 나타난다.)

협업과제 6

여러분의 팀원들과 만나서 구글 오피스, 셰어포인트 또는 기타 협업 도구를 사용해서 협업 정보시스템을 구축하라. 아직 협업한 정보시스템을 구축하지 않았다면 협업과제 1을 참고하라. 절차와 팀 훈련이 필요하다는 것을 명심하라. 이제 정보시스템을 이용해서 다음 질문에 답하라.

클라우드는 정보시스템 서비스 업계에서 기념비적인 변

화를 불러일으키고 있다. 어디서든 LAN, 서버 혹은 여타 네트워크 공사나 유지보수를 위해 고객에게 달려가는 ISV(지역 소프트웨어 업체) 트럭을 쉽게 볼 수 있다. 해당 트럭 옆면에는 마이크로소프트, 오라클, 시스코 등과 같은 로고가 박혀 있는 것을 볼 수 있다. 사실 지난 수년간 지역 내 소규모 소프트웨어 및 네트워크 업체는 LAN의 설치 및 유지보

수, 사용자 컴퓨터의 인터넷 연결, 서버 설정, 마이크로소프트 익스체인지 라이선스 판매, 서버용 소프트웨어나 고객용 소프트웨어를 설치하는 일 등으로 먹고 살았다.

일단 모든 것이 설치되면 이러한 기업은 불가피하게 일어날 수밖에 없는 문제에 대한 유지보수나 신규 버전의 소프트웨어 지원 및 설치, 혹은 신규 사용자에 대한 컴퓨터 네트워크 연결 등과 같은 업무를 통해 수익을 계속 창출해나간다. 겉으로 보기에는 고객사가 굉장히 다양할 것 같지만, 실제로는 일반적인 이메일을 사용해야 하고, 인터넷 연결이 필요하며, 퀵북스와 같은 초급용 프로그램을 운영할 수 있는 정도의 3~50명 인력 규모를 가진 소규모 회사들을 담당한다.

6-4. 이 장으로부터 배운 지식 및 팀 구성원들과의 아이디어 회의를 통해 클라우드 서비스 업체가 지역 ISV 회사에게 가하는 위협을 요약해보라.

6-5. 여러분이 속한 팀이 ISV 업체라고 가정해보자. 점점 더 많은 고객이 여러분 회사의 이메일 서버를 사용하는 대신, 구글 이메일과 같은 SaaS 클라우드 서비스로 갈아타고 있다는 것을 알게 되었다.

 a. 그렇다면 여러분 회사에서는 SaaS 침해를 막기 위해 무엇을 할 수 있는가?

 b. a의 답변에서 실행에 옮길 수 있는 세 가지 대안을 만들어보라.

 c. b의 답변에서 세 가지 중에서 어떤 것을 선택하겠는가? 그 이유는 무엇인가?

6-6. SaaS가 이메일이나 여타 로컬 서버에 대한 필요성을 없애버렸다고 해도 여러분의 회사에서 제공해줄 수 있는 서비스는 여전히 남아 있다. 이러한 서비스에는 무엇이 있는지 나열하고, 각각에 대해 설명해보라.

6-7. 지금 여러분이 몸담고 있는 ISV 회사를 클라우드 서비스 위협에 적응해서 살아남으려고 시도하는 것 대신, 여러분과 팀원이 SaaS 및 기타 클라우드 서비스가 운용되고 있는 상태에서 성공을 거머쥘 완전히 새로운 비즈니스를 발굴하기로 결정했다고 가정하자. 대학 캠퍼스 안팎에 존재하는 기업들을 찾아서 클라우드 서비스 분야에서 해당 기업이 필요로 하는 정보시스템 영역을 도출하고 기술해보라.

6-8. 문제 6-7의 답변에서 도출된 비즈니스 요구를 맞추기 위해 새 비즈니스가 제공할 수 있는 정보시스템 서비스를 기술하라.

6-9. 기존 ISV 업체의 경우 이렇게 새롭게 바뀐 세상에 적응하는 것이 더 나을지, 아니면 완전히 새로운 회사로 탈바꿈하는 것이 나을 것인지 문제 6-4에서 6-8에 대한 답을 토대로 생각해보라. 각 대안에 대해 장점과 단점을 비교해서 설명하라.

6-10. 기술의 변화는 수 세기 동안 특정 제품이나 서비스에 대한 필요성을 없애기도 하고, 새로운 제품이나 서비스의 필요성을 만들어내기도 했다. 하지만 오늘날 새롭다는 것은 그만큼의 새로운 기술이 급속도로 만들어지고 맞추어졌음을 의미한다. 클라우드 서비스를 예로 들어 급변하는 환경에서 '번창'하기 위해 비즈니스 전문가가 가져야 될 기술 영역들을 나열해보라. 이 질문에서 사용된 동사가 '생존'이 아닌 '번창'이라는 것에 주목하라.

사례연구 6

세일즈포스닷컴

1999년, 마크 베니오프는 샌프란시스코의 작은 아파트에서 다른 2명의 공동 창업자와 함께 소프트웨어를 개발하고 있었다. 오늘날 수백만 명이 사용하는 클라우드 엔터프라이즈 소프트웨어를 만들고 있는 중이었다. 새로운 기업을 창업하기 전 베니오프는 오라클에서 인정받는 임원으로 근무하고 있었다. 하지만 그는 대기업의 문화에 지쳐 있었고, 오라클을 떠나고 싶었지만, 이렇게 좋은 직장을 떠날지 말지는 매우 힘든 의사결정이었다. 베니오프는 깊은 고민 끝에 자신을 믿고 세일즈포스닷컴이라는 새로운 회사를 창업하기로 결심했다.

성장하는 세일즈포스닷컴

베니오프는 혼자서는 할 수 없다는 것을 잘 알고 있었다. 본

출처 : NYCStock/Shutterstock

인이 구상한 것을 구현해내는 데 필요한 경험이나 기술이 없었다. 그에 적합한 인재를 찾는 것도 어려운 일이었다. 아울러 적합한 인재를 찾은 후에도 사람 중심의 소프트웨어 회사라는 비전이 실제로 실현될 수 있다는 확신을 심어주어야만 했는데, 그 또한 쉬운 일은 아니었다. 마침내 어렵사리 팀을 꾸린 후, 기업에서 필요로 하는 대규모 시스템을 개발하기 위해서는 대규모 자금을 모아야 된다는 세 번째 도전에 직면했다.

투자자와 벤처 캐피털리스트는 베니오프의 아이디어에 그다지 관심을 보이지 않았기에 결국 친구들에게 도움을 청했다. 다행히 오라클, 드롭박스, CNET과 같은 기업의 창업자와 투자자를 포함해서 주위에 성공한 친구들을 사귈 수 있게 되었다. 이후 베니오프와 공동 창업자들은 이렇게 모은 자금을 바탕으로 세계에서 가장 초기 버전의 엔터프라이즈 SaaS(서비스형 소프트웨어) 기업 중 하나를 설립할 수 있게 되었다.

함께해야 할 힘

오늘날 세일즈포스닷컴은 고객관계관리(CRM) 소프트웨어 시장을 지배한다. 꾸준하게 SAP, 오라클, 마이크로소프트, IBM과 같은 거대 기업을 앞지르고 있다. 세일즈포스닷컴 고객의 약 3분의 1 정도만 중소기업이며, 나머지는 대기업이다. 세일즈포스닷컴은 400억 달러 규모의 CRM 소프트웨어 시장에서 20%의 점유율을 차지하고 있는 것으로 추정된다.[25]

2021년 현재 세일즈포스닷컴의 시가총액은 2,000억 달러가 넘으며, 미국에서 가장 잘나가는 클라우드 컴퓨팅 기업 중 하나이다. 세일즈포스닷컴이 얼마나 빠르게 성장해왔는가를 살펴보면 놀라울 따름이다. 2004년 기업 공개(IPO) 이후 세일즈포스닷컴의 주가는 주당 4달러(주식 분할에 따른 조정)에서 주당 217달러(주가수익률 49)까지 상승했다.[26] 주가가 17년 만에 5,425% 상승한 것이다. 어떤 기업이든 이 정도 수치는 엄청난 성장을 뜻한다. 또한 세일즈포스닷컴은 전 세계로 진출해서 15개 이상의 언어로 번역되어 공급되고 있다.

세일즈포스닷컴은 단순한 금전적 성공 그 이상의 성과를 거두었다. '일하기 좋은 100대 기업', '세계에서 가장 존경받는 기업', '세계에서 가장 혁신적인 기업' 등 수많은 수상 실적도 달성했다.[27]

기업으로서 세일즈포스닷컴은 성공을 위한 네 가지 포인트, 즉 신뢰, 성장, 혁신, 평등에 집중해왔다. 신뢰를 구축하기 위해 세일즈포스닷컴은 고객과 열린 마음으로 소통한다. 고객 데이터를 안전하게 보호하기 위해 어떤 필요한 조치도 취할 것을 약속한다. 성장을 촉진하기 위해 세일즈포스닷컴은 고객의 성공에 집중한다. 기존 고객과 긍정적인 관계를 유지함으로써 더욱 지속적으로 성장할 수 있게 되었다. 세일즈포스닷컴은 직원들의 아이디어가 기업, 산업, 나아가 전 세계에 긍정적인 변화를 가져올 수 있기를 바라며 업무 혁신을 위해 노력한다. 끝으로 세일즈포스닷컴은 평등을 추구하며 모든 배경을 가진 직원을 채용하기 위해 최선을 다한다. 이러한 부분이 성공의 열쇠가 되고 있다.

토의문제

6-11. *www.salesforce.com*에 접속해서 '무료 체험판' 버튼을 클릭하라. 필수 입력란을 채우고 무료 평가판을 설치하라. 그러면 테스트 사이트로 이동하게 된다. 화면 왼쪽 상단의 '세일즈포스닷컴 둘러보기' 링크를 클릭하고, '파이프 라인 관리(13단계)'라고 표시된 자동화된 둘러보기를 따라해보라.

　　a. 이러한 대시보드가 마케팅 또는 영업 관리자에게 유용한 이유는 무엇인가?

　　b. 세일즈포스닷컴이 영업 관리자의 매출 증대에 어떻게 도움이 될 수 있는가?

　　c. 세일즈포스닷컴의 기본사항을 익히는 데 시간이

얼마나 걸릴 것이라고 생각하는가?

6-12. 세일즈포스닷컴과 같은 기업이 성공하기 위해 대규모 투자가 필요한 이유를 설명해보라. 소프트웨어가 구축된 이후 고객을 추가할 때 증가되는 비용은 어느 정도가 되는가? 이것이 수익성에 어떠한 영향을 미치는가?

6-13. 세일즈포스닷컴을 시작하기 위해 적절한 팀을 선택하는 것이 중요한 이유는 무엇이었을까? 세일즈포스닷컴과 같은 CRM을 만들려면 어떤 유형의 기술이 필요한가?

6-14. SAP, 오라클, 마이크로소프트, IBM과 같은 거대 ICT 기업이 세일즈포스닷컴과 같은 SaaS CRM을 만들 기회를 놓친 이유는 무엇인가? 거대 ICT 기업들이 세일즈포스닷컴과 같은 잠재적 기회를 포착하지 못했던 이유는 무엇이었을까?

6-15. 세일즈포스닷컴의 주가와 매출 성장의 엄청난 성장의 원동력은 무엇인가? 투자자들이 세일즈포스닷컴의 주식에 높은 가치(프리미엄)를 부여하는 이유는 무엇이라고 생각하는가?

6-16. 세일즈포스닷컴이 성공을 위한 네 가지 포인트(기둥)로서 신뢰, 성장, 혁신, 평등을 선택한 이유는 무엇이라고 생각하는가? CRM 소프트웨어를 제공하는 기업에서 이러한 요소가 중요한 이유는 무엇인가?

6-17. CRM 소프트웨어는 소프트웨어 서비스의 한 유형일 뿐이다. 세일즈포스닷컴을 통해 좋은 경험을 한 후에는 다른 유형의 SaaS를 시도해볼 수도 있을 것이다. 향후 세일즈포스닷컴의 확장에 적합한 다른 유형의 소프트웨어에는 어떤 것이 예상되는가? 그 이유는 무엇인가?

주

1. Nick Galov, "Cloud Adoption Statistics for 2021," *HostingTribunal.com*, January 19, 2021, accessed May 16, 2021, *https://hostingtribunal.com/blog/cloud-adoption-statistics*.

2. Flexera, "Flexera 2021 State of the Cloud Report," *Flexera.com*, February 27, 2021, accessed May 16, 2021, *https://info.flexera.com/CM-REPORT-State-of-the-Cloud*.

3. Felix Richter, "Amazon Leads $130-Billion Cloud Market," *Statista.com*, February 4, 2021, accessed May 16, 2021, *www.statista.com/chart/18819/worldwide-market-share-of-leading-cloud-infrastructure-ervice-providers*.

4. Eric Jhonsa, "Amazon's New Cloud Deal with Verizon Signals a Bigger Trend," *The Street*, May 15, 2018, accessed May 16, 2021, *http://realmoney.thestreet.com/articles/05/15/2018/amazons-new-cloud-deal-verizon-signals-bigger-trend*.

5. Mark Kolakowski, "Amazon Q1 2021 Earnings Report Recap," *Investopedia.com*, April 30, 2021, accessed May 16, 2021, *www.investopedia.com/amazon-q1-2021-earnings-report-recap-5181230*.

6. Kinsta, "AWS Market Share: Revenue, Growth & Competition (2021)," *Kinsta.com*, accessed May 16, 2021, *https://kinsta.com/aws-market-share*.

7. Baxtel, "Apple Maiden North Carolina," *Baxtel.com*, accessed May 16, 2021, *https://baxtel.com/data-center/apple-maiden-north-carolina*.

8. Sandvine, "The Global Internet Phenomena Report," *Sandvine.com*, September 2019, accessed May 16, 2021, *www.sandvine.com/hubfs/Sandvine_Redesign_2019/Downloads/Internet%20Phenomena/Internet%20Phenomena%20Report%20Q32019%2020190910.pdf*.

9. Flexera, "Flexera 2021 State of the Cloud Report," *Flexera.com*, February 27, 2021, accessed May 16, 2021, *https://info.flexera.com/CM-REPORT-State-of-the-Cloud*.

10. Grand View Research, "Telemedicine Market Worth $155.1 Billion by 2027," *GrandViewResearch.com*, April 2020, accessed May 16, 2021, *www.grandviewresearch.com/press-release/global-telemedicine-industry*.

11. Rose Eveleth, "The Surgeon Who Operates from 400km Away," *BBC.com*, May 16, 2014, accessed May 16, 2021, *www.bbc.com/future/story/20140516-i-operate-on-people-400km-away*.

12. Issie Lapowsky, "Video Is About to Become the Way We All Visit the Doctor," *Wired*, April 30, 2015, accessed May 16, 2021, *www.wired.com/2015/04/united-healthcare-telemedicine*.

13. Robert Reich, *Work of Nations: Preparing Ourselves for Twenty-First Century Capitalism* (New York: Vintage Books, 1992), p. 176.

14. Agam Shah, "The Office of the Future Is No Office at All, Says Startup," *The Wall Street Journal*, March 15, 2019, accessed May 16, 2021, *www.wsj.com/articles/the-office-of-the-future-is-no-office-at-all-says-startup-11557912601?mod=searchresults&page=6&pos=12*.

15. Alexandra Samuel, "I've Worked From Home for 22 Years. Here's What I've Learned," *The Wall Street Journal*, March 29, 2020, accessed May 16, 2021, *www.wsj.com/articles/ive-worked-from-home-for-22-years-heres-what-ive-learned-11585354640*.

16. Barbara Haislip, "Ways to Make Remote Workers Feel Like Part of a Team," *The Wall Street Journal*, December 1, 2019, accessed May 16, 2021, *www.wsj.com/articles/ways-to-make-remote-workers-feel-like-part-of-the-team-11575255602?mod=searchresults&page=6&pos=4*.

17. Frances Yoon, "Coronavirus Cabin Fever: Working from Home Tests Employees' Endurance," *The Wall Street Journal*, February 17, 2020, accessed May 16, 2021, *www.wsj.com/articles/coronavirus-cabin-fever-working-from-home-tests-employees-endurance-11581965410*.

18. Alexandra Samuel, "I've Worked From Home for 22 Years. Here's What I've Learned," *The Wall Street Journal*, March 29, 2020, accessed May 16, 2021, *www.wsj.com/articles/ive-worked-from-home-for-22-years-heres-what-ive-learned-11585354640*.

19. Frances Yoon, "Coronavirus Cabin Fever: Working from Home Tests Employees' Endurance," *The Wall Street Journal*, February 17, 2020, accessed May 16, 2021, *www.wsj.com/articles/coronavirus-cabin-fever-working-from-home-tests-employees-endurance-11581965410*.

20. Alexandra Samuel, "I've Worked From Home for 22 Years. Here's What I've Learned," *The Wall Street Journal*, March 29, 2020, accessed May 16, 2021, *www.wsj.com/articles/ive-worked-from-home-for-22-years-heres-what-ive-learned-11585354640*.

21. IBM, "Benefits of Cloud Computing," *IBM*, n.d., accessed May 16, 2021, *www.ibm.com/cloud/learn/benefits-of-cloud-computing*.

22. IBM, "Insider Threat Detection," *IBM*, n.d., accessed May 16, 2021, *www.ibm.com/security/security-intelligence/qradar/insider-threat*.

23. David E. Sanger and Eric Schmitt, "Russian Ships Near Data Cables Are Too Close for U.S. Comfort," *The New York Times*, October 25, 2015, accessed May 16, 2021, *www.nytimes.com/2015/10/26/world/europe/russian-presence-near-undersea-cables-concerns-us.html*.

24. Chester Avey, "7 Key Cybersecurity Threats to Cloud Computing," *Cloud Academy*, September 10, 2019, accessed May 16, 2021, *https://cloudacademy.com/blog/key-cybersecurity-threats-to-cloud-computing*.

25. PYMNTS, "Salesforce's Revenues Grow to $3B," June 4, 2018, accessed May 16, 2021, *www.pymnts.com/news/b2b-payments/2018/salesforce-revenue-growth*.

26. Yahoo! Finance, "Salesforce.com, Inc. (CRM)," accessed May 16, 2021, *https://finance.yahoo.com/quote/CRM/https://finance.yahoo.com/quote/CRM*.

27. Salesforce.com, "Recognition," accessed May 16, 2021, *www.salesforce.com/company/recognition*.

경쟁우위를 위한 정보시스템의 활용

6장까지는 정보시스템의 기초를 다졌다. 이제 7~12장에서는 앞서 살펴본 토대를 적용해서 IS를 활용해서 기업에서 전략을 달성하는 방법을 살펴볼 것이다. 세부적으로 3부, 7~9장에서는 IS의 적용에 초점을 맞출 것이며, 4부, 10~12장은 IS의 관리에 중점을 두고 살펴볼 것이다.

남은 각 장에서는 환자의 치료 상태를 개선하기 위해 AI와 머신러닝을 활용해서 의료 데이터를 분석하는 의료 정보(healthcare informatics) 기업인 '아이메드 애널리틱스'를 소개할 것이다. 물론, 현재로서는 아이메드와 같은 애플리케이션은 아직 개발되지 않았지만, 의료 정보 시장은 매우 급속도로 성장고 있다. 맥케슨, 서너, 필립스 헬스케어, 코그니전트 같은 기업들은 모두 의료 정보 관리에 초점을 맞춘 혁신적인 애플리케이션을 개발하고 있다.

환자는 스마트워치, 스마트 체중계, 산소포화도 측정기, 혈압계, 혈당계, 심전도 모니터, 스마트 흡입기, 공기질 측정기 등 다양한 IoT 의료기기로부터 발생되고 승인된 의료 데이터를 아이메드를 통해 업로드할 수 있다. 이후 해당 데이터는 환자 데이터를 위해 특별히 설계된 아이메드의 맞춤형 AI 및 머신러닝 알고리즘을 사용하여 분석된다. 환자는 본인 맞춤형 의료 대시보드를 확인하고 해당 데이터를 의사와 공유할 수 있다. 그러면 의사는 환자가 새로운 약물에 어떻게 반응하는지, 문제가 발생하거나 생명을 위협하는 일이 발생하는지 등을 지속적으로 모니터링할 수 있다.

아이메드는 예측 분석을 통해 환자에게 잠재적인 의료적 문제를 경고할 수도 있다. 예를 들어 환자가 차고 있는 스마트워치, 산소포화도 측정기, 혈압계, 공기질 측정 데이터를 사용해서 스모그가 심한 날에는 해당 환자가 심장마비 발병 확률을 계산해낼 수 있다. 또는 최근에 발병했던 감기와 관련해서 심각한 호흡 문제가 야기될 수 있음을 의사에게 알릴 수도 있다. 이는 환자가 병원에 가지 않고도 이 모든 것을 미리 예측하여 수행하는 것이다.

다음 페이지의 그림은 아이메드와 상호작용하는 다양한 이해관계자를 그림으로 나타낸 것이다. 아이메드는 IoT 스마트 기기, 의사, 환자, 병원에서 보유하고 있는 이전 의료 기록, 의료 실험실 등으로부터 환자 데이터를 수집하고 통합한다. 이때 모든 환자 데이터를 호스팅하고 처리하는 데 바로 클라우드 기반 서비스가 동작한다. 아이메드 애플리케이션 역시 클라우드에서 호스팅되고 있다.

탬파종합병원(TGH)에서 근무하는 저명한 종양학자인 그렉 솔로몬은 코로나19

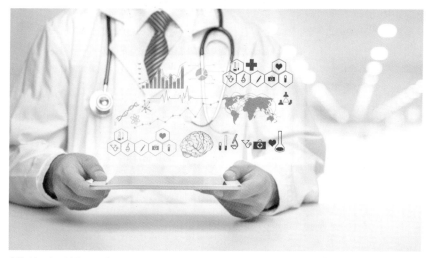

출처 : Thanakorn,P\Shutterstock

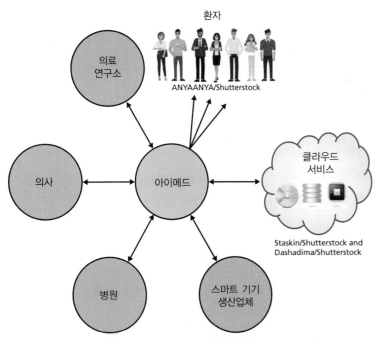

아이메드(iMed) : AI와 머신러닝을 사용하여 스마트 기기의 의료 데이터 분석

팬데믹 동안 아이메드와 같은 시스템의 필요성을 절감했다. 격리 조치로 인해 많은 암 환자를 정기적으로 볼 수 없었다. 일부 환자들의 경우는 진료를 받으러 오는 것 자체를 진심으로 두려워했다. 그렇기에 환자들을 직접 볼 수 없더라도 의료 서비스를 제공할 수 있는 방법을 찾고 싶었다. 이때 아이메드는 이를 어느 정도는 가능하도록 만들어주었으며, 어떤 면에서는 더 나은 수단이 되었다.

요트 클럽에서 만난 그렉의 친구가 에밀리 루이스를 소개해주었다. 에밀리는 캘리포니아공과대학교에서 경영정보시스템(MIS) 석사 학위를 취득했다. 탬파에 있는 유명한 인터넷 스타트업 기업에서 CTO로 근무하고 있으면서, 갓 창업한 IT 기업이 숙박업계에서 사용될 SaaS 애플리케이션 개발을 도와주고 있었다.

그렉과의 점심식사에서 에밀리는 현재 대부분의 의료 기기 제조업체가 인터넷에 연결할 수 있는 스마트 기기를 만들고 있음을 알려주었다. 기기에서 데이터를 가져오는 방법만 알아낼 수 있다면 환자 모니터링은 매우 간단하다는 것을 설명했다. 이어서 그렉에게 환자, 병원(전자의무기록), 의료 실험실에서 추가 데이터를 수집한 다음 클라우드에 저장하는 것을 고려해볼 것을 추천했다. 그러면 해당 데이터를 토대로 환자를 위해서는 단순한 형태의 대시보드를, 의사를 위해서는 보다 자세한 대시보드를 만들 수 있다. 그런 다음 머신러닝이나 인공지능을 사용하여 데이터를 자동으로 분석할 수도 있다.

그러면 그렉이 보는 모든 환자를 동시에 원격으로 모니터링할 수 있게 되며, 나아가 보다 심각한 문제가 발생하기 전에 해당 시스템을 사용해서 문제를 미리 예측할 수도 있다.

그렉은 이 시스템이 본인이 하고 있는 업무 이상의 의료 서비스를 개선할 수 있는 잠재성을 확인했다. 또한 다른 병원과 의료 서비스 제공자에게 판매할 수 있다면 수익성 있는 사업이 될 수도 있음을 직감했다. 이것이 바로 환자 치료의 미래가 될 수도 있다.

따라서 그는 아이메드 애널리틱스를 설립하고, 에밀리를 정보시스템 관리자로 고용했다. 에밀리를 통해 신규 총괄 관리자인 재스민 무어와 고객 서비스 관리자인 펠릭스 라모스를 데려올 수 있었다. 또한 MIT의 컴퓨터 과학 및 인공지능 연구소(CSAIL)에서 머신러닝 전문가인 호세 나바로를 초빙했다.

출처 : OlgaChernyak/Shutterstock

Chapter 7

의사결정, 문제해결, 프로젝트 관리를 위한 협업 정보시스템

아이메드 애널리틱스의 소유주인 그렉 솔로몬 박사, 총괄 관리자 재스민 무어, 정보시스템 관리자 에밀리 루이스, 머신러닝 전문가 호세 나바로가 토요일 아침 탬파의 한 해변 레스토랑에서 첫 미팅을 한다. 서로 공식적인 인사를 나눈 후, 곧장 그렉 박사는 본론으로 들어간다.

"자, 그렇다면 이 일을 진행하기 위해 필요한 것이 무엇인가요?" 그렉이 물었다. 그의 눈은 빠르게 일행들을 훑어보며 답을 구한다. 그렉은 성격상 이미 답을 알고 있는 질문은 거의 하지 않는 편이다. 그럼에도 불구하고 이러한 질문을 던지는 데는 그만한 이유가 있다. 그는 당장 헌신적으로 기여하는 강력한 리더가 필요하기 때문이다.

에밀리가 부끄럼 없이 뛰어들었다. "이미 모든 조각은 다 있다고 생각합니다. 모니터링하고자 하는 의료 기기에서 데이터를 어떻게 가져올지만 고심하면 됩니다. 데이터를 클라우드에 저장하는 것은 쉬운 일이며, 웹 애플리케이션을 만들 개발자를 고용하는 것도 어려운 일은 아닙니다. 전반적으로 좋은 아이디어라고 생각합니다. 사람들의 삶에 큰 변화를 가져올 수 있죠."

재스민은 그렉을 바라보며 그가 좀 더 구체적이고 현실적인 답을 찾고 있음을 짐작했다. 그렉은 새로 고용한 총괄 관리자인 재스민을 보면서 대답했다. "네, 잠재력이 크다는 데 동의합니다. 헬스케어의 미래가 될 수도 있죠. 하지만 수익도 창출해야 해요. 우리에게 무한한 자원이 있는 것도 아니고 인도주의적 차원의 구호임무도 아닙니다. 우리는 수익을 어떻게 창출해야 할지 알아야 합니다. '매출은 수많은 죄를 덮을 수 있다'는 말이 있듯이…."

"좋습니다, 그럼 이걸 누구에게 팔까요?"그렉이 다시금 질문했다.

"글쎄요, 지금은 아무도 없을 겁니다." 재스민이 무미건조하게 대답한다. "구매 의사를 타진하기 전에 작동하는 것을 보여줄 수 있는 프로토타입이 있어야 해요. 사람들에게 비용을 지불하라고 요청하기 전에 아이메드가 어떤 가치를 줄 것인지를 눈으로 보여줘야 합니다. 단순하게 보기 좋은 대시보드(인터페이스)만으로는 충분하지 않을 수 있어요. 의사들은 이미 의료 기록에서 이러한 데이터의 일부를 읽어낼 수 있습니다."

에밀리가 긴장한 표정으로 재스민을 바라보자 그렉은 살짝 미소를 지으며 고개를 뒤로 넘겼다.

"하지만 당신이 고용한 우리들 면면을 보면, 그건 어차피 당신이 원하는 바가 아니잖아요." 재스민이 이어서 말한다.

"무슨 뜻이죠?" 그렉이 대답한다.

"글쎄요…. 호세는 MIT 출신의 머신러닝 전문가이고, 에밀리는 성공적인 웹 애플리케이션을 구축하는 방법을 알고 있으며, 저는 하드웨어 기업을 운영해본 경력이 있습니다. IoT 하드웨어로부터 방대한 양의 데이터를 공급받아 분석하고 처리하는 AI 기반의 의료 정보 기업처럼 들리네요."

그렉은 살짝 고개를 끄덕이며 말한다. "좋아요. 그럼 어떻게 돈을 벌 수 있을까요?"

에밀리는 "그렉 박사님과 같은 의사들이 의료 서비스를 위해 아이메드를 구입하는 데 관심이 있을 것 같아요. 병원에서도 관심이 있을 것 같습니다. 환자 치료 계획의 혁신적인 부분으로 홍보할 수도 있고요. 환자들이 클라이언트 버전에 대한 비용을 지불할 수도 있겠지만 현실적으로는 그럴 것 같지 않습니다. 사람들은 무료 앱에 익숙하거든요. IoT 의료 기기 제조업체는 더 많은 하드웨어 장치를 판매할 수 있기 때문에 우리와 파트너 관계를 맺고 싶어 할 거예요. 하지만 우리의 최고의 수익원은 의료 기관과 병원이 되어야 할 것입니다."

"기업들이 수익성을 높이고 비용을 절감하기 위해 '스마트 웰니스 프로그램'을 도입하는 데 관심을 갖게 될 것입니다."

출처 : Panchenko Vladimir/Shutterstock

호세가 말을 이어간다. "기업에도 판매할 수 있을 것 같습니다. 지금 많은 대기업들이 건강 증진을 위한 행동에 보상을 제공하는 '웰니스 프로그램'을 운영합니다. 건강한 직원은 결국 더 높은 생산성을 가져오고 의료비 청구 또한 적습니다. 데이터 수집을 피트니스 밴드 데이터와 연례 기업 건강검진으로 제한한다면 기업들이 수익성을 높이고 비용을 절감하기 위해 '스마트 웰니스 프로그램'을 도입하는 데 관심을 갖게 될 것입니다." 그리고 잠시 깊은 생각에 잠긴 듯 멈추고는 다음과 같이 말했다. "기업 내 추가 데이터와 결합하여 직원 생산성에 대한 인사이트를 제공할 수 있을 것 같습니다. 하지만 개인정보 보호에 대한 우려가 있을 수 있습니다. 잘 모르겠습니다만, 생각해볼 만한 아이디어라 여겨집니다."

"재스민, 어떻게 생각하세요?" 그렉이 묻는다.

"흠, 글쎄요." 재스민은 "보험 회사에 접근하는 것도 고려해봐야 할 것 같아요. 건강한 사람들에게 저렴한 보험을 제공하는 데 관심이 있을 겁니다. 이미 자동차 보험을 통해 그렇게 하고 있거든요. 운전자는 보험사가 자신의 운전 행동에 대한 데이터를 수집하도록 허용하고, 그 대가로 안전 운전자는 상당한 할인 혜택을 받고 있습니다. 그렇기에 보험사들은 규칙적으로 운동하는 건강한 사람들에게도 같은 서비스를 제공할 수 있을 것입니다. 거기에서도 기회를 찾을 수 있다고 생각해요."

에밀리는 열심히 경청한 후 말한다. "우리 아이메드 앱에서 광고 수익을 올릴 수도 있을 것 같아요. 스마트 의료 기기 제조업체들이 모두 관심을 가질 것 같아요. 헬스장, 개인 트레이너, 물리 치료사, 보충제 제조업체 등에서도 관심을 가질 수 있을 겁니다."

"좋은 생각이네요." 그렉이 맞장구를 치면서 말한다. "에밀리, 아이메드의 광고 수익에 대한 잠재력을 확인해보길 바랍니다. 호세, 탬파 지역에서 웰니스 프로그램을 제공하는 기업들 중 아이메드와 같은 앱에 관심을 가질 만한 기업이 있는지 알아봐주세요. 재스민, 의사, 의료 시설, 병원을 조사하길 바랍니다. 저는 요트 클럽의 보험 담당 임원을 알고 있어요. 그에게 '건강인 할인' 아이디어에 대해 물어볼게요. 다른 질문 있으신가요?"

모두들 테이블을 둘러보았지만 아무 말도 나오지 않았다.

"좋아요, 다음 주에 뵙겠습니다."

학습목표

학습성과 : 협력과 협업의 차이점에 대해 토론하고, 효과적으로 협업하기 위해 무엇이 필요한지 설명할 수 있다.

7-1 협업의 두 가지 주요 특성은 무엇인가?

7-2 성공적인 협업을 위한 세 가지 기준은 무엇인가?

7-3 협업의 네 가지 주요 목적은 무엇인가?

7-4 협업 정보시스템의 구성 요소와 기능은 무엇인가?

이 장의 **지식**이 **여러분**에게 어떻게 도움이 되는가?

7-1 협업의 두 가지 주요 특성은 무엇인가?

이 질문에 대답하기 위해서는 먼저 협력과 협업이라는 용어를 구분해야 한다. 본질적으로 **협력**(cooperation)은 같은 유형의 작업을 여러 사람이 함께 협력하여 수행하는 것을 의미한다. 같은 방에서 각각 다른 벽에 그림을 그리는 네 명의 화가는 서로 협력하여 작업하고 있는 것이다. 마찬가지로 식료품점에서 조직을 이루고 있는 계산원들이나, 우체국의 직원 조직은 모두 고객 서비스를 위해 협력하여 일한다. 협력은 혼자 일하는 개인보다 주어진 작업을 더 빨리 완료할 수 있지만, 협력에 대한 결과는 혼자 일하는 사람의 결과보다 품질이 더 좋지 않은 것이 일반적이다.

이 책에서는 **협업**(collaboration)에 대한 정의를 사람들이 모여 피드백과 반복 과정을 통해 공동의 목표를 달성하기 위해 함께 일하는 것으로 정하고자 한다. 피드백과 반복을 통해 한 사람이 문서 초안을 작성하면 다른 사람이 그 초안을 검토하고 건설적인 비평을 제공한다. 피드백을 받은 원저자나 다른 사람은 초안을 수정하여 두 번째 초안을 작성한다. 이러한 작업은 일련의 단계, 즉 반복을 통해 진행되며, 무언가가 만들어지고 구성원들의 비판을 통해 다음의 또 다른 버전이 생성된다. 반복과 피드백을 통한 조직의 결과물은 한 개인이 혼자서 만들었을 때보다 더 나은 결과를 얻을 수 있다. 그것은 조직 내 구성원들마다 서로 다른 관점을 가지고 있기 때문에 가능하다. "오, 나는 그런 식으로 생각해 본 적이 없었는데…"라는 반응이 바로 협업의 대표적인 성공 신호가 된다.

아마도 대다수의 학생들은 협업보다는 잘못된 협력을 하는 경우가 많다. 어떤 과제가 주어지면 5명의 학생으로 구성된 조직은 해당 과제를 5개의 조각으로 나누고 각자의 과제를 각자 수행한 다음 교수님이 평가할 수 있도록 독립적인 작업을 합쳐서 제출한다. 이러한 프로세스는 개별적인 한 사람의 작업량을 줄이면서 해당 과제를 더 빨리 완료할 수는 있지만, 학생이 혼자서 작업했을 때 얻은 결과물보다 더 나은 결과를 기대할 수 없다.

반면 협업적으로 작업을 수행하는 학생이라면, 최초 아이디어나 작업 결과물을 먼저 제시하고, 그 아이디어나 결과물에 대해 서로 피드백을 제공한 다음, 이를 토대로 수정하게 된다. 이러한 과정은 학생 혼자서 작업하는 것보다는 훨씬 우수한 결과를 얻을 수 있다.

건설적인 비평의 중요성

협업의 정의에 따라 성공적으로 협업을 수행하기 위해서는 구성원들 간의 건설적인 비판은 반드시 필요하다. **건설적인 비판**(constructive criticism)은 보다 나은 결과물을 만들기 위해 제공되는 긍정적인 조언과 부정적인 조언 모두 포함된다. 대부분의 조직 구성원은 호의적인 피드백을 제공하는 데는 아무런 문제가 없다. 호의적인 피드백은 쉽고 사회적으로 허용되기 때문이다. 하지만 구성원들 간에 비판적인 피드백은 훨씬 주고받기가 어렵다. 모두가 너무 예의 발라서 비판적인 말을 하지 않는 조직은 협업이 불가능하다. 실제로 긍정적인 피드백만 제공하는 **조직**은 **조직 응집력**(groupthink)에 대한 욕구가 비판적인 생각을 막음으로써 잘못된 의사결정으로 이어지는 현상인 집단사고에 빠지게 된다.

반면에 구성원들 간에 너무 비판적이고 부정적이어서 서로를 불신하거나 심지어 증오하게 되는 조직도 효과적으로 협업할 수 없다. 비판적인 피드백은 친절하고 합리적인 방식으로 제공되어야 한다. 비판적인 피드백을 효과적으로 제공하는 방법을 배우려면 연습이 필요하다.

그림 7-1 협업자의 주요 특성

효과적인 협업자가 되기 위한 가장 중요한 특성

1. 협업 주제에 대한 높은 열정
2. 개방적이고 높은 호기심
3. 비록 반대되는 관점이더라도 자신의 의견을 피력
4. 시기적절하게 물러날 때를 앎
5. 어려운 대화에 기꺼이 참여
6. 통찰력을 가지고 경청
7. 부정적인 피드백을 주고받는 것에 능숙
8. 반대되는 아이디어라도 기꺼이 제시
9. 스스로 관리하며 '손이 가지 않는' 사람
10. 충실한 약속 준수
11. 열정을 가지고 주제에 파고듦
12. 다양한 사고와 색다른 관점
...
31. 잘 정리되어 있음
32. 내가 즉시 좋아할 수 있는 사람. 좋은 케미
33. 이미 내 신뢰를 얻고 있음
34. 협업자로서의 경험
35. 숙련되고 설득력 있는 발표
36. 사교적이고 역동적
37. 내가 기존에 알고 있는 사람
38. 협업 분야에서 평판이 좋은 사람
39. 비즈니스 경험이 풍부한 사람

따라서 조직 구성원이 호의적인 피드백과 비판적인 피드백을 모두 나눌 수 있을 때 협업은 성공할 수 있다.

보다 이해를 높이기 위해 디트코프, 앨런, 무어, 폴라드의 연구를 참조하기 바란다. 이들은 108명의 비즈니스 전문가를 대상으로 좋은 협업자가 되기 위한 자질, 태도, 기술을 파악하기 위해 설문조사를 실시했다.[1] 그림 7-1에는 설문응답 결과 가장 중요하다고 응답한 특성과 가장 중요하지 않다고 응답한 특성이 나열되어 있다. 대부분의 학생들은 상위 12개 특성 중 5개가 의견 불일치와 관련이 있다는 사실에 놀랐다(그림 7-1에서 빨간색으로 표시된 부분). 많은 학생들은 "우리는 모두 사이좋게 지내야 한다"고 생각하며, 팀 문제에 대해 어느 정도 같은 생각과 의견을 가지고 있다. 이 연구는 팀이 함께 일할 수 있을 만큼 사교적인 것도 중요하지만, 팀원들이 서로 다른 생각과 의견을 갖고 이를 서로에게 표현하는 것 또한 중요하다는 것을 시사한다.

협업을 팀원들이 피드백을 주고받는 반복적인 프로세스라고 생각하면 이러한 결과는 놀라운 일이 아니다. 협업하는 동안 팀원들은 서로에게서 배우게 되며, 이때 서로 다른 의견이나 아이디어를 기꺼이 표현해야만 서로 간에 배울 수 있는 부분이 생기게 될 것이다. 즉 "부정적인 견해를 내세우는 것은 우리가 하고 있는 일에 관심을 가지고 있다"는 것을 의미한다. 이러한 협업 기술은 "다른 사람들과 잘 어울려 놀아야 한다"라고 배운 사람들에게는 부자연스럽지만, 그렇기 때문에 설문 응답에서 높은 순위를 차지했을 수도 있다.

딱히 관련성이 없다고 평가된 특징도 눈에 띈다. 공동 작업자나 비즈니스에서의 경험은 중요하지 않은 것으로 나타났으며, 인기도 낮은 순위를 가지고 있다. 하지만 39개 특성 중 '잘 정리되어 있음'이 31위로 평가되었다는 점은 의외이다. 아마도 협업 자체가 '잘 정리된' 프로세스라서 그런 것은 아닐까?

건설적인 비평을 주고받기 위한 가이드라인

건설적인 비판을 주고받는 것은 가장 중요한 협업 기술이다. 긍정적인 방식으로 비판적인 피드백을 주는 방법을 알아야 한다. 따라서 협업을 개선하는 데 정보시스템이 어떤 역할을 할 수 있는지 논의하기 전에 그림 7-2에 나와 있는 비판적 피드백을 주고받는 가이드라인을 살펴보자.

많은 학생이 처음 공동 작업 조직을 구성할 때, 그림 7-2와 같은 건설적인 비평 지침에 대한 토론으로 시작하는 것이 필요하다. 해당 목록으로 시작한 다음, 피드백과 반복을 통해 자신만의 목록을 개발해볼 것을 추천한다. 물론 조직 구성원이 합의된 가이드라인을 따르지 않는다면 누군가는 그에 대한 건설적인 비판도 해야 한다.

경고!

대부분의 경영학관련 학과 학생들, 특히 1학년이나 2학년 학생이라면 인생 경험 때문에 협업의 필요성을 이해하지 못할 수도 있을 것이다. 지금까지는 본인이 알고 있는 거의 모든 사람들이 본인과 비슷한 경험을 가지고 있고, 어느 정도는 본인과 같은 생각을 한다. 본인의 친구와 동료들은 동일한 교육 배경을 가지고 있고, 표준화된 시험에서 거의 동일한 점수를 받았으며, 성공을 향한 동일한 지향점을 가지고 있다. 그렇다면 왜 협업을 해야 할까? 바로 여러분 대다수가 어차피 같은 방식으로 생각하기 때문이다. "학점을 잘 받기 위해 교수님이 원하는 것이

그림 7-2 건설적인 비평을 주고받기 위한 가이드라인

가이드라인	예시
건설적인 비평을 제시하는 법	
명확할 것	비건설적 : "지금 모든 게 엉망이네요." 건설적인 : "섹션 2 부분이 특히 어려웠어요."
제안을 할 것	비건설적 : "이걸로 뭘 해야 할지 모르겠어요." 건설적인 : "섹션 2 부분을 문서 앞부분으로 옮겨보면 어떨까요?"
개인적인 코멘트는 피할 것	비건설적 : "바보나 분석 섹션을 마지막에 넣을 겁니다." 건설적인 : "분석 섹션을 앞으로 옮겨야 할 것 같습니다."
긍정적 목표를 지향할 것	비건설적 : "마감일을 놓치면 큰일 납니다." 건설적인 : "이제 마감일을 지킬 수 있도록 시간 계획을 세워봅시다."
건설적인 비평을 수용하는 법	
본인 감정을 돌아볼 것	비건설적 : "그 사람 정말 멍청해. 왜 내가 한 부분을 뜯어고치는 거야?" 건설적인 : "방금 그가 한 말에 왜 이렇게 화가 나는 걸까?"
지배하지 말 것	비건설적 : 다른 사람 위에 군림하며 절반의 시간을 소모 건설적 : 조직 구성원이 4명인 경우 4분의 1의 시간을 사용
조직에 헌신을 보여줄 것	비건설적 : "저는 제 역할을 다했습니다. 이제 더 이상 수정하지 않을 겁니다. 이 정도면 충분하니까요." 건설적인 : "아, 그 부분은 정말 다시 작성하고 싶지 않지만, 모두 중요하다고 생각한다면 다시 작성하겠습니다."

무엇이고, 그것을 가장 쉽고 빠르게 달성할 수 있는 방법은 무엇일까?"

협업의 중요성을 생각해볼 수 있는 실험이 있다. 어떤 기업에서 신규 제품 라인의 성공을 위해서도 매우 중요하고, 300개의 새로운 일자리를 창출할 수 있는 새로운 공장 시설을 만들 계획을 가지고 있다. 지자체에서는 해당 부지가 산사태에 취약하다는 이유로 건축 허가를 내주지 않고 있다. 엔지니어들은 설계를 잘하면 이러한 위험은 충분히 극복할 수 있다고 주장하지만, 최고재무책임자(CFO)는 문제가 발생할 경우 발생할 수 있는 소송에 대해 우려한다. 해당 기업의 변호사는 책임을 최소화하면서 지자체의 반대를 극복할 수 있는 방법을 모색하는 중이다. 한편 지역 환경단체에서는 해당 지역이 보호 조류 서식지와 너무 가깝다는 이유로 온라인 사이트에 항의한다. 이에 대응하기 위해 홍보 담당자는 매주 해당 지역 단체와 미팅한다.

자, 이런 경우 프로젝트를 진행할 것인가?

결정을 내리기 위해 최고 엔지니어, CFO, 법률고문, 홍보이사로 구성된 실무 팀을 구성할 것이다. 각자의 교육 수준과 전문성, 인생 경험, 가치관이 모두 다르다. 사실 이들의 유일한 공통점은 회사에서 급여를 받는다는 것뿐이다. 해당 팀은 지금까지의 경험과는 전혀 다른 방식으로 협업에 참여할 것이다. 앞으로 이 장을 계속 읽으면서 해당 사례를 염두에 두길 바란다.

결론적으로 협업의 두 가지 주요 특징은 반복과 피드백이다.

7-2 성공적인 협업을 위한 세 가지 기준은 무엇인가?

수년간 팀워크에 대해 연구한 J. 리처드 해크먼이 발행한 저서인 *Leading Teams*에는 미래 성공

적인 경영자가 되기 위한 유용한 개념과 팁이 다수 포함되어 있다.[2] 그에 따르면 팀의 성공을 판단하는 세 가지 주요 기준은 다음과 같다.

- 성공적인 결과물
- 성장된 팀 역량
- 의미 있고 만족스러운 경험

성공적인 결과물

대부분의 학생들은 주로 첫 번째 기준에 관심을 가지고 있다. 성적으로 측정되는 좋은 결과를 얻거나, 필요한 노력을 최소화하면서 만족할 만한 성적으로 프로젝트를 완료하고 싶어 한다. 하지만 비즈니스 전문가의 경우 조직의 의사결정, 문제해결, 프로젝트 관리 등과 같은 목표를 달성해야 한다. 목표가 무엇이든 첫 번째 성공 기준은 "우리가 해냈는가?"이다.

학생들로 구성된 팀에서는 잘 드러나지 않지만, 대부분의 비즈니스 조직에서는 "허용된 시간과 예산 내에서 해냈는가?"라는 질문을 던져야 한다. 늦게 끝마치거나 예산을 초과하여 결과물을 만든 팀은 목표를 달성했더라도 성공하지 못한 것이다.

성장된 팀 역량

대다수 학생들은 단기간으로 팀이 운영되기에 나머지 두 가지는 학생들에게는 의외의 기준일 수 있다. 하지만 실제 비즈니스 환경에서는 수개월 또는 수년간 지속되는 경우가 많다. 이때는 "팀이 성장을 했나요?"라고 묻는 것이 합리적이다. 축구 팬이라면 대학 코치가 "시즌이 진행되면서 정말 좋아졌다"고 말하는 것을 들어본 적이 있을 것이다(물론 2승 12패의 팀이라면 그런 말을 듣지 못하겠지만). 이때 축구 팀은 한 시즌 동안 지속된다. 고객 지원 팀과 같이 영구적인 팀이라면 팀 성장의 이점은 훨씬 더 커지게 된다. 시간이 지남에 따라 조직의 프로세스 품질이 향상된다. 주어진 비용으로 더 많은 서비스를 제공하거나 더 적은 비용으로 동일한 서비스를 제공할 수 있기 때문에 보다 효율적이게 된다.

경험이 쌓이면 팀도 더 효율적으로 운영할 수 있다. 특정 활동이 결합되거나 제거되기도 한다. '오른손이 하는 일을 왼손이 알 수 있도록' 해주는 연결 고리가 만들어지거나 필요로 해지거나 혹은 제공될 수도 있다. 또한 팀원 개개인의 업무 능력이 향상됨에 따라 팀도 개선된다. 이러한 개선의 일부는 학습 곡선이며, 누군가가 어떤 일을 반복해서 수행하면 더 잘할 수 있게 된다. 이때 팀 구성원들은 서로에게 업무 기술을 가르치고 지식을 전수하기도 한다. 또한 팀원들은 다른 팀원에게 필요한 새로운 관점을 제공하기도 한다.

의미 있고 만족스러운 경험

해크먼이 정의한 팀 성공의 세 번째 요소는 팀원들이 의미 있고 만족스러운 경험을 하는 것이다. 물론 팀이 정한 목표의 본질은 어떤 일을 의미 있게 만드는 데 중요한 요소가 된다. 그러나 생명을 살리는 암 백신을 개발하거나 전 세계 기아를 종식시킬 수 있는 새로운 밀 품종을 개발할 기회를 가진 사람은 거의 없다. 우리 대부분은 어떤 제품을 만들고, 배송을 하고, 대금을 정산하며, 잠재 고객을 찾는 등의 업무를 처리해야 한다.

그렇다면 대부분의 비즈니스 전문가들의 일상적인 세계에서 무엇이 일을 의미 있게 만드는가? 해크먼은 그의 책에서 수많은 연구를 인용했는데, 한 가지 공통점은 팀원들이 맡은 일을 의미 있는 일로 인식한다는 것이다. 인터넷 쇼핑몰에서 제품 가격을 최신 상태로 유지하는 일이 가장 흥미진진한 일은 아닐 수 있지만, 해당 팀에서 그 일이 중요하다고 인식하면 의미 있는 일이 될 수 있다.

더욱이 개인의 업무가 중요하다고 인식될 뿐만 아니라, 그 업무를 수행하는 개인에게도 그 공로가 인정된다면 그 경험은 의미 있는 것으로 인식된다. 따라서 잘한 일에 대한 인정은 의미 있는 업무 경험을 위해 매우 중요하다.

팀 만족도의 또 다른 측면은 동료애(camaraderie)이다. 비즈니스 전문가도 학생과 마찬가지로 자신이 조직의 일원이라는 느낌을 받을 때, 각자가 자신의 일을 하면서 혼자서 할 수 있는 것보다 더 나은 가치 있는 일을 달성하기 위해 힘을 합칠 때 활력을 얻게 된다.

7-3 협업의 네 가지 주요 목적은 무엇인가?

협업 팀이 달성해야 할 네 가지 주요 목표는 다음과 같다.

- 정보 공유
- 의사결정
- 문제해결
- 프로젝트 관리

상기의 네 가지 목적은 상호 의존적이다. 예를 들어, 올바른 의사결정을 내리기 위해서는 팀원들에게 적절한 정보가 제공되어야 한다. 문제를 해결하기 위해서는 팀의 의사결정이 필요하고, 정보를 획득할 수 있는 능력이 필요하다. 또한 프로젝트를 성공적으로 수행하기 위해서는 팀에서 문제를 해결하고, 의사결정을 내리며, 필요한 정보를 획득할 수 있어야 한다.

계속해서 살펴보기에 앞서 상기 네 가지 목적을 가진 계층 구조를 활용해서 전문성을 높일 수 있음을 주지해야 한다. 스스로 정보를 얻을 수 있는 기술이 없다면 올바른 의사결정을 내릴 수 없다. 올바른 의사결정을 내리지 못하면 문제를 해결할 수 없다. 그리고 문제를 해결하는 방법을 모르면 프로젝트를 관리할 수 없다!

이러한 명제 아래 네 가지 목적의 협업적 특성을 고려하고 가장 기본적인 정보 습득부터 시작하여 이를 지원하는 정보시스템에 대한 요구사항을 설명하고자 한다.

정보 공유

정보 제공은 가장 협업의 기본적인 첫 번째 목적이다. 1장에서 보았듯이 두 사람이 같은 데이터를 받더라도 서로 다른 정보를 떠올릴 수 있다는 점을 떠올리면 된다. 정보 제공의 목표는 가능한 한 팀원들이 동일한 방식으로 정보를 파악하도록 유도하는 것이다.

예를 들어, 이 장 처음에 나왔던 시나리오에서 읽은 것처럼 그렉 솔로몬 박사는 매출 증대라는 궁극적인 목표를 가지고 아이메드 분석 팀에 몇 가지 과업을 부여했다. 팀의 첫 번째 임무 중 하나는 모든 사람이 목표를 이해하고, 더 나아가 그 목표를 달성할 수 있는 다양한 방법을 이해하도록 하는 것이다.

협업이 가지고 있는 전반적인 목적을 지원하는 정보 제공은 협업 정보시스템에 대한 몇 가지 요구사항을 필요로 한다. 예상할 수 있듯 팀원들은 데이터를 공유하고 해석을 공유하기 위해 서로 소통할 수 있어야 한다. 또한 기억에 오류가 있고 팀 구성원이 바뀔 수 있기 때문에 팀이 파악한 정보에 대해 팀의 이해를 담은 문서화 작업이 필요하다. 한 가지 주제를 '반복'해서 다루지 않으려면 위키와 같은 정보 저장소가 필요하다.

의사결정

협업은 특정 유형의 의사결정에 사용될 뿐이지 모든 의사결정에 사용되는 것은 아니다. 따라서 협업의 역할을 이해하려면 의사결정에 대한 분석부터 출발해야 한다. 조직 내 의사결정은 운영, 관리, 전략의 세 가지 수준에서 이루어진다.

운영적 의사결정 운영적 의사결정(operational decision)은 조직 내 일상적인 운영 활동을 지원하는 의사결정이다. 운영적 의사결정의 일반적인 예시를 들면, 'A 공급업체에 몇 개의 위젯을 주문할까요?', '공급업체 B에 신용장을 연장해야 할까요?', '오늘 어떤 인보이스를 처리해야 할까요?' 등과 같다.

관리적 의사결정 관리적 의사결정(managerial decision)은 조직 내 자원의 할당이나 활용과 관련된 의사결정이다. 일반적으로 다음과 같은 형태이다. '내년에 A 부서의 컴퓨터 하드웨어 및 프로그램 예산을 얼마로 책정해야 할까요?', '프로젝트 B에 몇 명의 엔지니어를 배정할까요?', '내년에 몇 평의 창고 공간이 필요할까요?'

일반적으로 경영진의 의사결정에 다양한 관점을 고려해야 하는 경우 협업을 통해 장점이 극대화될 수 있다. 예를 들어 내년에 직원 급여를 인상할지 여부를 결정한다고 가정해보자. 이때 어느 한 개인이 정답을 가지고 있는 것은 아니다. 인플레이션, 업계 동향, 조직의 수익성, 노조의 영향력 및 기타 요인에 대한 분석에 따라 결정이 달라지게 될 것이다. 최고경영층, 회계사, 인사 담당자, 노조 등이 각자 다른 관점을 가지고 결정을 내릴 것이다. 이들 모두 함께 의사결정을 위한 작업 결과물을 만들고, 그것을 평가하고, 반복적인 방식으로 수정하는 것이 협업의 본질인 것이다.

전략적 의사결정 전략적 의사결정(strategic decision)은 광범위한 범위의 조직적 문제를 지원하는 의사결정이다. 전략적 수준에서의 일반적인 의사결정은 다음과 같다. '새로운 제품 라인을 구성해야 할까요?', '테네시주에 중앙 집중식 물류 창고를 열어야 할까요?', 'A 회사를 인수해야 할까요?'

전략적 의사결정은 거의 항상 협업을 통해 이루어진다. 중국에 있는 제조 공장을 다시 본국으로 이전할지 여부에 대한 결정을 생각해보면 된다. 해당 의사결정은 조직의 모든 직원, 조직의 공급업체, 고객, 주주에게 영향을 미친다. 그렇기에 다양한 요소와 각 요소에 대한 다양한 관점을 고려해야 한다.

의사결정 프로세스 정보시스템은 의사결정 프로세스가 구조화되어 있는지 또는 구조화되지 않았는지에 따라 분류할 수 있다. 이러한 용어는 근본적인 문제의 성격이라기보다는 의사결정을 내리는 방법이나 프로세스를 의미한다. **구조화된 의사결정**(structured decision) 프로세스는 의사결정을 내리는 데 이해되고 받아들여지는 방법이 존재하는 프로세스를 말한다. 재고 품목의 재주문 수량을 계산하는 공식은 구조화된 의사결정 프로세스의 한 예가 될 수 있다. 직원에게 비품과 장비를 할당하는 표준 방법도 또 다른 형태의 구조화된 의사결정 프로세스이다. 구조화된 의사결정에는 협업이 거의 필요하지 않다.

비구조적 의사결정(unstructured decision) 프로세스는 합의된 의사결정 방법이 없는 의사결정 프로세스를 의미한다. 경제나 주식 시장의 미래 방향을 예측하는 것이 대표적인 예가 될 수 있다. 예측 방법은 사람마다 다르며 표준화되어 있지도 않고 광범위하게 받아들여지지도 않는다. 구조화되지 않은 의사결정 과정의 또 다른 예로는 직원이 특정 직무를 수행하는 데 얼마나 적합한지 평가하는 것도 포함될 수 있다. 관리자마다 이러한 평가를 하는 방식이 다양하다. 비구조화된 의사결정은 종종 협업을 통해 이루어진다.

의사결정 유형과 의사결정 프로세스 간의 관계 의사결정 유형과 의사결정 프로세스의 관련성은 느슨하다. 운영 수준에서의 의사결정은 구조화된 경향이 있고 전략적 수준에서의 의사결정은 비구조화된 경향을 가지고 있다. 가운데 층인 관리적 의사결정은 구조적 의사결정과 비구조적 의사결정이 모두 포함된 경향이 있다.

이렇듯 경향이 있다라는 용어를 사용하는 이유는 이들 간의 관계에 예외가 있기 때문이다. 예를 들어, 운영상의 의사결정이라 하더라도 비구조화된 경우가 있고(예 : "홈경기 전날 밤에 몇 명의 택시기사가 필요할까?"), 전략적 의사결정이더라도 구조화된 경우도 있다(예 : "신제품의 판매 할당량을 어떻게 할당해야 할까?"). 하지만 일반적으로는 의사결정 유형과 프로세스 간에는 유의한 관련성이 있다.

의사결정과 협업시스템 앞서 언급했듯이 구조화된 의사결정 상황에서는 협업을 찾아보기 힘들다. 예를 들어, 공급업체 B로부터 제품 A를 얼마나 주문할지 결정하는 데는 협업을 특징하는 구성원들 간의 피드백이나 반복이 필요 없다. 주문을 생성하는 과정에서 구매, 회계, 제조 담당자들 간의 작업 조율이 필요할 수는 있지만, 한 사람이 다른 사람의 작업에 대해 의견을 제시할 필요는 거의 없다. 당연히 일상적이고 구조화된 의사결정에 협업이 끼어들면, 비용이 올라가고 낭비적이며 답답한 일이 발생된다. 결국 "모든 일을 결정할 때마다 회의를 해야 하나요?"라는 구성원들의 볼멘 소리를 듣게 될 것이다.

구조화되지 않은 의사결정에서는 피드백과 반복이 중요하기 때문에 다른 상황이 발생된다. 구성원들은 무엇을 결정할 것인지, 어떻게 결정에 도달할 것인지, 어떤 기준이 중요한지, 결정 대안이 그 기준에 어떻게 부합하는지에 대해 다양한 아이디어와 관점을 가지고 있다. 해당 조직 안에서 잠정적인 결론을 내리거나, 어떤 결론에 대한 잠재적 결과에 대해 논의할 수도 있으며, 이러한 과정 속에서 구성원들은 본인의 입장을 수정하기도 한다. 그림 7-3은 의사결정 프

그림 7-3　의사결정 상황에서 협업의 필요성

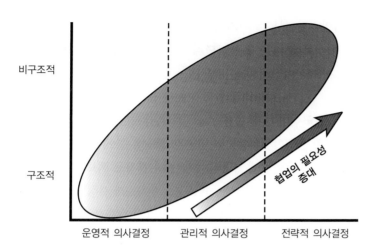

로세스가 구조화되지 않을수록 협업이 필요한 모습을 보여주고 있다.

문제해결

문제해결은 협업을 하는 세 번째 주요 이유가 된다. **문제**(problem)라는 것은 현재 상태(what is)와 기대되는 상태(what ought to be) 간의 지각된 차이이다. 문제는 지각이기 때문에 사람마다 서로 다르게 문제에 대한 정의를 내릴 수 있다는 것이다.

따라서 문제해결을 위한 협업 조직의 첫 번째이자 가장 중요한 작업은 문제 정의에서 시작된다. 예를 들어, 아이메드 애널리틱스 팀에는 수익 증대 방법을 찾는 문제가 주어졌다. 앞서 언급했듯이 정보 제공의 일환으로 조직은 먼저 팀원들이 해당 목표를 이해하고 수익을 늘릴 수 있는 다양한 방법에 대해 공통된 이해를 갖도록 해야 한다.

그러나 문제는 기존 상태와 기대된 상태 간의 차이이기에 '수익 증대'라는 문구만으로는 충분하지 않다. 1달러를 창출하는 것만으로 충분한 증가라고 볼 수 있을까? 그렇다면 10만 달러를 창출하면 충분할까? 아니면 100만 달러를 벌어야 충분할까? 따라서 바람직한 문제 정의는 수익을 10% 늘리거나, 10만 달러를 벌어들이거나, 혹은 여타 원하는 바를 구체적으로 명시하는 것이다.

문제해결 절차의 대표적인 예시를 그림 7-4에 나열했다. 해당 내용은 정보시스템과 관련된 내용일 뿐 문제해결 자체에 관한 것이 아니므로 여기서는 해당 과업에 대해 보다 자세하게 다루지 않을 것이다. 다만 어떤 절차가 진행되는지에 주목하고, 이러한 절차들에 대한 피드백과 반복의 역할이 무엇인지 고민하길 바란다.

그림 7-4　문제해결 절차

- 문제의 정의
- 대안 솔루션 식별
- 평가 기준 지정
- 대안의 평가
- 대안의 선택
- 솔루션 구현

프로젝트 관리

프로젝트 관리는 다양한 이론, 방법론, 기법들이 존재하는 복잡한 영역이다. 하지만 여기서는 주요 프로젝트 4단계에 속해 있는 협업 측면만 다루고자 한다.

실무에서 프로젝트 관리의 중요성에 대해 자세히 알아보려면 커리어 가이드(232~233쪽)를 참조하라.

프로젝트는 무언가를 만들어내거나 생산하기 위해 구성된다. 최종 목표는 마케팅 계획, 신규 공장 설계 혹은 신제품 개발일 수도 있고, 연례적인 감사가 수행될 수도 있다. 프로젝트의 성격과 규모가 매우 다양하기 때문에 여기서는 프로젝트의 전형적인 단계를 요약했다. 그림 7-5는 프로젝트 관리를 4단계로 나누고, 각 단계별 주요 과업과 협업 팀이 공유해야 하는 데이터의 종류를 제시한다.

개시 단계 시작 단계의 주요 목적은 프로젝트와 해당 팀에 대한 기본 규칙을 설정하는 것이다. 현업에서는 팀이 가지고 있는 권한의 범위를 정하거나 해당 권한에 대해 충분히 이해하고 있어야 한다. 프로젝트에 대한 설명이 팀에 제공되는가? 아니면 프로젝트가 무엇인지를 파악하는 것이 팀의 임무 중 일부인가? 팀이 자신의 팀 구성원을 자유롭게 결정할 수 있는가? 아니면 직원으로서의 자격이 주어지는가? 팀이 프로젝트 수행을 위해 자체적인 방안을 개발할 수 있는가, 아니면 특정 방법론이 필요한가? 대학에서의 팀 구성은 팀의 권한과 멤버십은 담당 교수에게 달려 있기에 현업에서의 팀 구성과는 많이 다르다. 하지만 대학에서 학생들로 구성된 팀에서는 프로젝트를 정의할 권한은 없지만, 프로젝트를 수행하는 방법을 결정할 권한은 보유한다.

시작 단계에서 수행해야 할 또 다른 작업으로는 프로젝트의 범위를 정하고 초기 예산을 잡는 것이다. 해당 예산은 예비 예산인 경우가 많으며 프로젝트가 계획된 후에는 수정된다. 이 단계에서는 프로젝트가 진행됨에 따라 팀 구성원이 변경될 수 있음을 이해하고 초기 팀을 구성해야 한다. 따라서 처음부터 팀원들의 기대치를 설정하는 것이 중요하다. 각 팀원은 어떤 역할을 맡게 되며 어떤 책임과 권한을 갖게 되는지 명확하게 해야 한다. 또한 의사결정 과정에서 논의된 대로 팀 규칙을 정해야 한다.

그림 7-5 프로젝트 관리 업무와 데이터

단계	과업	공유 데이터
개시	팀 권한 설정 프로젝트 범위와 초기 예산 설정 팀 구성 팀 역할, 책임, 권한 설정 팀 규칙 설정	구성원들의 개별 데이터 초기 문서류
계획	과업 및 과업 의존도 결정 작업 할당 일정 계획 예산 수정	프로젝트 계획, 예산 및 관련 문서류
실행	프로젝트 작업 수행 과업 및 예산 관리 문제해결 필요에 따른 과업 일정 조정 진행 상황 문서화 및 보고	진행 중인 과업 업데이트된 과업 업데이트된 프로젝트 일정 업데이트된 프로젝트 예산 프로젝트 상태 문서류
종료	완료 여부 결정 보관 문서 준비 팀 해산	보관용 문서류

계획 단계 계획 단계의 주목적은 "누가, 언제까지, 무엇을 할 것인가"를 결정하는 것이다. 업무 활동이 정의되고, 인력, 예산, 장비와 같은 자원이 할당된다. 이때 과업은 서로 의존하는 경우가 많다. 예를 들어, 평가할 대안 목록을 만들어야만 대안을 평가할 수 있다. 이 경우 대안 평가 과업과 대안 목록 만들기 과업 간에 과업 종속성(task dependency)이 있다. 대안 목록 만들기 과업을 완료할 때까지는 대안 평가 과업을 시작할 수 없기 때문이다.

과업과 자원이 할당되면 프로젝트 일정을 잡을 수 있다. 일정을 수용할 수 없는 경우 프로젝트에 더 많은 자원을 할당하거나 프로젝트 범위를 줄일 수 있다. 일정, 비용, 범위 간의 절충점을 평가하는 것은 계획 단계뿐만 아니라 프로젝트 전반에 걸쳐 가장 중요한 작업 중 하나이다. 프로젝트 예산은 보통 계획 단계에서 수정되기도 한다.

실행 단계 실제 프로젝트 과업은 실행 단계에서 수행된다. 여기서 중요한 관리 목표는 해당 과업이 제시간에 완료되도록 하고, 그렇지 않은 경우 가능한 한 빨리 일정상에 어떤 문제가 있는지를 파악하는 것이다. 과업이 진행됨에 따라 과업을 추가 또는 삭제하고, 과업 할당을 변경하고, 과업 인력이나 기타 자원을 추가 또는 제거해야 하는 경우도 종종 발생된다. 해당 단계에서 또 다른 중요한 업무는 프로젝트 진행 상황을 문서화하고 보고하는 것이다.

종료 단계 프로젝트가 완료되었는가? 이 질문은 중요하지만 때때로 대답하기 어려운 질문이다. 어떤 과업이 종료되지 않았다면 팀은 더 많은 과업을 정의하고 수행 단계를 계속적으로 진행해야 한다. 만약 '예'라고 대답할 수 있으면, 해당 팀은 향후 다른 팀을 위해 프로젝트 결과와 정보를 문서화하고, 프로젝트를 종료하고, 팀을 해산해야 한다.

그림 7-5의 세 번째 열을 살펴보길 바란다. 모든 프로젝트 데이터는 팀이 접근할 수 있는 위치에 저장되어 있어야 한다. 또한 모든 데이터는 피드백과 반복의 대상이 되어야 한다. 즉 관리해야 할 데이터 항목의 종류(버전)가 수백, 수천 가지가 될 수 있다.

7-4 협업 정보시스템의 구성 요소와 기능은 무엇인가?

예상할 수 있듯이 **협업 정보시스템**(collaboration information system) 또는 더 간단하게 **협업시스템**(collaboration system)은 협업을 지원하는 정보시스템이다. 7-1절에서 배운 내용을 덧붙이면, 해당 시스템은 구성원들 간의 반복 작업과 피드백을 지원해야 함을 의미한다. 지금부터 협업시스템의 구성 요소와 기본 기능을 살펴보고자 한다.

협업시스템의 다섯 가지 구성 요소

협업시스템 또한 정보시스템으로서 하드웨어, 소프트웨어, 데이터, 절차, 사람이라는 정보시스템의 다섯 가지 구성 요소를 갖추고 있다. 하드웨어와 관련해서는 모든 구성원들에게 PC나 아이패드 같은 모바일 장치와 같이 조직 작업에 참여할 수 있는 하드웨어 기기가 필요하다. 또한 구성원들끼리 데이터를 공유해야 하기 때문에 대부분의 협업시스템은 문서나 기타 파일을 구글 드라이브나 마이크로소프트 원드라이브와 같은 서버에 저장한다.

협업 프로그램(소프트웨어)은 이메일이나 문자 메시지, 구글 독스, 마이크로소프트 365 및 기타 공동 작업을 지원하는 도구와 같은 애플리케이션이 포함된다.

협업에는 두 가지 형태의 데이터가 존재한다. **프로젝트 데이터**(project data)는 협업에 따른 작업 결과물의 일부인 데이터이다. 예를 들어, 신규 제품을 디자인하는 팀의 경우 디자인 문서는 프로젝트 데이터의 예가 될 수 있다. 문제해결을 위해 권장 솔루션을 설명하는 문서는 문제해결 프로젝트를 위한 프로젝트 데이터가 된다. **프로젝트 메타데이터**(project metadata)는 프로젝트를 관리하는 데 사용되는 데이터이다. 일정, 과업, 예산 등을 포함한 기타 관리 데이터는 프로젝트 메타데이터의 예가 된다. 그런데 두 가지 유형의 데이터 모두 반복과 피드백의 대상이 된다.

협업 정보시스템에서 절차는 해당 팀에서 업무를 수행하기 위한 표준, 정책 및 기술을 지정한다. 예를 들어 문서나 기타 작업 결과물을 검토하는 절차가 예가 될 수 있다. 혼란을 줄이고 통제력을 높이기 위해 팀은 누가 어떤 순서로 문서를 검토할 것인지 명시하는 절차를 수립할 필요가 있다. 누가 어떤 데이터에 대해 어떤 작업을 할 수 있는지에 대한 규칙도 절차 속에 명문화되어 있어야 한다.

협업시스템의 마지막 구성 요소는 물론 가장 중요한 사람이다. 7-1절에서 건설적인 비판을 주고받을 수 있는 능력이 얼마나 중요한지에 대해 이미 논의했다. 또한 팀원들은 협업 애플리케이션의 사용 방법과 시기를 알고 있어야 한다.

주요 기능 : 커뮤니케이션 및 콘텐츠 공유

윤리 가이드(233~234쪽)에서는 새로운 유형의 기술을 사용해서 데이터를 공유할 때 야기될 수 있는 몇 가지 윤리적 이슈를 다루고 있다.

그림 7-6에는 7-1절과 7-2절에서 논의한 다섯 가지 중요한 협업 활동이 요약되어 있으며, 이러한 활동이 협업시스템의 요구사항으로 정리되어 있다. 결국 이러한 요구사항은 커뮤니케이션과 콘텐츠 공유라는 두 가지 범주로 분리된다. 이 중에서 두 번째, 네 번째, 마지막 활동은 커뮤니케이션과 관련이 있고, 첫 번째와 세 번째는 추적(tracking)과 관련이 있기에 콘텐츠의 저장 및 공유가 필요하다.

그림 7-7에는 7-3절에서 논의한 협업 활동의 네 가지 목적이 나열되어 있으며, 각 목적에 따라 협업시스템을 위한 IS 요구사항이 요약되어 있다. 이러한 요구사항 또한 커뮤니케이션 및 콘텐츠 공유라는 범주에 포함되어 있음을 명심해야 한다. 학교에서의 협업 프로젝트에 대해

그림 7-6 협업시스템의 요구사항

협업 활동	정보시스템(IS) 요구사항
반복	다양한 버전의 문서와 여타 작업 결과물을 살펴 볼 것
피드백	사용하기 쉽고, 즉시 사용할 수 있는 커뮤니케이션 방식을 제공할 것
주어진 예산과 시간 범위 내 완수	과업, 일정, 예산 및 기타 프로젝트 메타데이터를 추적할 것 진행 상황과 현 상태를 설명하고 보고할 것
팀의 성장 촉진	팀 내 교육 실시
팀의 만족도 제고	팀과 구성원들의 인정 제고

그림 7-7 서로 상이한 협업 목적을 달성하기 위한 IS 요구사항

팀의 목적	요구사항
정보 공유	데이터 공유 조직 간 소통 지원 프로젝트 과업 관리 종단적 저장(기록)
의사결정	의사결정 기준, 대안에 대한 설명, 평가 도구, 평가 결과 및 실행 계획 등의 공유 조직 커뮤니케이션 지원 프로젝트 과업 관리 필요에 따른 의사결정 게시 분석 및 결과 저장
문제해결	문제 정의, 솔루션 대안, 비용 및 이점, 대안 평가, 솔루션 실행 계획 공유 조직 커뮤니케이션 지원 프로젝트 과업 관리 필요에 따른 문제 및 솔루션 게시 문제 정의, 대안, 분석 및 계획의 저장
프로젝트 관리	프로젝트 단계의 시작, 계획, 실행 및 종료 지원 조직 커뮤니케이션 지원 프로젝트 과업 관리

생각할 때 그림 7-6 및 7-7을 참고하여 여러분의 공동 작업 시스템에 필요한 도구를 정해보기 바란다.

협업시스템과 협업 도구 용어의 차이점을 인지해야 한다. **협업 도구**(collaboration tool)는 협업 시스템의 프로그램 구성 요소이다. 도구가 유용하려면 정보시스템의 다른 네 가지 구성 요소로 둘러싸여 있어야 한다.

이 장의 **지식**이 **여러분**에게 어떻게 도움이 되는가?

이 장의 내용을 통해 효과적인 협업을 수행하기 위해 무엇이 필요한지 이해하게 되었을 것이다. 단순히 팀원들과 협력하는 것만으로는 성공적인 결과물을 얻거나, 팀을 성장시키거나, 만족스러운 경험을 할 수 없다. 건설적인 비판을 주고받을 수 있어야 한다. 여기서 배운 지식은 향후 프로젝트를 효과적으로 관리하는 데 도움이 될 것이다. 또한 현재 다른 강의에서 하고 있을 수도 있는 조직 프로젝트를 수행하는 데에도 도움이 될 수 있다.

So What?

줌 폭격

오늘날 우리는 10~20년 전만 해도 기술적으로 불가능했던 다양한 혁신을 당연한 것으로 받아들이고 있다. 이러한 혁신 중 하나로 화상회의를 꼽을 수 있다. 화상회의가 등장하기 전에는 기업에서는 전화 통화를 하거나 출장에 의존해서 회의를 진행할 수밖에 없었다. 단순한 전화 통화에서는 화상회의에서 볼 수 있는 표정, 제스처, 자세와 같은 풍부한 비언어적 행동이 전달될 수 없다. 무엇보다 출장은 화상회의보다 훨씬 더 많은 비용이 든다.

지난 몇 년 동안 영상 통화 플랫폼은 더욱 널리 보급되었을 뿐만 아니라 안정성, 영상 품질, 다중 영상 통화자 처리, 모바일 지원 등을 비롯한 다양한 부분에서 기능들이 크게 향상되었다. 이러한 기능 중 일부에는 화면 공유, 참가자 상호작용 기능(질문을 위해 손을 드는 것과 같은 실시간 피드백 신호), 대규모 조직 회의 안에서 소규모 하위 조직 미팅을 구성하는 기능, 검토를 위한 목적이나 참석하지 못한 사람들을 위해 회의를 녹화할 수 있는 기능 등이 제공되고 있다.

줌은 2010년대 기업용 커뮤니케이션 및 협업 플랫폼 제공업체로 급부상한 상장 기업이다. 2011년에 시작하여 고객과 B2B 파트너십을 꾸준하게 확보했고, 타 제품군들과의 통합을 통해 2019년 160억 달러의 기업 가치를 달성할 정도로 꾸준히 성장했다. 줌은 분명 성공을 거두고 있었지만, 코로나19 팬데믹의 여파로 2020년에 이렇게 급격한 성장을 이룰 것이라고는 아무도 예상하지 못했다.

전 세계적으로 자택 대피령과 같은 격리 상황이 벌어지면서 기업과 대학을 비롯한 다양한 조직에서 비즈니스와 교육 과정을 지원할 수 있는 온라인 플랫폼을 찾기 위해 분주하게 노력했다. 기존에 의존하던 전통적인 대면을 통한 상호작용은 더 이상 선택사항이 되지 못했다.

2020년 초에 줌의 고객층은 급증했다. 2020년 3월에 줌 앱 설치수는 1,126% 증가했다.[3] 기술에 익숙하지 않은 수억 명의 신규 사용자가 갑자기 가상 공간에서의 미팅, 화상회의, 온라인 수업 등을 맡

출처 : F8 studio/Shutterstock

게 된 것이다.

가상회의 공간으로의 전환은 위기가 다가오면서 어느 정도는 예측할 수 있었지만, 가상의 공간에서 익명성을 무기로 기분 나쁘게 만드는 트롤링, 방해, 공격적이고 혐오스러운 정보 확산 등과 같이 예측하지 못한 방향으로 줌이 만연하게 사용되었다는 점도 간과할 수 없다.

생산성, 잠시만요…

2020년 초에 많은 기업들이 줌으로 전환하면서 새로운 트렌드에 대한 경고가 퍼지기 시작했다. 바로 줌 폭격(혹은 줌 습격)이다. 줌 폭격은 줌 미팅에 참여해서 충격적이거나 불쾌하거나 노골적인 포르노 콘텐츠를 다른 참석자들과 공유하는 행위를 말한다.[4]

마이크에 대고 모욕적인 말을 외치거나, 화면 공유 기능을 사용하여 가해자의 데스크톱에서 사진이나 모욕적인 콘텐츠를 공유해버리거나, 심지어 줌 폭격기의 가상 배경 이미지를 모욕적인 것으로 변경하는 방식으로 이루어질 수 있다. 미팅 호스트가 능숙하지 않거나 경험이 없는 경우, 가해자를 음소거 해버리거나 즉각적으로 방에서 퇴장시켜버리는 것이 어려울 수도 있다(더구나 당황한 상태에서는 더욱 그럴 수밖에 없다).

아이러니하게도 줌은 의도적으로 미팅 참석자가 접속 단계를 거치거나 특정 장애물 없이 손쉽게 세션에 참여할 수 있도록 설계되었다[이를 줌에서는 '매끄럽다(frictionless)'라고 표현한다]. 하지만 바로 이러한 기능 때문에 줌 폭탄 테러범은 초대받지 않았음에도 세션에 쉽게 접속하여 악의적인 목적을 달성할 수 있다.

또한 이러한 활동은 단순히 소수의 무작위 개인에 의해 수행된 것이 아니다. 어떤 조사에 따르면 수많은 소셜미디어 계정, 채팅방, 메시지 보드에서 이러한 행동에 참여하는 데 관심이 있는 수천 명의 개인을 모으는 데 사용되었다는 사실이 밝혀지기도 했다.[5]

'동물원'* 안에서 질서 회복

이러한 새로운 위협에 대응하기 위해 줌은 플랫폼의 새로운 기능 개발을 축소하는 대신, 보안 및 개인정보 보호 통제를 강화하는 데 집중했다. 2020년 4월, 줌은 모든 미팅에 가상 대기실 기능을 활성화하고(이 기능을 활성화하지 않고서 생성되거나 예약된 화상회의 공간도 포함) 비밀번호 기능을 활성화했다.

대기실 기능을 사용하면 미팅 호스트가 실제로 가상 미팅 공간에 입장하기 전에 미팅에 참여하기 위해 대기 중인 모든 참석자를 확인할 수 있다. 대기실 기능은 이전에도 사용 가능했지만 모든 미팅에 의무적으로 적용되지는 않았다. 줌 미팅을 보호하기 위해 권장되는 다른 전략으로는 각 미팅에 새로운 미팅 ID 사용, 호스트보다 먼저 참여하

---

* '줌(Zoom)'을 'Zoo(m)'으로 표기함으로써 '동물원(Zoo)'과 같은 공간으로 비유했다. (역주)

기 등과 같은 기능의 비활성화, 초대된 모든 참석자가 참여한 후 미팅 잠금 등이 있다.[6]

연방 수사국과 같은 수사 기관에서는 줌 폭파범이 특정 미팅에 접근하는 것을 더 어렵게 만드는 것 이외에도 잠재적 가해자에게 그들의 행동에 법적 처벌이 있을 수 있다고 경고했다.[7] 사이버 공간의 많은 활동과 마찬가지로 비도덕적이거나 비윤리적인 행동은 이러한 유형의 행동을 처벌하는 기존의 법적 처벌이나 선례가 없는 경우가 많다. 이러한 새로운 조치와 당국의 위협이 디지털 미팅 공간을 침범한 괴롭힘의 흐름을 완화할 수 있을지는 시간이 지나야 알 수 있을 것이다.

토의문제

1. 악의를 가진 사람이 줌을 표적으로 삼은 이유는 무엇이라고 생각하는가? 줌과 윈도 사이에 유사점이 있다고 생각하는가?
2. 코로나19 팬데믹 기간 동안 발생되었던 또 다른 유형의 악의적인 디지털 활동을 알고 있는가?
3. 코로나19 팬데믹 기간 동안 여러분 또는 지인이 사이버 범죄나 악의적인 디지털 행위자의 영향을 받은 적이 있었는가? 어떤 일이 발생되었는가?
4. 온라인 범죄 행위가 기소하기 어려운 이유는 무엇이라고 생각하는가?

보안 가이드

코로나 팬데믹의 악용

코로나19 팬데믹은 약 100년 만에 발생한 전 세계 최초의 의료 위기였다. 이 바이러스가 중국과 이탈리아의 의료 인프라를 어떻게 파괴하고 일상을 혼란에 빠뜨릴 수 있는지 일찍이 예견되었음에도 불구하고, 많은 국가들은 곧 닥치게 될 불길한 재난에 대비하기 위한 노력에 여전히 소극적이었다.

코로나19의 영향에 대한 실시간 뉴스는 다음과 같은 불안감을 심어주었다. 대도시 도심의 한산함, 기록적인 손실로 마감된 주식시장, 의료 인력 및 인명 구조 지원 배분에 대한 고민, 윤리적 딜레마에 직면한 의료진의 과중한 업무와 의료 인력 부족, 바이러스 확산 억제를 위한 각종 의약품 및 코로나 진단 키트를 요청하는 정치인들의 호소, 상점의 텅 비어버린 진열대 사진과 사재기에 대한 뉴스, 자택 격리 명령을 거부하는 사람들과 그에 동조하는 대규모 집회 등 불안한 소식들로 가득 찼었다.

물론 이보다 더 나쁜 상황도 상상할 수 있겠지만, 무엇보다도 악의적인 디지털 공격자들이 코로나19 팬데믹을 사이버 공격으로 사회를 혼돈에 빠뜨릴 기회로 삼았다는 사실은 정말 끔찍한 일이다. 다음은 이렇듯 어려운 시기에 발생했던 사이버 공격 중 일부를 소개하고자 한다.

가짜 도메인

만약 우리가 웹사이트를 만들고자 한다면, 반나절이면 충분히 만들 수 있다. 다양한 서비스를 통해 도메인 네임(예 : *www.johndoe.com*)을 쉽고 빠르게 등록하고, 사용자 친화적인 그래픽 유저 인터페이스(GUI)를 사용하여 웹사이트에 콘텐츠를 업로드할 수 있다. 요즘 많은 해커들의 기술력이 높아졌기에 웹사이트를 이렇게 만들지는 않지만, 중요한 것은 도메인 네임을 등록하고 웹사이트를 만드는 것이 어려운 일은 결코 아니라는 점이다.

2020년 2월 말과 3월 초에 코로나 바이러스 웹사이트 도메인 등록 건수가 전월 대비 10여 배나 급증했다. 이렇게 급증한 것 중 93개

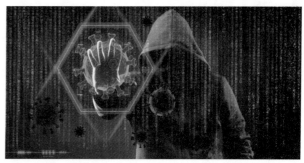

출처 : Ozrimoz/Shutterstock

는 악의적인 것으로 밝혀졌으며, 2,000개 이상의 사이트가 의심스러운 것으로 확인되었다.[8]

2020년 3월 말까지 3주 동안에만 16,000개의 코로나19 관련 도메인이 새로 등록되었다.[9] 특히 어떤 사이트는 존스홉킨스대학교(JHU)의 시스템 과학 및 엔지니어링 센터(CSSE)의 '코로나19 글로벌 사례' 사이트를 그대로 미러링해서 디자인된 사기 사이트도 있었다. 해당 사이트는 언론 매체에서 확진자, 사망자, 총회복자 수에 대한 통계를 보도하기 위해 자주 이용하던 리소스였다.

합법적인 사이트의 인기를 악용하기 위해 만들어진 이러한 사기 사이트는 브라우저에 특정 데이터가 저장될 수 있도록 만들어서 방문자의 이름, 비밀번호, 신용카드 번호를 스크래핑하도록 제작되었다.[10]

피싱 공격

'피싱 공격'의 기본 전제는 공격자가 클릭을 유도하는 문구가 포함된 합법적인 메시지 형태로 공격을 위장한다는 것이다. 개인정보를 낚기 위해 일반적으로 수신자가 클릭하도록 유도하는 링크나 수신자가 특정 파일을 다운로드하도록 만든다.

피싱 공격의 핵심 요소는 긴박감을 조성하는 것이다(예 : "업무용

이메일 계정의 저장 공간이 가득 찼습니다! 아래 링크를 클릭해서 추가 공간을 확보하지 않으면 더이상 신규 메일을 수신하지 못할 것이다!!!"). 해커들은 특히 긴급 상황에서 이러한 메시지가 주는 긴박감이나 긴장감이 더욱 고조될 수 있기 때문에 중요한 시사 이슈를 동반하기도 한다.

코로나19가 발생하면서 공격자들은 표적화된 조직을 대상으로 다양한 악의적인 피싱 공격을 시작했다.[11] 의료 관련 기관에서 근무하는 사람들이 미국 질병통제예방센터(CDC)에서 보낸 것처럼 보이는 피싱 이메일의 표적이 되었으며, 이러한 메시지 안에 멀웨어까지 첨부하여 전송되기도 했다. 또 다른 형태의 이메일 사기는 코로나 바이러스 확산을 방지하기 위한 지침이 첨부되어 있다고 주장하는 악성 메일이 배포되기도 했다.

많은 병원에서 의료용품이나 개인보호장비(PPE) 조달과 관련된 피싱 공격에 대한 우려를 표명했다. 예를 들어, '지금 N95 마스크와 인공 호흡기를 주문하려면 여기를 클릭하세요!!'와 같은 피싱 이메일이 발송되었다.

악성 상품

피싱 공격이 긴급 상황을 이용해서 공격 대상자의 긴박감을 고조시키는 것처럼, 온라인에서 공격 키트나 범죄 서비스를 판매하는 해커들도 코로나19 사태를 이용해 매출을 늘리고 있었다. 다크웹이 해킹 도구를 사고파는 모호한 시장으로 이용된다는 사실은 잘 알려져 있지 않다. 합법적인 기술력이 부족한 구매자는 다크웹에서 자동화된 해킹 도구를 구매하여 다른 방식으로는 뚫을 수 없었던 훨씬 더 정교한 공격

을 수행할 수 있다.

코로나 팬데믹 기간 동안 해커들이 페이스북 계정에 침입해서 서비스 이용료를 할인해준다든가, 구매자가 코로나19 쿠폰 코드를 사용하면 해킹 툴킷을 10% 할인해준다는 보도가 있었다.[12] 즉, 해킹 툴을 판매하는 범죄자들은 팬데믹을 돈벌이 기회로 삼아 고도화된 디지털 생태계를 더욱 감염시킬 수 있는 기회로 삼기도 했다.

이러한 모든 사례를 교훈 삼아 우리는 세계 곳곳에 혼란이 있을 때 사이버 범죄자로부터 우리 자신을 보호하는 일에도 주의를 기울여야 한다는 교훈을 얻을 수 있다.

토의문제

1. 여러분 혹은 주변에서 피싱 공격의 피해자가 된 적이 있는가? 공격자는 피해자가 클릭을 유도하도록 만들기 위해 어떤 메커니즘이나 메시지 형태를 사용했는가? 공격의 결과는 어떠하였는가?

2. 코로나19의 감염 속도를 늦추기 위해 사용된 조치 중 하나는 자택 격리였다. 이로 인해 많은 근로자들이 재택 근무를 시작하게 되었다. 이러한 새로운 근무 방식은 기업에 어떠한 보안 위험을 초래했을까?

3. 이전 질문에 대한 답변에서 도출된 위험들을 줄이기 위해 무엇을 할 수 있을까?

4. 다크웹이 해커들이 활동하는 범죄의 온상이라면 왜 폐쇄되지 않으며, 적어도 범죄자들이 체포나 기소되어야 함에도 불구하고 그렇게 되지 않는 이유는 무엇이라 생각하는가?

커리어 가이드

이름 : 크리스티 브룩
회사 : 인스트럭처
직책 : 소프트웨어 제품 관리자
학력 : 유타대학교 졸업

출처 : Christi Wruck, Instructure, Software Product Manager

1. 이 일을 어떻게 하게 되었습니까?

당시에 저는 인스트럭처에서 일하고 있던 친구를 고용했습니다. 몇 달 후 그 친구는 다시 인스트럭처로 복귀하기로 결정되었습니다. 저는 그 친구에게 저를 데려가 달라고 부탁했고, 그 친구는 그렇게 해주었습니다.

2. 이 분야에 매력을 느낀 이유는 무엇입니까?

여러 가지 다른 분야에서 옮겨 다니며 일하고 있었지만, 그냥 저 스스로를 상주 기술자로 여겼어요. 저는 웹사이트와 데이터베이스를 구축하고 저를 고용한 비영리 단체를 위해 네트워크와 시스템을 구축했습니다. 저는 이 일에 전문가였고, 또 일하는 게 즐거웠기 때문에 이 분야로 전직하기로 결심했습니다.

3. 일반적인 업무 일과(주어진 업무, 의사결정, 해결해야 할 문제)는 어떻게 진행됩니까?

사용자 문제를 정의하고 문서화하는 데 많은 시간을 할애합니다. 이를 위해 사용자와 전화 통화를 하고, 현장을 방문하고, 사용자 포럼에 참여하기도 합니다. 또한 고객과 자주 소통하는 직원들로부터 피드백을 모읍니다. 문제가 잘 문서화되면 설계 팀과 협력하여 혁

신적인 방법으로 문제를 해결하려고 노력합니다. 그런 다음 사용자와 함께 테스트하고 최상의 솔루션을 찾을 때까지 반복합니다. 솔루션이 최종 결정되면 엔지니어링 팀에 넘겨 실행에 옮깁니다.

4. 이 직업에서 가장 마음에 드는 점은 무엇입니까?

제 업무의 가장 큰 즐거움은 현장을 방문하는 것입니다. 사용자가 매일 경험하는 고충을 볼 수 있다는 것은 매우 가치 있는 일이에요. 이메일이나 포럼, 전화 통화로는 얻을 수 없는 인사이트가 있습니다. 사용자를 관찰하는 것이 제 일에서 가장 큰 영감과 동기를 가져다줍니다.

5. 이 직무를 잘 수행하려면 어떤 기술이 필요합니까?

공감 능력, 소통 기술, 호기심입니다. 낯선 사람과 편안하게 대화할 수 있어야 하고, 상대방이 나를 신뢰할 수 있어야 문제를 해결할 수 있습니다. 타고난 호기심과 진정으로 사용자의 문제를 해결하고 싶은 마음이 있다면 혁신적인 솔루션으로 문제해결에 필요한 영감을 얻는 데 도움을 줄 수 있는 '올바른 질문'을 던질 수 있습니다.

6. 이 분야는 교육이나 인증이 중요합니까? 그 이유는 무엇입니까?

저와 함께 일하는 팀의 절반이 석사 학위를 가지고 있습니다. 그리고 저는 대학을 졸업하지 않고 입사한 제품 관리자를 본 적이 없습니다. 그러니 정답은 '그렇다'입니다. 소프트웨어 제품 관리자에게는 비즈니스 운영 방식과 소프트웨어 엔지니어링의 작동 방식을 명확히 이해하는 것이 매우 중요하다고 생각합니다.

7. 이 분야에서 일하고 싶어 하는 후배에게 어떤 조언을 해주고 싶습니까?

애자일, UX/UI 디자인, 프로젝트 관리, 스크럼에 대해 공부하고 최소한의 코드 작성법을 배워놓으세요.

8. 10년 후 인기 있을 기술 직종은 무엇이라고 생각합니까?

소프트웨어 엔지니어링이죠. 특히 미국에서는 더욱 그렇습니다. 다른 나라들은 이미 이 분야에서 우리보다 비약적으로 앞서가고 있습니다. 많은 사람들이 코드에 대해 조금은 알고 있지만, 이 분야의 전문가이며 선도적으로 이끌 사람들이 더 많이 필요할 것이라 생각합니다.

윤리 가이드

Halt and Catch-22

소피는 평소와 다름없는 열정으로 엘리베이터에서 내려 사무실에 걸어 들어왔다. 동료들은 항상 그녀를 에너지와 열정이 넘치고, 일에 대한 순수함으로 가득 찬 전형적인 여름 한철 인턴이라고 농담하곤 했다. 하지만 그녀는 지난 학기 동안 경영정보시스템 과정을 수강하면서 마침내 본인 커리어의 중심이 되는 기술에 집중해야 한다는 것을 깨달았기에 동료들의 놀림이 그다지 신경 쓰이진 않았다.

다행히 그녀는 근처 스타트업 회사에서 여름 인턴십 기회를 얻었다. 이 기업은 자동차 제조업체가 자율주행차 대량 생산에 사용할 수 있는 새로운 유형의 센서 융합 기술을 개발하는 데 주력하고 있었다. 일반적으로 자동차 기업들은 엔진, 구동계 등 차량의 핵심 요소는 확실히 마스터하고 있었지만, 자율주행차가 '도로를 인식'하는 데 필요한 새로운 정보기술 관련 시스템과 센서는 그네들의 영역 밖이었다.

오늘 소피의 발걸음이 더욱 활기차게 느껴진 것은 이번이 첫 자율주행차 시승이라는 사실 때문이었다. 이 기업은 최신 센서의 프로토타입 제작을 막 마쳤고, 모든 모델링과 시뮬레이션 또한 좋은 결과치를 보인 상태였다. 개발 주기상 다음 단계에서는 센서가 실제 환경에서 어떻게 작동하는지 확인하기 위해 실제 도로 주행 테스트가 필요했다.

소피와 개발자 중 한 사람이 열쇠 세트를 들고 주차장으로 걸어갔다. 주차장은 주로 직원 차량으로 가득 차 있었지만, 소규모 테스트 차량을 위한 특별한 구역이 따로 있었다. 소피는 차량 지붕 위에 있는 모든 조명과 센서가 인기영화 '고스트버스터즈'의 엑토모빌처럼 보였

출처 : Scharfsinn/Shutterstock

기 때문에 항상 농담 삼아 이 차를 엑토-1이라고 부르곤 했다.

　운전석에 앉게 될 개발자인 메릴은 차량 후드의 적당한 지점에 센서를 부착하고 플러그를 꽂았다. 메릴은 소피에게 오늘 테스트할 센서는 도로에 있는 물체에 대해 위험 요소의 정도를 보다 더 지능적으로 '인식'함으로써 도로에 있는 바위 덩어리(중지, 중지!)와 종이 봉투(가속력!)의 위험을 구분할 수 있도록 설계되었다고 설명했다. 시동을 걸자마자 모든 진단이 완료되었다는 표시와 함께 도로를 달릴 준비가 완료되었다!

엄마, 손이 없어요!

소피는 아무도 핸들을 만지지 않은 채 도로를 질주하는 차에 앉아 있는 것이 이상하다는 사실을 인정해야만 했다. 메릴은 센서가 어떻게 작동하는지 확인하기 위해 차량 내부의 여러 화면을 계속 보고 있었고, 소피는 다른 차들이 앞에 끼어들 때마다 손잡이를 더 꽉 잡았다. 그녀는 차가 제때 위험을 감지하고 속도를 적절히 조절하지 못할까봐 계속 걱정했다.

　메인 도로로 접어들자 소피는 "이 차의 오디오 시스템은 어때요?"라고 물었다. 웃을 겨를도 없이 트레일러를 견인하는 조경 트럭이 차선을 가로막았고, 트레일러가 앞 범퍼에 부딪힐 것 같을 정도로 가까워졌다. 자율주행차는 갑자기 타이어를 오른쪽으로 꺾었고, 차는 인도를 넘어 주택가 앞마당으로 돌진했다. 소피가 안전벨트를 풀고 차에서 내리기 위해 문을 열었을 때, 조경 트럭 운전사도 차를 세우고 막 주차를 했다. 집주인도 소음을 듣고 무슨 일인가 싶어 밖으로 나왔다. 몇 분 사이에 근처 사람들이 앞마당으로 모여들었다.

　서둘러 차량을 살펴본 결과, 다행히 자율주행차나 조경용 트럭과 트레일러에는 아무런 손상이 없는 것으로 나타났다. 하지만 이 집의 앞마당은 전혀 다른 상황이었다. 집 주인이 소중하게 가꾸어 온 단풍나무가 나무더미로 변해 있었고, 자율주행차의 급제동으로 인해 약 20미터의 잔디와 화단이 차량이 미끄러지면서 찢겨지고 망가져 있었다. 집주인은 한숨을 쉬며 비꼬는 목소리로 "이 일을 누가 책임질 것이며, 누구에게 조경비 청구서를 보낼까요?"라고 물었다.

　소피와 메릴은 자신의 무모한 차선 변경을 인정하고 책임을 인정하기를 바라며 트럭 운전사를 바라보았지만, 그들이 듣고 싶었던 대답을 하지는 않았다. "누가 책임져야 할지는 분명한 것 같은데… 바로 지금 마당 한 가운데에 서 있는 저 신기한 배트모빌 차량이잖아요! 아직 빵을 태우지 않는 토스터도 만들지 못하면서 어떻게 사람을 죽이지 않고 스스로 운전하는 자동차를 만들 수 있겠어요! 조경 비용은 절대 지불하고 싶지 않습니다. 대충 계산해봐도 나무, 덤불, 인건비만 약 2,500달러가 들 것 같습니다." 트럭운전사가 책임을 떠넘기려고 하는 것을 본 메릴은 경찰에 신고하고, 사고 경위서를 제출하는 것이 최선

의 방법이라고 생각했다. 그들은 경찰이 도착할 때까지 차에 앉아 아무 말도 하지 않았다. 소피와 메릴은 차에 올라타 자리에 앉았지만 여전히 사고 충격으로 인해 떨리는 몸을 추스르고 있었다.

　소피는 걱정스러운 표정으로 메릴을 바라보며 "교통 위반 딱지는 안 받는 게 좋겠어요. 우리가 어떻게 딱지를 받겠어요? 엄밀히 말하면 우리 둘 다 운전하지도 않았잖아요. 그냥 차에 앉아 있기만 했는데, 어떻게 누구에게 딱지를 끊을 수 있죠? 다시 생각해보면 이것이 '우리'의 잘못이라면, 그건 과연 누구의 책임일까요? 이 차량은 소프트웨어 개발자, 하드웨어 개발자, 분석 및 인공지능 전문가 등 수많은 회사가 협업한 결과물인데…. 센서가 고장 나서 차가 잘못된 선택을 한 것일까요, 아니면 알고리즘이 데이터를 잘못 해석해서 잘못된 선택을 한 것일까요?"

　메릴은 창밖을 내다보며 고개를 저었다. 마침내 다음과 같이 답했다. "모르겠어요. 경찰과 얘기해보면 누구의 책임인지 알 수 있을지도 모르죠. 아니면 문제해결에 도움을 받기 위해 경찰을 사무실로 데려가야겠죠."

토의문제

1. 이 사례에서 설명된 사고를 살펴볼 때 메릴이 실제로 차를 운전하지 않았음에도 불구하고 딱지를 받고, 사고에 대한 책임이 있다고 가정하는 가상의 결과를 가정해보자.
   a. 이러한 행동이 정언 명령(1장, 27쪽)에 따라 윤리적리고 판단할 수 있는가?
   b. 공리주의적 관점(2장, 58쪽)에 따를 때 이 행동은 윤리적인가?
2. 자율주행차는 계속 개발되고 테스트되고 있으며, 전문가들은 자율주행차의 광범위한 도입과 사용이 불가피하다고 생각한다. 그렇다면 자율주행차와 관련된 사고가 발생하면 누가 책임을 져야 할 것인가?
3. 현장에 출동한 경찰관이 책임 소재를 가려낼 수 있을 것이라고 생각하는가? 그렇지 않다면 그 이유는 무엇인가? 이러한 역학 관계는 정부와 법 집행 기관이 기술과 새로운 혁신으로 인한 결과를 관리해야 하는 다른 상황/시나리오에 어떻게 일반화될 수 있을까?
4. 잠시 시간을 할애해서 인터넷에서 '트롤리 문제'를 검색해보기 바란다. 어떤 보행자가 조경 트럭에 부딪히지 않기 위해 차량이 빠져나가는 길목에 있었다고 상상해보자. 또한 자율주행차가 조경 트럭을 피하기 위한 제동이 불가능하고 충돌 시 심각한 손상(부상 가능성 포함)이 발생할 수 있다고 판단했다는 점도 고려해야 한다. 그렇다면 자율주행차와 관련된 가상의 결과를 가지고서 트롤리 문제에 대해 논의해보라.

생생복습

이 장에서 학습한 내용을 이해했는지 확인해보자.

7-1 협업의 두 가지 주요 특성은 무엇인가?

협력과 협업의 차이점을 설명해보라. 협업의 두 가지 주요 특징을 말하고 그것이 조직의 작업을 어떻게 개선하는지 설명하라. 참여하는 구성원들에게 필요한 기술은 무엇이고, 건설적인 비판을 주고받은 가장 좋은 방법에는 어떤 것들이 있는지 나열해보라.

7-2 성공적인 협업을 위한 세 가지 기준은 무엇인가?

성공적인 협업을 위한 세 가지 기준을 설명해보라. 이러한 기준이 학생 팀과 전문가 팀 간에 어떻게 다른지 요약해보라.

7-3 협업의 네 가지 주요 목적은 무엇인가?

협업의 네 가지 주요 목적을 설명하고, 이들의 관계를 말해보라. 협업시스템이 각 목적에 기여할 수 있는 방법을 설명해보라.

7-4 협업 정보시스템의 구성 요소와 기능은 무엇인가?

협업 정보시스템의 다섯 가지 구성 요소의 이름을 말해보라. 협업 정보시스템의 주요 기능 두 가지를 명명하고 설명하라.

이 장의 **지식**이 **여러분**에게 어떻게 도움이 되는가?

향후 우리가 처하게 될 대부분의 업무는 팀으로 이루어질 가능성이 높다. 따라서 협업의 목적과 협업 정보시스템이 조직 내에서 어떻게 효과적으로 동작하는지를 이해해야 한다. 이 장에서 우리가 배운 지식은 앞으로 동료들과 효과적으로 협업하는 방법을 이해하는 데 도움을 줄 것이다. 또한 비판적인 피드백의 중요성과 집단 사고의 위험성, 그리고 성공적인 협업을 위해 어떤 노력을 기울여야 할 것인가를 배우게 되었을 것이다.

주요용어

건설적인 비판(constructive criticism)
관리적 의사결정(managerial decision)
구조화된 의사결정(structured decision)
문제(problem)
비구조적 의사결정(unstructured decision)
운영적 의사결정(operational decision)

조직 응집력(groupthink)
전략적 의사결정(strategic decision)
프로젝트 데이터(project data)
프로젝트 메타데이터(project metadata)
협력(cooperation)
협업(collaboration)

협업 도구(collaboration tool)
협업시스템(collaboration system)
협업 정보시스템(collaboration information system)

학습내용 점검

7-1. 협력(cooperation)을 수행하는 팀과 협업(collaboration)을 수행하는 팀의 예를 이 책에 실린 사례가 아닌 다른 사례를 들어보라. 반복과 피드백이 협력보다 협업에 더 중요한 이유를 설명해보라. 대부분의 학생 팀이 협력보다는 비협조적으로 행동하게 만드는 요인이 무엇인지 요약해보라. 학생들로 구성된 팀이 협업

적이지 않을 때의 단점은 무엇인지 설명해보라. 학생들이 진정으로 협업하기 쉽도록 정보시스템을 어떻게 활용해야 할지 말해보라.

7-2. 과거 팀에서 일했던 경험을 바탕으로 7-1절의 건설적인 비판을 제공하기 위한 가이드라인에 따라 도움이 되지 않는 피드백의 예를 제시해보라. 제시된 예

시를 토대로 더욱 생산적이고 도움이 될 수 있는 의견으로 수정해보라.

7-3. 여러분의 경험을 토대로 7-3절의 네 가지 단계(개시, 계획, 실행, 종료)를 어떻게 수행하였는지 요약해보

하. 해당 팀이 문제해결, 의사결정, 정보 제공 활동을 어떻게 수행했는지 평가해보라. 이때 7-2절에서 설명한 해크먼의 기준에 따라 여러분의 과거 팀을 평가해보면 된다.

협업과제 7

여러분의 팀원들과 만나서 구글 오피스, 셰어포인트 또는 기타 협업 도구를 사용해서 협업 정보시스템을 구축하라. 아직 협업한 정보시스템을 구축하지 않았다면 협업과제 1을 참고하라. 절차와 팀 훈련이 필요하다는 것을 명심하라. 이제 정보시스템을 이용해서 다음 질문에 답하라.

7-4. 협업

 a. 협업이란 무엇인가? 7-1절을 다시 읽어보되, 정해진 논의에 국한하지 말라. 협업 팀에서 일했던 자신의 경험을 생각해보고, 인터넷을 검색해서 협업에 대한 또 다른 아이디어를 찾아보라.

 b. 효과적인 팀원이 가지고 있는 특징은 어떤 것이 있는가? 그림 7-1의 효과적인 협업 기술에 대한 설문조사와 비판적 피드백을 주고받기 위한 가이드라인을 검토하고 구성원들과 함께 토론을 진행해보라. 여러분은 해당 결론에 대해 동의하는가?

 c. 해당 목록에서 어떤 기술이나 피드백 기법을 추가하고 싶은가? 팀으로서 해당 설문 조사를 통해 어떤 결론을 내릴 수 있는가? 그림 7-1에서 제시된 순위를 변경할 것인가?

7-5. 비효율적인 협업

 a. 비효율적인 팀원이라면 어떻게 하겠는가? 먼저 비효율적인 팀원이 무엇인지 정의를 내려보기 바란다. 이때 비효율적인 팀원의 특징을 다섯 가지 정도는 지정해야 한다.

 b. 조직에 그러한 팀원이 있다면 조직으로서 어떤 조치를 취해야 한다고 생각하는가?

 c. 비즈니스 세계에서 비효율적인 팀원은 해고될 수 있다. 그러나 대부분의 대학 환경에서는 비효율적인 팀원이라는 이유로 다른 학생을 낙제시킬 수는 없다. 비즈니스 환경과 대학 환경의 차이점 혹은 유사점이 비효율적인 팀원을 다루는 방식에 어떤 영향을 미칠 수 있는지 설명해보라.

7-6. 효과적인 협업

 a. 조직과 잘 협업하고 있는지 어떻게 알 수 있는가?

 b. 조직과 함께 작업할 때 건설적인 비판을 효과적으로 주고받는지 어떻게 알 수 있을까?

 c. 협업의 성공을 나타내는 다섯 가지 특성을 명시하라. 이러한 특성을 어떻게 측정할 수 있을까?

 d. 팀이 협업시스템을 사용하게 될 경우 좋게 받아들이는 부분과 그렇지 않은 부분을 간략히 설명해보라.

사례연구 7

에어비앤비

누군가 2초마다 1페니를 준다면 1년에 얼마를 벌 수 있을까? 일단 1분에 0.3달러를 벌 수 있으며, 1시간에 18달러, 하루에 432달러, 1개월이면 12,960달러를 벌 수 있고, 1년이면 155,000달러 이상을 벌 수 있다. 즉 우리는 2초마다

1페니씩만 벌어도 엄청난 수익을 얻을 수 있는데, 바로 2초마다 누군가 에어비앤비 방을 예약한다. (1미시시피, 2미시시피, …) 방금 누군가가 방을 또 예약했다. 즉 에어비앤비가 830억 달러 규모의 기업이라는 것을 쉽게 이해할 수 있다. 다들 알다시피 에어비앤비는 전 세계에서 가장 큰 호텔

체인이다.[13] 그럼에도 불구하고 단 1개의 호텔도 소유하고 있지 않다.

에어베드에서 수십억 달러가 되기까지

에어비앤비가 처음 시작했을 때만 해도 이러한 유형의 회사가 이렇게 많은 돈을 벌 수 있을 거라고는 상상하지 못했다. 2007년, 친구 사이인 조 게비아와 브라이언 체스키는 샌프란시스코에 있는 집에서 임대 수익을 조금이라도 남겨보기 위해 집 안의 남는 에어 메트리스를 빌려주기로 결심했다. 그 당시 샌프란시스코에서 인기 있는 콘퍼런스가 열릴 예정이었는데, 마침 모든 호텔의 예약이 다 차버렸다. 두 사람은 거실 바닥에 에어베드 3개를 빌려주고, 다음 날 아침 식사를 준비해 손님을 맞이하는 아이디어를 떠올렸다. 에어베드앤드브렉퍼스트닷컴(*airbedandbreakfast.com*)이라는 웹사이트를 만들고, 며칠 만에 인도에서 온 남자, 유타에서 온 남자, 보스턴에서 온 여자를 호스트하게 되었다.

이러한 경험을 통해 사람들이 보다 지속적이고 서로 협력적인 방식으로 방을 빌려줄 의향이 있다는 것을 알게 되었다. 이때부터 지역 주민들이 자신의 방을 등록하고 여행자들이 이를 예약할 수 있도록 도와주는 에어비앤비가 탄생했다. 2008년, 버락 오바마는 덴버에서 열리는 민주당 전당대회에서 연설할 예정이었다. 75,000명 이상이 참석할 것으로 예상되었고, 호텔은 이미 예약이 초과된 상태였다. 전당대회 몇 주 전, 에어비앤비는 새로운 웹사이트를 오픈했다. 며칠 만에 해당 사이트에는 800개가 넘는 숙소 목록이 등록되었다.

2009년, 에어비앤비는 벤처캐피털로부터 60만 달러 이

출처 : Smith Collection/Gado/Alamy Stock Photo

상의 자금을 가져왔다. 에어비앤비는 예약 수수료의 15%를 부과하여 사이트에서 수익을 창출하는 세부적인 방법까지 도출했다. 이때 호스트는 3%를 에어비앤비에 지불하고 게스트는 12%를 지불한다. 이러한 에어비앤비의 성공을 업고, 2010년에 또 한 번의 투자 유치로 이어져 7백만 달러 이상의 자금을 조달받고, 이듬해에는 무려 1억 1,200만 달러의 벤처 자금을 투자받을 수 있었다.

협업적 소비

에어비앤비는 전형적인 공유 기반 비즈니스이다. 이것이 바로 협업적 소비라고 할 수 있다. 개인은 임대 혹은 대여를 통해 본인의 자산을 다른 개인과 일시적으로 공유할 수 있다. 에어비앤비 같은 기업은 소비자들이 서로를 찾을 수 있도록 도와주고, 이러한 서비스에 대해 수수료를 부과한다.

에어비앤비의 창립자 조 게비아는 "에어비앤비에서 하고 있는 일은 올바른 연결고리로 느껴집니다. 우리는 사람들이 이미 가지고 있는 공간을 더 잘 활용할 수 있도록 돕고 있으며, 전 세계 사람들을 연결합니다"라고 말한다.[14] 즉 유휴 자원을 효과적으로 활용하는 것은 에어비앤비의 성공 비결을 이해하는 데 핵심적인 요소가 된다. 도시 계획가인 대런 코튼은 테드엑스 강연에서 전동 드릴의 평균 수명이 12~13분밖에 되지 않는다고 지적했다. 만약 그것이 사실이라면 전동 드릴을 구매할 필요가 있을까? 그냥 빌리면 되지 않을까?

우리들 집 안에서 활용도가 낮은 공간도 마찬가지이다. 에어비앤비는 사용하지 않는 공간에서 연간 1억 건 이상의 숙박을 기록한다. 에어비앤비 덕분에 이제 소비자들은 사용하지 않던 공간을 또 다른 소비자에게 잠시 빌려줌으로써 수익을 창출한다. 자동차(우버), 반려동물(도그베케이), 대출(렌딩클럽) 등에서도 이런 일이 일어나고 있다. 협업 소비는 효과적으로 활용하기만 한다면, 활용도가 낮은 다양한 유형의 자산에 얼마든지 적용할 수 있다.

협업 소비에 있어 가장 중요한 부분은 피드백이다. 예를 들어, 숙박업계에서 피드백은 고객에게 자신이 빌리고자 하는 숙소에 대한 정보와 이해를 제공한다. 사람들은 방을 예약하고 숙박한 후 본인의 경험에 대한 피드백을 제공하도록 요청받고 있다. 당연히 게스트가 좋은 경험을 했다면, 집주인에게 좋은 후기를 남기려 할 것이다. 이때 좋은 후기는 앞으로 다른 게스트의 객실 예약을 유도할 수 있다. 반대로 피

드백이 부정적이고 후기가 좋지 않다면, 이후의 게스트는 해당 숙소를 예약하려 들지 않을 것이다. 집주인은 피드백을 바탕으로 미래 고객에 대한 경험을 개선할 수 있다.

토의문제

7-7. 에어비앤비는 2008년에 웹사이트를 개설하고 객실 대여를 시작했다. 하지만 인터넷은 1995년부터 이미 널리 사용되고 있었다. 에어비앤비와 같은 회사를 창업하는 데 13년이 걸린 이유는 무엇일까? 2008년 이전에 성공하지 못한 어떤 기술적 요인, 사회적 요인, 혹은 경제적 요인이 있었을까? 구글, 애플, 마이크로소프트, 아마존, 페이스북 같은 기존의 대형 ICT 기업들은 왜 에어비앤비 같은 기업을 창업하지 못했을까?

7-8. 일반적으로 성공적인 기업은 고객의 니즈를 충족시키는 것으로부터 출발했다. 그렇다면 에어비앤비는 어떤 니즈를 충족시켜 주었는가? 기존 호텔에서는 이러한 니즈를 충족시키지 못한 이유는 무엇이었는가? 호텔과 에어비앤비는 같은 니즈를 충족시켜 주고 있는가, 아니면 서로 다른 니즈에 맞춰서 서로 다른 서비스를 제공하고 있는가? 일반 고객들은 기존 호텔과 에어비앤비를 서로 다른 목적으로 이용하고 있는가? 그렇다면 그 이유는 무엇이라고 생각하는가?

7-9. 지금 여러분이 대형 투자 기업에서 일한다고 가정해 보자. 여러분의 상사가 곧 진행될 기업공개(IPO)에서 주식을 매입할 계획을 가지고 있기에 현재 에어비앤비의 기업 가치를 산정해달라고 요청한다.

a. 에어비앤비의 가치를 어떻게 판단하겠는가?

b. 에어비앤비의 가치를 호텔로서 판단하겠는가, 아니면 기술 스타트업이나 혹은 또 다른 유형의 기업으로서 평가하겠는가?

c. 에어비앤비의 미래 성장 잠재력을 어떻게 판단할 것인가? 다른 시장으로 확장할 수 있을 것인가? 만약 그렇다면 어떤 시장으로 확장하겠는가?

7-10. 협업 소비가 가지고 있는 경제적 영향에 대해 설명해보라. 에어비앤비나 우버와 같은 기업이 과연 경제 전반에 도움이 될 것이라고 생각하는가? 아니면 오히려 해가 될 것으로 생각하는가? 그 이유는 무엇인가?

7-11. 협업 소비의 혜택을 받을 수 있는 다른 시장에는 어떤 것이 있을까? 이렇듯 새로운 시장이 수익을 창출하는 데 방해가 될 수 있는 요소에는 어떤 것이 있을까?

7-12. 에어비앤비에서 숙소를 제공하는 호스트에게 고객의 후기나 평점이 중요한 이유는 무엇일까? 200개 객실을 보유한 대형 호텔보다 소규모 호스트에게 후기가 더 중요한 이유는 무엇이라 생각하는가? 피드백은 모든 협업 소비 산업에 중요할까? 그렇다면 그 이유는 무엇이라 생각하는가?

7-13. 협업 소비는 유휴 자원을 활용한다. 이와 같은 원리를 노동 시장에도 적용할 수 있을까? 또한 어떻게 적용할 수 있을까? 이것이 노동력에는 어떤 영향을 미칠 수 있을까? 에어비앤비는 호텔을 소유하고 있지는 않지만, 세계에서 가장 큰 숙박 제공업체이다. 이렇듯 세계에서 가장 큰 조직임에도 직원이 없을 수도 있을까? 이것이 어떻게 가능할까?

주

1. Mitch Ditkoff, Tim Moore, Carolyn Allen, and Dave Pollard, "The Ideal Collaborative Team," *Idea Champions*, accessed May 18, 2021, *www.ideachampions.com/downloads/collaborationresults.pdf*.

2. J. Richard Hackman, *Leading Teams: Setting the Stage for Great Performances* (Boston: Harvard Business Press, 2002).

3. Rae Hodge, "Zoombombing: What It Is and How You Can Prevent It in ZOOM Video Chat," *C|NET*, April 3, 2020, accessed May 18, 2021, *www.cnet.com/how-to/*

zoombombing-what-it-is-and-how-you-can-prevent-it-in-zoom-video-chat.

4. Jay Peters, "Zoom Adds New Security and Privacy Measures to Prevent Zoombombing," *The Verge*, April 3, 2020, accessed May 18, 2021, *www.theverge.com/2020/4/3/21207643/zoom-security-privacy-zoombombing-passwords-waiting-rooms-default*.

5. Rae Hodge, "Zoombombing: What It Is and How You Can Prevent It in ZOOM Video Chat," *C|NET*, April 3, 2020, accessed May 18, 2021, *www.cnet.com/how-to/*

zoombombing-what-it-is-and-how-you-can-prevent-it-in-zoom-video-chat.

6. Ibid.

7. Taylor Lorenz and Davey Alba, "Zoombombing Becomes a Dangerous Organized Effort," *The New York Times*, April 3, 2020, accessed May 18, 2021, *www.nytimes.com/2020/04/03/technology/zoom-harassment-abuse-racism-fbi-warning.html.*

8. Ravie Lakshmanan, "Hackers Created Thousands of Coronavirus (COVID-19) Related Sites as Bait," *The Hacker News*, March 18, 2020, accessed May 18, 2021, *https://thehackernews.com/2020/03/covid-19-coronavirus-hacker-malware.html.*

9. Anthony Spadafora, "Hackers Use Covid-19 'Special Offers' to Spread Malware," *TechRadar*, March 23, 2020, accessed May 18, 2021, *www.techradar.com/news/hackers-use-covid-19-special-offers-to-spread-malware.*

10. Jessica Kim Cohen, "Hackers Taking Advantage of COVID-19 to Spread Malware," *Modern Healthcare*, March 16, 2020, accessed May 18, 2021, *www.modernhealthcare.com/cybersecurity/hackers-taking-advantage-covid-19-spread-malware.*

11. Ibid.

12. Anthony Spadafora, "Hackers Use Covid-19 'Special Offers' to Spread Malware," *TechRadar*, March 23, 2020, accessed May 18, 2021, *www.techradar.com/news/hackers-use-covid-19-special-offers-to-spread-malware.*

13. Mike Ghaffary, "Marketplace Checklist: How Airbnb Built a $35 Billion Business on Its Brand Strength," *Forbes*, May 30, 2019, accessed May 18, 2021, *www.forbes.com/sites/mikeghaffary/2019/05/30/marketplace-checklist-how-airbnb-built-a-35-billion-business-on-its-brand-strength.*

14. Jessica Salter, "Airbnb: The Story Behind the $1.3bn Room-Letting Website," *The Telegraph*, September 7, 2012, accessed May 18, 2021, *www.telegraph.co.uk/technology/news/9525267/Airbnb-The-story-behind-the-1.3bn-room-letting-website.html.*

Chapter 8

프로세스, 조직 그리고 정보시스템

"안 돼요, 펠릭스! 또다시! 계속해서! 회의에서 한 번 결정해놓고, 다음 회의에서 다시 하고, 또 다음 회의에서도! 정말 낭비예요."

"무슨 뜻이죠, 호세? 우리가 제대로 하는 게 중요하다고 생각해요."

"그렇다면 왜 회의에 안 오는 겁니까?"

"그냥 몇 번 놓쳤어요."

"알겠어요. 지난주에 여기서 2시간, 아마 3시간 정도 회의했는데, 우리는 그렉이 아는 의사와 만나는 걸로 결정했잖아요. 그 의사는 큰 개인 종양학 진료소를 운영하고 있고 아이메드를 시도하는 것에 대해 열려 있었어요."

"하지만 호세, 앱이 언제 준비될지조차 모르잖아요. 실시간으로 운영하기까지 몇 달이 걸릴 수도 있어요. 사람들이 가입하는 게 무슨 의미가 있습니까? 앱이 준비되지 않았는데."

"펠릭스! 그건 지난주에 이미 논의했습니다. 에밀리가 스마트워치 API를 해결했고, 이미 데이터를 수집하고 있어요. 개발자들은 2주 안에 작동하는 프로토타입을 준비할 거라고 했고요. 그래서 작동 데모를 보여주는 건 문제가 안 될 겁니다. 그 의사는 그렉의 친구고, 이게 초기 단계의 프로토타입이라는 걸 알고 있어요. 그녀는 우리와 함께 일할 의향이 있습니다."

"봐요, 호세, 재스민은 그렉에게 합리적인 대답을 원해요. 만약 우리가 앱이 생산을 위해 준비가 되지 않았다고 말하면, 아마도 그렇겠지만, 우리는 더 많은 스마트 의료 기기 통합 작업으로 돌아갈 수 있습니다. 우리는 더 나은 제품을 만드는 데 집중해야 합니다, 프로토타입을 파는 게 아니라!"

"펠릭스, 당신은 나를 미치게 하고 있어요. 우리는 지난주에 이걸 지겹도록 논의했어요. 좀 진전을 이룹시다. 에밀리, 당신은 어떻게 생각하죠?"

"펠릭스, 호세 말이 맞습니다. 우리는 이걸 어떻게 진행할지에 대해 긴 논의를 했고, 클라이언트에게 보여줄 수 있는 작동하는 아이메드 프로토타입을 준비하는 데 집중하기로 합의했어요. 완벽하지는 않겠지만, 개발이 진행됨에 따라 우리의 내부 프로세스를 일부 변경해야 할 거예요. 하지만 이것은 중요한 수익원이 될 수 있어요. 우리는 회사의 생존 가능성을 보여주기 위해 이게 필요합니다."

"그래요, 에밀리, 난 이게 실수라고 생각해요. 왜 아무도 나에게 말하지 않았죠? 나는 의료 기기 제조업체와의 약속을 설정하는 데 많은 시간을 쏟았어요."

"이메일 읽어봤어요?" 에밀리가 조심스럽게 묻는다.

"무슨 이메일이요?"

"매주 내가 보내는 회의 요약 이메일이요."

"이메일은 받았지만, 첨부파일을 다운로드할 수 없었어요. 바이러스 검사기 때문인지 뭔가 이상했어요…."

호세는 그 변명을 참을 수 없다. "여기, 펠릭스, 내 걸 봐요. 우리가 프로토타입 개발에 집중하기로 결론지은 부분을 밑줄 쳐줄게요."

"호세, 이 문제에 대해 불쾌해할 필요는 없어요. 나는 좋은 아이디어가 있다고 생각했어요."

"좋아요, 그러면 이번 주에도 다시 합의했어요. 온콜로지 클리닉을 위한 데모를 보여줄 수 있는 작동 프로토타입 개발에 집중합시다. 우리는 지난 얘기를 너무 많이 했어요. 새로운 방법에 대한 생각을 해보죠."

펠릭스는 의자에 몸을 웅크리고 휴대폰을 내려다본다.

"오, 안 돼, 메이플소프의 전화를 놓쳤어. 아아악."

"펠릭스, 무슨 얘기를 하는 겁니까?"

"메이플소프, 의료 기기 제조업체인 오므론의 내 엔지니어링 연락처예요. 그는 우리가 어떤 데이터 보안 기준을 사용하고 있는지 알고 싶어 해요. 미안하지만, 전화해야 해서요. 금방 돌아올게요."

펠릭스가 방을 나간다.

호세는 에밀리를 바라본다.

"이제 어쩌죠?" 그가 묻는다. "우리가 진행하면, 펠릭스가 돌아올 때마다 모든 걸 다시 논의해야 할 거예요. 그냥 잠깐 쉬는 게 어떨까요?"

에밀리는 고개를 저으며 대답한다. "호세, 그건 하지 말죠. 이 회의에 참석하는 게 어렵거든요. 나는 오늘 밤까지 일할 필요가 없어서 이걸 위해 여기까지 차를 몰고 왔어요. 사이먼을 어린이집에서 데려와야 해요. 우리는 아직 아무것도 하지 않았어요. 펠릭스를 그냥 무시합시다."

"좋아요, 에밀리. 하지만 펠릭스를 무시하는 건 쉽지 않아요. 이걸 해결할 더 나은 방법이 있어야 해요."

문이 열리고 재스민이 들어온다.

"안녕하세요! 어떻게 지내세요? 회의에 참석해도 괜찮을까요?"

"이메일은 받았지만,
첨부파일을 다운로드할
수 없었어요."

출처 : Panchenko Vladimir/Shutterstock

 학습목표

학습성과 : 기업 정보시스템이 조직의 프로세스를 어떻게 변화시킬 수 있는지 논의할 수 있다.

8-1 기본 프로세스의 유형은 무엇인가?

8-2 정보시스템은 프로세스의 품질을 어떻게 향상시키는가?

8-3 기업 시스템은 부서 간 정보 격차 문제를 어떻게 해결하는가?

8-4 CRM, ERP, EAI는 기업 프로세스를 어떻게 지원하는가?

8-5 기업 정보시스템 구축 및 업그레이드의 도전과제는 무엇인가?

8-6 기업 간 정보시스템은 기업 내 정보 격차 문제를 어떻게 해결하는가?

이 장의 **지식**이 **여러분**에게 어떻게 도움이 되는가?

8-1 기본 프로세스의 유형은 무엇인가?

2장에서도 배웠듯이 비즈니스 프로세스는 입력을 출력으로 변환하여 가치를 생성하는 활동의 네트워크이다. 활동은 입력을 받아 출력으로 변환하는 프로세스의 하위 부분이다. 활동은 인간만 수행할 수도 있고, 컴퓨터 시스템으로 보강된 인간에 의해 수행될 수도 있으며, 오직 컴퓨터 시스템만으로 수행될 수도 있다.

그림 8-1은 고객 주문 승인을 위한 세 가지 활동 프로세스의 간소화된 모습을 보여준다. 이들 각각의 활동은 전체 프로세스의 하위 프로세스이다. 각 단계(재고 확인, 고객 신용 확인, 특별 조건 승인)는 입력을 받고 이를 출력으로 변환하는 과정을 거친다. 그림 8-1은 전형적인 비즈니스 프로세스의 요점을 보여준다. 2장에서 이러한 프로세스를 철저히 도식화하는 방법을 배웠다.

구조화된 프로세스는 동적 프로세스와 어떻게 다른가?

기업에는 수십, 수백, 심지어 수천 개의 다양한 프로세스가 있다. 일부 프로세스는 안정적이고 거의 고정된 활동 및 데이터 흐름의 순서를 따른다. 예를 들어, 노드스트롬이나 기타 품질 높은 소매점에서 판매원이 반품을 처리하는 과정은 고정되어 있다. 고객이 영수증을 가지고 있다면 이러한 단계를 밟고, 고객이 영수증을 가지고 있지 않다면 다른 단계를 따른다. 이 프로세스는 고객이 일관되게 올바르게 대우받고, 반품된 상품이 적절하게 기록되며, 판매 수수료

그림 8-1 세 가지 활동을 가진 비즈니스 프로세스

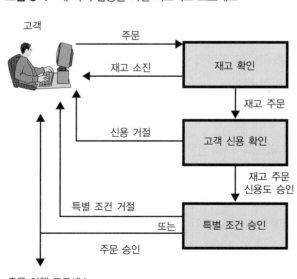

그림 8-2 구조적 프로세스와 동적 프로세스

구조적 프로세스	동적 프로세스
운영적이고 정형화된 관리 의사결정과 활동 지원	전략적이고 비정형화된 관리 의사결정과 활동 지원
표준화되어 있음	덜 구체적이고 유동적 프로세스
항상 공식적으로 정의하고 서류화되어 있음	항상 비공식적으로 정의되어 있음
드물게 잘 용인되지 않음	예외가 빈번하게 예상되고 있음
조직적 고민과 함께 천천히 프로세스 구조 변경	빠르고 쉽게 프로세스 구조가 적응형으로 변경
예 : 고객반품, 주문항목, 구매, 급여 등	**예** : 협업, 소셜 네트워킹, 명확하지 않고 모호한 상황

가 판매 직원에게 공정하게 조정되도록 표준화되어야 한다.

반면 다른 프로세스는 덜 구조화되어 있고, 덜 경직되며, 종종 창의적이다. 예를 들어, 노드 스트롬의 경영진은 내년 봄에 어떤 여성 의류를 취급할지를 어떻게 결정할까? 경영진은 과거 판매 데이터를 살펴보고, 현재 경제 상황을 고려하며, 최근 패션쇼에서 새로운 스타일에 대한 여성들의 반응을 평가할 수 있지만, 이러한 요소를 결합하여 특정 의류의 특정 수량과 색상으로 주문하는 프로세스는 반품을 수락하는 과정만큼 구조화되어 있지 않다.

이 책에서는 프로세스를 두 가지 큰 범주로 나눈다. **구조적 프로세스**(structured process)는 일상적인 운영을 포함하는, 공식적으로 정의되고 표준화된 프로세스이다. 반품 수락, 주문 접수, 원자재 구매 등이 그 예이다. 이러한 프로세스는 그림 8-2의 왼쪽 열에 요약된 특징을 가지고 있다.

동적 프로세스(dynamic process)는 유연하고 비공식적이며 적응 가능한 프로세스로, 일반적으로 전략적이고 덜 구조화된 관리 결정을 포함한다. 예를 들어, 새로운 매장 위치를 열지 여부를 결정하거나 과도한 제품 반품 문제를 해결하는 방법을 결정하는 것, 그리고 다음 시즌의 제품 라인에 대한 관심을 불러일으키기 위해 엑스(구 트위터)를 사용하는 것 등이 동적 프로세스의 예이다. 동적 프로세스는 보통 인간의 판단이 필요하다. 그림 8-2의 오른쪽 열에는 동적 프로세스의 특징이 나와 있다.

이 장에서는 구조화된 프로세스와 이를 지원하는 정보시스템에 대해 논의할 것이다. 이미 7장에서 동적 프로세스 중 하나인 협업에 대해 논의했으며, 9장에서는 또 다른 동적 프로세스인 소셜미디어에 대해 논의할 것이다.

이 장의 나머지 부분에서는 프로세스라는 용어를 **구조화된 프로세스**로 사용할 것이다.

조직 범위에 따른 프로세스의 차이점은 무엇인가?

프로세스는 조직 범위에 따라 작업그룹, 기업, 그리고 기업 간이라는 세 가지 수준에서 사용된다. 일반적으로 프로세스의 범위가 넓을수록 관리하기 더 어려워진다. 예를 들어, 단일 작업그룹 기능을 지원하는 프로세스(예 : 매입 계정 관리)는 독립된 조직의 네트워크(예 : 공급망)를 지원하는 프로세스보다 더 간단하고 관리하기 쉽다. 각 조직 범위에서의 프로세스를 고려해보자.

그림 8-3 공통적인 작업그룹 프로세스

작업그룹	작업그룹 예제 프로세스
영업 및 마케팅	• 리드 생성 • 리드 추적 • 고객관리 • 판매 예측 • 제품 및 브랜드 관리
운영	• 주문 입력 • 주문관리 • 완제품 재고관리
제조	• 재고(원자재, 재공품) • 계획 • 일정관리 • 운영
고객 서비스	• 주문 추적 • 계정 추적 • 고객 지원
인적자원	• 채용 • 보상 • 평가 • 인사 계획
회계	• 총계정 원장 • 재무 보고 • 원가 회계 • 매출 채권 • 매입 채무 • 현금관리 • 예산 편성 • 자금관리

작업그룹 프로세스 작업그룹 프로세스(workgroup process)는 특정 그룹이나 부서의 사명, 목적, 목표를 달성하기 위해 존재한다. 예를 들어, 의사들의 협력 체제는 환자 기록을 관리하고, 처방전을 발행 및 업데이트하며, 표준화된 수술 후 관리를 제공하는 프로세스를 따른다.

그림 8-3에는 일반적인 작업그룹 프로세스가 나와 있다. 이 프로세스들은 주로 주어진 부서 내에서 이루어진다. 다른 부서로부터 입력을 받을 수 있고 다른 부서에서 사용할 출력을 생성할 수 있지만, 대부분의 프로세스 활동은 단일 부서 내에 있다.

작업그룹 정보시스템(workgroup information system)은 작업그룹 내에서 하나 이상의 프로세스를 지원하기 위해 존재한다. 예를 들어, 운영 부서는 그림 8-3에 나와 있는 모든 운영 프로세스를 지원하기 위해 정보시스템을 구현할 수 있다. 또는 회계 부서는 회계 프로세스를 지원하기 위해 2~3개의 다른 정보시스템을 구현할 수 있다. 때때로 작업그룹 정보시스템은 **기능 정보시스템**(functional information system)이라고도 한다. 따라서 운영관리 시스템은 기능 정보시스템이며, 총계정 원장 시스템과 원가회계 시스템도 마찬가지이다. 기능 정보시스템의 프로그램 구성 요소는 **기능 애플리케이션**(functional application)이라고 한다.

그림 8-4 공통적인 작업그룹 프로세스

범위	예제	특징
작업그룹	의사 사무실/ 의료 진료소	하나 이상의 작업그룹 프로세스를 지원. 10~100명의 사용자. 절차는 종종 공식화됨. 문제해결은 그룹 내에서 발생. 작업그룹이 데이터를 중복할 수 있음. 변경이 다소 어려움
기업	병원	하나 이상의 기업 프로세스를 지원. 100~1,000명 이상의 사용자. 절차는 공식화됨. 문제해결은 기업에 영향을 미침. 작업그룹 데이터 중복 제거. 변경이 어려움
기업 간	의료 교환	하나 이상의 기업 간 프로세스를 지원. 1,000명 이상의 사용자. 시스템 절차는 공식화됨. 문제해결은 여러 조직에 영향을 미침. 중복된 기업 데이터를 해결할 수 있음. 변경이 매우 어려움

작업그룹 정보시스템의 일반적인 특징은 그림 8-4의 상단 행에 요약되어 있다. 일반적인 작업그룹 정보시스템은 10명에서 100명의 사용자를 지원한다.

작업그룹 프로세스는 작업그룹의 모든 구성원이 이해해야 하기 때문에 절차가 문서화되어 공식화되는 경우가 많다. 사용자들은 일반적으로 이러한 절차의 사용법에 대해 공식적인 교육을 받는다. 문제가 발생하면 거의 항상 그룹 내에서 해결할 수 있다. 예를 들어, 특정 공급업체에 대한 계정 기록이 중복되면 계정 지급 팀이 이를 수정할 수 있다. 웹사이트의 재고 데이터베이스에 아이템 수가 잘못 기재되어 있으면 매장 팀 내에서 이를 수정할 수 있다.

(참고로 문제의 결과는 그룹에만 국한되지 않는다. 작업그룹 정보시스템이 조직 전체에 서비스를 제공하기 때문에 그 문제는 조직 전체에 영향을 미친다. 그러나 문제의 수정은 보통 그룹 내에서 이루어질 수 있다.)

조직 내 2개 이상의 부서가 데이터를 중복시킬 수 있으며, 이러한 중복은 조직에 매우 문제가 될 수 있다. 작업그룹 정보시스템은 여러 사용자를 포함하기 때문에 이를 변경하는 것은 문제가 될 수 있다. 그러나 문제가 발생하면 작업그룹 내에서 해결할 수 있다.

윤리 가이드(266~267쪽)에서는 한 사람의 행동이 전체 회사에 어떻게 영향을 미칠 수 있는지 보여준다.

커리어 가이드(265~266쪽)를 읽고 대규모 시스템 관리 경력에 대해 자세히 알아보자.

기업 프로세스   기업 프로세스(enterprise process)는 조직 전반에 걸쳐 여러 부서의 활동을 지원한다. 예를 들어, 병원에서 환자를 퇴원시키는 프로세스는 청소 부서, 약국, 주방, 간호사 스테이션 및 기타 병원 부서의 활동을 지원한다.

기업 정보시스템(enterprise information system)은 하나 이상의 기업 프로세스를 지원한다. 이러한 시스템은 일반적으로 수백에서 수천 명의 사용자가 있으며, 절차는 공식화되고 광범위하게 문서화되어 있다. 사용자들은 항상 공식적인 절차 교육을 받는다. 때로는 기업 시스템이 절차의 범주를 포함하며, 사용자들은 시스템의 전문성 수준 및 권한 수준에 따라 정의된다.

기업 시스템의 문제해결은 1개 이상의 작업그룹이나 부서를 포함한다. 기업 시스템의 주요 장점은 기업 내 데이터 중복이 완전히 제거되거나, 허용되는 경우 데이터 중복 변경이 일관성을 유지하도록 신중하게 관리된다는 점이다.

기업 시스템은 많은 부서를 포괄하고 잠재적으로 수천 명의 사용자를 포함하기 때문에 변경하기가 어렵다. 변경사항은 신중하게 계획되고 신중하게 실행되어야 하며, 사용자들은 상당한 교육을 받아야 한다. 때로는 사용자들에게 현금 인센티브와 다른 유인책이 제공되어 변경에 대한 동기 부여가 이루어지기도 한다.

CRM, ERP, EAI는 8-4절에서 정의하고 논의할 세 가지 기업 정보시스템이다.

기업 간 프로세스　기업 간 프로세스(inter-enterprise process)는 2개 이상의 독립 조직에 걸쳐 있다. 예를 들어, 헬스케어 교환을 통해 건강보험을 구매하는 과정은 여러 보험 회사와 정부 기관을 포함한다. 각 조직은 법률, 정부 정책 및 보험 회사의 경쟁 관심사에 영향을 받는 활동을 수행한다.

기업 간 정보시스템(inter-enterprise information system)은 하나 이상의 기업 간 프로세스를 지원한다. 이러한 시스템은 일반적으로 수천 명의 사용자를 포함하며, 문제해결에는 보통 독립적으로 소유된 여러 조직 간의 협력이 필요하다. 문제는 회의, 계약 및 때로는 소송을 통해 해결된다.

데이터는 종종 조직 간에 중복되며, 이러한 중복은 제거되거나 신중하게 관리된다. 광범위한 범위, 복잡성 및 여러 회사의 사용으로 인해 이러한 시스템은 변경하기가 매우 어렵다. 공급망 관리는 기업 간 정보시스템의 고전적인 예이다. 이 책의 나머지 장에서는 아이메드 애널리틱스의 기업 간 사례를 통해 기업 간 정보시스템을 다룰 것이다.

8-2 정보시스템은 프로세스 품질을 어떻게 향상시키는가?

프로세스는 조직의 구조를 이루는 요소로, 사람들이 조직의 목표를 달성하기 위해 활동을 조직하는 수단이다. 따라서 프로세스 품질은 조직의 성공을 결정하는 중요한 요소이다.[1]

프로세스 품질의 두 가지 차원은 효율성과 효과성이다. **프로세스 효율성**(process efficiency)은 프로세스 출력 대 입력의 비율을 측정한다. 만약 그림 8-1의 프로세스를 대체하는 방법이 동일한 주문 승인/거절(출력)을 더 낮은 비용으로 생산하거나 동일한 비용으로 더 많은 승인/거절을 생산할 수 있다면, 그 방법이 더 효율적이다.

프로세스 효과성(process effectiveness)은 프로세스가 조직의 전략을 얼마나 잘 달성하는지를 측정한다. 만약 조직이 고품질 고객 서비스를 차별화 요소로 삼고 있고 그림 8-1의 프로세스가 주문 요청에 응답하는 데 5일이 걸린다면, 그 프로세스는 효과적이지 않다. 맞춤형 제조를 제공하는 회사는 3D 프린팅을 사용하여 프로세스를 더 효과적으로 만들 수 있다.

프로세스를 어떻게 개선할 수 있을까?

조직은 프로세스의 품질(효율성 및/또는 효과성)을 다음 세 가지 방법 중 하나로 개선할 수 있다.

- 프로세스 구조 변경
- 프로세스 자원 변경
- 프로세스 구조와 자원 둘 다 변경

프로세스 구조 변경　경우에 따라 프로세스 품질은 단순히 프로세스를 재구성함으로써 변경될 수 있다. 그림 8-1의 주문 승인 프로세스는 고객 신용을 먼저 확인하고 그다음에 재고를 확인함으로써 더 효율적으로 만들 수 있다. 이 변경은 신용이 거절될 고객의 재고 확인 비용을 절약할 수 있기 때문에 더 효율적일 수 있다. 그러나 이 변경은 적절한 재고를 갖추지 못한 고객에 대해 신용 조회를 하는 비용을 초래할 수 있다. 프로세스 구조는 프로세스 효율성에 큰 영향을 미친다는 점에서 우리는 2장에서 이러한 변경을 조사했다.

프로세스 구조 변경은 또한 프로세스의 효과성을 증가시킬 수 있다. 만약 조직이 비용절감 전략을 선택했다면, 그 전략은 특별 조건이 절대 승인되지 않아야 한다는 것을 의미할 수 있다. 만약 그림 8-1의 프로세스가 특별 조건이 있는 주문을 승인하는 결과를 초래한다면, 세 번째 활동을 제거하는 것이 더 효과적일 것이다(대부분의 경우 운영비용도 절감될 것이다).

프로세스 자원 변경 비즈니스 프로세스 활동은 인간과 정보시스템에 의해 수행된다. 프로세스 품질을 개선하는 한 가지 방법은 이러한 자원의 할당을 변경하는 것이다. 예를 들어, 그림 8-1의 프로세스가 너무 오래 걸리기 때문에 효과적이지 않다면, 한 가지 방법은 지연의 원인을 찾아 더 많은 자원을 추가하는 것이다. 만약 지연이 고객 신용 확인 활동에 의해 발생한다면, 한 가지 방법은 그 활동에 더 많은 사람을 추가하는 것이다. 사람을 추가하면 지연이 감소할 수 있지만, 비용이 증가하므로 조직은 효과성과 효율성 사이의 적절한 균형을 찾아야 한다.

고객 신용 확인 프로세스를 단축하는 또 다른 방법은 고객 신용 확인을 수행하는 정보시스템을 사용하는 것이다. 새로운 시스템의 개발 및 운영 비용에 따라, 이 변경은 비용이 적게 들 수 있어 더 효율적일 수 있다.

프로세스 구조와 자원 둘 다 변경 물론 프로세스 품질을 개선하기 위해 프로세스의 구조와 자원을 모두 변경할 수 있다. 사실, 구조 변경이 단순한 작업 순서 변경이 아닌 경우, 프로세스 구조 변경은 거의 항상 자원의 변경을 수반한다.

정보시스템이 프로세스 품질을 어떻게 향상시킬 수 있는가?

정보시스템은 다음과 같은 방법으로 프로세스 품질을 향상시킬 수 있다.

- 활동 수행
- 활동을 수행하는 인간 보조
- 데이터 품질 및 프로세스 흐름 제어

활동 수행 정보시스템은 프로세스 활동 전체를 수행할 수 있다. 예를 들어, 그림 8-1에서 신용 확인 활동은 완전히 자동화될 수 있다. 아마존이나 다른 주요 온라인 소매점에서 구매할 때, 정보시스템은 거래가 처리되는 동안 신용을 확인한다. 항공사 좌석 예약은 자동으로 이루어지며, 모든 예약 활동은 정보시스템에 의해 수행된다. (물론 예약을 하는 동안 승객의 활동은 제외된다. 승객이 가능한 좌석 중에서 좌석을 선택해야 하지만, 그 시간은 항공사에게 무료이다.)

활동을 수행하는 인간 보조　정보시스템이 프로세스 품질을 향상시키는 두 번째 방법은 활동을 수행하는 인간의 행동을 보조하는 것이다. 예를 들어, 환자 예약 관리 프로세스를 고려해보자. 환자가 의사 사무실에 전화를 걸어 접수원과 이야기하면서 예약 정보시스템을 사용하여 예약을 잡는다. 그 정보시스템은 예약 생성 활동을 보조한다.

데이터 품질 및 프로세스 흐름 제어　정보시스템이 프로세스 품질을 향상시키는 세 번째 방법은 데이터 품질 및 프로세스 흐름을 제어하는 것이다.

정보시스템의 주요 이점 중 하나는 데이터 품질을 제어하는 것이다. 정보시스템은 올바른 데이터 값이 입력되도록 보장할 뿐만 아니라, 데이터가 완전한 상태로 프로세스 활동이 계속 진행되도록 보장할 수 있다. 데이터 오류를 교정하는 가장 저렴한 방법은 출처에서 교정하는 것이며, 이는 불완전한 데이터로 프로세스 활동이 시작될 때 발생하는 문제를 피할 수 있다.

정보시스템은 또한 프로세스 흐름을 제어하는 역할을 한다. 예를 들어 그림 8-1의 주문 승인 프로세스를 고려해보자. 이 프로세스가 수동으로 제어되면 누군가, 예를 들어 판매원이 고객으로부터 주문 데이터를 받아 그 주문을 세 단계의 주문 프로세스를 통해 진행시키기 위해 필요한 모든 조치를 취할 것이다. 만약 판매원이 바쁘거나 주의가 산만해지거나 며칠 동안 자리를 비우거나, 활동 중 하나에서 예기치 않은 지연이 발생하면 주문이 분실되거나 승인이 불필요하게 지연될 수 있다.

그러나 정보시스템이 주문 승인 프로세스를 제어하면, 정해진 일정에 따라 단계가 수행되도록 보장할 수 있다. 정보시스템은 그림 8-1보다 더 복잡한 프로세스에 대해 올바른 프로세스 루팅(process-routing) 결정을 내릴 수 있다.

8-3 기업 시스템은 부서 간 정보 격차 문제를 어떻게 해결하는가?

정보 격차(information silo)는 데이터가 분리된 정보시스템에 고립되어 있는 상태를 말한다. 예를 들어, 그림 8-3의 6개 작업그룹과 그들의 정보시스템을 생각해보자. 이 정보시스템들을 잠시만 생각해보면, 각 시스템이 고객, 판매, 제품 및 기타 데이터를 처리하지만, 각 시스템이 이를 자신의 목적에 맞게 사용하고 약간 다른 데이터를 저장할 가능성이 높다는 것을 알 수 있다. 예를 들어, 판매 부서는 고객의 구매 담당자의 연락처 데이터를 저장하는 반면, 회계 부서는 고객의 회계 담당자의 연락처 데이터를 저장한다.

작업그룹이 자신의 필요에 맞춰 정보시스템을 개발하는 것은 매우 자연스러운 일이지만, 시간이 지나면서 이러한 별개의 시스템이 존재하는 것은 수많은 문제를 초래하는 정보 격차를 유발하게 된다.

정보 격차의 문제점은 무엇인가?

그림 8-5는 판매 및 마케팅 부서와 회계 부서 간의 작업그룹 수준에서 정보 격차로 인해 발생하는 주요 문제들을 나열한다. 첫째, 데이터가 중복된다. 판매 및 마케팅과 회계 애플리케이션은 동일한 고객 데이터를 저장하는 별도의 데이터베이스를 유지한다. 데이터 저장 공간은 저

그림 8-5　정보 격차에 의해 발생하는 문제

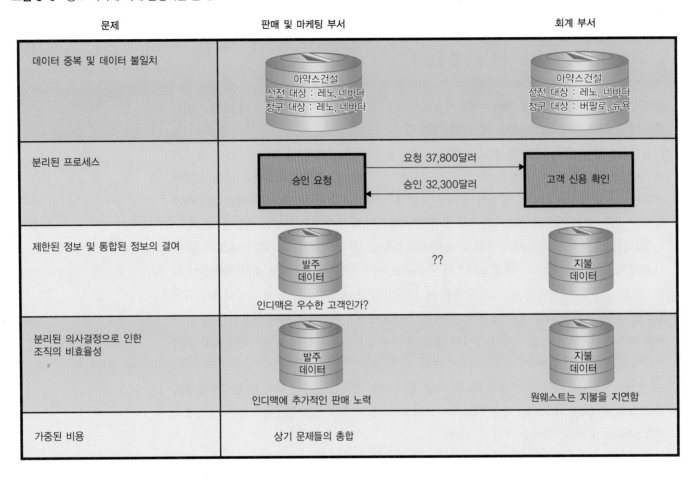

문제	판매 및 마케팅 부서	회계 부서
데이터 중복 및 데이터 불일치	아약스건설 선전 대상 : 레노, 네바다 청구 대상 : 레노, 네바다	아약스건설 선전 대상 : 레노, 네바다 청구 대상 : 버팔로, 뉴욕
분리된 프로세스	승인 요청 ← 요청 37,800달러 → 고객 신용 확인 승인 32,300달러	
제한된 정보 및 통합된 정보의 결여	발주 데이터　　　?? 인디맥은 우수한 고객인가?	지불 데이터
분리된 의사결정으로 인한 조직의 비효율성	발주 데이터 인디맥에 추가적인 판매 노력	지불 데이터 원웨스트는 지불을 지연함
가중된 비용	상기 문제들의 총합	

렴하기 때문에 중복의 문제는 디스크 저장 공간의 낭비가 아니다. 오히려 문제는 데이터 불일치이다. 판매 및 마케팅 애플리케이션에서 고객 데이터에 대한 변경사항이 회계 애플리케이션의 데이터베이스에 반영되는 데는 며칠 또는 몇 주가 걸릴 수 있다. 그 기간 동안 배송은 지연 없이 고객에게 도착하지만 송장은 잘못된 주소로 발송될 수 있다. 조직에 불일치한 중복 데이터가 있으면 **데이터 무결성**(data integrity) 문제가 있다고 말한다.

추가적으로 애플리케이션이 분리될 때 비즈니스 프로세스는 분리된다. 가령 한 기업이 15,000달러 이상의 신용 주문은 미수금 부서에서 사전 승인을 받아야 한다는 규정을 가지고 있다고 가정해보자. 지원 애플리케이션이 분리되어 있으면 두 활동이 데이터를 조정하기 어려워 승인 과정이 느려지고 오류가 발생할 가능성이 있다.

그림 8-5의 두 번째 행을 보면, 판매 및 마케팅 부서는 아약스건설과 20,000달러의 주문을 승인하고자 한다. 판매 및 마케팅 데이터베이스에 따르면, 아약스건설은 현재 17,800달러의 잔액을 가지고 있으므로, 판매 및 마케팅 부서는 총신용 금액으로 37,800달러를 요청한다. 그러나 회계 데이터베이스에는 아약스건설이 12,300달러의 잔액을 가지고 있는 것으로 나타난다. 이는 미수금 애플리케이션이 아약스건설에게 5,500달러의 반품을 신용 처리했기 때문이다. 회계 기록에 따르면, 20,000달러의 주문을 승인하기 위해서는 총 32,300달러의 신용 승인만 필요하다. 따라서 부서는 이 금액만 승인하게 된다.

판매 및 마케팅 부서는 32,300달러의 신용 승인을 받고 어떻게 해야 할지 모른다. 데이터베이스에 따르면, 아약스건설은 이미 17,800달러를 빚지고 있으므로, 총신용 승인 금액이 32,300달러이면 회계 부서가 새로운 주문 중 14,500달러만 승인한 것인가? 왜 그 금액인가? 두 부서 모두 주문을 승인하고자 하지만, 이를 해결하기 위해서는 수많은 이메일과 전화 통화가 필요하다. 이러한 상호작용하는 비즈니스 프로세스는 분리되어 있다.

이러한 분리된 활동의 결과로 통합된 기업 정보의 부족이 발생한다. 예를 들어, 판매 및 마케팅 부서가 인디맥이 여전히 우수 고객인지 알고 싶어 한다고 가정해보자. 이를 결정하기 위해서는 주문 이력과 결제 이력 데이터를 비교해야 한다. 정보 격차가 있는 경우, 그 데이터는 2개의 다른 데이터베이스에 존재할 것이며, 그중 하나에서는 인디맥이 인수한 회사인 원웨스트뱅크라는 이름으로 알려져 있다. 데이터 통합이 어려울 것이다. 이를 결정하기 위해서는 수작업 프로세스와 며칠이 필요하지만, 몇 초 안에 쉽게 답변할 수 있어야 한다.

이로 인해 네 번째 결과인 비효율성이 발생한다. 분리된 기능 애플리케이션을 사용할 때, 결정은 분리되어 이루어진다. 그림 8-5의 네 번째 행에 나타난 것처럼, 판매 및 마케팅 부서는 인디맥에 대한 판매 노력을 2배로 늘리기로 결정했다. 그러나 회계 부서는 인디맥이 FDIC에 의해 압류되고 원웨스트에 매각되었으며 지불이 느린 것을 알고 있다. 향상된 판매를 위해 주목받을 더 나은 잠재 고객들이 있다. 통합이 없으면 조직의 오른손이 하는 일을 왼손이 알지 못한다.

마지막으로 정보 격차는 조직의 비용 증가로 이어질 수 있다. 중복 데이터, 분리된 시스템, 제한된 정보, 비효율성은 모두 더 높은 비용을 의미한다.

조직은 정보 격차 문제를 어떻게 해결하는가?

정보 격차는 데이터가 분리된 시스템에 저장될 때 발생한다고 정의된다. 이러한 격차를 해결하는 가장 분명한 방법은 데이터를 단일 데이터베이스로 통합하고 애플리케이션(및 비즈니스 프로세스)을 해당 데이터베이스로 사용하도록 수정하는 것이다. 만약 이것이 불가능하거나 실용적이지 않다면, 다른 해결책은 격차를 허용하되 문제를 피하기 위해 이를 관리하는 것이다.

그림 8-6 혁신 도구로서의 정보 격차

범주	예시	정보 격차 예시	적용 가능 기술
작업그룹	의사 사무실/ 의료 진료소	담당 의사와 병원에서 환자에 대한 데이터의 분리 저장. 불필요한 검사 및 처방	기능 애플리케이션
		⬇	기업 애플리케이션(CRM, ERP, EAI)
기업	병원	동일한 환자에 대해 병원과 약국 간 상이한 처방전	
		⬇	클라우드 내 웹 기술을 활용한 분산 시스템
기업 간	각종 의료기관 및 애플리케이션	의사, 병원, 약국이 환자의 처방전 및 기타 정보의 공유	

그림 8-6의 화살표는 조직의 두 수준에서 이러한 해결책을 보여준다. 첫째, 작업그룹 정보 시스템에서 생성된 분리된 데이터는 기업 전체 애플리케이션을 사용하여 통합된다.

둘째, 오늘날 기업 수준의 정보시스템에서 생성된 분리된 데이터는 단일 클라우드 데이터베이스에서 데이터를 처리하거나 분리된 독립 데이터베이스를 연결하여 하나의 데이터베이스처럼 보이도록 하는 분산 애플리케이션(예 : 아이메드 애널리틱스)을 사용하여 상호 간 시스템으로 통합되고 있다.

지금은 분리된 데이터 문제를 해결하는 방법을 더 잘 이해하기 위해 병원의 기업 시스템을 고려해보자.

환자 퇴원을 위한 기업 시스템

그림 8-7은 병원의 일부 부서와 환자 퇴원 절차의 일부를 보여준다. 의사가 환자의 퇴원을 지시하게 되면 절차가 시작된다. 지시는 적절한 간호 직원에게 전달되며, 그들은 약국, 환자 가족 및 주방 등에 활동을 전달하게 된다. 이러한 활동 중 일부는 간호 직원에게 다시 활동을 연계하도록 한다. 그림 8-7에서 기업 정보시스템(빨간색 실선)은 퇴원 절차(빨간색 점선)를 지원한다.

기업 시스템 도입 이전에는 병원이 서류 기반 시스템과 비공식적인 전화 메시지를 사용하는 절차를 개발했다. 각 부서는 자체 기록을 유지했다. 새로운 기업 정보시스템이 도입되면서 데이터가 데이터베이스에 통합될 뿐만 아니라 새로운 컴퓨터 기반 양식과 보고서도 생성되었다. 직원들은 서류 기반 시스템에서 컴퓨터 기반 시스템으로 전환해야 했다. 또한 전화 통화를 중단하고 새로운 정보시스템이 부서 간에 알림을 보내도록 해야 했다. 이러한 조치는 상당한 변화를 필요로 했고, 대부분의 조직은 이러한 전환을 겪으면서 많은 고통을 경험했다.

그림 8-7 기업 프로세스와 정보시스템의 예제

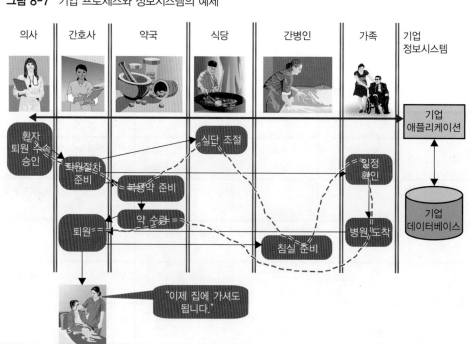

8-4 CRM, ERP, EAI는 기업 프로세스를 어떻게 지원하는가?

그림 8-7과 같은 기업 시스템은 네트워크, 데이터 통신, 데이터베이스 기술이 1980년대 후반과 1990년대 초반에 충분한 수준의 역량과 성숙도에 도달하기 전까지는 실현 가능하지 않았다. 그 시점에서 많은 조직이 기업 시스템을 개발하기 시작했다.

비즈니스 프로세스 엔지니어링의 필요성

조직이 기업 시스템을 개발하기 시작하면서 기존의 비즈니스 프로세스를 변경해야 한다는 것을 깨달았다. 부분적으로는 공유 데이터베이스와 새로운 컴퓨터 기반 양식 및 보고서를 사용하기 위해 변경이 필요했다. 그러나 비즈니스 프로세스를 변경해야 하는 더 중요한 이유는 통합된 데이터와 기업 시스템이 프로세스 품질에 상당한 향상을 가져올 가능성을 제공했기 때문이다. 이전에는 불가능했던 일들을 수행할 수 있게 되었다. 포터의 언어(2장 37쪽)를 사용하자면, 기업 시스템은 가치사슬 간의 더 강력하고, 더 빠르며, 더 효과적인 **연결**을 생성할 수 있게 했다.

예를 들어, 병원이 서류 기반 시스템을 사용할 때 주방은 전날 자정 기준으로 병원에 있는 모든 환자를 위해 식사를 준비했다. 자정이 되기 전까지 퇴원에 대한 데이터를 얻을 수 없었기 때문에 상당한 양의 음식이 낭비되었고 그 비용은 상당했다.

기업 시스템을 통해 주방은 환자의 퇴원이 발생하는 대로 알림을 받을 수 있어 음식 낭비가 크게 줄어든다. 그러나 주방은 언제 알림을 받아야 할까? 즉시 알림을 받아야 할까? 그리고 만약 퇴원이 완료되기 전에 취소된다면 주방에 퇴원 취소를 알릴까? 많은 가능성과 대안이 존재한다. 따라서 병원이 새로운 기업 시스템을 설계하기 위해서는 새로운 역량을 활용하기 위해 프로세스를 어떻게 변경하는 것이 가장 좋은지 결정해야 했다. 이러한 프로젝트는 **비즈니스 프로세스 리엔지니어링**(business process reengineering)이라고 불리게 되었으며, 이는 새로운 정보시스템을 활용하기 위해 기존 비즈니스 프로세스를 변경하고 새로운 비즈니스 프로세스를 설계하는 활동이다.

불행히도 비즈니스 프로세스 리엔지니어링은 어렵고, 느리며, 매우 비싸다. 비즈니스 분석가는 조직 전체의 주요 직원을 인터뷰하여 새로운 기술을 어떻게 가장 잘 사용할 수 있는지 결정해야 한다. 복잡성이 많기 때문에 이러한 프로젝트는 높은 수준의 비용이 드는 기술과 상당한 시간을 필요로 한다. 많은 초기 프로젝트가 프로젝트의 엄청난 규모가 명백해지면서 지연되었다. 이는 일부 조직에 부분적으로 구현된 시스템을 남기게 되어 재앙적인 결과를 초래했다. 직원들은 새로운 시스템을 사용하는지, 오래된 시스템을 사용하는지, 아니면 두 시스템의 혼합된 버전을 사용하는지 알지 못했다.

이러한 상황에서 기업 애플리케이션 솔루션의 등장이 시작되었다. 이는 다음에 논의하겠다.

기업 애플리케이션 솔루션의 등장

기업 전체 시스템의 프로세스 품질 혜택이 명확해졌을 때, 대부분의 조직은 여전히 자체 애플리케이션을 내부적으로 개발하고 있었다. 당시 조직은 자체 요구사항이 '너무 독특하다'고 생각하여 기존의 또는 수정된 애플리케이션으로 만족할 수 없다고 여겼다. 그러나 애플리케이션이 점점 더 복잡해짐에 따라 내부 개발 비용은 실현 가능하지 않게 되었다. 4장에서 언급했듯이 내부에서 구축된 시스템은 초기 개발 비용이 높을 뿐만 아니라 변경 요구사항에 따라 시스템을 계속 수정해야 하기 때문에 비용이 많이 든다.

1990년대 초반, 비즈니스 프로세스 리엔지니어링 비용이 내부 개발 비용과 결합되면서, 조직은 기존 애플리케이션을 라이선스하는 아이디어를 더 긍정적으로 보기 시작했다. "아마도 우리는 그렇게 독특하지 않을지도 모른다."

이러한 태도 변화를 활용한 일부 벤더는 피플소프트, 시벨, SAP 등이다. 피플소프트는 급여 및 제한된 기능의 인사 시스템을 라이선스했고, 시벨은 판매 리드 추적 및 관리 시스템을 라이선스하였으며, SAP는 새로운 개념인 기업 자원 관리시스템을 라이선스했다.

이 세 회사와 궁극적으로 이와 유사한 수십 개의 다른 회사는 단순히 소프트웨어와 데이터베이스 설계만 제공한 것이 아니다. 그들은 또한 표준화된 비즈니스 프로세스를 제공했다. 이러한 **고유 프로세스**(inherent process)는 소프트웨어 제품을 사용하는 사전 설계된 절차로, 조직이 비즈니스 프로세스 리엔지니어링의 비용, 지연 및 위험을 피할 수 있도록 했다. 대신 조직은 소프트웨어를 라이선스하고 '업계의 모범사례(best practice)'를 기반으로 하여 보장된 사전 구축된 프로세스를 얻을 수 있었다.

그 거래의 일부는 너무 좋아서 사실이 아닌 것처럼 보였지만, 고유 프로세스는 거의 완벽하게 맞지 않는다는 것을 배우게 될 것이다. 그러나 많은 조직이 그 제안을 거부하기 어려웠다. 시간이 지나면서 고객관계관리(CRM), 전사적 자원관리(ERP), 기업 애플리케이션 통합(EAI)이라는 세 가지 범주의 기업 애플리케이션이 등장했다. 각각을 고려해보자.

고객관계관리

고객관계관리(CRM) 시스템(customer relationship management system)은 리드 생성부터 고객 서비스까지 고객과의 모든 상호작용을 관리하기 위한 애플리케이션 체계, 데이터베이스 및 고유한 프로세스로 구성된다. 고객과의 모든 접촉 및 거래는 CRM 데이터베이스에 기록된다. CRM 소프트웨어의 공급업체는 그들의 제품을 사용하면 조직이 **고객 중심**이 된다고 주장한다. 이 용어는 다소 과장된 표현이지만, CRM 패키지의 성격과 의도를 나타낸다.

그림 8-8은 **고객수명주기**(customer life cycle)의 네 단계, 즉 마케팅, 고객 획득, 관계 관리 및 손실/이탈을 보여준다. 마케팅은 고객 유망주를 유치하기 위해 목표 시장에 메시지를 보낸다. 유망주가 주문하면 그들은 지원이 필요한 고객이 된다. 또한 관계관리 프로세스는 더 많은 제품을 판매하여 기존 고객의 가치를 증가시킨다. 시간이 지남에 따라 조직은 고객을 잃게 된다. 이럴 때 윈백(win-back) 프로세스는 고객을 가치에 따라 분류하고 고가치 고객을 되찾기 위해 노력한다.

그림 8-9는 CRM 애플리케이션의 주요 구성 요소를 보여준다. 각 단계마다 구성 요소가 존재함을 알 수 있다. 모든 애플리케이션은 공통 고객 데이터베이스를 처리한다. 이 설계는 중복된 고객 데이터를 제거하고 데이터 불일치의 가능성을 없앤다. 또한 각 부서는 다른 부서에서 고객과 무슨 일이 있었는지 알 수 있게 한다. 예를 들어, 고객 지원 부서는 시간이 지나면서 300달러의 매출을 올린 고객에게 1,000달러의 지원이 필요한 노동을 제공하지 않을 것이다. 반면 수백만 달러의 매출을 올린 고객에게는 최선을 다할 것이다. 이러한 통합의 결과로 고객은 여러 부서와 거래하는 것이 아니라 하나의 단체와 거래하는 느낌을 받게 된다.

그림 8-8 고객수명주기

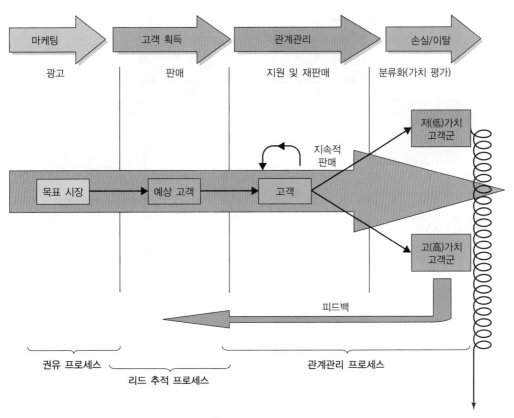

출처 : Professor Douglas MacLachlan, Michael G. Foster School of Business, University of Washington.

CRM 시스템은 제공하는 기능의 정도에 따라 다르다. CRM 패키지를 선택할 때의 주요 과제 중 하나는 필요한 기능을 결정하고 그 요구사항을 충족하는 패키지를 찾는 것이다. 여러분은 업무 경력 기간에 이러한 프로젝트에 참여할 가능성이 있다.

전사적 자원관리(ERP)

전사적 자원관리(enterprise resource planning, ERP)는 비즈니스 운영을 단일의 일관된 컴퓨팅 플

그림 8-9 CRM 애플리케이션

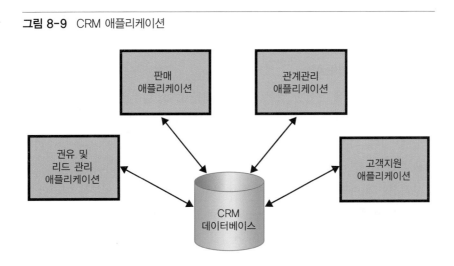

그림 8-10 ERP 애플리케이션

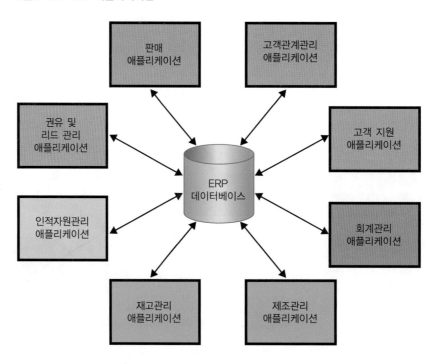

랫폼으로 통합하기 위한 애플리케이션 체계이며, 데이터베이스 및 고유한 프로세스로 구성된다. 그림 8-10에 나타나 있듯이 ERP는 CRM의 기능을 포함하며 회계, 제조, 재고 및 인적자원 애플리케이션도 포함한다.

ERP 시스템은 판매를 예측하고 그 예측을 충족시키기 위한 제조 계획과 일정을 작성하는 데 사용된다. 제조 일정에는 자재, 장비 및 인력의 사용이 포함되므로 재고 및 인적자원 애플리케이션을 통합해야 한다. ERP는 회계를 포함하므로 이러한 모든 활동은 자동으로 일반 원장 및 기타 회계 애플리케이션에 게시된다.

SAP는 전 세계 ERP 공급업체 중 선두 주자이다. 기본 ERP 제공 외에도 SAP는 특정 용도를 위해 제품을 맞춤화한 산업별 패키지를 제공한다. 예를 들어 자동차 제조를 위한 SAP 패키지와 많은 다른 전문 산업을 위한 패키지가 있다.

ERP는 제조에서 시작되었으며 명확한 제조업 특징을 가지고 있다. 그러나 병원과 같은 서비스 조직을 포함한 많은 다른 조직에서도 사용하도록 적응되어 개발되고 있다.

대규모 중앙집중식 ERP 시스템은 매력적인 표적이 될 수 있다. 자세한 내용은 보안 가이드(263~265쪽)를 참조하라.

기업 애플리케이션 통합(EAI)

ERP 시스템이 모든 조직에 적합한 것은 아니다. 예를 들어, 일부 비제조 회사는 ERP의 제조 지향이 부적절하다고 느낀다. 심지어 제조 회사도 ERP 시스템으로 전환하는 과정이 너무 벅차다고 생각할 수 있다. 다른 회사는 현재의 제조 애플리케이션 시스템에 매우 만족하며 변경을 원하지 않을 수도 있다.

ERP가 부적절한 회사도 정보 격차 문제를 여전히 가지고 있으며, 일부는 이러한 문제를 해결하기 위해 **기업 애플리케이션 통합**(enterprise application integration, EAI)을 선택한다. EAI는 애플리케이션을 서로 연결하는 소프트웨어 계층을 제공하여 기존 시스템을 통합하는 소프트

그림 8-11   EAI 아키텍처

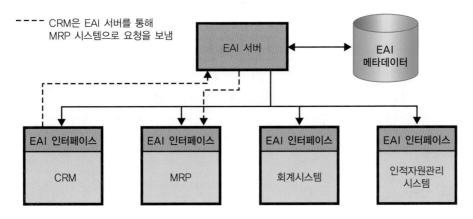

웨어 애플리케이션 체계이다. EAI는 다음과 같은 기능을 한다.

- 새로운 소프트웨어/시스템 계층을 통해 시스템 '섬(island)'을 연결한다.
- 기존 애플리케이션이 데이터를 공유하고 통신할 수 있게 한다.
- 통합된 정보를 제공한다.
- 기존 시스템을 활용하여 기능 애플리케이션을 그대로 두고 그 위에 통합 계층을 제공한다.
- ERP로의 점진적인 이동을 가능하게 한다.

그림 8-11에 나타난 EAI 소프트웨어 계층은 기존 애플리케이션이 서로 통신하고 데이터를 공유할 수 있게 한다. 예를 들어, EAI 소프트웨어는 서로 다른 시스템 간의 데이터 공유를 위해 필요한 변환을 자동으로 수행하도록 구성할 수 있다. CRM 애플리케이션이 제조 애플리케이션 시스템에 데이터를 보낼 때, CRM 시스템은 데이터를 EAI 소프트웨어 프로그램에 보낸다. 그 EAI 프로그램은 변환을 수행한 후 변환된 데이터를 ERP 시스템에 보낸다. 데이터를 ERP에서 CRM으로 다시 보내기 위해 역작용도 수행한다.

집중화된 EAI 데이터베이스는 없지만, EAI 소프트웨어는 데이터가 어디에 있는지 설명하는 메타데이터 파일을 유지한다. 사용자는 필요한 데이터를 찾기 위해 EAI 시스템에 접속할 수 있다. 일부 경우, EAI 시스템은 사용자에게 '가상 통합 데이터베이스'를 제공하여 처리할 수 있는 서비스를 제공한다.

EAI의 주요 이점은 격리된 시스템의 심각한 문제를 제거하면서 기존 애플리케이션을 사용할 수 있게 한다는 것이다. EAI 시스템으로 전환하는 것은 ERP 시스템으로 전환하는 것만큼 혼란스럽지 않으며, ERP의 많은 이점을 제공한다. 일부 조직은 EAI 애플리케이션을 개발하여 완전한 ERP 시스템으로의 발판으로 삼고 있다. 오늘날, 많은 EAI 시스템은 EAI 구성 요소 간의 상호작용을 정의하기 위해 웹 서비스 표준을 사용한다. 이러한 구성 요소의 일부 또는 전체 처리는 클라우드로 이동할 수도 있다.

8-5 기업 정보시스템 구축 및 업그레이드의 도전과제는 무엇인가?

새로운 기업 정보시스템을 구현하는 것은 도전적이며, 어렵고, 비싸며, 위험하다. 기업 시스템 프로젝트가 예산을 초과하고 1년 이상 지연되는 경우도 흔하다. 새로운 ERP 구현뿐만 아니라, 많은 조직이 15~20년 전에 ERP를 구현하여 새로운 요구사항을 충족하려면 업그레이드가 필요하다. 이미 기업 시스템을 사용하고 있는 조직에서 일한다면, 상당한 업그레이드 작업에 참여하게 될 수도 있다. 새로운 구현이든 업그레이드든 비용과 위험은 다섯 가지 주요 요인에서 발생한다.

- 협업 관리
- 요구사항 갭
- 전환 문제
- 직원 저항
- 신기술

협업 관리 단일 부서 관리자가 있는 부서 시스템과 달리 기업 시스템에는 명확한 상사가 없다. 그림 8-7의 퇴원 프로세스를 살펴보면 퇴원 관리자라는 직책은 없다. 퇴원 프로세스는 많은 부서(및 고객)의 협업 노력이다.

단일 관리자가 없으면 필연적으로 발생하는 분쟁은 누가 해결하는가? 모든 부서가 결국 CEO에게 보고하므로 모든 부서를 통제하는 단일 상사가 있지만, 직원들이 간호사와 병실 청소 활동 조정 문제로 CEO에게 갈 수는 없다. CEO는 그들을 내쫓을 것이다. 대신 조직은 프로세스 문제를 해결하기 위해 어떤 형태의 협업 관리 체계를 개발해야 한다.

보통 이러한 문제해결을 위해 조직은 위원회나 지도그룹을 구성하여 기업 프로세스 관리를 제공하게 된다. 이는 효과적인 해결책이 될 수 있으며, 실제로 유일한 해결책일 수 있지만, 이러한 그룹의 작업은 느리고 비용이 많이 든다.

요구사항 갭 오늘날 대부분의 조직은 자체 기업 시스템을 처음부터 만들지 않는다. 대신 특정 기능과 특징을 제공하고 고유한 절차를 포함하는 기업 제품을 라이선스한다. 하지만 이러한 라이선스 제품은 절대 완벽하게 맞지 않다. 조직의 요구사항과 라이선스 애플리케이션의 기능 사이에는 항상 갭이 존재한다.

첫 번째 도전과제는 갭(gap)을 식별하는 것이다. 차이를 명확히 하기 위해 조직은 필요한 것과 새제품이 제공하는 것을 모두 알아야 한다. 그러나 조직이 필요한 것을 결정하는 것은 매우 어렵다. 이는 조직이 구축하기보다는 라이선스를 선택하는 이유 중 하나이다. 게다가 CRM이나 ERP와 같은 복잡한 제품의 기능과 특징을 식별하는 것도 쉽지 않다. 따라서 갭 식별은 기업 시스템을 구현할 때 중요한 작업이다.

두 번째 도전과제는 식별된 갭을 어떻게 처리할지 결정하는 것이다. 조직이 새 애플리케이션에 맞추기 위해 방식을 변경해야 하거나, 애플리케이션을 조직의 방식에 맞추기 위해 수정해야 한다. 어느 쪽이든 문제가 된다. 직원들은 변화를 저항하지만, 수정 비용은 비싸다. 또한

4장에서 살펴봤듯이 애플리케이션은 시간에 따라 변경된 수정사항을 유지 관리해야 하는 의무를 지게 된다. 여기서 조직은 '덜 후회하는' 선택을 하게 된다.

전환 문제 새로운 기업 시스템으로의 전환도 어렵다. 조직은 독립된 부서 시스템 사용에서 새로운 기업 시스템 사용으로 전환하면서 비즈니스를 계속 운영해야 한다. 이는 마치 100미터 달리기를 하면서 심장 수술을 받는 것과 같다.

이러한 전환은 신중한 계획과 상당한 교육이 필요하다. 문제가 발생할 것은 불가피하다. 이를 알기 때문에 고위 경영진은 변화의 필요성을 직원들에게 전달하고 새로운 시스템의 문제점이 해결될 때까지 지원해야 한다. 이는 관련된 모든 직원에게 매우 스트레스가 많은 시기이다. 12장에서 개발 기술과 구현 전략에 대해 더 논의할 것이다.

직원 저항 사람들은 변화에 저항한다. 변화에는 노력이 필요하고 두려움을 유발한다. 변화 저항의 이유와 이를 처리하는 방법에 관한 상당한 연구와 문헌이 존재한다. 여기서는 주요 원칙을 요약하겠다.

첫째, 고위 경영진은 조직에 변화의 필요성을 전달해야 하며, 전환 과정에서 필요시 이를 반복해야 한다. 둘째, 직원들은 변화가 **자기 효능감**(self-efficacy), 즉 자신의 직무에서 성공할 수 있다는 믿음을 위협하기 때문에 변화를 두려워한다. 자신감을 높이기 위해 직원들은 새 시스템의 성공적인 사용법에 대해 교육과 코칭을 받아야 한다. 입소문은 매우 강력한 요인이며, 경우에 따라 주요 사용자들을 미리 교육시켜 새 시스템에 대해 긍정적인 반응을 만들게 한다. 새 시스템을 성공적으로 사용하는 직원들의 동영상 시연도 효과적이다.

셋째, 새로운 ERP 시스템의 주요 이점은 회계 및 재무 부서와 고위 경영진에게 주로 돌아간다. ERP 구현을 위해 활동을 변경해야 하는 많은 직원들은 직접적인 혜택을 받지 못할 것이다. 따라서 직원들은 새로운 시스템으로 전환하기 위해 추가적인 유인이 필요할 수 있다. 한 경험 많은 변화 컨설턴트는 "칭찬이나 현금, 특히 현금만큼 성공적인 것은 없다"고 말했다. 직접적인 금전 보상은 뇌물일 수 있지만, 직원이나 그룹 간의 현금 상금을 제공하는 대회는 변화를 유도하는 데 매우 효과적일 수 있다.

새로운 기업 시스템을 구현하면 많은 문제를 해결하고 조직에 큰 효율성과 비용 절감을 가져올 수 있지만, 이는 마음이 약한 사람에게는 적합하지 않다.

신기술 신기술은 모든 정보시스템에 영향을 미치지만, 기업 시스템에는 특히 중요성과 가치 때문에 더욱 큰 영향을 미친다. 예를 들어, 클라우드를 고려해보자. 클라우드 기반 컴퓨팅의 비용 절감 때문에 조직은 기업 시스템을 클라우드로 이동시키고 싶어 한다. 그러나 법적, 위험 및 비즈니스 정책 요인 때문에 이러한 이동이 불가능할 수 있다. 조직은 데이터에 대한 물리적 통제를 유지해야 할 수 있다. 클라우드로 이동할 때 클라우드 공급자가 데이터의 물리적 위치를 통제하며, 그 위치가 조직과 같은 나라에 있지 않을 수도 있다. 따라서 하이브리드 모델을 고안해야 할 수도 있다.

모바일 기술도 마찬가지이다. 직원들은 모바일 장치를 사용하여 기업 시스템 데이터를 액세스하고 수정하기를 원한다. 하지만 모바일 장치는 말 그대로 모바일이다. 조직의 통제 밖에 있을 때 기업 시스템이 상당한 위험에 노출될 수 있다. ERP 데이터는 범죄의 유혹적인 목표가 된다. 이러한 요인들이 기업 시스템에서 신기술을 사용할 수 없다는 의미는 아니지만, 새로운 도전을 더해주고 있다.

8-6 기업 간 정보시스템은 기업 내 정보 격차 문제를 어떻게 해결하는가?

8-3절 및 8-4절의 논의는 기업 시스템이 작업그룹 정보 격차 문제를 해결하는 주요 방법을 보여주고 있다. 이 질문에서 아이메드 애널리틱스의 예시를 사용하여 기업 간 시스템이 어떻게 기업 내 정보 격차에 대해 동일한 문제를 해결할 수 있는지 설명하겠다. (전환은 그림 8-6의 하단 화살표가 하단 행으로 이어지는 것으로 나타낸다.)

그림 8-12는 병원, 스마트 기기 제조업체 및 가정에서의 주요 아이메드 애널리틱스 환자들 사이에 존재하는 정보 격차를 보여준다. 병원은 의료 검사, 약물 및 치료, 새로운 처방전 및 수술에 대한 환자 기록을 유지한다. 또한 콜레스테롤 수치, 혈당 수치, 바이러스, 약물 사용, 조직 검사 등의 과거 의료 실험실 결과를 저장한다. 스마트 기기 제조업체는 스마트워치, 스마트 체중계, 산소포화도 측정기, 혈압계, 혈당 측정기 등과 같은 기기에서 자동으로 수집되는 다양한 실시간 데이터를 제공할 수 있다(예 : 걸음 수, 심박 수, 수면 패턴 등). 집에서 환자는 통증, 불안 및 우울증에 대한 인지된 수준에 대한 추가 데이터를 제공할 수 있다. 또한 기억력 변화, 새로운 증상, 새로운 질병 및 필요한 경우 사진을 보고할 수도 있다.

그림 8-12 아이메드 애널리틱스가 없는 정보 격차

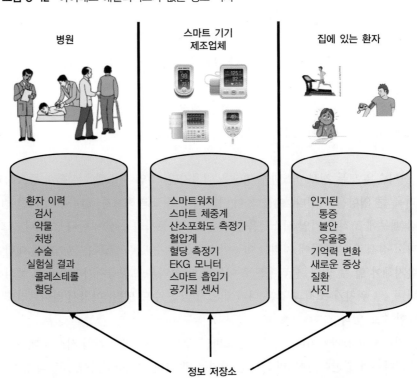

그림 8-13 기업 간 아이메드 애널리틱스 시스템

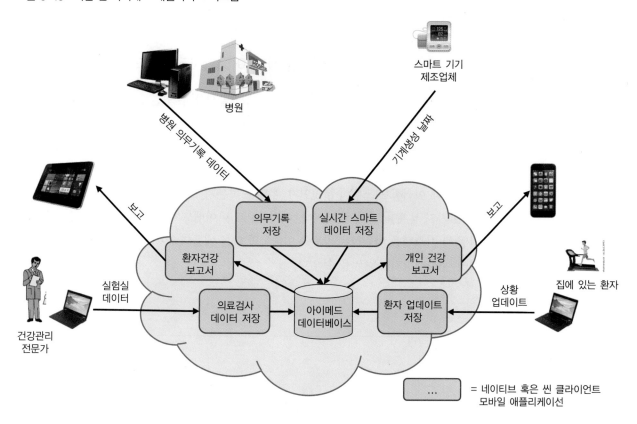

이러한 건강 데이터의 격리는 문제를 일으킨다. 예를 들어, 의사는 스마트 기기 제조업체의 실시간 데이터, 병원의 과거 의료 기록 및 환자의 변경사항 업데이트를 원한다. 또한 이 모든 것을 단일 대시보드에 통합하고 싶어 한다. 환자는 병원이 저장한 모든 과거 의료 데이터를 보고 싶어 하고, 모든 스마트기기의 통합 데이터를 보고 싶어 한다. 병원은 의사의 검사 및 처방 보고서, 환자의 업데이트 및 스마트 기기 제조업체의 실시간 데이터를 받기 원한다. 이는 환자에게 최상의 의료 서비스를 제공할 수 있는 능력을 크게 향상시킬 것이다.

그림 8-13은 세 가지 유형의 참가자의 목표를 충족하는 기업 간 시스템의 구조를 보여준다. 이 그림에서 클라우드 내부의 라벨이 붙은 직사각형은 네이티브, 씬 클라이언트 또는 두 가지 모두일 수 있는 모바일 애플리케이션을 나타낸다. 일부 애플리케이션 처리는 클라우드 서버와 모바일 장치에서 수행될 수 있다. 이러한 설계 결정은 표시되지 않았다. 그림에서 설명한 바와 같이 이 시스템은 모든 사용자가 모바일 장치에서 보고서를 받는 것으로 가정하지만, 많은 키 입력이 필요한 경우 고용주는 개인 컴퓨터를 사용하여 실험실 결과를 제출하고 관리한다.

보이는 바와 같이 환자 상태 업데이트, 실시간 스마트 기기 데이터, 과거 의료 데이터 및 의사 검사 데이터가 아이메드 데이터베이스에 통합된다. 통합 데이터는 애플리케이션에 의해 처리되어 그림과 같이 보고서를 생성하고 배포한다.

그림 8-13에 표시된 시스템과 같은 시스템은 애플리케이션 처리가 여러 컴퓨팅 장치에 분산되기 때문에 **분산시스템**(distributed system)이라고 한다. http, https, html5, css3, JavaScript 및 웹 서비스를 사용하는 SOA와 같은 표준은 프로그램이 다양한 모바일 및 데스크톱 장치에서 데

이터를 수신하고 표시할 수 있도록 한다. 아이메드 애널리틱스 데이터는 JSON을 사용하여 요청되고 전달된다.

이 장의 **지식**이 **여러분**에게 어떻게 도움이 되는가?

이 장의 지식은 정보시스템의 수준과 각 수준에서 발생할 수 있는 문제를 이해하는 데 도움이 된다. 또한 여러분이 사용하는 정보시스템 관점에서 이해하고, 그것들이 정보 격차를 생성하고 있는지 여부를 이해하는 데 도움이 된다. 또한 정보 격차의 잠재적인 문제와 이를 작업그룹 및 기업 수준에서 해결하는 방법을 알 수 있다. 더 나아가 미래에 CRM, ERP, EAI 애플리케이션을 접할 때 이러한 시스템이 무엇인지, 무엇을 하는지, 그리고 그것들을 사용할 때 발생할 수 있는 몇 가지 문제를 알게 될 것이다. 마지막으로 아이메드 애널리틱스가 클라우드를 사용하여 기업 간 시스템을 지원하는 방법을 이해하면 다른 애플리케이션을 위해 클라우드를 사용하는 것에 대한 배경지식을 얻을 수 있다.

So What?

직장에서의 웨어러블 기술

다음과 같은 상황을 상상해보자. 당신은 일반적인 사무실 환경에서 일하고 있으며, 책상은 판매 부서의 수많은 칸막이 중 하나에 위치해 있다. 당신은 서서 건물 반대편 끝에 있는 관리자의 사무실을 바라볼 수 있다. 그녀는 꽤 친절해 보이며, 다행히도 한 달에 몇 번 직접 대화할 기회가 있을 뿐이다. 이러한 대화는 매주 몇 번 열리는 프로젝트 팀 회의에서 이루어지며, 그녀가 참석할지 말지는 그때그때 다르다.

당신이 회사의 직무 역학에서 가장 좋아하는 것 중 하나는, 당신의 상사가 당신의 옛 대학 친구들이 불평하는 상사들보다 덜 간섭하는 것처럼 느껴진다는 것이다. 그러나 상황은 변할 수 있다. 당신은 '고위경영층'으로부터 이메일을 받았고, 그들은 관리자가 직원들과 그들

의 생산성이 더 잘 '조율'될 수 있도록 돕는 새로운 프로그램을 시작할 것이라고 한다. 이 프로그램은 웨어러블 기술을 사용하여 업무 시간 동안 각 직원의 실시간 정보를 수집할 것이다(예 : 참여도, 주의력, 기분, 스트레스 등).

관리자는 이 시도가 각 직원의 효율성과 효과성을 극대화하기 위해 설계되었다고 주장한다. 이는 산업 경쟁이 점점 더 치열해지는 상황에서 중요한 임무이다. 직원들이 이러한 기술을 침해적이거나 사생활 침해로 인식할 수 있으므로, 프로그램에 참여하는 사람들에게는 소액의 보너스가 제공될 것이다.

당신이 지나치게 민감하게 반응하는 것일 수도 있지만, 이메일은 이 프로그램을 거부하는 것이 불리하게 여겨질 수 있다고 느끼게 만들었다. 또한 당신은 다가오는 연말 평가에서 승진을 기대하고 있었다. 갑자기 이 새로운 '웨어러블 프로그램'에 참여하는 것이 선택사항처럼 보이지 않는다.

하이테크 패션

직무를 위해 옷을 고른 다음에 단순히 외모나 가격, 가성비뿐만 아니라 새로운 기준을 고려해야 할지도 모른다. 앞으로 옷을 쇼핑할 때 무선 연결성, 내장된 센서의 배터리 수명, 안경 없이 디스플레이를 읽을 수 있는지 여부 등을 고려하게 될 수도 있다.

웨어러블 의류의 세계로 들어가보자. 이는 미국 기업에서 초기 수용자들에게 영향을 미치기 시작한 최신 기술 동향 중 하나이다.

전문가들은 스마트 의류가 직원들이 스트레스 수준을 모니터링하

출처 : lenoleum/Shutterstock

고, 실시간 알림을 받고, 다른 직원들과 협력할 수 있도록 도울 것이라고 예측한다.[2] 스마트폰처럼 알림은 깜빡이는 빛이나 진동을 통해 나타나지만, 의류의 경우 시각적 신호가 소매에 표시될 수 있다.[3]

그러나 모든 웨어러블 기술이 착용자에게만 정보를 공유하도록 설계된 것은 아니다. 일부 의류는 착용자의 특성을 다른 사람들에게 공개하도록 설계되었다. 예를 들어, 한 회사는 착용자의 기분을 표시하기 위해 색상이 변하는 스웨터를 개발했다. 이는 사소하거나 이상하게 들릴 수 있지만, 팀원들이 모두 이 스웨터를 착용한 상태에서 협업을 평가하기 위해 개발된 연구에서는 팀워크 동기화와 전반적인 결과가 향상되는 것으로 나타났다.[4]

알림 기능이 있는 셔츠나 기분을 표시하는 스웨터 외에도 고용주는 직원들이 직장에서 얼마나 행복한지를 추적하는 데 관심이 있다. (연구에 따르면 행복한 직원이 더 생산적이다.)

정신 상태 측정

전통적인 직원의 정신 상태를 측정하는 방법에는 기본적인 관리자와의 회의에서부터 직접적으로 직원에게 기분을 묻는 것, 이메일/협업 도구(슬랙 등)에서 텍스트를 분석하여 우울증 및 피로의 언어적 신호를 식별하는 자동화 도구에 이르기까지 다양하다.[5] 웨어러블 분야에서는 고용주가 스마트워치를 사용하여 수집된 직원의 심박 수 데이터에 접근하고, 직장 내 활동(회의 및 온라인 활동 기록)과 심박 수 변동을 연결하는 데 관심이 있다.[6]

이 데이터 세트를 연결하면 고용주가 근무 시간 동안 발생한 스트레스나 불안을 식별하고 이를 최소화하거나 제거하여 직원들이 더 행복하게 일할 수 있도록 고려할 수 있다.

움직임 측정

직장에서 웨어러블 기술의 마지막 적용 프로그램은 생산 및 창고 직원의 위험하고 잠재적으로 유해한 움직임을 추적하는 센서를 포함한다. 일부 직원들은 무거운 물건을 들어 올리는 등 부상을 유발할 수 있는 행동을 정기적으로 수행하며, 직원들이 다쳐 조직에 위험을 초래

하는 잠재적인 경우가 있기도 하다.[7]

새로운 웨어러블 기술은 위험한 행동이 발생할 때 실시간 피드백과 알림을 제공한다. 이 웨어러블 기기는 일반적인 부상을 예방하고 지원하는 데에도 도움을 준다. 추가적인 이점으로는 고립된 위험뿐만 아니라 위험한 과정이나 움직임의 경향을 식별할 수 있는 능력이 있으며, 이를 체계적으로 개선하거나 제거할 수 있다.[8]

웨어러블 기기는 고용주가 프로세스를 개선하는 데 사용할 수 있는 또 다른 데이터 보물 창고를 제공한다. 여기서 제공된 예시는 다양한 조직에서 테스트되고 배포되고 있는 기술의 일부에 불과하다. 고용주의 의도가 직원들을 효율적이고, 행복하고, 안전하게 만들기 위한 것이라 할지라도 사생활 보호 옹호자들과 사생활을 중시하는 직원들은 이것이 직장에서 '빅브라더'의 또 다른 발현이라고 느낄 수 있다. (즉 창고 근로자들이 안전하게 일하고 있는지 아니면 전혀 일에 집중하지 않는지 신경 쓰는가?)

이는 궁극적으로 고용주에게 직원에 대한 과도한 권한과 정보를 허용하는 매끄러운 경로를 만드는 것일까? 아니면 비즈니스 세계를 휩쓸고 있는 혁신의 또 하나의 톱니바퀴로, 조직의 모든 수준에 혜택을 줄 수 있는 것일까?

토의문제

1. 위 글의 시작 부분에 제시된 가상 시나리오에서 여러분이 직원이라면 웨어러블 프로그램에 참여할 것인가? 그 이유를 설명하라.
2. 위 글의 시작 부분에 제시된 가상 시나리오에서 여러분이 관리자라면 웨어러블 데이터에 접근하고 웨어러블 프로그램을 지원할 것인가? 그 이유를 설명하라.
3. 문제 1과 2에 대한 답변이 일치하는가 아니면 다른가? 왜 그렇게 생각하는가? 만약 다르다면, 이는 문제에 대한 답변에 어떤 영향을 미치는 것인가?
4. 위의 글에서 설명된 새로운 기술 중 하나를 테스트해볼 수 있다면, 어떤 것을 선택할 것인가? 그 이유를 설명하라.

보안 가이드

ERP 취약성

몇십 년 전으로 시간을 거슬러 올라가보겠다. 기업들이 정보시스템 도입의 이점을 막 인식하기 시작한 단순한 시기였다. 기업의 리더들은 새로운 기술이 비즈니스 프로세스의 효율성과 효과를 개선하는 데 사용될 수 있다는 것을 이해하기 시작했다. 경쟁이 치열해지는 글로벌 경제에서 누가 이를 원하지 않겠는가?

다양한 기능적 비즈니스 영역에 관련된 시스템, 소프트웨어 및 기본 데이터베이스가 제공되면서(예 : HR 및 회계) 조직은 이러한 솔루션에 투자할 기회를 잡았다. 시간이 지나면서 더 많은 비즈니스 운영

이 이러한 전문기술의 혜택을 받았다.

그러나 이 새로운 프레임워크는 한계가 있다는 것이 명백해졌다. 마케팅 부서는 회계 부서와 완전히 다른 데이터베이스 아키텍처를 사용할 수 있다. 판매에 사용되는 시스템은 구매 부서에서 사용하는 시스템과 호환되지 않을 수 있다. 단순한 회계 확인(예 : 삼자 대조)을 수행하려면 창고, 구매 및 회계에서 각각 유지하는 3개의 다른 데이터베이스를 확인해야 할 수도 있다. 간단히 말해서 이렇게 임의로 조각조각 배포된 모든 기술은 서로 소통할 수 없었다. 이 격차를 메우려

출처 : ra2 studio/Shutterstock

면 많은 시간, 노력, 돈이 필요했고, 정보 격차가 생성되었다.

ERP의 등장

1990년대에 ERP(전사적 자원관리) 시스템은 주로 제조 운영을 간소화하는 데 중점을 두었지만, 오늘날에는 전체 대기업을 운영할 수 있는 포괄적인 플랫폼으로 확장되었다. 오늘날 구식의 호환되지 않는 레거시 시스템의 조합에 빠진 회사들은 ERP에 투자한다. ERP 시스템의 중요한 특징 중 하나는 중앙 집중식 데이터베이스로, 전체 조직의 데이터를 한곳에서 통합하고 실시간으로 업데이트한다.

ERP 시스템을 컴퓨터의 운영체제처럼 생각할 수 있다. 이는 다양하거나 관련 없는 애플리케이션(예 : 워드 프로세싱, 스프레드시트, 웹 브라우저, 음악 스트리밍 등)을 한 기기에서 실행할 수 있는 기본 프레임워크이다. 이와 마찬가지로 ERP 시스템은 다양한 ERP 모듈(예 : 공급망 관리, 생산, HR, 회계 등)을 지원하고 이들이 '한 지붕 아래'에서 함께 실행될 수 있도록 하는 기본 프레임워크이다.

ERP 시스템에 투자하는 결정은 쉬운 것처럼 들리지만, 배포하는 데 많은 장애물이 있다. 예를 들어, ERP 시스템은 매우 비쌀 수 있으며, 1단계 솔루션(예 : SAP 및 오라클)의 가격은 수천만 달러에서 수억 달러에 달한다.

두 번째로, ERP 구현에는 매우 오랜 시간이 걸리며(보통 몇 년), 혜택이 나타나는 데 더 오랜 시간이 걸릴 수 있다(투자에 대한 명확한 수익을 얻기 위해 수백만 달러를 지출하는 것을 임원들에게 설득하기란 어렵다).

세 번째로, 새로운 ERP 시스템을 구성하는 것은 매우 복잡하며, 실수, 버그 및 직원 저항이 불가피하다. 새로운 ERP 시스템으로 전환하는 과정은 고통스러울 것이며, 얼마나 고통스러운지는 차이가 있을 뿐이다.

마지막으로 ERP 시스템과 그 기본 중앙 집중식 데이터베이스 구조는 고유한 보안의 도전에 직면하고 취약성을 가지고 있다.

ERP 취약성

SAP는 세계 최고의 ERP 플랫폼 제공업체로 평가받고 있다. SAP 웹사이트에 따르면, SAP는 전 세계 18,300개 이상의 파트너사를 보유하고 있으며, 포브스 글로벌 2000의 91%가 SAP를 사용하고, 180개

국에서 2억 명의 클라우드 사용자가 SAP 플랫폼을 이용한다.[9] 그러나 강력하고 안전한 ERP 시스템에도 불구하고 보안은 생태계를 관리하는 정보 보안 실무자와 배포 후 접근 권한을 부여받는 사용자에게 달려 있는 경우가 많다.

SAP 환경에서 발생하는 가장 일반적인 보안 실수는 다음과 같다.[10]

- **잘못 구성된 접근 제어 목록** : 접근 제어 목록은 어떤 내부 시스템, 외부 시스템 및 사용자가 SAP 시스템과 데이터를 사용할 수 있는지를 결정하는 데 사용된다. 이러한 목록을 잘못 관리하면 승인되지 않은 엔티티에 접근 권한을 부여하게 되어 엄청난 위험을 초래한다. 2019년에 공개된 10KBlaze라는 익스플로잇은 잘못 관리된 접근 제어 목록을 악용하도록 설계되었다.[11]

- **안전하지 않은 사용자 지정 코드** : 많은 회사가 상용 ERP 솔루션을 구매하지만, 실제 비즈니스 프로세스는 소프트웨어에 명시된 것과 다를 때가 많다. 회사는 프로세스를 소프트웨어에 맞추거나 소프트웨어를 프로세스에 맞추기 위해 사용자 지정 코드를 작성해야 한다. 그러나 사용자 지정 코드는 종종 잘못 작성되고 버그가 많아 이러한 버그는 보안 취약점을 초래할 수 있다.

- **보호되지 않은 데이터** : ERP 시스템의 최신 트렌드 중 하나는 데이터 저장소를 클라우드로 전환하는 것이다. 많은 회사는 클라우드 제공업체가 엔드투엔드(end-to-end) 데이터 보안을 책임질 것이라고 가정하지만, 이는 종종 사실이 아니다. 회사는 데이터 전송 및 저장의 모든 단계에서 데이터가 보호되도록 적극적으로 보장해야 한다.

- **부실한 비밀번호 관리** : 비밀번호는 종종 보안 실무자의 골칫거리이다. 사용자는 작업 공간 주위에 비밀번호를 적어두거나, 비밀번호 정책 권장사항을 우회하려 하거나, 다른 개인 계정(예 : 소셜미디어)에서 사용하는 비밀번호를 업무 계정에 재사용한다. (하나의 계정이 손상되면 많은 계정이 손상될 수 있다. 이를 '도미노 효과'라고 한다.) ERP 시스템에 수많은 사용자가 노출되고, 약한 비밀번호와 최악의 경우 기본 비밀번호 사용은 해커에게 쉬운 접근 포인트를 제공한다.

간단히 말해 ERP 시스템은 더 이상 사치품이 아니라 많은 산업에서 현상 유지 및 경쟁력을 유지하기 위해 필요하다. 이를 채택하는 과정은 고통스럽고, 장점에도 불구하고 배포 후에도 잘못 관리되면 무수한 위험을 초래할 수 있다.

토의문제

1. ERP 시스템과 관련된 비용, 위험 및 보안 취약성을 피하기 위해 회사들이 기존 레거시 시스템을 계속 사용할 수 있을까?

2. 직원들은 ERP 시스템 배포의 문제점 중 하나로 지목된다. 왜 그렇게 생각하는가? 직원들은 수백만 달러짜리 소프트웨어를 사용할 기회에 대해 흥분하거나 동기 부여가 되지 않는가?

3. 많은 회사들이 자사 비즈니스 프로세스에 맞추기 위해 상용 ERP 솔루션의 기능을 변경해야 한다고 언급한다. SAP와 같은 플랫폼이 자사 비즈니스 프로세스와 전혀 맞지 않을 경우, 독특한 시장

틈새에서 운영되는 회사들은 어떤 플랫폼을 사용하고 있는가?

4. 다양한 사이트 및 계정에 접속하기 위해 사용하는 비밀번호에 대해 생각해보자. 몇 개의 다른 비밀번호를 사용하고 있는가? 비밀

번호를 재사용하는가? 중요한 계정(예 : 은행 또는 의료)에서도 재사용하는가? 개인 비밀번호를 업무 계정에 재사용한 적이 있는가? 이러한 관행의 위험은 무엇인가?

커리어 가이드

이름 : 제이슨 쿠프

회사 : CGI 페더럴

직책 : 수석 컨설턴트, 프로젝트 관리자, 문제 전문가

학력 : 웨버주립대학교, 브리검영대학교 졸업

출처 : Jason Koop, CGI Federal, Senior Consultant, Project Manager, Subject Matter Expert

1. 이 일을 어떻게 하게 되었습니까?

공공관리 대학원 프로그램에 있을 때, 졸업생들로부터 정보시스템 기술을 갖추는 것이 졸업 후 큰 이점이 될 것이라는 말을 들었습니다. 2학년 때 정보시스템을 중점적으로 공부할 수 있었고, 동시에 학교 그룹 프로젝트를 통해 컨설팅 작업에 대한 관심도 키우게 되었습니다. 컨설팅과 프로젝트 작업의 본질은 각 프로젝트가 시작과 끝이 있는 독특한 작업이라는 점에서 매력적이었습니다. 같은 사무실에서 매일 같은 일을 하는 것은 제 성향에 맞지 않았습니다. 컨설팅 회사들이 학교에 채용을 위해 왔을 때, 여러 면접에 지원했습니다. 결국 세 곳에서 제안을 받았고, 그중 CGI를 선택했고 지금까지 계속 근무하고 있습니다.

2. 이 분야에 매력을 느낀 이유는 무엇입니까?

상업 및 공공 부문 조직은 IT 및 정보시스템 지원을 위해 계약자에게 크게 의존합니다. 이들은 현재 소프트웨어 솔루션을 맞춤화하거나 업그레이드를 촉진하거나 새로운 시스템을 구현하는 데 전문가의 지도가 필요합니다. 저는 이러한 방식으로 도움을 주고 싶었습니다.

3. 일반적인 업무 일과(주어진 업무, 의사결정, 해결해야 할 문제)는 어떻게 진행됩니까?

저는 25개 이상의 CGI 및 CGI 페더럴 독점 전사적 자원관리(ERP) 솔루션의 제공 및 업그레이드에 참여해왔습니다. 각 프로젝트는 고유한 작업 문화를 제공합니다. 종종 현장에 있어야 하므로 경력 기간 동안 많은 여행을 했지만, 요즘은 많은 작업을 원격으로 수행할 수 있습니다. 일반적인 근무일은 클라이언트와 시스템 요구사항을 식별하고, 시스템 프로토타입을 구축하고, 의사결정자에게 제안된 비즈니스 프로세스를 시연하고, 피드백을 수집하며, 제안된 솔루션을 구현할 작업 승인을 얻고, 솔루션을 구성하고 적절히 테스트하며, 교육 자료를 작성하고 최종 사용자에게 교육을 제공하는 것입니다. 우리 컨설턴트는 종종 시스템을 클라이언트에게 제대로 전환하기 위해 몇 달 동안 운영 지원을 하며 프로젝트를 마무리합니다. 이 모든 작업은 단계별로 이루어지며, 가능한 한 프로젝트 계획을 따릅니다. 생산 출시 기한을 놓치면 수익 손실과 클라이언트의 불만을 포함한 부정적인 결과가 발생할 수 있습니다. 작업 과제의 기한을 맞추는 것이 중요합니다. 이 일은 9시부터 5시까지의 업무가 아닙니다! 8시간을 초과하는 강도 높은 작업일이 있을 수 있지만, 일이 순조롭게 진행되거나 일정이 앞서 있으면 약간의 여유를 가질 수 있습니다. (가끔 중간에 산악자전거를 타며 휴식을 취합니다.)

4. 이 직업에서 가장 마음에 드는 점은 무엇입니까?

우리 시스템 솔루션에 대한 전문가가 되는 것이 매우 보람찹니다. 클라이언트가 시스템을 통해 비즈니스 프로세스를 개선하는 방법에 대해 의사결정을 내릴 때 중요한 조언을 할 수 있다는 자긍심을 갖게 되며, 이는 매우 보람 있는 일입니다. 성공적인 구현은 작업 효율성의 큰 개선으로 이어지며, 그 결과 정부와 공공부문 기관이 제공하는 서비스와 프로그램이 기대하는 대로 전달될 것입니다.

5. 이 직무를 잘 수행하려면 어떤 기술이 필요합니까?

프로젝트 성공에 있어 효과적으로 소통하는 능력이 중요합니다. 또한 끊임없이 변화하는 작업 환경에 잘 적응할 수 있어야 합니다. 시스템 솔루션은 지속적으로 발전하고 있으므로(업그레이드, 패치, 향상, 맞춤화 등) 빠르게 학습하는 능력이 필수적입니다. 여기서 중요한 점은 졸업 후 조직에 처음 합류하면 조직의 소프트웨어 도구/솔루션에 대해 아무것도 모른다는 것입니다. 모든 독점 ERP 시스템을 대학에서 가르칠 수는 없습니다. 그러나 빠르게 배우고 독립적으로 작업할 수 있음을 증명하는 것은 이 업계에서 큰 도움이 됩니다. 또한 프로젝트 작업의 핵심은 좋은 팀 플레이어가 되는 것입

니다. 기꺼이 공로를 인정하고 팀을 발전시키세요. 프로젝트 팀의 사기가 저하되면 프로젝트가 실패할 수 있습니다.

6. 이 분야는 교육이나 인증이 중요합니까? 그 이유는 무엇입니까?

정부 계약자로 일할 때 교육은 여전히 강력히 선호됩니다. 소프트웨어 구현 프로젝트의 기능적 프로젝트 관리자로서 PMP, 공인 스크럼 마스터(Certified Scrum Master) 및 스케일드 애자일 프레임워크(Scaled Agile Framework)와 같은 프로젝트 관리 자격증이 필요합니다. 우리 회사가 새 작업에 입찰할 때 종종 잠재 고객은 제안된 프로젝트 팀원의 이력서를 요청합니다. 학위, 자격증 및 경력 경험이 있으면 수백만 달러의 계약을 따낼 수 있습니다.

7. 이 분야에서 일하고 싶어 하는 후배에게 어떤 조언을 해주고 싶습니까?

프로젝트에서 프로젝트로 빠르게 변화하는 것에 개방적이어야 합니다. 다양한 프로젝트 팀과 여러 클라이언트 조직 문화에서 작업하는 데 적응해야 합니다. 이를 성공적으로 수행하려면 높은 수준의 자기 인식과 감성 지능이 필요합니다. 모든 경험에서 배우고, 매 순간을 즐기세요. 함께 일하는 것이 즐거운 클라이언트도 있고, 프로젝트가 끝날 때까지 날짜를 세는 클라이언트도 있을 것입니다. 여행을 기꺼이 받아들이거나 필요할 때는 집에서 원격으로 작업할 수 있어야 합니다. 이 일은 전형적인 사무실 업무가 아닙니다. 기한이 다가오면 밤 늦게까지 또는 주말에도 일해야 할 수도 있습니다. 그러나 활동이 느려지거나 일정이 앞서 있으면 여유가 생깁니다. 이 작업은 흥망성쇠가 있어 노력해야 합니다.

8. 10년 후 인기 있을 기술 직종은 무엇이라고 생각합니까?

정보시스템은 연구 및 실습으로 점점 더 넓어지고 있습니다. 이 업계에서 탐구할 수 있는 분야가 너무나 많습니다. 저는 20년 이상 ERP 구현의 실무자로 활동해왔지만, 데이터 과학과 사이버 보안에 새로운 관심을 갖고 있습니다. 데이터 과학자로서 프리랜서 작업을 하고, 다양한 정부 및 비정부 기관을 개인 사업자로서 돕고 싶습니다. ERP 소프트웨어 구현, 업그레이드 및 유지보수를 수행하는 조직은 계속해서 좋은 사람들을 필요로 할 것이며, 빅데이터와 사이버 보안 관련 직업은 앞으로도 오랫동안 인기를 끌 것입니다.

윤리 가이드

측정할 수 없으면 관리할 수 없다

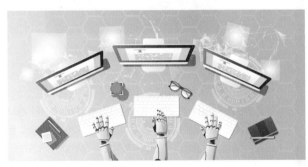

출처 : ProStockStudio/Shutterstock

브렌트는 의자에 거의 뒤로 넘어질 것처럼 기대다가 재빨리 몸을 앞으로 기울여 의자의 앞다리가 다시 바닥에 닿게 했다. 그는 새로운 지역 관리자로서 어려움을 겪고 있는 회사의 뉴잉글랜드 생산 시설의 모든 운영을 감독하는 임무를 맡았다. 브렌트와 로빈(지역 부관리자이자 자칭 기술 전문가)은 전날 하루 종일 전체 생산 라인을 둘러보며 어떤 명백한 문제를 찾을 수 있을지 살펴봤다. 몇몇 기계들이 멈춰 있고 몇몇 직원들도 아무 일 없이 앉아 있는 것을 보긴 했지만, 그들이 본 명백한 문제는 생산 라인 직원들로부터 나온 것이었다.

브렌트는 자신이 회사 로고가 새겨진 동일한 셔츠를 입고 있다고 해서 생산 직원들의 존경을 받는 큰 가족의 수장이라고 생각하지 않았다. 시설을 점검하는 동안 몇몇 라인의 관리자를 만났지 만, 외부인들을 환영하지 않는다는 느낌을 받았다. 그들의 질문은 짧은 답변으로 돌아왔다.

브렌트가 그곳에 있는 이유가 지난 몇 분기 동안 발생한 생산량 감소 때문이라는 것을 직원들이 알았기 때문일 수도 있고, 아니면 그들이 회사의 간섭을 싫어했기 때문일 수도 있다. 어쨌든 브렌트가 면담한 관리자들은 대화에 적극적이지 않았고, 공장의 비효율성이 어디에 있는지에 대한 정보를 기꺼이 공유하지 않았다.

더욱이 생산 라인에는 최첨단 장비가 있었지만, 시설 내부에 카메라가 없어 브렌트는 과거의 동영상 영상을 보며 문제 발생 지점을 파악할 수 없었다. "측정할 수 없으면 관리할 수 없어"라는 말을 속삭였다. "특히 관리자들이 열린 마음으로 방향을 제시하지 않는다면 더더욱."

그때 로빈이 의자에서 뛰어올라 자신의 노트북을 브렌트에게 보여주기 위해 돌렸다. "우리가 생산 라인에서 실제로 무슨 일이 일어나고 있는지 볼 필요는 없다고 생각해요. 문제를 파악하기 위해서는 '매트릭스'를 보면 돼요!"라고 로빈은 외쳤다.

브렌트는 공상과학 영화가 현재 과제와 무슨 관련이 있는지 몰라서 의자에 기대어 손을 머리 뒤로 올리고 회의적인 톤으로 로빈에게 설명해달라고 요청했다.

빨간 알약을 먹다

로빈은 각 생산 장비의 로그 데이터를 컴파일하는 프로그램을 만들어 생산 시설 문제를 파악할 수 있다고 제안했다. 이 프로그램은 시설 운영의 종합적인 관점을 생성할 수 있어 '매트릭스'를 보는 것과 같다고 했다.

더 구체적으로 이 프로그램은 각 기계가 언제 시작하고 멈추는지를 보여줄 수 있어, 이를 통해 실행 시간을 계산할 수 있다. 추가로 공장 운영을 좀 더 관찰하면 각 기계에 부품을 이동시키고 로드/구성하는 데 걸리는 대략적인 시간을 계산할 수 있다. 실행 시간과 준비 시간을 정리하면, 지연 시간이 발생하는 지점을 파악할 수 있다. 그러나 로빈의 가장 혁신적인 아이디어는 한 걸음 더 나아갔다.

로빈은 이 프로그램의 기능을 확장하여 각 장비의 마우스 움직임과 키보드 입력을 캡처하자고 제안했다. 기계 운영자들은 매번 기계를 작동할 때마다 메모를 작성하고 다양한 옵션을 선택해야 하기 때문에, 이를 통해 각 사용자의 '행동 생체인식'을 캡처할 수 있다고 했다. 이를 통해 소수의 사용자가 대부분의 문제를 일으키는지 파악할 수 있으며, 근로자들이 이를 알지 못하게 할 수 있다.

또한 로빈은 모든 생산 직원들에게 설문조사를 보내자고 제안했다(이 설문조사는 실제로는 의미가 없다). 이 설문조사는 이름을 묻고 여러 질문을 완성하게 하여 각 직원의 타이핑 및 마우스 움직임 활동의 기준선을 제공한다. 이를 바탕으로 공장 바닥에서 캡처된 사용자 데이터와 연결하여 문제 발생 지점뿐만 아니라 실제로 누가 이 문제를 일으키고 있는지도 파악할 수 있다.

브렌트는 로빈의 제안을 다시 생각하며 고개를 저었다. 문제를 식별할 뿐만 아니라 문제를 일으키는 직원을 식별할 수 있는 능력은 매우 강력할 것이다. 또한 비효율적인 직원에게 벌을 주거나 해고하는 결정은 정량적 데이터에 근거하므로 아무도 그가 주관적이거나 편향적이라고 비난할 수 없다. 그는 단지 데이터를 가리키며 "사실이 그렇다"고 말할 수 있다.

그날 저녁 로건공항으로 가는 길에 그는 더욱 흥미로운 생각을 하며 말했다. "이 동일한 접근 방식을 사용해 익명으로 제출된 관리자 평가 설문조사를 제출한 사용자를 식별할 수 있다면 어떨까? 로빈이 타이핑 행동과 마우스 움직임을 분석해 나를 비판한 사람들을 식별하는 데 도움을 줄 수 있을 거야." 그는 보지 못했지만, 미소가 그의 얼굴에 번졌다. 그때 비행기 제트 엔진의 굉음이 차를 덮었다.

토의문제

1. 브렌트가 작업자의 비효율성을 식별하고 벌을 주기 위해 생산 장비를 사용하여 행동 생체인식을 사용하는 계획을 평가하라.
   a. 이 행동은 정언 명령(1장 27쪽)에 비추어 윤리적인가?
   b. 이 행동은 공리주의적 관점(2장, 58쪽)에서 윤리적인가?
2. 문제 1a와 1b에 대한 응답을 고려하자. 이러한 응답을 바탕으로 브렌트의 관리 평가 설문조사를 제출한 사용자를 식별하기 위해 동일한 행동 생체인식 접근 방식을 사용하는 아이디어에 대해 어떻게 생각하는지 설명하라. 여러분의 관점이 같은지 다른지 설명하라.
3. 생산 근로자들이 자신의 작업 운영의 세부사항이 추적, 분석되고 성과 평가에 사용된다는 것을 알게 되면 어떻게 반응할 것이라고 생각하는가? 이 접근 방식이 사용되는지에 대한 여부를 직원들의 반응으로 결정해야 하는가?
4. 여러분은 직원 행동을 은밀히 모니터링하는 회사에서 일하고 싶은가? 그 이유를 설명하라.

생생복습

이 장에서 학습한 내용을 이해했는지 확인해보자.

8-1 기본 프로세스의 유형은 무엇인가?

구조적 프로세스와 동적 프로세스를 정의하고 비교 및 대조하라. 작업그룹 프로세스, 기업 프로세스, 기업 간 프로세스를 정의하고 그들의 차이점과 도전과제를 설명하라. 동일한 수준의 정보시스템을 정의하라. 기능 정보시스템과 기능 애플리케이션을 정의하라.

8-2 정보시스템은 프로세스 품질을 어떻게 향상시키는가?

프로세스 품질의 두 가지 차원에 대한 명칭을 부여하고 정의하며 예를 들어보라. 조직이 프로세스 품질을 개선할 수 있는 세 가지 방법을 명명하고 설명하라. 정보시스템을 사용하여 프로세스 품질을 개선할 수 있는 세 가지 방법에 대해 명칭을 제시하고 설명하라.

8-3 기업 시스템은 부서 간 정보 격차 문제를 어떻게 해결하는가?

정보 격차를 정의하고 그러한 격차가 어떻게 생겨나는지 설명하라. 언제 그러한 격차가 문제가 되는지 설명하라. 다섯 가지 공통 기능 애플리케이션의 명칭을 제시하고 설명하라. 이 다섯 가지 애플리케이션 간에 중복될 가능성이 있는 데이터를 설명하라. 정보 격차가 야기하는 문제를 요약하라. 기업 시스템을 사용하여 작업그룹 및 기업 수준에서 정보 격차로 문제를 해결할 수 있는 방법을 요약하라.

8-4 CRM, ERP, EAI는 기업 프로세스를 어떻게 지원하는가?

비즈니스 프로세스 리엔지니어링을 정의하고 왜 그것이 어렵고 비용이 많이 드는지 설명하라. 기업 정보시스템을 사내에서 개발하는 것이 왜 비용이 많이 드는지 두 가지 주요 이유를 설명하라. 내재된 프로세스의 장점을 설명하라. CRM, ERP, EAI를 정의하고 차이점을 설명하라. CRM과 ERP가 EAI보다 서로 더 유사한 이유를 설명하라.

8-5 기업 정보시스템 구축 및 업그레이드의 도전과제는 무엇인가?

기업 시스템을 구축할 때 발생하는 다섯 가지 도전과제에 대해 명칭을 제시하고 설명하라. 기업 시스템 관리가 협력적이어야 하는 이유를 설명하라. 요구사항 갭을 식별하기 위해 필요한 두 가지 주요 작업을 설명하라. 기업 시스템으로 전환하는 데 있어서의 도전과제를 요약하라. 직원들이 변화에 저항하는 이유를 설명하고 그 저항에 대응하는 세 가지 방법을 설명하라. 새로운 기술이 기업 시스템에 도전과제를 제기하는 방법을 논의하라.

8-6 기업 간 정보시스템은 기업 내 정보 격차 문제를 어떻게 해결하는가?

병원, 스마트 기기 제조업체 및 환자 간의 헬스케어 데이터와 관련된 정보 격차를 설명하라. 그러한 정보 격차가 야기하는 문제점을 설명하라. 그림 8-13에 표시된 시스템이 이러한 정보 격차가 야기한 문제를 어떻게 해결할 것인지 설명하라.

이 장의 **지식**이 **여러분**에게 어떻게 도움이 되는가?

이 장의 정보로부터 어떻게 혜택을 받을 수 있는지 설명하라. 채용 면접관이 "ERP에 대해 무엇을 알고 있습니까?"라고 물으면 어떻게 답하겠는가? "클라우드가 조직의 활동 통합에 어떻게 도움이 됩니까?"라는 질문에는 어떻게 답하겠는가?

주요용어

고객관계관리(CRM) 시스템(customer relationship management system)
고객수명주기(customer life cycle)
고유 프로세스(inherent process)
구조적 프로세스(structured process)
기능 애플리케이션(functional application)
기능 정보시스템(functional information system)
기업 간 정보시스템(inter-enterprise information system)

기업 간 프로세스(inter-enterprise process)
기업 애플리케이션 통합(enterprise application integration, EAI)
기업 정보시스템(enterprise information system)
기업 프로세스(enterprise process)
데이터 무결성(data integrity)
동적 프로세스(dynamic process)
분산시스템(distributed system)
비즈니스 프로세스 리엔지니어링(business

process reengineering)
자기 효능감(self-efficacy)
작업그룹 정보시스템(workgroup information system)
작업그룹 프로세스(workgroup process)
전사적 자원관리(enterprise resource planning, ERP)
정보 격차(information silo)
프로세스 효과성(process effectiveness)
프로세스 효율성(process efficiency)

학습내용 점검

8-1. 여러분의 대학으로 작업그룹, 기업, 기업 간 범위의 정보시스템 예를 들어보라. 데이터를 중복할 가능성이 있는 세 가지 작업그룹 정보시스템을 설명하라. 정보시스템의 특성이 이 예시와 어떻게 관련되는지

설명하라.

8-2. 문제 8-1에 대한 답변에서, 세 가지 작업그룹 정보시스템이 정보 격차를 어떻게 생성하는지 설명하라. 이러한 정보 격차가 야기할 수 있는 문제의 종류를 설명하라.

8-3. 문제 8-2에 대한 답변을 바탕으로, 정보 격차를 제거할 수 있는 기업 정보시스템을 설명하라. 여러분의 시스템 구현이 프로세스 리엔지니어링을 필요로 하는지 여부를 설명하라. 그 이유를 설명하라.

협업과제 8

여러분의 팀원들과 만나서 구글 오피스, 셰어포인트 또는 기타 협업 도구를 사용해서 협업 정보시스템을 구축하라. 아직 협업한 정보시스템을 구축하지 않았다면 협업과제 1을 참고하라. 절차와 팀 훈련이 필요하다는 것을 명심하라. 이제 정보시스템을 이용해서 다음 질문에 답하라.

카운티계획사무소는 카운티 내 모든 건축 프로젝트에 대해 건축 허가, 정화조 시스템 허가, 카운티 도로 접근 허가를 발급한다. 계획사무소는 새로운 주택과 건물의 건축 및 전기, 가스, 배관 및 기타 유틸리티와 관련된 리모델링 프로젝트, 차고와 같은 비거주 공간을 생활 또는 작업 공간으로 전환하는 프로젝트에 대해 주택 소유자와 건설업자에게 허가를 발급한다. 이 사무소는 또한 새로운 또는 업그레이드된 정화조 시스템 및 카운티 도로로의 진입로 제공을 위한 허가를 발급한다.

그림 8-14는 카운티가 여러 해 동안 사용한 허가 과정을 보여준다. 계약자와 주택 소유자는 이 과정이 느리고 매우 좌절스럽다고 느꼈다. 첫째, 그들은 그 순차적인 방식을 좋아하지 않았다. 엔지니어링 검토 과정에서 허가가 승인되거나 거부된 후에야 보건 또는 고속도로 검토가 필요하다는 사실을 알 수 있었다. 이 검토 과정 중 하나가 3~4주가 걸릴 수 있기 때문에, 허가 신청자들은 검토 과정이 순차적이 아니라 동시에 진행되기를 원했다. 또한 허가 신청자와 카운티 직원 모두 특정 신청서가 허가 과정에서 어디에 있는지 전혀 알 수 없어 좌절감을 느꼈다. 계약자는 얼마나 더 걸리는지 묻기 위해 전화를 걸었고, 허가가 어떤 책상에 있는지 찾는 데 한 시간 이상 걸릴 수도 있었다.

따라서 카운티는 허가 과정을 그림 8-15와 같이 변경했다. 이 두 번째 과정에서는 허가 사무소가 허가서를 세 부 복사하여 각 부서에 하나씩 배포했다. 각 부서는 허가서를

병렬로 검토했으며, 사무원이 결과를 분석하고 거부가 없으면 허가를 승인했다.

불행히도 이 과정에도 몇 가지 문제가 있었다. 첫째, 일부 허가 신청서는 길이가 길었고, 일부는 40~50페이지의 큰 건축 도면을 포함했다. 카운티의 인건비와 복사비는 상당했다.

둘째, 일부 경우 부서들이 불필요하게 문서를 검토했다. 예를 들어, 고속도로 부서가 신청서를 거부하면 엔지니어링이나 보건 부서가 계속 검토할 필요가 없었다. 처음에 카운티는 결과를 분석하는 사무원이 거부를 받은 경우 다른 부서의 검토를 취소하도록 함으로써 이 문제에 대응했다. 그러나 이 정책은 허가 신청자들에게 매우 인기가 없었다. 신청서가 거부된 후 문제가 수정되면 허가서는 다른 부서로 다시 돌아가야 했다. 허가서는 줄 끝으로 가서 다른 부서로 다시 돌아가야 했다. 이로 인해 5~6주의 지연이 발생할 수 있었다.

검토를 취소하는 것은 부서에서도 인기가 없었다. 허가 검토 작업을 반복해야 했기 때문이다. 다른 부서에서 거부로 인해 취소된 신청서는 거의 종료 처리되었다. 신청서가 다시 들어왔을 때, 이전 검토에서 부분적으로 완료된 작업 결과는 잃어버렸다.

8-4. 그림 8-14와 그림 8-15의 과정이 부서별 프로세스가 아닌 기업 프로세스로 분류되는 이유를 설명하라. 이러한 프로세스가 기업 간 프로세스로 간주되지 않는 이유를 설명하라.

8-5. 그림 8-7을 예로 들어 공유 데이터베이스를 처리하는 기업 정보시스템을 사용하여 그림 8-14를 다시 그려보라. 이 시스템이 그림 8-14의 서류 기반 시스

템보다 좋은 점을 설명하라.

8-6. 그림 8-7을 예로 들어 공유 데이터베이스를 처리하는 기업 정보시스템을 사용하여 그림 8-15를 다시 그려보라. 이 시스템이 그림 8-15의 서류 기반 시스템보다 좋은 점을 설명하라.

8-7. 카운티가 그림 8-14의 시스템에서 그림 8-15의 시스템으로 막 변경했다고 가정할 때, 문제 8-5와 8-6

의 답변 중 어느 것이 더 나은지 설명하라. 그리고 그 이유를 설명하라.

8-8. 팀이 문제 8-7의 답변에서 권장한 시스템의 구현을 담당한다고 가정하라. 8-5절에서 논의된 다섯 가지 과제가 이 구현과 어떻게 관련되는지 설명하라. 팀이 그 과제를 어떻게 해결할 것인지 설명하라.

그림 8-14 순차 허가 심사 프로세스

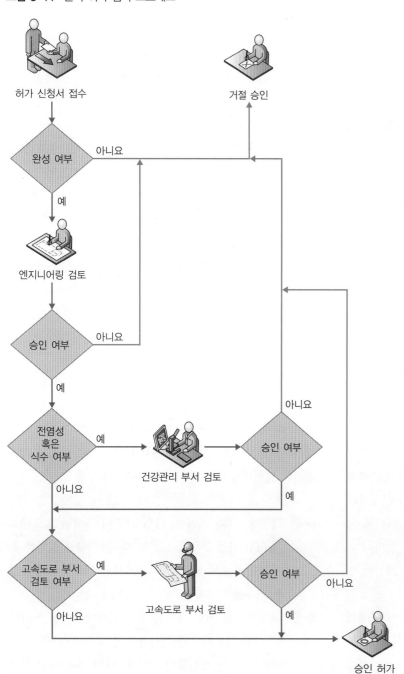

그림 8-15 병렬 허가 심사 프로세스

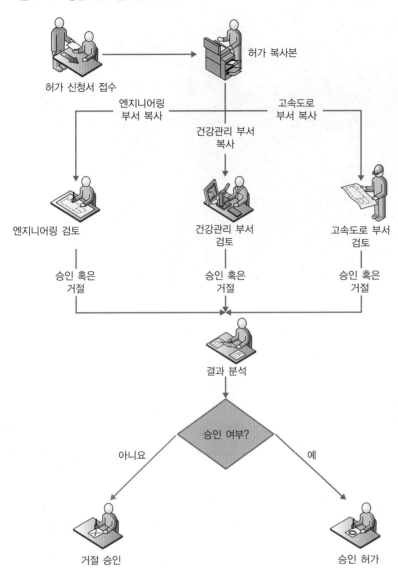

사례연구 8

우버

영화에서 주인공이 바쁘거나 비오는 길가에서 택시를 잡으려고 서 있는 모습을 몇 번이나 봤는가? 그들은 불가피하게 팔을 흔들거나, 날카로운 휘파람 소리를 내거나, 지나가는 차량에 소리치거나, 심지어 도로로 나아가는 용기를 내기도 한다. 영화와 책의 많은 요소들처럼, 이는 현실의 조각들에 기반한다.

여러분이나 여러분의 가족이 바쁜 도시에서 택시를 찾느라 힘든 경험을 했던 때를 기억할 수도 있다. 또는 온라인에

서 택시 서비스를 검색한 다음 회사의 배차 센터에 전화를 걸어 만날 시간과 장소를 정해야 했던 경험도 있을 것이다. 분명히 즉흥적으로 택시를 잡는 것은 비효율적이고 실망스러운 과정이 될 수 있다.

사실 2008년 파리에서 열린 콘퍼런스에 참석한 기술 산업 분야의 두 친구가 바로 이러한 경험을 했다. 그들이 택시를 잡지 못한 경험이 결국 세계에서 가장 큰 기술 회사 중 하나로 성장할 씨앗이 되었다.

출처 : Christopher Penler/Shutterstock

미래로 나아가기

트래비스 캘러닉과 개릿 캠프, 두 명의 성공한 기술 기업가는 약 10년 전 프랑스의 르웹 기술 콘퍼런스에서 택시를 잡지 못하는 사람들 중 하나였다. 콘퍼런스 후 미국으로 돌아온 캠프는 첫 번째 버전의 '블랙카' 호출 앱에 대한 프로토타입을 개발했다. 캘러닉은 나중에 뉴욕에서 이 새로운 앱의 첫 평가에 참여했으며, 이 평가는 단 세 대의 차를 사용하여 진행되었다. 테스트는 2010년 1분기에 실시되었다.

우버캡 서비스는 2010년 6월 샌프란시스코에서 런칭되었다. 앱을 열고 버튼을 눌러 탑승을 요청하며, 사용자가 등록한 카드로 자동 결제가 이루어지는 간단한 개념이 사용자들에게 빠르게 수용되었다. 그해 말, 회사는 샌프란시스코 교통 당국의 소송에 대응하여 회사 이름에서 '캡'을 삭제했다. 이는 회사가 상장하는 과정에서 직면할 수많은 어려움 중 첫 번째에 불과했다.

어려움에도 불구하고 우버는 그다음 10년 동안 빠른 성장을 경험했다. 2016년까지 회사는 5천만 명의 활성 월간 사용자를 보유하게 되었다. 이후 3년 동안 활성 월간 사용자는 2017년에 7,500만 명, 2018년에 9,500만 명, 결국 2019년에는 1억 1천만 명에 이르렀다.[12] 금전적으로 보면, 우버는 2017년 첫 분기에 약 15억 달러의 분기 수익을 올렸으며, 다음 해 마지막 분기에는 수익이 30억 달러를 넘어섰다.[13]

우버가 설립된 기본 호출 서비스 외에도 회사는 추가 서비스 기능과 새로운 비즈니스 모델을 포함하도록 확장했다. 예를 들어, 승객들이 탑승을 공유하고 요금을 나눌 수 있는 우버풀 서비스가 2014년에 출시되었고, 음식 배달 서비스인 우버이츠는 2015년에 출시되었다.[14] 또한 2017년에는 바클레이즈와 파트너십을 통해 보상 크레딧카드를 출시했고, 2018년에는 전기 스쿠터 및 전기 자전거 회사에 대한 투자도 진행했다.[15]

이러한 성장과 새로운 제품 및 서비스로의 다각화는 궁극적으로 2019년에 회사가 상장하는 결과를 낳았다. IPO에서 회사의 초기 주가는 45달러, 시장 가치는 755억 달러였다.[16]

'비오게 하다' 또는 택시를 잡다?

우버가 IPO를 향해 나아가면서 안정적인 성공을 거두고 있었음에도 불구하고 회사는 여러 도전에 직면했다. 이러한 도전에는 드라이버의 부적절한 행동 및 범죄 행위에 대한 혐의, 앱을 통한 사용자 추적으로 인한 개인정보 침해 비판, 잃어버린 수익 및 산업 붕괴에 대한 수많은 대도시 택시 서비스의 반발과 폭동, 데이터 유출, 드라이버가 계약자가 아닌 직원으로 분류되어야 한다는 분쟁, 드라이버의 대우 및 보상 문제, 특정 법 집행 및 정부 관계자에게 탑승을 피하기 위한 비밀 프로그램에 대한 혐의 등이다.[17,18]

그러나 이러한 어려움에도 불구하고 우버는 새로운 서비

스 혁신과 개발을 지속한다. 예를 들어, 우버는 2015년에 시작된 자율주행차 개발에 수억 달러를 투자했다. 우버는 2022년까지 수만 대의 자율주행차가 도로에 나올 것이라고 예상했지만, 자사의 테스트 차량에서 보행자가 사망하는 사고가 발생하자 2020년에 프로그램을 중단했다.

2019년, 우버는 임시 프로젝트를 위해 일꾼을 연결하는 플랫폼인 우버웍스를 출시했고, 같은 해에는 뉴욕시 주요 공항에서 헬리콥터 서비스를 공개했다. 분명히 우버는 여러 신흥 산업에서 거대한 혁신가이자 선도자로 자리 잡았으며, 소비자와 제품 및 서비스를 연결하는 앱 개발이 이제는 '우버화(uberization)'라고 불릴 정도이다. 그러나 회사는 증가하는 경쟁과 자체 내부 문제 속에서도 계속해서 나아갈 수 있을 것인가?

토의문제

8-9. 만약 지금 25,000달러를 단일 주식에 투자할 수 있다면, 우버에 투자할 생각이 있는가? 이에 대해 설명하라.

8-10. 지난 10년 동안 우버에 대한 가장 큰 헤드라인 중 하나는 여러 대도시에서 불만을 품은 택시 기사들이 폭동을 일으키고 정부 규제를 요구한 것이다. 왜 택시 기사들은 그렇게 강하게 반응했을까? 그들도 우버 드라이버가 될 수는 없었는가?

8-11. 위 기사에서는 소비자와 판매자를 연결하는 앱을 개발하는 새로운 회사의 경향으로 '우버화'를 언급한다. 아직 '우버화'가 이루어지지 않았지만, 이를 통해 혜택을 받을 수 있는 시장을 몇 가지 생각해보라.

8-12. 우버는 '긱 경제(gig economy)'에서 성장한 회사의 한 예이다(간단히 말해 프리랜서 형태의 비정규 직업 분야를 의미). 긱 경제에서 일하는 것과 전통적인 상시 고용 직업의 장단점을 몇 가지 생각해보라. 이에 대해 설명하라.

8-13. 드라이버가 운전하는 우버를 이용하는 것과 자율주행 우버 차량을 이용하는 것 중 어떤 것을 선호하는가? 각 플랫폼의 장단점을 생각해보라. 이에 대해 설명하라.

8-14. 코로나19 팬데믹은 사실상 모든 산업에 영향을 미쳤다. 팬데믹이 승객 수에 부정적인 영향을 미친 가운데, 자율주행차 개발에 대한 우버의 계획에 어떤 영향을 미칠 것이라고 생각하는가?

주

1. 이 장의 주제는 구조화된 프로세스이며, 우리는 이를 기준으로 프로세스 품질에 대해 논의할 것이다. 하지만 이 질문의 모든 개념은 동적 프로세스에도 동일하게 적용된다는 점을 유념하라.
2. Ray A. Smith, "Work Clothes, Reimagined for an Age of Wearable Tech," *The Wall Street Journal*, January 2, 2020, accessed May 22, 2021, *www.wsj.com/articles/work-clothes-reimagined-for-an-age-of-wearable-tech-11577981068*.
3. Ibid.
4. Ibid.
5. Chip Cutter and Rachel Feintzeig, "Smile! Your Boss Is Tracking Your Happiness," *The Wall Street Journal*, March 7, 2020, accessed May 22, 2021, *www.wsj.com/articles/smile-your-boss-is-tracking-your-happiness-11583255617*.
6. Ibid.
7. Jennifer Smith, "Wearable Devices Take Ergonomics to a New High-Tech Place," *The Wall Street Journal*, March 5, 2020, accessed May 22, 2021, *www.wsj.com/articles/wearable-devices-take-ergonomics-to-a-new-high-tech-place-11583267614*.
8. Ibid.
9. SAP, "Why SAP", *SAP*, n.d., accessed May 22, 2021, *www.sap.com/why-sap.html*.
10. Jaikumar Vijayan, "Top 8 Security Mistakes in SAP Environments," *CSO*, June 26, 2019, accessed May 22, 2021, *www.csoonline.com/article/3404470/top-8-security-mistakes-in-sap-environments.html*.
11. Lucian Constantin, "Public SAP Exploits Could Enable Attacks Against Thousands of Companies," *CSO*, May 31, 2019, accessed May 22, 2021, *www.csoonline.com/article/3393440/public-sap-exploits-could-enable-attacks-against-thousands-of-companies.html*.
12. E. Mazareanu, "Monthly Users of Uber's Ride-Sharing App Worldwide 2016–2019," *Statista*, August 9, 2019, accessed May 22, 2021, *www.statista.com/statistics/833743/us-users-ride-sharing-services*.
13. Ian Blair, "Uber Revenue and Usage Statistics (2019),"

buildfire.com, 2019, *https://buildfire.com/uber-statistics.*

14. Brian O'Connell, "History of Uber: Timeline and Facts," *TheStreet*, January 2, 2020, accessed May 22, 2021, *www.thestreet.com/technology/history-of-uber-15028611.*

15. Dan Blystone, "The Story of Uber," *Investopedia*, June 25, 2020, accessed May 22, 2021, *www.investopedia.com/articles/personal-finance/111015/story-uber.asp.*

16. Brian O'Connell, "History of Uber: Timeline and Facts," *TheStreet*, January 2, 2020, accessed May 22, 2021, *www.thestreet.com/technology/history-of-uber-15028611.*

17. Ibid.

18. Dan Blystone, "The Story of Uber," *Investopedia*, June 25, 2020, accessed May 22, 2021, *www.investopedia.com/articles/personal-finance/111015/story-uber.asp.*

Chapter 9

소셜미디어 정보시스템

"재스민, 저는 광고 공간에서 누구를 타깃으로 삼을지 고민하고 있어요"라고 에밀리가 머뭇거리며 말한다. 에밀리는 아이메드 애널리틱스의 새로운 정보시스템 관리자이다. 그녀는 주요 투자자인 그렉 솔로몬 박사로부터 아이메드 애플리케이션에서 광고 수익을 창출하는 방법을 살펴보도록 요청받았다.

"우리는 의료 기기 제조업체들에게만 광고 공간을 판매하는 걸까요? 아니면 체육관, 개인 트레이너, 물리치료사, 또는 보충제 제조업체에 더 집중해야 할까요? 만약 높은 클릭률과 궁극적인 매출을 가진 특정 그룹을 목표로 할 수 있다면 더 빠른 속도로 더 많은 수익을 창출할 수 있을 거예요."

재스민은 동의하며 고개를 끄덕인다. "당신 말이 맞습니다. 아이메드 앱에 노출시킨 대상지향형 배너 광고들과 짧은 영상들은 아마도 많은 눈길을 끌 것이고, 결국 더 많은 수익을 창출할 것이라고 생각합니다. 하지만 우리는 더 많은 데이터를 수집하기 전까지는 어떤 그룹을 타깃으로 해야 하는지 알지 못할 수도 있고, 심지어 그 사람이 아이메드 앱을 사용하는 이유에 따라 달라질 수도 있어요."

"음… 무슨 말인지 잘 모르겠습니다." 에밀리가 말한다.

재스민은 "만약 어떤 사람이 아이메드를 사용하여 고혈압을 측정한다면, 그들은 더 많은 운동을 하고, 스트레스를 줄이고, 약이 효과가 있는지 확인하는 데 관심이 있을 겁니다. 이런 사람들을 위해 우리는 체육관과 개인 트레이너의 클릭률 향상을 얻을 수 있을 거예요."

"그러나 반대로 어떤 사람이 아이메드를 사용하여 당뇨병을 관찰한다고 가정해봅시다. 그들은 스마트 포도당 모니터링 장치의 광고를 클릭하거나 심지어 건강한 음식과 보충제와 관련된 광고를 클릭하는 것에 더 관심이 있을 수 있어요."

호세가 끼어들었다. "저는 우리가 좀 더 생각을 크게 가질 수 있다고 봅니다. 광고 수익도 좋지만, 단순히 광고 공간을 파는 것보다 아이메드로 더 많은 것을 할 수 있다고 생각합니다."

"무슨 뜻입니까?" 에밀리가 묻는다.

"우리가 수집하는 데이터를 통해 다양한 데이터 유형을 결합하여 외부 제3자에게 유용할 수 있는 특별하고 고유한 정

"그건 바이러스 측정을 위한 가이거 계수기와 같을 거예요. 대단한 것이 될 겁니다."

출처 : Panchenko Vladimir/Shutterstock

보를 제공할 수 있습니다."

"잘 이해가 되지 않습니다."

호세는 계속해서 말했다. "글쎄요, 어떤 사람이 코로나19와 같은 바이러스에 감염되었다고 가정해봅시다. 우리는 사용자들의 스마트폰에 있는 아이메드 앱에서 수집한 과거 데이터를 사용하여 그들의 지난주 행적을 추적할 수 있어요. 그리고 블루투스 연결을 사용하여 그들이 누구와 접촉했는지 확인할 수 있습니다. 또한 그들의 의료 진단 데이터를 통해 언제 증상을 보이기 시작하고 전염성을 갖게 되었는지에 대해 꽤 잘 알 수 있죠."

"와, 저는 아이메드를 그런 식으로 사용하는 것에 대해 생각해보지 못했네요. 하지만 우리가 그렇게 할 수 있을까요? 기술적으로 그리고 법적으로 정말 가능할까요?"라고 에밀리가 묻는다. "물론이죠." 호세는 흥분하며 계속해서 말한다. "우리는 모든 데이터를 비공개로 유지하고 HIPAA를 준수하며 여전히 합법적으로 CDC와 데이터를 공유할 수 있습니다. 또한 감염된 사람들의 신원을 확인하고, 추적하기 위해 미국 정부와 대규모 계약을 체결할 수 있어요. 코로나19 이후 저는 그들이 관심을 가질 것이라고 생각합니다."

재스민은 의자에 바로 앉아 펜을 들고 글을 쓰기 시작한다. "아시다시피 우리는 모든 사람의 스마트폰에 아이메드를 깔 수 있을지도 모릅니다. 제 말은, 우리가 전염병의 위치와 경로를 추적한다면, 모든 사람은 누가 전염성이 있는지 알고 싶어 할 것이며, 어떻게 전염병을 피하는지도 알고 싶어 할 겁니다. 우리는 감염된 사람에게 너무 가까이 다가가면 경고를 보낼 수도 있어요."

"그건 바이러스 측정을 위한 가이거 계수기와 같을 거예요. 대단한 것이 될 겁니다." 재스민은 미소를 지으며 에밀리를 바라본다. "아이메드는 세계의 모든 스마트폰에 있을 것이고, 우리는 매우 수익성이 좋은 정부 계약에 접근할 수 있을 거예요."

호세가 끼어들었다. "음, 아직 거기까지 생각하기엔 무리가 있어요."

재스민은 놀란 표정으로 말한다. "무슨 말이죠? 이건 대단한 일이에요! 우리는 사용자, 회사, 정부로부터 수익을 올릴 거예요. 그리고 사회적 상호작용의 정보도 있어요. 언제 그것을 알아낼 수 있죠?"

호세는 고개를 젓는다. "잘 모르겠습니다. 의료 데이터를 수집하고 분석하는 것은 쉽습니다. 하지만 블루투스 부분을 설치하는 것은 어려울 거 같습니다. 그것이 가능한지 알아보기 위해 몇몇 개발자들과 이야기를 나눠봐야 할 것 같아요. 또한 우리의 데이터를 비공개로 유지할 수 있는지 확인해야 합니다. 게다가 저는 머신러닝 모델을 재작업해야 해요. 이 모든 것은 개발 시간을 더 늘리게 될 겁니다. 우리가 현재 개발하고 있는 것과는 매우 다른 앱이에요."

∨ 학습목표

학습성과 : 소셜미디어 정보시스템을 사용하여 조직이 전략적 목표를 달성할 수 있도록 지원하는 방법에 대해 논의할 수 있다.

9-1 　소셜미디어 정보시스템(SMIS)은 무엇인가?

9-2 　SMIS는 조직 전략을 어떻게 발전시키는가?

9-3 　SMIS는 사회적 자본을 어떻게 증가시키는가?

9-4 　조직은 소셜미디어에서 수익을 어떻게 벌어들이는가?

9-5 　조직은 SMIS의 보안 문제를 어떻게 해결할 수 있는가?

9-6 　소셜미디어는 우리를 어디로 데려가는가?

이 장의 **지식**이 **여러분**에게 어떻게 도움이 되나요?

9-1 소셜미디어 정보시스템(SMIS)은 무엇인가?

이 질문을 언급하기 전에 이 장에서는 페이스북, 엑스(구 트위터)*, 링크드인, 인스타그램, 핀터레스트 또는 다른 소셜미디어 서비스의 최신 기능에 대해 논의하지 않는다는 것을 이해하기 바란다. 아마 여러분은 이미 이들에 대해 많이 알고 있을 것이다. 게다가 오늘날 배우는 어떤 특별한 것도 여러분이 졸업할 때는 이미 오래되어 업무일을 시작할 때는 쓸모가 없어질 것이다. 대신 이 장에서는 소셜미디어 서비스 및 기술의 변화보다는 지속될 원칙, 개념적 프레임워크 및 모델에 초점을 맞추고 있다. 이러한 방식은 여러분의 직업 경력 초기에 있어서 소셜미디어 시스템의 기회와 위험을 설명할 때 유용할 것이다.

그러한 지식은 여러분의 실수를 피하는 데 도움이 될 것이다. 매일 여러분은 "우리는 엑스를 사용하고 있습니다" 그리고 "우리는 웹사이트에 우리의 페이스북 페이지를 연결시켰습니다" 혹은 "엑스에서 우리를 팔로우하세요"라고 말하는 광고와 뉴스를 접할 수 있다. 이들이 해야 할 중요한 질문은 다음과 같다. 무엇을 위해서인가? 현대적이기 위해서인가? 유행을 타기 위해서인가? 이러한 노력들이 그만한 가치가 있는가? 그것들이 조직의 전략을 어떻게 발전시키고 있는가?

소셜미디어(social media, SM)는 사용자 네트워크 간 콘텐츠 공유를 지원하기 위해 정보기술을 사용하는 것이다. 소셜미디어는 사람들로 하여금 공동 관심사에 관련된 사람들의 집단인 **실천 커뮤니티**(community of practice) 또는 **커뮤니티**(community)를 형성하게 한다. **소셜미디어 정보시스템**(social media information system, SMIS)은 사용자 네트워크 간에 콘텐츠 공유를 지원하는 하나의 정보시스템이다.

그림 9-1 소셜미디어는 융복합 학문 분야이다

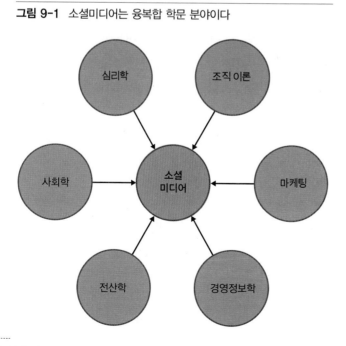

---

* 트위터는 2023년에 '엑스'로 이름을 변경했다. (역주)

그림 9-1에 나타난 바와 같이 소셜미디어는 여러 분야가 융합된 것이다. 이 책에서는 SMIS와 그들이 조직 전략에 어떻게 기여하는지에 대해 논의할 것이며, 그림 9-1의 MIS 부분에 초점을 맞출 것이다. 여러분이 소셜미디어(SM) 분야에서 전문가로 일하기를 결정한다면 아마도 컴퓨터 과학을 제외한 모든 분야에 대한 지식이 필요할 것이다.

SMIS의 세 가지 역할

소셜미디어 정보시스템(SMIS)의 구성 요소를 논의하기 전에 먼저 SMIS의 세 조직 구성단위가 수행하는 역할을 확실히 할 필요가 있다.

- 소셜미디어 공급업체
- 사용자
- 커뮤니티

소셜미디어 공급업체 페이스북, 구글플러스, 링크드인, 엑스, 인스타그램, 핀터레스트 같은 **소셜미디어 공급업체**(social media provider)는 공통의 관심사를 가진 사람들 사이의 **소셜 네트워크**(social network) 혹은 사회적 관계를 만들어낼 수 있는 플랫폼을 제공한다. 소셜미디어(SM) 공급업체의 성장은 지난 몇 년간 엄청났다. 그림 9-2는 잘 알려진 소셜미디어 사업자들의 규모를 보여준다. 활성 이용자 수 측면에서 볼 때 이들 사이트 중 몇 개는 미국 전체 인구를 능가한다.[1] 소셜미디어의 성장은 기업, 광고주, 투자자들의 비상한 관심을 이끌어냈다. 소셜미디어 사업자들은 이용자들의 관심과 관련 광고비를 놓고 서로 경쟁한다.

사용자 사용자(user)는 사회적 관계를 구축하기 위해 소셜미디어 사이트를 사용하는 개인 및 조직을 모두 포함한다. 약 45억 명이 인터넷에 접속하고, 그들 중 38억 명이 매일 소셜미디어를 사용한다.[2] 거의 모든 SM 사용자들(99%)이 휴대전화를 통해 SM에 접속한다.[3] 소셜미디어 공급업체는 자주 특정 인구 통계 그룹의 사람들을 끌어들이거나 목표로 삼는다.[4] 예를 들어, 핀터레스트 사용자의 약 71%가 여성이다. 링크드인은 사용자의 60%가 25~34세 사이이다.[5]

조직은 SM 사용자이기도 하다. 여러분은 조직을 일반적인 사용자로 생각하지 않을지도 모르지만, 많은 면에서 사용자이다. 조직은 여러분이 하는 것처럼 SM 계정을 만들고 관리한다. 포춘지(Fortune) 선정 500대 기업 중 91%가 활동적인 엑스 계정을 유지하고 있고, 89%는 페이스북 페이지를 가지고 있으며, 77%는 유튜브 계정을 가지고 있는 것으로 추정된다.[6] 이 기업들은 SM의 존재감을 유지하고, 제품을 홍보하고, 관계를 형성하고, 이미지를 관리하기 위해 직원을 고용한다.

조직이 SM을 사용하는 방법에 따라 사용자, 제공업체 또는 둘 다 될 수 있다. 예를 들어, 큰 조직은 위키, 블로그, 토론 게시판과 같은 내부 소셜미디어 플랫폼을 만들고 관리할 수 있을 만큼 충분히 크다. 이 경우 조직은 소셜미디어 제공업체가 될 것이다.

커뮤니티 커뮤니티 형성은 인간의 자연적인 특성이다. 인류학자들은 커뮤니티를 형성하는 능력이 인류의 진보를 초래했다고 주장한다. 하지만 과거에 커뮤니티는 가족관계나 지리적 위치

그림 9-2 소셜미디어 활성 사용자 수

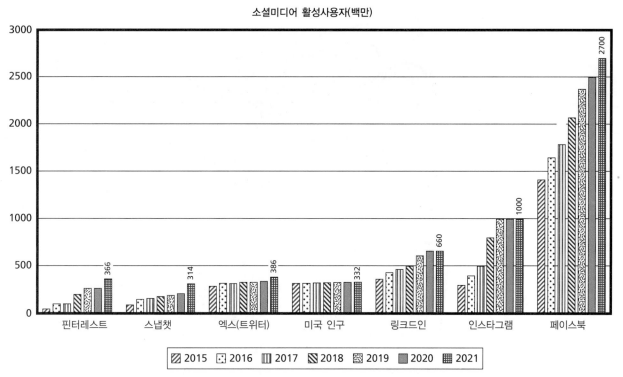

소셜미디어 활성사용자(백만)

출처 : www.brandwatch.com/blog/amazing-social-media-statistics-and-facts.

에 기반을 두었다. 즉 특정 마을에 살았던 모든 사람이 커뮤니티를 형성했다. SM 커뮤니티와 의 주요 차이점은 상호 이익에 기반을 두고 형성되며 가족적·지리적 및 조직적 경계를 초월한 다는 점이다.

이러한 초월성 때문에 대부분의 사람들은 여러 SM 사용자 커뮤니티에 소속되어 있거나 심 지어 다른 많은 SM 사용자 커뮤니티에 소속되어 있다. 페이스북이나 다른 SM 공급자들은 사 용자가 하나 이상의 커뮤니티 그룹에 가입할 수 있도록 한다.

그림 9-3은 SM 사이트의 관점에서 커뮤니티 A가 1차 커뮤니티라는 것을 보여준다. 이는 사 이트와 직접적인 관계가 있는 사용자들로 구성되었다. 사용자 1은 차례로 A, B, C의 3개 커뮤 니티(예 : 같은 반 급우, 전문적 관계, 친구)에 속한다. SM 사이트의 관점에서 보면 커뮤니티 B~E는 2차 커뮤니티인데, 이들 커뮤니티의 관계는 1차 사용자에 의해 매개되기 때문이다. 두 번째와 세 번째 커뮤니티 회원의 수가 기하급수적으로 증가한다. 예를 들어 각 커뮤니티에 100 명의 회원이 있는 경우 SM 사이트는 100×100 또는 10,000명의 두 번째 커뮤니티 구성원을 가 지고, 100×100×100 또는 100만 명의 세 번째 커뮤니티 구성원을 갖게 될 것이다. 하지만 이 설명은 종종 커뮤니티가 중복되기 때문에 아주 사실은 아니다. 예를 들어, 그림 9-3에 있는 사 용자 7은 커뮤니티 C와 E에 속한다. 따라서 이러한 계산은 최대 사용자 수치를 나타내지만, 반 드시 실제 사용자 수와 일치하는 것은 아니다.

SM 사이트가 이런 커뮤니티들과 관계를 맺기로 선택하는 것은 그들의 목표에 달려 있다. 만 약 사이트가 순수한 홍보에 관심이 있다면 가능한 한 많은 커뮤니티 계층과 관계를 맺고 싶어 할 것이다. 그렇다면 그것은 계층을 통해 의사소통을 전달하기 위한, 상품 또는 다른 보상과

그림 9-3 SM 커뮤니티

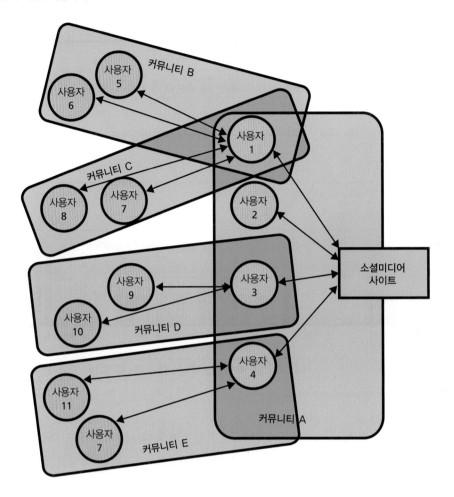

같은 어떤 유인책인 **바이럴 훅**(viral hook)을 만들 것이다. 그러나 SM 사이트의 목적이 제품 결함을 고치는 것과 같이 당황스러운 문제를 해결하는 것이라면 커뮤니티 A와의 의사소통을 제한하려는 노력을 수행할 것이다.

커뮤니티 계층을 통한 관계의 기하급수적 확대는 조직에 축복과 저주를 동시에 제공한다. 예를 들어, 커뮤니티 A의 일원인 한 직원은 자신의 커뮤니티에 있는 수백 혹은 수천의 사람들과 함께 자사의 최신 제품이나 서비스에 대한 진실하고 합법적인 자부심을 공유할 수 있다. 하지만 그녀는 동일한 대상에게 몇 가지 최근에 개발된 제품에 대한 실망감 또한 터트릴 수 있고, 혹은 더 나쁘게 경쟁업체에서 일하는 커뮤니티에 있는 누군가와도 사적인 조직 데이터를 공유할 수도 있다.

이 예에서 알 수 있듯이 소셜미디어는 강력한 도구이다. 이를 잘 활용하기 위해서는 조직이 자신의 목표와 계획을 잘 알아야 한다.

SMIS 구성 요소

SMIS는 정보시스템이기 때문에 모든 정보시스템과 같이 다섯 가지 구성 요소, 즉 하드웨어, 소프트웨어, 데이터, 절차, 사람을 가지고 있다. SMIS를 염두에 두고 있는 상태에서 그림 9-4

에 표시된 각 구성 요소를 살펴보자.

하드웨어 사용자와 조직 모두 데스크톱, 노트북 및 모바일 기기를 사용하여 SM 사이트를 처리한다. 대부분의 경우 소셜미디어 공급업체들은 클라우드의 탄력적 서버를 사용하여 SM를 호스팅한다.

소프트웨어 SM 사용자는 브라우저와 클라이언트 애플리케이션을 사용하여 다른 사용자와 통신하고 콘텐츠를 주고받으며 커뮤니티와 다른 사용자에 대한 연결을 추가하고 제거한다. 여기에는 iOS, 안드로이드 및 윈도를 포함한 다양한 플랫폼용 데스크톱 및 모바일 애플리케이션이 포함된다.

SM 애플리케이션 공급자들은 그들 자신의 서비스, 등록 상품, 소셜 네트워크 애플리케이션 소프트웨어를 개발하고 운영한다. 4장에서 배운 것처럼 서비스 소프트웨어의 지원은 장기적으로 비용이 든다. SM 애플리케이션 공급업자는 해당 애플리케이션의 특징과 기능들이 경쟁 전략의 기본이 되기 때문에 자체적인 개발과 운영이 필요하다. 수백만의 사용자에 의해 생성된 수익을 통해 개발 비용을 낮추는 것이 가능하기에 그렇게 할 수 있다.

많은 소셜 네트워킹 업체는 기존의 관계형 DBMS 제품도 사용하지만 NoSQL 데이터베이스 관리시스템을 사용하여 데이터를 처리한다. 페이스북은 자체 DBMS(카산드라) 개발을 시작했으나 나중에 이를 유지하기 위한 비용과 노력이 상당함을 파악하고 오픈소스 커뮤니티에 기부했다. SM 공급업체는 사용자 지정 프로그램 및 데이터베이스 외에도 사용자가 그들의 사이트 및 애플리케이션 소프트웨어와 상호작용하는 방법을 이해하기 위해 분석 소프트웨어에 투자하기도 한다.

데이터 SM 데이터는 콘텐츠와 연결의 두 가지 범주로 분류된다. **콘텐츠 데이터**(content data)는

그림 9-4 SMIS의 다섯 가지 구성 요소

구성 요소	역할	설명
하드웨어	SM 공급업체	탄력적, 클라우드 기반 서버
	사용자와 커뮤니티	사용자 컴퓨팅 장치
소프트웨어	SM 공급업체	애플리케이션, NoSQL, 혹은 다른 DBMS, 분석 도구
	사용자와 커뮤니티	브라우저, iOS, 안드로이드, 윈도 10, 혹은 다른 애플리케이션
데이터	SM 공급업체	콘텐츠 및 연결 데이터 저장을 통해 빠른 검색
	사용자와 커뮤니티	사용자 생성 콘텐츠(UGC), 연결 데이터
절차	SM 공급업체	애플리케이션 실행 및 유지
	사용자와 커뮤니티	콘텐츠 제작, 관리, 제거, 복제
사람	SM 공급업체	애플리케이션 운영과 유지보수
	사용자와 커뮤니티	주요 사용자, 적응적, 비합리적

사용자가 제공한 데이터와 데이터에 대한 응답이다. 예를 들어, 여러분의 페이스북 사이트에 원천 콘텐츠 데이터를 제공하고, 친구들이 여러분의 페이지에 글을 쓰거나 댓글을 달거나 여러분의 의견을 태그하거나 여러분의 사이트에 게시하면 반응 콘텐츠를 제공한다.

연결 데이터(connection data)는 관계에 대한 데이터이다. 예를 들어, 페이스북에서 여러분의 친구들과의 관계는 연결 데이터이다. 특정 조직을 선호한다는 사실도 연결 데이터이다. 연결 데이터는 SMIS를 웹사이트 애플리케이션과 차별화한다. 웹사이트와 소셜 네트워킹 사이트 모두 사용자 및 응답자에게 콘텐츠를 제공하지만 소셜 네트워킹 애플리케이션만 연결 데이터를 저장하고 처리한다.

SM 공급업체는 사용자들을 대신하여 SM 데이터를 저장하고 검색한다. 그들은 네트워크 및 서버 장애가 발생한 경우 이를 신속하게 처리해야 한다. 하지만 SM 콘텐츠와 연결 데이터는 비교적 단순한 구조를 가지고 있기에 이 문제는 다소 쉽게 처리되기도 한다.

절차 소셜 네트워킹 사용자의 경우 절차는 비공식적이고 진화하며 사회지향적이다. 여러분은 친구들이 하는 것을 따라 한다. 여러분이 속한 커뮤니티의 구성원이 새롭고 흥미로운 무언가를 배울 때, 여러분은 그것을 따라 한다. 소프트웨어는 배우고 사용하기 쉽게 만들어졌다.

그러한 비형식적 방법은 SMIS의 활용을 쉽게 만든다. 이는 의도하지 않은 결과가 흔하게 발생한다는 것을 의미한다. 가장 문제가 되는 예는 사용자 개인정보 보호와 관련이 있다. 많은 사람들은 새로운 고화질 TV에 대해 설명하고 있는 공개적인 사이트에 자신의 집 주소 앞에서 촬영한 사진을 게시하지 않도록 배웠다. 안타깝게도 많은 다른 사람들은 그렇지 않다.

조직의 경우 소셜 네트워킹 절차가 더 형식화되고 조직의 전략과 연계된다. 조직에서는 콘텐츠를 만들고, 사용자 반응을 관리하며, 쓸모없고 불쾌한 콘텐츠를 제거하고, 콘텐츠에서 가치를 추출하는 절차를 개발한다. 예를 들어 제품 문제에 관한 데이터를 수집하기 위해 SMIS를 설치하는 것은 그 소셜 네트워킹 데이터에서 지식을 추출하는 절차가 존재하지 않는 한 낭비되는 비용이다. 또한 조직은 9-5절에서 설명한 대로 SM 위험을 관리하기 위한 절차를 개발할 필요가 있다.

SM 애플리케이션을 운영하고 유지하는 절차는 논외로 한다.

사람 소셜미디어 사용자들은 그들의 목표와 성격에 따라 자신이 하고 싶은 것을 한다. 그들은 특정한 방식으로 행동하고 그 결과를 관찰한다. 그들은 행동을 바꿀 수도 있고 그렇지 않을 수도 있다. 그런데 SM 사용자들이 꼭 이성적인 것만 아니라는 점을 주목해야 하는데, 적어도 금전적인 면에서는 그렇지 않다. 예를 들어, 사람들은 그들이 공짜로 받는 무언가를 통해 다른 누군가는 더 많은 돈을 벌고 있다고 생각하기 때문에 공정성과 사회적 가치도 중요하게 생각한다는 버논 스미스의 연구를 참고하라.[7]

조직은 그렇게 평범할 수 없다. 한 기업에서 자신의 지위를 이용하여 조직을 대변하는 사람은 누구나 SMIS 사용자 절차와 조직의 소셜 네트워킹 정책에 대한 교육을 받아야 한다. 우리는 이러한 절차와 정책을 9-5절에서 논의할 것이다.

소셜미디어는 새로운 직책, 새로운 책임 및 새로운 유형의 교육 훈련에 대한 필요성을 창조한다. 예를 들어, 무엇이 좋은 엑스 사용자를 만드는가? 어떻게 하면 효과적인 게시글을 쓸 수

소셜미디어 사이트에서 부정적인 고객 후기는 기업에 재정적으로 해를 끼칠 수 있다. 후기를 조작하는 것은 의심스러운 관행이 될 수 있다. 윤리 가이드(306~308쪽)에서 더 자세히 읽어보자.

있는가? 그러한 일을 위해 어떤 종류의 사람들을 고용해야 하는가? 그들은 어떤 교육을 받아야 할까? 그러한 자리에 대해 지원자들을 어떻게 평가하는가? 이런 유형의 사람들을 어떻게 찾을 수 있는가? 이 모든 질문은 바로 지금 질문과 답변이 이루어지고 있다.

9-2 SMIS는 조직 전략을 어떻게 발전시키는가?

2장의 그림 2-1(37쪽)에서 정보시스템과 조직 전략의 관계를 배웠다. 간단히 말해서 전략은 가치사슬을 결정하고, 가치사슬은 비즈니스 프로세스를 결정하며, 비즈니스 프로세스는 정보시스템을 결정한다. 가치사슬이 8장에서 논의된 것과 같은 **구조화된** 비즈니스 프로세스를 결정하는 한, 이 가치사슬은 복잡하지 않다. 그러나 소셜미디어는 그 자체 본질이 **역동적**이다. 소셜미디어의 흐름은 설계되거나 도표화될 수 없으며, 그렇게 된다면 SM 프로세스가 바뀌는 즉시 다이어그램이 완성될 것이다.

따라서 우리는 한 단계를 백업하고 가치사슬이 동적 프로세스를 결정하는 방법을 고려하여 SMIS 요구사항을 설정해야 한다. 여러분도 알고 있듯이, 소셜미디어는 사용자 간, 커뮤니티 간, 그리고 조직 간 힘의 균형을 근본적으로 변화하게 한다.

그림 9-5는 소셜미디어가 다섯 가지 주요 가치사슬 활동과 인적자원 지원 활동에 어떻게 기여하는지를 요약한다. 이 표의 각 행을 살펴보자.

소셜미디어와 영업 및 마케팅 활동

과거에는 조직이 구조화된 프로세스와 관련 정보시스템을 사용하여 고객과의 관계를 통제했다. 사실 전통적 CRM의 주된 목적은 고객과의 접점을 관리하는 것이었다. 기존 CRM은 조직이 하나의 목소리로 고객과 대화하고, 각 고객의 가치에 따라 고객이 받은 메시지, 제안 및 지원을 통제할 수 있도록 되어 있었다. 예를 들어, 1990년에 여러분이 IBM 제품에 대해 알고 싶은 경우 IBM의 지역 영업 사무소에 문의하면 되었다. 그 사무소는 여러분을 잠재고객으로 분

그림 9-5 가치사슬 활동에서 SM

활동	초점	역동적 프로세스	위험
영업과 마케팅	외부 전망	소셜 CRM P2P 판매	신용 손실 나쁜 PR
고객 서비스	외부 고객	P2P 지원	통제 상실
유입 물류	상류 공급사슬 공급업체	문제해결	프라이버시 침해
유출 물류	하류 공급사슬 선적업체	문제해결	프라이버시 침해
제조 및 운영	외부 사용자 설계 내부 운영 및 제조	사용자 지원 설계 산업 관계 운영 효율성	효율성/효과성
인적자원	직원 채용 후보 직원 의사소통	직원 탐색, 채용 및 평가 직원 간 소통을 위한 셰어 포인트	오류 신용 손실

류하고, 여러분이 받은 문서와 자료, IBM 직원과 여러분의 접촉을 통제하는 데 그 분류 내용을 활용했을 것이다.

전통적 CRM과 달리 **소셜 CRM**(social CRM)은 동적인 SM 기반 프로세스이다. 기업과 고객 사이의 관계는 양 당사자가 콘텐츠를 만들고 처리하는 과정에서 끊임없이 변화하는 과정으로 나타난다. 조직의 직원들은 기존의 전통적인 촉진 형식 외에도 위키피디아, 블로그, 토론 목록, 자주 묻는 질문(FAQ), 사용자 후기와 논평 사이트, 그리고 다른 역동적인 콘텐츠를 만든다. 그러면 고객은 이 콘텐츠를 검색하고, 자체적으로 검토 및 의견을 제공하고, 추가 질문을 하며, 사용자 그룹을 생성하는 등의 작업을 수행한다. 따라서 소셜 CRM으로 각각의 고객들은 그들 자신과 회사의 관계를 구축할 수 있다.

소셜 CRM은 기존 CRM의 구조화되고 통제된 프로세스 측면에서 벗어나고 있다. 관계가 공동 활동에서 나타나기 때문에 고객은 기업만큼 많은 통제력을 가진다. 이러한 특성은 고객이 회사와 제품에 대해 읽고, 보고, 듣는 것을 통제하기 위한 구조화된 프로세스를 원하는 기존 영업 관리자에게는 혐오스러운 것들이다.

게다가 전통적 CRM은 평생 가치(LTV)에 중점을 두고 있다. 즉 가장 많은 비즈니스 거래를 만들어낼 가능성이 있는 고객이 조직의 가장 많은 관심을 받으면서 가장 많은 영향을 미치고 있다. 하지만 소셜 CRM의 경우 10센트를 구매한 효과적인 후기 작성자, 해설가 또는 블로거인 고객은 연간 1,000만 달러를 구입하는 조용한 고객보다 더 많은 영향력을 가질 수 있다. 이러한 불균형을 기존의 영업 관리자는 이해할 수 없을 것이다.

그럼에도 불구하고 기존 영업 관리자들은 P2P 추천을 사용하여 자사의 제품을 충성도가 높은 고객에게 판매하는 것을 좋아한다. 아마존에서 제품과 제품 후기를 간략하게 살펴보면 고객들이 좋아하거나 좋아하지 않는 제품에 대해 기꺼이 사려 깊은 장문의 구매 후기가 작성된 것을 볼 수 있다. 아마존과 다른 온라인 소매업체들도 소비자들로 하여금 후기가 도움이 되었는지를 평가할 수 있게 한다. 그러한 방식으로 신중한 소비자에게 이러한 비표준적인 구매 후기를 보이게 한다.

오늘날 많은 조직은 통제되고 구조화된 전통적 CRM 프로세스에서 개방적이고 적응력이 뛰어난 역동적인 소셜 CRM 프로세스로 전환하기 위해 애쓰고 있다. 이러한 노력은 IS, 영업 및 소셜미디어에 관심이 있는 사람들에게도 중요한 일자리를 제공한다.

소셜미디어와 고객 서비스

제품 사용자들은 놀랍게도 문제를 해결하기 위해 서로서로 기꺼이 돕는다. 게다가 돈을 지불하지 않고도 그렇게 한다. 사실상 금전 지불은 고객들이 서로 싸울 때 지원 경험을 왜곡시키거나 엉망으로 만들 수도 있다. 예를 들어, SAP는 SAP 개발자 네트워크에 개인적 보상을 제공하는 것보다 자선 단체에 기부금으로 보상하는 것이 더 낫다는 것을 알게 되었다.

놀랄 것도 없이 개발자 네트워크에 판매하거나 개발자 네트워크를 통해 판매하는 사업 전략을 가진 조직들은 SM 기반의 고객 지원에 있어 가장 빨리 그리고 가장 성공적으로 성장해왔다. SAP 외에도 마이크로소프트는 파트너 네트워크를 통해 오랫동안 판매해왔다. MVP(Most Valuable Professional) 프로그램은 고객 지원(*http://mvp.microsoft.com*)을 제공하는 고객에게 찬사와 영광을 주는 전형적인 사례이다. 물론 마이크로소프트 네트워크에 있는 개발자들은 참여하려는 사업적 인센티브를 가지고 있다. 이는 그 활동이 그들이 참여하는 지역 사회에 서비스를 판매하도록 돕기 때문이다.

하지만 금전적인 인센티브가 없는 사용자들 또한 다른 사용자들을 기꺼이 도우려 한다. 아마존은 구매자 커뮤니티에 사전 판매와 신제품 후기를 제공하기 위해 고객들이 선택할 수 있는 바인이라는 프로그램을 지원한다.[8] 사람들의 이런 노력을 할 수 있는 원동력을 설명하려면 심리학 수업이 필요하다. MIS는 단지 플랫폼을 제공하고 있을 뿐이다!

사용자 간 P2P 지원의 기본적인 위험은 통제의 상실이다. 기업들이 사용자 간 P2P 콘텐츠를 통제할 수 없을 수도 있기 때문에 자사의 소중한 제품에 대한 부정적인 의견과 경쟁사 제품에 대한 추천이 실제로 발생한다. 9-5절에서 이러한 위험에 대해 설명한다.

소셜미디어와 유입 물류 및 유출 물류

공급사슬의 효율성에 따라 수익성이 좌우되는 기업들은 정보시스템을 사용하면서 구조적 공급사슬 프로세스의 효과성과 효율성을 모두 개선해왔다. 공급사슬이 구조화된 제조 프로세스에 밀접하게 통합되어 있기 때문에, 소셜미디어와 같은 동적이고 적응적인 프로세스의 예측 불가능성에 대해 내성이 적다고 할 수 있다. 문제를 해결하는 것은 예외이다. 소셜미디어는 다양한 해결책을 제공하고 그에 대한 신속한 평가를 위해 사용될 수 있다. 예를 들어, 2016년 8월 31일, 세계에서 7번째로 큰 화주인 한진해운은 파산을 선언했다. 소셜미디어는 파산을 즉시 알아차리고 기업들에게 아시아를 오가는 운송료가 인상될 것이라고 알렸다. 한진은 해운 세계에서도 즉각적인 낙오자가 되었다. 일부 기업들은 한진 선박에 선적된 화물이 방치되었으며 연이은 연휴까지도 손을 쓸 수가 없게 되었다. 그러나 다행스럽게도 다른 많은 기업들은 한진과의 거래를 피하고 유사한 법적, 물류적 문제를 예방할 수 있었다.

이 예에서 알 수 있듯이 SM 커뮤니티는 복잡한 공급사슬 문제에 대해 더 좋고 더 빠른 해결책을 제공할지도 모른다. 소셜미디어는 사용자 네트워크 간 콘텐츠 생성 및 피드백을 촉진하도록 설계되었으며, 이러한 특징은 7장에서 설명한 것과 같이 문제해결을 위해 필요한 반복과 피드백을 쉽게 한다.

하지만 프라이버시 침해는 중대한 위험이다. 문제해결을 위해서는 문제 정의, 원인 및 해결 제약조건에 대한 공개적인 논의가 필요하다. 공급업체와 운송업체는 여러 회사와 협력하고 있기에 소셜미디어를 통한 공급사슬의 문제해결은 경쟁업체들 앞에서 문제를 해결하는 방안이 될 수 있다.

소셜미디어와 생산 및 운영

생산 및 운영 활동은 구조화된 프로세스에 의해 좌우된다. 소셜미디어의 유연성과 적응성 특징을 생산 라인이나 창고에 적용한다면 혼란을 초래할 것이다. 하지만 소셜미디어는 제품 설계, 공급업체 관계 형성, 운영 효율성 향상에 중요한 역할을 수행한다.

크라우드소싱(crowdsourcing)은 사용자가 제품 설계나 제품 재설계에 참여하도록 하는 역동적인 소셜미디어 프로세스이다. 예를 들어, 이베이는 종종 고객들에게 이베이 경험에 대한 피드백을 제공하라고 권한다. 웹사이트에 다음과 같이 나와 있다. "우리의 고객보다 더 나은 자문 집단은 없다." 마찬가지로 사용자 주도 설계 방식은 동영상 게임, 신발 및 기타 여러 제품을 만드는 데 사용되어 왔다.

소셜미디어는 처음 도입된 이래로 최종 사용자를 대상으로 한 시장 제품에 대한 **기업 대 소비자 거래**(business-to-consumer, B2C) 관계에서 널리 사용되어 왔다. 현재 제조업체들은 소셜미디어를 사용하여 업계 선두 기업으로 발돋움하고 브랜드 인지도를 높이며 소매업체에 대한 **기업 대 기업 거래**(business-to-business, B2B)의 신규 영업 기회를 창출한다. 예를 들어 제조업체는 최신 산업 관련 뉴스를 다루는 블로그를 시작하고, 전문가와의 인터뷰를 게시하고, 신제품 혁신에 대한 의견을 제공할 수 있다. 또한 유튜브 채널을 만들고 제품 후기와 테스트, 공장 견학 동영상을 게시할 수 있다. 마찬가지로 페이스북과 엑스 계정은 긍정적인 소비자 이야기를 홍보하고, 새로운 제품을 발표하며, 경쟁업체를 추적하는 데 유용하다. 소매업체는 이러한 SM 노력에 참여하는 제조사들을 업계 선두 주자로 볼 것이다.

운영은 소셜미디어를 사용하여 소비자와의 외부적인 소통 채널뿐만 아니라 조직 내 커뮤니케이션 채널을 개선할 수 있다. 예를 들어, 야머와 같은 기업용 소셜 네트워킹 서비스를 사용하면 관리자에게 내부 운영 비효율성을 해결하는 방법에 대해 실시간 피드백을 제공할 수 있다. 외부적으로는 소매업체가 자사의 엑스 계정을 모니터링하고 휴가 기간 중 신제품에 대한 제품 부족이나 수요 급증에 대응할 수 있다.

소셜미디어와 인적자원

커리어 가이드(306쪽)에서 소셜미디어 관리자의 일반적인 업무를 확인하라.

그림 9-5의 마지막 줄은 소셜미디어와 인적자원의 활용에 관한 것이다. 앞서 언급한 바와 같이 소셜미디어는 점점 더 직원들의 잠재력을 찾는 데, 지원자를 모집하는 데, 그리고 일부 조직에서는 후보자를 평가하는 데 사용되고 있다.

조직들은 링크드인과 같은 소셜미디어 사이트를 사용하여 최고의 사람들을 더 신속하게 낮은 비용으로 고용한다. 채용 담당자들은 한 달에 약 750달러를 내면 6억 6천만 명의 링크드인 회원을 통해 완벽한 지원자를 찾을 수 있다.[9] 한 달에 750달러는 여러분에게는 많은 것처럼 들릴지 모르지만, 기업 고객들에게는 엄청나게 낮은 금액이다. 한 명의 신입사원을 고용하는 데 드는 비용은 약 5,000달러이다.[10] 만약 독립적인 채용 회사가 관련되어 있다면, 그 비용은 신입사원 월급의 10% 정도가 될 수 있다. 또한 링크드인은 고용주들에게 일자리를 찾고 있지는 않지만 특정한 자리에 완벽하게 맞는 지원자들에게 접근할 수 있게 한다. 일단 채용되면, 고용주는 신입사원의 소셜 네트워크를 활용하여 그 또는 그녀와 같은 지원자를 더 많이 고용할 수 있다.

채용 회사인 잡바이트는 채용 담당자들이 채용 과정에서 링크드인(72%), 페이스북(60%), 엑스(38%), 인스타그램(37%)과 같은 소셜미디어 사이트를 사용한다고 보고한다. 그러나 소셜미디어 사이트의 사용은 빠르게 변한다. 예를 들어, 2017년에는 채용 담당자의 92%가 링크드인을 사용했다. 그러나 그 숫자는 2020년에 72%로 떨어졌다. 그러나 채용 담당자들의 인스타그램 사용은 같은 기간에 18%에서 37%로 증가했다. 흥미롭게도 채용 담당자들은 알코올 소비(42%), 정치적인 불평(32%), 마리화나 사용(45%)에 대해 공유된 세부 정보를 부정적으로 본다고 보고했다.[11]

소셜미디어는 또한 종종 셰어포인트의 마이사이트와 마이프로파일 같은 내부 인사 사이트 또는 다른 유사한 기업 시스템을 통해 직원 커뮤니케이션에 사용된다. 셰어포인트는 직원들이 자신의 전문 지식을 "물어보세요"라는 형식의 질문의 형태로 게시할 수 있는 장소를 제공한다. 직원들이 내부 전문가를 찾고 있을 때 원하는 전문 지식을 게시한 사람들을 셰어포인트에서 검색할 수 있다. 셰어포인트 2019는 이전 버전의 셰어포인트 이상으로 소셜미디어에 대한 지원을 크게 확장했다.

인적자원에서 소셜미디어의 위험은 직원과 입사 지원자에 대한 결론을 내리기 위해 페이스북과 같은 사이트를 사용할 때 오류가 발생할 수 있다. 두 번째 위험은 SM 사이트가 너무 방어적이 되거나 인기 없는 경영 메시지를 분명히 공표한다는 것이다. 다시 그림 9-5를 연구하여 SMIS가 지원하는 동적 프로세스를 통해 조직이 전략을 달성할 수 있는 일반적인 틀을 학습하자. 이제 SMIS의 가치와 사용에 대한 경제적 관점으로 살펴보자.

9-3 SMIS는 사회적 자본을 어떻게 증가시키는가?

경영학 문헌에서는 전통적, 인적, 사회적으로 세 가지 자본 유형을 설명한다. 칼 마르크스는 **자본**(capital)을 미래 이윤을 위한 자원의 투자로 정의했다. 이 전통적인 정의는 공장, 기계, 제조 설비 등 자원에 대한 투자를 의미한다. 이에 비해 **인적 자본**(human capital)은 미래 이윤을 위한 인간의 지식과 기술에 대한 투자이다. 이 수업을 수강함으로써 여러분은 자신의 인적 자본에 투자하는 것이다. 즉 다른 노동자들과 차별화하여 궁극적으로 노동력에서 임금 프리미엄을 부여할 지식을 얻기 위해 자신의 돈과 시간을 투자하는 것이다.

난 린에 따르면 **사회적 자본**(social capital)은 시장에서 수익을 기대하며 사회적 관계에 투자하는 것이다.[12] 여러분은 개인적인 삶에서 사회적 자본이 작동하는 것을 볼 수 있다. 누군가가 일자리를 얻도록 돕거나, 친구를 데이트 상대로 설정하거나, 유명한 사람에게 친구를 소개할 때 여러분의 사회적 관계는 강화된다. 그러나 계속해서 공짜로 얻어먹거나, 도움을 요청하는 것을 거절하거나, 친구와 시간을 보내는 것에 실패하면 사회적 관계가 약화된다.

사회생활에서 사람들을 만나고 관계를 강화하기 위한 목적으로 비즈니스 행사에 참석할 때도 여러분은 사회적 자본에 투자하고 있는 것이다. 마찬가지로 소셜미디어를 사용하여 링크드인에서 누군가를 추천하거나 지지하거나 페이스북에서 사진을 좋아하거나 트윗을 리트윗하거나 인스타그램 사진에 댓글을 달면 소셜 자본을 늘릴 수 있다.

사회적 자본의 가치는 무엇인가?

난 린에 따르면 사람들은 사회적 자본으로부터 다음과 같은 네 가지 방식으로 혜택을 받는다.

- 정보
- 영향력
- 사회적 인정
- 개인적 강화

첫째, 소셜 네트워크에서의 관계는 비즈니스 전문가에게 기회, 대안, 문제 및 기타 중요한 요소에 대한 정보를 제공할 수 있다. 개인적인 차원에서는 친구가 새로운 채용 공고에 대해 알려주거나 비즈니스 법률을 어떤 교사에게 맡길 것인지를 추천하는 형태로 나타날 수 있다. 비즈니스 전문가 차원에서는 친구가 잠재적인 새로운 공급자를 소개하거나 새로운 영업 영역의 개척에 대해 알려주는 것을 포함할 수 있다.

둘째, 소셜 네트워크는 한 고용주나 여러분의 성공에 중요한 다른 조직의 의사결정자에게 영향을 미칠 수 있는 기회를 제공한다. 예를 들어, 여러분이 일하는 회사의 최고경영자와 매주 토요일 골프를 치는 것은 여러분이 승진할 확률을 높일 수 있다. 이러한 영향은 보고 관계와 같이 형식적인 조직 구조에 영향을 미친다.

셋째, 높게 평가되는 사람들의 네트워크에 연결되는 것은 일종의 **사회적 인정**이다. 여러분은 여러분과 연결된 사람들의 영광을 함께 누릴 수 있다. 중요한 사람이 여러분을 지지하거나 지원 자원을 제공할지 모른다고 여겨진다면, 사람들은 여러분과 훨씬 더 함께 일하고 싶어 할 것이다.

마지막으로 소셜 네트워크로 연결되면 조직이나 업계에서 전문가의 정체성, 이미지 및 위상이 강화된다. 그것은 여러분이 세상에 여러분을 정의하는 방식을 강화한다. 예를 들어, 은행가, 재무기획자, 투자자들과 친구가 되는 것은 금융 전문가로서 여러분의 정체성을 강화할 수 있다.

앞서 언급했듯이 소셜 네트워크는 공통 관심사를 가진 개인들 사이의 사회적 관계 네트워크이다. 각 소셜 네트워크는 가치가 다르다. 고등학교 친구들과 유지하는 소셜 네트워크는 비즈니스 관계자들과 연결되어 있는 네트워크보다 가치가 낮지만 반드시 그런 것은 아니다. 헨크 플랩에 따르면 **사회적 자본의 가치**(value of social capital)는 소셜 네트워크의 관계를 유지하는 사람의 수, 그 관계의 강도, 관련자가 관리하는 자원에 따라 결정된다.[13] 따라서 여러분의 고등학교 친구가 마크 저커버그나 캐머런이나 타일러 윙클보스였고 고교 네트워크를 통해 여전히 강한 관계를 유지한다면, 그 소셜 네트워크의 가치는 여러분이 일하는 직장의 어떤 네트워크보다 훨씬 가치 있을 것이다. 하지만 대부분 현재 사회생활에서의 접촉 네트워크가 가장 좋은 사회적인 자본을 제공한다.

따라서 여러분이 전문적으로 소셜 네트워크를 사용할 때는 다음과 같은 요소를 고려해야 한다. 친구를 더 많이 추가하고, 기존 친구들과의 관계를 강화함으로써 사회적 자본을 얻는다. 또한 자신에게 중요한 자원을 통제하는 사람들과 친구들을 추가하고 관계를 강화함으로써 더 많은 사회적 자본을 얻을 수 있다. 그러한 계산은 냉정하고, 비인격적이고, 심지어 가짜처럼 보일 수도 있다. 소셜 네트워크가 레크리에이션으로 이용될 때 그러한 방법은 적합할 수 있다. 하지만 소셜 네트워킹을 전문적인 목적으로 사용할 때는 명심하라. 비즈니스 전문가로서, 사회적 자본이 무엇인지, 왜 가치가 있는지, 그리고 어떻게 여러분이 그것으로부터 이익을 얻을 수 있는지를 이해하는 것은 중요하다.

소셜 네트워크는 비즈니스에 가치를 어떻게 추가하는가?

조직은 인간이 하는 것과 마찬가지로 사회적 자본을 가지고 있다. 역사적으로 조직은 영업사원, 고객 지원, PR 홍보를 통해 사회적 자본을 창출했다. 유명 인사의 추천은 사회적 자본을 늘리는 전통적인 방법이다.

오늘날 진보적인 조직은 페이스북, 링크드인, 엑스 및 기타 사이트에서 존재감을 유지한다.

그들은 웹사이트에 그들의 소셜 네트워킹 존재에 대한 링크를 포함하고 있고, 고객과 관심 있는 사람들이 논평을 남기기 쉽게 만들고 있다.

소셜 네트워크가 기업에 가치를 더하는 방법을 이해하려면 각각의 사회적 자본요소, 즉 관계의 수, 관계의 강도, 그리고 '친구'에 의해 관리되는 자원을 고려해야 한다.

관계의 수를 늘리기 위한 소셜 네트워킹의 활용

전통적인 비즈니스 관계에서 고객은 레스토랑이나 리조트 같은 사업에 대한 약간의 경험을 가지고 있다. 전통적으로 여러분은 그 경험에 대한 의견을 구전(word of mouth)으로 소셜 네트워크에 표현할 수 있다. 만약 여러분이 소셜 네트워크에 영향력 있는 사람, 즉 **인플루언서**(influencer)라면 여러분의 견해가 다른 사람들의 행동과 신념에 변화를 줄 수 있다.

하지만 이런 의사소통은 믿을 수 없고 짧다. 만약 그 경험이 특별히 좋거나 나쁘다면 친구들에게 뭔가를 말할 가능성이 더 높다. 그 경험이 아직 최근이라면 여러분이 우연히 만난 친구에게 뭔가를 말할 가능성이 있다. 그리고 일단 여러분이 무언가를 말했다면 그것이 전부이다. 여러분의 말은 며칠 혹은 몇 주 동안 지속되지 않는다.

하지만 SM을 사용하여 소셜 네트워크에 있는 모든 사람에게 텍스트, 사진, 동영상을 사용하여 여러분의 경험을 즉시 알리면 어떤 일이 일어날지 생각해보자. 예를 들어 여러분이 결혼사진 작가이고 최근 고객(사용자 1)에게 여러분이 찍은 결혼사진뿐만 아니라 여러분의 페이스북 페이지에 '좋아요'를 하도록 요청함으로써 비즈니스를 촉진하려 소셜미디어를 사용한다고 가정해보자(그림 9-6). 페이스북의 고객 사진에 있는 사람들에게 태그를 지정하고 고객에게 경험에 대해 트윗을 올려달라고 요청할 수도 있다.

고객의 소셜 네트워크(사용자 4~6)에 있는 모든 사람은 '좋아요'와 태그 및 트윗을 본다. 사용자 6이 사진을 좋아하면 사용자 10~12가 볼 수 있으며 그중 한 사람은 결혼사진 작가를 찾고 있을 수도 있다. 소셜미디어를 사용하면 소셜 네트워크가 확장되어 다른 방법으로 찾을 수 없었던 잠재적인 고객을 만나게 된다. 또한 고객과 가진 관계의 수를 확대하기 위해 SM을 사용한다. 이러한 관계의 수, 강도, 가치에 따라 해당 네트워크 내 사회적 자본은 크게 증가할 것이다.

이러한 관계 판매는 수 세기 동안 입소문(WOM)에 의해 계속되어 왔다. 여기서 차이점은 SMIS가 과거에는 불가능했던 규모와 수준으로 그러한 판매를 확장할 수 있다는 것이다. 사실 위 사례의 사진작가는 의뢰인이 수십만 명의 팔로워를 가진 유명한 연예인일 경우 의뢰인에게 돈을 지불하여 결혼사진을 찍을 기회를 얻는 것을 고려해야 할 수도 있다. 이러한 방식으로 소셜미디어는 사용자들이 사회적 자본을 금융 자본으로 전환할 수 있게 한다. 실제로 일부 유명 연예인들은 인스타그램 게시물에 대해 100만 달러 이상을 받고,[14] 단 한번의 트윗으로 30,000달러를 받는다![15]

관계의 강도를 증가시키는 소셜 네트워크의 활동

조직에게 있어 **관계의 강도**(strength of a relationship)는 관계에 있는 다른 주체(개인 또는 다른 조직)가 조직에 이익이 되는 무언가를 할 가능성이다. 예를 들어, 여러분이 긍정적인 평가를 작성하거나 그 조직의 제품이나 서비스를 사용하여 사진을 게시하고, 곧 출시될 제품에 대해

그림 9-6   소셜 네트워크의 성장

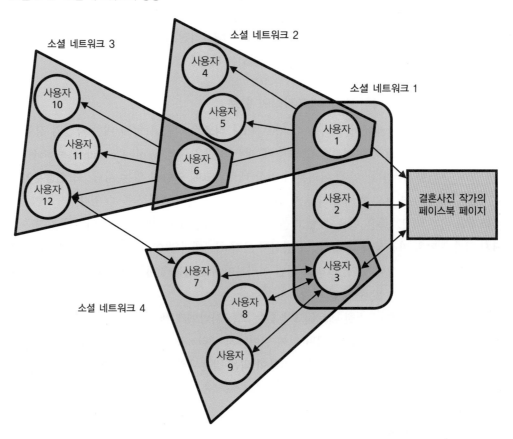

트윗을 올린다면 조직은 여러분과의 관계를 더 강력하게 가지려 할지 모른다.

앞선 사례에서 사진작가는 한 고객에게 페이스북 페이지와 결혼사진에 '좋아요'를 눌러달라고 요청했다. 사진작가에게 있어서 고객이 소셜 네트워크에 두고 있는 친구의 수는 중요하지만 똑같이 중요한 것은 관계의 강도이다. 고객의 친구들이 사진작가의 페이지나 사진을 좋아할까? 그들이 고객의 성공 사례를 다시 리트윗할까? 사진작가의 페이지나 사진을 좋아하는 고객의 친구들이 없다면 관계의 강도는 약한 것이다. 하지만 고객의 모든 친구가 사진작가의 페이지와 사진을 좋아한다면 고객의 소셜 네트워크에 있는 관계의 강도는 강한 것이다.

벤저민 프랭클린은 자서전에서 핵심적인 통찰력을 제공했다. 만약 권력에 있는 누군가와의 관계를 강화하고 싶다면 여러분에게 호의를 베풀도록 그에게 부탁하라고 말이다. 프랭클린은 공공 도서관 시스템을 발명하기 전에 영향력 있는 낯선 사람들에게 값비싼 책을 빌려달라고 부탁하곤 했다. 이와 같은 의미에서 조직은 여러분에게 도움을 요청함으로써 여러분과의 관계를 강화할 수 있다는 것을 배웠다. 여러분이 호의를 제공할 때 조직과 여러분의 관계는 강화된다.

물론 전통적인 자본은 가치가 떨어진다. 기계는 마모되고 공장은 낡아가고, 기술과 컴퓨터는 쓸모없어지며 다른 것도 마찬가지이다. 사회적 자본도 가치가 떨어질까? 관계는 사용되면 마모되는가? 지금까지 그 대답은 '예'와 '아니요' 둘 다인 것처럼 보인다.

분명 권위나 권력을 가진 사람에게 부탁할 수 있는 호의에는 한계가 있다. 마찬가지로 회사에서 제품을 검토하고, 사진을 게시하거나 친구에게 연락을 요청할 수 있는 기회 역시 한계가 있을 것이다. 어떤 시점에서는 남용으로 인해 관계가 악화된다. 따라서 사회적 자본도 가치가 떨어질 수 있다.

하지만 빈번한 상호작용은 관계를 강화하고, 그에 따라 사회적 자본을 증가시킨다. 여러분이 기업과 더 많은 상호작용을 할수록 여러분의 의지와 충성도는 더 강해질 것이다. 하지만 계속된 빈번한 상호작용은 두 당사자가 관계를 계속하는 데 가치가 있을 때만 발생한다. 그리하여 어느 시점에 조직은 여러분의 호의가 계속되게 하는 인센티브를 제공해야 한다.

따라서 사회적 자본은 소비될 수 있지만, 상호작용에 가치 있는 무언가를 추가함으로써 얻을 수도 있다. 만약 조직이 더 많은 영향력, 정보, 사회적 인정, 개인적 강화를 제공하기 위해 관계하고 있는 다른 당사자를 유인할 수 있다면 조직은 이러한 관계를 강화한 것이다. 그리고 시간이 지남에 따라 성공적인 관계를 지속하면 이러한 관계의 강도는 크게 높아진다.

소셜 네트워크를 사용하여 더 많은 자원을 보유한 사람들과의 연결

사회적 자본의 가치에 대한 세 번째 척도는 관계에서 당사자들에 의해 통제되는 자원의 가치이다. 따라서 한 조직의 사회적 자본은 부분적으로 그것과 관련된 사람들의 사회적 자본의 함수이다. 가장 가시성 있는 척도는 관계의 수이다. 1,000명의 충성도 높은 엑스 팔로워를 가진 사람은 대개 10명을 가진 사람보다 더 가치가 있지만, 실제적인 계산은 그것보다 더 미묘하다. 예를 들어 만약 1,000명의 팔로워가 대학생이고 그 조직의 제품이 성인용 기저귀인 경우 팔로워와의 관계 가치는 낮다. 은퇴자 전용 주택에 사는 10명의 엑스 팔로워와 관계를 맺는 것이 훨씬 가치가 있을 것이다.

이 점을 설명하기 위해 그림 9-7은 유튜브 채널의 연간 수익, 구독자 수 및 연간 조회수 순위를 나타낸다.[16] 연간 수익이 가장 높은 채널(라이언스월드)은 구독자 수가 가장 많거나 연간 조회수가 가장 많은 채널(T 시리즈)이 아님을 주목하라. 라이언스월드는 연간 조회수 10위, 구독자 수 93위에 불과함에도 라이언스월드 채널의 시청자들이 통제하는 자원(즉 돈)은 유료 광고주들에게 높은 평가를 받고 있다.

사회적 자본을 계산하는 공식은 없지만 세 요소는 더하기보다는 곱하기로 표현된다. 또는 달리 표현하면 사회적 자본의 가치는 다음의 형태로 되어 있는 것보다

사회적 자본 = 관계 수 + 관계 강도 + 기업 자원

다음과 같은 형태로 더 많이 나타난다.

사회적 자본 = 관계 수 × 관계 강도 × 기업 자원

다시 말하면 이 공식들을 문자 그대로 받아들이지 말고, 세 가지 요소의 곱셈에 의한 상호작용이라는 의미로 받아들여야 한다. 이러한 사회적 자본이 가진 곱셈의 특징은 자원이 거의 없는 사람들과의 거대한 관계 네트워크가 궁극적으로 상당한 자원을 가진 작은 관계 네트워크보다 덜 가치가 있을지도 모른다는 것이다. 또한 이러한 자원은 조직과 관련이 있어야 한다. 주머니에 돈이 있는 학생들은 피자헛과 관련이 있지만, BMW 대리점과는 무관하다.

이러한 논의는 우리에게 소셜 네트워킹 실제 사례의 극단을 제공한다. 오늘날 대부분의 조직에서는 기업 자산의 가치를 무시하고 더 강력한 관계를 가진 더 많은 사람들과 연결하려고

그림 9-7 상위 유튜브 채널

상위 유료 채널		
순위	이름	연간수입(백만 달러)
1	라이언스월드	29
2	미스터비스트	24
3	듀드퍼펙트	23
4	굿미시컬모닝	20
5	마키플라이어	19

상위 시청 채널		
순위	이름	연간시청(십억 달러)
1	T 시리즈	73
2	코코멜론-동요	35
3	셋인디아	33
4	WWE	30
5	라이크나스챠	30

상위 구독 채널		
순위	이름	구독자 수(백만 달러)
1	T 시리즈	183
2	유튜브무비	136
3	뮤직	115
4	코코멜론-동요	112
5	펠릭스 셸베리(퓨디파이)	110

출처 : Social Blade, "Top 50 Influential YouTube Channels," *Socialblade.com*.

만 한다. 이 영역은 혁신이 무르익은 분야이다. 초이스포인트 및 액시엄 같은 데이터 집계 기관은 전 세계 사람들에 대한 상세한 데이터를 유지한다. 그러한 데이터는 정보시스템이 특정 개인에 대한 관계의 잠재적 가치를 계산하는 데 사용할 수 있을 것으로 보인다. 이러한 가능성은 특정 개인에 대한 조직의 행동을 안내할 수 있게 해줄 뿐만 아니라 조직이 소셜 네트워크의 가치를 더 잘 이해할 수 있도록 도와줄 것이다.

지속적으로 지켜보라. 많은 가능성이 존재하며, 또 여러분의 어떤 아이디어는 매우 성공적일 것이다.

9-4 조직은 소셜미디어에서 수익을 어떻게 벌어들이는가?

강한 관계를 가진 큰 소셜 네트워크를 갖는 것은 충분하지 않을 수 있다. 예를 들어, 페이스북은 매일 40억 개 이상의 콘텐츠를 공유하는 27억 명 이상의 활성 사용자를 가지고 있다.[17] 유튜브는 매일 10억 시간 이상의 동영상을 보는 20억 명 이상의 활성 사용자를 가지고 있다.[18] 따라서 두 회사 모두 극도로 많은 수의 활성 사용자를 가지고 있다. 유일한 문제는 서비스를 무료로 제공한다는 것이다. 0은 수십억 개를 곱해도 0이다. 기업이 그것들로부터 단 한 푼도 벌 수 없다면 그 모든 사용자들이 정말로 중요할까?

여러분은 경영학과 학생으로서 심지어 소셜미디어의 세계에서도 공짜는 없다는 사실을 알고 있을 것이다. 프로세싱 시간, 데이터 통신, 데이터 저장은 저렴할지 모르지만, 그것들은 여전히 비용이 든다. 누가 SMIS에 필요한 하드웨어에 대한 비용을 지불하는가? 페이스북, 엑스, 링크드인과 같은 소셜미디어 회사는 SMIS를 개발, 시행, 관리하기 위해 사람들에게 비용을 지불받아야 한다. 그리고 웹 콘텐츠는 어디에서 오는가? **포춘**은 그것이 무료로 제공하는 콘텐츠에 대한 비용을 저자들에게 지불한다. 누가 저자들에게 비용을 지불하는가? 그리고 어떤 수익으로부터 지불하는가?

여러분이 제품이다

소셜미디어는 사용자들이 SM 애플리케이션에 돈을 지불하지 않고 사용하는 방식으로 발전했다. SM 회사들은 사용자들의 큰 네트워크를 빠르게 구축하기를 원하지만, 사용자들을 끌어들이기 위해서는 무료 상품을 제공해야 한다. 딜레마는 어떻게 회사가 애플리케이션, 서비스 또는 콘텐츠로 **수익 창출**(monetize)을 하느냐는 것이다.

답은 사용자들을 제품으로 만드는 것이다. 이는 처음에는 이상하게 들릴 수 있으며, 여러분은 아마도 여러분 자신을 제품으로 생각하고 싶지 않을 것이다. 그러나 기업의 관점에서 상황을 보도록 하라. 회사가 광고를 운영하는 것은 본질적으로 사용자들 앞에 광고를 내기 위해 지불되는 것이다. 그래서 어떤 면에서 본다면 회사는 짧은 기간 동안 여러분의 눈을 광고주에게 임대하는 것이다. 예를 들어, 구글은 검색어, 방문 사이트, 이메일의 '스캔'에 기초한 광고로 사용자들을 목표로 하기 위해 지불받는다. 본질적으로 사용자는 광고주에게 판매되는 제품이다. "만약 여러분이 지불하지 않는다면 여러분은 제품이다"라는 옛말이 있다.

소셜미디어의 수익 모델

SM 기업이 수익을 창출하는 가장 일반적인 두 가지 방법은 광고와 프리미엄 서비스에 요금을 부과하는 것이다. 예를 들어 페이스북에서는 회사 페이지를 만드는 것이 무료이지만 페이스북은 그 페이지를 '좋아요'하는 커뮤니티에 광고하는 데 요금을 부과한다.

광고 대부분의 SM 회사들은 광고를 통해 수익을 얻는다. 예를 들어, 페이스북은 2021년 1분기 수익의 99%를 광고로 벌어들였다.[19] 엑스의 2021년 1분기 수익의 약 87%도 광고에서 나왔다.[20] SM의 광고는 유료 검색, 디스플레이 또는 배너 광고, 모바일 광고, 분류 광고 또는 디지털 동영상 광고의 형태로 나타날 수 있다.

구글은 유료 검색 결과로 디지털 광고 수익을 창출하는 데 앞장섰고, 지메일과 유튜브가 그 뒤를 이었다. 오늘날 만약 누군가가 아우디 A5 카브리올레를 검색한다면, 그 사람은 지역 아우디 딜러와 BMW와 벤츠 딜러의 광고에도 관심이 있을 수 있다는 사실을 깨닫는 것은 좋은 통찰력처럼 보이지 않는다. 또는 누군가가 유튜브에서 축구 경기를 보고 있다면, 그 또는 그녀가 축구를 좋아한다고 가정하는 것이 상식적으로 보인다. 비록 상상하는 것이 지루하지는 않지만, 구글은 사용자 콘텐츠에 기반한 타기팅된 광고로부터 상당한 수익원을 최초로 실현했다. 다른 기술 회사들이 곧 그 뒤를 이었다.

신문과 같은 전통적인 매체와 달리 사용자가 이러한 광고에 직접 반응할 수 있기 때문에 광고주는 디지털 광고를 좋아한다. 월스트리트저널의 인쇄판에 광고를 게재하면 누가 그 광고에 얼마나 강력하게 반응하는지 알 수 없다. 하지만 신문의 온라인판에 동일한 제품의 광고를 게재하면 그 광고를 클릭한 시청자의 비율과 다음에 어떤 행동을 취했는지 곧 알 수 있다. 이러한 통계를 추적할 수 있는 능력은 광고주가 잠재 고객에게 무료로 광고를 보여준 다음 고객이 광고를 클릭하면 보수를 받는 **클릭당 보수**(pay-per-click)라는 수익 모델을 개발했다.

광고 수익을 높이는 또 다른 방법은 사용자의 기여로 사이트 가치를 높이는 것이다. 사용이 가치를 높인다는 것은 사람들이 더 많은 사이트를 사용할수록 그 사이트는 더 많은 가치를 가지며, 더 많은 사람이 그 사이트를 방문한다는 것을 의미한다. 게다가 사이트가 더 많은 가치를 가질수록, 기존 사용자들은 더 많이 돌아올 것이다. 이러한 현상은 사용자의 댓글과 리뷰, 블로그, 그리고 몇 년 안에 소셜미디어의 증가로 이어졌다. 결과적으로 더 많은 사람이 그들이 좋아하는 사이트에 더 많은 광고를 보고 클릭했기 때문에 광고 수익은 증가했다.

프리미엄 프리미엄(freemium) 수익 모델은 사용자에게 무료로 기본 서비스를 제공하고 업그레이드나 고급 기능에 프리미엄(premium)을 부과한다. 예를 들어, 링크드인은 표준 SaaS(서비스형 소프트웨어) 제품에 대한 업그레이드를 판매하여 수익의 일부를 얻는다. 2021년 현재 일반 사용자는 링크드인에 무료로 접근할 수 있으며, 개인별 업그레이드 범위는 월 29~99달러이고 고급 검색 기능, 사용자 프로필 시각적 향상 및 네트워크 외부의 사용자에게 보다 직접적인 이메일 메시지를 제공한다. 마찬가지로 채용모집에 링크드인을 사용하려는 기업은 월 200~1,200달러를 지불한다. 링크드인 수익의 약 17%는 프리미엄 구독, 65%는 온라인 채용모집, 18%는 광고에서 발생한다.[21]

수익원을 다양화함으로써 링크드인은 요동치는 광고 수익에 대한 의존도를 줄였고, 광고 차단 소프트웨어의 부정적인 영향을 줄였다. 블록스루의 최근 보고서는 2억 3,600만 명의 데스크톱 사용자와 527명의 모바일 사용자가 광고 내용을 걸러내기 위해 **광고 차단 소프트웨어**(ad-blocking software)를 적극적으로 사용한다는 것을 발견했다. 이들은 거의 인터넷 광고를 보지 않는다.[22] 또한 전 세계 광고 차단의 69%가 모바일 기기에서 행해진다고 보고했다. 광고 수익에만 의존하는 SM 회사들은 광고 차단 소프트웨어 사용이 널리 퍼지면 주가가 급락할 수도 있다.

SM 사이트에서 수익을 창출하는 다른 방법으로는 앱과 가상 상품 판매, 기부금, 제휴 수수료, 또는 유료 고객을 소개한 결과로 지급된 수익 등이 있다. 2020년 4월 무료 게임 포트나이트는 가상 상품 판매로 4억 달러의 수익을 올렸다. 위키피디아는 2020년 한 해 동안 약 1억 2천만 달러의 기부금을 받았다.[23] 흥미롭게도 일부 SM 회사는 수익을 창출하지만 지속적으로 수익을 내지는 못한다. 예를 들어 핀터레스트는 2020년에 16억 9천만 달러의 수익을 올렸다. 불행하게도 핀터레스트의 비용은 18억 3천만 달러였으며, 이로 인해 1억 2,800만 달러의 순익 손실이 발생했다.[24] 일부 SM 회사는 현재 대규모 사용자 네트워크를 구축하고 나중에 수익을 창출하는 방법을 파악하는 데에만 집중한다.

이러한 예들이 보여주듯이 소셜미디어는 아마도 궁극적으로 가치를 높이는 사용의 표현일 것이다. 한 사이트가 더 많은 커뮤니티와 연결될수록 더 많은 사람들이 그 사이트를 사용하고, 더 많은 인센티브가 계속해서 돌아와야 할 것이다. 따라서 PC에서 모바일 기기로의 이동을 제외하면 소셜미디어는 차세대 수익 창출자로 보일 것이다.

이동성은 온라인 광고 수입을 감소시키는가?

PC에서 모바일 기기로의 전환은 소셜미디어와 관련된 또 다른 흥미로운 질문을 제시한다. 구체적으로 앞 절에서 설명한 클릭당 보수 수익 모델은 많은 광고를 위한 공간이 충분한 PC 장치에 나타났다. 그러나 이제 PC에서 모바일 기기, 특히 소형 화면의 스마트폰으로 사용자들이 이동함에 따라 사용 가능한 광고 공간이 훨씬 줄어들었다. 이는 광고 수익에 있어 감소를 의미하는가?

표면적으로 대답은 '그렇다'이다. 이마케터에 따르면 모바일 광고 지출은 2021년에 17% 이상 증가한 1,240억 달러로 전체 디지털 광고 지출의 70%를 차지할 것으로 나타났다.[25] 2024년까지 모바일 광고 지출은 그림 9-8에서 보는 바와 같이 1,670억 달러에 이르며, 전체 디지털 광고 지출의 73%를 차지한다. 그러나 모바일 기기 수의 증가는 PC 증가를 훨씬 능가한다.

2018년 전 세계 모바일 기기의 수는 88억 대를 넘어섰다. 2023년까지 모바일 기기의 수는 130억 대를 넘어설 것으로 예상되며, 이는 전 세계 인구보다 더 많은 것이다.[26] 시스코는 2023년까지 전 세계 인구의 70% 이상이 모바일 접속이 가능할 것이라고 예측한다.[27] 따라서 기기당 수익이 PC보다 모바일 기기가 더 적을 수 있지만, 모바일 기기의 수가 수익 차이를 압도할 수 있다.

게다가 기기의 수가 전부는 아니다. 일부 플랫폼은 사용자가 모바일 장치에서 더 많이 사이트에 접속하기 때문에 다른 플랫폼보다 모바일 광고에 더 의존한다. 특히 페이스북의 경우가 그렇다. 2020년에 페이스북 사용자의 98%가 모바일 장치를 통해 방문했고, 전체 광고 수익의 94%가 모바일 광고에서 발생했다.[28]

그러나 클릭이 마지막 이야기는 아니다. 광고는 PC보다 모바일 기기에서 훨씬 더 많은 공간을 차지하기 때문에, 모바일 클릭 중 많은 부분이 우연이었을 수도 있다. **전환율**(conversion rate)은 광고를 클릭한 누군가가 구매를 하거나, 사이트를 '좋아요' 하거나, 광고주가 원하는 다른 행동을 하는 빈도를 측정한다. 키보에 따르면 PC(2.33%)의 전환율은 태블릿(0.59%)이나 스마트폰(1.57%)의 전환율보다 높다. 따라서 평균적으로 PC 광고 클릭이 모바일 클릭보다 더 효과적이다.[29]

클릭스트림 데이터는 수집하기 쉽고, 앞서 살펴본 것처럼 그것에 대한 분석은 널리 퍼져 있다. 예를 들어, 모바일 기기의 종류별 클릭률과 전환율을 측정하는 것이 가능하다. 무브웹에 따르면 iOS 사용자는 안드로이드 사용자보다 1.04% 대 0.79%로 더 높은 전환율을 가지고 있다.[30] 그러나 왜 그럴까? 기기 때문일까? 그것이 광고들이 사용자 경험에 통합되는 방식 때문일까? 사용자 때문일까? iOS 사용자가 안드로이드 사용자보다 더 궁금해할까? 아니면 그들이 지출 가능한 소득이 더 많을까? 우리는 확실히 알지 못한다.

그러나 이 혼란스러운 데이터 더미로부터 우리가 결론지을 수 있는 것은 모바일 기기가 웹/소셜미디어 수익 모델의 죽음을 의미하지는 않는다는 것이다. 사용자들은 거기에 있고, 관심은 거기에 있으며, 남은 것은 어떻게 모바일 경험을 구성하여 합법적인 클릭과 전환을 얻을 수

그림 9-8 모바일 광고 지출

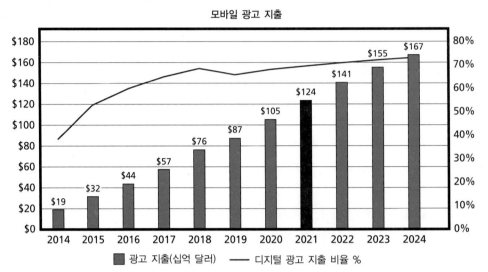

출처 : "US Mobile Ad Spending 2020," www.emarketer.com/content/us-mobile-ad-spending-2020.

있는지에 대한 설계의 문제이다. 컴퓨터 산업은 설계 문제를 해결하는 데 탁월한데, 모바일 인터페이스와 USX의 현재 역동적인 진화를 고려할 때 iOS/안드로이드/윈도 10 환경에서 광고를 제시하는 능동적이고 흥미롭고 매력적인 방법이 곧 등장할 것이다.

지오펜싱 모빌리티는 광고로 고객을 공략하는 능력에 다른 차원을 더한다. 기업은 고객이 물리적으로 회사 구내에 있을 때 지오펜싱을 이용해 광고로 고객을 공략할 수 있다. **지오펜싱** (geofencing)은 애플리케이션이 사용자가 언제 가상의 울타리(특정 위치)를 넘었는지 알 수 있게 한 다음 자동화된 행동을 유발하는 위치 서비스이다.

예를 들어, 사용자가 커피숍에 들어갔고 그녀의 휴대전화가 자동으로 무료 와이파이에 접속된다고 가정해보자. 그녀의 휴대전화에 있는 앱은 커피숍 무선 네트워크를 인식하고 무료 도넛을 받을 수 있는 매장 내 광고를 그녀의 휴대전화로 전송한다. 그녀의 휴대전화는 그녀의 위치를 확인하기 위해 이동통신 네트워크를 사용할 수도 있고, 그녀는 길 아래에 있는 아웃도어 몰에서 신발을 세일한다는 것을 알 수 있을 것이다.

미국 스마트폰의 90% 이상이 지오펜싱을 기술적으로 지원하기 때문에 지오펜싱은 엄청난 수의 사람들에게 엄청난 영향을 미칠 가능성이 있다. 소비자는 적절한 시기에 적절한 쿠폰을 받기 때문에 이를 좋아할 수 있다. 기업은 잠재 고객을 더 정확하게 타기팅할 수 있게 해주기 때문에 이를 좋아한다.

9-5 조직은 SMIS의 보안 문제를 어떻게 해결할 수 있는가?

20년 전만 해도 대부분의 기관은 모든 공개 및 내부 메시지를 최고 수준의 통제력으로 관리했다. 모든 기자회견, 보도자료, 공개 인터뷰, 발표, 심지어 학술지까지 법률 부서와 마케팅 부서의 사전 승인을 받아야 했다. 그런 승인은 몇 주 혹은 몇 달이 걸릴 수도 있었다.

오늘날 진보적 조직은 그 모델을 완전히 뒤집어 놓았다. 직원들은 대부분의 조직에서 자신과 고용주를 동일시하면서 지역 사회에 참여하도록 권장된다. 그러나 이 모든 참여에는 위험이 따른다. 이 질문에서 우리는 소셜미디어 정책의 필요성을 논의하고, 비직원의 사용자 제작 콘텐츠로 인한 위험을 고려하며, 직원의 소셜미디어 사용으로 인한 위험을 살펴볼 것이다.

직원 커뮤니케이션 위험관리

어떤 조직이든 취해야 할 첫 번째 조치는 **소셜미디어 정책**(social media policy)을 개발하고 홍보하는 것인데, 이는 직원들의 권리와 책임을 설명하는 것이다. 여러분은 소셜미디어 투데이 웹사이트에서 100개의 다른 정책에 대한 색인을 찾을 수 있다.[31] 일반적으로 조직이 기술적일수록, 사회 정책은 개방적이고 관대하다. 놀랍게도 미군은 기밀 데이터를 보호할 필요성을 고려하여 어느 정도의 소셜미디어 사용을 지지해왔다.

인텔은 직원이 작성한 소셜미디어에 대한 경험이 많아질수록 지속적으로 진화하는 개방적이고 직원이 신뢰하는 SM 정책을 개척했다. 2021년 정책의 세 가지 핵심 축은 그림 9-9와 같다.

- 공시
- 보호
- 상식적 사용[32]

인텔의 세 가지 '참여 규칙'*은 다음과 같다. 첫째, SM 기여자들이 고용주와의 관계를 공개해야 한다. 이는 자신이 누구인지, 자신의 전문 분야가 무엇인지, 특정 제품을 홍보하기 위해 급여를 받고 있는지에 대한 투명성과 진실을 요구하는 것이다. 경험 있고 현명한 비즈니스 전문가가 언젠가 나에게 "진실보다 더 서비스적인 것은 없다"고 말한 적이 있다. 편리하지는 않겠지만, 서비스적이고 장기적이다.

둘째, SM 관련자 혹은 기여자는 회사 또는 제품에 대한 기밀 또는 독점적인 정보를 논하지

그림 9-9 인텔의 소셜미디어 관련 참여 규칙

참여 3규칙

공시
소셜미디어에서 당신의 존재는 투명해야 한다.

보호
인텔과 귀하 모두를 보호하기 위해 각별히 주의하라.

상식적 사용
전문적이고 직접적이며 적절한 커뮤니케이션이 최선이라는 것을 기억하라.

출처 : Intel Social Media Guidelines, Intel, accessed May 28, 2021. www.intel.com/content/www/us/en/legal/intelsocial-media-guidelines.html.

----

* 'Rules of Engagement'로, 교전규칙이라는 전투용어에 가깝다. (역주)

않음으로써 자신의 고용주를 **보호할** 의무가 있다. 예를 들어, 신제품에 대한 정보를 부주의하게 유출하는 것은 경쟁사에게 전략적 우위를 줄 수 있다. SM 기여자도 경쟁사에 대한 부정적인 공적 언급으로 발생하는 법적 얽힘을 회피함으로써 자신의 고용주를 보호할 필요가 있다.

셋째, SM의 기여자는 **상식적으로** 행동하고 자신이 저지른 실수에 대해 솔직하게 말해야 한다. 만약 여러분이 실수를 했다면 혼란스럽게 하는 대신 그것을 바로잡고, 사과하고, 보상하라. SM 세상은 너무 개방적이고, 너무 광범위하고, 너무 강력해서 속이지 못한다. 예를 들어, '우드유래더?(Would You Rather?)' 게임의 광고는 스냅챗 사용자들에게 가수 리한나를 때릴 것인지 아니면 크리스 브라운을 때릴 것인지 물었다. 이는 2009년 둘 사이의 논쟁을 언급한 것이었지만, 리한나는 가정 폭력에 대한 무개념한 태도 때문에 스냅챗을 비난했다. 결과적으로 스냅챗은 약 8억 달러의 시장 가치를 잃었다.[33]

인텔의 SM 정책에 대한 더 자세한 정보는 *www.intel.com/content/www/us/en/legal/intel-social-media-guidelines.html*을 방문하라. 그리고 정책을 잘 읽어보라. 그것은 훌륭한 조언과 상당한 지혜를 담고 있다.

소셜미디어는 인플루언서와 기업이 사용하는 잠재적으로 기만적인 전술로 비판받고 있다. 자세한 내용은 보안 가이드(304~305쪽)에서 확인하라.

회사의 정책이 무엇이든 간에 실수를 피하는 가장 좋은 방법은 사용자의 연례 보안 교육에 SM 인지 과정을 포함하는 것이다. 소셜미디어는 많은 사용자에게 여전히 새로운 것이다. 솔직히 그들은 정책이 존재하는지조차 모를 수 있다. 휴대폰이 처음 인기를 끌었을 때 그것들은 영화관에서 끊임없이 울렸다. 시간이 지나면서 사람들은 붐비는 극장에 들어가기 전에 휴대폰을 무음으로 전환하는 것을 배웠다. 사회가 기술을 따라잡기 위해서는 시간이 걸린다. 훈련은 도움이 된다.

부적절한 콘텐츠의 위험관리

여느 관계와 마찬가지로 댓글은 내용상 부적절하거나 어조가 지나치게 부정적이거나 혹은 그렇지 않아도 문제가 될 수 있다. 조직은 소셜미디어에 참여하기 전에 그러한 문제를 어떻게 다룰지 결정할 필요가 있다. 이는 공식적인 조직 SM 상호작용을 담당할 단일 개인을 지정하고 SM 상호작용을 모니터링하고 관리하는 프로세스를 생성함으로써 이루어진다. 이를 통해 조직은 명확하고 조정되며 일관된 메시지를 가질 수 있다.

SM 관계의 본질은 단순히 사용자가 기여하는 SM 사이트의 콘텐츠를 의미하는 **사용자 생성 콘텐츠**(user-generated content, UGC)이다. 다음은 조직에 부정적인 영향을 미칠 수 있는 부적절한 UGC의 몇 가지 예이다.

외부 원천에서 발생한 문제   UGC 문제의 주요 원인은 다음과 같다.

- 쓸모없거나 같거나 터무니없는 내용
- 부적절한 내용
- 비우호적인 평가
- 반항적인 행위

기업이 소셜 네트워크에 참여하거나 UGC에 사이트를 공개할 경우 해당 사이트의 목적과 무관한 쓸모없는 정크 메일을 게시하는 잘못된 사람들에게 자신을 노출된다. 또한 괴짜들은 UFO, 정부 은폐, 환상적인 음모론 등과 같은 터무니없거나 관련 없는 주제에 대한 열정적인 견해를 표현하는 방법으로 네트워크 또는 UGC 사이트를 사용할 수 있다. 이러한 콘텐츠의 가능성 때문에 조직은 정기적으로 사이트를 모니터링하고 의심스러운 내용을 즉시 제거해야 한다. 바자보이스와 같은 역할을 하는 직원이나 회사는 평점 및 리뷰를 수집하고 관리할 뿐만 아니라 관련 없는 내용을 사이트에서 모니터링하는 서비스를 제공할 수 있다.

또 하나의 위험은 부정적인 후기이다. 연구에 따르면 고객은 완벽한 제품이라는 것은 거의 없다는 사실을 알고 있다고 한다. 대부분의 고객은 제품을 구매하기 전에 해당 제품의 단점을 알고 싶어 하며, 따라서 해당 단점이 사용에 중요한지 확인하고자 한다. 그러나 모든 후기가 나쁘고, 제품의 평점이 5점 만점에 별 1개로 평가되면 소셜미디어를 통해 문제를 알린다. 이 경우 어떠한 조치를 취해야 한다.

때때로 부적절한 소셜미디어 콘텐츠는 예상치 못한 장소에서 나올 수 있다. 2016년 마이크로소프트는 엑스에 인공지능 챗봇 '테이'를 공개했다. 테이는 사용자로부터 배움으로써 사용자 참여를 증가시키기로 되어 있었다. 불행하게도 테이는 그 상호작용으로부터 극도로 인종차별적이고 성차별적인 것을 배웠다. 마이크로소프트는 끔찍한 공격적인 트윗의 연속 이후 테이를 무력화시켰다.[34]

소셜 네트워킹 문제에 대한 대응 소셜 네트워킹의 위험을 관리하는 일은 잠재적인 문제의 원인을 파악하고, 문제가 있는 콘텐츠에 대해 사이트를 모니터링하는 것이다. 하지만 이러한 콘텐츠를 찾게 되면 조직은 적절하게 대응할 필요가 있다. 세 가지 가능성은 다음과 같다.

- 그대로 둔다.
- 반응한다.
- 삭제한다.

만약 문제가 되는 내용이 조직의 제품이나 서비스에 대한 합리적인 비판을 나타낸다면, 가장 좋은 대응은 그것을 그대로 두는 것이다. 이러한 비판은 사이트가 단지 조직을 위한 속임수가 아니라 합법적인 사용자 콘텐츠를 포함한다는 것을 보여준다. 또한 이러한 비판은 제품 개발에 유용할 수 있는 무료 출처의 제품 검토 의견 역할도 한다. 비판이 유용려면 개발 팀이 이에 대해 알아야 하고, 언급된 바와 같이 비판을 발견하고 팀에 전달할 수 있는 과정이 필요하다.

두 번째 대안은 문제가 있는 내용에 반응하는 것이다. 그러나 이 대안은 위험하다. 만약 반응이 어떤 식으로든 내용 제공자를 거들먹거리거나 모욕하는 것으로 해석될 수 있다면, 이는 커뮤니티를 분노하게 할 수 있고 강한 반발을 일으킬 수 있다. 또 이런 반응이 방어적인 것으로 보일 경우 PR 홍보에 부정적인 영향을 미칠 수 있다.

대부분의 경우 반응은 문제 콘텐츠가 조직으로 하여금 결과적으로 긍정적인 무언가를 할 수 있게 하는 경우를 위해 유보하는 것이 최선이다. 예를 들어, 사용자가 45분 동안 고객 지원을 대기해야 한다고 게시한 경우를 생각해보자. 조직이 대기 시간을 줄이기 위한 조치를 취한 경우 비판에 대한 효과적인 대응은 비판을 유효한 것으로 방어적이지 않게 인정하고 시간 단축을 위해 어떤 조치를 취하는 것이다.

합리적이고 비방어적 반응이 같은 동일한 출처로부터 지속적으로 비합리적 UGC를 발생시키고 있다면, 조직이 아무것도 하지 않는 것이 최선이다. 진흙탕에서 돼지와 씨름하지 말아야 한다. 여러분은 더러워지며, 돼지는 그것을 즐기게 된다. 대신 커뮤니티가 사용자를 억제하도록 하라. 아마도 그렇게 될 것이다.

콘텐츠는 별난 사람들에 의해 만들어지기도 하고, 사이트와는 아무 상관이 없거나 음란한 것을 담고 있거나 부적절한 콘텐츠를 포함하고 있으므로 부적절한 게시물에 대해서는 콘텐츠를 삭제하는 것이 지켜져야 한다. 하지만 합법적인 부정적 검토 의견을 삭제하면 강력한 사용자 반발이 발생할 수 있다. 네슬레는 팜 오일 사용에 관해 받은 비판에 대해 자사의 페이스북 계정에 PR 악몽을 만들기도 했다. 누군가 네슬레 로고를 수정했고, 그 반응으로 네슬레는 변경된 로고를 사용하는 모든 페이스북 콘텐츠를 삭제하기로 결정하고, 오만하고 고압적인 방법으로 그렇게 추진했다. 그 결과 엑스상에 거센 비난 여론이 들끓었다.[35]

비즈니스에 있어 하나의 건전한 원칙은 답변을 원하지 않는 질문을 결코 하지 않는 것이다. 우리는 소셜 네트워킹에서 이 원칙을 확장할 수 있다. 어떤 효과적인 반응이 없는 콘텐츠를 생성하는 사이트는 결코 만들지 말라.

소셜미디어에 의한 내부 위험 소셜미디어의 도입이 증가함에 따라 조직 내에서 새로운 위험이 발생했다. 이러한 위험은 정보 보안 위협, 조직의 책임 증가, 직원 생산성 저하로 이어질 수 있다.

첫째, 소셜미디어의 사용은 조직의 정보자원을 안전하게 보장하는 능력, 즉 보안에 직접적인 영향을 미칠 수 있다. 예를 들어, 한 고참 직원이 "20년 전 오늘 댈러스에서 결혼했어요" 또는 "센트럴고등학교에서 열린 1984년 졸업생 동창회는 굉장했어요" 혹은 "하와이에 신혼여행 간 것을 기억한다"라고 트윗한다. 이러한 모든 트윗은 공격자에게 패스워드 재설정 질문에 대한 답변을 제공한다. 공격자가 사용자의 패스워드를 재설정하면 내부 시스템에 대한 전체 접근 권한을 갖게 된다. 따라서 겉보기에는 악의가 없어 보이는 코멘트는 조직 자원에 대한 접근 보안을 유지하는 데 사용되는 정보를 실수로 유출할 수 있다. 안타깝게도 모든 사람에게 생일을 말하는 것은 좋은 생각이 아닌 것으로 드러났다. 왜냐하면 여러분의 생년월일은 여러분의 신원을 훔치는 데 사용될 수 있기 때문이다.

소셜미디어를 사용하는 직원은 의도하지 않게 (혹은 의도적으로) 지적 재산, 새 마케팅 캠페인, 미래의 제품, 잠재적 해고, 예산 문제, 제품 결함 또는 향후 합병에 대한 정보를 유출할 수 있다. 정보 유출뿐만 아니라 직원들은 기존 보안대책을 우회하여 SM을 사용하며, 콘텐츠를 제공하는 인가되지 않은 응용 프로그램을 설치할 수 있다. 또는 보안이 약한 SM 사이트에서 그들의 회사 패스워드를 사용할지도 모른다.

둘째, 직원들이 소셜미디어를 사용할 때 부주의하게 기업의 책임을 증가시킬 수 있다. 예를 들어, 동료가 스마트폰에서 의심스러운 성적인 콘텐츠가 있는 SM 콘텐츠를 정기적으로 확인한다고 가정하자. 그 조직은 성희롱으로 소송을 당할 수도 있다. 직원들이 소셜미디어를 통해 정보를 누설하는 경우 다른 조직에서 법적 문제가 발생할 수 있다. 학교, 의료기관 및 금융 기관은 모두 사용자 데이터를 보호하고 규정 위반을 방지하기 위해 특정 지침을 따라야 한다. 학생, 환자 또는 고객 계정에 대한 정보를 트윗하면 법률적 소송을 초래할 수 있다.

마지막으로 소셜미디어의 사용 증가는 직원 생산성에 위협이 될 수 있다. 게시물, 트윗, 핀, 좋아요, 댓글 및 추천은 모두 시간이 걸린다. 이는 고용주가 급여라는 비용을 지불하고 있지만 혜택을 보지 않는 시간이다. 유데미는 직원 생산성에 영향을 미치는 SM 사이트로 페이스북(65%), 인스타그램(9%), 스냅챗(7%), 그리고 엑스(7%)를 포함한다고 언급했다.[36]

직원들의 관점에서 볼 때 여러분은 약간의 생산성 저하는 괜찮다고 생각할 수 있다. 그러나 여러분이 고용주나 경영자라고 상상해보자. 어느 시점에 희망적이라고 할 수 있을까? 급여는 생산성과 연관되어 있는데, 직원들이 SM을 사용하여 다른 직장을 찾거나 친구들과 채팅하거나 휴가사진을 보면서 하루를 보낸다면 여러분의 심정은 어떻겠는가? SM이 인력 문제, 사기 문제 및 소송이 일어나는 사내의 소문거리로 사용된다면 어떻게 될까? 똑똑한 관리자들은 다른 기술과 마찬가지로 SM에도 혜택과 비용이 함께 있다는 것을 이해해야 할 것이다.

9-6 소셜미디어는 우리를 어디로 데려가는가?

소셜미디어는 현재 힘든 시기를 겪고 있다. 페이스북 창업자 마크 저커버그는 최근 미국 의회에서 8천만 명 이상의 사람에게 영향을 미치는 대규모 데이터 유출에 대해 증언할 것을 요구받았다. 한 연구원은 페이스북이 더 엄격한 데이터 제한을 설정하기 전에 페이스북 사용자 데이터를 빼돌린 다음 분석 회사에 판매한 것으로 밝혀졌다. 이 프라이버시 침해는 모든 소셜미디어에 비판적인 상당한 수의 뉴스 기사를 발생시켰다.

지난 10년 동안 소셜미디어는 새로운 방식으로 고객에게 다가갈 수 있는 재미있는 것으로 여겨졌다. 그리고 실제로도 재미있었다. 소셜미디어는 마케팅 환경을 변화시킨 새로운 방식으로 고객들에게 다가갔다. 소셜미디어 회사는 관대한 칭찬과 거대한 시장 가치 평가를 받았다. 하지만 이 회사들이 어떻게 돈을 벌 것인가에 대한 의문은 항상 존재했다. 그들 중 대부분은 광고 수익을 늘리기 위해 사용자 데이터를 판매하는 것에 의존했다. 일반적으로 사용자들은 무료로 서비스를 받는다면 '작은' 개인정보 침해에 개의치 않을 것이라는 믿음이 있었다. 하지만 그들이 그렇지 않다면 어떨까?

10년 후 소셜미디어의 판도는 지금과는 많이 달라질 것이다. 소셜미디어의 신혼 단계는 끝났다. 프라이버시는 다시 중요해지고, 청소년들은 페이스북을 떠나고,[37] 소셜미디어를 그만두는 것(또는 적어도 휴식을 취하는 것)은 멋진 일이 되고 있다.[38]

여러 면에서 소셜미디어는 운전면허증과 같다. 그것은 여러분이 처음 운전 면허를 땄을 때 운전을 재미있고 신나게 만들었다. 그러나 시간이 지나면서 운전은 더욱더 실용적 수단이 되었다. 그것은 여러분이 A 지점에서 B 지점으로 가기 위해 해야 하는 일이 되었다. 소셜미디어가 즐거움이 아닌 실용적인 단순한 수단으로 되면 어떻게 될까? 그들의 상품(여러분)이 떠나기로 결정하면 소셜미디어 회사는 어떻게 될까? 그들은 누구의 정보를 팔까?

소셜미디어 공간에서는 여전히 엄청난 성장 기회가 존재한다. 기업들이 내부적으로 이를 활용하기 시작한다(엔터프라이즈 2.0). 이제 곧 엔터프라이즈 3.0이 등장할 것인가? 혁신적인 모바일 기기 UX를 갖춘 새로운 모바일 기기는 클라우드 컴퓨팅과 동적 가상화에 기반한 동적이고 민첩한 정보시스템과 결합되어 지금부터 2031년 사이에 기념비적인 변화가 계속 일어날 것임이 확실하다.

사물인터넷 기기의 폭발적인 성장은 소셜미디어에 완전히 새로운 시장을 열어주었다. 예를 들어, 네트워크가 가능한 피트니스 트래커는 이제 운동 데이터를 친구들과의 우호적인 경쟁의 일부로 사용할 수 있는 클라우드로 보낼 수 있다. 피트니스 트래커는 이제 더 큰 사회적 상호작용의 일부가 될 수 있다. 혼합현실 기기가 인기를 끌 때 나타날 새로운 유형의 사회적 상호작용을 상상해보라. 직장에서 책상에 물리적으로 앉아 있는 동안 가상 대학 수업에 앉아 친구들과 온라인 게임을 하고 메신저로 동료 모두와 대화할 수 있다.

하버드, 마이크로소프트, 스타벅스와 같은 조직들은 혁신적인 소셜미디어 프로그램을 개발하고 관리하는 직책인 최고 디지털 책임자(CDO)들을 고용했을 정도로 소셜미디어에 관심이 많다.[39]

지금으로부터 10년 후에 관리자로서 여러분의 역할을 생각해보라. 여러분의 팀에 10명의 직원이 있다고 가정해보자. 여러분의 팀의 3명은 여러분에게 보고하고, 2명은 다른 관리자에게 보고하고, 5명은 다른 기업 고객을 위해 일한다. 여러분의 회사는 다양한 데스크톱, 노트북, 태블릿, 전화기, 가상 기기를 사용한다. 이 중 일부는 회사에서 지급하지만, 대부분은 직원들이 가져온다. 이 모든 기기는 직원들과 팀이 아이디어를 블로그, 위키, 동영상 등에 즉시 게시할 수 있는 기능을 가지고 있다.

물론 여러분의 직원들은 페이스북, 엑스, 링크드인, 포스퀘어 그리고 다른 소셜 네트워킹 사이트들이 인기를 얻게 된 것처럼 그들만의 계정을 가지고 있으며, 그들은 정기적으로 소셜미디어를 사용한다. 여러분은 이 팀을 어떻게 관리해야 하는가? 만약 '경영'이 계획하고, 조직하고, 통제하는 것을 의미한다면, 여러분은 이 신생 직원 네트워크에서 이러한 기능을 어떻게 수행할 수 있는가? 만약 여러분과 여러분의 조직이 인텔과 같은 기술에 능통한 회사의 선례를 따른다면, 여러분은 직원들의 SM를 사용하지 않을 수는 없다는 것을 알 것이고, 그렇게 하고 싶지 않을 것이다. 대신에 여러분은 직원들과 파트너들의 사회적 행동의 힘을 활용하여 전략을 발전시키고자 할 것이다.

그렇다면 어떻게 될까? 아마도 우리는 생물학으로부터 교훈을 얻을 수 있을 것이다. 게들은 외부 외골격을 가지고 있다. 진화의 사슬에서 훨씬 이후의 생물인 사슴은 내부 내골격을 가지고 있다. 게는 자랄 때 작은 껍질을 벗고 더 큰 껍질을 키우는 힘들고 생물학적으로 비용이 많이 드는 과정을 견뎌야 한다. 그들은 또한 이러한 탈피 전환기 동안 취약하다. 사슴은 자랄 때 뼈대는 내부에서 사슴과 함께 자란다. 연약한 털갈이를 할 필요가 없다. 민첩성을 고려한다면 여러분은 사슴보다 게를 선택할 것인가? 1960년대에 조직은 직원 주변의 외골격이었다. 2029년까지 조직은 외부에서 사람들의 작업을 지원하는 내골격이 될 것이다.

이 모든 것이 여러분에게 무엇을 의미하는 바는 소셜미디어 + 사물인터넷(IoT) + 클라우드가 향후 10년 안에 일상적이지 않은 인지 기술을 위한 매력적인 기회를 만들어줄 것이라는 점이다!

이 장의 **지식**이 **여러분**에게 어떻게 도움이 되는가?

여러분은 페이스북과 엑스 그리고 다른 소셜 사이트를 개인적인 용도로 사용하는 방법을 이미 알고 있다. 이 장에서는 여러분이 알고 있는 지식 중 일부를 조직을 돕기 위해 어떻게 적용하는지 보여주었다. 여러분은 소셜미디어 IS의 구성 요소와 조직이 페이스북이나 엑스 아이콘을 웹 페이지에 올릴 때의 책임에 대해 배웠다. 또한 조직이 SMIS를 사용하여 5개의 가치사슬 활동 전반에 걸쳐 전략을 달성하는 방법과 SMIS가 어떻게 사회적 자본을 증가시킬 수 있는지도 배웠다. 마지막으로 소셜미디어에서 어떻게 수익을 얻을 수 있는지, 조직이 소셜미디어의 위험을 어떻게 관리해야 하는지, 그리고 소셜미디어가 미래에 여러분에게 어떻게 도전할 것인지에 대해 배웠다.

그러나 계속 지켜보라. 이러한 이야기는 발전한다. 미래의 소셜미디어 발전에 대해 읽을 때 자신만의 용도가 아니라 조직에 대해 생각해보라.

So What?

진화하는 소셜미디어

부모님, 조부모님, 고모나 삼촌에 대해 잠시 생각해보라. 그들은 어린 시절 친구들 중 몇 명과 정기적으로 연락을 하고 있는가? 그들 중 일부는 인생 초기에 만났던 친구나 지인과 전혀 연락하고 있지 않을 것이다.

반면에 어떤 사람들은 꽤 사교적이고 이러한 유형의 상호작용을 추구하는데, 여기서 의문이 생긴다. 여러분의 가족 구성원들은 어떻게 이러한 지인들과 연락을 유지하는가? 소셜미디어는 이러한 오랫동안 잃어버렸던 관계들이 다시 형성되고 현재 유지되는 데 중요한 매개체 역할을 했을 가능성이 크다.

이제 자신의 소셜미디어 사용을 고려해보라. 첫 번째 소셜미디어 계정을 언제 만들었나? 어떤 플랫폼을 선택했으며, 왜 그 플랫폼을 구체적으로 선택했는가? 친구들이 사용하고 있는 플랫폼에서 선택한 것인가(끌려 들어간 것인가), 아니면 부모님처럼 특정인이 아닌 플랫폼을 찾은 것에서 선택한 것인가(등 떠밀린 것인가)? 소셜미디어 공간에 합류하는 스타트업 기업이 점점 더 많아지면서 오늘날에는 선택할 수 있는 옵션이 확실히 많다.

흥미롭게도 소셜미디어의 새로운 성공 사례 중에서 많은 것이 기존의 거물들에 의해 매수되었다. 예를 들어, 페이스북은 2012년에 인스타그램을 10억 달러에, 2014년에는 왓츠앱을 190억 달러에 인수했다.[40] 그러나 이러한 플랫폼의 소유자들은 바뀔지 모르지만, 소셜미디어 플랫폼의 형태와 기능은 대체로 수년 전과 동일하게 유지되고 있다.

이러한 것들은 사람들이 텍스트, 이미지, 동영상, 피드백(예 : '좋아요')의 형태로 연결되고 정보를 공유하는 장소이다. 소셜미디어의 세계에서 지금까지 많은 혁신이 없었던 것처럼 보이지만, 그것이 상황이 바뀔 수 없다는 사실을 의미하는 것은 아니다. 여기에 향후 우리의 소셜미디어가 경험할 수 있는 것이 무엇인지에 대한 몇 가지 예측이 있다.

출처 : NicoElNino/Shutterstock

진화하는 트렌드

소셜미디어의 기본적인 기반, 즉 사람들을 연결하고 서로 정보를 공유할 수 있도록 하는 것은 지속될 것이지만, 정보 교환의 성격은 시간이 지남에 따라 매우 달라질 것이다.

예를 들어, 웨어러블 기술의 채택과 잠재력이 증가함에 따라 이러한 장치를 사용하여 소셜미디어 상호작용이 일어날 것이다. 스마트워치는 널리 인기가 있으며, 이미 알림과 메시지를 수신하고, 심지어 소셜미디어 게시물에 응답하는 데 사용되고 있다. 기업들은 또한 버즈 및 시각적 경고 메커니즘을 통해 착용자에게 알림을 표시하도록 설계된 스마트 의류를 개발하고 마케팅한다.

증강현실과 가상현실은 성장을 경험하기 시작하는 또 다른 영역이다. 증강현실은 노동자의 시야에 이미지와 정보를 중첩하는 기능이 엄청난 가치를 더할 수 있기에 직장에서 도입이 빠르게 추진력을 얻고 있다. 창고를 통과하는 최적의 경로가 제공되는 창고 지게차 운전자, 그 지역에서 작동하는 다른 지게차의 경고, 픽업하여 배송 포털에 전달해야 하는 품목과 수량에 대한 실시간 주문 정보를 고려해보자.

소셜미디어 맥락에서 증강현실은 사용자가 더 이상 전화기나 태블릿을 검색할 필요가 없게 되겠지만, 그들의 시야에서 실시간으로 끊임없이 업데이트와 게시물을 전달할 수 있기 때문에 마찰 없는 정보 공유를 제공할 수 있다.

현재 소셜미디어의 다른 진화하는 추세는[41] 플랫폼이 인플루언서로부터의 영향력을 제거하고 광고 수익을 극대화하고자 하는 플랫폼에게 영향력을 귀속시킬 수 있는 '좋아요' 기능을 포기할 수도 있다는 추측이 포함되어 있다. 일부 전문가들은 사용자들이 현재 수집되고 있는 데이터들로부터 발견할 수 있는 것이 많은 것을 더 잘 알고 있기에 일부 플랫폼에서 프라이버시가 복원되는 것을 볼 수 있다고 믿는다.

또한 젊은 세대(12~34세)의 증가가 둔화된 수치를 보이고 있으며, 경우에 따라 수치가 감소한다는 보고도 있어 이용자들의 연령대가 변동될 수 있다.[42]

마지막으로 전 세계적으로 인터넷 연결성을 확대하는 것은 기존의 강자들과 경쟁관계를 가진, 작고 더 지역화된/전문화된 소셜미디어 플랫폼이 지속적으로 생성되게 할 것이다.

프린지

전문가들은 10년이나 20년 후의 미래에 소셜미디어의 본질에 대한 몇 가지 흥미로운 예측을 내놓았다. 예를 들어, 한 예측은 웨어러블이 언젠가는 텍스트나 이미지만 공유하는 것이 아니라 우리의 인지와 연결될 우리 몸의 어떤 것으로 진화한다는 것이다. 맛이나 냄새를 공유할 수 있을지도 모른다는 의미이다.[43]

또 다른 예측으로는 표준 입출력 장치가 음성 컨트롤과 홀로그래픽 디스플레이로 대체되어 우리의 휴대용 장치를 더 이상 쓸모없게 만들 수 있다는 것이다.

마지막 예측은 우리가 정보를 공유하거나 받아들이는 방식을 넘어서 정보의 본질에 초점을 맞추게 된다는 것이다. 한 전문가는 우리가 생성하는 모든 데이터가 분석되어 각 사용자에게 매우 개인화된 경험을 만들어내는 데 사용될 것이지만, 아직 초보 단계에 불과하다고 믿고 있다.

토의문제

1. 글 앞부분에 소개된 질문에 대해 생각해보고 답하라. 첫 번째 소셜미디어 계정을 언제 만들었는가? 어떤 플랫폼을 선택했으며, 구체적으로 왜 그 플랫폼을 선택했는가? 친구들이 사용하고 있는 플랫폼에서 선택한 것인가(끌려 들어갔다), 아니면 부모님처럼 특정인이 아닌 플랫폼을 찾아서 선택한 것인가(밀려 나갔다)?

2. 얼마나 자주 소셜미디어에 참여하는가? 기사를 읽고 미래의 소셜미디어 경험의 일부로 사용될 수 있는 새로운 기술에 대해 배우면서 여러분은 어떻게 느꼈는가? 증강 현실과 웨어러블의 전망에 흥분하는가, 아니면 이 기술들이 너무 거슬리거나 끊임없이 연결될 수 있어 피곤할 것이라고 걱정하는가?

3. 기사는 젊은 세대들이 소셜미디어 사용에 있어서 정체하기 시작했다고 언급한다. 무엇이 이 유행을 주도한다고 생각하는가? 여러분은 이 유행의 일부인가?

4. 여러분은 소셜미디어 사용의 부작용이 있다고 생각하는가? 여러분 자신의 삶에서 이러한 영향을 알아챈 적이 있는가?

보안 가이드

거짓말의 디지털 왕좌

마지막으로 거짓말을 한 것이 언제였는가? 오늘 거짓말을 한 적이 있는가? 마지막으로 다른 사람의 거짓말을 눈치챈 적은 언제인가? 비록 이것이 최소한의 결과만을 가진 선의의 거짓말일지라도(예 : 친구들과 어울릴 때 공부하고 있었다고 부모에게 문자를 보내는 것), 지난 24시간 동안 여러 가지 형태의 거짓말을 했을 가능성이 높다.

하지만 여러분은 속임수를 쓰는 행동을 하는 것보다 훨씬 덜 기만적인 행동을 하는 다른 사람들을 발견했을 것이다. 왜 이런 차이가 있을까? 단순히 여러분이 주변 사람들보다 상대적으로 끔찍한 사람인가? 진정하라. 그렇지 않다. 모든 것은 기만을 식별하는 능력에 달려 있다.

기만이 인간 소통의 중요한 핵심이기 때문에 과학자들은 이를 이해하기 위해 엄청난 노력을 기울였다. 기만 연구의 초점은 탐지 정확도의 조사인데, 간단히 말해서 과학자들은 우리 모두가 기만을 식별하는 데 (평균적으로) 얼마나 능숙한지 알고 싶어 한다.

속임수의 정확도를 살펴본 수많은 연구를 검토해보면 인간은 단지 54%만이 정확하다는 것을 알 수 있는데, 이는 우연보다 약간 나은 것이다. 하지만 왜일까? 우리는 왜 속임수를 더 정확하게 감지할 수 없을까? 밝혀진 바에 따르면 우리가 속임수를 정확하게 감지하지 못하게 된 요인이 많다.

하나의 이론은 식량과 다른 자원의 위치를 감추기 위해 거짓말을 성공적으로 할 수 있었던 우리의 먼 조상들만이 살아남았다고 가정하는 진화론적 관점이다. 다시 말해 오늘을 살고 있는 우리 모두는 '적자생존'이라는 관점에서 기만을 이용한 전문 거짓말쟁이 세대의 후손이라는 것이다.

또 다른 요인은 언어적, 비언어적, 언어적 신호를 포함하는 의사소통의 복잡성이다. 우리의 뇌는 제한된 능력을 가지고 있으며, 이러한 많은 의사소통 신호(예 : 우리가 말하는 단어, 말하는 방법, 목소리 톤, 몸짓 언어, 눈 행동 등)를 모두 추적하거나 정확하게 해석할 수 없다. 더 낙관적이며 순진하게 본다면 우리가 단순히 다른 사람에게 호의를 가지고 있다고 생각하고 그들을 믿는 경향이 있다는 것이다.

그러나 이제 우리의 일상적인 상호작용 중 많은 것이 온라인에서 일어나는 디지털 세계에 몰두하고 있다. 물리적인 것에서 가상적인 것으로의 의사소통 패러다임의 변화는 우리와 우리의 의사소통에 무엇을 의미하는가? 그것은 소셜미디어 인플루언서의 피드백을 따르든 사업체와의 온라인 상호작용을 따르든, 다른 사람에 대한 우리의 인식과 신뢰를 어떻게 변화시킬 것인가?

온라인에 거짓말은 없다! 잠깐만, 아니, 있다!

소셜미디어는 우리가 서로 정기적으로 소통하기 위한 가장 일반적인 디지털 포럼 중 하나이다. 불행하게도 소셜미디어에서의 제한된 대면 상호작용은 다른 사람들에게 우리 자신에 대한 잘못 전달된 관점을 투영할 수 있는 렌즈로 작용한다(이는 종종 인상관리라고 불린다).

온라인 데이트를 조사한 한 연구는 60% 이상의 사람들이 자신의 몸무게에 대해 거짓말했다는 것을 발견했고, 2,000개 이상의 응답에 기초한 또 다른 연구는 40%의 남성들이 온라인에서 그들 자신을 잘못 표현했다고 보고했다.[44] 슬프게도 우리가 소셜미디어에 점점 더 많이 참여하고 그것을 우리 자신의 성취를 측정하는 기준으로 사용함에 따라, 다른 사람들의 뒤틀린 예측은 우리가 우리 자신에 대해 느끼는 감정을 손상시킬 수 있다.

자신의 긍정적인 이미지를 반영하려는 사람들로 가득 찬 소셜미디어 영역은 소셜미디어 인플루언서 부분이다. 이러한 유료 디지털 광고주들은 제품을 사용하거나 경험한 자신의 이미지를 게시하여 우리가 비슷한 구매 결정을 내리도록 설득한다. 2022년 인플루언서 마케팅 프로젝트에 150억 달러가 소요될 것으로 예상될 정도로 기업들은 인

출처 : Igorstevanovic/Shutterstock

플루언서를 활용하는 것의 수익성을 디지털 마케팅의 또 다른 흐름으로 인식했다.[45] 또한 한 연구에서 약 절반의 참가자가 인플루언서의 추천을 기반으로 제품을 구매했다고 응답했다.

하지만 인플루언서와 그들의 제품 추천을 믿을 수 있는지 생각해 본 적이 있는가? 다시 말해 인플루언서들은 자신이 판매하려는 제품을 시도하거나 사용해본 적이 있을까? 한 연구에 참여한 대다수의 참가자들은 제품에 대한 경험 없이 마케팅하는 것이 기만적이고 비윤리적이라고 생각한다고 응답했다.[46]

그러나 불신은 단순히 데이트 웹사이트, 소셜미디어 사이트, 소셜미디어 인플루언서와 관련된 것만은 아니다. 진실과 기만은 기업과 온라인에서 소비자와 관계를 맺는 방법에 매우 중요한 요소이다. 기업과 소셜미디어에 대한 소비자 인식을 분석한 결과, 참가자의 3분의 2는 브랜드가 잘못된 정보를 완화할 책임이 있다고 생각했으며, 나아가 브랜드가 온라인에서 해로운 정보를 사전에 단속하고 제거해야 한다고 생각하는 것으로 나타났다.[47] 또한 한 연구의 응답자 절반 이상이 온라인에서 기업에 대한 불신으로 인해 기업이 디지털로 공유하는 정보의 양이 감소했다고 보고했다.

전반적으로 우리의 온라인 상호작용은 정확하고 정확하지 않은 정보를 전달할 수 있는 수많은 방법을 제공한다. 데이트 사이트에서 한 사람이 다른 사람에게 자신을 잘못 표현하고 있는지, 인플루언서가 어떤 근거도 없이 팔로워 무리에게 상품을 판매하고 있는지, 우리 모두가 디지털 화면을 볼 때마다 의심스러운 정보들이 쏟아지고 있다. 가장 먼 조상들처럼 우리의 디지털 생존은 진실과 기만을 정확하게 구분하는 우리의 능력에 달려 있을지도 모른다.

토의문제

1. 지난 하루 동안의 문자 메시지나 이메일 목록을 작성하라. 여러분은 진실을 몇 번이나 잘못 표현하였는가? 여러분의 과거 기록은 대부분의 사람들이 정기적으로 어떤 형태로든 기만에 가담한다는 관찰을 뒷받침하는가?

2. 이 기사는 인간의 속임수 탐지 정확도가 50% 정도라고 보고한다. 이 통계를 계산하기 위해 사용된 연구들은 대부분 대학생이나 일반 시민이었던 참가자들을 기반으로 한다. 법 집행 기관이나 정부/군 병력이 더 높은 정확도를 가질 것이라고 생각하는가?

3. 여러분은 자신의 소셜미디어 계정에서 인상관리 전략을 사용한 것에 대해 유죄인가? 또는 다른 사람들의 인상관리 전략에 영향을 받은 적이 있는가? 전반적으로 이 기사의 정보는 여러분이 소셜미디어 사용을 줄이고 싶게 만들거나 완전히 포기하게 하는가?

4. 여러분은 아마도 인터뷰 대상자들이 속임수가 있는지 확인하기 위해 여러 질문을 받는 동안 생리적인 반응을 측정하도록 고안된 장치인 폴리그래프 기계에 대해 들어봤을 것이다. 이러한 장치들은 우리의 온라인 상호작용에 사용될 수 없지만, 여러분은 속임수를 식별하는 새로운 유형의 기술이 개발되고 있다고 생각하는가?

커리어 가이드

이름 : 애덤 영
회사 : RC윌리
직책 : 소셜미디어/온라인 평판 관리자
학력 : 유타대학교 졸업

출처 : Adam Young, RC Willey, Social Media/
Online Reputation Manager

1. 이 일을 어떻게 하게 되었습니까?

유타대학교에 재학 중이던 저는 RC윌리의 마케팅 부서에서 일을 시작했습니다. RC윌리가 소셜미디어와 온라인 마케팅이 필요하다고 판단했을 때 저는 열심히 일했고, 소셜미디어와 다른 온라인 마케팅 기회를 잡았습니다. 저는 성실히 근무했고, 주변 사람들을 성공시키기 위해 필요하다고 생각하는 일을 했습니다. 그들은 회사를 성공시키기 위한 저의 노고와 헌신을 인정했으며, 제 헌신은 결실을 맺었습니다.

2. 이 분야에 매력을 느낀 이유는 무엇입니까?

학위를 따고 학업에 임하면서 자연스럽게 떠오른 기술 중에는 마케팅과 기술이 있었습니다. 진로 기회를 찾으면서 기술은 항상 중요할 것이고 끊임없이 진화한다는 것을 깨닫게 되었습니다. 저는 항상 새로운 도전을 좋아했고, 이것이 좋은 출발점처럼 보였습니다.

3. 일반적인 업무 일과(주어진 업무, 의사결정, 해결해야 할 문제)는 어떻게 진행됩니까?

저는 매일 전날의 보고서를 검토합니다. 또한 매일의 트렌드를 파악하기 위해 새로운 보고서를 작성합니다. 저는 마케팅 도구를 사용하여 긍정적이고 부정적인 피드백과 후기에 응답하고, 경영진과 협력하여 모든 우려사항을 해결합니다. 다양한 소셜미디어 플랫폼의 콘텐츠를 작성하고 게시 일정을 잡고, 마케팅 부서와의 회의에도 참석합니다.

4. 이 직업에서 가장 마음에 드는 점은 무엇입니까?

이 직업의 가장 좋은 점 중 하나는 제가 사람들을 도울 수 있다는 것입니다. 모든 사람이 자신의 현재 상황에 만족하는 것은 아니며, 저는 그 사람들을 돌보기 위해 제가 할 수 있는 일을 하고, 그 사람들의 걱정을 해결하기 위해 회사가 할 수 있는 일이 무엇인지 알게 됩니다. 가장 좋은 점 중 하나는 회사에 대한 누군가의 생각을 완전히 바꾸는 것을 보는 것인데, 왜냐하면 그들이 아무도 그들을 신경 쓰지 않는다고 여기거나 그들의 이야기를 들어줄 의향이 없다고 생각할 때 제가 그들의 걱정을 해결했기 때문입니다.

5. 이 직무를 잘 수행하려면 어떤 기술이 필요합니까?

소셜미디어 관리자가 되려면 시간을 관리할 수 있어야 합니다. 커뮤니케이션 능력도 뛰어나야 하고요. 데이터를 분석하고 마케팅 팀이 하고 싶은 이야기를 만들 수 있는 것이 관건입니다.

6. 이 분야는 교육이나 인증이 중요합니까? 그 이유는 무엇입니까?

대부분의 기업은 마케팅 또는 커뮤니케이션 분야의 학력을 요구합니다. 대부분은 경력도 요구합니다. 미디어 구매, 콘텐츠 제작, 인플루언서 마케팅 등의 관련 자격증이 유익하기는 하지만 반드시 필요한 것은 아닙니다.

7. 이 분야에서 일하고 싶어 하는 후배에게 어떤 조언을 해주고 싶습니까?

졸업하기 전에 최대한 많은 경험을 쌓기 위해 최대한 노력하라고 말해주고 싶습니다. 많은 회사가 경력을 가진 사람을 원합니다. 지금 그 기술을 개발하기 위해 더 많이 노력할수록 그만큼 더 돋보일 것입니다.

8. 10년 후 인기 있을 기술 직종은 무엇이라고 생각합니까?

지금 대부분의 일들이 기술 산업 쪽으로 가고 있다고 생각합니다. 산업계에서 핫한 기술직들 중에는 프로그래밍 엔지니어들과 다양한 역량의 디지털 마케팅이 있을 것이라고 생각합니다.

윤리 가이드

삶, 자유, 그리고 평가받지 않을 권리

패트리샤는 최소 45분 동안 깨어 있었고 천장을 바라보며 깊은 생각에 잠겼다. 그녀는 침대에서 일어나기 전에 그날 해야 할 모든 일을 마음속으로 훑어보곤 했기 때문에, 이는 그녀에게 드문 아침 경험이 아니었다.

그녀와 그녀의 남편 리처드는 지난 10년 동안 그들의 꿈을 실현해왔다. 그들은 마침내 회사원의 안정성에서 벗어나 버몬트에서 그들만의 침대와 아침식사를 시작할 용기를 얻었다. 그들만의 사업을 하는 것은 그들이 35년 전에 데이트를 시작했을 때부터 이야기된 것이었고, 마침내 그들은 그것을 실현했다.

패트리샤는 아래층으로 걸어 내려갔고, 아침 식사 공간을 마련하고 배달 트럭을 주시했다. 그녀와 리처드는 그들이 제공하는 음식의 품질과 신선함을 자랑스러워하며 매일 아침 지역 유제품과 페이스트리를 지역 빵집에서 공급받았다. 농장에서 갓 준비한 계란과 베이컨도 있었다. 그들은 이곳이 스키, 하이킹, 골동품 또는 메이플 시럽 만들기로 유명한 최고의 장소로 알려지기를 원했다.

거의 10년 동안 최고 수준의 서비스를 제공한 후 그들은 철통같아 보이는 평판을 만들어냈다. 패트리샤는 전화를 걸어 돈을 돌려받고 싶어 했던, 진정으로 만족하지 못한 고객들의 수를 한 손으로 셀 수 있었다. (그리고 그녀는 여전히 문제가 자신의 서비스가 아니라 이 미친 사람들에게 있었다고 꽤 확신했다.) 그러나 지난 2년 동안 상황은 급격하게 바뀌었다. 비교적 최근 여행 예약과 웹사이트 후기가 인기를 끌면서 온라인 후기는 새로운 비즈니스의 활력소가 되었다.

후기 승인 또는 파기

요즘은 다른 사람들이 하는 말을 온라인으로 확인하지 않고는 칫솔조차 살 수 없을 것 같았다. 예전에는 누군가가 침대와 아침 식사에 대해 불평을 하면 환불이나 향후 숙박 할인을 해줄 수 있었고, 그것이 항상 문제를 해결해주는 것처럼 보였다.

이제 불만인 고객들은 그저 나쁜 후기를 온라인에 올렸고, 시간을 내어 부정적인 후기를 올린 사람들은 항상 자신들이 얼마나 잔인하고 피해를 입힐 수 있는지를 이용해 스포츠 경기를 만드는 것처럼 보였다. 가장 힘든 점은 그녀가 이 상황을 해결할 기회가 전혀 없었다는 것이다. 심지어 그녀는 그들이 누구인지조차 알지 못했다.

처음에 침대와 아침 식사에 대한 온라인 후기는 긍정적이었다. 그러나 문제는 정말로 지난 몇 달 동안 시작되었다. 비교적 짧은 기간 동안 그들의 사업에 대해 최근에 정말로 가혹한 후기가 몇 개 게시되었다. 패트리샤는 지난 몇 년 동안 예약에 대해 분석했는데, 비판적인 후기가

출처 : Ico Maker/Shutterstock

게시된 이후 올해 사업에서 확실히 감소가 있었다.

더욱더 골치 아픈 것은 그녀가 후기를 주의 깊게 읽었을 때 각 후기의 일부 세부사항은 앞뒤가 맞지 않는 것 같다는 점이다. 예를 들어 한 후기는 '지난 주말 그들의 가족이 겪었던 끔찍한 시간'에 대해 이야기했는데, 패트리샤는 예약을 확인한 결과 한 가족은 그 시간에 그들과 함께 있지도 않았다. 리처드는 그녀가 편집증적이라고 생각했지만, 그녀의 이론적 가설은 마을의 새로운 경쟁 민박집이 더 많은 사업 확장을 위한 노력으로 경쟁자들에 대해 잘못된 후기를 온라인에 게시한다는 것이었다.

현실은 패트리샤가 더 이상 참을 수 없다는 것이었다. 그녀는 눈에 보이지 않는 적과 싸우는 것처럼 느껴졌다. 고객들이 자신의 경험에 대해 아무리 긍정적이라고 해도, 부정적인 후기는 여전히 꽤 정기적으로 올라오는 것 같았다. 그녀는 의지할 길이 없어 보였고, 부정적인 후기가 가짜라고 꽤 확신했다.

그녀는 온라인 후기 사이트, 특히 가장 인기 있는 것으로 보이는 사이트를 지속적으로 확인하고 있었고, 그 사이트들이 목록에서 완전히 제거할 수 있는지 알아보기 위해 이메일을 보내기까지 했다. 좋은 후기는 확실히 도움이 되었지만, 그녀는 더 이상 나쁜 후기를 받아들일 수 없었다.

그녀는 주머니에서 전화기를 꺼내 현장의 반응이 있는지 확인하기 위해 이메일을 다시 확인했지만, 아직 아무것도 들어오지 않았다. '이메일을 쓰는 일이 이렇게나 힘들었나?!' 그녀는 속으로 생각했다. 바로 그때, 그녀는 갓 진입로를 휩쓸고 지나간 배달 트럭의 헤드라이트에 초점을 맞췄다. 재킷을 입고 문을 열고 운전자를 맞이하기 위해 걸어 나가는 동안, 그녀는 숨을 죽이고 "달걀이 온 것 같아요"라고 중얼거렸다.

후기? 가짜 뉴스를 말하는 건가

마크는 익숙한 핑 소리를 듣고 새로운 이메일이 도착했음을 알았다. 이메일 플랫폼으로 옮겨 메시지를 보았지만 모르는 발신자의 것이었다. 그는 메시지를 삭제하기 직전에 재빨리 제목을 대충 훑어보고는 확인해야 할 메시지일지도 모른다는 것을 깨달았다.

그것은 어떤 사업주가 부정적인 후기가 너무 많은 것에 대해 불평했고, 심지어 부정적인 후기가 가짜라고 주장하기까지 했다. 이는 요즘 흔한 불만이 아니었다. 그러나 이 사람은 마크가 운영하는 것을 도왔던 여행 후기 사이트에서 그들의 사업을 빼주기를 원했다.

그는 인정해야 했다. 이 사람들의 말에 일리가 있었다. 그들은 후

기를 바탕으로 진행된 몇몇 심층 분석에서 동일한 IP 주소에서 별 1개짜리와 별 5개짜리의 양극화된 후기가 많이 제출된 것을 쉽게 볼 수 있다는 것을 발견했다. 사이트 관리자들은 이것이 가짜 후기의 표시라는 것을 알고 있었지만, 이 게시물들은 후기가 최신의 것임을 나타냈고 사이트로의 트래픽을 증가시켰으며, 아무도 그것이 진짜가 아니라는 것을 증명할 수 없었다.

게다가 사업주들이 불평할 때마다 모든 가짜 후기를 제거하거나 사업체를 제거하는 것은 웹 트래픽의 상당 부분을 차단할 것이고, 이는 어떤 온라인 회사에게도 죽음의 키스가 될 것이다.

마크는 또한 '이 사람은 언론의 자유에 대해 들어본 적이 없나? 사람들은 인터넷에서 그들이 원하는 것은 무엇이든 말할 수 있어. 이곳은 야생 그 자체야!'라고 생각했다. 그는 웃으며 메시지를 삭제하고, 다른 이메일이 있는지 확인했다.

토의문제

1. 자신의 회사 여행 후기 사이트에 게재되고 있는 사기성 후기에 대한 마크의 관점을 생각해보라.
   a. 이러한 행위는 정언 명령(1장 27쪽)에 따른 윤리적인 것인가?
   b. 이러한 행동은 공리주의적 관점(2장 58쪽)에 따라 윤리적인가?
2. 여러분은 언론의 자유가 사람들이 인터넷에 원하는 무엇이든 올릴 수 있다는 마크의 의견에 동의하는가? 만약 그렇지 않다면 인터넷에 공유되는 정보를 통제하기 위해 무엇을 할 수 있을까?
3. 만약 여러분이 마크의 입장이라면, 패트리샤의 사업을 그 사이트에서 삭제할 것인가? 그 이유는 무엇인가? 그에 대해 설명하라.
4. 여러분은 가짜 후기를 온라인에 올리거나 누군가가 여러분에 대해 부정확한 것을 온라인에 올린 적이 있는가? 이 행동들이 여러분의 기분을 어떻게 만들었는가?

생생복습

이 장에서 학습한 내용을 이해했는지 점검해보자.

9-1 소셜미디어 정보시스템(SMIS)은 무엇인가?

소셜미디어, 실전 커뮤니티, 소셜미디어 정보시스템, 소셜미디어 공급업체, 소셜 네트워크를 정의하라. SMIS의 세 가지 조직 역할에 이름을 말하고 설명하라. 그림 9-3의 요소를 설명하라. SMIS 조직의 세 가지 역할 각각에 대한 SMIS의 다섯 가지 구성 요소의 본질을 설명하라.

9-2 SMIS는 조직 전략을 어떻게 발전시키는가?

소셜미디어가 판매 및 마케팅, 고객 지원, 유입 물류, 유출 물류, 제조 및 운영, 인적자원에 어떻게 기여하는지 요약하라. 각 활동에 대한 SM 위험을 나열하라. 소셜 CRM과 크라우드소싱을 정의하라.

9-3 SMIS는 사회적 자본을 어떻게 증가시키는가?

자본, 인적 자본, 사회적 자본을 정의하라. 사회적 자본이 가치를 부가하는 네 가지 방법을 설명하라. 사회적 자본을 결정하는 세 가지 요인을 나열하고, "더하기가 아니라 곱하기이다"가 어떤 의미인지 설명하라. 인플루언서를 정의하고 사회적 관계의 수와 강도를 높이기 위해 소셜미디어를 어떻게 활용할 수 있는지 설명하라.

9-4 조직은 소셜미디어에서 수익을 어떻게 벌어들이는가?

수익 창출을 정의하고 소셜미디어 회사가 수익 창출을 하는 것이 어려운 이유를 설명하라. 소셜미디어 회사가 프리미엄 서비스에 대한 광고와 요금 부과로 어떻게 수익을 내는지 사례를 제시하라. 클릭당 보수 수익 모델, 전환율, 프리미엄을 정의하라. 광고 차단을 정의하고, 그것이 어떻게 온라인 회사의 수익 창출 능력에 영향을 미치는지 설명하라. 모바일 기기의 성장이 매출에 미치는 영향을 요약하라. 광고 수익을 제한하는 모바일 기기에 대한 우려가 지나친 반응인 이유를 설명하라.

9-5 조직은 SMIS의 보안 문제를 어떻게 해결할 수 있는가?

SM 위험의 두 가지 원인을 나열하고 설명하라. SM 정책의 목적에 대해 설명하고, 인텔의 참여 규칙을 요약하라. 이 글 이외에 SM 오류를 설명하고, 그것에 대한 현명한 대응을 설명하라. 사용자 생성 콘텐츠의 네 가지 문제 원인을 나열하고, 가능한 답변 세 가지와 각각의 장점 및 단점을 제시하라. 소셜미디어의 내부적 활용이 정보 보안, 조직의 책임, 직원 생산성에 위험을 어떻게 초래할 수 있는지 설명하라.

9-6 소셜미디어는 우리를 어디로 데려가는가?

오늘날 소셜미디어의 사용이 변화하는 방법에 대해 설명하

라. 향후 10년 이내에 직원을 제어할 때 발생할 수 있는 경영상의 문제점을 요약하라. 소셜미디어 회사가 사물인터넷(IoT) 기기로부터 어떻게 이익을 얻을 수 있는지 설명하라. 이러한 변화를 게와 사슴의 차이점으로 관계를 설명하라.

여러분은 페이스북과 엑스를 사용할 수 있다. 여러분의 고용주가 페이스북과 엑스를 사용하는 데 이 장에서 논의한 각 질문이 어떻게 도움이 될 수 있는지 설명하라. 소셜미디어가 미래의 관리자인 여러분에게 제공할 도전과제(기회)를 요약하라.

이 장의 **지식**이 **여러분**에게 어떻게 도움이 되는가?

주요용어

관계의 강도(strength of a relationship)
광고 차단 소프트웨어(ad-blocking software)
기업 대 기업 거래(business-to-business, B2B)
기업 대 소비자 거래(business-to-consumer, B2C)
바이럴 훅(viral hook)
사용자(user)
사용자 생성 콘텐츠(user-generated content, UGC)

사회적 자본(social capital)
사회적 자본의 가치(value of social capital)
소셜 네트워크(social network)
소셜미디어(social media, SM)
소셜미디어 공급업체(social media provider)
소셜미디어 정보시스템(social media information system, SMIS)
소셜미디어 정책(social media policy)
소셜 CRM(social CRM)
수익 창출(monetize)
실천 커뮤니티(communities of practice)

연결 데이터(connection data)
인적 자본(human capital)
인플루언서(influencer)
자본(capital)
전환율(conversion rate)
지오펜싱(geofencing)
커뮤니티(community)
콘텐츠 데이터(content data)
크라우드소싱(crowdsourcing)
클릭당 보수(pay-per-click)
프리미엄(freemium)

학습내용 점검

9-1. 여러분이 '좋아요'를 누른 회사의 페이스북 페이지를 사용하여 9-1절에 표시된 것과 같은 SMIS 그리드의 다섯 가지 구성 요소를 작성하라. 그리드의 설명 열에 있는 문구를 페이스북, 여러분이 좋아하는 회사, 그리고 여러분과 여러분이 아는 사용자와 관련된 특정 문구로 바꿔보라. 예를 들어, 여러분과 여러분의 친구가 안드로이드 폰을 사용하여 페이스북에 접근하는 경우 해당 장치를 입력하라.

9-2. 일하고 싶은 회사의 이름을 지정하라. 여기에 나열된 9-2절의 각 영역에서 해당 회사가 어떻게 소셜미디어를 사용할 수 있는지 구체적으로 설명하라. 커뮤니티 유형, 특정 초점, 관련 프로세스, 위험 및 기타 관찰사항을 포함하라.

a. 영업 및 마케팅
b. 고객 서비스
c. 유입 물류
d. 유출 물류
e. 제조 및 운영
f. 인적자원

9-3. *www.lie-nielsen.com* 또는 *www.sephora.com*를 방문하라. 여러분이 선택한 사이트에서 소셜 네트워킹 사이트에 대한 링크를 찾아라. 그 사이트들은 어떤 방식으로 여러분과 사회적 자본을 공유하고 있는가? 그들은 어떤 방식으로 여러분의 사회적 자본을 그들과 공유하도록 시도하고 있는가? 여러분이 선택한 사업에 소셜 네트워킹의 사업 가치를 설명하라.

협업과제 9

여러분의 팀원들과 만나서 구글 오피스, 셰어포인트 또는 기타 협업 도구를 사용해서 협업 정보시스템을 구축하라. 아직 협업한 정보시스템을 구축하지 않았다면 협업과제 1을 참고하라. 절차와 팀 훈련이 필요하다는 것을 명심하라. 이제 정보시스템을 이용해서 다음 질문에 답하라.

2013년 11월 7일 트위터(현 엑스)의 기업공개(IPO)는 역사상 가장 큰 기술 IPO 중 하나였다. 그 소셜미디어 대기업의 주식은 주당 44.90달러로 마감되었고, 트위터를 약 2,500억 달러의 가치가 있게 만들었다.[48] 수익을 한 번도 내지 못한 회사라는 점을 감안하면 나쁘지 않다. 사실 트위터는 상장하기 전 분기에 7,000만 달러의 손실을 발표했다! 어떻게 한 회사가 2,500억 달러의 가치가 있는데도 전혀 돈을 벌지 못했을까?

증권 애널리스트들은 그림 9-10과 같은 기술 기업들은 성장 잠재력, 사용자 기반, 소비자 참여 및 시장 규모를 기반으로 가치를 평가해야 한다고 주장한다. 아마존, 인스타그램, 핀터레스트도 기업공개 시 수익이 나지 않았던 것으로 나타났다.

전통적인 IPO 평가는 수익성에 대한 측정치에 초점을 맞추고 있다. 이는 투자자들이 수익, 이익, 자산, 부채, 신상품 등을 살펴보는 것을 의미한다. 그림 9-10은 몇몇 잘 알려진 기업에 대한 주가수익률(P/E)을 보여준다. 반복과 피드백을 이용하여 다음 문제에 답하라.

그림 9-10 기술 기업 평가

	시가총액(10억 달러)	주가수익률(P/E)
애플	2,091	28
구글	1,596	32
페이스북	943	28
넷플릭스	223	61
세일즈포스닷컴	208	51
아마존닷컴	169	61
트위터(현 엑스)	46	–

전통적 기업	시장 가치(10억 달러)	주가수익률(P/E)
JP모건체이스	495	13
존슨앤존슨	444	29
버라이즌커뮤니케이션	233	12
토요타	230	11
제너럴모터스	86	9
포드	59	15
크로거	27	11

9-4. 그림 9-10에 있는 기술 회사들의 주가수익률을 전통적인 기술 회사들의 주가수익률과 비교하라. 일부 기술 회사는 주가수익률이 매우 높다(낮은 주가수익률이 좋고, 높은 주가수익률은 좋지 않다). 그룹별로 기술 회사들의 주가수익률이 높은 이유를 나열하라. 수익을 감안할 때 이 주식들의 가격은 적당한가? 그 이유는 무엇인가?

9-5. 저평가되었다고 생각되는 공개 기술 주식을 식별하라(그림 9-10에 표시된 것에 국한되지 않고). 수익성이 있을 것이라고 생각되는 기술 주식으로만 구성된 투자 포트폴리오를 설계하라. 위험 및 해당 주식의 수익과 관련하여 여러분의 결정을 정당화하라.

9-6. 이러한 주식의 무료 온라인 포트폴리오를 만들고(예 : 야후 파이낸스를 통해) 진행 상황을 추적하라. 성과에 대해 지속적으로 확인하라.

9-7. 과대평가된 기술주들이 1999~2001년의 원래와 같은 닷컴 2.0 붕괴를 초래할 수 있을까? 왜 이런 일이 일어날 수도 있고, 일어나지 않을 수도 있는지에 대해 논의하라. 여러분의 논의를 몇 개의 단락으로 요약하라.

사례연구 9

링크드인

새로 출범한 소셜 네트워킹 회사의 경우 하루에 20명만 가입하는 것은 실패할 운명임을 나타낸다. 관련 동료 팀이 소셜넷과 페이팔 같은 성공적인 사업에서 일한 적이 있다면 더욱 그렇다. 하지만 2002년 캘리포니아 마운틴뷰에 본사를 둔 사업 중심의 소셜 네트워킹 사이트 링크드인의 경우가 그랬다. 벤처 투자가 리드 호프만은 소셜 네트워킹 사이트를 만든 디자이너와 엔지니어로 구성된 팀을 만들었다.

성장하는 네트워크

회사의 성장은 초기에 매우 느렸다. 어떤 날은 하루에 20명만 회원으로 가입했다. 멧커프의 법칙에 따르면 소셜 네트워크의 가치는 시스템의 연결된 사용자 수의 제곱에 비례한다. 이 논리에 따르면 사용자가 가입하지 않으면 링크드인은 아무 가치도 없을 것이다.

하지만 이 회사는 5백만 명 이상의 회원을 자랑하던 2006년에 마침내 수익성이 좋아졌다. 2010년에 링크드인은 초고속 성장을 경험했고 회원 수가 9천만 명으로 증가했으며 전 세계에 10개의 사옥과 천 명 이상의 직원을 보유했다.[49] 이 회사는 매 초마다 거의 2명의 새로운 회원을 추가하고 있었다! 1년 후인 2011년에 링크드인은 창업 8주년을 기념했고 1억 1500만 명이 넘는 회원을 보유했다.

같은 해 링크드인은 뉴욕증권거래소에서 상장되어 45억 달러 이상의 가치로 평가되었다. 당시 링크드인은 연간 1억 5천만 달러가 넘는 광고 수익을 올리고 있었는데, 이는 소셜 네트워킹의 거대 기업인 엑스가 광고로 벌어들이는 수익보다 1500만 달러 더 많았다.

전문적 네트워크

우정과 레크리에이션에 초점을 맞춘 다른 인기 있는 소셜 네트워크와 달리 링크드인은 전문적인 인맥에 초점을 맞추고 있다. 사람들은 경력 기술을 강조하고 전문적인 이력서를 홍보하기 위해 링크드인을 사용한다. 링크드인은 사람들이 공통된 인맥을 통해 소개될 수 있도록 하고, 구직자들이 직업을 게시하는 사람들과 연결되게 한다.

그림 9-11 링크드인 본사

고용주들은 그들이 찾고 있는 정확한 유형의 사람을 목표로 삼을 수 있고 자격을 갖춘 사람들이 볼 수 있도록 일자리를 게시할 수 있다. 동료, 전문가, 채용 담당자, 구직자, 고용주를 연결하는 것이 링크드인의 핵심이다. 링크드인은 직업적인 삶을 더 진지하게 받아들이는 것에 관심이 있는 모든 사람을 위한 것이다.

마이크로소프트 레버리지

2016년 링크드인은 260억 달러에 마이크로소프트에게 인수되었다. 그 당시에 링크드인은 9천 명 이상의 직원이 있었고 전 세계 200개 이상의 국가에서 5억 명 이상의 회원을 확보했다. 2만 개 이상의 회사가 잠재적인 직원을 찾기 위해 링크드인 리크루터 계정을 구입한다. 구직자들은 세계에서 가장 큰 회사들이 게시한 1,100만 개가 넘는 구인을 처리할 수 있다.

링크드인 인수는 많은 의문을 낳았다. 마이크로소프트의 CEO 사티아 나델라는 왜 링크드인을 인수했을까? 두 회사는 떨어져 있는 것보다 함께 있는 것이 더 가치가 있을까? 이는 마이크로소프트의 가장 큰 인수였고, 휴대폰 제조업체인 노키아를 70억 달러에 비참하게 인수한 것의 뒤를 이은 것이었다.

사티아 나델라와 링크드인 CEO 제프 와이너는 별도의 블로그 게시물에서 두 회사가 제품을 통합하고 마이크로소프트의 규모를 활용할 계획에 대해 설명했다.[50] 공유 비전을 달성하기 위해 계획한 방법 중 일부는 링크드인을 마이크로소프트 오피스 제품군과 윈도 알림에 통합하는 것, 워드가 제작한 이력서가 링크드인 프로필을 자동으로 업데이트할 수 있도록 하는 것, 마이크로소프트 오피스 365에 링크드인 학습을 포함하는 것 등이다.

이러한 생각 중 일부는 진정한 가능성을 보여준다. 그것들은 마이크로소프트 사용자의 큰 핵심이 링크드인에 훨씬 더 많이 접근할 수 있도록 할 것이다. 거의 모든 회사가 어떤 형태로든 마이크로소프트 제품을 사용한다. 윈도라는 데스크톱 운영체제는 모든 데스크톱의 88% 이상을 차지한다. 회사 내에서 그 숫자는 훨씬 더 높다. 링크드인이 모든 윈도 제품에 걸쳐 성공적으로 통합된다면, 링크드인은 최종 사용자들과 더 많이 접근하고 더 자주 접촉할 수 있을 것이다. 결과적으로 그것은 사용자 기반의 급격한 성장과 그것의 수익성으로 이어질 수 있다.

토의문제

9-8. 소셜미디어 기업에게 이용자 수 증가가 중요한 척도인 이유는 무엇인가? 멧커프의 법칙은 소셜미디어 기업의 수익성과 어떤 관계가 있는가?

9-9. 대부분의 소셜미디어 회사는 주요 수입원으로 광고 수입에 의존한다. 링크드인이 수입을 창출하는 다른 방법은 무엇인가? 한 회사가 수입을 창출하는 다양한 방법을 보유하는 것이 왜 중요한가?

9-10. 채용 담당자와 구직자는 왜 링크드인을 좋아하는가? 고용주가 링크드인을 싫어할 이유를 설명하라. 직원에게 링크드인에 자세한 프로필을 나열하게 하면 전략적으로 불리한 점이 있는가?

9-11. 링크드인은 특정 인구통계학적 대상, 즉 일하는 전문가를 대상으로 한다. 그들은 나이가 더 많고 교육을 더 잘 받는 경향이 있다. 왜 광고주들은 다른 사람들보다 이 그룹에 더 관심이 많을까?

9-12. 마이크로소프트는 기업 지원에 초점을 맞춘 소프트웨어를 만든다. 링크드인은 비즈니스 전문가를 위한 플랫폼을 만드는 데 중점을 둔다. 링크드인의 인수는 말이 되는가? 이 두 회사의 제품을 통합하면 어떤 유형의 시너지 효과를 얻을 수 있는가?

9-13. 링크드인을 마이크로소프트 오피스 스위트에 통합하면 어떤 이점이 있는가?

9-14. 연결된 링크드인 프로필을 업데이트하기 위해 MS 워드에서 초안 이력서를 활성화하는 것은 어떻게 도움이 되는가?

9-15. 여러분이 마이크로소프트에 향후 인수에 대해 조언한다고 가정해보자. 어떤 회사를 추천하겠는가? 그 이유는 무엇인가?

주

1. Kit Smith, "126 Amazing Social Media Statistics and Facts," All Twitter on *Brandwatch.com*, March 7, 2016, accessed May 28, 2021, *www.brandwatch.com/blog/amazing-social-media-statistics-and-facts*.

2. Dave Chaffey, "Global Social Media Research Summary 2020," *SmartInsights.com*, April 17, 2020, accessed May 28, 2021, *www.smartinsights.com/social-media-marketing/social-media-strategy/new-global-social-media-research*.

3. Paige Cooper, "140+ Social Media Statistics that Matter to Marketers in 2020," *Hootsuite.com*, February 20, 2020, accessed May 28, 2021, *https://blog.hootsuite.com/social-media-statistics-for-social-media-managers*.

4. Salman Aslam, "Pinterest by the Numbers: Stats, Demographics & Fun Facts," *Omnicore.com*, May 10, 2020, accessed May 28, 2021, *www.omnicoreagency.com/pinterest-statistics/*.

5. Mansoor Iqbal, "LinkedIn Usage and Revenue" *Businessofapps.com*, April 24, 2020, accessed May 28, 2021, *www.businessofapps.com/data/linkedin-statistics*.

6. Heidi Cohen, "Fortune 500 Social Media Research: How to Make Your Business Succeed," *HeidiCohen.com*, October 18, 2018, accessed May 28, 2021, *https://heidicohen.com/fortune-500-social-media-research*.

7. Vernon Smith, *Rationality in Economics: Constructivist and Ecological Forms* (Cambridge, UK: Cambridge University Press, 2007), pp. 247–50.

8. "About Customer Ratings," *Amazon.com*, accessed May 28, 2021, *www.amazon.com/gp/help/customer/display*.

html/ref=hp_200791020_vine?nodeId=200791020#vine.

9. Betterteam, "LinkedIn," *Betterteam.com*, June 6, 2019, accessed May 28, 2021, *www.betterteam.com/ linkedin.*

10. Recruiterbox, "The Cost of Hiring New Employees," *Recruiterbox.com*, accessed May 28, 2021, *https://recruiterbox. com/blog/the-cost-of-hiring-new-employees-infographic.*

11. Jobvite Inc., "2020 Jobvite Recruiter Nation Survey," *Jobvite.com*, September 22, 2020, accessed May 28, 2021, *www.jobvite.com/wp-content/uploads/2020/10/Jobvite-RecruiterNation-Report-Final.pdf.*

12. Nan Lin, *Social Capital: The Theory of Social Structure and Action* (Cambridge, UK: Cambridge University Press, 2002), Kindle location 310.

13. Henk D. Flap, "Social Capital in the Reproduction of Inequality," *Comparative Sociology of Family, Health, and Education*, Vol. 20 (1991), pp. 6179–6202. Cited in Nan Lin, *Social Capital: The Theory of Social Structure and Action* (Cambridge, UK: Cambridge University Press, 2002), Kindle location 345.

14. Andrew Hutchinson, "New Listing Shows Just How Much Celebrities Are Being Paid per Sponsored Instagram Post," *SocialMediaToday.com*, July 24, 2019, accessed May 28, 2021, *www.socialmediatoday.com/news/ new-listing-shows-just-how-much-celebrities-are-being-paid-per-sponsored-in/559360.*

15. Stacy Jones, "A Comparison of the Paid Ad Tweet Vs the Celebrity Tweet," *Hollywood Branded*, May 7, 2018, accessed May 28, 2021, *https://blog.hollywoodbranded.com/a-comparison-of-the-paid-ad-tweet-vs-the-celebrity-tweet.*

16. Social Blade, "Top 50 Influential YouTube Channels," *Socialblade.com*, May 28, 2021, accessed May 28, 2021, *https://socialblade.com/youtube/top/50.*

17. Zephoria Digital Marketing, "The Top 20 Valuable Facebook Statistics," *Zephoria.com*, May, 2020, accessed May 28, 2021, *https://zephoria.com/top-15-valuable-facebook-statistics.*

18. Google, "YouTube Press Statistics," YouTube.com, accessed May 28, 2021, *www.youtube.com/yt/press/ statistics.html.*

19. Facebook Inc., "Facebook Reports First Quarter 2019 Results," *Fb.com*, April 28, 2021, accessed May 28, 2021, *https://investor.fb.com/financials/?section=quarterly earnings.*

20. Twitter Inc., "Twitter Reports First Quarter 2021 Results," *Twitterinc.com*, April 29, 2021, accessed May 28, 2021, *https://investor.twitterinc.com/results.cfm.*

21. Investopedia, "How Does LinkedIn (LNKD) Make Money?," *Investopedia.com*, August 20, 2018, accessed May 28, 2021, *www. investopedia.com/ask/answers/120214/how-does-linkedin-lnkd-make-money.asp.*

22. Blockthrough, "2020 PageFair Adblock Report," *Block-*

through.com, February 1, 2020, accessed May 28, 2021, *https://blockthrough.com/wp-content/uploads/2020/02/2020-BlockthroughPageFair-Adblock-Report.pdf.*

23. Wikimedia Foundation, "2019–2020 Wikimedia Foundation Inc. Financial Statements," *KPMG LLP*, accessed May 28, 2021, *https://wikimediafoundation.org/ about/financial-reports/.*

24. Pinterest, "Pinterest Announces Fourth Quarter and Full Year 2020 Results," *Pinterestinc.com*, February 4, 2021, accessed May 28, 2021, *https://investor.pinterestinc. com/press-releases/default.aspx.*

25. Yoram Wurmser, "US Mobile Ad Spending Will Manage to Grow in 2020," *eMarketer.com*, August 6, 2020, accessed May 28, 2021, *www.emarketer.com/content/us-mobile-ad-spending-will-manage-grow-2020.*

26. Cisco, "Cisco Visual Networking Index: Global Mobile Data Traffic Forecast Update, 2018–2023," *Cisco. com*, March 9, 2020, accessed May 28, 2021, *www.cisco. com/c/en/us/solutions/collateral/executive-perspectives/ annual-internet-report/white-paper-c11-741490.html.*

27. Ibid.

28. Mobile Marketer, "Facebook's Ad Revenue Rises 25% to Record $20.7B," *MobileMarketer.com*, January 30, 2020, accessed May 28, 2021, *www.mobilemarketer.com/news/ facebooks-ad-revenue-rises-25-to-record-207b/571362/.*

29. Kibo, "Ecommerce Quarterly Benchmarks Q4 2020," *kibocommerce.com*, February 2021, accessed May 28, 2021, *https://kibocommerce.com/resources/reports-analysis/.*

30. Moovweb, "Are iOS Users Still More Valuable Than Android Users?" *Moovweb.com*, June 11, 2015, accessed May 28, 2021, *http://moovweb.com/blog/are-ios-users-still-more-valuable-than-android-users.*

31. Ralph Paglia, "Social Media Employee Policy Examples from Over 100 Organizations," July 3, 2010, *Social Media Today*, accessed May 28, 2021, *www.socialmedia-today.com/content/social-media-employee-policy-examples-over-100-organizations.*

32. "Intel Social Media Guidelines," *Intel*, accessed May 28, 2021, *www.intel.com/content/www/us/en/legal/intel-social-media-guidelines.html.*

33. Michelle Cheng, "The 5 Biggest Corporate Social Media Fails of 2018," *Inc.com*, May 30, 2019, accessed May 28, 2021, *www.inc.com/leigh-buchanan/california-clock-company-main-street.html.*

34. Sarah Perez, "Microsoft Silences Its New A.I. Bot Tay, After Twitter Users Teach It Racism," *TechCrunch*, March 25, 2016, accessed May 28, 2021, *http://techcrunch. com/2016/03/24/microsoft-silences-its-new-a-i-bot-tay-after-twitter-users-teach-it-racism.*

35. Bernhard Warner, "Nestlé's 'No Logo' Policy Triggers Facebook Revolt," *Social Media Influence*, March 19, 2010, accessed May 28, 2021, *http://socialmediainfluence.*

com/2010/03/19/nestles-no-logo-policy-triggers-facebook-revolt/.

36. Udemy, "2018 Workplace Distraction Report," *Udemy.com*, March 20, 2018, accessed May 28, 2021, *https://research.udemy.com/research_report/udemy-depth-2018-workplace-distraction-report/*.

37. Aatif Sulleyman, "Facebook Losing Its Grip on Young People, Who Are Quitting the Site in Their Millions," *The Independent*, February 12, 2018, accessed May 28, 2021, *www.independent.co.uk/life-style/gadgets-and-tech/news/facebook-quit-young-people-social-media-snapchat-instagram-emarketer-a8206486.html*.

38. Rieva Lesonsky, "Worried About the Gen Z Social Media Exodus? 3 Creative Ways Your Business Can Respond," *Small Business Trends*, June 4, 2018, accessed May 28, 2021, *https://smallbiztrends.com/2018/06/gen-z-social-media-exodus.html*.

39. Jennifer Wolfe, "How Marketers Can Shape the Chief Digital Officer Role," CMO.com, March 21, 2013, accessed May 28, 2021, *www.cmo.com/articles/2013/3/20/how_marketers_can_shape.html*.

40. Mary Catherine Wellons, "11 Predictions on the Future of Social Media," *CNBC*, October 2, 2014, accessed May 28, 2021, *www.cnbc.com/2014/10/02/11-predictions-on-the-future-of-social-media.html*.

41. Brett Farmiloe, "Four Bold Social Media Predictions for 2020," *Forbes*, September 23, 2019, accessed May 28, 2021, *www.forbes.com/sites/theyec/2019/09/23/four-bold-social-media-predictions-for-2020/#18fa827d1ec5*.

42. Sara Wilson, "The Era of Antisocial Social Media," *Harvard Business Review*, February 5, 2020, accessed May 28, 2021, *https://hbr.org/2020/02/the-era-of-antisocial-social-media*.

43. Mary Catherine Wellons, "11 Predictions on the Future of Social Media," *CNBC*, October 2, 2014, accessed May 28, 2021, *www.cnbc.com/2014/10/02/11-predictions-on-the-future-of-social-media.html*.

44. Cortney S. Warren, "How Honest Are People on Social Media?," *Psychology Today*, July 30, 2018, accessed May 28, 2021, *www.psychologytoday.com/us/blog/naked-truth/201807/how-honest-are-people-social-media*.

45. Peter Suciu, "Can We Trust Social Media Influencers?," *Forbes*, December 20, 2019, accessed May 28, 2021, *www.forbes.com/sites/petersuciu/2019/12/20/can-we-trust-social-media-influencers/#2ee7b5c263e8*.

46. Ibid.

47. CBS News, "People Don't Trust Social Media—That's a Growing Problem for Businesses," *CBS News*, June 18, 2018, accessed May 28, 2021, *www.cbsnews.com/news/edelman-survey-shows-low-trust-in-social-media*.

48. Olivia Oran and Gerry Shih, "Twitter Shares Soar in Frenzied NYSE Debut," Reuters, November 7, 2013, accessed May 28, 2021, *www.reuters.com/article/2013/11/07/us-twitter-ipo-idUSBRE99N1AE20131107*.

49. LinkedIn, "A Brief History LinkedIn," *LinkedIn.com*, accessed May 28, 2021, *https://ourstory.linkedin.com*.

50. Satya Nadella, "Microsoft + LinkedIn: Beginning our Journey Together," *LinkedIn.com*, December 8, 2016, accessed May 28, 2021, *www.linkedin.com/pulse/microsoft-linkedin-beginning-our-journey-together-satya-nadella*.

PART 4

정보시스템 관리

4부는 정보시스템 보안, 개발, 자원에 대해 논의한다. 오늘날 그 중요성이 상당하기에 우리는 보안부터 먼저 논의한다. 인터넷, 시스템의 상호연결, 조직 간 정보시스템(IS)의 성장 등으로 인해 한 조직의 보안 문제는 연결된 다른 조직의 보안 문제로 파급된다. 10장을 시작하면서 조직 간 시스템이 아이메드 애널리틱스에 어떤 영향을 미치는지 알게 될 것이다.

미래의 경영자로서 정보시스템(IS) 보안에 대해 이미 이해한다면, 정보시스템 개발에 대해 더 알아야 할 이유를 이해하는 것은 다소 어려울 수 있다. 전문경영자로서 여러분은 개발 프로젝트의 고객이 될 것이다. 여러분은 여러분을 대신해서 이루어지는 작업의 품질을 평가하기 위해 개발공정에 대한 기본적인 지식을 알아야 한다. 관리자로서 여러분은 정보시스템 개발을 위한 예산을 할당하고 자금을 지출할 수도 있다. 여러분은 그러한 프로젝트의 능동적이고 효과적인 참가자로서 이러한 지식을 알 필요가 있다.

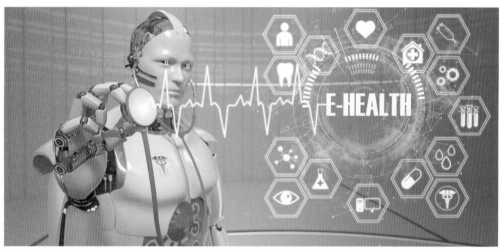

출처 : Alexander Limbach/Shutterstock

마지막으로 여러분은 정보시스템 부서와의 보다 나은 관계를 위해 정보시스템 자원을 어떻게 관리하는지에 대해 알 필요가 있다. 정보시스템 관리자는 정보시스템 자산에 대해 엄격하고 지나치게 보호적인 태도를 보일 수 있다. 그러나 그들의 행동에는 중요한 이유가 있다. 여러분은 정보시스템 부서의 관점을 이해하고 정보시스템 사용자로서 여러분의 권리와 책임을 알 필요가 있다. 이러한 지식은 오늘날 대부분의 비즈니스 전문가로 성공할 수 있는 핵심적인 것이다.

Chapter 10

정보시스템 보안

"리타, 오늘 우리와 이야기를 나눠주셔서 감사합니다"라고 에밀리는 호세에게 활짝 웃으며 말한다. 아이메드 애널리틱스의 총괄 관리자 재스민은 에밀리(정보시스템 관리자)와 호세(머신러닝 전문가)를 위한 화상회의를 마련해 리타 루빈과 이야기를 나눴다. 리타는 탬파만 지역에서 가장 큰 병원인 탬파종합병원의 CIO(최고정보책임자)이다.

"별말씀을요. 드디어 두 분을 만날 수 있어서 기쁩니다. 재스민은 여러분 모두가 개발하고 있는 의료 분석 응용 프로그램에 대해 저에게 많은 것을 말해주었습니다. 우리의 환자들과 의사들에게 정말로 도움이 될 거예요. 저는 인공지능과 머신러닝으로 우리가 건강관리를 제공하는 방식을 개선하기 위해 무엇을 할 수 있는지 알게 되어 상당히 흥분됩니다." 리타가 기분 좋은 흥미로운 말투로 말했다.

호세가 바로 다음과 같이 말했다. "네, 우리도 흥분됩니다. 아이메드는 이전에 한 번도 수행되지 않았던 일들을 할 거예요. 우리는 실시간 환자 데이터를 수집하고 의료 문제를 정확하게 평가하기 위해 머신러닝을 사용할 수 있을 겁니다. 심지어 뇌졸중, 심장마비 또는 특정한 심한 외상과 같은 심각한 의료 문제를 예측하기 위해 아이메드를 사용할 수 있을 겁니다. 사람들이 더 빨리 치료받을 수 있다면 더 많은 생명을 구할 수 있을 거예요. 머신러닝과 인공지능의 사용은 건강관리를 근본적으로 바꿀 겁니다."

에밀리는 동의하며 천천히 고개를 끄덕이고 나서 그녀의 노트를 내려다보는 리타의 눈을 지켜본다. 그녀는 관심이 있지만 분명히 몇 가지 걱정거리가 있다.

"음, 이건 확실히 탬파종합병원에게는 좋은 기회예요. 우리 의사들은 실시간 환자 모니터링을 좋아할 겁니다. 그들은 더 나은 데이터를 더 자주 얻을 거고요. 또한 환자들이 병원에 자주 올 필요가 없게 되겠군요. 감염 예방에 정말 도움이 될 겁니다. 경영진의 관점에서 경영진은 조직 효율성을 향상시키기 위해 더 많은 데이터를 얻는 아이디어를 좋아합니다"라고 리타가 주저하며 말했다.

에밀리는 리타가 걱정한다는 것을 알 수 있었다. 재스민은 에밀리에게 리타가 아이메드와 탬파종합병원의 내부 정보시스템을 통합하는 것에 있어서 보안 문제를 걱정한다고 말했다.

"저는 여러분이 우리가 정말로 보안을 중요하게 생각한다는 것을 알게 될 거라고 생각합니다."

출처 : Panchenko Vladimir/Shutterstock

그녀는 아이메드가 보호된 환자 데이터에 접근할 수 있게 허용하는 것을 정말로 미루었다. 탬파종합병원의 CEO(최고경영자)는 데이터 손실 방지에 관한 경력을 고려하여 특별히 리타를 고용했다. 건강보험 이동성 및 책임법(HIPAA) 위반은 심각한 문제이다. CEO는 리타가 만족할 때까지 아무것도 승인하지 않을 것이고, 리타 역시 검증되지 않은 앱이 자신이 책임져야 할 데이터를 사용해 무엇인가를 하는 것을 원하지 않는다.

에밀리는 침착하고 인내심 있게 대답한다. "그렇게 되기를 바라지만, 여전히 해결해야 할 세부사항이 많습니다. 저는 몇 개의 대형 시스템 개발 프로젝트를 수행한 적이 있지만, 이와 같은 것은 이전에 없었습니다. 아무도 그런 일을 한 적이 없습니다. 머신러닝, 사물인터넷 장치, 의료 데이터를 하나의 시스템으로 결합하는 것은 매우 어려운 일처럼 보입니다."

"저도 동의합니다." 리타가 단호하게 대답한다. "그리고 솔직히 말해서 저는 머신러닝에 대해 전혀 알지 못해요. 그것이 우리의 데이터와 시스템에서 어떻게 작동할지 확신이 없습니다."

"네, 재스민 씨가 보안상의 문제가 있다고 말씀하셨습니다. 어떤 질문이 있었습니까?"

"글쎄요, 저는 아이메드에 대해 부정적으로 생각하고 싶지 않습니다. 정말 그렇지 않습니다. 아이메드가 제공할 수 있는 잠재적인 이점을 알고 있습니다. 저는 그것이 작동되는 것을 보고 싶습니다. 하지만 저는 외부 시스템이 우리의 의료 데이터와 보호된 시스템에 접근할 수 있도록 허용하는 것이 우려됩니다. 우리는 그것들을 보호하기 위해 많은 시간과 돈을 투자했습니다. 아이메드가 해킹당하면 어떻게 될까요? 지구 반대편의 어떤 해커가 우리의 데이터를 훔치거나 우리의 의료 시스템을 손상시킬 수 있을까요? 우리의 데이터가 도난당하면 누가 연방정부의 벌금을 내고 잠재적인 법적 소송을 처리해야 합니까?"

에밀리는 그저 고개를 끄덕이며 열심히 듣고, 리타가 말할 때 메모한다.

리타는 "저는 환자의 프라이버시도 염려됩니다. 귀사의 머신러닝 알고리즘이 저희 시스템에서 작동할 건가요, 아니면 귀사의 시스템에서 작동할 건가요? 아이메드는 SQL 주입 공격이나 버퍼 오버플로로부터 보호될 만큼 충분히 안전하게 코딩되고 있나요? 저희는 엄격한 HIPAA 보호 요구사항을 가진 많은 환자 데이터를 저장합니다. 귀사는 환자 데이터를 보호하기 위해 무엇을 하고 있나요?"라고 계속해서 말한다.

호세는 커피를 한 모금 마시고, 그의 노트북을 내려다보고, 중립적인 표정을 유지하려고 노력한다. 그의 머신러닝 응용 프로그램은 생명을 구하고, 비용을 극적으로 줄이며, 환자의 눈에 그들을 영웅처럼 보이게 할 것이다. 왜 그녀는 잠재적인 보안 문제에 대해 걱정하는가?

에밀리는 계속해서 고개를 끄덕이고는 메모장에 적는다. "당신이 완전히 옳아요. 보안은 큰 문제죠. 우리는 확실하게…."

리타가 끼어들었다. "부정적이 되려고 하는 것이 아니라, 뭔가 잘못되면 탬파종합병원과 저 개인적으로 꽤 심각할거라고 생각합니다. 제 말은, 이 모든 것이 여러분 모두에게 이해가 되나요? 제가 왜 걱정하는지 아시겠나요?"

에밀리는 동영상 화면을 향해 손짓을 한다. "네, 물론 저도 그렇게 느껴요. 사실 저는 지난 2015년에 일어났던 앤섬 데이터 유출 사건을 아직도 기억하고 있어요. 그것은 7천 8백만 명에게 영향을 미쳤습니다. 그리고 저도 그들 중 한 사람이었어요."

"맞아요, 제 말이 바로 그 말이에요. 무슨 일이 일어날지 절대 알 수 없어요."

에밀리는 그녀의 노트를 가리킨다. "리타, 당신의 걱정은 정당합니다. 의심의 여지가 없어요." 그녀는 의도적으로 잠시 멈추고, 그녀의 노트를 살펴보며 천천히 목록을 훑어본다. 그녀는 리타가 자신이 말한 것에 대해 신중하게 생각하는지 알고 싶다. 그러고 나서 에밀리는 "음 그렇다면, 이 목록을 살펴보고 우리가 무엇을 생각해내는지 보는 것은 어떨까요? 호세는 우리의 보안 코딩 관행과 데이터가 어떻게 분석되는지에 대해 이야기하기 위해 여기에 있습니다. 저는 우리의 보안 데이터 연결과 백엔드 저장소에 대해 말할 수 있습니다. 저는 여러분이 우리가 정말로 보안을 중요하게 생각한다는 것을 알게 될 거라고 생각합니다."

에밀리는 호세에게 손짓한다. "호세, SQL 주입 공격으로부터 우리를 어떻게 보호하는지에 대해 이야기해줄 수 있나요?"

호세는 여전히 약간 짜증을 내며 억지 미소를 지었다. "네, 네, 기꺼이 그렇게 하겠습니다. 저희는 매개변수화(parameterization)를 사용하여 사물인터넷(IoT) 의료 기기나 외부 데이터 저장소에서 시스템으로 들어오는 모든 데이터를 검사합니다. 사용자의 데이터는 사용자가 데이터를 입력하도록 허용하기보다는 상호작용적인 요소를 통해 입력됩니다. SQL 주입이 실제로 발생할 곳이 없습니다."

화상회의는 호세와 에밀리가 교대로 리타와 이야기하면서 40분 더 계속되었다. 리타는 호세와 에밀리가 제공하는 대답에 만족하는 것처럼 보였다. 그들은 데이터 통합에 대해 이야기하기 위해 일주일 안에 통화하기로 후속 일정을 잡았다. 리타는 통화 중인 데이터베이스 관리자 중 한 사람이 아이메드의 데이터 암호화, 저장 및 백업 절차에 대해 질문하기를 원한다.

이후에 호세는 복도를 걸어가면서 에밀리에게 말했다. "그렇게 너무 나쁘진 않았어요. 에밀리의 우려 중 몇 가지는 정당했지만, 저는 그녀가 머신러닝의 이점을 정말로 이해하고 있는지 확신할 수 없어요. 이는 그들에게 큰 일이 될 거예요."

"아마도 그렇지 않을 수도 있지만, 그녀의 관점에서 생각해보면 우리는 그들에게 많은 문제를 일으킬 수 있는 새로운 기술을 가진 작은 스타트업 회사일 뿐이에요. 우리는 잠재적인 보상으로 위험을 알려주었습니다. 새로운 기술은 항상 위험하니까요."

학습목표

학습성과 : 컴퓨터 보안 위협이 비즈니스 전문가로서 여러분에게 어떤 영향을 미칠지, 또한 여러분이 일할 조직에 대해 논의할 수 있다.

10-1 정보시스템 보안의 목적은 무엇인가?

10-2 컴퓨터 보안 문제는 얼마나 심각한가?

10-3 보안 위협에 대해 개인은 어떻게 대처해야 하는가?

10-4 보안 위협에 대해 조직은 어떻게 대처해야 하는가?

10-5 보안 위협에 대처하기 위한 기술적인 보안대책은 무엇인가?

10-6 보안 위협에 대처하기 위한 데이터 보안대책은 무엇인가?

10-7 보안 위협에 대처하기 위한 인적 보안대책은 무엇인가?

10-8 보안 사고에 대해 조직은 어떻게 대처해야 하는가?

이 장의 **지식**이 **여러분**에게 어떻게 도움이 되는가?

10-1 정보시스템 보안의 목적은 무엇인가?

정보시스템 보안은 상충관계(trade-off)에 관련된 것이다. 이러한 상충관계는 보안과 자유 사이의 문제일 수도 있다. 예를 들어, 조직은 정보시스템 보안을 높이기 위해 사용자들이 패스워드를 선택할 자유를 박탈하고 해커가 크래킹할 수 없는 수준의 복잡한 패스워드를 사용하도록 강요할 수도 있다.

이 장에서 중점적으로 집중하겠지만 정보시스템 보안을 보는 또 다른 관점은 비용과 위험 간의 상충관계로 보는 것이다. 이러한 상충관계의 본질을 이해하기 위해 보안 위협/손실 시나리오와 보안 위협의 원천에 대해 먼저 논의한다. 이 후에서는 정보시스템 보안의 목표에 대해 논의한다.

정보시스템 보안 위협/손실 시나리오

그림 10-1은 오늘날 개인이나 조직이 직면하는 보안 문제의 중요한 요소를 설명한다. **위협**(threat)은 소유자의 허락이나 소유자의 지식 없이 불법적으로 데이터를 획득하거나 다른 자산을 획득하려고 시도하는 개인 혹은 조직이다. **취약성**(vulnerability)은 위협이 개인이나 조직의 자산에 접근할 수 있는 기회이다. 예를 들면 온라인에서 구매를 하는 경우 여러분의 신용카드 데이터를 제공하게 되며, 이러한 데이터가 위협에 취약한 인터넷을 통해 전송되게 되는 경우가 그것이다. **보안대책**(safeguard)은 자산을 획득하려는 위협으로부터 보호하려는 여러 가지 수단을 말한다. 그림 10-1에서 보면 보안대책이 항상 효과적인 것은 아니다. 몇몇의 위협은 보안대책에도 불구하고 실현되기도 한다. 마지막으로 **대상**(target)은 위협이 목표로 하는 자산(asset)을 말한다.

그림 10-2는 위협, 대상, 취약성, 보안대책, 결과를 나타내는 예이다. 상단의 두 줄은 해커(위협)가 여러분의 은행계좌에 접근하기 위해 여러분의 은행 로그인 증명서(대상)를 원한다는 것이다. 이메일의 링크를 클릭하는 경우 여러분의 거래은행과 똑같은 피싱 웹사이트로 연결될 수도 있다. 피싱 사이트는 대부분 https를 사용하지 않는다. 그림 10-2의 첫 행에 나타나 있듯이 만약 여러분이 http 대신 https를 사용하여 거래은행의 사이트에 접속한다면, 여러분은 효과적인 보안대책을 사용할 수 있으며 위협에 대해 성공적으로 대처할 수 있게 될 것이다.

하지만 그림 10-2의 두 번째 행에 나타나 있듯이 만약 거래은행처럼 보이는 사이트를 https를 사용하지 않고(즉 보안되지 않은) 접근한다면 여러분은 아무런 보안대책도 가지고 있지 않은 것이다. 여러분의 로그인 증명이나 정보는 순식간에 기록되고 다른 범죄자들에게 재판매될 수도 있다.

그림 10-2의 마지막 행은 또 다른 상황을 나타낸다. 한 직원이 업무 전용 페이스북이라고

그림 10-1 위협/손실 시나리오

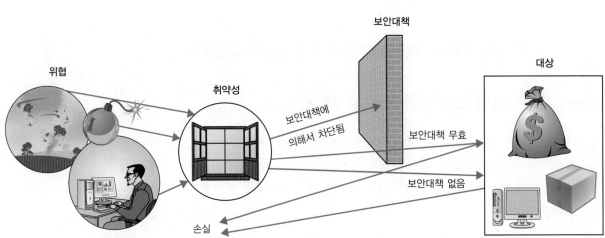

그림 10-2 위협/손실 예시

위협/대상	취약성	보안대책	결과	설명
해커가 여러분의 은행 로그인 관련 데이터를 절취하기를 원함	해커가 여러분의 거래은행과 거의 똑같은 피싱 사이트를 생성	https만을 사용하여 접근	손실 없음	효과적 보안대책
		없음	로그인 관련 데이터 손실	비효과적 보안대책
직원이 중요한 데이터를 공개된 페이스북에 게시	보호되지 않은 그룹으로 일반 대중이 접근	암호 절차 직원훈련	중요한 데이터 손실	비효과적 보안대책

착각한 곳에 중요한 정보를 올리는 경우이다. 직원의 실수로 공개적으로 게시한 것이다. 대상은 중요한 정보가 되고 취약성은 그룹에 대한 공개 접근이다. 이러한 경우에는 손실을 예방하기 위해 몇 가지 보안대책이 존재할 수 있는데, 중요한 정보를 획득하기 위해서는 패스워드를 사용하게 하여 사적인 그룹에 접근하도록 하는 것과 사용자가 제한된 그룹을 사용하는 것이다. 고용주는 직원이 구글플러스와 같은 공공 게시판이나 공공 그룹에 중요한 데이터를 게시하지 못하도록 하는 절차를 가지고 있지만, 이러한 절차는 무시되거나 직원들이 인지하지 못하는 경우가 많다. 세 번째 보안대책은 모든 직원들을 훈련시키는 것이다. 그러나 직원들이 이러한 절차를 무시하거나 인지하지 못하는 경우에는 이러한 보안대책은 비효과적이거나 대중에게 데이터가 노출되는 문제를 야기한다.

위협의 원천은 무엇인가?

그림 10-3은 보안 위협의 원천에 대해 요약한다. 위협의 유형은 열로, 그리고 손실의 유형은 행으로 나타나 있다.

인간의 실수 인간의 오류와 실수는 조직 구성원과 비조직 구성원에 의해 야기되는 사건을 포함한다. 예를 들면 운영 절차를 잘못 이해한 직원이 고객의 기록을 실수로 삭제하는 것을 들 수 있다. 또 다른 예를 들자면 데이터베이스 백업작업을 하는 직원이 과거의 데이터베이스를 실수로 현재의 데이터베이스에 부적절하게 설치해버리는 것이다. 이 범주에는 엉성하게 작성된 애플리케이션 프로그램이나 미숙하게 설계된 운영절차도 포함된다. 극단적으로는 직원이 지게차 운전 미숙으로 전산실 벽에 충돌하는 사고를 일으키는 것과 같은 물리적인 사건도 포함된다.

컴퓨터 범죄 위협의 두 번째 유형은 컴퓨터 범죄이다. 이 유형에는 직원이나 퇴사한 직원이 의도적으로 데이터나 시스템을 파괴하는 것을 포함한다. 또한 해커에 의해 바이러스나 웜을 시스템에 침입시키는 것도 포함된다. 컴퓨터 범죄는 테러리스트와 외부 범죄인이 금전적인 이익을 얻기 위해 시스템에 몰래 잠입하는 것도 포함된다.

자연재해 자연재해는 보안 위협의 세 번째 원천이다. 이 범주에는 화재, 홍수, 태풍, 지진, 해

그림 10-3 보안 문제와 원천

		위협		
		인간의 실수	컴퓨터 범죄	자연재해
손실	비인가된 데이터 노출	절차적 실수	프리텍스팅 피싱 스푸핑 스니핑 해킹	복구 중 노출
	부정확한 데이터 수정	절차적 실수 부정확한 절차 비효과적인 계정 통제 시스템 오류	해킹	부정확한 데이터 복구
	서비스 결함	절차적 실수 개발과 설치 오류	침해	서비스의 부적절한 복구
	서비스 거부	우발적 사고	서비스 거부 공격	서비스 중단
	기반구조 손실	우발적 사고	절취 테러 활동	재산 손실

일, 산사태와 같은 자연적인 사건이 포함된다. 이 범주에 속하는 문제는 초기의 서비스 능력 손실뿐만 아니라 초기의 문제로부터 발생한 손실의 복구 과정까지도 포함된다.

어떠한 유형의 보안 손실이 존재하는가?

보안 손실은 비인가된 데이터 노출, 부정확한 데이터 수정, 서비스 결함, 서비스 거부, 기반구조 손실과 같은 다섯 가지 유형으로 존재한다. 각각을 살펴보자.

비인가된 데이터 노출 비인가된 데이터 노출은 보호되어야 할 데이터가 위협에 의해 획득되는 것이다. 어떤 사람이 부주의하게 정책을 위반하여 데이터를 유출하는 실수에 의해서도 발생할 수 있다. 예를 들면 미국의 경우 대학에서 학생의 이름과 학번 그리고 학년을 공개적인 장소에 게시하는 경우 주 법령에 위배된다. 다른 예로는 직원이 부주의하게 혹은 실수로 경쟁자나 다른 매체에 유출하는 것이다. 위키리크스는 비인가된 노출의 유명한 사례이다. 이러한 상황에 대한 설명은 그림 10-2의 세 번째 행에서 또 다른 예를 찾아볼 수 있다.

검색엔진의 인기와 효능감으로 인해 의도하지 않은 또 다른 유출이 발생할 수 있다. 직원이 검색엔진에 의해 검색되는 웹사이트에 회사의 제한된 데이터를 입력하는 경우*에도 데이터가 웹을 통해 공개될 수도 있다.

물론 기밀 데이터나 개인 데이터가 악의적으로 노출될 수도 있다. **프리텍스팅**(pretexting)은 특정인인 것처럼 속이는 경우 발생할 수 있다. 보편적인 사기는 신용카드사의 직원인 것처럼 전화를 걸어서 다음과 같이 이야기하며 신용카드의 번호를 확인하려는 것이다. "고객님의 마

의도와 주체에 따른 위협의 구분**

의도 주체	의도적	비의도적
인간	의도적인 악의적 행위(해킹, 테러 등)	우발적 사고, 비의도적 실수(입력 실수, 부주의한 행동 등)
비인간	해당 없음	자연재해(홍수, 지진 등)

---

* 챗 GPT, 제미나이와 같은 인공지능 서비스를 사용하는 경우도 가능성이 있다. (역주)

** 의도와 주체에 따른 위협에 대해 표로 작성했다. (역주)

스터카드 번호를 확인하고자 전화를 드렸습니다. 고객님의 신용카드 번호가 5491로 시작하는데 나머지 번호를 불러주실 수 있겠습니까?" 수천 개의 마스터카드의 신용카드 번호가 5491로 시작하기 때문에 전화를 건 사람은 신용카드 번호를 의도적으로 알기 위한 시도를 하고 있는 것이다.*

피싱(phishing)은 프리텍스팅과 유사하나 이메일을 통해 권한 없는 데이터를 얻기 위한 수법이다. 피싱메일 **피셔**(phisher)는 합법적인 회사인 것처럼 가장하여 계좌번호, 주민등록번호**, 계좌 패스워드와 같은 중요한 정보를 요구하는 이메일을 발송한다.

스푸핑(spoofing)은 다른 사람으로 가장하는 또 다른 용어이다. 만약 여러분이 교수인 것처럼 행동한다면 여러분은 교수라는 신분을 스푸핑하는 것이다. **IP 스푸핑**(IP spoofing)은 침입자가 해당 사이트에 속하는 아이피 주소인 것으로 가장하는 경우 발생한다. **이메일 스푸핑**(email spoofing)과 피싱은 동의어로 간주된다.

스니핑(sniffing)은 컴퓨터 간의 통신 내용을 가로채는 기법이다. 유선 네트워크에서는 물리적으로 네트워크에 연결되어 있어야 스니핑이 가능하다. 그러나 무선 네트워크에서는 그러한 연결이 반드시 필요한 것은 아니다. **워드라이버**(wardriver)는 단순히 무선 네트워크에 연결된 컴퓨터를 점유하고 보호되지 않은 무선 네트워크를 탐색한다. 그들은 **패킷 스니핑**(packet sniffer)을 이용하여 보안되지 않은 무선 네트워크의 트래픽을 가로채거나 감시할 수도 있다. 심지어 보호된 무선 네트워크의 경우 역시 취약성은 존재하는데, 이러한 것은 이후에 논의한다. 스파이웨어와 애드웨어 같은 스니핑 기술은 이 장의 후반에서 논의한다.

또 다른 형태의 컴퓨터 범죄는 네트워크에 침입하여 고객명단, 제품 재고데이터, 직원데이터, 기밀데이터 등을 훔치는 것과 같은 **해킹**(hacking)을 포함한다.

마지막으로 자연재해를 복구하는 동안에 의도하지 않게 데이터가 유출되는 경우도 있다. 복구 동안에는 시스템 능력의 재생에만 초점이 맞춰져 있어서 정상적인 보안대책을 무시해버리는 경우가 그러하다. 자연재해의 복구 기간 동안에 요구되는 '고객 명단의 백업요청'은 평상시보다 소홀하게 감독되는 것이 일반적이기 때문이다.

부정확한 데이터 수정 그림 10-3에서 두 번째 문제 범주는 부정확한 데이터 수정이다. 고객 할인율의 잘못된 증가나 직원의 급여, 휴가일수, 보너스가 부정확하게 수정하게 되는 것을 예로 들 수 있다. 또 다른 예로는 기업의 웹 페이지나 기업 포털 사이트에 잘못된 가격 변경과 같은 부정확한 정보를 게시하는 것을 들 수 있다.

부정확한 데이터 수정은 직원이 절차를 부정확하게 수행하거나 절차가 부정확하게 설계된 경우에 발생할 수 있다. 제품과 설비 같은 자산에 대한 정확한 통제나 재무적인 데이터의 처리를 위한 시스템에 적합한 내부 통제를 위해 기업은 의무와 권한에 대한 분리를 명확하게 해야 하고 데이터에 대한 확인과 검사를 꼼꼼하게 수행해야 한다.

부정확한 데이터 수정의 마지막 유형은 **시스템 오류**를 포함하는 인간의 실수에 의해 발생하는 것이다. 업데이트 유실 문제와 같은 사례는 5장(160~161쪽)에서 이미 논의했다.

---

* 저자가 잘못 알고 있다. 마스터카드는 앞의 두 자리가 51~55로 시작하고 이후 번호에도 규칙이 있다. (역주)
** 미국의 경우 사회보장번호(SSN)이다. (역주)

컴퓨터 범죄자는 컴퓨터 시스템에 대한 해킹을 통해 비인가된 자료를 수정할 수도 있다. 예를 들어 해커는 고객의 계좌 잔고에서 이체시킬 수도 있으며 제품 배송을 비인가된 지역이나 고객에게 배송하도록 만들 수도 있다.

마지막으로 자연재해에 대한 결함 복구 조치도 부정확한 데이터 변화를 발생시킬 수 있다. 이러한 결함 복구 조치는 비의도적이거나 악의적인 것일 수도 있다.

서비스 결함 보안 손실의 세 번째 유형인 **서비스 결함**은 부정확한 시스템 운영의 결과로 발생하는 문제를 포함한다. 서비스 결함은 앞서 언급한 부정확한 데이터 수정을 포함한다. 또한 다른 제품의 배송, 다른 고객에게 제품 배송, 부정확한 계산서 발부, 직원에게 잘못된 정보의 전송까지도 포함된다. 수행되는 절차적인 실수에 의해 사용자는 실수를 불가피하게 범할 수도 있다. 시스템 개발자도 하드웨어, 소프트웨어, 프로그램, 데이터의 설치 시에 프로그램을 부정확하게 코딩하거나 오류를 범할 소지가 있다.

권리침해(usurpation)는 컴퓨터 범죄자가 컴퓨터 시스템을 침범하여 본래의 프로그램을 대신하여 합법적인 애플리케이션을 중단시키거나 스파이 역할을 수행하게 하거나 데이터를 절취하는 등의 목적을 가진 프로그램으로 대체해버리는 것이다. 서비스 결함은 자연재해의 복구 과정에서도 서비스가 부적절하게 저장될 때 역시 발생할 수 있다.

서비스 거부 지속적인 절차수행에서의 인간의 실수 혹은 절차의 불충분함은 네 번째 손실 유형인 **서비스 거부**(denial of service, DoS)를 초래한다. 예를 들어 사용자가 복잡한 연산을 수행하는 애플리케이션을 수행하는 과정에서 의도치 않게 웹 서버나 게이트웨이 라우터의 다운을 발생시킬 수도 있다. 대량의 DBMS 자원을 소비하는 OLAP 애플리케이션의 경우에는 주문 입력 처리가 제대로 수행되지 않을 수도 있다.

컴퓨터 범죄자들은 의도적인 DoS 공격, 예를 들어 악성 해커가 수백만 개 정도의 모호한 요청을 서버에 실행하게 하여 서버가 정상적인 처리를 할 수 없도록 만들어버릴 수도 있다. 또한 컴퓨터 웜(worm) 역시 정상적인 트래픽이 처리될 수 없도록 엄청난 양의 인위적인 트래픽을 서버에 침투시킨다. 마지막으로 자연재해 역시 서비스 거부의 문제나 시스템의 실패를 야기하기도 한다.

기반구조 손실 인간의 실수에 의한 우발적 사고가 대부분을 차지하는 기반구조 손실이 마지막 유형이다. 불도저가 광케이블 선관을 끊어버리거나 웹 서버 선반을 파괴하는 것을 예로 들 수 있다.

도둑과 테러리스트 역시 기반구조 손실을 야기한다. 불만을 가진 퇴직 직원이 기업의 데이터 서버, 라우터 혹은 다른 장비를 퇴사하면서 가져갈 수도 있다. 테러리스트 역시 물리적인 설비나 장비의 손실을 야기한다.

자연재해는 기반구조 손실의 가장 큰 위험이다. 화재, 홍수, 지진과 같은 재해는 데이터 센터와 저장된 데이터를 파괴할 수도 있다.

바이러스나 웜 그리고 트로이목마와 같은 것들이 그림 10−3에 포함되어 있지 않은 것에 대해 의문을 가질 수도 있다. 그 이유는 그림에 나타난 문제를 야기하는 기술들이기 때문이다.

바이러스, 웜, 트로이목마는 DoS 공격이나 악성적이고 비인가된 데이터 접근과 데이터 손실을 야기한다.

마지막으로 최근에 나타난 위협용어가 있다. **지능형 지속 위협**(Advanced Persistent Threat, APT)은 대규모로 상당한 자금을 가진 정부와 같은 조직에 의해 복잡하고 장기적으로 이루어지는 컴퓨터 해킹이다. 이는 사이버 전쟁무기나 첩보 활동을 의미할 수도 있다.

APT의 예로는 중국에 기반을 둔 비밀스럽고 재정적인 지원을 받으며 국가가 지원하는 해킹 그룹인 APT41(Double Dragon)이라는 그룹을 들 수 있다. 2020년 파이어아이의 보안 연구원들은 APT41의 도구, 전술 및 절차에 대해 설명하는 상세한 보고서를 발표했다.[1] 더 구체적으로 APT41이 어떻게 의료 및 기술 회사를 목표로 하는지 보여주었다. 2015년 이전에는 해킹 그룹이 지적 재산(소스코드)을 훔치는 데 중점을 두었다. 그러나 2017년부터는 공급망 해킹, 암호화폐 조작, 정보 수집 및 소비자에게 전송되는 합법적인 소프트웨어 업데이트에 악성 프로그램을 주입하는 데 중점을 두었다. 군이나 정보기관에서 일한다면 APT에 관여하지는 않더라도 확실히 관심을 갖게 될 것이다.

정보시스템 보안의 목적

그림 10-1에 나타나 있듯이 위협은 저지될 수 있고, 저지되지 못하더라도 적절한 보안대책에 의해 손실 비용이 감소될 수 있다. 하지만 보안대책을 생성하고 관리하는 것은 비용이 상당히 소요된다. 또한 보안대책은 일상적인 업무를 복잡하게 만들거나 추가적인 노동 비용을 발생시켜 작업 효율을 감소시키기도 한다. 정보시스템 보안의 목적은 위험과 손실 간의 적절한 상충관계와 보안대책 구현 비용을 고려하여 적절한 균형점을 발견하는 것이다.

전문경영자들은 이러한 상충관계를 주의 깊게 검토해야 한다. 여러분 개인적으로는 안티바이러스 소프트웨어를 설치해야만 한다. 아마도 10-3절에서 학습하게 될 다른 보안대책을 설치해야만 한다. 브라우저의 쿠키를 제거하는 것과 같은 보안대책 중 일부는 컴퓨터를 사용하는 것을 좀 더 어렵게 만들 수도 있다. 그러한 보안대책이 그만큼의 가치가 있을까? 그러한 보안대책의 가치를 위험과 이익의 관점에서 평가할 필요가 있다.

조직의 경우에도 개인의 차원에 비해 조금 더 체계적이긴 하지만 유사한 대응책이 적용될 수 있다. 중요한 것은 분석을 통해 발견된 문제를 그대로 방치하지 말라는 점이다. 조직의 이익과 업무에서 존재하는 적절한 상충관계를 결정하고 보안 문제를 직시하라.

10-2 컴퓨터 보안 문제는 얼마나 심각한가?

우리는 컴퓨터 보안 위협으로 인한 재정적 손실과 데이터 손실의 전체 범위를 알지 못한다. 확실히 인간의 실수로 인한 손실은 엄청나지만, 그러한 손실을 계산하는 조직은 거의 없고, 심지어 그 손실을 발표하는 조직은 더 적다. 그러나 리스크베이스트시큐리티의 2020년 보안 보고서에서는 3,932건의 보안 사고에서 370억 개의 기록이 손실되었다고 보고되었다.[2] 더 주목할 만한 데이터 유출 위반 중 일부는 CAM4(109억 개의 레코드), 어드밴스드인포서비스(83억 개), 킵넷랩스(50억 개)의 사용자 계정 손실을 포함한다.[3] 에스티로더에서 4억 4천만 개 이상의 레코드가 손실되었거나 마이크로소프트에서 2억 5천만 개의 레코드가 손실되었다. 도난당한 사

그림 10-4 공격 유형별로 데이터 유출 경험이 있는 기업 비율

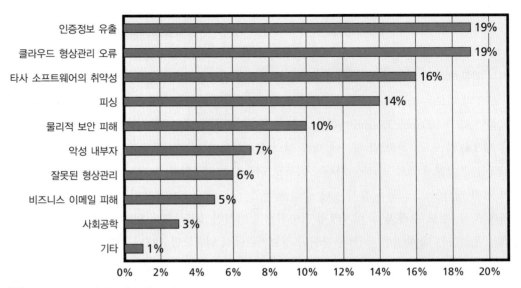

출처 : Accenture, *The Cost of Cyber Crime Study*, March 2021.

용자 레코드의 절반 이상(77%)이 기업을 대상으로 하는 외부 해커에 의해 수행되었다. 이 회사들은 뉴스를 만들고 예상 손실을 보고한 일부 회사라는 것을 명심하라.

게다가 아무도 컴퓨터 범죄의 피해 비용을 알지 못한다. 우선 범죄 비용을 집계하는 기준이 없다. 서비스 거부 공격(DoS)의 비용에 직원의 시간 손실, 수익 손실 또는 고객 손실로 인한 장기적인 수익 손실이 포함될까? 혹은 직원이 2,000달러의 노트북을 잃어버린 경우 그 비용은 그 노트북에 기록되어 있었던 데이터의 가치를 포함할까? 그것을 교체하고 소프트웨어를 다시 설치하는 데 드는 시간 비용을 포함할까? 또는 누군가가 내년도 재정 계획을 훔치는 경우 경쟁사들이 거둬들이는 가치의 비용은 어떻게 결정될까?

윤리 가이드(353~354쪽)에서도 논의되듯이 내부 해커로부터 데이터를 보호하는 것은 중요한 이슈이다.

둘째, 컴퓨터 범죄 비용에 대한 모든 연구는 설문조사에 기반을 두고 있다. 응답자마다 용어를 다르게 해석하고, 일부 조직은 모든 손실을 보고하지 않으며, 일부 조직은 컴퓨터 범죄 손실을 전혀 보고하지 않는다. 표준적인 정의와 범죄 데이터를 수집하는 더 정확한 방법이 없다면, 우리는 특정 추정치의 정확성을 믿을 수 없다. 우리가 할 수 있는 가장 많은 것은 설문조사 응답자의 다양한 유형이 동일한 방법론을 사용한다고 가정하고, 연도별 데이터를 비교하여 추세를 찾는 것이다.

그림 10-4는 IBM과 포네몬연구소가 수행한 설문조사 결과로, 가장 일반적인 유형의 공격을 경험한 기업의 비율을 보여준다. 가장 일반적인 공격 유형은 인증정보 손상 및 클라우드 형상관리 오류(각각 19%)인 것으로 나타났다.[4] 불행하게도 이러한 유형의 공격은 곧 감소하지 않을 것이다. 그림 10-5는 이러한 공격에 대한 비용이 시간이 지남에 따라 증가하고 있음을 보여준다.

IBM은 이 데이터 외에도 손상된 자산 유형별로 손실을 조사했다. 2020년의 경우 비즈니스 손실이 컴퓨터 범죄로 인한 단일 결과 중 가장 비용이 많이 드는 것으로 나타났으며, 전체 데이터 유출 피해 비용이 평균적으로 거의 40%를 차지했다(그림 10-6). 탐지 및 에스컬레이션 비용이 데이터 유출의 31%로 두 번째로 높았다. IBM은 또한 데이터 유출과 관련된 비용의 27%

그림 10-5 연간 컴퓨터 범죄 피해 평균

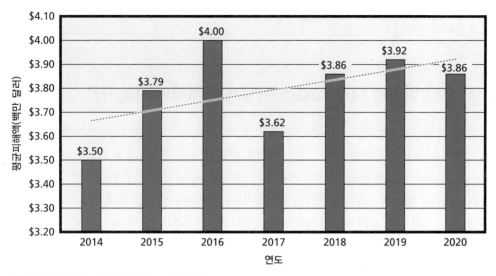

출처 : Based on IBM, *Cost of a Data Breach Report*, April 2020.

가 데이터 유출 사후 비용으로 발생하고, 5%는 확인 및 통보 비용과 관련이 있다고 보고했다.[5]

2020년 데이터 유출 비용 보고서에는 다양한 보안 정책이 컴퓨터 범죄 감소에 미치는 영향에 대한 심층적인 분석이 포함되어 있다. 10-4절부터 10-7절까지(이 장의 뒷부분)에서 설명한 보안대책을 만드는 데 더 많은 비용을 지출하는 조직은 컴퓨터 범죄를 덜 경험하고 더 적은 손실을 입는다는 것이다. 보안대책은 효과가 있다!

웹에서 **컴퓨터 범죄 통계**라는 용어를 검색하면 이와 유사한 연구 결과가 많다. 일부는 석연치 않은 표본추출 방법을 기반으로 하고 있으며 특정 안전 제품이나 관점을 홍보하기 위해 작성된 것으로 보인다. 이러한 편향성에 유의하자.

IBM 연구를 보면 2020년 기준 핵심적 최종 내용은 다음과 같다.

그림 10-6 범주별 데이터 유출 비용

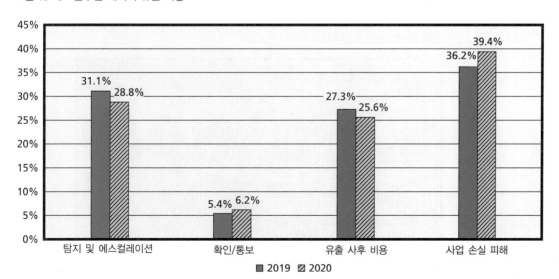

- 인증정보 공격과 클라우드 잘못된 형상관리는 심각한 보안 위협이다.
- 비즈니스 업무 방해가 컴퓨터 범죄의 주요 피해이다.
- 보안대책은 제대로 작동한다.

10-3 보안 위협에 대해 개인은 어떻게 대처해야 하는가?

10-1절의 마지막에 언급했듯이 여러분의 개인 보안 목표는 손실의 위험과 보안대책의 비용 간에 효과적인 상충관계를 발견하는 것이다. 하지만 보안의 심각성을 알고 보안대책을 사용하는 사람은 드물며, 대다수는 아주 낮은 비용의 보안대책도 구현하지 않고 있다.

그림 10-7은 권고하는 개인 보안대책 목록을 나타낸다. 보안을 중요하게 생각하는 것이 가장 먼저이다. 여러분은 지금 여러분의 컴퓨터에 접근을 시도해서 침해하려는 시도를 볼 수 없지만 그러한 시도는 존재할 수 있다.

불행하게도 여러분이 보안 침해로 피해받았다는 첫 번째 지표는 위조된 신용카드 청구서나 친구들로부터 이상한 메일을 발송받았다는 불평일 것이다. 컴퓨터 보안 전문가들은 공격을 탐지하기 위해 침입 탐지 시스템을 사용한다. **침입 탐지 시스템**(intrusion detection system, IDS)은 다른 컴퓨터가 컴퓨터나 네트워크를 탐색하거나 접근하려는 의도를 감지하는 컴퓨터 프로그램이다. IDS 로그는 매일 수천 번의 시도를 기록한다. 만약 이러한 시도가 해외로부터 발생한 것이라면 여러분은 합리적인 보안대책을 사용하는 것 말고는 다른 방법이 없다.

만약 보안을 중요하게 생각한다면 여러분이 취할 수 있는 가장 중요한 보안대책은 강력 패스워드를 만들고 사용하는 것이다. 요약하면 패스워드 일부에 의미 있는 말이나 단어를 사용하지 않는 것이다. 대문자와 소문자, 숫자, 특수문자를 조합한 패스워드를 사용하도록 하자.

이런 강력 패스워드 역시 패스워드로 사용 가능한 모든 문자와 숫자 등을 조합하여 사용하는 **무차별 대입 공격**(brute force attack)에는 취약하다. 무차별 대입 공격은 몇 분 안에 대문자 또는 소문자로 이루어진 여섯 문자 패스워드를 크래킹할 수 있다. 그러나 대문자와 소문자, 숫자, 특수 문자가 혼합된 여섯 문자 패스워드의 무차별 대입 공격은 몇 시간이 걸릴 수 있다. 대

그림 10-7 개인 보안대책

- 보안의 중요성을 인식한다.
- 강력 패스워드를 사용한다.
- 다수의 패스워드를 사용한다.
- 이메일이나 메신저로 중요한 데이터를 전송하지 않는다.
- 신뢰할 수 있는 공급업체의 https를 사용한다.
- 컴퓨터에 중요한 가치를 가진 자산을 제거한다.
- 검색 기록, 임시 파일, 그리고 쿠키를 제거한다(C클리너나 유사한 것 사용).
- 안티바이러스 소프트웨어를 정기적으로 업데이트한다.
- 동료 작업자에게 보안의 중요성을 설명한다.
- 조직의 보안체계와 지침을 준수한다.
- 보안을 무엇보다 가장 중요한 업무로 다룬다.

문자와 소문자로만 이루어진 10자리 패스워드는 크래킹하는 데 몇 년이 걸릴 수 있고 문자, 숫자, 특수 문자를 혼합하여 사용하는 것은 수백 년이 걸릴 수도 있다. 12자리의 글자로만 이루어진 패스워드는 수천 년이 걸릴 수도 있고 12자리의 혼합 패스워드는 수백만 년이 걸릴 수도 있다. 물론 이 모든 추정치는 패스워드에 어떤 언어의 단어도 포함되어 있지 않다고 가정했을 경우이다. 결론은 다음과 같다. 단어의 의미가 없거나, 12자 이상의 문자, 그리고 문자, 숫자, 특수 문자를 혼합한 긴 패스워드를 사용하라.

길고 복잡한 패스워드의 사용에 추가하여 여러분은 사이트별로 다른 패스워드를 사용해야만 한다. 이러한 방법으로 여러분의 패스워드 중에서 하나가 노출되더라도 전체 계정의 통제를 잃지 않을 수 있다. 공격자는 여러 웹사이트에 접근하기 위해 **크리덴셜 스터핑**(credential stuffing)을 사용하거나 도난당한 사용자 이름과 패스워드의 자동 주입을 사용한다. 크리덴셜 스터핑은 **패스워드 재사용**(password reuse) 또는 여러 사이트에 접근하기 위해 동일한 로그인 정보 사용으로 인해 매우 일반화되고 있다.

중요한 사이트(예 : 은행 사이트)에는 상당히 강력한 패스워드를 사용하고, 약간 덜 중요한 사이트(예 : 소셜 네트워킹 사이트)에 이러한 패스워드를 재사용하지 말아야 한다. 몇몇 사이트는 제품의 혁신에만 중점을 두고 있고 여러분의 정보를 보호하는 데 상당한 양의 자원을 할당하지 않을지도 모른다. 여러분의 정보를 패스워드로 보호하는 것은 충분히 가치가 있다.

패스워드, 신용카드 데이터 혹은 다른 가치 있는 데이터를 이메일이나 메신저로 보내지 말아야 한다. 몇 번이나 여기에서 언급했지만 대부분의 이메일과 메신저는 암호화로 보호되지 않으며(10-5절 참조), 여러분이 이메일이나 메신저에 입력한 내용들은 어쩌면 내일 **뉴욕타임스** 1면에 나올지도 모른다.

https를 사용하여 믿을 수 있고 평판이 좋은 온라인 공급업체에서만 구매하자. 만약 공급업체가 https를 지원하지 않는다면(브라우저 주소창에 https://를 찾아보자), 구매하지 말도록 하자.

여러분의 컴퓨터에 있는 높은 가치를 가진 자산을 제거함으로써 취약성을 감소시킬 수 있다. 미래의 비즈니스 전문가로서 지금 그리고 이후부터는 필요로 하지 않는 어떠한 데이터가 저장된 노트북이나 장비를 가지고 사무실 밖으로 나가지 않는 것을 습관화하자. 일반적으로 서버에 중요한 기밀 데이터를 저장하거나 이동식 저장장치를 가지고 여행하지 말아야 한다. (한편 마이크로소프트 오피스365는 셰어포인트에서 https를 사용하여 데이터를 전송할 수 있다. 이와 유사한 애플리케이션을 사용하여 여행하는 동안에 공항과 같은 공공장소에서 문서를 처리할 수 있다.)

여러분의 브라우저는 탐색기록이나 여러분이 어디를 방문했고, 무엇을 구매했으며, 계정 이름과 패스워드 등과 같은 중요한 내용을 가지고 있는 임시파일을 자동적으로 저장한다. 브라우저는 여러분이 사이트를 방문했을 때 브라우저가 수신하는 작은 파일들인 **쿠키**(cookie)라는 것도 역시 저장한다. 쿠키는 일일이 확인해야 하는 절차 없이 웹사이트의 접근을 가능하게 하여 일부 사이트의 처리 속도를 높인다.

제3자 쿠키(third-party cookie)는 사용자가 방문한 사이트가 아닌 다른 사이트에서 만든 쿠키이다. 이러한 쿠키는 여러 가지 방법으로 생성되지만, 가장 일반적인 경우는 웹 페이지에 여러 원천의 콘텐츠가 포함되어 있을 때 발생한다. 예를 들어 아마존은 하나 이상의 섹션에 광고

서비스 회사인 더블클릭에서 제공하는 광고가 포함되도록 페이지를 설계한다. 브라우저가 아마존 페이지를 구성할 때 더블클릭에 연락하여 해당 섹션(이 경우 광고)의 콘텐츠를 가져온다. 콘텐츠에 응답하면 더블클릭은 브라우저에 더블클릭 쿠키를 저장하도록 지시한다. 이 쿠키는 제3자 쿠키이다. 일반적으로 이러한 쿠키에는 특정 사용자를 식별하는 이름이나 값이 포함되어 있지 않다. 대신 콘텐츠가 전달된 IP 주소가 포함된다.

자체 서버에서 쿠키를 만들 때 더블클릭은 해당 데이터를 로그에 기록하고 광고를 클릭하면 해당 클릭의 사실이 로그에 추가된다. 이 기록은 더블클릭이 광고를 보여줄 때마다 반복된다. 쿠키에는 유효 기간이 있지만 해당 날짜는 쿠키 제작자에 의해 설정되며 수년 동안 지속될 수도 있다. 따라서 시간이 지남에 따라 더블클릭과 다른 쿠키 소유자는 표시된 내용, 클릭된 광고 및 상호작용 사이의 간격에 대한 기록을 갖게 된다.

그러나 기회는 훨씬 더 크다. 더블클릭은 아마존뿐만 아니라 페이스북과 같은 많은 다른 사이트와도 계약을 맺고 있다. 페이스북이 사이트에 더블클릭 콘텐츠를 포함하면 더블클릭은 컴퓨터에 또 다른 쿠키를 배치한다. 이 쿠키는 아마존을 통해 배치한 쿠키와 다르지만 두 쿠키 모두 두 번째 쿠키가 첫 번째 쿠키와 동일한 원천에서 나온 것으로 연결하기에 충분한 IP 주소와 기타 데이터를 가지고 있다. 따라서 더블클릭은 이제 두 사이트에서 광고 응답 데이터의 기록을 갖게 된다. 시간이 지남에 따라 쿠키 로그에는 광고에 어떻게 응답하는지뿐만 아니라 광고가 배치되는 모든 사이트에서 다양한 웹사이트를 방문하는 패턴을 보여주는 데이터가 포함된다.

안타깝게도 일부 쿠키에는 중요한 보안 데이터가 포함되어 있어 사용자가 인식하지 못할 수도 있는 방식으로 사용자를 추적하는 데 사용될 수 있다. 최선의 보안대책은 컴퓨터에서 검색 기록, 임시 파일 및 쿠키를 제거하고, 브라우저에서 기록 및 쿠키를 비활성화하도록 설정하는 것이다.

C클리너는 모든 데이터를 안전하게 제거하는 완벽한 작업을 수행하는 무료 오픈소스 제품이다(*http://download.cnet.com/ccleaner*). 그러나 C클리너를 사용하기 전에 컴퓨터를 백업해야 한다.

쿠키를 제거하고 비활성화하는 것은 향상된 보안과 비용 사이의 균형을 보여주는 훌륭한 예이다. 보안은 상당히 향상될 것이지만 컴퓨터를 사용하는 것은 더욱 어려워질 수도 있다. 여러분은 의식적인 결정을 내려야 한다. 이러한 데이터의 취약성을 모르는 상태로 결정을 내리면 안 된다.

우리는 10-5절에서 안티바이러스 소프트웨어의 사용에 대해 살펴볼 것이다. 그림 10-7에 있는 마지막 세 가지 항목은 여러분이 전문가가 되면 적용해야 할 사항이다. 동료들, 특히 여러분이 관리하는 사람들에게 보안을 위한 관심과 고려해야 할 사항을 보여주어야 한다. 여러분은 모든 조직의 보안 지시와 지침을 역시 준수해야 한다. 마지막으로 보안을 업무에 가장 기본적이자 핵심적인 것으로 생각하자.

10-4 보안 위협에 대해 조직은 어떻게 대처해야 하는가?

10-3절에서는 개인이 보안 위협에 어떻게 대처해야 하는가에 대해 논의했다. 조직의 차원에서는 보다 광범위하고 체계적인 접근이 필요하다. 2020년 글로벌 CEO의 53%가 사이버 위협이 조직에 미치는 영향에 대해 상당히 우려했다.[6] 시작하기에 앞서 상위 경영자는 보안 정책과 위험관리에 대한 중요한 기능에 대해 언급할 필요가 있다.

커리어 가이드(352~353쪽)에서 보안 엔지니어로 일하는 사람의 전형적인 업무 환경을 확인하라.

보안 정책

먼저 상위 경영자는 조직의 정보시스템과 데이터를 보호하는 규칙과 절차를 명시한 문서, 즉 전사적인 **보안 정책**(security policy)을 수립해야 한다. 예를 들어, 고객, 공급업체, 협력업체 및 직원에 대해 수집하는 데이터에 대한 조직의 방향성을 명시한 데이터 보안 정책을 들 수 있다. 이 보안 정책은 최소한 다음과 같은 것이 규정되어야 한다.

- 조직이 저장하려는 중요한 데이터에 대한 내용
- 중요한 데이터가 처리되는 과정에 대한 내용
- 다른 조직과 데이터가 공유되는지에 대한 내용
- 직원과 다른 사람이 데이터를 복제할 수 있는 절차와 방법에 대한 내용
- 직원과 다른 사람이 부정확한 데이터를 수정할 수 있는 절차와 방법에 대한 내용

정책의 세부적인 규정은 조직이 정부기관인지 비정부기관인지, 공공기업인지 개인기업인지, 어떠한 산업군에 속한 조직인지, 경영층과 직원의 관계 등과 같이 다양한 요인에 따라 결정된다. 신입사원의 교육에 직원의 보안과 관련된 훈련이 없다면 새롭게 정책을 적용해야 한다.

보안 정책을 만드는 데 있어 일반적인 함정은 지나치게 엄격한 규칙을 만드는 것이다. 너무 많은 권위주의적인 규칙은 직원들을 짜증나게 하고 신뢰받지 못한다고 느끼게 할 수 있다. 그들은 심지어 직원 생산성을 떨어뜨리거나 더 나쁘게는 주요 직원들의 퇴사를 발생시킬 수도 있다. 너무 많은 보안 정책은 **정보 보안 피로**(information security fatigue)를 초래하거나, 압도감으로 인한 정보보안에 대한 거부감으로 이어질 수 있다. 사용자는 너무 많은 복잡한 보안 결정을 내리도록 요청받았을 때 위압감을 느낄 수도 있다. 또한 데이터 유출, 악성소프트웨어, 서비스 거부 공격 등에 대한 지속적인 나쁜 뉴스 공세에 지칠 수도 있다. 절망감을 느끼게 되고 직원은 정책의 준수를 중단하게 된다.

보안 정책을 덜 복잡하고 더 쉽게 따르게 함으로써 정보 보안 피로도를 줄일 수 있다. 정보 보안 관리자는 조직의 보안과 직원의 생산성 및 만족도의 균형을 맞출 필요가 있다. 정책을 많이 만든다고 해서 조직이 안전해지는 것은 아니다. 사실 규칙이 너무 많으면 실제로 조직의 보안이 떨어질 수도 있다.

위험관리

두 번째로 상위 관리자가 수행해야 하는 보안 기능은 위험관리이다. 위험은 완벽하게 제거될 수 없다. 따라서 관리가 되어야 하는데, 이는 위험과 비용 간의 상충관계를 적절하게 균형 잡

그림 10-8 정보시스템 구성 요소와 관련된 보안대책

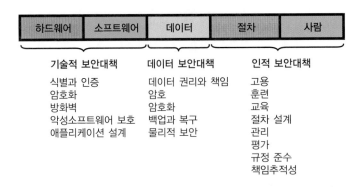

하드웨어	소프트웨어	데이터	절차	사람

기술적 보안대책
식별과 인증
암호화
방화벽
악성소프트웨어 보호
애플리케이션 설계

데이터 보안대책
데이터 권리와 책임
암호
암호화
백업과 복구
물리적 보안

인적 보안대책
고용
훈련
교육
절차 설계
관리
평가
규정 준수
책임추적성

는 것을 의미한다. 이러한 상충관계는 산업별은 물론 조직별로도 다르다. 금융기관의 경우에는 범죄의 주 대상이 되기에 보안대책에 대해 상당한 투자를 해야만 한다. 그러나 볼링장과 같은 소규모 기업 혹은 중소기업은 컴퓨터나 모바일 기기에 신용카드 정보를 저장하지 않는 이상 공격의 대상이 되는 경우는 거의 없다(이러한 보안에 대한 결정은 볼링장뿐만 아니라 대부분의 소규모 기업에서도 현명하지 않은 것일 수 있다).

상충관계와 관련된 의사결정을 위해 조직은 저장하는 데이터와 위협의 대상이 되는 것들에 대해 관리목록을 작성할 필요가 있다. 그림 10-3은 위협의 빈도와 범주를 이해하는 데 도움이 될 것이다. 이러한 위협과 목록을 통해 조직은 수용할 위험의 수준과 구현할 보안대책의 수준을 결정할 필요가 있다.

정보 자산을 보호하기 위해 보안대책을 사용하는 것과 유사한 예는 자동차 보험에 가입하는 것이다. 자동차 보험을 가입하기 전에 여러분은 자동차의 가치와 차에 발생할 손상의 확률을 추정하고 수용할 위험의 수준을 결정한다. 그러고 나면 보험증권이라고 불리는 보안대책을 구매하여 위험을 부분적으로 전가할 것을 결정한다. 단순히 하나의 보험을 가입하는 것과는 달리 조직은 데이터와 하드웨어를 보호하기 위해 다양한 보안대책을 구현한다.

정보시스템 보안대책을 가장 쉽게 기억하는 방법은 그림 10-8과 같이 정보시스템을 구성하는 다섯 가지 요소와 관련하여 살펴보는 것이다. 몇몇 보안대책은 하드웨어와 소프트웨어와 관련이 있다. 일부는 데이터와 관련이 있으며 인간이나 절차와 관련되어 있다. 이후에서는 기술적 보안대책, 데이터 보안대책, 인적 보안대책에 대해 살펴본다.

10-5 보안 위협에 대처하기 위한 기술적인 보안대책은 무엇인가?

기술적 보안대책(technical safeguard)은 정보시스템을 구성하는 하드웨어 및 소프트웨어와 관련이 있다. 그림 10-9는 주요한 기술적 보안대책에 대해 설명한다.

식별과 인증

오늘날의 모든 정보시스템은 사용자 이름과 패스워드(password)를 입력하도록 요구한다. 사용자 이름은 사용자를 **식별**(identification)하고 패스워드는 사용자를 **인증**(authentication)한다.

패스워드는 중요한 약점을 가지고 있다. 먼저 사용자들은 패스워드에 대한 반복적인 경고에

그림 10-9 기술적 보안대책

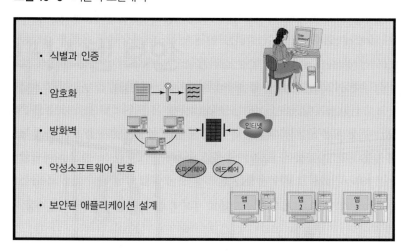

도 불구하고(여러분들은 그렇게 하지 않기를 바란다) 다른 사람과 패스워드를 공유하기도 하고 비효과적이고 단순한 패스워드를 사용하기도 한다. 실제로 2021년 버라이즌 보고서에 따르면 확인된 데이터 유출의 80%가 인증서를 도난당했거나 무차별적인 패스워드 공격으로 얻은 패스워드라고 한다.[7]* 패스워드가 특정 어느 시점에서 도난당할 가능성이 높다. 이러한 문제 때문에 일부 조직은 패스워드 외에 스마트카드와 생체 인증을 사용하기도 한다.

스마트카드 스마트카드(smart card)는 신용카드와 비슷한 플라스틱 재질로 만들어진 카드이며 마그네틱 스트라이프(magnetic strip)를 가진 신용카드, 직불카드, 현금자동인출기 카드와 달리 마이크로 칩을 가지고 있다. 마이크로 칩은 마그네틱 스트라이프보다 많은 데이터를 저장할 수 있으며, 데이터 식별 또한 가능하다. 스마트카드를 사용하기 위해서는 식별을 위해 **개인 식별번호**(personal identification number, PIN)를 입력하여 인증받는 과정이 요구된다.

생체 인증 생체 인증(biometric authentication)은 사용자의 지문, 얼굴 형태, 홍체 등 물리적 특성을 사용하여 인증한다. 생체 인증은 강력한 인증을 제공하지만, 요구되는 장비의 가격이 높다. 종종 사용자에게 인권 침해적인 느낌을 주는 특성이 있어서 인식 과정에 대한 저항을 불러오기도 한다.

생체 인증은 도입 초기에 속한다. 강력한 특성으로 향후 지속적인 활용의 증가가 예상된다. 국회의원과 같은 입법가들은 생체 데이터의 사용, 저장, 보호 요구사항을 규율하는 법을 통과시킬 것이다. 생체 인식에 대한 더 많은 내용을 보려면, *http://searchsecurity.techtarget.com*에서 생체 인식을 검색하라.

인증 방법은 알고 있는 것(what you know, 패스워드 또는 PIN), 가지고 있는 것(what you have, 스마트카드), 사용자 자체인 것(what you are, 생체 인증)의 세 가지 범주로 구분한다.

---

* https://haveibeenpwned.com에서 이메일과 패스워드 유출을 확인할 수도 있다. 단 이 웹사이트도 100% 믿을 수는 없다. (역주)

다중 시스템을 위한 싱글 사인-온

정보시스템은 인증을 위해 다양한 원천을 요구하기도 한다. 예를 들어 개인용 컴퓨터에 접속하기 위해서는 개인 인증이 필요하다. 여러분 학과의 근거리통신망(LAN)에 접속하기 위해서는 또다시 인증이 필요하다. 여러분 조직의 광역통신망(WAN)에 접속하기 위해서는 계속해서 많은 네트워크의 인증이 필요하다. 또한 데이터베이스의 데이터를 요청하기 위해서는 데이터베이스를 관리하는 DBMS 서버가 다시 인증을 요구한다.

이러한 반복되는 사용자 이름과 패스워드의 입력 과정은 사용자에게 불편함을 줄 수 있다. 아마도 이러한 상황에서 사용자는 5~6개의 다른 패스워드를 기억하고 있어야만 자신의 작업을 수행할 수 있을 것이다. 또한 여러 개의 패스워드를 이러한 네트워크를 통해 전송하는 것 역시 바람직하지 않다. 이러한 경우 패스워드가 노출되거나 유출될 위험은 점점 더 증가할 것이다.

한편 현재의 운영체제들은 네트워크와 다른 서버에 대한 인증을 한 번에 처리할 수 있는 능력을 가지고 있다. 즉 사용자가 개인의 운영체제에서 인증되면 개인 사용자의 컴퓨터를 인증한 네트워크나 서버에 운영체제가 인증과 관련된 데이터를 전송하여 해당 사용자에 대한 인증을 처리한다. 이렇게 함으로써 여러분의 ID와 패스워드는 여러분의 지역 네트워크 컴퓨터에 개방되어 사용된다. 패스워드를 선택할 때 이 점을 명심하자.

암호화

암호화(encryption)는 안전한 저장과 의사소통을 위해 쉽게 읽을 수 없는 형태로 원래의 문자를 변환시키는 과정이다. 쉽게 깨지지 않는 **암호화 알고리즘**(encryption algorithm, 데이터를 암호화하기 위한 절차)에 대해 상당한 연구가 이루어져 왔다. 일반적으로 사용되는 방법으로는 DES, 3DES, AES와 같은 것이 있으며 웹을 통해 좀 더 자세한 내용을 찾아볼 수 있다.

키(key)는 데이터를 암호화하는 데 사용되는 문자열(string)이다. 키라고 불리는 이유는 이것이 메시지의 잠금을 해제하는 데 사용되기 때문이다. 그러나 실제로는 암호화에 사용되는 숫자나 문자로 표현되는 비트의 조합이다. 이는 여러분 아파트의 물리적인 열쇠(key)는 아니다.

메시지의 암호화를 위해 컴퓨터 프로그램은 원문(혹은 평문)을 암호문으로 변경하는 암호화 알고리즘(예 : AES)과 키(앞서 언급한 '키')를 조합하여 사용한다. 'secret'라는 단어를 암호화한 메시지('U2FsdGVkX1+b637aTP80u+y2WYlUbqUz2XtYcw4E8m4=')는 어휘적 의미가 없고 판독하기 어려운 형태로 변환된다. 암호를 해독하는 과정을 복호화라고 하는데, 암호문을 원문으로 변환하는 과정은 암호화하는 과정과 유사하게 진행된다. **대칭키 암호화**(symmetric encryption)는 암호화와 복호화에 동일한 키를 사용하는 방식이다. **비대칭키 암호화**(asymmetric encryption)는 2개의 키를 사용하여 하나는 암호화에, 나머지 하나는 복호화에 사용한다. 대칭키 암호화는 비대칭키 방식에 비해 상대적으로 단순하며 빠른 암호화의 과정을 가진다.

인터넷에서 사용되는 특수한 형태의 비대칭키 암호화 방식은 **공개키 암호화**(public key encryption)를 사용한다. 이 방식으로 개별 사이트는 공개키로 메시지를 암호화하고, 비밀키로 복호화한다. 세부적인 내용을 설명하기에 앞서 다음과 같은 비유를 살펴보자.

여러분이 친구에게 번호로 열고 닫을 수 있는 사물함에 사용하는 일반적인 숫자 조합 자물쇠(예 : 헬스클럽이나 학교 사물함에 사용하는 자물쇠)를 친구에게 주었다고 가정하자. 여러분은 그 자물쇠를 열 수 있는 번호를 아는 유일한 사람이다. 친구가 다른 자물쇠를 사용하여 선물이 담긴 상자를 잠그고 사물함에 그 상자를 넣고 사물함을 닫았다고 가정하자. 이제 여러분의 친구나 다른 어떤 사람도 사물함 안의 그 상자를 열 수 없을 것이다. 그 친구가 잠긴 상자를 여러분에게 보내고, 여러분은 상자를 열기 위해 번호를 조합하게 된다.

여기서 **공개키**는 숫자조합 자물쇠이고, 비밀키는 자물쇠를 열 수 있는 숫자라고 보면 될 것이다. 여러분의 친구는 공개키를 통해 메시지를 암호화하고(상자를 잠금), 여러분은 비밀키를 사용하여 메시지를 원문으로 변환(숫자조합으로 자물쇠를 해제)할 수 있다.

이제 A와 B 두 대의 컴퓨터가 있다고 가정하고, B에서 A로 암호화된 메시지를 전송하고자 한다고 하자. 이러한 경우 A는 B에게 자신의 공개키를 전송한다(A가 B에게 숫자조합 자물쇠를 보내는 것과 유사하다). 그리고 B는 A의 공개키를 사용하여 암호화하고, 이를 다시 A에게 보낸다. 여기서 암호화된 코드는 A 이외에는 아무도 복호화할 수 없다. A가 암호화된 메시지를 받았을 때, A는 자신의 비밀키(숫자조합)를 사용하여 메시지를 복호화한다.

다시 설명하면 공개키는 열려 있는 숫자조합 자물쇠와 같다. 컴퓨터 A는 요청하는 누구에게나 자신만이 번호를 알고 있는 자물쇠를 줄 수 있다. 그러나 A는 절대 그 패스워드까지 함께 주지는 않을 것이다. 숫자의 조합과 동일한 이 비밀키는 여전히 비밀키로 남는다.

인터넷을 통한 대부분의 보안통신에서 가장 안전한 것은 **https** 프로토콜을 사용하는 것이다. https를 통해 데이터는 **SSL**(Secure Socket Layer) 혹은 **TLS**(Transport Layer Security)라고 불리는 프로토콜을 사용하여 암호화된다. SSL/TLS 프로토콜은 공개키와 대칭키 암호화를 조합하여 사용한다.

기본적인 아이디어는 다음과 같다. 대칭키 암호화는 상대적으로 빠르고 보다 선호된다. 그러나 두 집단(여러분과 웹사이트)이 대칭키를 공유하지 않는다. 따라서 두 사람 간에는 공개키 암호화를 통해 동일한 대칭키를 공유하게 된다. 일단 여러분이 2개의 키를 모두 획득하고 나면 여러분은 대칭키 암호화를 사용하여 이후의 의사소통이 이루어진다.

그림 10-10은 SSL/TLS가 웹사이트에서 어떻게 안전한 통신을 하게 하는지 나타낸다.

1. 여러분의 컴퓨터가 연결될 웹사이트로부터 공개키를 획득한다.
2. 여러분의 컴퓨터가 대칭키 암호화를 위한 키를 생성한다.
3. 여러분의 컴퓨터가 그 키를 웹사이트의 공개키를 사용하여 암호화한다. 컴퓨터는 암호화된 대칭키를 웹사이트로 전송한다.
4. 웹사이트는 웹사이트의 비밀키를 사용하여 대칭키를 복호화한다.
5. 이 시점 이후로 여러분의 컴퓨터와 웹사이트는 대칭키 암호화를 사용하여 의사소통하게 된다.

세션이 종료되면 여러분의 컴퓨터와 웹사이트는 키를 폐기한다. 이러한 전략은 상대적으로 빠른 대칭키 암호화를 통해 대량의 암호화된 의사소통이 가능해진다. 또한 키는 아주 짧은 순간에만 사용되므로 키가 노출될 위험도 상당히 낮다.

SSL/TLS를 이용하는 것은 신용카드 번호나 은행계좌 잔고와 같은 중요한 데이터를 전송하는 것을 안전하게 만들 수 있다. http:// 대신에 https://를 사용하도록 하자. 대부분의 브라우저는 강제적으로 https로 연결하게 만드는 HTTPS 에브리웨어 같은 추가적인 플러그인(plug-in)

그림 10-10 https(SSL/TLS)의 핵심

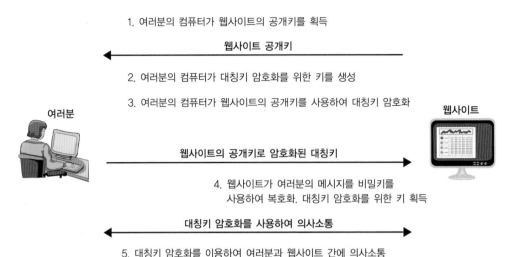

1. 여러분의 컴퓨터가 웹사이트의 공개키를 획득

웹사이트 공개키

2. 여러분의 컴퓨터가 대칭키 암호화를 위한 키를 생성

3. 여러분의 컴퓨터가 웹사이트의 공개키를 사용하여 대칭키 암호화

웹사이트의 공개키로 암호화된 대칭키

4. 웹사이트가 여러분의 메시지를 비밀키를
   사용하여 복호화. 대칭키 암호화를 위한 키 획득

대칭키 암호화를 사용하여 의사소통

5. 대칭키 암호화를 이용하여 여러분과 웹사이트 간에 의사소통

이나 추가 기능(add-on)을 제공한다.

방화벽

방화벽(firewall)은 비인가된 네트워크 접근을 막는 컴퓨터 장치이다. 방화벽은 특수한 목적을 가진 컴퓨터가 될 수도 있고 일반적인 컴퓨터에서 사용되는 프로그램일 수도 있으며 라우터일 수도 있다. 요약하면 방화벽은 단순히 필터라고 할 수 있다. 이는 네트워크 트래픽의 출처, 전송되는 패킷의 유형, 패킷의 내용, 패킷이 인증된 연결의 부분인지 등을 확인하는 다양한 방법을 통해 트래픽을 필터할 수 있다.

조직은 보통 다수의 방화벽을 사용한다. **경계 방화벽**(perimeter firewall)은 조직 네트워크의 가장 외부에 위치하고 인터넷 트래픽을 처리하는 최초의 장치이다. 일부의 조직은 이러한 경계 방화벽에 추가적으로 **내부 방화벽**(internal firewall)을 사용하기도 한다. 그림 10-11은 조직 외부로부터 조직의 컴퓨터를 보호하는 경계 방화벽과 근거리통신망(LAN)을 보호하기 위한 내부 방화벽의 사용을 나타낸다.

패킷 필터링 방화벽(packet-filtering firewall)은 각각의 메시지 부분을 검사하고 네트워크를 통과시킬지 여부를 결정한다. 이러한 결정을 위해 데이터의 발송주소, 도착주소 등 여러 데이터를 함께 검토한다.

패킷 필터링 방화벽은 방화벽 내부의 사용자와 외부의 사용자가 의사소통하는 것을 억제할 수 있다. 또한 알려진 해커 주소와 같은 특정의 사이트에서 유입되는 트래픽을 제거하거나 외부로 나가는 트래픽 역시 통제할 수 있다. 직원들이 경쟁자의 사이트나 음란 사이트 혹은 뉴스 사이트에 접근하는 것도 통제할 수 있다. 미래의 경영자로서 여러분은 직원들이 접속하는 것을 원하지 않는 사이트가 있다면 정보시스템 부서에 요청하여 방화벽으로 접근을 통제할 수 있다.

패킷 필터링 방화벽은 방화벽 중에서 가장 단순한 유형이다. 다른 방화벽들은 보다 복잡하게 필터링된다. 만약 여러분이 네트워크나 데이터 통신 관련 과목을 수강한다면 이러한 것들을 배우게 될 것이다. 여기서는 단지 방화벽이 어떻게 조직적인 차원에서 비인가된 네트워크

그림 10-11 다중 방화벽의 사용

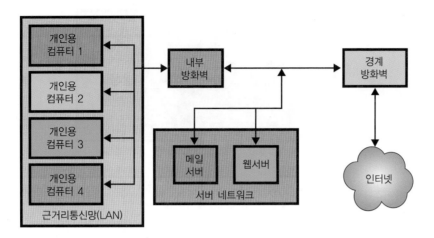

접근을 통제하는지를 이해하는 것으로 충분하다.

어떠한 컴퓨터도 방화벽 없이 인터넷에 연결되지 않아야 한다. 대부분의 인터넷 서비스 제공자(ISP)는 고객을 위해 방화벽을 제공한다. 이러한 방화벽은 일반적이며 포괄적인 것이다. 대규모의 조직은 자체적으로 이러한 일반적인 방화벽을 구축하기도 한다. 대부분의 가정용 라우터도 방화벽을 포함하고 있으며 마이크로소프트의 윈도 또한 방화벽을 가지고 있다. 다른 기업들 역시 방화벽 제품을 라이선스로 제공하기도 한다.

악성소프트웨어로부터 보호

그림 10-9에 제시된 기술적 보안대책 중에서 이후에 설명되는 것은 **악성소프트웨어**(malware)에 관한 것이다. 악성소프트웨어는 바이러스, 스파이웨어, 애드웨어와 같은 소프트웨어를 포괄하는 범주이다.

바이러스(virus)는 자신을 복제하는 컴퓨터 프로그램이다. 확인되지 않은 복제는 컴퓨터에게는 암과도 같다. 궁극적으로 바이러스는 컴퓨터의 자원을 소모한다. 더구나 다수의 바이러스는 원하지 않는 실행이나 피해를 준다. 이러한 프로그램 코드를 **페이로드**(payload)라고 한다. 페이로드는 프로그램이나 데이터를 지우거나 심지어 탐지되지 않는 방식으로 데이터를 조작하기도 한다.

트로이목마(trojan horse)는 유용한 프로그램이나 파일로 가장한 바이러스를 말한다. 이러한 이름은 트로이 전쟁 때 거대한 나무목마 안에 병사들을 태우고 트로이 성안으로 잠입한 것에서 유래한다. 전형적인 트로이목마는 컴퓨터 게임, MP3 음악 파일, 혹은 다른 유용한 프로그램으로 위장한다.

웜(worm)은 인터넷이나 다른 네트워크를 이용하여 스스로 복제하는 바이러스를 말한다. 웜은 스스로 복제할 수 있기에 다른 바이러스 유형들보다 빨리 확산된다. 사용자가 컴퓨터를 통해 파일을 공유하는 동안 기다려야 하는 다른 바이러스와는 다르게 웜은 능동적으로 네트워크를 사용하여 전파된다. 때로는 웜이 지나치게 빠르게 전파되어 네트워크에 과부하를 걸거나 파괴하기도 한다.

스파이웨어(spyware)는 사용자가 알지 못하거나 사용자의 동의 없이 임의로 설치하는 프로그

그림 10-12   스파이웨어와 애드웨어 감염 증상

- 시스템 시작이 느려짐
- 시스템 성능이 떨어짐
- 다수의 광고창이 나타남
- 인터넷 브라우저의 홈페이지가 변경됨
- 작업표시줄이나 시스템 인터페이스가 변경됨
- 비정상적으로 하드디스크가 작동함

램을 말한다. 스파이웨어는 백그라운드에 위치하고, 사용자가 인지하지 못하며, 사용자의 행동과 키보드 입력을 관찰하고, 컴퓨터의 활동을 감시하며, 특정의 지원 조직에게 사용자의 활동을 보고한다. **키 로거**(key logger)라고 불리는 몇몇의 악성 스파이웨어는 사용자 이름, 패스워드, 계좌번호 및 다른 중요한 정보들을 수집한다. 다른 스파이웨어는 사용자가 무엇을 하는지, 어떤 웹사이트를 방문하는지, 찾아보고 구매하는 제품이 무엇인지와 같은 마케팅 분석을 지원하기도 한다.

2017년부터 암호화폐의 가치가 높아지기 시작했고, 공격자들은 피해를 입은 컴퓨터를 **크립토재킹**(cryptojacking)하거나 공격자를 위해 암호화폐를 채굴하는 숨겨진 악성코드를 설치하기 시작했다. 크립토재킹을 통해 해커는 비싼 하드웨어나 에너지 소비에 대한 비용을 지불하지 않고 암호화폐를 채굴할 수 있다.

애드웨어(adware)는 스파이웨어와 비슷하게 사용자의 허가 없이 설치되고 백그라운드에서 실행되며 사용자의 행동을 관찰한다. 대부분의 애드웨어는 악의적인 행동이나 데이터를 훔쳐가지 않는 양성(benign)이다. 하지만 사용자의 행동을 관찰하고 광고 창을 띄우는 행동을 취한다. 애드웨어는 사용자의 기본 윈도 설정을 변경하거나 검색 결과와 사용자가 이용하는 검색엔진을 바꿔버리기도 한다.

랜섬웨어(ransomware)는 공격자에게 돈이 지급되기 전까지 시스템이나 데이터의 접근을 차단하는 악성소프트웨어이다. **크립토악성소프트웨어**(crypto malware) 같은 몇몇 형태의 랜섬웨어는 여러분의 데이터를 암호화(크립토로커, CryptoLocker)하고, 애플리케이션의 실행을 막거나 운영체제를 폐쇄하기도 한다(레베톤, Reveton). 공격자는 데이터나 시스템에 대한 접근을 허용하기 전에 돈을 지불할 것을 요구한다.

그림 10-12는 애드웨어와 스파이웨어의 감염 증상을 나타낸다. 이러한 증상은 서서히 악성소프트웨어가 설치되면서 나타나는 경우도 있다. 이러한 증상이 여러분의 컴퓨터에서 발견된다면 안티바이러스 프로그램을 활용하여 제거하는 것이 바람직하다.

악성소프트웨어 보안대책   다행히도 다음과 같은 보안대책을 사용함으로써 악성소프트웨어를 회피할 수 있다.

1. 안티바이러스 프로그램과 안티스파이웨어 프로그램을 설치한다. 여러분의 IS 부서는 이러한 목적을 위한 추천 프로그램의 목록을 가지고 있을 것이다. 만약 여러분이 스스로 선택해야

한다면, 믿을 수 있는 회사의 제품을 선택하도록 하자. 구매하기 전에 웹에서 안티악성소프트웨어에 대한 후기를 확인한다.

2. 안티악성소프트웨어 프로그램으로 컴퓨터를 정기적으로 검사하도록 설정한다. 최소한 일주일에 한 번 이상은 컴퓨터를 검사하도록 하고, 가급적 자주 실행하도록 한다. 악성소프트웨어 코드가 발견되면 안티악성소프트웨어로 치료하거나 제거하도록 한다. 만약 코드가 제거되지 않는 경우에는 IS 부서나 프로그램 판매자에게 문의한다.

3. 악성소프트웨어 정의목록을 갱신한다. **악성소프트웨어에 대한 정의**(malware definition, 악성소프트웨어 코드에 존재하는 패턴)와 목록을 주기적으로 다운로드한다. 대부분의 프로그램 판매자들은 지속적으로 사용자에게 제공하므로 가능한 한 빨리 설치한다.

4. 알고 있는 사람에게서 발송된 이메일만 첨부파일을 열도록 한다. 물론 알고 있는 사람에게서 발송된 첨부파일이라도 역시 주의를 기울여야 한다. 적절하게 잘 구축된 방화벽에서는 이메일만이 조직의 외부에서 내부로 유입되어 사용자의 컴퓨터로 접근할 수 있다.

   대부분의 안티악성소프트웨어 프로그램은 악성코드가 포함된 첨부파일을 검사하기는 하지만, 알지 못하는 사람이나 조직으로부터 발송된 이메일 첨부파일을 열어보지 않는 것을 습관화하는 것이 바람직하다. 또한 알고 있는 사람이나 조직으로부터 발송된 경우라도 제목이 이상하거나, 오타가 있거나, 문법적으로 이상한 제목을 가진 이메일의 경우에는 먼저 발송자를 확인하고 첨부된 문서가 올바른 것인지를 검증해야 한다.

5. 소프트웨어 업데이트를 정당한 원천으로부터 즉각적으로 수행한다. 불행하게도 모든 프로그램은 보안에 취약한 특성을 가지고 있다. 개발자와 판매자는 그러한 문제가 발견되면 물론 실제는 다소 부정확하지만 가급적 빨리 수정한다. 사용자는 애플리케이션 및 운영체제와 관련된 패치 등을 즉각적으로 설치해야 한다.

6. 믿을 만한 웹사이트만 접근한다. 단순히 특정 사이트를 방문하는 경우에도 즉각적으로 악성소프트웨어가 설치되는 경우도 있으므로 이러한 사이트는 웹브라우저로 열어보지 않도록 한다. 최근 악성소프트웨어 작성자들은 합법적인 사이트에 비용을 지불하는 배너광고를 게시하고 여기에 악성소프트웨어를 설치하기도 한다. 단 한 번의 클릭으로 여러분은 감염될 수 있다.

안전한 애플리케이션을 위한 설계

그림 10-9에 나타나 있는 기술적 보안대책 중 마지막은 애플리케이션 설계와 관련되어 있다. 이 장 앞부분에서 논의했듯이 에밀리와 호세는 보안을 염두에 두고 아이메드를 설계한다. 아이메드는 사용자의 프라이버시 설정을 데이터베이스에 저장하고, 보고서에 데이터를 드러내기 전에 프라이버시 설정을 먼저 읽을 수 있도록 모든 애플리케이션을 개발할 것이다. 대부분의 경우 아이메드는 프라이버시 데이터가 서버의 프로그램에 의해 처리되도록 프로그램을 설계할 것이고, 그 설계는 그러한 데이터가 생성되거나 수정될 때만 인터넷을 통해 전송되어야 한다는 것을 의미한다.

한편 **SQL 주입 공격**(SQL injection attack)은 사용자가 이름이나 다른 데이터를 입력하는 폼에 데이터를 입력하려고 SQL 구문을 실행하는 경우에 발생한다. 만약 프로그램이 제대로 설계되지 않았다면, SQL 코드를 실행하고 데이터베이스에 데이터를 기록하는 과정에서 명령어의 한 부분으로 만든다. 그 결과로 부적절한 데이터 유출과 데이터 손실이 발생할 것이다. 설계가 잘된 애플리케이션이라면 이러한 주입 공격은 비효과적이 될 것이다.

미래의 정보시스템 사용자로서 여러분은 프로그램을 직접 설계하지는 않을 것이다. 하지만 보안을 여러분이나 여러분의 조직이 사용하는 애플리케이션의 설계에 반드시 포함되어야 하는 중요한 요구사항으로 인식해야만 한다.

10-6 보안 위협에 대처하기 위한 데이터 보안대책은 무엇인가?

데이터 보안대책(data safeguard)은 데이터베이스와 조직의 데이터를 보호한다. 데이터 보안대책을 위해 2개의 조직적 단위가 대응한다. **데이터 관리**(data administration)는 데이터 정책을 개발하고 데이터 표준을 확정하는 책임을 총괄하는 조직의 전반적인 기능을 담당한다.

데이터베이스 관리(database administration)는 특정의 목적을 위해 만들어진 데이터베이스와 관련된 기능이다. 전사적 자원관리(ERP), 고객관계관리(CRM), 자재소요계획(MRP) 데이터베이스는 각각의 데이터베이스 관리 기능을 가지고 있다. 데이터베이스 관리는 다수 사용자의 데이터베이스 처리, 데이터베이스 변화 통제, 데이터베이스 보호 같은 것과 관련되어 있다. 자세한 내용은 이미 5장에서 논의했다.

데이터와 데이터베이스 관리는 모두 그림 10-13에 있는 데이터 보안대책과 관련되어 있다. 먼저 데이터 관리는 "고객의 데이터를 다른 조직과 공유하지 않는다"와 같은 데이터 정책을 정의해야 한다. 그리고 데이터 관리와 데이터베이스 관리는 사용자 데이터의 권리와 책임을 규정한다. 또한 그러한 권리는 최소한 패스워드를 통한 사용자 인증을 통해 처리될 수 있도록 사용자 계정을 통해 강화되어야 한다.

조직은 중요한 데이터를 암호화의 형태로 보호해야만 한다. 이러한 암호화는 데이터 통신 암호화와 유사한 방법으로 하나 혹은 2개의 키를 사용한다. 하지만 이러한 저장된 데이터라도 키 자체의 분실 문제와 악의적 의도를 가진 퇴사한 직원에 의해 파괴될 수 있다는 잠재적인 문제가 있다. 데이터가 암호화될 때, 이러한 문제들의 가능성 때문에 신뢰된 인증기관은 키를 복제해두어야만 한다. 이러한 안전한 절차를 **키 에스크로**(key escrow)라고 한다.

또 다른 데이터 보안대책으로는 정기적으로 데이터베이스의 내용을 백업하는 것이다. 조직이나 기업은 최소한 몇 개의 원격지에 데이터를 백업해야만 한다. 추가적으로 IT 담당자는 정기적으로 이러한 백업 데이터의 타당성을 확인하고 복구와 관련된 절차를 확인해야만 한다.

그림 10-13 데이터 보안대책

- 데이터 정책 정의
- 데이터 관리와 책임
- 암호에 의해 인증된 사용자 계정에 의한 강화
- 데이터 암호화
- 백업과 복구 절차
- 물리적 보안

그러나 백업되었다고 해서 데이터베이스가 보호되었다고 확신할 수는 없다.

물리적 보안은 데이터 보안대책의 또 다른 방법이다. 데이터베이스 관리 시스템이 운영되고 있는 컴퓨터와 데이터를 저장하는 데 관련된 설비들은 철저하게 외부의 출입으로부터 관리되어야 한다. 만약 그러지 못하는 경우에는 절도나 파괴로부터 자유로울 수 없다. 보다 나은 보안을 위해 조직은 출입관리를 위한 출입자 명단, 목적 등의 로그를 기록할 수 있는 설비를 구축해야만 한다.

조직이 클라우드 체제하에서 데이터베이스를 저장하려고 하는 경우에는 그림 10-13에 있는 모든 보안대책이 서비스계약의 한 부분으로 명시되어야 한다.

데이터에 대한 법적 보안 대책

어떤 조직은 고객이 수집하고 저장하는 데이터를 보호하기 위한 법적 요구사항을 가지고 있다. 법은 얼마나 오랫동안 기록을 보관해야 하는지, 기업이 누구와 데이터를 공유할 수 있는지, 안전한 데이터 저장을 의무화해야 하는지를 결정할 수 있다. 어떤 데이터 저장법은 비즈니스에 직접적인 영향을 미친다.

예를 들어, 신용카드 데이터의 안전한 저장과 처리를 규율하는 것이 **PCI DSS**(Payment Card Industry Data Security Standard)이다. 1999년 미국 의회에서 통과된 **GLBA**(Gramm-Leach-Bliley Act) 법안은 금융기관, 증권사, 보험사, 금융자문을 공급하고 세금신고서를 작성하며 유사한 금융서비스를 제공하는 단체 등이 저장하는 소비자 금융 데이터를 보호한다.

의료기관에 대해서는 1996년 **건강보험 이동성 및 책임법**(Health Insurance Portability and Accountability Act, HIPAA)의 개인정보 보호 조항을 통해 개인이 의사와 다른 의료 제공자가 작성한 건강 데이터에 접근할 권리를 부여한다. HIPAA는 또한 누가 자신의 건강정보를 읽고 받을 수 있는지에 대한 규칙과 제한을 정한다.

데이터 보호법은 미국보다 다른 나라에서 더 강할 수 있다. 일반 **데이터 보호 규정**(General Data Protection Regulation, GDPR)은 개인 데이터를 보호하기 위해 고안된 데이터 보호 규정을 개괄하는, 2018년에 제정된 유럽연합(EU) 개인정보 보호법이다. 그것은 EU 내에서 개인 데이터의 수집, 저장 및 전송을 규제한다. GDPR이 가장 중요한 EU 개인정보 보호 규정이지만, 미국 회사가 사업을 하는 다른 많은 국가들도 강력한 상업 데이터 개인정보 보호법을 개발한다.

2019년에 브리티시에어웨이는 GDPR 위반으로 2억 2,200만 달러(1억 8,300만 파운드)의 벌금을 부과받았다.[8] 2018년에 브리티시에어웨이는 신용카드와 개인정보가 포함된 데이터 유출로 50만 명의 고객 기록을 잃었다. 영국의 정보위원회(ICO)는 즉각 벌금을 부과했다. 브리티시에어웨이는 도난당한 데이터가 사용되었다거나 고객 데이터를 저장하는 데 소홀했다는 증거가 없다고 주장하며 기록적인 벌금에 항소했다.*

---

* 최종 결정된 벌금액은 2천만 파운드(약 3백억 원)로, 당초 부과된 금액의 약 11% 수준으로 경감되었다. 벌금을 감액한 이유는 사건의 특성과 심각성을 재검토하여 코로나19 팬데믹으로 인한 항공업계의 경제적 어려움을 고려하고, 사건 이후 보안 시스템을 개선하는 등 협조적인 태도를 보인 점을 반영한 것이다. (역주)

10-7 보안 위협에 대처하기 위한 인적 보안대책은 무엇인가?

인적 보안대책(human safeguard)은 정보시스템의 구성 요소 중에서 인간과 절차에 관련되어 있다. 일반적으로 인적 보안대책의 결과로 인가받은 사용자가 주어진 적절한 절차에 따라 시스템을 사용하고 복원할 수 있게 된다. 인가받은 사용자에 대한 엄격한 접근은 효과적인 인가 방법과 사용자 계정의 관리를 통해 이루어진다. 또한 적절한 보안 절차는 모든 시스템의 한 부분으로 설계되고, 사용자들은 절차의 중요성에 대해 훈련을 받으며 그러한 절차를 사용하게 된다. 여기에서는 직원에 대한 인적 보안대책의 개발에 대해 논의한다. 10-2절에서 논의한 컴퓨터 범죄 조사에 따르면 악의적인 내부자에 의한 범죄가 빈도와 피해가 증가한다. 이러한 사실은 인적 보안대책이 중요하다는 것을 말한다.

직원을 위한 인적 보안대책

보안 가이드(351~352쪽)에서 코로나19 관련 보안 위험에 대해 읽어보라.

그림 10-14는 직원을 위한 보안 고려사항을 나타낸다. 각각에 대해 살펴보자.

직위 정의 효과적인 인적 보안대책은 직위에 따른 과업과 책임을 정의하는 것에서부터 시작된다. 일반적으로 직무기술서는 의무와 권한을 분리하여 제공해야 한다. 예를 들어 비용을 승인하는 직원은 수표를 발행하는 직원의 업무를 동시에 맡아서는 안 된다는 것이다. 대신 비용을 한 사람이 승인하면 다른 한 사람이 지불을 담당하고, 또 다른 사람이 비용에 대한 확인을 담당하도록 해야 한다. 이와 유사하게 재고관리에 있어서도 재고인출을 승인하는 직원은 재고인출을 할 수 있는 권한을 가져서는 안 되는 것이다.

적절한 직무기술서에는 사용자 계정이 사용자가 처리하는 과업에 따른 최소한의 권한을 부여하도록 명시되어야 한다. 예를 들어 데이터를 수정할 권한이 없도록 직무기술서에 명시된 사용자는 주어진 계정에 대해 읽기전용 권한만을 가져야 한다. 유사하게 사용자 계정은 사용자가 그들의 직무기술서에 명시되지 않은 데이터에 접근하는 것도 제한해야 한다.

마지막으로 각 직위에 대한 보안 중요도는 반드시 문서화되어야 한다. 어떤 업무는 아주 중요한 데이터와 관련되어 있다(예 : 직원 급여, 영업 할당, 마케팅 혹은 기술적 데이터). 다른 업무는 중요하지 않은 정보와 연관되어 있기도 하다. **직위 중요도**에 대한 문서화는 발생할 수 있는 위험 및 손실과 관련된 주요한 활동에 대해 우선순위를 결정할 수 있도록 한다.

고용과 선별 보안에 대한 고려는 고용 프로세스의 한 부분이다. 만약 중요한 데이터에 대한 접근이 없거나 정보시스템에 전혀 접근할 수 없는 직무라면 정보시스템과 관련된 선별 작업은 최소한으로 요구된다. 하지만 중요한 정보와 관련된 직원을 채용하는 경우에는 심층 면접, 신원보증인제도, 신상조사와 같은 작업이 적절하다. 보안 선별은 신규 고용 인력뿐만 아니라 기존의 직원 중에서 중요한 직위로 승진한 직원도 역시 포함된다.

공표와 강화 직원들이 보안 정책과 절차에 대해 알고 있지 않다면 그들에게 보안 정책과 절차를 준수하게 할 수 없다. 따라서 직원들은 그들이 가진 책임과 보안 정책, 절차 등에 대해 인지시켜야 한다.

그림 10-14 내부 직원을 위한 보안 정책

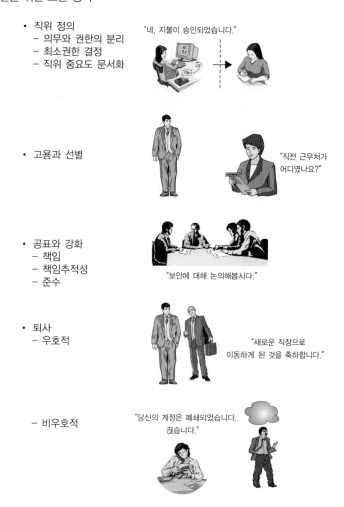

직원 보안 훈련은 신규 직원 훈련 과정에서부터 시작하고, 일반적인 보안 정책과 절차에 대한 설명으로 이루어진다. 이러한 일반적인 훈련은 직무의 중요도와 책임에 따라서 확대되어야만 한다. 승진된 직원 역시 새로운 직위에 맞는 적절한 보안 훈련을 받아야 한다. 기업은 직원이 보안 훈련을 완전하게 마치기 전에는 사용자 계정과 패스워드를 제공하지 않아야 한다.

강화는 책임, 책임추적성, 준수의 상호의존적인 세 가지 요소로 구성된다. 먼저 기업은 각 직위에 따른 보안 책임에 대해 명확하게 정의해야만 한다. 보안 프로그램의 설계는 보안 위반에 대한 책임을 축적하도록 이루어진다. 중요한 데이터가 손실되었을 경우에 대한 절차가 존재해야 하고 어떻게 그러한 일이 발생했는지 그리고 누가 책임을 져야 할 것인지에 대해서도 결정해야 한다. 마지막으로 보안 프로그램은 보안 준수를 장려해야 한다. 직원의 활동은 정기적으로 보안 준수의 관점에서 감독되어야 하고, 경영층은 보안 준수가 이루어지지 않는 경우에 대한 징계와 같은 원칙적 행동을 명시해야만 한다.

경영층이 말과 행동으로 보안에 대한 심각성을 명시하는 경우 직원의 준수는 상당히 높아질 수 있으므로 경영층의 태도는 중요하다. 만약 경영층이 패스워드를 게시판에 적어두거나 공개된 장소에서 말하거나 혹은 물리적인 보안 절차를 무시하는 경우에는 직원의 보안에 대한 태도는 물론 보안 준수도 상당히 저해된다. 효과적인 보안은 경영층의 책임을 지속적으로 유지하는 것이다. 정기적으로 보안에 대해 상기시키는 것 역시 필수적이고 핵심적이다.

퇴사 기업은 퇴사한 직원을 위한 보안 정책과 절차를 개발해야 한다. 대부분의 직원 퇴사는 우호적이며 승진, 정년퇴임 혹은 다른 직위로 이동함으로써 발생한다. 표준적 인적자원 정책을 통해 시스템 관리자가 직원의 퇴사하는 날을 먼저 알고 있도록 하고, 퇴사하는 사용자의 계정과 패스워드를 삭제할 수 있도록 해야 한다. 암호화된 데이터를 위한 암호키의 복구와 다른 보안 요구사항들은 직원의 퇴사처리를 위한 한 부분이어야 한다.

비우호적인 퇴사는 직원이 악의적인 혹은 해로운 행동을 할 수 있다는 점에서 보다 어려운 문제이다. 이러한 경우 시스템 관리자는 직원의 퇴사 이전에 계정과 패스워드를 삭제할 필요가 있다. 다른 조치를 통해서도 기업의 정보 자산을 보호할 필요가 있다. 예를 들어 퇴사한 영업사원의 경우 기업의 기밀고객 데이터와 매출전망 데이터를 다른 기업을 위해 사용할 목적으로 절취하려고 할지도 모르기 때문이다. 퇴사를 결정하는 경영층에서는 퇴사에 앞서 이러한 정보를 보호할 수 있는 단계적 조치를 취해야 한다.

인적자원관리 부서는 직원 퇴사에 대해 사전에 IS 관리자에게 통보하는 것에 대한 중요성을 인지해야만 한다. 포괄적인 정책이 존재하지 않는다면 정보시스템 부서는 개별 직원 단위로 각각의 사례를 평가해야만 한다.

비직원을 위한 인적 보안대책

업무상 임시직원, 공급업체, 협력업체 직원 혹은 일반 대중에게 정보시스템을 공개할 필요가 있을 수 있다. 임시직원은 선별 과정을 통해 고용될 수 있지만, 비용절감을 위해 이러한 선별 과정을 간소화되거나 생략하는 경우도 있다. 대부분의 경우 기업은 공급업체나 협력업체 직원을 선별할 수 없다. 물론 일반 대중 사용자도 선별 과정을 적용할 수 없다. 유사한 제약이 보안 훈련과 준수 검증에도 적용된다.

임시직원, 공급업체, 협력업체 직원의 경우 활동을 감독하기 위해서 관련된 데이터와 IS 자원의 중요도에 맞는 적절한 보안대책이 계약을 통해 관리되어야 한다. 기업들은 공급업체와 협력업체에게 적절한 선별과 보안 훈련을 요구해야 한다. 계약에는 특정 과업을 수행하는 데 관련된 보안책임에 대한 명확한 언급이 있어야 한다. 기업은 그들에게 계정과 패스워드를 제공함에 있어서 최소권한을 부여하고 업무 종료 시 가능한 한 빨리 계정과 패스워드를 제거해야 한다.

웹사이트를 사용하는 일반 대중 사용자와 공개적으로 정보시스템에 접근할 수 있는 사용자의 경우에는 상황이 달라진다. 일반 대중 사용자에게 보안 위반에 대한 책임추적성을 준수하도록 하는 것은 상당히 어렵고 비용이 많이 든다. 일반적으로 일반 대중 사용자들에게서 발생할 수 있는 위협에 대한 가장 좋은 보안대책은 웹사이트를 강화하거나 가능한 다른 설비들을 사용하는 것이다. **사이트 강화**(hardening)는 시스템의 취약성을 감소시키는 특별한 수단을 사용하는 것을 의미한다. 강화된 사이트는 애플리케이션이 요구하지 않는 운영체제의 기능을 잠그거나 제거하는 특별한 버전의 운영체제를 사용한다. 강화는 기술적 보안대책이지만 일반 대중 사용자들을 위한 가장 중요한 보안대책이므로 여기서 언급한다.

마지막으로 일반 대중이나 몇몇 협력업체와의 업무관계는 임시직원이나 공급업체와의 관계와 다를 수 있다. 일반 대중과 일부 협력업체는 이익을 얻기 위해 정보시스템을 사용한다. 결과적으로 보안대책은 그러한 사용자들을 내부적 기업 보안 문제로부터 보호하기 위해 필요하다. 악의적으로 웹사이트에 제품의 가격을 변경하는 불만을 가진 직원은 잠재적으로 일반 대중 사용자와 협력업체에 피해를 줄 수 있다. 한 IT 관리자는 다음과 같이 말한다. "그들로부터 우리를 보호하기보다 우리들로부터 그들을 보호할 필요가 있다." 이는 그림 10-8의 다섯 번째 지침이 확장된 것이다.

계정관리

사용자 계정, 패스워드, 헬프데스크 정책과 절차의 관리는 인적 보안대책에 있어서 역시 중요하다.

계정관리　계정관리는 새로운 사용자 계정의 생성, 기존의 계정에 대한 권한 수정, 불필요한 계정의 삭제와 관련이 있다. 정보시스템 관리자는 이러한 과업을 모두 수행하지만, 계정 사용자는 이러한 행동에 대해 관리자에게 알릴 책임이 있다. IS 부서는 이러한 목적을 위한 표준적인 절차를 개발해야만 한다. 계정 변경을 위한 필요성을 사전에 그리고 적절한 시점에 알리는 것을 통해 사용자는 정보시스템 담당자와의 관계를 증진시킬 수 있다.

더 이상 필요하지 않은 계정의 존재는 심각한 보안 위협이 된다. IS 관리자는 계정이 언제 제거되어야 하는지 정확하게 알지 못하며, 사용자와 경영자의 변경에 대한 통보에 따라서 결정된다.

패스워드 관리　패스워드는 인증의 기본 수단이다. 패스워드는 사용자 컴퓨터에 대한 접근을 위해도 중요할 뿐만 아니라 다른 네트워크나 서버로 접속하기 위한 인증으로 중요하다. 패스워드는 상당히 중요하기에 NIST(National Institute of Standards and Technology)는 그림 10-15와 같은 것과 유사한 형식의 선언문을 권고한다.

계정이 생성되면 사용자는 주어진 기본 패스워드를 즉각적으로 바꾸어야 한다. 사실 대부분 설계가 잘된 시스템에서는 최초 로그인 시에 패스워드를 바꿀 것을 요구한다.

추가적으로 사용자들은 패스워드를 정기적으로 바꿔야 한다. 몇몇 시스템은 세 달 혹은 그보다 짧은 기간에 패스워드를 변경할 것을 요구한다. 사용자는 이러한 변경을 귀찮다고 불평할 수도 있지만 패스워드를 자주 변경하는 것은 패스워드 손실의 위험을 감소시킬 뿐만 아니라 기존의 패스워드가 유출되었을 경우에 발생하는 추가적인 피해의 확장을 감소시킨다.

몇몇 사용자는 2개의 패스워드를 번갈아서 변경하여 사용하기도 한다. 이러한 전략은 보안 문제를 야기할 수 있으며, 어떤 시스템은 사용자가 최근에 사용했던 패스워드를 다시 사용하는 것을 허용하지 않고 있다. 따라서 사용자는 이러한 패스워드에 대한 정책을 귀찮은 것이 아니라 중요한 것으로 인식해야 한다.

헬프데스크 정책　과거에 헬프데스크는 심각한 보안 위험을 가지고 있었다. 패스워드를 잊은 사용자는 헬프데스크에 전화를 걸어서 자신의 패스워드를 알려줄 것을 요청하거나 패스워드를 재설정하는 등의 요청을 했다. "패스워드 때문에 보고서를 작성할 수 없어요!"라는 것이 이러

그림 10-15 계정과 관련된 숙지사항의 예시

나는 아래에 명시된 시스템 암호와 계정에 대한 권한을 부여받았습니다. 나는 암호를 안전하게 관리할 책임을 이해하고 있으며, 모든 시스템 보안을 준수하고 암호를 다른 사람에게 알려주지 않을 것입니다. 나는 정보시스템 보안 책임자에게 암호 사용 시 발생하는 문제에 대해 보고할 것이며, 나의 암호가 외부나 다른 사람에게 유출되었을 경우에도 보고해야 한다는 사실을 숙지하고 있습니다.

출처 : National Institute of Standards and Technology, *Introduction to Computer Security: The NIST Handbook*, Publication 800–812.

한 요청에 대한 대표적인 핑계 사유였다.

헬프데스크 직원의 문제는 그들과 통화하는 사용자가 실제의 사용자인가에 대한 판단을 할 수 없다는 것이었다. 그러나 이러한 요청을 도와주지 않을 경우 '헬프데스크가 도움이 되지 않는다'는 부정적인 견해가 발생할 것을 우려했다.

이러한 문제를 해결하기 위해 다수의 시스템은 헬프데스크 직원에게 사용자에 대한 인증을 수단으로 사용한다. 전형적으로 헬프데스크 정보시스템은 사용자의 출생장소, 모친의 결혼 전 성*, 계정의 마지막 4자리 숫자와 같이 실제 사용자만이 알 수 있는 질문에 대한 답을 요청한다. 대부분 패스워드가 변경되면 사용자의 이메일로 패스워드 변경에 대한 통지가 이루어진다. 이메일은 단순한 텍스트이므로 변경된 새 패스워드 자체가 발송되어서는 안 된다. 만약 자신이 요청하지 않았음에도 불구하고 사용하고 있는 패스워드가 재설정었다는 통보를 받은 경우에는 IT 보안 부서에 즉각적으로 연락해야 한다. 이는 여러분의 계정이 침해받았다는 것이다.

앞서 설명한 이러한 헬프데스크는 보안시스템을 약화시킬 수 있으며, 만약 직원이 충분히 중요한 직위에 있는 경우에는 지나치게 큰 취약성을 야기할 수도 있다. 이러한 경우 사용자는 별다른 수가 없다. 계정은 삭제될 것이고, 사용자는 계정 신청 처리를 다시 해야만 한다.

시스템 절차

그림 10-16은 정상 운영, 백업, 복구의 절차 유형에 대해 나타낸다. 절차의 각 유형은 각각의 정보시스템을 위해 존재한다. 예를 들어 주문입력 시스템은 웹 상점, 재고시스템과 같은 각각의 유형별 절차를 가지게 된다. 표준화된 절차의 정의와 사용은 컴퓨터 범죄와 내부자에 의해 발생하는 다른 악성 활동을 감소시킨다. 또한 시스템 보안 정책을 강화한다.

절차는 시스템 사용자와 운영 요원 모두를 위해 존재한다. 각각의 사용자에 대해 기업은 정상 운영, 백업, 복구에 대한 절차를 개발해야 한다. 향후 사용자가 될 인력에 대해서도 사용자 절차에 대해 관심을 가져야 한다. 정상적인 사용 절차는 정보시스템의 중요도에 따라 적절한 보안대책을 지원해야 한다.

백업 절차는 시스템의 실패가 발생했을 경우에 사용될 백업 데이터를 생성하는 것과 관련되어 있다. 운영 요원이 기본적으로 시스템 데이터베이스와 다른 시스템에 대한 백업의 책임을

---

* 미국의 경우가 그러하다. (역주)

그림 10-16 시스템 절차

	시스템 사용자	운영 요원
정상 운영	보안의 중요도에 따라서 시스템을 사용하여 과업을 수행	데이터 센터 장비의 운영, 네트워크 관리, 웹 서버 운영, 운영적 과업 수행
백업	시스템 기능성 손실을 위한 준비	웹사이트 자원, 데이터베이스, 관리 데이터, 계정과 암호 등의 백업
복구	시스템 실패 동안의 과업 완료. 시스템 복구 동안의 과업에 대한 인지	백업 데이터로부터 시스템 복구, 복구 기간 동안 헬프데스크 역할 수행

가지고 있지만 개별 부서의 사용자도 그들의 컴퓨터에 저장되어 있는 데이터에 대해 백업을 할 필요성이 있다. "내가 가진 컴퓨터나 모바일 장비를 잃어버렸을 경우에 어떠한 일이 발생할까?", "공항 검색대에서 내 컴퓨터가 바닥에 떨어졌을 때 어떠한 일이 발생할까?", "내 컴퓨터를 도난당했을 때 어떤 일이 발생할까?" 이러한 질문에 대한 답을 통해 백업에 대한 준비를 할 수 있게 된다. 직원들은 그들의 컴퓨터에 있는 중요한 비즈니스 데이터의 백업이 제대로 되고 있는지를 확인해야 한다. IS 부서는 이러한 사용자의 백업에 대해 백업 절차와 백업 장비를 통해 지원할 수도 있다.

마지막으로 시스템 분석가는 시스템 복구를 위한 절차를 개발해야 한다. 먼저 중요한 시스템이 제대로 운영되지 않을 경우에 그 영향을 어떻게 관리할 것인가에 대해 결정해야 한다. 시스템이 제대로 동작되지 않는 동안에도 고객은 주문하기를 원할 것이고 제조업자는 재고와 관련된 업무처리를 요구할 것이기 때문이다. 이러한 경우 부서의 대응은 어떻게 될 것인가? 시스템이 다시 제대로 서비스를 제공하는 경우에도 시스템의 비정상적인 운영기간 동안 업무 활동을 어떻게 기록할 것인가? 서비스의 재계는 어떻게 이루어질 것인가? 시스템 개발자는 이러한 사항에 대해 충분히 고려해야 하며 각 상황에 맞는 적절한 절차를 개발해야 한다.

보안 감시

보안 감시는 인적 보안대책으로 논의되는 마지막 부분이다. 중요한 보안 감시 기능으로는 활동 로그 분석, 보안 테스트, 보안 사고에 대한 조사와 이를 통한 학습이 있다.

다수의 정보시스템 프로그램은 활동 로그를 생성한다. 방화벽은 패킷 손실, 시스템 침투 시도, 부당한 접근 시도 등을 포함하는 활동 로그를 생성한다. DBMS 제품은 로그인의 성공과 실패에 대한 로그를 생성한다. PC 운영체제는 로그인과 방화벽 활동에 대한 로그를 생성할 수 있다.

이러한 로그가 로그로만 존재하고 아무도 보지 않는다면 로그는 조직에 아무런 가치를 갖지 못한다. 따라서 중요한 보안 기능은 이러한 로그를 위협의 형태, 성공적/비성공적 공격, 보안 취약성의 증거의 차원에서 분석하는 것이다.

오늘날 대부분의 대규모 조직은 적극적으로 보안 취약성을 조사한다. 그들은 테너블사의 네서스 혹은 HCL사의 앱스캔과 같은 유틸리티를 구입하여 취약성을 평가하기도 한다.

다수의 기업은 컴퓨터 범죄자의 공격을 유인하는 **허니팟**(honeypot)을 만들기도 한다. 침입자에게 보호되지 않은 웹사이트와 같은 허니팟은 상당히 취약한 자원으로 보일 수도 있지만,

그 웹사이트에는 단지 공격자의 IP 주소를 탐지하기 위한 프로그램만 설치되어 있다. 조직은 DNS 스터프(DNSstuff)와 같은 공개된 도구를 사용하여 누가 공격을 했는지 추적할 수도 있다.[9] 만약 여러분이 호기심과 기술에 대한 관심이 많고 보안 전문가가 되고자 한다면 이는 마치 CSI 드라마처럼 흥미로울 것이다. 더 많은 내용을 배우기 위해서는 DNS 스터프, 네소스 또는 시큐리티앱스캔을 찾아보자.

또 다른 중요한 감시 기능은 보안 사고를 조사하는 것이다. 문제가 어떻게 발생했는지, 보안 대책이 그러한 문제의 재발을 방지했는지, 보안시스템의 취약성을 식별했는지, 사고로부터 향후 교훈으로 얻을 것은 무엇인지에 대해 검토가 이루어져야 한다.

보안시스템은 동적인 환경에서 존재한다. 조직의 구조도 변한다. 기업은 매각되거나 매수 혹은 합병된다. 새로운 시스템은 새로운 보안대책을 요구한다. 새로운 기술은 보안의 형태를 변화시키고 새로운 위협을 야기하기도 한다. 보안 담당자는 지속적으로 환경에 대해 감시해야 하고, 현재의 보안 정책과 대책이 적절한지에 대해 평가해야 한다. 만약 변화가 필요하다면 보안 담당자는 적절한 행동을 취해야 한다.

보안은 품질과 마찬가지로 지속적인 프로세스이다. 기업 혹은 보안 시스템에서 최종적인 완성 단계라는 것은 존재하지 않는다. 대신 기업은 영속성의 관점에서 보안 감시를 지속적으로 수행해야 한다.

10-8 보안 사고에 대해 조직은 어떻게 대처해야 하는가?

보안 계획의 마지막 부분은 보안 사고에 대한 대응이다. 그림 10-17은 주요한 요소를 나타낸다. 먼저 모든 조직은 보안 프로그램의 일부로 사고 대응 계획을 가지고 있어야 한다. 어떠한 조직도 자산이 손실되거나 유출되는 것을 수수방관하지는 않을 것이다. 사고 대응 계획에는 보안 문제에 대한 직원들의 대응 방법, 연락해야 하는 담당자에 대한 명시, 작성해야 하는 보고서, 추가적인 손실을 감소시키기 위한 절차 등이 포함되어야 한다.

바이러스의 경우를 예로 들어보자. 사고 대응 계획은 직원이 바이러스를 발견했을 경우에 대한 대처방안을 명시한다. 어떤 담당자에게 연락을 취해야 하는지 그리고 무엇을 해야 하는지에 대해 명시한다. 또한 바이러스가 발견된 컴퓨터의 전원을 차단하고 네트워크와의 물리적인 연결을 단절하도록 명시되었을 수도 있다. 계획에는 무선 네트워크를 사용하는 컴퓨터에

그림 10-17 사고 대응의 요소

- 적절한 계획의 확보
- 집중화된 보고
- 세부적인 대처
  - 신속성
  - 준비 비용
  - 문제를 더 이상 악화시키지 않는 것
- 연습

대한 내용도 명시해야 한다.

사고 대응 계획은 모든 보안 사고에 대해 집중화된 보고를 제공해야 한다. 이러한 보고는 사고가 체계적인 공격인지 아니면 단순한 사고인지를 판단하는 것을 가능하게 한다. 집중화된 보고는 보안 위협으로부터 교훈을 얻을 수 있도록 하고 지속적인 행동을 취할 수 있도록 하며 모든 보안 문제에 대해 특화된 전문성을 제공한다.

사고가 발생한 경우에 신속하게 대처하는 것은 핵심적인 사항이다. 사고발생 기간이 길수록 비용도 커진다. 바이러스와 웜은 조직의 네트워크를 통해 급속도로 퍼질 수 있기에 신속한 대처는 피해를 완화시키는 데 도움을 준다. 신속한 대처를 위해서는 그에 상응하는 준비 비용이 소요된다. 사고 대응 계획은 핵심적인 인적자원을 식별하고 업무 외 시간에 연락할 수 있는 정보를 확인해야 한다. 이러한 인력은 그들이 해야 하는 업무와 위치에 대해 훈련되어야 한다. 충분한 준비가 없다면 문제를 더 악화시킬 소지가 있는 잠재적인 위험이 존재할 수 있다. 또한 위험에 대한 부적절한 소문의 발생을 훈련된 인력을 통해 경감시킬 수가 있다.

마지막으로 조직은 정기적으로 사고 대응에 대한 연습을 수행해야 한다. 그러한 연습이나 훈련을 통해 직원은 대응 계획에 대해 제대로 알게 되고 사고 대응 계획 자체가 지닌 결함을 명확하게 파악할 수 있다.

이 장의 **지식**이 **여러분**에게 어떻게 도움이 되는가?

이 장에서 배운 지식은 개인, 조직 등의 차원에서 컴퓨터 보안에 영향을 미치는 위협을 인지하는 데 도움을 줄 것이다. 여러분과 여러분의 조직은 보안대책의 비용과 손실의 위험 간의 상충관계를 이해해야만 한다는 것을 학습했다. 컴퓨터 장치와 데이터를 보호하기 위해 어떠한 조치를 취해야 하는지에 대해서도 배웠다. 조직이 보안 위협에 어떻게 대응을 해야 하는지에 대해도 역시 학습했다. 이 장에서는 기술적, 데이터, 인적 보안대책에 대해 논의했으며, 조직이 어떻게 보안 사고에 대처해야 하는지에 대해 설명했다.

다시 말하지만 무엇보다도 강력 패스워드를 사용해야 한다는 점을 명심하자!

So what?

블랙햇의 뉴스

해커, 보안 전문가, 학계 및 정부 요원들이 매년 라스베이거스로 모여들어 세계에서 가장 크고 잘 알려진 2개의 보안 콘퍼런스인 블랙햇과 데프콘에 참석한다. 블랙햇은 전문가들이 많이 참여하고, 데프콘은 해킹 커뮤니티의 더 일반적인 구성원들을 끌어들인다. 서로 다른 대상을 타깃으로 한 이벤트임에도 불구하고 라스베이거스 여행자들은 일반적으로 두 콘퍼런스에 모두 참석하는데, 이는 두 콘퍼런스가 연속적으로 개최되기 때문이다.

매년 발표자들은 어떻게 사물이 해킹될 수 있는지에 대해 브리핑한다. 발표자들은 하드웨어, 소프트웨어, 프로토콜 또는 시스템의 약점을 이용하는 방법을 정확하게 보여준다. 한 세션은 여러분에게 스마트폰을 해킹하는 방법을 보여줄 수 있고, 다른 세션은 여러분에게 현금 인출기(ATM)에서 현금이 사라지는 것을 보여줄 수 있다.

발표는 기업이 제품의 취약점을 보완하고 해커, 개발자, 제조사, 정부기관 등을 대상으로 교육의 장을 마련하도록 유도하는 내용을 다룬다. 최근 블랙햇과 데프콘의 주제 분야는 다음과 같다.

딥페이크

올해 많은 논의가 한 개인이 다른 개인으로 대체되도록 컴퓨터가 생성한 이미지(사진이나 동영상이 될 수 있음)를 만드는 것인 딥페이크(deepfake)를 중심으로 이루어졌다. 강력한 인공지능과 머신러닝 기술을 사용하여 충실도가 높은 딥페이크를 만드는 것이 가능하다. 시간이 지남에 따라 처리 능력이 계속 증가하고 이러한 사진과 동영상을 만드는 데 사용할 수 있는 전문 소프트웨어가 점점 더 널리 사용됨에 따라 웹에서 생성되고 공유되는 딥페이크의 수는 급격히 증가했다.

딥페이크 영상의 초기에는 포르노그래피에 집중되었다. 딥페이크 제작자는 유명인의 얼굴과 포르노 배우의 몸이 합쳐진 영상을 생성했다. 더 끔찍한 것은 딥페이크 제작자가 동료, 동창 또는 전 애인의 얼굴로 포르노 배우의 영상을 생성하는 것이었다.

컴퓨터가 생성한 딥페이크의 품질은 매우 높아 동영상이 가짜라고 주장하는 피해자/대상자조차 믿을 수 없을 정도이다. 정보의 무결성을 보호하기 위해 이러한 가짜 동영상의 지표를 식별할 수 있는 것이 우선 과제가 되었다. 그렇게 할 수 있는 새로운 방법이 블랙햇 2019에서 제시되었다.[10]

사물인터넷(IoT)

점점 더 많은 사물인터넷(IoT) 기기가 가정에 도입되고 있다. 오늘날 친구나 가족, 이웃의 집에 걸어 들어와 스마트 온도 조절기, 와이파이나 블루투스 조명, 인터넷에 연결된 보안 카메라나 아기 모니터, 스마트 TV, 스마트 스피커, 디지털 어시스턴트 등을 보는 것은 드문 일이 아니다.

사물인터넷 디바이스의 기본 원리는 스마트 보안 시스템과 연동되는 스마트 조명과 알람이 울리면 조명이 빨간색으로 깜박이는 등 다른 IoT 디바이스와 쉽게 구성 및 통합할 수 있어야 한다는 것이다.

사물인터넷 기기의 또 다른 중요한 특징은 직관적인 앱과 디지털

출처 : Rawpixel.com/Shutterstock

어시스턴트에 의해 쉽게 제어될 수 있어야 한다는 것이다. 예를 들어, 집 주인이 어두운 집으로 걸어 들어와 알렉사에게 불을 켜라고 말하는 것이다.

사물인터넷 기기와 앱 간의 이 모든 통합은 이러한 기기와 통신하고 관리하는 데 사용되는 소프트웨어에 잠재적인 취약점이 많다는 것을 의미한다. 사물인터넷 소프트웨어가 보안에 우선순위를 두고 개발되었다면 수백 개에서 수천 개의 서로 다른 제품 간의 쉬운 통합은 훨씬 더 어려울 것이다.

데프콘과 블랙햇은 스마트 기기가 어떻게 해킹당하는지에 대한 발표로 가득했다. 2019년에 발표는 다양한 다른 모터와 심지어 보잉 항공기의 내부 네트워크를 손상시키는 방법에 초점을 맞추었다.

선거 관련 기술

2016년 미국 대통령 선거는 잘못된 정보 캠페인에 대한 각종 루머와 의혹으로 먹구름이 끼었다. 심지어 투표 장비의 무결성에 대해서도 의문이 제기되었다. 이에 따라 선거 과정에서 어떤 방식으로든 사용되는 기술에 대한 정보 보안 전문가와 해커들의 관심이 급증했다.

투표 기계에 사용될 수 있는 잠재적인 해킹 기술을 발견하기 위한 노력으로, 데프콘은 참석자들이 투표를 진행하기 위해 오늘날에도 여전히 사용되는 다양한 기술과 동일한 모델로 접근할 수 있는 투표 마을(Voting Village)을 만들었다.

투표 마을의 핵심은 방위고등연구계획국(Defense Advanced Research Projects Agency, DARPA)이 개발한 새로운 마이크로프로세서를 추가한 것인데, 이 마이크로프로세서는 사람들이 타협할 수 있는 기회를 제시했다.[11] 기업은 제품과 디지털 서비스의 취약성을 알아내기 위해 외부 보안 전문가에게 점점 더 의존하고 있는데, 이는 그 협력의 또 다른 예일 뿐이다.

토의문제

1. 딥페이크 영상이 정치, 금융, 국가 안보의 세계에 주는 시사점은 무엇인가?
2. 딥페이크 영상을 만들어 올리는 것이 불법이라고 생각하는가?
3. 보안 통제가 허술한 사물인터넷 기기의 경향을 고려할 때 사물인터넷 기기의 채택에 대한 여러분의 입장은 어떠한가? 위험을 감수할 가치가 있는가?
4. 블랙햇 또는 데프콘 중 하나에 참가할 수 있다면 어떤 주제(기술 보안, 행동 보안, IoT 기기 해킹 등)에 가장 관심이 있는가? 그에 대해 설명해보라.

보안 가이드

코로나19 위험 완화를 위한 기술 사용

정보 보안의 핵심 요소는 위험을 식별하고 그 위험에 대처할 수 있는 최선의 행동 방향을 결정하는 것이다. 정보 보안 위험을 생각하는 일반적인 방법은 중세의 성에 비유하는 것이다. 성은 내부의 거주자와 자원을 안전하게 유지하기 위해 다양한 보안 수단을 사용하는 것으로 악명이 높다. 방어 수단에는 도개교, 대문, 해자, 내외벽, 탑, 흉벽 등이 있다.

이렇게 방어된 성을 공격하려면 광범위한 계획, 자원, 시간 및 승리 전략이 필요하다. 진입을 시도하는 데 부담이 너무 커서 시간, 에너지 또는 자원을 낭비하지 않기로 결정한다면 성 방어는 효과적인 억제제 역할을 한 것이다.

뉴노멀 회의

출처 : kora_sun/Shutterstock

디지털 방어

디지털 세계에서 조직은 네트워크, 시스템 및 데이터를 안전하게 유지하기 위해 다양한 방어 수단을 사용한다. 예를 들어, 주차 제한, 카드를 통한 출입문, 사무실 로비의 체크인 스테이션 및 사무실 건물의 특정 부분에 대한 직위나 역할 기반의 접근 통제와 같은 물리적 보안은 권한이 없는 사람들이 중요한 시스템 및 데이터에 물리적으로 접근할 수 없도록 보장한다.

방화벽과 침입 탐지 시스템과 같은 디지털 보안 시설은 악의적인 행위자들이 중요한 내부 네트워크에 접근하여 데이터를 훔치거나 수정, 삭제하거나 손상시키는 것을 방지하는 데 도움이 된다. 마지막으로 보안 교육 훈련 및 인식(SETA) 프로그램과 보안 정책은 적의 진입을 쉽게 허용할 수 있는 '문'이나 '창'을 의도치 않게 열어두지 않을 가능성을 높이는 데 도움이 된다.

보안 디지털 성을 구축하는 데 사용되는 표준 보안 행태 외에 조직은 다른 위험(예 : 자연 재해)이 발생할 경우 조직의 수명을 보장하는 데 도움이 되는 다른 메커니즘을 사용한다.

예를 들어, 재해 복구 계획과 보다 확장적인 비즈니스 연속성 계획을 수립하여 조직의 운영 중단 시 중요한 시스템을 복구할 수 있는 절차를 갖추도록 할 뿐만 아니라 위기 시에도 어느 정도의 정상적인 비즈니스 운영이 유지되도록 할 수 있다.

코로나19 완화

기관들이 개발하고 시행한 모든 보안 조치와 위험 완화 전략에도 불구하고 코로나19 팬데믹이 끼칠 영향에 대해 준비된 사람은 거의 없었다. 대부분의 기관은 전염성이 높은 바이러스의 전 세계적 영향을 설명하지 않았으며, 사무실 건물이 장기간 폐쇄되는 등 광범위한 자택 대피령과 사회적 거리두기 조치를 시행했다.

간단히 말해 새로운 형태의 위험이 조직에 도입되었는데, 이는 조직의 가장 큰 자산 중 하나인 자체 직원에 의해 도입된 위험이다. 조직이 사람들을 사무실 공간으로 복귀시키기 위해 점진적으로 사업을 재개할 방법에 대해 생각하기 시작하면서, 어떻게 하면 사무실에서 일하는 것의 위험을 최소화하여 운영을 다시 중단할 필요가 없도록 할 수 있는지에 대한 혁신적인 해결책이 제안되었다.

조직이 위험을 줄이고 직원의 안전한 환경을 촉진하기 위해 개발하고 있는 기술 기반 조치 중 일부에는 스마트폰 앱, 열 화상 감지 카메라, 행동 조사 및 고위험 직원을 위한 위험 세분화가 포함된다.[12]

예를 들어, 조직은 직원들이 하루 종일 그들의 움직임을 추적하는 앱을 설치하도록 할 수 있다. 그것은 직원들이 어디로 가고 누구와 접촉하는지 볼 수 있고 사회적 거리 두기를 장려하는 데 도움이 되는 피드백을 제공한다. 고용주는 안전 지침을 따르는 직원에게 보상하기 위해 이러한 앱을 사용할 수 있다. 직원이 아프면, 어떤 직원이 아픈 직원과 접촉했는지를 보기 위해 과거 데이터를 사용할 수도 있다. 상세한 추적과 접촉 추적은 직원을 안전하게 유지하면서 조직을 운영하도록 도움을 줄 수 있다.

조직은 또한 열 화상 감지 카메라를 사용하여 사무실에 들어오는 직원이 코로나19의 증상인 열이 있는지 확인할 수 있다. 체온이 높은 직원은 사무실의 나머지 인원을 위험에 빠뜨리지 않고 집으로 돌려보낼 수 있다. 열 감지 카메라는 다소 비싸지만 거부감이 높지 않고 배치하기 쉽다. 특히 보행자 통행량이 많은 입구에서 집단검진하는 데 효과적일 수 있다.

토의문제

1. 기사에 제시된 내용은 직원으로부터 자료를 수집해야 하는 여러 해결책을 수반한다. 여러분은 고용주가 이러한 종류의 자료를 수집할 권리가 있다고 생각하는가?

2. 개인이나 조직에 권한이 부여되면, 이 권한을 포기하기 어려운 경우도 종종 발생한다. 조직이 직원들을 추적하기 위해 여러 가지 감

시 및 감독 메커니즘을 구축하여 위험을 식별/완화한다면, 팬데믹의 위협이 진정되면 고용주들이 이러한 활동을 쉽게 축소할 것이라고 생각하는가?

3. 바이러스에 감염되어 전염시킬 수 있는 직원이 야기하는 위험을 완화하기 위해 기업들이 사용할 수 있는 본문에 언급되지 않은 다른 혁신을 생각해보라.

4. 정보 보안을 디지털 성에 비교하는 것은 수년 동안 사용된 비유이다. 그러나 기술의 지형은 노트북, 모바일 장치, 웨어러블 등의 대량 확산으로 인해 크게 변했다. 여러분은 디지털 성 모델이 오늘날에도 여전히 유효하다고 생각하는가? 그렇게 생각한 이유는 무엇인가?

커리어 가이드

이름 : 크리스 헤이우드
회사 : 노스럽그러먼
직책 : 사이버 시스템 엔지니어
학력 : 카네기멜론대학교, 웨버주립대학교 졸업

출처 : Chris Heywood, Northrop Grumman, Cyber Systems Engineer

1. 이 일을 어떻게 하게 되었습니까?

저는 대학교 3학년 때부터 사이버 보안을 다루는 일을 하고 싶다고 생각했습니다. 그래서 모든 종류의 사이버 보안 직업에 지원하기 시작했고, 찾을 수 있는 모든 취업 박람회에 가곤 했죠. 면접을 연습했으며, 네트워킹과 보안에 대한 기술적인 개념을 이해하기 위해 정말 열심히 노력했습니다. 제 노력은 사이버 보안 분야의 첫 인턴십을 시작하면서 결실을 맺었습니다. 인턴십 직후 대학원 학위를 받을 수 있었고, 현재 회사를 위해 또 다른 인턴십을 구했습니다. 매우 성공적인 인턴십 이후 사이버 시스템 엔지니어의 정규직 자리를 제안받았습니다. 많은 노력과 교육이 필요했지만, 그만한 가치가 있었습니다!

2. 이 분야에 매력을 느낀 이유는 무엇입니까?

항상 시스템에 침입하는 방법과 해커로부터 시스템을 방어하는 방법을 알면 정말 멋질 것이라고 생각했었습니다. 해커가 사용자 이름, 패스워드, 심지어 은행 계좌에 대한 데이터까지 훔치는 것이

얼마나 쉬운가를 보여주는 유튜브 영상을 보고 저는 해커의 악의적인 의도로부터 나 자신과 다른 사람들을 보호하고 우리의 정보를 안전하게 보호하고 싶다고 생각했습니다.

3. 일반적인 업무 일과(주어진 업무, 의사결정, 해결해야 할 문제)는 어떻게 진행됩니까?

직장에서의 매일매일은 매우 다릅니다. 어떤 날은 매우 중요한 시스템의 취약점을 발견하고, 어떤 날은 우리 조직을 위한 정책을 작성할 수도 있습니다. 대부분의 날은 시스템을 살펴보고, 발견한 취약점을 기반으로 시스템이 얼마나 많은 사이버 보안 위험을 가지고 있는지 결정한 다음, 해당 시스템을 더 잘 보안하는 방법을 계획하는 것과 관련이 있습니다. 매일매일 해결하고 싶은 독특한 도전이 나타납니다.

4. 이 직업에서 가장 마음에 드는 점은 무엇입니까?

보안 업계에서 일하면 많은 변화하는 기술을 보안하는 것에 대해 배울 수 있는 많은 기회를 얻을 수 있습니다. 이 직업의 가장 큰 장점은 직업이라기보다는 취미에 가깝다는 것입니다. 저는 물리적으로 그리고 가상으로 시스템에 침입하고, 시스템을 보안하고, 통신을 암호화하고, 네트워크를 보안하고, 조직 내 위협을 찾는 방법에 대해 배웁니다.

5. 이 직무를 잘 수행하려면 어떤 기술이 필요합니까?

우리 팀에 채용할 사람을 모집할 때, 제가 찾는 주요 기술 중 일부는 다른 사람들과 편안하게 의사소통하고 팀에서 일을 잘하며 계속 학습하고 싶은 욕구를 갖는 능력입니다. 사이버 보안에 종사하고 싶은 사람에게는 기술적이고 분석적인 배경을 갖는 것도 가치가 있을 것입니다.

6. 이 분야는 교육이나 인증이 중요합니까? 그 이유는 무엇입니까?

교육과 자격증은 사이버 보안 분야에서 매우 가치가 있습니다. 많은 조직의 IT 관련 분야에서는 적어도 학사 학위를 가지고 있어야 하며, 적어도 하나의 사이버 보안 자격증을 보유해야 합니다. 이는 조직의 정보기술을 보호하기 위해 사이버 보안에 대한 지식을 효과적으로 입증할 수 있도록 보장할 것입니다. 새로운 사이버 위협과 취약점이 매일 등장하는 상황에서 사이버 보안에 대한 교육을 계속하는 것이 중요합니다.

7. 이 분야에서 일하고 싶어 하는 후배에게 어떤 조언을 해주고 싶습니까?

정보기술이 어떻게 작동하는지 이해하기 위해 정말 열심히 일하고,

그것으로 실험하는 것을 두려워하지 말아야 합니다. 네트워킹, 시스템 관리 및 사이버 보안이 어떻게 작동하는지 이해하도록 돕기 위해 실험실과 가상 머신을 설정하십시오. 수업에서 배우는 것을 적용하고 가능한 한 많은 실용적인 경험을 하시고요. 홈 네트워크에서 무료 사이버 보안 도구를 구현하기 시작하고 전문가가 되면 좋습니다. 환경을 설정하고 활용하고 보안하는 방법에 대한 유튜브 튜토리얼을 시청하는 것도 도움이 됩니다. 무엇보다도 사이버 보안 개념을 배우기 위해 하고 있는 일을 재미있게 즐길줄 알아야 합니다.

8. 10년 후 인기 있을 기술 직종은 무엇이라고 생각합니까?

10년 후에도 계속해서 많은 최신 기술 직업들이 있을 것이라고 생각합니다. 기술은 곧 사라지지 않고, 기술 산업 전문가에 대한 수요가 가장 높을 것이라고 기대됩니다. 사물인터넷, 클라우드, 로봇 공학, 데이터 과학, 소프트웨어 공학, 사이버 보안 분야에서 더 많은 직업이 나타날 것입니다. 지금이야 말로 기술 산업의 일부가 되기에 좋은 때입니다.

윤리 가이드

화이트햇 해커, 퇴출되다

하워드는 다음 전화가 오기를 기다리며 전화기를 응시했다. 놀랍게도 빨간 불이 깜박이고, 날카로운 벨 소리가 울리고, 그는 덜컹거리며 행동으로 옮겼다. "안녕하세요, 고객 서비스에 전화 주셔서 감사합니다. 무엇을 도와드릴까요?" 그는 이 말을 할 때마다 자신의 작은 부분이 무너지는 것을 느꼈다. 그는 자신이 더 이상 얼마나 문제 없이 이 일을 할 수 있을지 의문이었다.

하워드는 몇 년 동안 고객 서비스 콜센터에서 근무했다. 그것은 학교를 다니는 동안 그에게 필수적인 재정 문제의 해결책이었다. 그러나 그는 고객 응대가 아니라 정보 보안 관련 일을 하고 싶었다.

그는 현재 경영정보시스템 학부 프로그램의 마지막 해에 있었고 보안 분야를 전문으로 하고 있었다. 그는 몇 년 동안 미적거리고 다른 전공을 시험하는 데 시간을 보냈고, 운 좋게도 마침내 흥미로운 것을 발견했다.

그는 정보 보안이 너무나 좋았기 때문에 공부하거나 일하는 것이 실제로 취미처럼 느껴졌다. 친구들에게는 절대 말하지 않았지만, 친구들과 함께할 수 없다고 말했던 주말들은 사실 집에서 케빈 미트닉의 책을 읽거나, 새로 발견된 보안 소프트웨어를 시험해보거나, 보안 세상의 최신 소식을 알아내기 위해 보안 사이트와 게시판을 샅샅이 뒤지면서 보냈다. 그는 단지 그것이 무엇에 관한 것인지 알아보기 위해 다크웹을 몇 번 확인하기도 했다.

하지만 그는 홈 네트워크에서 그저 장난치는 것에 싫증이 나기 시작했다. 물론 스테가노그래피 응용 프로그램을 사용하여 이미지에 데이터를 숨기는 것은 처음에는 멋졌지만, 수십 번 후 해보자 빛을 잃었다. 와이어샤크로 패킷스니핑하는 것은 한동안 재미있었지만, 그의 홈 네트워크에는 연결된 장치가 몇 개밖에 없어서 확인할 트래픽이 많지 않았다. 그는 자신의 기술을 시험하기 위해 더 큰 샌드박스가 필요했다.

이에 활기를 불어넣기 위해 그는 회사 네트워크에 있는 보안 도구 무기로 사용할 노트북을 가지고 오기로 결정했다. 그 회사는 큰 회사가 아니었고 IT 직원이 우선순위가 아니었으며, 작은 가게에 불과했다.

네트워크에서 몇 가지 문제점을 찾아서 사장에게 보여줄 수 있다면 IT 팀에 취직해서 고객 서비스에서 벗어날 수도 있을 것이다. 결국 기본적으로 화이트햇 해커가 하는 일을 공짜로 해주는 것이 아닐까? 어떻게 이게 문제가 될 수 있을까?

화이트햇 해커

하워드가 회사 네트워크에 데이터의 보물창고를 축적하는 데 걸린 시간은 약 1주일에 불과했다. 직원 신분으로 콜센터 와이파이 네트워크에 접속할 수 있었음에도 불구하고 그는 외부 해커인 척하면서 먼저 접속할 수 있는지 확인한 뒤 중요한 데이터를 찾고 싶었다.

그는 유튜브에서 찾은 방법을 사용하여 와이파이에 침입한 다음 패킷 탐지 도구를 사용하여 상황을 파악하기 시작했다. 그는 회사 콜센터를 위해 개발된 맞춤형 소프트웨어 플랫폼에 보안 조치가 거의 없다는 것을 재빨리 알아냈다. 사실 각 사용자의 인증이 패킷 헤더에 몇 분마다 평문으로 전송되는 것처럼 보였는데, 30분 정도로 하워드는 교대 근무하는 모든 사람의 사용자 이름과 패스워드를 적어낼 수 있었다.

일단 직원 인증 목록을 손에 넣자, 그는 왕관 보석, 즉 HR 시스템을 찾고자 했다. 그는 사람들이 같은 패스워드를 여러 계정에 재사용하는 경향을 알고 있었기 때문에, 콜센터 시스템에 사용된 패스워드 중 높은 비율로 HR 플랫폼에도 사용되었을 것이라고 생각했다.

상사의 HR 계정에 로그인하는 것은 탐탁치 않아서, 그는 콜센터 동료 몇 명의 패스워드를 시험해보았다. 5개의 패스워드 중 3개가 작동했고, 그들의 HR 계정에 로그인할 수 있었다. 그는 급여 전표를 체크하거나 너무 중요한 것을 보는 것이 잘못되었다고 느껴, 그들의 연락처를 스크린샷으로 찍고 그가 문서화한 다른 모든 것의 아카이브에 추가했다.

마침내 그는 그 파일들을 USB 드라이브에 저장했다. "나는 영웅이 될 거야!"라고 그는 상사와 이야기하기 위해 복도를 걸으며 혼잣말을

출처 : vchal/Shutterstock

했다. 모퉁이를 돌면서, IT 보안 요원이라는 새로운 직책을 맡으면 그에게 연봉을 얼마나 더 지급할지 궁금했다. 어떻게 그들이 그를 거절할 수 있을까?

퇴출

하워드가 즉석에서 발표한 내용을 훑어보는 데 걸린 시간은 15분이었다. 그는 네트워크를 손상시키고, 사용자 인증을 수집하고, 궁극적으로 여러 개의 HR 계정으로 들어가는 방법을 차근차근 설명하면서 아드레날린의 분비가 급증하는 것을 느꼈다.

흥분한 그는 상사의 태도가 불편한 것에서 짜증 내는 것으로 바뀌는 것을 눈치채지 못했다. 하워드는 다음 번 IT 직원 자리가 비게 되면 상사에게 자신을 고려해달라고 부탁하면서 프레젠테이션을 마감했다. 그는 상사의 대답에 완전히 눈이 멀었다.

"하워드, 나는 자네가 이 상황의 심각성을 이해하고 있는지 확신할 수 없네. 우리는 물론 우리 회사가 안전하고 안심할 수 있기를 원하네. 그리고 이러한 취약성을 개선하기 위해 자네의 분석을 IT 그룹에 가져갈 수 있고, 그렇게 할 것이네. 하지만 자네가 한 일의 본질은 매우 심각하네."

"첫 번째로, 자네는 해커 일을 하기 위해 근무 시간을 소비했네. 우

리는 그러라고 급여를 준 것이 아니라는 말이지. 두 번째로, 자네는 인사 계정에 로그인함으로써 다수의 동료 직원들의 사생활을 침해했고, 비록 상대적으로 긍정적인 정보의 스크린샷만 찍었음에도 불구하고, 나는 자네가 더 중요한 부분을 보지 않았다는 사실을 알 방법이 없다는 것이네. 세 번째로, 자네의 방법을 포함하여 이 모든 정보를 USB 드라이브에 저장했군. 만약 누군가가 이것을 가져갔거나 나가는 길에 주차장에 떨어뜨렸다면 어떻게 되었을까? 자네는 이 정보를 사용하여 심각한 피해를 입힐 수 있는 다른 사람을 위한 해킹 패키지를 만들었다는 거야!"

그는 "경영진과 이야기할 때까지 자리를 비우고 돌아오지 말게. 이에 대해 더 생각해 봐야겠지만, 자네는 이곳에서 해고될 수도 있다는 점을 알려두지"라고 말했다.

하워드는 자신이 들은 말을 믿을 수가 없었다. 그는 단지 자신의 보안 기술을 연습하려고 했을 뿐만 아니라 회사의 취약점이 있는 곳을 지적함으로써 회사를 도왔다. 그는 법을 어긴 것도 아니고, 그가 말할 수 있는 한, 직원 수첩에 따르면 자신이 아무것도 잘못했다고 생각하지도 않았다. 그는 차로 나오면서 이곳에 다시 올 수 있을지 의문이 들었다.

토의문제

1. 하워드가 회사 네트워크의 보안 취약점을 조사하고 보고하기 위한 승인되지 않은 노력, 자신의 역할 밖의 활동을 고려해보자.
   a. 이러한 행위는 정언 명령(1장 27쪽)에 따른 윤리적인 것인가?
   b. 이러한 행동은 공리주의적 관점(2장 58쪽)에 따라 윤리적인가?
2. 하워드가 접속한 기록을 가지고 있는 직원들이 그의 행동을 알게 된다면 어떤 반응을 보일까?
3. 하워드가 상사에게 이런 종류의 행동을 할 수 있도록 허락을 구했다면, 여러분은 그가 계속할 수 있도록 허락을 받았을 거라고 생각하나?
4. 만약 여러분이 하워드의 상사라면 어떻게 할 것인가? 만약 이러한 활동들과 관련된 직원 규율이 아무것도 없는데 하워드가 기술적으로 법을 어기지 않았다면 어떻게 할 건가? 이 상황에서 여러분의 반응이 달라질까?

생생복습

이 장에서 학습한 내용을 이해했는지 확인해보자.

10-1 정보시스템 보안의 목적은 무엇인가?

위협, 취약성, 보안대책, 대상을 정의하라. 각각의 예를 들어보라. 세 가지 유형의 위협과 다섯 가지 유형의 보안 손실을 나열하라. 그림 10-2의 세 행에 대해 서로 다른 예를 들어라. 그림 10-3의 셀에 있는 각 요소를 요약하라. 컴퓨터 범죄의 진정한 비용을 알기 어려운 이유를 설명하라. IS 보안의 목적을 설명하라.

10-2 컴퓨터 보안 문제는 얼마나 심각한가?

컴퓨터 보안의 일반적인 문제와 컴퓨터 범죄의 진정한 피해를 알기 어려운 이유를 설명하라. 이 문제에서 유의할 점을 나열하고 각각의 의미를 설명하라.

10-3 보안 위협에 대해 개인은 어떻게 대처해야 하는가?

그림 10-6의 각 요소에 대해 설명하라. IDS를 정의하고 IDS 프로그램의 사용이 중단되는 이유를 설명하라. 무차별 대입 공격과 크리덴셜 스터핑을 정의하라. 강력한 암호의 특징을 요약하라. 자신의 아이디와 패스워드가 컴퓨터의 문을 여는 것 이상의 역할을 하는지 설명하라. 쿠키를 정의하고 C클리너와 같은 프로그램을 사용하는 것이 컴퓨터 보안의 상충관계의 좋은 예인 이유를 설명하라.

10-4 보안 위협에 대해 조직은 어떻게 대처해야 하는가?

고위 경영진이 해결해야 할 보안 기능 두 가지를 설명하라. 보안 정책의 내용을 요약하라. 보안 피로의 원인과 예방 방법을 설명하라. 위험을 관리한다는 것이 무엇을 의미하는지 설명하라. 위험과 비용의 균형을 맞출 때 조직이 취해야 할 조치를 요약하라.

10-5 보안 위협에 대처하기 위한 기술적인 보안대책은 무엇인가?

다섯 가지 기술적 보안대책을 나열하라. 식별 및 인증을 정의하라. 세 가지 유형의 인증을 설명하라. SSL/TLS가 어떻게 작동하는지 설명하라. 방화벽을 정의하고 목적을 설명하라. 악성소프트웨어를 정의하고 여섯 가지 유형의 악성소프트웨어 이름을 설명하라. 악성소프트웨어로부터 보호하는

여섯 가지 방법을 설명하라. 악성소프트웨어가 심각한 문제인 이유를 요약하라. 아이메드 애널리틱스(아이메드 애널리틱스)가 보안을 위해 어떻게 설계되었는지 설명하라.

10-6 보안 위협에 대처하기 위한 데이터 보안대책은 무엇인가?

데이터 관리와 데이터베이스 관리를 정의하고 차이점을 설명하라. 데이터 보호 조치를 나열하라. GLBA, HIPAA, GDPR, PCI DSS와 같은 법률이 소비자 데이터를 어떻게 보호하는지 설명하라.

10-7 보안 위협에 대처하기 위한 인적 보안대책은 무엇인가?

그림 10-13의 각 활동에 대한 인적 보안대책을 요약하라. 비직원 직원과 관련된 보안대책을 요약하라. 계정관리를 위한 안전장치의 세 가지 차원을 설명하라. 시스템 절차가 어떻게 인적 보안대책의 역할을 할 수 있는지 실명하라. 보안 모니터링 기법을 설명하라.

10-8 보안 사고에 대해 조직은 어떻게 대처해야 하는가?

보안 사고를 처리할 때 조직이 취해야 할 조치를 요약하라.

이 장의 **지식**이 **여러분**에게 어떻게 도움이 되는가?

이 장에서 배운 지식을 요약하고 그것이 여러분이 더 나은 비즈니스 전문가이자 더 나은 직원이 되는 데 어떻게 도움이 되는지 설명하라. 여러분이 무엇보다 선택해야 할 행동 하나를 진술하라.

주요용어

개인 식별번호(personal identification number, PIN)

건강보험 이동성 및 책임법(Health Insurance Portability and Accountability Act, HIPAA)

경계 방화벽(perimeter firewall)

공개키 암호화(public key encryption)

권리침해(usurpation)

기술적 보안대책(technical safeguard)

내부 방화벽(internal firewall)

대상(target)

대칭키 암호화(symmetric encryption)

데이터 관리(data administration)

데이터베이스 관리(database administration)

데이터 보안대책(data safeguard)

랜섬웨어(ransomware)

무차별 대입 공격(brute force attack)

바이러스(virus)

방화벽(firewall)

보안대책(safeguard)

보안 정책(security policy)

비대칭키 암호화(asymmetric encryption)

사이트 강화(hardening)

생체 인증(biometric authentication)

서비스 거부(denial of service, DoS)

스니핑(sniffing)

스마트 카드(smart card)

스파이웨어(spyware)

스푸핑(spoofing)

식별(identification)

악성소프트웨어(malware)

악성소프트웨어에 대한 정의(malware
definition)

암호화(encryption)

암호화 알고리즘(encryption algorithm)

애드웨어(adware)

워드라이버(wardriver)

웜(worm)

위협(threat)

이메일 스푸핑(email spoofing)

인적 보안대책(human safeguard)

인증(authentication)

일반 데이터 보호 규정(General Data
Protection Regulation, GDPR)

정보 보안 피로(information security fatigue)

제3자 쿠키(third-party cookie)

지능형 지속 위협(Advanced Persistent
Threat, APT)

취약성(vulnerability)

침입 탐지 시스템(intrusion detection
system, IDS)

쿠키(cookie)

크리덴셜 스터핑(credential stuffing)

크립토악성소프트웨어(crypto malware)

크립토재킹(cryptojacking)

키(key)

키 로거(key logger)

키 에스크로(key escrow)

트로이목마(trojan horse)

패스워드 재사용(password reuse)

패킷 스니핑(packet sniffer)

패킷 필터링 방화벽(packet-filtering
firewall)

페이로드(payload)

프리텍스팅(pretexting)

피셔(phisher)

피싱(phishing)

해킹(hacking)

허니팟(honeypot)

GLBA(Gramm-Leach-Bliley, Act)

https

IP 스푸핑(IP spoofing)

PCI DSS(Payment Card Industry Data
Security Standard)

SSL(Secure Sockets Layer)

SQL 주입 공격(SQL injection attack)

TLS(Transport Layer Security)

학습내용 점검

10-1. 신용 보고 기관들은 매년 여러분에게 무료 신용 보고서를 제공해야 한다. 그런 보고서들은 대부분 여러분의 신용 점수를 포함하지 않지만, 여러분의 신용 점수의 기초가 되는 세부 정보를 제공한다. 무료 보고서를 얻으려면 *www.equifax.com, www.experian.com, www.transunion.com* 중 하나를 사용하라. 여러분이 보고서를 구매할 수 있다고 가정했을 때 다음 물음에 답하라.

　a. 대부분이 정확하겠지만 여러분의 신용 보고서에 존재하는 오류를 검토하라. 신용 보고서를 검토하기 위한 지침을 웹사이트에서 찾아보자. 이러한 과정에서 여러분이 배운 것은 무엇인지 약술하라.

　b. 신용 보고서에 잘못된 부분이 있을 경우 여러분이 취할 수 있는 행동은 무엇인지 설명하라.

　c. 신원 도용(identity theft)에 대해 정의하라. 여러분의 식별정보나 ID가 절취되거나 타인에 의해 사용되었을 경우에 취할 수 있는 행동에 대해 설명하라.

10-2. 공항에서 노트북을 분실했다고 가정하자. 여러분은 어떠한 행동을 취해야 하겠는가? 분실된 노트북에 중요하고 민감한 정보가 저장되어 있었다고 가정할 때 어떠한 문제가 발생하겠는가? 여러분의 이력서를 새로 갱신하는 데 이러한 사고를 어떻게 다루어야 할까?

10-3. 상사에게 10-1절에서 논의된 보안 위협과 10-4절에서 설명된 보안대책에 대해 경고했다고 가정하자. 상사가 그러한 것에 대해 흥미를 가지고 있고 추가적인 자료를 준비하라고 지시하였을 때 다음 물음에 답하라.

　a. 10-1절에서 설명한 각각의 위협에 대해 간략히 설명하라.

　b. 다섯 가지 구성 요소가 보안대책과 어떻게 관련되어 있는지 설명하라.

　c. 기술적 보안대책, 데이터 보안대책, 인적 보안대책에 대해 2~3개씩 각각 설명하라.

　d. 10-4절에서 언급된 보안대책에 대해 설명하라.

e. 여러분과 비정규직 직원들이 준수해야 하는 보안 절차에 대해 설명하라.

f. 재난 계획과 관련하여 여러분의 부서에서 준수해야 하는 보안 절차에 대해 설명하라.

협업과제 10

여러분의 팀원들과 만나서 구글 오피스, 셰어포인트 또는 기타 협업 도구를 사용해서 협업 정보시스템을 구축하라. 아직 협업한 정보시스템을 구축하지 않았다면 협업과제 1을 참고하라. 절차와 팀 훈련이 필요하다는 것을 명심하라. 이제 정보시스템을 이용해서 다음 질문에 답하라.

10-4. 웹을 이용하여 **컴퓨터 범죄**와 관련된 다른 용어들을 검색하자. 여러분과 여러분 팀이 생각하는 최근의 가장 심각한 다섯 가지 사례를 식별하라. 6개월 동안 아무런 컴퓨터 범죄가 발생하지 않았다고 가정하자. 각각의 범죄에 대해 범죄발생의 피해를 요약하여 피해와 관련된 환경을 설명하고, 보안대책이 제대로 운영되지 않았거나 효과적으로 예방하지 못한 것을 식별하라.

10-5. 웹을 이용하여 **컴퓨터 범죄 통계**와 10-2절에서 언급된 IBM 조사 이외의 두 가지 출처를 찾아라.

   a. 각각의 출처에 대해 방법론을 설명하고 그 방법론의 장점과 단점을 설명하라.

   b. 새로운 두 가지 출처의 자료를 10-2절과 비교하고 차이점을 설명하라.

   c. 여러분이 직관과 지식을 이용하여 왜 이러한 차이가 발생했는지를 설명하라.

10-6. 웹사이트 *https://www.ibm.com/reports/data-breach*를 방문하고 2024년 보고서를 다운로드하라(보다 최신의 자료가 있다면 그것을 다운로드하라).

   a. 조직이 사용하는 보안대책과 다른 대책의 측면에서 보고서를 요약하라.

   b. 조직 보안대책의 효능감 관점에서 연구 결론을 요약하라.

   c. 여러분의 팀은 이러한 결론에 대해 동의하고 있는가? 여러분의 답을 설명하라.

10-7. 여러분의 상사가 여러분의 조직이 컴퓨터 보안에 대해 무엇을 해야 할지에 대한 요약 보고서를 요청했다고 가정하자. 이 장에서 배운 지식과 문제 10-4에서 10-6을 참고하고 요약 내용을 파워포인트로 작성하자. 여러분의 발표 내용은 다음의 내용을 포함해야 한다.

   a. 핵심용어의 정의

   b. 위협의 요약

   c. 보안대책의 요약

   d. 컴퓨터 범죄의 현재 상태

   e. 컴퓨터 보안에 대해 중역들이 무엇을 해야 하는가?

   f. 컴퓨터 보안에 대해 모든 관리자는 무엇을 해야 하는가?

사례연구 10

크라우드스트라이크

2014년 말, 몇 달 동안 지금까지 가장 세간의 이목을 끄는 사이버 공격 중 하나가 보고되었다. 이 공격은 캘리포니아 컬버시티에 있는 소니픽처스 본사에 있는 시스템을 대상으로 했다. 이는 앞으로 몇 주 안에 극장을 강타할 논란이 많은 디 인터뷰라는 영화의 개봉이 임박한 시점에 촉발되었다.

이 코미디 영화의 줄거리는 북한 지도부에 대한 비판을 특징으로 하며, 2명의 유명한 미국 배우가 벌이는 김정은의 암살 시도를 중심으로 한다.

이 사이버 공격으로 소니픽처스는 매우 중요한 직원 데이터, 내부 이메일, 지적 재산권(예 : 미공개 영화 및 제작 중인 영화의 리소스) 등이 공개되는 등 엄청난 피해를 입었다. 또한 소니픽처스 시스템에서 방대한 양의 데이터를 포착한 공격자들은 악성코드를 사용하여 회사의 컴퓨팅 인프라에서 방대한 양의 데이터를 삭제했다.

북한 내부 또는 북한과 관련된 일부 실체가 공격의 배후에 있다는 것이 논리적이었지만, 증거 없이 그러한 판단을 하는 것은 추측에 불과하고 무책임하며 외교적으로 피해를 주는 것으로 인식될 수 있다. 공격의 원천을 알아내기 위해 '인터넷 활동 기록'의 흔적을 추적하기 위한 조사가 시작되었다. 공격이 있은 지 약 한 달 후 미연방수사국(FBI)은 북한 정부와 연계된 파괴적인 악성코드가 공격을 수행하기 위해 사용되었다는 것을 발견했다.[13]

이 주장은 소니픽처스 악성소프트웨어와 다른 북한 공격자들에 의해 수행된 다른 악성소프트웨어 공격 및 북한 인프라와 연결된 공격에 사용된 IP 주소 사이의 유사성에 근거하여 이루어졌다. FBI의 평가에 대한 의문이 여전함에도 불구하고 신흥 사이버 보안 회사인 크라우드스트라이크는 소니픽처스 해킹과 관련된 범인과 거의 10년 전에 발생한 대한민국에 대해 발생한 공격 사이의 유사성을 보고함으로써 FBI의 주장을 재확인했다.

쇠뿔도 단김에 빼라

크라우드스트라이크는 단순한 악성코드 보호를 넘어서는 보다 지능 기반의 포괄적인 보안 플랫폼을 제공하기 위해 조지 커츠와 드미트리 알페로비치가 2011년 공동 설립했다.[14] 2014년 소니픽처스 해킹에 대한 보도로 알려졌지만, 크라우드스트라이크는 이미 중국 군사 해커에 대한 조사와 국제 정보 수집 활동으로 기소된 러시아 해커에 대한 조사에 미국 정부를 돕는 등 여러 중요한 작업에 관여했다. 이후 회사는 2016년 대선 캠페인 기간 동안 러시아 정보 그룹과 민주당 전국위원회(DNC)의 정보시스템에 접근하는 것을 연결하는 데 관여하게 된다.[15]

기술에 점점 더 의존하고 보안이 점점 더 큰 관심사가 되고 있는 세상에서 크라우드스트라이크는 엄청난 성장을 준비하고 있었다. 수년에 걸쳐 크라우드스트라이크는 보안 솔루션 제품을 강화하고 확장했다. 강력한 보안 툴 라인업에

출처 : Piotr Swat/Shutterstock

비추어볼 때 이 회사는 2015년 딜로이트가 선정한 빠른 성장 기업 패스트 500에 포함된 가장 유망한 회사 중 하나로 포브스에 선정되었으며, 2017년 CNBC가 선정한 파괴적 혁신 기업 디스럽터 50 목록과 포브스의 클라우드 100 목록에 포함되었고, 포브스가 선정한 수차례 일하기 좋은 회사로 선정되었다.

회사의 제품 및 성과 목록이 증가함에 따라 2018년까지 크라우드스트라이크는 30억 달러의 가치가 있었고 총 4억 8,100만 달러의 자금을 조달했다.[16] 2019년 6월, 회사는 기업공개(IPO)를 통해 34달러의 초기 공모 주가를 기록했으며, 주식은 최종 종가가 58달러로 마감되어 총 6억 달러 이상의 자금을 조달했다. 2021년 중반 크라우드스트라이크의 주식은 222달러에 거래되고 있으며, 회사의 시가총액은 500억 달러였다.

두들겨 맞다*

크라우드스트라이크의 신제품과 툴 개발, 고객이 스스로 가장 적합한 보안 솔루션을 구성할 수 있는 모듈식 특성으로 인해 회사는 지속적인 성장 추세에 있어야 했다. 그러나 2019년 초가을, 트럼프 미국 대통령이 우크라이나 대통령과의 통화에서 크라우드스트라이크를 언급하면서 회사의 주가는 타격을 입었고, 두 사람은 2016년 대선 캠페인과

---

* 2024년 07월 19일 크라우드스트라이크는 B2B 보안시스템 업데이트 오류로 상당수의 윈도 PC를 셧다운시키는 사고를 일으켰다. 이로 인해 주가는 7월 18일 359달러에서 7월 23일 263달러까지 폭락했다. (역주)

DNC 위반에 대해 논의하고 있었던 것으로 드러났다.

정보 보안 분야의 리더가 되는 것은 특전이 있지만, 국가가 지원하는 해킹 조사, 사이버 전쟁 작전, 디지털 기반 정치적 얽힘에 관여하도록 요청받는 이동통신 회사가 되는 것은 위험이 있다. 크라우드스트라이크가 이러한 위험한 바다를 항해할 수 있을까, 아니면 다음 표적이 되는 것은 단지 시간 문제일까?

토의문제

10-8. 소니픽처스 해킹이 사이버 전쟁에 대해 세상에 준 교훈을 무엇인가?

10-9. 크라우드스트라이크의 임원들이 사업을 확장하고 싶다면 어떤 조언을 할 것인가? 어떻게 하면 수익을 늘릴 수 있을까?

10-10. 크라우드스트라이크가 **포브스지** 선정 일하기 좋은 최고의 장소에 선정된 것이 왜 회사의 장기적인 성공을 나타내는가?

10-11. 크라우드스트라이크의 현재 주가는 얼마인가? 지난 1년 동안 크라우드스트라이크의 주식은 어떻게 실적을 내고 있는가? 무엇이 크라우드스트라이크의 가치를 상승시키고 있는가? 또한 인터넷 검색을 통해 크라우드스트라이크가 최근 정치적 또는 정부적 조사에 연루되었는지 확인할 수 있는가? 이 두 검색 사이에 어떤 관계가 있는가?

10-12. 기사는 정치, 외교 등에 관여할 위험성을 지적하는 것으로 마무리된다. 만약 여러분이 크라우드스트라이크의 임원이라면 앞으로 이러한 유형의 조사에 관여하는 것을 피하는 것을 추천하겠는가?

10-13. 사이버 전쟁에서 크라우드스트라이크는 어떤 영향을 받을 수 있을까? 전통적인 무력 충돌 방식의 전쟁이 일어난다면 영향을 받을까? 여러분의 답을 설명하라.

10-14. 데이터 침해의 양과 규모가 증가하면 크라우드스트라이크의 수익에 어떤 영향을 미칠 수 있을까?

주

1. FireEye, "Double Dragon: APT 41, A Dual Espionage and Cybercrime Operation," *FireEye.com*, March 25, 2020, accessed May 29, 2021, *https://content.fireeye.com/apt-41/rpt-apt41*.

2. Risk Based Security, "Data Breach Quickview Report," January 2020, *RiskedBasedSecurity.com*, accessed May 29, 2021, *https://pages.riskbasedsecurity.com/en/en/2020-yearend-data-breach-quickview-report*.

3. Maria Henriquez, "The Top 10 Data Breaches of 2020," *Security Magazine*, December 3, 2020, accessed May 29, 2021, *www.securitymagazine.com/articles/94076-the-top-10-data-breaches-of-2020*.

4. IBM Security, "Cost of a Data Breach Report 2020," *IBM.com*, April, 2020, accessed May 29, 2021, *www.ibm.com/security/digital-assets/cost-data-breach-report/#/*.

5. Ibid.

6. Pricewaterhouse Coopers, "PwC's 23rd CEO Survey," *PWC.com*, January 20, 2020, accessed May 30, 2021, *www.pwc.com/us/en/library/ceo-agenda/ceo-survey.html*.

7. *Verizon 2021 Data Breach Investigations Report*, accessed May 30, 2021, *www.verizon.com/business/resources/reports/dbir/*.

8. Danner Palmer, "GDPR: Record British Airways Fine Shows How Data Protection Legislation Is Beginning to Bite," *ZDNet*, July 8, 2019, accessed May 30, 2021, *www.zdnet.com/article/gdpr-record-british-airways-fine-shows-how-data-protection-legislation-is-beginning-to-bite*.

9. 이러한 이유로 재미 삼아 서버 검색을 시도하지 말라. 조직이 여러분을 찾는 데 그리 오래 걸리지 않을 것이고, 그건 재미없는 일이 될 것이다!

10. Max Eddy and Neil J. Rubenking, "Black Hat 2019: What We Expect," *PCMag*, August 5, 2019, accessed May 30, 2021, *www.pcmag.com/news/black-hat-2019-what-we-expect*.

11. Kevin Collier, "At Hacking Conference, Pentagon's Transparency Highlights Voting Companies' Secrecy," *CNN*, August 12, 2019, accessed May 30, 2021, *www.cnn.com/2019/08/12/politics/defcon-voting-village-darpa-dominion/index.html*.

12. Konrad Putzier and Chip Cutter, "Welcome Back to the Office. Your Every Move Will Be Watched." *The Wall Street Journal*, May 5, 2020, accessed May 30, 2021, *www.wsj.com/articles/lockdown-reopen-office-coronavirus-privacy-11588689725*.

13. Christina Warren, "How the FBI Says It Connected North Korea to the Sony Hack—and Why Some Experts Are Still Skeptical," *Mashable.com*, December 19, 2014, accessed May 30, 2021, *https://mashable.com/2014/12/19/fbi-north-korea-sony-hacks*.

14. CrowdStrike.com, accessed May 30, 2021, *www.crowdstrike.com/about-crowdstrike*.

15. Angel Au-Yeung, "What We Know About CrowdStrike, the Cybersecurity Firm Trump Mentioned in Ukraine Call, and Its Billionaire CEO," *Forbes.com*, September 25, 2019, accessed May 30, 2021, *www.forbes.com/sites/angelauyeung/2019/09/25/what-we-know-about-crowdstrike-the-cybersecurity-firm-mentioned-by-trump-in-his-call-with-ukraines-president-and-its-billionaire-ceo*.

16. Tomio Geron, "Cybersecurity Firm CrowdStrike Soars in Wall Street Debut," *The Wall Street Journal*, June 12, 2019, accessed May 30, 2021, *www.wsj.com/articles/cybersecurity-firm-crowdstrike-soars-in-wall-street-debut-11560356408*.

Chapter 11

정보시스템 관리

"개발자들이 필요해요. IoT 의료 기기로부터 데이터를 통합하고, 탬파종합병원 시스템과 통합하고, 사용자용 온라인 대시보드를 개발하고, 백엔드 시스템을 구축하며, 머신러닝 측면을 도와줄 개발자가 더 필요해요"라고 에밀리가 마지못해 재스민에게 말한다.

"개발자가 몇 명이나 필요하다는 말이죠?" 재스민이 묻는다.

에밀리가 목을 가다듬으며 대답한다. "음, 꽤 많아요. IoT 의료 기기는 워낙 새롭다 보니 아직 산업 전반에 걸친 표준화가 이루어지지 않았거든요. 아마 기기마다 다른 인터페이스가 필요할 겁니다. 제조사마다 자체 소프트웨어 개발 키트를 제공하고, 각자의 플랫폼에 맞춰 개발해야 하죠. 스마트워치용 앱을 개발하는 것은 비교적 간단하지만, 산소포화도 측정기, 혈압계, 혈당 측정기, 스마트 체중계 같은 기기의 인터페이스는 개발이 더 어려울 겁니다. 그런 종류의 기기용 앱을 개발할 줄 아는 사람들을 찾는 것도 더 어려워질 거예요."

재스민이 자세를 바꾸고 앞으로 몸을 기울인다. "그건 어떻게 작동하죠?"

에밀리는 자신의 스마트폰을 가리키며 말한다. "기본적으로 아이메드 모바일 앱이 각 IoT 의료 기기에 블루투스로 연결될 수 있게 만들 겁니다. 의료 기기는 데이터를 우리 아이메드 앱으로 보내고, 그 데이터는 다시 우리에게 분석을 위해 전송됩니다. 그 후 병원과 의사들에게 데이터를 공유하거나, 온라인 환자 대시보드를 통해 사용할 수 있게 만들 수 있죠. 하지만 다시 말하지만, 우리의 백엔드 시스템과 웹 인터페이스를 개발할 추가 개발자들과 호세를 도와 머신러닝 개발을 담당할 인력이 필요할 겁니다."

"와우, 알겠어요. 그럼 비용이 얼마나 들까요?" 재스민이 놀라며 묻는다.

"생각하시는 것만큼 많이 들지는 않을 거예요." 호세가 끼어들며 말한다. "대학원 시절 친구 몇 명이 머신러닝 쪽 일을 도와줄 수 있어요. 그들에게 작업을 외주로 맡길 수 있을 겁니다. 그 친구들도 추가 수입을 좋아할 거고요."

"외주 얘기가 나와서 말인데," 에밀리가 조심스럽게 말한다. "제가 호텔업계에서 일할 때는 애플리케이션 개발을 인도에 외주를 줬었거든요. 그 덕에 엄청난 비용을 절감했죠. 인도에 키안이라는 친구가 있는데, 아마 우리 앱 작업은 물론 백엔드 시스템, 웹 인터페이스, 그리고 탬파종합병원과의 통합 작업까지 전부 처리해줄 수 있을 거예요."

"전략적인 애플리케이션 개발을 외주로 맡기는 건 위험한 것 같아요."

출처 : Panchenko Vladimir/Shutterstock

"아마? 아마라니, 그게 무슨 뜻이죠?" 재스민은 에밀리가 여러 스타트업에서 성공한 경력을 가지고 있다는 것을 알지만, 확실하지 않은 결과에 돈을 쏟아붓고 싶지는 않았다.

"음, 제가 전에 키안과 일한 적이 있거든요. 그때 그가 필요했던 C# 앱을 정말 잘 개발해줬어요. 인도에서 개발자 팀을 운영하고 있는데, 항상 높은 퀄리티의 작업을 꾸준히 해내죠. 하지만 지금은 더 바빠졌고, 사업도 많이 성장했어요. 그리고 그가 인도에 있다는 점도 있죠."

"에밀리, 이건 좀 불안해요. 저는 인도에서 사업을 하는 것에 대해 아무것도 몰라요. 만약 그 사람이 우리 돈을 받고 도망가면요? 그때는 어떻게 해야 하죠?" 재스민이 강하게 묻는다.

"음, 우리는 작업이 진행될 때마다 돈을 지불하면 되고, 문제가 생기면 언제든지 개발 팀을 바꿀 수 있어요. 물론 번거롭겠지만, 세상의 전부는 아니에요. 솔직히 말해서 그게 문제가 되진 않을 거라고 생각해요. 과거에 매우 신뢰할 만한 사람이었거든요."

"인도는 너무 멀리 있어요. 그 사람이 우리 코드를 다른 사람에게 넘기면 어떡하죠? 아니면 우리의 아이디어를 빼앗기면요? 그 사람의 코드에 끔찍한 버그가 있는데 그걸 찾아 고칠 수 없다면요? 또는 프로젝트를 3분의 2까지 하고는 다른 프로젝트로 가버리면 어떡하죠?" 재스민이 질문을 이어간다.

"모두 리스크가 있다는 건 인정해요. 하지만 여기서 개발하면 비용이 4배에서 6배는 더 들 거예요." 에밀리가 어깨를 으쓱하며 말한다.

"전략적인 애플리케이션 개발을 외주로 맡기는 건 위험한 것 같아요." 재스민이 고개를 저으며 말한다.

에밀리는 재스민의 얼굴에 염려가 가득한 것을 보고 있다. "맞아요, 위험하죠. 지역 개발자를 고용하는 것보다는 더 위험할 수 있어요. 하지만 지역 개발자들과 일하는 것도 리스크가 있기는 해요. 지역 개발자 고용을 알아볼까요?"

재스민은 잠시 멈추고 생각에 잠긴 채 테이블을 바라본다. "아니, 인도에 외주를 주는 게 우리의 최선의 선택일 것 같아요. 적어도 지금 우리가 감당할 수 있는 선택지에서는 말이죠. 에밀리, 키안과의 미팅을 잡아줄래요? 우리 셋 다 같이 그 사람의 얘기를 들어봤으면 좋겠어요."

"물론이죠, 내일 그에게 전화할게요. 플로리다와 인도의 시차가 9시간이라 지금 인도는 밤 10시거든요. 아직 요구사항 문서를 다 작성하지 않아서 지금은 그에게 견적을 받을 수 없을 거예요. 며칠 안에 문서를 완성할 수 있어요." 에밀리가 자신의 휴대전화에 메모를 하며 말한다.

"좋아요, 그리고 지역 개발업체에서도 견적을 받아줄래요? 외주를 주기로 결정한다면 그 차이가 얼마나 될지 보고 싶어요."

"물론이죠. 하지만 문제가 하나 있어요. 지역 개발자들도 결국 외주를 줄 수도 있다는 점이에요."

"그럼 결국 키안에게 돈을 지불하게 될 수도 있다는 말인가요?"

에밀리가 웃으며 대답한다. "안타깝게도, 그럴 수도 있죠. 음, 아닐 수도 있고요. 솔직히 말해서 잘 모르겠어요. 두고 봐야겠죠."

학습목표

학습성과 : 정보시스템 부서의 기능뿐만 아니라 그 부서가 구현할 수 있는 기준과 정책에 대해 논의할 수 있다.

11-1 정보시스템(IS) 부서의 기능과 조직은 무엇인가?

11-2 조직은 IS 사용 계획을 어떻게 수립하는가?

11-3 아웃소싱의 장점과 단점은 무엇인가?

11-4 사용자 권한과 책임은 무엇인가?

이 장의 **지식**이 **여러분**에게 어떻게 도움이 되는가?

11-1 정보시스템(IS) 부서의 기능과 조직은 무엇인가?

정보시스템(IS) 부서¹의 주요 기능은 다음과 같다.

- 기업의 목표와 전략을 달성하기 위한 IS 활용 계획
- 아웃소싱 관계의 관리
- 정보 자산의 보호
- 기업의 컴퓨팅 기반구조의 개발, 운영, 유지
- 애플리케이션의 개발, 운영, 유지

첫 두 가지 기능에 대해서는 11-2절과 11-3절에서 다룰 것이다. 정보 자산의 보호는 10장의 주제였다. IS 전공자들에게는 마지막 두 가지 기능이 중요하다. 그러나 다른 업무 영역의 전문가들에게는 덜 중요한 기능이므로, 이 책에서는 이들을 다루지 않을 것이다. 먼저 IS 부서의 조직에 대해 살펴보자.

IS 부서는 어떻게 구성되는가?

그림 11-1은 전형적인 상위 계층의 보고체계를 보여준다. 경영학 수업에서 배운 것처럼 조직의 구조는 조직의 규모, 문화, 경쟁 환경, 산업 구조, 기타 여러 다른 요인들에 따라 다양하다. 여러 독립된 부서들로 구성된 큰 기업은 여기에서 보이는 각 부서들과 같이 상위 계층 임원의 그룹이 존재한다. 상대적으로 소규모 회사들은 이 부서들 몇 개가 합쳐진 형태로 존재할 수도 있다. 일반적인 예로 그림 11-1과 같은 조직을 살펴보자.

IS 부서의 최상위 관리자의 명칭은 조직에 따라 다양하다. 일반적인 명칭은 **최고정보책임자**(chief information officer, CIO)이다. 다른 명칭으로는 정보서비스 부사장, 정보서비스 임원이 있고, 많이 사용되지는 않지만 컴퓨터서비스 임원이라는 호칭도 있다.

그림 11-1의 다른 상위 계층 경영자들과 같이 CIO는 최고경영자(chief executive officer, CEO)에게 보고를 하는데, 때로는 최고운영책임자(chief operating officer, COO)를 거쳐서 보고하게 된다. 일부 기업에서는 CIO가 최고재무책임자(chief financial officer, CFO)에게 보고하기도 한다. 이러한 보고 방식은 중요한 정보시스템이 재무회계 활동을 지원할 경우 타당한 방식이다. 중요한 비회계적 정보시스템을 운영하는 제조업체와 같은 조직에서는 그림 11-1과 같은 방식이 보다 일반적이고 효율적이다.

IS 부서의 구조 역시 조직에 따라 다양하다. 그림 11-1은 4개의 그룹과 하나의 데이터 관리자 지원 기능을 가진 일반적인 IS 부서의 구조를 보여준다.

대부분의 IS 부서는 새로운 정보시스템 기술을 조사하고 조직이 그로부터 어떻게 혜택을 얻

그림 11-1 전형적인 상위 계층의 보고 관계

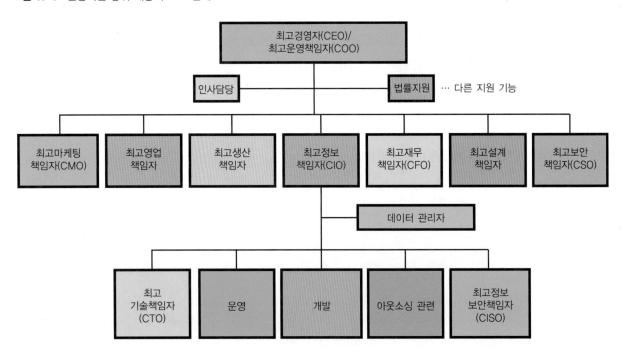

을 수 있는지를 결정하는 기술 책임자를 포함한다. 예를 들어 오늘날 많은 조직이 소셜미디어와 유연한 클라우드 기회에 대해 조사하고 있으며, 조직의 목표와 목적을 달성하기 위해 그 기술을 어떻게 가장 잘 활용할지에 관해 계획을 수립한다. 기술 그룹을 담당하는 임원을 종종 **최고기술책임자**(chief technology officer, CTO)라고 부른다. CTO는 신기술, 새로운 아이디어, 새로운 가능성 등을 평가하고, 이 중 조직에 연관성이 가장 큰 것들을 정리, 분류한다. CTO 직무를 수행하기 위해서는 정보기술에 대한 깊은 지식과 새로운 기술이 조직에 어떻게 영향을 미칠 것인가를 바라보는 능력이 필요하다.

그림 11-1의 또 다음 그룹인 운영 부문은 개별 컴퓨터, 서버 팜, 네트워크, 통신매체들을 포함한 컴퓨팅 기반구조를 관리한다. 시스템 관리자와 네트워크 관리자가 이 그룹에 포함된다. 이 그룹의 중요한 기능은 사용자의 시스템 사용을 모니터링하고 발생하는 사용자 문제에 대응하는 것이다.

그림 11-1에 있는 IS 부서의 세 번째 그룹은 개발 부문이다. 이 그룹은 새로운 정보시스템을 만들고 기존 정보시스템을 유지보수하는 과정을 관리한다(12장에서 다루게 될 것이지만, 유지보수는 문제를 제거하거나 새로운 사양과 기능을 지원하기 위해 기존 정보시스템을 수정하는 것이다).

개발 그룹의 크기와 구조는 어떤 프로그램을 자체적으로 개발하는지에 따라 달라진다. 자체 개발을 하지 않는다면 이 부서는 기본적으로 소프트웨어의 구매와 설치, 그리고 이 소프트웨어와 연관된 시스템 구성 요소의 설치를 위해 사용자, 운영자, 공급업체와 공동으로 작업을 수행하는 시스템 분석가의 지원을 받는다. 만약 기업이 자체적으로 프로그램을 개발한다면, 이 부서는 프로그래머, 테스트엔지니어, 기술 분석가, 그리고 다른 개발자들을 포함할 것이다.

그림 11-1의 마지막 IS 부서 그룹은 **아웃소싱 관련** 부서이다. 이 그룹은 장비, 애플리케이션

혹은 다른 서비스를 제공하는 기업들과의 아웃소싱 계약에 대한 협상을 담당한다. 이 장의 뒷부분에서 아웃소싱에 대해 더 배우게 될 것이다.

또한 그림 11-1에는 데이터 관리 지원 기능이 포함되어 있다. 이 그룹의 목적은 데이터 표준과 데이터 관리와 관련된 실행 계획 및 정책을 수립함으로써 데이터와 정보 자산을 보호하는 것이다.

그림 11-1에 나타낸 IS 부서의 구조에는 많은 변형된 형태가 존재한다. 큰 규모의 조직의 경우, 운영 그룹 자체적으로 몇몇 다른 부서들을 포함할 수도 있다. 때로는 데이터웨어 하우징과 데이터 마트를 위한 별도의 그룹이 존재하기도 한다.

그림 11-1에서 살펴본 바와 같이 IS와 IT를 구분할 수 있어야 한다. **정보시스템(IS)**은 조직이 자신의 목적과 목표를 달성하는 것을 도와주기 위해 존재한다. 정보시스템은 이 책을 통해 논의되고 있는 다섯 가지 구성 요소를 가지고 있다. **정보기술(IT)**은 단순히 기술이다. 이는 컴퓨터 기반 기술의 제품, 기법, 절차, 설계 등으로 구성된다. 조직이 IT를 사용하기 전에 IS의 구조 안에 있어야 한다.

보안책임자

타깃코퍼레이션은 9,800만 개의 고객 계정을 잃은 후에 이러한 유형의 손실을 막기 위해 새로운 C등급 보안 수준을 만들었다.[2] 대규모 데이터 유출로 어려움을 겪는 많은 기업들이 비슷한 유형의 보안책임자를 두고 있다. **최고보안책임자**(chief security officer, CSO)는 물리적인 공장 및 설비, 직원, 지적 재산권, 디지털 데이터 등 조직의 모든 자산에 대한 보안을 담당한다. CSO는 CEO에게 직접 보고한다. **최고정보보안책임자**(chief information security officer, CISO)는 조직의 정보시스템 및 정보에 대한 보안을 담당한다. CISO는 CIO에게 보고한다.

두 직책 모두 직원에 대한 관리를 담당하고 있지만, 동시에 강력한 외교적 기술이 필요하다. CSO나 CISO는 자신이 보호해야 할 활동의 관리에 대한 권한을 가지고 있지 않으며 직접 지시를 통해 조직의 보안 프로그램을 지킬 수 없다. 대신 그들은 기업의 경영진에게 보안 프로그램 준수의 필요성을 교육하고 격려하며 분위기를 조성해야 한다.

IS 관련 직무에는 무엇이 있는가?

IS 부서는 광범위한 분야에서 관심을 받고 있는 고액 연봉의 직업이다. 많은 학생은 정보시스템 산업이 단지 프로그래머와 컴퓨터 기술자들로 구성되어 있다고 생각하고 MIS 수업을 듣는다. 만약 정보시스템의 다섯 가지 구성 요소를 떠올린다면, 이것이 왜 잘못된 것인지 이해할 수 있을 것이다. 정보시스템 구성 요소 중 데이터, 절차, 사람의 경우에는 상당한 수준의 의사소통 기술을 가진 전문가를 요구한다.

그림 11-2는 정보시스템 산업의 중요한 직무를 요약한 것이다. 컴퓨터 기술자와 아마도 테스트 QA 엔지니어를 제외한 나머지 모든 직무는 4년제 대학의 학위를 요구한다. 나아가 프로그래머와 테스트 QA 엔지니어를 제외한 나머지는 경영지식을 필요로 한다. 대부분의 경우 성공한 전문가들은 경영학 학위를 가지고 있다. 또한 대부분의 직무들이 유창한 의사소통 능력을 요구한다. 정보시스템을 포함하여 경영은 사회적 행동이다.

그림 11-2에서 논의된 직위별 연봉의 개량적인 범위와 중윗값이 그림 11-3에 나타나 있

그림 11-2 정보시스템 산업의 직무

명칭	책임	필요한 지식, 기술, 특성
기술 영업자	소프트웨어, 네트워크와 통신망, 컨설팅 서비스를 판매한다.	빠른 학습 능력, 제품에 대한 지식, 뛰어난 전문적 판매 능력
네트워크 관리자	컴퓨터 네트워크에 대한 모니터링, 유지보수, 수리 업무를 수행한다.	진단기술, 통신기술 및 제품에 대한 깊이 있는 지식
기술문서 작성가	프로그램 문서, 도움말, 업무수행 절차, 직무기술서, 훈련 교재를 작성한다.	빠른 학습 능력, 명쾌한 문서 작성 능력, 의사소통 능력
기술지원 엔지니어	사용자의 문제해결을 돕는다. 교육훈련을 수행한다.	의사소통 및 대인관계 기술, 제품에 대한 지식, 인내심
시스템 분석가	시스템 요구사항 결정을 위해 사용자들과 함께 작업한다. 직무기술과 절차를 설계하고 개발한다. 시스템 테스트 계획 수립을 돕는다.	강력한 대인관계 및 의사소통 기술, 비즈니스 및 기술 관련 지식, 융통성
프로그래머	컴퓨터 프로그램을 설계하고 작성한다.	논리적 사고와 설계 기술, 한 가지 이상의 프로그래밍 언어에 대한 지식
IT 업무 분석가	업무 책임자와 함께 사업 전략과 목표를 구현할 수 있도록 프로세스와 시스템 개발 계획을 수립한다.	사업 계획·전략·프로세스 관리 및 기술에 관한 지식 복잡한 상황을 다룰 수 있는 능력, 전체적인 모습을 그릴 수 있으면서 세부적인 내용을 다룰 수 있는 능력, 의사소통 기술
BI 분석가	프로젝트와 관련된 조직 간의 협력을 유도하고, 조직의 데이터를 분석한다.	수준 높은 분석, 표현, 협업, 데이터베이스, 의사결정 기술
테스트 QA 엔지니어	테스트 계획을 수립한다. 자동화된 테스트 스크립트를 설계하고 작성한다. 테스팅을 수행한다.	논리적 사고, 기본적인 프로그래밍, 뛰어난 조직관리 기술, 세부적인 것을 볼 수 있는 눈
데이터베이스 관리자	데이터베이스를 관리하고 보호한다.	외교 능력, 데이터베이스 기술지식
IT 컨설턴트	프로그래밍, 테스팅, 데이터베이스 설계, 통신 및 네트워크, 프로젝트 관리, 보안 및 위험 관리, 전략 계획 수립 등 광범위한 활동 영역이 있다.	빠른 학습 능력, 기업가적 자세, 의사소통과 대인관계 기술, 직무 관련 기술
IT 프로젝트 관리자	프로젝트의 착수, 계획 수립, 관리, 모니터링, 완료 등을 담당한다.	관리 및 대인관계 기술과 기술 분야에 대한 지식, 조직관리 능력
IT 관리자	기술인력 팀을 관리하고, 새로운 시스템 구현을 관리한다.	관리 및 대인관계 기술, 핵심을 꿰뚫는 사고력, 최고 수준의 기술 능력
최고기술책임자(CTO)	최신 기술에 관해서 CIO, 실행그룹, 프로젝트 관리자들에게 조언을 한다.	빠른 학습 능력, 훌륭한 의사소통 기술, 정보기술에 대한 해박한 지식
최고정보보안책임자 (CISO)	IS 보안 프로그램을 관리한다. 조직의 정보시스템과 정보를 보호한다. IS 보안 요원을 관리한다.	보안 위협 및 추세에 대한 해박한 지식 훌륭한 의사소통 및 외교 기술이 좋은 관리자
최고정보책임자(CIO)	IT 부서를 관리한다. 참모들과 IT 및 IS 관련 업무들에 대해 논의한다. 임원 중 한 사람이다.	뛰어난 관리 능력, 해박한 비즈니스 지식과 비즈니스 판단 능력, 의사소통 능력, 중립성과 침착성

다.[3] 미국 사회보장국에 따르면 2013년 미국의 평균 노동자들 연봉의 중윗값은 34,248달러였다.[4] CTO, CIO, CISO의 연봉 범위는 이 직위들보다 높은데, 이는 더 많은 경력을 필요로 하기 때문이다.

정보시스템 직무의 연봉 범위는 폭이 넓다. 대도시에 살면서 더 많은 경험을 가지고 있으며, 대기업에서 일하는 전문가들일수록 더 높은 연봉을 받는다.[5] 여러분의 경력이 이 범위의 맨 꼭대기에서 시작할 거라고 기대하지는 말라. 기술된 바와 같이 모든 급여는 미국에서의 직무에

그림 11-3 정보시스템 직무의 연봉

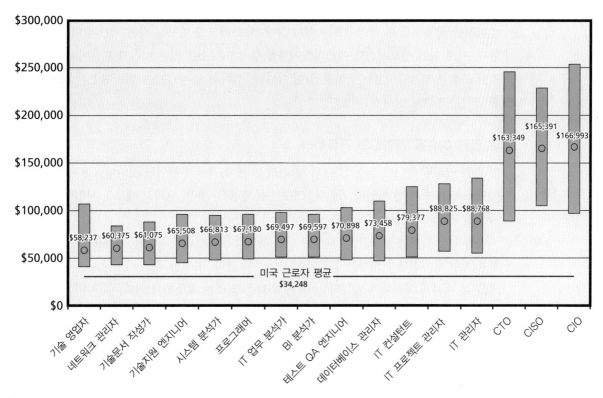

출처 : SSA.gov; Payscale.com

해당하며, 미국 달러로 표시되어 있다.

 (그런데 대부분의 기술적 직무 이외의 모든 경우, 업무에 특화된 지식은 여러분의 시장성을 높일 수 있다. 시간이 있다면 복수 전공은 훌륭한 선택이 될 수 있다. 인기 있고 성공 가능성이 높은 복수 전공은 회계와 정보시스템, 마케팅과 정보시스템, 운영관리와 정보시스템이다.)

11-2 조직은 IS 사용 계획을 어떻게 수립하는가?

IS 기능에 관한 논의를 계획 단계부터 시작해보자. 그림 11-4는 중요한 IS 계획 기능의 목록을 보여준다.

정보시스템을 조직 전략에 맞춰라

정보시스템의 목적은 조직의 목표와 목적을 달성할 수 있도록 돕는 것이다. 이를 수행하기 위해 모든 정보시스템은 조직의 경쟁우위 전략에 맞춰져야 한다.

 2장에서 네 가지 경쟁우위 전략에 관해 다루었다. 처음 두 가지 전략은 산업 분야 전반 혹은 산업 내 특정 부분 내에서 비용 우위를 차지하는 것이다. 나머지 두 가지 전략은 산업 분야 전반 혹은 산업 내 특정 부분 내에서 제품 혹은 서비스의 차별화를 추구하는 것이다. 조직 전략이 무엇이든지 간에 CIO와 IS 부서는 그 전략에 IS를 세심하게 맞춰야 한다.

 조직 전략과 IS 방향 사이의 일체성을 유지하는 활동은 지속적으로 이루어진다. 전략이 변하고 다른 조직을 합병하고 일부 사업 부서를 매각하는 등 변화가 일어나면 IS는 조직에 따라 진화해야 한다.

하지만 불행히도 IS 기반구조는 쉽지 않다. 네트워크를 바꾸는 것은 시간과 자원을 필요로 한다. 서로 다른 정보시스템 애플리케이션을 통합하는 것은 많은 시간과 비용이 소요된다. 이러한 사실은 경영층에게는 반가운 일이 아니다. 설득력 있는 CIO가 없다면 IS는 조직의 기회를 망치는 것으로 인식될 수 있다.

IS 관련 이슈를 경영진과 공유하라

앞 절의 마지막 문단은 그림 11-4의 두 번째 IS 계획 기능과 관련된 것이다. CIO는 경영층 내에서 IS와 IT에 대한 책임을 가진다. CIO는 문제해결, 제안, 그리고 새로운 사업에 대한 논의가 있을 때 IS의 관점을 제시한다.

예를 들어 합병을 고려할 때 회사는 합병 대상의 정보시스템 통합을 고려해야 한다. 이 고려 사항은 합병 기회를 논의하는 동안에 다루어져야 한다. 하지만 종종 이러한 이슈가 계약에 서명을 할 때까지 고려되지 않는다. 이렇게 뒤늦은 고려는 잘못된 일이다. 인수 비용에 통합 비용도 고려되어야 한다. 최고경영층의 논의에 CIO가 참여하는 것이 이러한 문제를 피하는 최선의 방법이다.

IS 부서 내에서 IS 우선순위를 정하고 실행하라

그림 11-4의 다음 계획 기능은 우선순위에 관한 것이다. CIO는 우선순위가 전체 조직의 전략과 일치하도록 개발되어야 하며, IS 부서와 의사소통해야 한다는 것을 보장해야 한다. 동시에 CIO는 IS 부서가 논의된 우선순위에 따라 신기술을 사용하여 제안서와 프로젝트를 평가할 수 있도록 보장해야 한다.

특히 IS 전문가들에게 기술은 매력적이다. CTO는 열광적으로 이런 요청을 할 수 있다. "우리의 모든 보고 서비스를 클라우드로 옮김으로써 이것도 할 수 있고, 저것도 할 수 있다." 이것이 비록 사실일지라도 CIO는 지속적으로 이 새로운 가능성이 조직의 전략 및 방향과 일치하는지에 관해서 질문을 해야 한다.

따라서 CIO는 우선순위를 수립하고 소통해야 할 뿐만 아니라 이를 실행해야 한다. IS 부서는 모든 제안에 대해 가능하다면 초기 단계에서 조직의 목표와 일치하는지, 또한 조직 전략과 상통하는지 평가해야 한다.

나아가 모든 좋은 아이디어를 구현할 만큼 여유가 있는 조직은 없다. 조직의 전략과 일치하는 프로젝트라 하더라도 우선순위가 정해져야 한다. IS 부서의 모든 구성원의 목표는 주어진 시간 및 비용 제약하에서 가장 적절한 시스템을 만드는 것이다. 세심히 계획되고 명확하게 선정된 우선순위가 필요하다.

추진위원회를 후원하라

그림 11-4의 마지막 계획 기능은 추진위원회를 후원하는 것이다. **추진위원회**(steering committee)는 CIO와 함께 일하는 주요 업무 기능을 맡고 있는 중간 관리자들로 구성된 그룹으로, IS 우선순위를 정하고, IS 프로젝트와 대안들을 결정한다.

커리어 가이드(381~382쪽)에서 시니어 데이터 책임자의 관점에 대해 더 읽어보라.

그림 11-4 IS/IT 활용 계획

- 정보시스템을 조직 전략에 맞춘다. 조직 변화에 맞춰서 지속적으로 이 관계를 유지한다.
- IS/IT 관련 이슈를 경영진과 공유한다.
- IS 부서 내에서 IS 우선순위를 정하고 실행한다.
- 추진위원회를 후원한다.

추진위원회는 IS와 사용자들 간의 중요한 의사소통 기능을 제공한다. 추진위원회에서 정보시스템 인력들은 사용자 집단과 함께 잠재적인 IS 계획과 방향을 논의할 수 있다. 동시에 추진위원회는 자신들의 요구와 불만 사항, 그리고 IS 부서와 관련된 다른 이슈들을 제시할 수 있는 사용자 포럼을 지원한다.

일반적으로 IS 부서가 추진위원회의 일정과 주제를 정하며, 회의를 주관한다. CEO와 다른 경영진들이 추진위원회의 구성원들을 결정한다.

11-3 아웃소싱의 장점과 단점은 무엇인가?

아웃소싱(outsourcing)은 서비스 수행을 위해 다른 조직을 고용하는 것이다. 아웃소싱은 비용을 절약하고 경험을 얻으며 관리 시간을 자유롭게 하기 위해 수행된다.

현대 경영 이론의 아버지인 피터 드러커가 했던 "당신의 구석방이 다른 사람에게는 거실이다"라는 유명한 말이 있다. 예를 들어 대부분의 기업에서 식당 운영은 사업 성공에 필수적인 기능이 아니다. 따라서 직원식당은 '구석방'이다. 구글은 검색과 모바일 컴퓨팅 애플리케이션, 광고 수입 분야에서 세계적인 일등 기업이 되기를 원한다. 자신들의 식당이 얼마나 잘 운영되는지를 알려지는 것은 원하지 않는다. 드러커가 의미한 바에 따르면 구글은 음식 서비스에 특화된 기업을 고용하여 식당을 운영하는 것이 더 낫다.

음식 서비스가 어떤 회사의 경우에는 '거실'이기 때문에, 적당한 가격에 일정 수준의 품질에 해당하는 음식을 더 잘 제공할 것이다. 음식공급에 대한 아웃소싱을 통해 구글은 식당에 대한 생각으로부터 자유로워진다. 음식의 질, 주방장의 일정, 식기 조달, 조리실 청소, 쓰레기 처리 등은 아웃소싱 기업의 관심이 될 것이다. 구글은 검색, 모바일 컴퓨팅, 광고수익의 성장에 집중할 수 있다.

정보시스템 아웃소싱

오늘날 많은 기업들이 자신들의 정보시스템 활동 중 일부분을 아웃소싱한다. 그림 11-5에 아웃소싱을 하는 보편적인 이유가 나열되어 있다. 각각의 중요한 이유를 살펴보자.

경영상의 이점 첫째, 아웃소싱은 전문성을 확보할 수 있는 손쉬운 방법이다. 12장에서 배우게 될 아이메드 애널리틱스는 사물인터넷 의료용 장비 앱과 실시간 머신러닝 시스템을 개발하고 싶어 하지만, 직원 중 어느 누구도 이러한 유형의 앱을 코딩할 수 없다. 아웃소싱은 이러한 전

정보시스템 아웃소싱은 비용을 절감할 수 있지만, 윤리적 딜레마를 초래할 수도 있다. 아웃소싱 문제에 대한 더 많은 내용은 윤리 가이드(382~383쪽)를 참조하라.

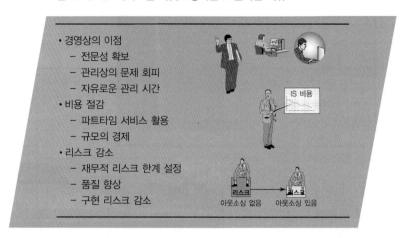

그림 11-5 IS 서비스를 아웃소싱하는 보편적인 이유

문성을 얻는 쉽고 빠른 방법이 될 수 있다.

예를 들어, 그림 11-6은 다이스의 연간 기술급여조사 결과인 상위 10개의 고액 기술과 경험을 보여준다.[6] 2020년 최상위 10위 안에 포함된 기술 중 단 하나만이 2012년 최상위 10개 목록에 랭크되어 있던 것임을 알 수 있다. 기술의 급격한 변화는 확실한 기술적 능력 수요에 급격한 변화를 야기한다.

혁신적인 제품을 개발하는 조직은 이를 생산하기 위한 내부 기술 전문 지식을 보유하지 못할 수 있다. 사실, 현재 직원들을 최신 기술에 맞춰 지속적으로 훈련하지 않는 한, 필요한 전문 지식을 갖추고 있지 않을 가능성이 크다. 외주와 전략적 파트너십은 조직이 내부적으로는 만들 수 없었던 제품을 제작할 수 있게 해준다.

아웃소싱의 또 다른 이유는 관리상의 문제를 피하기 위해서이다. 아이메드 애널리틱스에서는 대규모 개발 및 테스트 팀을 구축하는 것이 회사에 필요한 것보다 훨씬 더 큰 일이 될 수 있다. 이는 에밀리와 호세가 갖추지 못한 관리 능력을 요구할 수 있다. 개발 기능을 아웃소싱함으로써 이러한 전문 지식은 필요하지 않게 된다.

비슷하게 어떤 기업들은 관리에 필요한 시간과 관심을 절약하기 위해 아웃소싱을 선택한다. 아이메드의 에밀리는 새로운 소프트웨어 개발 프로젝트를 관리할 능력이 있지만, 시간을 투자하지 않기로 선택할 수도 있다.

또한 이것이 단순히 에밀리의 시간은 아님에 주목하라. 중간 관리자들은 각 활동에 대한 구매 및 고용 요청에 대한 승인에 더 많은 시간을 필요로 한다. 또한 재스민과 같은 중간 관리자들은 요청을 승인하거나 반려하기 위해 서버 기반구조에 대해 충분히 이해할 수 있는 시간이 필요하다. 아웃소싱은 직간접적 관리 시간 모두를 줄여준다.

비용 절감 아웃소싱을 선택하는 또 다른 일반적인 이유는 비용 절감과 관련이 있다. 아웃소싱을 통해 조직은 시간제 서비스를 받을 수 있다. 아웃소싱의 또 다른 이점은 규모의 경제를 얻는 것이다. 만약 25개의 조직이 각자 자체적으로 급여 애플리케이션을 개발한다면, 세법이 변경될 때 25개의 서로 다른 그룹이 새로운 법을 배우고, 소프트웨어를 법에 맞게 수정하고, 수정사항을 테스트하고, 변경사항을 설명하는 문서를 작성해야 한다. 그러나 동일한 25개의 조직

그림 11-6 상위 10가지 기술 순위

기술 또는 경력	연봉(달러)	순위								
		2020	2019	2018	2017	2016	2015	2014	2013	2012
래빗MQ	136,151	1	32	7	28	30	–	–	–	–
맵리듀스	135,516	2	4	8	2	2	9	3	3	–
모키토	133,261	3	7	28	76	62	–	–	–	–
서비스지향 아키텍처(SOA)	133,119	4	8	15	10	8	20	15	8	6
PAAS	132,314	5	10	9	1	11	4	1	–	–
클라우데라	132,045	6	3	11	5	19	3	4	19	
인공지능	131,907	7	34	18	–	–	–	–	–	–
베리로그	131,784	8	–	–	–	–	–	–	–	–
자연어 처리	131,542	9	–	–	–	–	–	–	–	–
카산드라	130,491	10	5	5	11	6	2	2	5	–

이 동일한 급여 소프트웨어 벤더에게 아웃소싱한다면, 그 벤더는 한 번에 모든 조정을 할 수 있고, 변경 비용을 전체 조직에 분산할 수 있어 벤더가 청구해야 하는 비용을 낮출 수 있게 된다.

리스크 감소 아웃소싱의 또 다른 이유는 리스크 감소이다. 첫째, 아웃소싱은 재무적 리스크에 대한 한도를 설정할 수 있다. 일반적인 아웃소싱 계약의 경우 아웃소싱 공급업체는 서비스별 고정된 가격에 계약하게 될 것이다. 예를 들어 이러한 상황은 기업이 하드웨어를 클라우드 업체에 아웃소싱하려고 할 때 발생한다. 재정적 한도를 설정하는 또 다른 방법은 에밀리가 추천한 방법이다. 작업이 완료되어 소프트웨어(혹은 다른 구성 요소)가 작동할 때까지 비용 지불을 연기하는 것이다. 첫 번째 경우에 아웃소싱은 총액에 한도를 설정함으로써 위험을 감소시킨다. 두 번째는 일이 완료될 때까지 거의 비용을 지불하지 않는 것이다.

둘째, 아웃소싱은 일정한 수준의 품질을 보장하거나 수준 이하의 품질을 갖게 될 리스크를 회피함으로써 리스크를 감소시킬 수 있다. 음식 서비스를 전문적으로 제공하는 회사는 특정 수준의 품질을 제공하는 방법을 알고 있다. 예를 들어 건강식품 제공에 대한 전문성을 가지고 있는 경우이다. 또한 가령 클라우드 서버 호스팅을 전문적으로 서비스하는 회사는 주어진 작업부하에 대해 일정한 수준의 서비스를 제공할 수 있다.

아웃소싱이 자체적으로 운영할 때의 품질보다 나은 품질을 보장하는 것은 아니다. 만약 식당 운영을 아웃소싱하지 않는다면, 구글은 운이 좋아 단지 훌륭한 요리사를 채용할 수도 있다. 에밀리는 운이 좋아 최고 실력의 소프트웨어 개발자를 고용할 수도 있다. 하지만 일반적으로 전문 아웃소싱 기업은 직원들이 식중독에 걸리지 않게 하는 방법을 알고 있거나 새로운 모바일 애플리케이션을 개발하는 방법을 알고 있다. 그리고 만약 최소한의 품질이 제공되지 못한다면 내부 직원을 해고한 후 다른 사람을 채용하는 것보다 다른 공급업체에게 아웃소싱하는 것이 더 쉽다.

마지막으로 기업들은 IS 구현 리스크를 줄이기 위해 아웃소싱을 선택한다. 외부의 클라우드 공급업체를 고용하는 것은 잘못된 하드웨어 혹은 잘못된 가상 소프트웨어를 선택하거나 세법 변경 내용을 틀리게 반영할 리스크를 줄여준다. 나열한 모든 리스크는 아웃소싱 도입을 통해 올바른 공급업체를 선택하느냐는 리스크로 모여진다. 회사가 공급업체를 한번 선택하면 이후의 리스크 관리는 공급업체에게 달려 있다.

국제적인 아웃소싱

아이메드 애널리틱스가 인도에서 개발자를 아웃소싱하기로 하는 것이 특별한 일은 아니다. 미국 내에 본사를 두고 있는 많은 기업은 해외로 아웃소싱을 넓힌다. 예를 들어 마이크로소프트와 델은 미국 이외의 지역에 대한 고객 지원 활동의 많은 부분을 미국 외의 지역에 두고 있다. 인도는 고학력의 영어가 유창한 인력을 미국 내 인건비에 비해 20~30%의 비용으로 활용할 수 있는 노동력이 풍부하기 때문에 인기 있는 선택지이다. 뿐만 아니라 중국과 다른 나라도 마찬가지이다. 사실 오늘날의 전화 및 인터넷 기반의 서비스 데이터베이스를 통해, 미국에서 발생한 하나의 서비스 요청이 부분적으로 인도에서 진행되고, 다음에 싱가포르에서, 마지막으로 영국의 직원에 의해 수행된다. 고객은 단지 잠시만 기다리면 된다.

국제적 아웃소싱은 24시간 쉬지 않고 운영되어야 하는 고객 지원과 같은 기타 기능에서 특별한 이점이 있다. 예를 들어 아마존닷컴은 미국, 코스타리카, 중국, 독일, 인도, 아일랜드, 이탈리아, 자메이카, 일본, 모로코, 필리핀, 폴란드, 우루과이, 스코틀랜드, 남아프리카에서 고객 서비스 센터를 운영한다. 미국의 저녁 시간대에는 낮 시간인 인도에서 고객 서비스 요청을 처리한다. 인도가 밤이 되면 미국의 동부 해안에서 발생한 이른 아침의 서비스 요청을 아일랜드 혹은 스코틀랜드에서 이어받아 처리한다. 이러한 방식으로 야근을 위한 인력의 교대 없이 24시간 서비스를 제공할 수 있다.

그런데 1장에서 배운 것처럼 여러분의 직업을 핵심적으로 지켜주는 것은 일반적이지 않은 분석에 탁월한 능력을 가진 사람이 되는 것이다. 새로운 기술을 창의적으로 응용할 수 있는 능력을 지닌 사람 역시 국제적으로 일할 기회를 가질 수 있다.

아웃소싱 방식에는 어떤 것들이 있는가?

조직이 정보시스템 혹은 정보시스템의 일부를 아웃소싱하는 수많은 방법이 있다. 그림 11-7은 정보시스템 구성 요소에 따라 구분한 주요 방법을 나열한 것이다.

어떤 조직은 컴퓨터 하드웨어의 취득과 운영을 아웃소싱한다. EDS(일렉트로닉데이터시스템)는 하드웨어 기반구조에 대한 아웃소싱 공급업체로서 30년 이상 성공적으로 사업을 진행해왔다. 그림 11-7은 IaaS 방식의 클라우드 컴퓨팅 아웃소싱 예를 보여준다.

4장과 12장에서 논의된 바와 같이 라이선스가 있는 소프트웨어를 취득하는 것은 아웃소싱의 한 형태이다. 사내에서 소프트웨어를 개발하는 대신 다른 공급업체로부터 소프트웨어에 라이선스를 취득한다. 이러한 라이선싱을 통해 소프트웨어 공급업체는 사용자에 대한 소프트웨어 유지 관리 비용을 받게 되고, 모든 사용자의 비용을 줄일 수 있다. 또 다른 대안으로는 PaaS가 있다. PaaS는 사전 설치된 운영체제는 물론 DBMS 시스템을 사용하여 하드웨어를 임대하는 것이다. 마이크로소프트의 애저는 이러한 PaaS 제품 중 하나이다.

그림 11-7 IS/IT 아웃소싱 방식

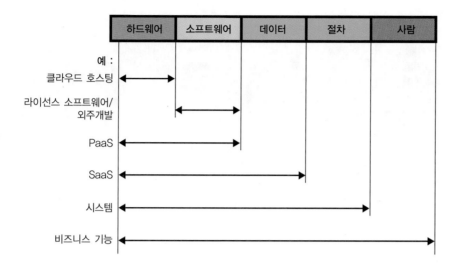

어떤 기업에서는 소프트웨어 개발을 아웃소싱한다. 이러한 아웃소싱은 아이메드 애널리틱스와 같이 전체 애플리케이션에 대한 것일 수도 있고, ERP 구현과 같이 라이선스가 있는 소프트웨어를 커스터마이징하는 것일 수도 있다.

다른 대안은 하드웨어와 운영시스템, 애플리케이션을 리스 형태로 사용하는 SaaS이다. 세일즈포스닷컴이 SaaS를 제공하는 전형적인 예이다.

전체 시스템을 아웃소싱하는 방식도 있다. 피플소프트(현재는 오라클에 합병됨)는 전체 급여 기능을 아웃소싱하는 것으로 유명하다. 이 솔루션은 그림 11-7의 화살표가 나타내고 있는 바와 같이 공급업체가 하드웨어, 소프트웨어, 데이터와 일부 절차를 제공해준다. 회사는 단지 직원들과 업무에 관한 정보만을 제공하며, 나머지는 급여 아웃소싱 업체가 수행한다.

마지막으로 전체 비즈니스 기능을 아웃소싱하는 기업도 있다. 지난 수년 동안 많은 기업들이 직원들의 출장여행 관련 업무 기능을 여행사에 아웃소싱해오고 있다. 이들 아웃소싱 업체들 중 일부는 고객사 건물 내에서 사무실을 운영하기도 한다. 최근에는 보다 크고 중요한 기능들을 아웃소싱하는 기업들도 있다. 이런 협정은 정보시스템 아웃소싱보다 훨씬 광범위하지만, 정보시스템은 아웃소싱 적용 분야 중 핵심적인 부분이다.

아웃소싱의 리스크는 무엇인가?

정말 많은 장점과 많은 아웃소싱 방식이 있음에도 왜 어떤 기업들이 자체적인 IS/IT 기능을 보유하고 있는지 의아할 수 있다. 사실 아웃소싱은 그림 11-8에 나타나 있는 바와 같이 상당한 리스크를 지니고 있다.

통제 상실 아웃소싱의 첫 번째 리스크는 통제의 상실이다. 아이메드의 경우, 에밀리가 친구인 키안과 계약을 맺으면, 몇 주 또는 몇 달 동안은 키안이 주도권을 가지게 된다. 만약 키안이 아이메드를 우선 프로젝트로 삼고 자신과 직원들의 주의를 필요한 만큼 기울인다면, 모든 일이 순조롭게 진행될 수 있다. 그러나 그가 아이메드를 시작한 직후 더 큰 이익이 되는 계약을 따낸다면, 일정 및 품질 문제들이 발생할 수 있다. 이 상황에 대해 에밀리나 호세는 아무런 통제권

그림 11-8 아웃소싱 리스크

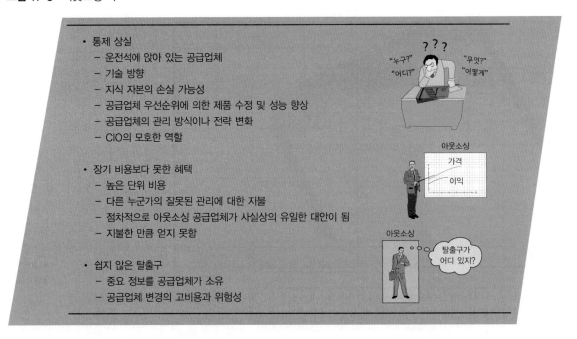

이 없다. 비용을 나중에 지불하더라도 금전적인 손실은 없을 수 있지만, 시간은 낭비하게 된다.

IT 기반구조의 아웃소싱과 같이 서비스 중심의 아웃소싱인 경우에는 공급자에게 운전석을 내놓는 것과 같다. 아웃소싱 공급자들은 자신들의 서비스 방식과 절차를 가지고 있다. 여러분의 기업과 직원들은 이 절차를 따라야 한다. 예를 들어 하드웨어 기반구조 공급자들은 컴퓨터를 요청하고, 컴퓨터 문제를 기록·처리하며 컴퓨터에 대한 일상적인 유지보수 서비스를 제공하기 위한 표준 양식과 절차를 가지고 있다. 공급업체가 그 일을 맡고 있다면 직원들은 그에 따라야 한다.

구내식당을 아웃소싱하게 되면 직원들은 아웃소싱 업체가 요리하는 음식만을 선택해야 한다. 비슷한 경우로 컴퓨터 하드웨어와 서비스를 도입할 때 직원들은 공급업체가 제공하는 것을 사용하게 될 것이다. 공급업체가 제공하는 목록에 없는 장비를 원하는 직원들만 불행해지는 것이다.

계약사항에 다른 요구사항이 없다면 아웃소싱 업체는 구현하고자 하는 기술을 선택할 수 있다. 만약 공급업체가 어떠한 이유로 인해 중요한 신기술 도입을 늦춘다면 공급업체와 계약한 기업은 그 기술로부터 얻을 수 있는 혜택을 받는 시점이 늦어지게 된다. 이 조직은 경쟁사에 비해 동일한 정보시스템 서비스를 제공받을 수 없기 때문에 결국 경쟁에서 처지게 될 것이다.

또 다른 관심사는 지식 자본의 손실 가능성이다. 아웃소싱 업체의 직원들에게 내부의 영업비밀, 방법, 혹은 절차 등이 드러날 수 있는 것이다. 아웃소싱 업체의 정상적 운영의 일부분으로 이 업체는 직원들을 바로 전에 아웃소싱해주던 기업의 경쟁사로 보내 일하도록 할 수 있으며, 이는 지적 자본의 손실을 발생시킬 수도 있는 것이다. 이러한 손실은 지식을 훔쳐가는 것이 아닐 수도 있다. 왜냐하면 이는 단순히 공급업체의 직원들이 여러분 회사에서 더 새롭고 나은 작업 방식을 배운 다음에, 여러분의 회사에서 배운 것을 경쟁사에서 활용하는 것이기 때문이다.

유사한 경우로 모든 소프트웨어는 단점을 가지고 있다. 공급업체는 이들 오류와 문제점을 추적해 우선순위에 따라 이들을 고쳐나간다. 기업이 시스템을 아웃소싱할 때, 이 기업은 더 이상 오류 및 문제점 수정 과정의 순서에 대해 통제하지 않는다. 이런 통제는 공급업체가 하는 일이다. 조직에 핵심적인 영향을 줄 수 있는 수정사항이 아웃소싱 공급업체에게는 우선순위가 낮을 수도 있다.

다른 문제가 있는데, 이는 아웃소싱 공급업체가 관리 방식을 변경시키거나 다른 전략 방향을 채택할 수 있다는 것이다. 이런 변화가 발생했을 때는 우선순위가 변경될 수 있으며, 괜찮은 선택이었던 아웃소싱 공급업체가 방향 변경이 발생한 후에는 단번에 나쁜 선택이 될 수도 있다. 이런 일이 생겼을 때 아웃소싱 공급업체를 바꾸는 것은 어렵고 많은 비용이 들어가는 일이 될 수 있다.

마지막 통제 상실 리스크는 기업의 CIO가 불필요해질 수 있다는 것이다. 사용자가 아웃소싱을 받고 있는 핵심적인 서비스에 대한 문의를 할 경우, CIO는 공급업체에게 응답을 요구해야 한다. 얼마 지나지 않아 사용자들은 아웃소싱 공급업체와 문제를 직접 다루는 것이 더 빠르다는 것을 알게 되고, CIO는 곧 의사소통 과정에서 배제된다. 이러한 점에서 필연적으로 공급업체가 CIO를 대체하게 되고, CIO는 명목상의 대표가 되어버린다. 하지만 아웃소싱 공급업체의 직원들은 자신들의 소속 기업에 편향되어 있는 다른 기업의 직원들이다. 관리 팀의 일원인 주요 관리자들이 동일한 목표와 목적을 공유하지 않게 될 것이다. 편향된, 그리고 잘못된 결정을 내릴 수도 있다.

장기 비용보다 못한 혜택   아웃소싱의 초반 혜택은 상당히 크게 보일 수 있다. 한정된 범위의 재무 지출, 관리 업무에 소요되는 시간과 주의의 감소, 관리 및 지원 문제로부터의 해방 등이 가능해진다(대부분의 경우 아웃소싱 공급업체들은 바로 이러한 혜택을 약속한다). 아웃소싱은 너무 완벽해 보여서 그것이 사실인 것처럼 보일 것이다.

사실일 수도 있다. 고정 비용은 비용 노출을 제한하지만, 동시에 규모의 경제라는 이점을 없애기도 한다. 예를 들어, 한 회사의 새로운 애플리케이션 수요가 급증하여 서버가 20대에서 200대로 갑자기 늘어났다고 가정해보자. 이 경우, 이 조직은 서버 한 대를 지원하는 고정 비용의 200배를 지불하게 된다. 그러나 규모의 경제 덕분에, 200대의 서버를 지원하는 비용이 20대 서버를 지원하는 비용의 10배보다 훨씬 적을 수 있다. 만약 이 서버들을 내부에서 호스팅했다면, 이 이익은 벤더가 아니라 조직이 얻게 되었을 것이다.

또한 아웃소싱 공급업체가 자신들의 가격정책을 수시로 변경할 수도 있다. 처음에 기업은 여러 아웃소싱 공급업체들의 경쟁으로 인해 경쟁력 있는 가격으로 아웃소싱을 하게 된다. 그러나 선정된 공급업체가 비즈니스에 대한 더 많은 것을 배우고 조직의 직원들과 아웃소싱 공급업체 직원들 사이의 관계가 발전되어감에 따라 다른 공급업체들은 다음 계약에서 선정되는 것이 어려워진다. 그래서 처음 계약한 이 공급업체는 경쟁압력이 전혀 없는 사실상의 단독 입찰업체가 되며, 결국 가격을 올릴 수도 있다.

또 다른 문제는 조직이 다른 조직의 잘못된 관리에 대신 돈을 부담할 수 있다는 점이다. 그리고 그런 상황인지조차 알기 어려울 수 있다. 만약 한 조직이 서버를 아웃소싱한다면, 벤더가 잘 관리되고 있는지 확인하기가 어렵다. 투자자들은 부실한 관리에 비용을 지불하게 될 수 있으며, 더 나쁜 경우에는 데이터 손실과 같은 부실 관리의 결과를 겪을 수 있다. 이러한 부실 관리를 파악하는 것은 조직에게 매우 어려운 일일 것이다.

쉽지 않은 탈출구 아웃소싱 리스크의 마지막 유형은 계약 종료에 관한 것이다. 쉬운 탈출구가 없다. 한 예로 아웃소싱 업체의 직원들이 그 회사의 중요한 지식들을 얻었다. 그들은 고객 지원을 위한 필요한 사항을 알고 있으며, 사용패턴에 대해서도 알고 있다. 또한 그들은 데이터 웨어하우스로부터 운영 데이터를 다운로드받는 최선의 절차에 대해서도 알고 있다. 결국 지식의 부족으로 인해 아웃소싱 서비스를 자체 운영으로 다시 돌리는 것이 어려워진다.

또한 아웃소싱 업체가 해당 기업의 비즈니스에 아주 강력하게 통합되어 있기 때문에 회사를 구분하는 것은 극도로 위험해질 수 있다. 다른 식당 아웃소싱 업체를 찾기 위해 몇 주 동안 직원 식당의 문을 닫는 것은 별로 평판이 좋지 않지만 직원들은 그럭저럭 지낼 수는 있다. 하지만 네트워크가 몇 주 동안 다운된다면 회사는 살아남을 수 없다. 이러한 리스크 때문에 기업은 다른 공급업체로의 전환을 위해 상당한 작업과 중복된 노력, 관리 시간, 비용을 투자해야 한다. 사실 아웃소싱 공급업체를 선택하는 것은 일방통행이 될 수 있다.

아이메드 애널리틱스에서 최초의 애플리케이션 개발 후에 개발업체의 변경을 결정해야 한다면 아주 어려운 작업이 될 수 있다. 새로운 업체는 애플리케이션 코드를 모를 것이다. 더 나은 저비용의 업체로 전환하는 것이 불가능한 일이 될 수도 있다.

아웃소싱을 할 것인가의 선택은 어려운 결정이다. 사실 어떤 결정이 올바른지는 명확하지 않다. 하지만 회사가 결정을 내리는 데는 시간과 여러 항목이 영향을 줄 수 있다.

11-4 사용자 권한과 책임은 무엇인가?

미래의 정보시스템 사용자로서 여러분은 IS 부서와의 관계에서 권한과 책임을 모두 가진다. 그림 11-9의 항목은 사용자로서 여러분이 부여받을 수 있는 권리와 여러분이 기여할 수 있는 것을 보여주고 있다.

사용자 권한

여러분은 원하는 대로 능숙하게 작업을 수행하기 위해 필요한 컴퓨팅 자원을 소유할 권한이 있다. 여러분은 원하는 컴퓨터 하드웨어와 프로그램을 소유할 권한이 있다. 만약 여러분이 데이터 마이닝 애플리케이션을 위해 대규모 파일을 처리한다면, 필요한 대형 디스크와 고속 프로세스를 가질 권한이 있다. 하지만 단순히 이메일을 받고 회사 웹 포털에 관해 조언한다면, 여러분의 권한은 (그것들을 필요로 하는 조직의 누군가를 위해 더 강력한 자원을 남겨두는) 보다 간소한 요구사항이다.

여러분에게는 신뢰성 있는 네트워크와 인터넷 서비스 사용 권한이 있다. 신뢰할 수 있다는 것은 거의 모든 시간에 걸쳐 문제 없이 처리할 수 있다는 것을 의미한다. 이는 "오늘은 네트워크가 잘 작동될까?"라고 의아해하면서 처리하지 않는다는 것을 의미한다. 네트워크 문제는 거의 발생하지 않아야 한다.

그림 11-9 사용자의 정보시스템 권한과 책임

여러분은 다음과 같은 권한을 가진다.

- 여러분의 업무를 능숙하게 수행할 수 있도록 해주는 컴퓨터 하드웨어와 프로그램
- 신뢰성 있는 네트워크와 인터넷 연결
- 안전한 컴퓨팅 환경
- 바이러스, 웜, 기타 위험으로부터의 보호
- 신규 시스템의 사양과 기능에 대한 요구사항의 제시
- 신뢰성 있는 시스템 개발과 유지보수
- 문제점, 관심사항, 불편사항에 대한 신속한 처리
- 적절한 우선순위에 의한 문제점의 조정 및 해결
- 효과적인 교육훈련

여러분에게는 다음과 같은 책임이 있다.

- 기본적인 컴퓨터 기술의 습득
- 여러분이 사용하는 애플리케이션에 대한 기초적인 기술과 절차에 대한 학습
- 보안 및 백업 절차의 준수
- 패스워드 보호
- 회사의 컴퓨터 사용 정책을 준수하는 컴퓨터 자원의 사용
- 승인받지 않은 하드웨어 변경 금지
- 승인받은 프로그램만을 설치
- 지시받은 대로 소프트웨어 패치와 변경을 수행
- 새로운 시스템의 사양과 기능에 대한 요구사항 제시를 요청받았을 때, 신중하고 완벽하게 대응할 수 있는 시간을 투자
- 하찮은 문제에 대한 보고 금지

여러분은 또한 안정된 컴퓨팅 환경에 대한 권한을 가진다. 여러분이 속한 회사는 여러분의 컴퓨터와 파일들을 보호해야 하며, 보안에 관해 생각할 필요조차도 없어야 한다. 때때로 회사는 컴퓨터와 파일을 보호하기 위해 특별한 행동을 요구할 수 있는데, 여러분은 그 행동을 받아들여야 한다. 하지만 그러한 요구는 자주 발생하지 않는 특별한 외부 위협과 연관된 것이어야 한다.

여러분은 새롭게 사용하게 될 애플리케이션과 현재 사용 중인 애플리케이션의 중대한 변화를 위한 요구사항 분석 회의에 참여할 권한을 가진다. 여러분은 권한을 위임하기 위해 다른 사람을 선택하거나, 부서가 여러분에게 권한을 위임할 수도 있다. 만약 그렇게 한다면 그 대표권을 통해 여러분의 생각을 전달할 권한을 가진다.

여러분은 신뢰할 수 있는 시스템 개발과 유지보수에 관한 권한을 가진다. 많은 개발 프로젝트에서 1~2개월 정도의 일정 지연이 일반적이라고 할지라도 6개월의 일정 지연을 인정해서는 안 된다. 그러한 지연은 불완전한 시스템 개발의 증거이다.

덧붙여서 여러분은 정보 서비스에 관한 여러분의 문제, 관심, 불평에 대해 신속한 응대를 받을 권한이 있다. 여러분에게는 문제를 보고할 권한이 있으며, 여러분의 문제가 IS 부서에 접수되었음을 알 권리가 있다. 여러분은 우선순위에 따라 여러분의 문제가 해결될 수 있는 권한을 가지고 있다.

마지막으로 여러분은 효과적인 훈련을 받을 권한을 가지고 있다. 임무를 수행하기 위해 시스템을 이해하고 사용할 수 있도록 훈련받아야 한다. 기업은 정해진 규칙에 따라서 여러분이 편리한 일정으로 훈련을 제공해야 한다.

사용자 책임

여러분은 IS 부서와 조직에 대한 책임 또한 가진다. 특히 여러분은 기본적인 컴퓨터 기술을 배우고, 사용하는 애플리케이션의 사용법과 절차를 배울 책임이 있다. 여러분은 기본적인 운영을 손에 쥐고 있다고 기대해서는 안 된다. 동일한 문제에 대해 반복적인 훈련과 지원을 받는 것

사용자들에게 주요 시스템을 관리할 책임이 부여된다. 기업은 이러한 주요 시스템을 보호하기 위해 설계된 보안 정책을 준수하도록 직원들에게 효과적으로 동기 부여할 방법을 찾아야 한다. 보안 가이드(380~381쪽)를 참조하라.

을 기대해서는 안 된다.

여러분에게는 보안 및 백업 절차를 따라야 하는 책임이 있다. 이는 보안 및 백업의 실패가 여러분 자신뿐만 아니라 동료 직원과 조직에 문제를 야기할 수 있기 때문에도 특히 중요하다. 특히 패스워드 보안에 대해서도 책임을 져야 한다. 여러분의 컴퓨터 보안뿐만 아니라 시스템 간의 권한 때문에도 이는 매우 중요한 일이다. 뿐만 아니라 조직의 네크워크와 데이터베이스의 보안 역시 중요하다.

여러분은 고용주의 정책에 맞춰 컴퓨터 자원을 사용해야 한다. 많은 고용주들이 근무시간 중에 중요한 개인적인 일에 한정해서 이메일을 허용하지만, 자주 그리고 긴 시간의 이메일을 허용하지 않는다. 여러분은 고용주의 정책에 관해서 알고 그것을 따라야 할 책임이 있다. 나아가 업무 중 개인용 모바일 디바이스를 사용하는 것에 관한 정책에도 따라야 한다.

여러분은 여러분의 컴퓨터에 대해 승인받지 않고 하드웨어를 변경해서는 안 되며, 승인받은 프로그램만을 설치할 책임이 있다. 이러한 정책을 적용하는 한 가지 이유는 IS 부서가 컴퓨터를 업그레이드하기 위한 자동화된 유지보수 프로그램을 구축하고 있기 때문이다. 승인받지 않은 하드웨어와 프로그램은 이 프로그램들과 간섭을 일으킬 수도 있다. 게다가 승인받지 않은 하드웨어나 프로그램의 설치는 IS 부서에서 수정해야 하는 문제를 야기할 수 있다.

여러분은 요청이 있을 경우 컴퓨터 업데이트와 수정사항을 설치할 책임이 있다. 보안, 백업, 복구와 관련된 패치의 경우에는 특히 중요하다. 새롭게 적용하는 시스템에 대해 요구사항에 대한 입력을 요청받았을 때, 여러분은 신중하고 완벽한 응답을 제공하기 위해 필요한 시간을 확보할 책임이 있다. 만약 그런 시간이 없다면 입력을 다른 누군가에게 부탁해야 한다.

마지막으로 여러분은 전문적으로 정보시스템 전문가를 다룰 책임이 있다. 모든 사람이 같은 회사에서 일하고, 모든 사람이 성공하길 원하며, 전문가다움과 공손함은 모든 측면에서 오래 지속될 것이다. 전문가다운 행동의 한 가지 방법은 기본적인 기법을 배워 하찮은 문제에 대해 보고하는 것을 피하는 것이다.

이 장의 **지식**이 **여러분**에게 어떻게 도움이 되는가?

여러분은 이제 부서의 기본적인 책임에 대해 알고 있으며, 왜 IS 부서가 표준과 정책을 만드는지 이해할 수 있다. 여러분은 IS의 계획 기능에 대해 알고 있으며, 조직의 다른 부분들과 어떻게 연결되어 있는지 알고 있다. 또한 여러분은 IS 서비스를 아웃소싱하는 이유와 가장 일반적이고 인기 있는 아웃소싱 대안, 그리고 아웃소싱의 위험에 대해서도 안다. 마지막으로 여러분은 IS 부서가 제공하는 서비스와 관련된 책임과 의무에 대해 알고 있다.

이 모든 지식은 여러분이 IS 부서의 서비스를 받는 더 나은 고객이 될 수 있도록 도와준다. 만약 IS 서비스가 거의 없거나 전혀 없는 소규모 기업에서 일한다면, 아웃소싱해야 할 일들이 무엇이며 그것의 장점, 단점, 그리고 어떻게 선택할 것인지에 대해 알고 있다. 만약 여러분이 에밀리의 입장이라면, 소프트웨어 개발을 아웃소싱하는 것의 장점과 단점에 대해 알 것이다. 마지막으로 여러분의 권한과 책임에 관한 지식은 IS 부서로부터 얻을 수 있는 것이 무엇인지를 합리적으로 기대함으로써 여러분을 보다 효과적인 업무 전문가로 만들어줄 것이다. 동시에 IS 부서가 여러분에게 기대하는 것이 무엇인지도 알게 된다.

So What?

페이스북의 부실한 데이터 관리

가족, 친구 및 동료와 상호작용하는 주요 방법은 무엇인가? 아마도 여러분은 네트워크 내의 일부 사람들과 소통하기 위해 대면 상호작용과 전통적인 전화 통화를 사용하고 있을 것이다. 하지만 점점 더 많은 커뮤니케이션 기술이 개발되고 다양한 상황에서 사용되고 있다. 예를 들어, 슬랙은 업무 환경에서 세계에서 널리 사용되는 매우 인기 있는 협업 도구이며, 디스코드는 수백만 명의 게이머가 연락을 유지하고 게임 플레이 중 전략을 세우기 위해 사용하는 인기 있는 커뮤니케이션 도구이다. 여러분은 아마도 2020년 기준으로 27억 명 이상의 사용자를 보유한 소셜미디어 거대 기업인 페이스북을 통해 일부 연락처와 소통하고 있을 것이다.

페이스북이 여전히 많은 사용자를 끌어들이고 유지하는 이유 중 하나는 멧커프의 법칙이다. 이 법칙은 네트워크의 가치는 네트워크에 연결된 사용자 수의 제곱에 비례한다는 것을 의미한다. 즉 네트워크 사용자가 많을수록 그 네트워크가 제공하는 가치는 더 커진다는 것이다. 이는 새로운 사용자가 가입하도록 유도한다. 누군가 첫 번째 소셜 네트워크에 가입할 것을 고려할 때, 그들은 이미 자신의 친구, 가족, 동료들이 가장 많이 활동하는 플랫폼을 선택할 가능성이 높다. 이는 해당 네트워크에서의 경험이 다른 네트워크에 비해 가장 큰 가치를 제공할 것이기 때문이다. 그러나 멧커프의 법칙은 단순히 새로운 사용자를 사이트로 끌어들이는 데 그치지 않는다. 또한 앱 개발자, 연구자 및 사용자들이 생성하는 방대한 데이터로부터 통찰을 얻고 수익을 창출하려는 기업들도 유인한다.

'싫어요'는 여기를 클릭

페이스북이 세계에서 가장 인기 있는 소셜미디어 사이트로 자리 잡으

출처 : Peshkova/Shutterstock

면서 수많은 제3자들이 사용자 및 사용자 간의 연결과 상호작용에 대한 데이터를 수집할 기회를 노리고 있다. 몇 년 전, 페이스북은 음악 스트리밍 사이트, 데이팅 사이트 등 다양한 다른 플랫폼 및 서비스와의 통합을 허용하는 매우 개방적인 모델을 가지고 있었다. 이 통합 덕분에 사용자들은 페이스북 계정을 사용하여 이러한 사이트에 계정을 만들고 로그인할 수 있었다. 또한 제3자들은 페이스북을 위한 앱을 개발하여 해당 앱을 사용하는 사람들의 데이터뿐만 아니라 '그들의 친구들의 데이터'에도 접근할 수 있었다.

이 회사는 최근에야 이 모델의 잠재적인 개인정보 위험을 인식하고 2015년부터 제3자 개발자에게 직접 동의를 제공한 사용자에게만 데이터 접근을 제한하기 시작했다. 그러나 이미 피해는 발생했다. 최근 한 연구자가 8천만 명 이상의 페이스북 사용자 데이터를 빼내어 페이스북이 더 엄격한 데이터 제한을 시행하기 전, 해당 데이터를 분석 회사에 판매한 사실이 밝혀졌다.[7] 이 사용자 프라이버시 위반 사건은 페이스북의 불량한 데이터 관리 관행에 대한 격렬한 논란을 일으켰고, 그로 인해 페이스북은 그 시기에 사용자 데이터에 접근할 수 있었던 앱들을 평가하기 위한 조사를 실시하겠다는 성명을 발표했다.

돈을 지불하고 플레이하기

이 사건에 대한 대응으로 CEO이자 창립자인 마크 저커버그는 페이스북이 향후 개인정보 문제를 예방하기 위한 조치를 이미 취했다고 밝혔다. 그는 이후 워싱턴 D.C.에 소환되어 상원 상무위원회와 사법위원회 앞에서 이러한 일이 어떻게 발생할 수 있었는지, 그리고 유사한 사건이 미래에 어떻게 예방될 수 있을지 설명하기 위해 증언했다. 그러나 이 사건으로 인해 페이스북의 명성은 이미 손상되었다. 페이스북 계정을 삭제하라는 사람들의 적극적인 운동이 벌어졌다. 이 스캔들은 월스트리트에도 영향을 미쳤다. 이 시기에 주요 기술주(예 : 페이스북, 아마존, 애플, 넷플릭스, 알파벳)은 함께 3,970억 달러의 시장 가치를 잃었고, 다른 주요 기술 기업들도 유사한 '숨겨진 문제'를 가지고 있을 것이라는 우려가 커졌다.[8]

페이스북의 주가는 회복될 가능성이 있지만, 데이터 관리 관행과 나아가 비즈니스 모델도 변화가 있을 것이다. 일부 전문가들은 페이스북이 사용자들이 네트워크에 접근하기 위해 월 사용료를 지불할 수 있는 옵션을 제공하기 시작할 것이라고 추측한다. 이를 통해 사용자의 데이터가 광고주나 다른 제3자에 의해 접근되는 것을 방지할 수 있을 것이다.[9] 북미 사용자에게는 사용자당 연간 광고 수익인 82달러를 보전하기 위해 약 7달러의 요금을 부과해야 할 것으로 추정되고 있다.[10] 이 상황은 적어도 기술 세계에 개인정보와 사용자 데이터의 부주의한 관리와 관련된 위험에 대한 경각심을 일으키는 충격파를 보냈다. 또한 이러한 무책임한 행동으로 인해 발생할 수 있는 경비와 비경비 비용에 대한 경각심도 일으켰다.

토의문제

1. 소셜미디어 플랫폼은 일상적인 상호작용에서 얼마나 중요한 부분인가? 가족이나 친구들이 사용하는 특정 소셜미디어 플랫폼을 여러분도 사용하는가? 그 이유는 무엇인가?

2. 여러분은 케임브리지 애널리티카와 데이터가 공유된 8,700만 명의 페이스북 사용자 중 한 명인가? 그렇다면 이 상황은 여러분을 불편하게 하는가? 그 이유는 무엇인가?

3. 의회의 마크 저커버그 청문회 기간 동안 페이스북이 비즈니스로서 어떻게 운영되는지에 대한 많은 정치인들의 지식이 부족하다는 것이 명백해졌다. 이는 페이스북 및 다른 기술 기업들이 사용자 데이터를 적절하게 관리하도록 보장하기 위한 규제를 제정하는 데 어떤 도전과제를 제기할까?

4. 페이스북은 왜 유료 옵션을 제공할까? 개인 데이터가 보호된다는 것을 알고 페이스북에 접근하기 위해 월 사용료를 지불하는 것은 여러분에게 가치가 있을까? 그 이유는 무엇인가?

보안 가이드

당근 혹은 채찍? 둘 다 아니다

기업 리더들과 함께 앉아서 그들의 가장 큰 사이버 보안 우려에 대해 질문할 기회가 주어졌다. 그들이 가장 우려하는 것들이 무엇일지 상상해보라.

대부분의 사람들이 사이버 보안을 떠올릴 때, 후드티를 입은 해커들이 어두운 지하실에서 코드 입력에 열중하거나, 사회 공학자를 이용해 기업 서버룸에 몰래 들어가 원격 접근을 위한 네트워크 탭을 설치하는 모습을 생각한다. 하지만 이러한 악의적인 디지털 행위자들은 가장 큰 위험을 초래하지 않는다. 기업의 리더들이 가장 걱정하는 것은 바로 자사의 '직원들'이 가장 큰 위험을 초래할지도 모른다는 사실이 놀라울 수 있다.

기업들이 가장 취약하다고 느끼는 부분을 조사한 연구에 따르면, 상위 세 가지 사이버 보안 우려사항은 모바일 기기를 통한 부적절한 데이터 공유, 조직에 위험을 초래하는 모바일 기기의 물리적 손실, 직원에 의한 부적절한 IT 자원 사용[11]으로, 모두 내부 행위자에 의해 초래된 위험이다.

이 연구의 또 다른 발견은 모든 규모의 기업(매우 작은 기업, 중소기업, 대기업)에서 최소 40%가 자사 직원에 의한 부적절한 IT 사용으로부터 보호받고 있지 않다고 보고했다는 점이다.

보안 정책

따라서 기업들이 위험을 줄이기 위해 사용하는 방법 중 하나는 직원들이 보다 안전한 행동을 하도록 장려하는 것이다. 이는 종종 보안 정책을 통해 이루어진다. '보안 정책'은 조직 내 직원들이 시스템, 데이터 및 기타 기술 자산의 적절한 사용을 보장하기 위해 따라야 하는 지침 및 절차의 프레임워크이다.

일반 정보 보안 정책은 종종 허용 사용 정책, 변경 관리 정책, 이메일/커뮤니케이션 정책 및 재해 복구 정책을 포함한 다양한 다른 정책과 함께 시행된다.[12] 일반적으로 직원들은 조직에 참여하고 있는 동안 이러한 정책을 검토하고 따르기로 동의해야 한다.

출처 : Wright Studio/Shutterstock

하지만 보안 정책 준수에 대한 직원들의 행동을 조사한 연구들은 준수율이 위험할 정도로 느슨할 수 있음을 보여주고 있다. 한 연구에서는 44%의 기업이 직원들이 보안 정책을 적절하게 따르지 않는 것을 관찰했으며, 약 25%의 기업은 배포된 보안 정책을 시행할 의도가 없다고 보고했다.

직원들이 준수하도록 유도하려는 기업은 다양한 방법을 사용한다. 이러한 방법은 보상 또는 처벌로 분류될 수 있으며(종종 당근과 채찍 접근법이라고 불린다), 거의 절반의 기업이 직원 준수에 문제를 보고하는 상황에서 기존의 방법인 당근이나 채찍 접근법이 실제로 효과적일까?

준수 원인

최근에 보안 정책 준수에 영향을 미치는 요인을 조사한 모든 정보시스템 연구를 살펴본 연구가 있다.[13] 이 연구의 목적은 각기 다른 준수 요인을 평가한 수십 개의 연구에서 도출된 상위 수준의 경향과 주요 시사점을 식별하는 것이었다. (이러한 유형의 연구를 메타 분석이라고 한다.)

광범위하게 연구된 17가지 다양한 요인 중에서 보상과 처벌은 하위 4위에 위치했으며, 이는 준수 행동을 초래할 가능성이 가장 낮다는 것을 의미한다. 이것은 많은 조직이 준수 행동을 유도하기 위해 보상과 처벌에 의존하는 만큼, 다소 직관에 반하는 결과이다.

더욱 놀라운 것은 준수를 예측하는 가장 강력한 요인 중 일부가 태도, 개인 규범 및 윤리와 같은 개인적 특성이라는 사실이다. 흥미로운 점은 조직에서 보안 의식 문화를 조성하는 것이 단순히 인센티브나 처벌 조치를 시행하는 것으로는 이루어질 수 없다는 점이다. 이는 조직이 만들고자 하는 보안 규범에 맞는 개인적 특성을 가진 적합한 인재를 찾고 채용해야 한다는 것을 의미한다.

이것이 여러분에게 의미하는 바는 무엇일까? 첫째, 여러분이 직장에 들어가면 조직의 보안 태세에서 중요한 역할을 하게 된다. 즉 정해진 정책을 준수함으로써 위험을 최소화하는 데 기여하게 된다. 둘째, 관리 역할을 맡고 새로운 직원을 채용할 때, 지원자가 조직의 보안 요구사항 및 문화에 잘 맞을 것임을 나타내는 요인에 주의를 기울여야 한다. 직원들은 한 번 채용된 후에는 조직의 틀에 맞게 단순히 변화할 수 없기 때문이다.

토의문제

1. 여러분이 다니고 있는 대학에 학생, 교수, 직원이 기술 자원을 어떻게 사용할 수 있는지를 안내하는 보안 정책이 있다는 것을 모를 것이다. 이 정책에 대해 알고 있는가? 만약 모른다면 대학의 정책을 찾아서 주의 깊게 읽어보라. 정책에서 놀라운 점이 있는가?

2. 보안 교육, 훈련 및 인식(security education, training, and awareness, SETA)이 보안 정책 준수로 이어질 수 있는 17가지 요인 목록에서 어디에 위치할 것이라고 생각하는가?

3. 관리자와 조직 리더들이 규정 준수를 촉진하고, 그렇게 함으로써 안전한 조직 문화를 조성하는 데 어떤 역할을 한다고 생각하는가?

4. 문제 1로 돌아가보자. 만약 여러분이 여러분의 대학 정책에 익숙하지 않았다면, 그 이유가 무엇이라고 생각하는가? 대학의 CIO에게 학생 정책에 대한 인식을 높이고 보다 안전한 대학 문화를 조성하기 위한 권장사항은 무엇일까?

커리어 가이드

이름 : 린지 츠야
회사 : 나이키
직책 : 고객 직접 과학 고급분석가
학력 : 유타대학교 졸업

출처 : Lindsey Tsuya, Nike, Consumer Direct Sciences Advanced Analytics

1. 이 일을 어떻게 하게 되었습니까?

저는 워싱턴주 시애틀에 살면서 룰루레몬에서 일할 때 나이키에 채용되었습니다. 제 배경과 나이키의 글로벌 공급망 분석이 적합할 가능성에 관심이 있는 리크루터가 링크드인을 통해 제게 연락했습니다. 리크루터와 이야기하고 자격을 통과한 후, 나이키는 시애틀에서 여러 후보와 2일간의 면접을 진행했습니다. 제 면접은 둘째 날 세 명의 면접관과 함께 진행되었습니다.

2. 이 분야에 매력을 느낀 이유는 무엇입니까?

대학생 시절, 저는 서비스 산업에서 일했습니다. 학위를 선택할 때 두 가지를 원했습니다. 첫째, 돈을 벌 수 있는 학위를 원했습니다.

둘째, 대중에게 직접 서비스를 제공하는 일이 아닌 직업을 원했습니다. 정보시스템을 선택함으로써 저는 무대 뒤에서 더 많은 일을 하게 될 것이라는 사실을 알고 있었습니다.

3. 일반적인 업무 일과(주어진 업무, 의사결정, 해결해야 할 문제)는 어떻게 진행됩니까?

저는 나이키의 글로벌 수준에서 일하고 있으며, 이는 각 마케팅 캠페인의 반복이 개선되도록 보장하기 위해 지리학적 파트너와 협력하는 책임이 있음을 의미합니다. 우리는 소비자가 우리의 마케팅 캠페인에 어떻게 반응하는지를 이해하기 위해 도달 범위, 유지율, 관련성 등 여러 지표를 측정합니다. 이는 많은 의사결정을 필요로 하며, A/B 테스트를 실행하기 위해 비즈니스 파트너 및 지역 리더들과 많은 영향을 주고받는 작업이 필요합니다. 그런 다음 결과를 적절한 이해관계자에게 보고합니다.

4. 이 직업에서 가장 마음에 드는 점은 무엇입니까?

저는 소비자와 매우 가까이 지내는 제 일을 사랑합니다. 역사적으로 저는 마케팅 및 마케팅 분야의 분석에 동조하지 않았습니다. 다양한 시장에서 캠페인이 실현되는 모습을 보고 소비자에게 미치는 영향을 보는 것은 정말 재미있어요. 제 역할은 소비자가 우리 캠페인에 대해 어떻게 느끼는지에 대한 인사이트를 발굴하는 것입니다. 나이키가 마케팅 캠페인을 매우 잘 진행하기 때문에 소비자가 어떻게 반응하는지를 보는 것은 놀라운 경험입니다.

5. 이 직무를 잘 수행하려면 어떤 기술이 필요합니까?

우수한 분석 능력과 대량의 데이터를 분석할 수 있는 능력이 필수입니다. 비판적 사고 능력과 창의적으로 사고할 수 있는 능력도 중요합니다. 사람들을 차별화하는 소프트 스킬은 열정과 할 수 있다

는 태도입니다. 이 두 가지가 결합되면 누구나 인생에서 멀리 나아
갈 수 있습니다.

6. 이 분야는 교육이나 인증이 중요합니까? 그 이유는 무엇입니까?

어떤 분야에서든 교육과 자격증은 경력 개발과 신뢰성에 도움이
된다고 할 수 있습니다.

7. 이 분야에서 일하고 싶어 하는 후배에게 어떤 조언을 해주고 싶습

니까?

어떤 분야를 선택하든, 그것에 당신이 열정을 느끼는지 확인하세
요. 열정을 느끼지 못한다면 일은 '일'처럼 느껴질 겁니다. 하지만
당신이 하는 일에 열정을 느낀다면, 일은 놀이처럼 느껴질 겁니다.
인생의 많은 시간을 일하는 데 보내게 되므로, 사랑하지 않는 일을
하면서 그 시간을 낭비해서는 안 됩니다.

윤리 가이드

후임자 교육

스콧 에식스는 책상에 앉아 자
신이 관리하는 직원 목록을 살
펴보고 있었다. 페이지를 넘길수
록 그의 배 속에서 불안한 느낌
이 커졌다. 고위 경영진은 IT 부
서 프로젝트를 아웃소싱하여 비
용을 절감하기 위한 최근의 이
니셔티브의 일환으로 소프트웨
어 개발자 팀을 거의 75% 줄이
라고 지시했다. 페이지를 앞뒤로
넘기면서 스콧은 어떤 직원을 남
기고 어떤 직원을 해고해야 할지
알 수가 없었다. 각 직원은 팀에
가치를 더했고, 그렇지 않았다면
스콧은 처음부터 그들을 고용하
지 않았을 것이다.

스콧은 직원 목록의 처음부터
시작해 해고를 고려할 직원들의
이름 옆에 별표를 하기 시작했
다. 어떤 직원들은 회사에서 여
러 해 동안 근무했지만, 솔직히
그들의 급여에 비해 회사에 기여
하는 가치가 그리 크지 않았다.
반대로 더 최근에 입사한 직원들은 뛰어난 잠재력을 가지고 있었고,
다른 직원들에 비해 비용이 낮았다. 스콧은 잠시 멈추고 목록에서 눈
을 떼었다. 나쁜 소식을 전할 때 이 사람들을 어떻게 마주할 수 있을
지 자신이 없었다. 하지만 그는 그렇게 해야 했다. 그것은 그의 직무
의 일부였다.

그런데 상황은 더 나빠졌다. 스콧의 상사는 3~6개월 안에 완료해
야 하는 새로운 개발 프로젝트의 포트폴리오를 그에게 보냈다. 경영진
은 어떻게 75%의 직원이 아웃소싱된 새로운 직원으로 대체되는 상황
에서 이러한 프로젝트에 대한 일반적인 회전 시간을 기대할 수 있을
까? 이 새로운 직원들은 그의 팀의 '분위기'나 팀이 원활하게 운영되

는 데 필요한 무형의 요소에 대해 아무것도 알지 못할 것이었다. 직원
들을 해고하는 것은 한 가지 일이었다. 그러나 만약 그가 이 프로젝트
들을 제때 완료하지 못한다면 자신의 입지도 위험에 처할 수 있었다.

훈련할 것인가, 말 것인가?

다음 날 아침, 스콧은 팀의 많은 구성원을 잃게 되어 여전히 낙담한
기분으로 사무실에 들어섰다. 그러나 그는 남아 있는 직원들에 대한
선택에 자신감을 느꼈다. 남은 팀원들이 이 과정을 잘 이겨내고 다시
업무에 집중할 수만 있다면, 그는 새로운 프로젝트 일정에 맞출 가능
성이 있다고 생각했다. 그는 복도를 따라 걸어가 자신의 인사 변경 제
안서를 상사인 베스 버먼에게 제출하기 위해 방으로 갔다. 베스는 그
에게 문을 닫고 앉으라고 말했다.

베스가 대화를 시작했다. "음, 직원 구성에 변화가 있는데 새 프로
젝트 마감일을 어떻게 맞출지 궁금해서요." 스콧은 자신의 진짜 감정
을 얼굴에 드러내지 않으려 애썼다. 그는 낙관적으로 대답했다. "좀
바쁠 것 같지만, 잘 관리할 수 있을 것 같습니다!"

베스는 미소를 지으며 답했다. "그렇다면 당신에게 항상 신경 쓰고
있다는 걸 알아야 해요. 제가 당신을 이런 곤경에 빠뜨리지는 않을 거
니까요." 스콧은 그녀가 무슨 말을 하는지 잘 이해할 수 없었다. "무슨
말씀인지 잘 모르겠어요"라고 그는 대답했다.

베스는 계속해서 말했다. "당신의 팀에서 해고되는 직원들이 새로
운 외주 직원들을 교육하도록 할 겁니다. 교체 인력을 교육하는 것은
퇴직하는 직원들의 퇴직 패키지 조건이 될 거예요. 이렇게 하면 새로
운 직원들이 한 달 이상 적응하고 자신의 책임을 배우는 데 시간을 낭
비하지 않도록 할 수 있죠. 이를 통해 외주 직원들이 일주일 내에 완
전히 업무를 수행할 수 있도록 보장할 수 있어요. 그리고 당신은 프로
젝트 마감일을 맞출 수 있을 거예요."

회의의 나머지 부분은 혼란스러웠다. 스콧은 자신이 해고할 직원들
이 자신들의 후임자를 교육해야 한다는 사실을 받아들이려고 애썼다.
만약 그들이 교육을 하지 않으면, 그들은 퇴직 패키지의 대부분을 포
기해야 했다. "정말 불쾌한 일이군." 그는 책상으로 돌아가면서 중얼
거렸다.

그날이 지나면서 스콧은 베스가 자신에게 요구한 것에 대해 점점

더 불안해지기 시작했다. 누군가가 자신의 자리를 대신할 사람을 교육해야 한다는 것이 어떻게 공정할 수 있을까? 이건 정말 어색하고 불쾌하며 모욕적일 것이라고 스콧은 생각했다. 만약 회사가 이 결정을 좋게 생각한다면, 퇴사하는 직원들에게 퇴직 조건으로 무엇을 더 시킬 수 있을까? 이는 미끄러운 경사처럼 보였다. 그는 자신이 언제 자신의 후임자를 교육하게 될지 궁금해졌다. 그의 머리에서 어머니의 유명한 말이 떠나지 않았다. "개와 함께 눕게 되면 벼룩에 물린다."

토의문제

1. 이 책의 앞 부분에서 논의된 윤리 원칙의 정의에 따라 문제에 답하라.
   a. 직원이 자신의 후임자를 교육하도록 강요하는 것은 정언 명령(1장 27쪽)에 따라 윤리적인가?
   b. 직원이 자신의 후임자를 교육하도록 강요하는 것이 공리주의적 관점(2장 58쪽)에서 윤리적인가?
2. 고용주로부터 해고 통지를 받은 후 후임자를 교육하라는 요청을 받는다면 어떤 기분이 들겠는가? 이러한 요구가 미래의 해고 조건에 대해 위험한 선례를 남길 것이라고 생각하는가?

출처 : Boiko Y/Shutterstock

3. 이 시나리오에서 베스가 제안한 전술 외에, 회사가 새로운 대체 직원이 자신의 책임을 더 잘 수행할 수 있도록 보장하기 위해 사용할 수 있는 전략은 무엇이 있을까?
4. 문제 3에 이어서 변화 관리 프로세스를 개선하기 위해 기술이 어떻게 활용될 수 있을까?

생생복습

이 장에서 학습한 내용을 이해했는지 확인해보자.

11-1 정보시스템(IS) 부서의 기능과 조직은 무엇인가?

IS 부서의 기본적인 다섯 가지 기능을 나열하라. CIO를 정의하고 CIO의 전형적인 보고 관계도를 설명하라. 일반적인 IS 부서의 4개 그룹의 명칭을 말하고 각각의 중요 책임에 대해 설명하라. CTO를 정의하고, 일반적인 CTO의 책임에 대해 설명하라. 데이터 관리 기능의 목적을 설명하라. CSO와 CISO를 정의하고, 이들의 책임에는 어떤 차이가 있는지 설명하라.

11-2 조직은 IS 사용 계획을 어떻게 수립하는가?

IS 계획과 연계하여 전략적 제휴의 중요성에 대해 설명하라. 제휴관계를 유지하는 것이 어려울 수 있는 이유를 설명하라. CIO와 다른 임원진과의 관계에 대해 설명하라. 우선순위 결정과 관련하여 CIO의 책임에 대해 설명하라. 이 과업에서 발생할 수 있는 문제에 대해 설명하라. 추진위원회를 정의하고, 이와 관련된 CIO의 역할에 대해 설명하라.

11-3 아웃소싱의 장점과 단점은 무엇인가?

아웃소싱을 정의하라. 드러커가 말한 "당신의 구석방이 다른 사람에게는 거실이다"의 의미에 대해 설명하라. 아웃소싱의 경영상의 장점, 비용상의 장점, 위험 요인에 대해 요약하라. IaaS, PaaS, SaaS의 차이를 설명하고, 각각의 예를 제시하라. 국제적인 아웃소싱이 특별히 유리할 수 있는 이유에 대해 설명하라. 여러분의 업무가 아웃소싱되는 것을 막기 위해 개발할 수 있는 기술은 무엇인지 설명하라. 통제, 장기 비용, 탈출 전략과 관련된 아웃소싱의 리스크에 대해 요약하라.

11-4 사용자 권한과 책임은 무엇인가?

그림 11-9의 목록에 있는 사용자 권한의 각각의 의미에 대해 여러분만의 의미를 부여하여 설명하라. 그림 11-9의 목록에 있는 사용자 책임의 각각의 의미에 대해 여러분만의 의미를 부여하여 설명하라.

이 장의 **지식**이 **여러분**에게 어떻게 도움이 되는가?

여러분이 대기업 직원이라면 이 장에서 배운 지식이 어떻게 도움이 될 수 있는지 기술하라. 여러분이 중소기업 직원이라면 어떻게 도움이 될 수 있는지 기술하라. 이 지식이 여러분이 큰 회사의 임원이 되었을 때 어떻게 도움이 될지 설명하라. 이 지식이 여러분을 더 효과적인 비즈니스 전문가로 만들어줄 수 있는 방법을 설명하라.

주요용어

그린 컴퓨팅(green computing)

아웃소싱(outsourcing)

최고기술책임자(chief technology officer, CTO)

최고보안책임자(chief security officer, CSO)

최고정보책임자(chief information officer, CIO)

최고정보보안책임자(chief information security officer, CISO)

추진위원회(steering committee)

학습내용 점검

11-1. 이 장에서 학습한 바에 따르면 정보시스템, 제품, 기술은 유연하지 못하다. 이것들은 변경이나 대체가 어렵다. 여러분은 CIO가 아닌 다른 임원의 관점으로 이 유연성 부족에 대해 어떻게 생각하는가? 예를 들어, 회사 합병 과정에서 IS가 대두된다면 어떨 것이라 생각하는가?

11-2. 여러분이 전국적으로 병원들을 인수하고 있는 투자 그룹의 대표이며, 단일 시스템으로 이들을 통합하려한다고 가정하자. 정보시스템과 관련한 다섯 가지 잠재적 문제점과 위험 요인을 나열하라. 정보시스템 관련 위험요인이 이러한 인수 프로그램에서의 위험요인과 비교하여 어떻다고 생각하는가?

11-3. 조직의 전략 방향이 급격하게 변한다면 IS에는 어떤 일이 생길지 설명하라. IS는 다른 부서에게 어떻게 비춰지는가? 조직의 전략이 자주 변한다면 IS에는 어떤 일이 생기는가? 이런 잦은 변화가 다른 기능 부서보다 IS에게 더 큰 문제라고 생각하는가? 그 이유는 무엇인가?

협업과제 11

여러분의 팀원들과 만나서 구글 오피스, 셰어포인트 또는 기타 협업 도구를 사용해서 협업 정보시스템을 구축하라. 아직 협업한 정보시스템을 구축하지 않았다면 협업과제 1을 참고하라. 절차와 팀 훈련이 필요하다는 것을 명심하라. 이제 정보시스템을 이용해서 다음 질문에 답하라.

그린 컴퓨팅(green computing)은 세 가지 주요 요소로 구성된 환경을 생각하는 컴퓨팅 방식이다. 여기서 세 가지 요소란 전력관리, 가상화, e-폐기물 관리이다. 이번 협력과제에서는 전력을 중심으로 다룬다.

물론 여러분이 알고 있는 것처럼 컴퓨터(프린터와 같은 관련 장비 포함)는 전기를 소비한다. 한 대의 컴퓨터나 프린터의 경우에는 큰 부담이 없다. 그러나 오늘 밤 전국적으로 사무실에서 사람 없이 혼자 켜져 있을 모든 컴퓨터와 프린터를 생각해보자. 그린 컴퓨팅을 지지하는 사람들은 기업 및 직원들에게 장비를 사용하지 않을 때는 전원을 끔으로써 전력과 물 소비를 줄일 것을 권장한다.

이 이슈가 중요한가? 이는 단지 컴퓨터 전문가들이 고결하게 보이고 싶어서 환경주의자들에게 양보하는 것인가? 팀을 구성한 뒤, 대학 내에서 컴퓨터를 사용하는 상황을 가정하여 다음 물음에 답하라.

11-4. 일반적인 컴퓨터와 사무용 장비들의 전력량은 얼마

나 되는지 인터넷을 검색해보라. 랩톱, 데스크톱, CRT 모니터, LCD 모니터, 프린터에 대해 검색해보라. 서버에 대해서는 제외해도 좋다. 전력량의 측정 단위는 와트(watt)이다. 그린 컴퓨팅 운동이 줄이고자 하는 것은 와트이다.

11-5. 캠퍼스 내에서 사용되고 있는 장비는 유형별로 모두 몇 개인지 추정해보라. 여러분이 다니고 있는 대학의 단과대학, 학과, 교수, 직원, 학생의 수가 얼마인지는 대학 홈페이지에 알 수 있을 것이다. 각각의 구성원들이 사용하고 있는 컴퓨터, 복사기 및 다른 유형의 장비가 몇 대인지 알 수 있다.

11-6. 문제 11-4와 11-5의 데이터를 이용하여, 캠퍼스 내에서 컴퓨터와 관련 장비들에 의해 소비되는 전력량을 추정하라.

11-7. 화면보호기 모드를 사용하는 컴퓨터는 일반 모드의 컴퓨터와 같은 전력량을 사용한다. 하지만 잠금 모드를 사용하는 컴퓨터는 시간당 6와트 정도 전력을 덜 소비한다. 캠퍼스 내 컴퓨터에 대해 잠금 모드를 사용하는 수와 화면보호기 혹은 일반 모드를 사용하는

컴퓨터 수를 추정하라. 잠금 모드 사용 시 전력을 얼마나 줄일 수 있는지 추정하라.

11-8. IS 부서가 자동으로 소프트웨어를 업데이트하거나 패치를 제공하고 있는 컴퓨터들은 잠금 모드일 경우에는 이 업데이트나 패치를 받을 수 없다. 따라서 어떤 대학에서는 캠퍼스 내 컴퓨터에 대해 잠금 모드 설정을 못 하게 한다. 이러한 정책을 사용할 경우의 비용을 와트로 계산하라.

11-9. 다음과 같은 상황에서의 월간 비용을 와트로 계산하라.
   a. 모든 사용자 컴퓨터가 24시간 켜져 있다.
   b. 모든 사용자 컴퓨터가 근무 중에는 켜져 있고, 근무 시간 이외에는 잠금 모드이다.
   c. 모든 사용자 컴퓨터가 근무 시간 이외에는 꺼진다.

11-10. 문제 11-4부터 11-9까지의 답을 생각해볼 때, 근무 시간 이외의 컴퓨터 전력관리가 아주 중요한 것인가? 대학 운영을 위한 다른 비용들과 비교한다면, 이 이슈는 정말로 중요한가? 여러분의 팀과 이 문제에 대해 논의하여 답을 제시하라.

사례연구 11

슬랙

당신이 네 명의 낯선 사람들로 구성된 그룹에 배치되었다고 상상해보자. 각자 도시의 다른 장소로 보내지고, 그곳에 도착하면 당신과 그룹 멤버들이 함께 완료해야 할 과제가 들어 있는 봉투를 받는다. 그룹 멤버들과 소통할 수 있는 유일한 방법은 각 위치에 제공된 전화기를 사용하는 것이다.

이제, 비교를 위해 학교에서의 마지막 그룹 프로젝트 경험을 떠올려보자. 그룹 멤버들과 소통하고 협력하기 위해 사용한 다양한 기술을 목록으로 만들어보라. 그 목록에는 아마도 캘린더 애플리케이션, 할 일 목록, 휴대폰, 문자 메시지, 클라우드 저장소, 생산성 소프트웨어, 이메일, 인터넷 등이 포함되어 있을 것이다.

이 두 시나리오 간의 차이를 생각해보라. 첫 번째 시나리오는 인터넷, 개인용 컴퓨터, 휴대전화 등이 등장하기 전 협업의 제약을 반영한 것이다. 두 번째 시나리오는 오늘날 대

부분의 사람들이 사용할 수 있는 협업 기술을 반영한다. 하지만 오늘날 수십 년 전보다 더 많은 기술이 이용 가능하다고 해서 팀으로 일하는 데 더 나은 방법이 존재하지 않을 것이라고는 할 수 없다.

사실, 오늘날 가장 주목받는 협업 도구 중 하나는 전 세계 수많은 팀들이 상호작용하고 협력하는 방식을 변화시켰다. 이 도구의 개발은 거의 우연히 이루어졌지만, 그 결과 십억 달러 규모의 기업이 탄생했다. 그 도구가 바로 슬랙이다.

실버라이닝

스튜어드 버터필드는 이미 기술 업계에서 꽤 성공적인 경력을 쌓은 인물이었다. 그는 먼저 대규모 다중 사용자 온라인 롤플레잉 게임(MMORPG)을 개발하는 회사를 설립했다. 그 프로젝트가 실패로 돌아가자 회사는 방향을 바꿔 사진 공유 사이트인 플리커를 개발했다. 그의 회사는 2005년

에 야후에 인수되었고, 버터필드는 몇 년간 야후에서 관리직으로 근무했다. 2009년에 버터필드는 새로운 MMORPG인 글리치를 출시할 계획으로 새로운 회사를 설립했다.[14]

버터필드의 두 번째 게임 개발 시도는 2012년에 다시 중단되었지만, 그 게임을 개발하는 과정에서 엄청난 성과를 얻게 된다. 게임 개발 팀은 뉴욕, 샌프란시스코, 밴쿠버 세 도시로 분산되어 있었다. 이들이 협업을 위해 사용하던 채팅 도구는 너무 단순하고 불편했기 때문에, 개발자들은 자신들의 작업을 촉진하기 위해 새로운 협업 플랫폼을 직접 개발하기로 결정했다.[15]

처음에는 협업 도구를 상업화할 의도가 전혀 없었지만, 버터필드는 그들이 만든 것이 잠재력을 가지고 있다는 것을 깨달았다. 그러나 즉시 플랫폼을 판매로 전환하지 않고, 다른 회사의 친구들과 동료들에게 비공식적으로 사용해보도록 제공했다. 그 그룹은 클수록 더 좋았다.[16] 여러 차례의 도구 수정 작업 후, 2014년에 이 도구가 공개될 준비가 되었다. 관심 있는 사용자들은 도구에 접근하기 위해 초대를 요청해야 했으며, 첫날에 수천 명이 요청을 제출했다. 몇 달 후, 회사는 슬랙테크놀로지로 리브랜딩했다. (*Slack*은 사실 'Searchable Log of All Conversations and Knowledge'의 약자이다.)

슬랙의 공격

슬랙은 몇 년 동안 빠르게 사용자 기반을 확장했다. 2014년에 14만 명의 일일 활성 사용자가 있었고, 2015년에는 백만 명 이상의 일일 활성 사용자로 성장했으며, 2016년에는 3백만 명을 돌파했다. 이러한 성장과 함께 슬랙은 라운드마다 1억 달러가 넘는 자금을 유치했으며, 2019년까지 총 투자액은 거의 10억 달러에 달하게 되었다.

슬랙은 지속적으로 플랫폼을 개선하고 기능을 확장해왔다. 현재 슬랙은 메시징 채널, 파일 공유, 음성 및 영상 통화, 구글 드라이브, 드롭박스, 줌, 세일즈포스 등과의 기본 통합, 보안 및 개인정보 보호 제어, 검색 가능한 기록 등을 제공한다.[17] 슬랙은 채택 가능성을 평가하기 위해 팀이 장기적으로 사용하기 위한 전환점에 도달하기 위해 약 2천 개의 메시지를 주고받는다는 자체 목표를 개발했다. 이 전환점에 도달한 팀 중 93%가 여전히 슬랙을 사용한다.

출처 : Sundry Photography/Shutterstock

슬랙은 성공과 상승세에 힘입어 2019년 6월 뉴욕 증권 거래소에 직접 상장 신청을 했다. 거래를 시작하는 기준 가격은 26달러였으며, 종가는 38.62달러로 최고치를 기록하며 기업 가치는 232억 달러에 달했다.[18] 2021년 중반 기준으로 슬랙의 주가는 주당 44달러에 거래되고 있었으며, 시가 총액은 250억 달러에 이르렀다.

진행 중인 슬랙

슬랙은 역대 가장 빠르게 성장한 기술 회사 중 하나로 자리잡았다. 그러나 이러한 급속한 성장과 수익성을 지속할 수 있을까? 많은 기술 회사들이 다양한 조합의 협업 도구를 제공하고 있으며(예 : 보안 및 컴플라이언스에서 선두를 달리고 있는 마이크로소프트 팀즈), 슬랙이 기업 수준의 협업 플랫폼을 위한 새로운 시장을 창출함에 따라 경쟁자들은 이제 슬랙의 선도적인 시장점유율을 빼앗기 위해 집중한다.

더욱이 코로나19로 인한 경제의 혼란은 슬랙이 대기업 고객과 소통하고 거래를 성사시키는 것을 더 어렵게 만들 것이다. 이는 여행 및 회의 제한으로 인해 더욱 그러하다. 향후 수익 전망은 불확실하다. 슬랙은 성공의 연속을 이어갈 것인가, 아니면 다른 회사들이 그동안 여유를 두고 있던 부분을 빼앗아갈 만큼 여유를 두고 있었던 것일까?

토의문제

11-11. 슬랙을 사용해본 적이 있는가? 사용해본 적이 있다면, 여러분의 경험에 대해 생각해보라. 만약 사용해본 적이 없다면, 몇 분 시간을 내어 슬랙을 설치하고 직접 확인해보라. (최소한 몇 분 동안 슬랙 웹사이트

를 둘러보는 것도 좋다.) 어떤 경우든, 슬랙이 왜 그렇게 인기가 있는지에 대해 생각해보자. 수업 시간에 여러분의 생각을 함께 얘기해보자.

11-12. 슬랙은 엄청난 성공과 증가하는 수요에도 불구하고 여전히 프리미엄 모델(즉 사람들이 소프트웨어를 무료로 사용할 수 있으며, 고급 기능, 확장된 접근 또는 기업 기능을 원할 경우 비용을 지불함)을 제공한다. 광범위한 고객 기반이 있음에도 불구하고 슬랙이 이 모델을 없애고 플랫폼을 사용하고 싶어 하는 모든 사람에게 비용을 청구하지 않는 이유는 무엇일까?

11-13. 회사가 슬랙에 비용을 지출하려는 이유는 무엇일까?

사용자가 이미 마이크로소프트 오피스 솔루션과 구글독스에 접근할 수 있을 가능성이 높은데, 이들 도구만으로 충분한 협업 기회를 제공하지 않을까?

11-14. 대부분의 기술 회사들은 전통적인 기업 공개(IPO) 절차를 따르지만, 슬랙은 직접 상장을 선택했다. 이 두 가지 프로세스의 차이에 대해 조사해보라. 슬랙이 이러한 경로를 선택한 이유는 무엇이라고 생각하는가?

11-15. 슬랙이 직면할 수 있는 도전과제를 감안할 때, 회사의 성공을 지속하기 위해 경영진에게 어떤 추천을 할 수 있는가?

주

1. 우리가 보통 IS 부서라고 부르는 부서는 종종 IT 부서로 알려져 있다. 하지만 이는 잘못된 이름이다. 왜냐하면 IT 부서는 기술을 다루는 곳이기 때문이다. 산업 현장에서 IT 부서라는 용어를 듣는다면, 그 부서의 범위가 기술에 한정되어 있다고 생각하지 말라.

2. Nicole Norfleet, "Reporter Who Wrote About Target Breach Says Well-Trained Staff Is Best Defense Against Cyberattacks," *Star Tribune*, May 17, 2016, accessed June 1, 2021, *www.startribune.com/reporter-who-wrote-about-target-breach-says-well-trained-staff-is-best-defense-against-cyberattacks/379831601*.

3. PayScale Inc., "Salary Data & Career Research Center (United States)," *PayScale.com*, accessed June 1, 2021, *www.payscale.com/research/US/Country=United_States/Salary*.

4. U.S. Social Security Administration, "Measures of Central Tendency for Wage Data," *SSA.gov*, accessed June 1, 2021, *www.ssa.gov/oact/cola/central.html*.

5. DHI Group Inc., "Dice 2021 Tech Salary Report," *Dice.com*, January 29, 2020, accessed June 1, 2021, *https://techhub.dice.com/Dice-2021-Tech-Salary-Report.html*.

6. Ibid.

7. Deepa Seetharaman, "After Days of Silence, Facebook's Mark Zuckerberg Admits to 'Mistakes' with User Data," *The Wall Street Journal*, March 21, 2018, accessed June 1, 2021, *www.wsj.com/articles/after-days-of-silence-mark-zuckerberg-to-publicly-address-facebooks-user-data-uproar-1521659989*.

8. Akane Otani, Michael Wursthorn, and Ben Eisen, "Technology Shares Plunge Again amid Growing Backlash," *The Wall Street Journal*, April 2, 2018, accessed June 1, 2021, *www.wsj.com/articles/technology-shares-plunge-again-amid-growing-backlash-1522689491*.

9. Georgia Wells, "Facebook's Mark Zuckerberg Hints at Possibility of Paid Service," *The Wall Street Journal*, April 10, 2018, accessed June 1, 2021, *www.wsj.com/articles/facebooks-mark-zuckerberg-hints-at-possibility-of-paid-service-1523399467*.

10. Geoffrey A. Fowler, "What If We Paid for Facebook—Instead of Letting It Spy on Us for Free?," *The Washington Post*, April 5, 2018, accessed June 1, 2021, *www.washingtonpost.com/news/the-switch/wp/2018/04/05/what-if-we-paid-for-facebook-instead-of-letting-it-spy-on-us-for-free*.

11. Kaspersky Daily, "The Human Factor in IT Security: How Employees are Making Businesses Vulnerable from Within," Kaspersky, n.d., *www.kaspersky.com/blog/the-human-factor-in-it-security*.

12. Gary Hayslip, "9 Policies and Procedures You Need to Know About If You're Starting a New Security Program," *CSO Online*, March 16, 2018, accessed June 1, 2021, *www.csoonline.com/article/3263738/9-policies-and-procedures-you-need-to-know-about-if-youre-starting-a-new-security-program.html*.

13. W. A. Cram, J. D'Arcy, and J. G. Proudfoot, "Seeing the Forest and the Trees: A Meta-Analysis of the Antecedents to Information Security Policy Compliance," *MIS Quarterly* 43, no. 2 (2019): 525–54.

14. Yought, "How Slack Grew from $0 to $17 Billion in 5 Years," *Yought*, May 15, 2020, accessed June 1, 2021, *www.yought.com/blog/how-slack-grew-from-0-to-17-billion-in-5-years*.

15. Digital, "A Brief History of Slack," *Borndigital.com,* September 25, 2015, accessed June 1, 2021, *www.borndigital. com/2015/09/25/a-brief-history-of-slack-2015-09-25.*

16. First Round Review, "Slack's Founder on How They Became a $1 Billion Company in Two Years," *Fast Company*, February 4, 2015, accessed June 1, 2021, *www.fastcompany.com/3041905/slacks-founder-on-how-they-became-a-1-billion-company-in-two-years.*

17. Slack.com, accessed June 1, 2021, *https://slack.com/ features.*

18. Maureen Farrell and Corrie Driebusch, "Slack Shares Jump in Trading Debut," *The Wall Street Journal*, June 20, 2019, accessed June 1, 2021, *www.wsj.com/articles/ slack-set-for-its-trading-debut-11561040327.*

Chapter 12

정보시스템 개발

"안녕하세요, 여러분. 금요일 아침에 와주셔서 감사합니다." 아이메드 애널리틱스의 창립자이자 소유자인 그렉 솔로몬이 말한다. "오늘 아침에 간단한 회의를 하고, 그다음에는 만 주변을 잠깐 항해할 수 있었으면 좋겠어요."

"문제 없어요. 당신이 사장님이니까요. 만 주위 투어 좋습니다." 재스민이 미소 지으며 말한다. 그녀는 그렉이 테이블에 앉아 있는 모두를 살펴보는 모습을 보고 있다.

그렉은 앉은 채로 재스민을 직접 바라보며 고개를 끄덕인다. "그러니까 이제 진짜 돈을 쓰고 싶다는 거죠, 맞죠?"

재스민이 긴장한 듯 미소를 지으며 폴더를 집어 들고 테이블 주위를 둘러본다. "네, 사실 우리가 쓰고 싶은 돈은 당신의 돈이니까, 우리가 고려하고 있는 것들을 한번 보시는 게 좋겠다고 생각했어요."

재스민은 몇 장의 유인물이 들어 있는 폴더를 그렉에게 건낸다. "제가 에밀리와 호세에게 아이메드를 가장 빠르게 성장시킬 수 있다고 생각하는 옵션에 대해 설명하게 하겠습니다."

에밀리가 앞으로 몸을 기울이며 그렉이 보고 있는 첫 페이지를 가리킨다. "첫 페이지는 IoT 의료 장치의 데이터 통합, 탬파종합병원 시스템과의 통합, 온라인 사용자 대시보드 개발, 백엔드 시스템 개발, 그리고 머신러닝 측면 개발에 대한 추정 비용입니다."

그렉은 추정치를 면밀히 살펴본다. 에밀리는 그렉이 어떤 오류나 잘못된 생각도 찾아낼 것이라는 것을 잘 알고 있다. 그녀는 계속해서 말한다. "장치 제조업체 및 탬파종합병원과의 데이터 통합에 약 20만 달러에서 25만 달러가 필요할 거예요. 그리고 대시보드, 백엔드, 머신러닝 구성 요소를 구축하는 데는 30만 달러에서 40만 달러 정도 소요될 거고요."

그렉이 에밀리를 바라보며 말한다. "그렇다면 비용이 50만 달러에서 65만 달러 사이라는 거죠? 이렇게 범위가 큰 이유는 무엇인가요?"

"그 일을 완료하는 데 얼마나 비용이 들지 확실하지 않아요. 대부분의 작업을 인도에 있는 팀에 아웃소싱할 계획입니다. 솔직히 말씀드리면, 이러한 앱 개발 비용을 추정하는 것은 거의 불가능해요."

호세가 끼어든다. "네, 맞아요. 우리는 우리가 가진 건강정보시스템에 통합되는 IoT 의료 장치 앱을 개발한 경험이 있는 사람이 없습니다. 또한 실시간 의료 데이터에 초점을 맞춘 완전히 독창적인 머신러닝 시스템을 개발해야 한다는 점을 고려해야 해요. 이건 이전에 한 번도 시도된 적이 없는 일이에요. 그 독창성 때문에 개발 비용을 추정하는 것이 극도로 어렵습니다."

에밀리는 그렉이 더 구체적인 답변을 원한다는 것을 알고 있다. "우리는 인도에 있는 에밀리의 친구 키안에게 개발을 아웃소싱할 계획입니다. 그의 팀은 괜찮은 것 같고, 그가 보낸 견적은 우리가 이야기했던 현지 개발자들의 견적보다 훨씬 낮았습니다."

그렉은 종이를 테이블에 놓고 에밀리를 바라본다. "광고 수익은 어떤가요? 수익을 낼 수 있나요?"

에밀리가 활짝 웃으며 말한다. "네, 절대적으로 가능합니다! 광고 가능성은 어마어마해요. 제가 이야기한 모든 사람들은 참여하고 싶어 했어요. 장치 제조업체, 체육관, 물리치료사 모두 훌륭한 수익원이 될 겁니다."

"좋아요." 그렉이 미소 지으며 말한다.

"네, 하지만 그들은 작동하는 모습을 보고 싶어 해요. 우리가 돈을 보기 전에 그들의 '와우'가 필요하죠."

그렉은 뒤로 기대며 다시 한번 추정치를 살펴본다. 아무도 이야기하지 않고, 대화의 공백이 불편하게 느껴지기 시작한다. 그러나 그렉은 전혀 신경 쓰지 않는다.

재스민이 천천히 말을 시작한다. "그렇다면… 어떻게 생각해요, 그렉?"

그렉은 재스민을 바라보며 말한다. "너무 앞서 나가고 있는 것 같아요. 우리는 아직 준비가 되지 않았습니다."

"그렇다면 무엇을 하고 싶으세요?" 재스민이 머뭇거리며 묻는다.

"우리는 작동하는 프로토타입을 만드는 데 집중해야 해요." 그렉이 평범하게 말한다. "지금은 단일 기기 제조업체에 집중하고 나머지는 무시할 겁니다. 우리는 오므론 헬스케어와 협력할 것이고, 그들은 다양한 소형 스마트 의료 기기를 제작합니다. 그렇게 하면 비용을 줄이고 프로토타입을 최대한 빨리 작동시킬 수 있죠. 또한 탬파종합병원의 종양학과에만 집중할 겁니다. 확장하기 전에 모든 문제를 해결해야 합니다."

그렉은 테이블 주위를 둘러보며 분명한 목소리로 말한다. "현재 우리의 초점은 프로토타입입니다. 모든 노력을 프로토타입을 작동시키는 데 집중해야 합니다. 우리는 가능한 한 빨리 수익을 창출해야 합니다."

그렉은 모두가 이해했는지 확인하기 위해 잠시 멈춘다. "질문이 있나요?" 그렉이 미소 지으며 묻는다. 아무도 한마디도 하지 않는다. "좋아요, 그러면 만을 투어하러 갈까요?"

"독창성 때문에 개발 비용을 추정하는 것이 극도로 어렵습니다."

출처 : Panchenko Vladimir/Shutterstock

학습목표

학습성과 : 시스템 개발 프로세스의 중요성과 그것이 사용자 및 조직에 미치는 영향을 논의할 수 있다.

12-1 시스템 개발이란 무엇인가?

12-2 시스템 개발은 왜 어렵고 위험한 일인가?

12-3 시스템 개발 수명주기(SDLC)의 5단계는 무엇인가?

12-4 시스템 정의는 어떻게 수행되는가?

12-5 요구사항 분석 단계에서 사용자의 역할은 무엇인가?

12-6 다섯 가지 구성 요소가 어떻게 설계되는가?

12-7 정보시스템은 어떻게 구현되는가?

12-8 시스템 유지보수를 위한 과업은 무엇인가?

12-9 SDLC에는 어떤 문제가 있는가?

이 장의 **지식**이 **여러분**에게 어떻게 도움이 되는가?

12-1 시스템 개발이란 무엇인가?

시스템 개발(systems development) 혹은 시스템 분석 및 설계는 정보시스템을 개발하고 유지해나가는 과정이다. 이 과정은 단지 컴퓨터 프로그램이 아니라 **정보시스템**과 연관되어 있다. 정보시스템 개발은 하드웨어, 소프트웨어, 데이터, 절차, 사람의 다섯 가지 요소 모두를 포함한다. 컴퓨터 프로그램 개발은 데이터와 데이터베이스의 일부를 포함한 소프트웨어 프로그램을 뜻한다. 그림 12-1은 시스템 개발이 컴퓨터 프로그램 개발보다 더 넓은 범위를 가리킴을 보여준다.

시스템 개발은 다섯 가지 모든 요소에 초점을 맞추고 있기 때문에 단순한 프로그래밍 혹은 기술적인 전문성 이상의 것을 요구한다. 시스템 목표 설정과 프로젝트 준비, 요구사항 정의는 업무지식과 관리 능력을 요구한다. 컴퓨터 네트워크를 구축하고 컴퓨터 프로그램을 작성하는 것은 기술적인 능력을 요구하지만, 다른 구성 요소들을 개발하는 것은 비기술적이면서 인간관계 능력을 요구한다. 데이터 모델을 만드는 것은 사용자들과의 인터뷰를 통해 경영 활동에 대한 그들의 관점을 이해할 수 있는 능력을 요구한다. 절차를 설계하는 것은, 특히 집단 활동을 포함하는 경우는 업무지식과 집단의 역학관계에 대한 이해를 요구한다. 직무 개발, 직원 배치 및 교육은 인적자원과 관련된 전문성을 요구한다.

따라서 시스템 개발이 프로그래머와 하드웨어 전문가만이 할 수 있는 기술적 업무라고 가정해서는 안 된다. 시스템 개발은 전문가와 업무 지식을 지니고 있는 비전문가 모두의 잘 조율된 협업을 요구한다.

4장에서 소프트웨어의 세 가지 도입 방식(기성 소프트웨어, 일부 수정이 가해진 기성 소프트웨어, 맞춤 개발된 소프트웨어)이 있다는 것을 배웠다. 소프트웨어에는 세 가지 방식 모두가 적합하지만 정보시스템에는 이들 중 두 가지만이 적합하다. 소프트웨어와는 달리 **정보시스템**은 기성 제품이 있을 수 없다. 정보시스템은 여러분이 속한 회사의 직원들(사람)과 절차를 포함하고 있기 때문에 컴퓨터 프로그램을 어떤 식으로 얻었든지 간에 여러분 회사의 사업 내용과 사람들에게 맞는 절차를 구성하거나 맞추어야 한다.

미래의 경영자로서 여러분은 정보시스템 개발에서 핵심적인 역할을 하게 될 것이다. 여러분

그림 12-1 시스템 개발과 프로그램 개발

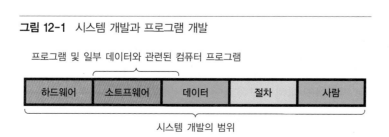

이 속한 부서의 목표를 완수하기 위해서는 정보시스템을 사용하기 위한 효과적인 절차가 존재해야 한다. 직원들이 적절하게 훈련받고 정보시스템을 효과적으로 사용할 수 있어야 한다. 부서에 적절한 절차와 훈련된 직원들이 없다면, 이를 해결하기 위한 행동을 취해야 한다. 비록 하드웨어, 프로그램 혹은 데이터 문제는 IT 부서에 넘겨줄 수 있더라도, 절차 혹은 직원과 관련된 문제를 그 부서에 넘겨줄 수는 없다. 이러한 문제들은 여러분이 해결할 문제이다. 정보시스템 성공에서 단 하나의 가장 중요한 기준은 사용자가 자신의 시스템에 대해 주인의식을 갖는 것이다.

12-2 시스템 개발은 왜 어렵고 위험한 일인가?

시스템 개발은 어렵고 위험하다. 많은 프로젝트들이 결코 완료되지 않는다. 프로젝트가 완료되더라도 원래 예산의 200~300%를 사용하곤 한다. 예산과 일정에 맞춰 완료되는 프로젝트라도 결코 만족스럽게 그들의 목표를 완수하지 못한다.

여러분은 시스템 개발 실패가 매우 극적일 수 있다는 사실에 놀랄 수도 있다. 지금까지 오랜 시간에 걸쳐서 컴퓨터와 시스템이 개발되어 왔다는 점을 생각해볼 때, 지금쯤은 벌써 성공적인 시스템 개발 방법론이 몇 가지 있어야 한다. 실제로 성공을 가져다줄 수 있는 시스템 개발 방법론들이 있으며, 이 장에서 제일 기초적인 방법론에 대해 논의할 것이다. 그러나 능력 있는 사람이 이 방법론 혹은 알려진 몇 가지 다른 방법론을 따르더라도 실패의 위험은 여전히 높다.

여기에서는 그림 12-2에 표현된 시스템 개발에 관한 다섯 가지 중요한 도전과제에 대해 논의한다.

요구사항 결정의 어려움

먼저 요구사항을 결정하는 데 어려움이 있다. 솔로몬 박사는 프로토타입부터 시작하고 싶어 한다. 프로토타입은 종종 좋은 출발점이지만, 그다음에는 무엇을 해야 할까? 팀이 처음에 어떤 장치에 집중해야 할까? 데이터 통합에는 얼마나 시간이 걸릴까? 향후 다른 제조업체와 호환될 수 있도록 시스템 구축에 추가 자원을 투입해야 할까? 시스템을 사용 준비 상태로 만들기 위해 구체적으로 어떤 작업을 수행해야 할까? 다른 부서, 병원 및 장치 제조업체로 확장할 준비가 되었는지를 언제 알 수 있을까?

혹은 실용적인 문제를 고려해보자. 사용자는 아이메드 앱과 특정 장치를 통해 어떻게 로그인하는가? 데이터는 어디에 저장되는가? 어떤 보안 조치가 필요한가? 사용자가 비밀번호를 잊었을 때 시스템은 어떻게 대응하는가?

이 모든 요구사항은 특정하기 어려울 뿐만 아니라 아는 것조차도 어렵다.

경험 있는 시스템 분석가는 알고 있는 것처럼 의심할 여지없이 어느 누구도 요구하지 않는 중요한 질문이다. 아마도 이 요구사항들은 1사분기에 정의된다. 그리고 현재는 아무도 기억하지 못하는 연말 보고서에 있을 것이다. 질문은 계속될 수 있다. 시스템 개발 과정의 중요한 목적 중 하나는 이런 질문들에 대해 요구하고 답하는 것이다.

그림 12-2 시스템 개발의 주요 도전과제

요구사항의 변경

더욱 어려운 것은 시스템 개발이 움직이는 목표물을 목적으로 한다는 것이다. 시스템이 개발되는 동안에도 요구사항은 변경되는데, 시스템이 크고 프로젝트 기간이 길수록 더 많은 요구사항 변경이 발생한다. 예를 들면, 개발이 진행되는 중간에 한 대형 의료 기관이 재스민에게 수익성 있는 계약을 제안한다. 하지만 그 제안은 계획된 요구사항에 중대한 변경을 필요로 한다.

요구사항이 변경될 때 개발 팀은 무엇을 해야 하는가? 새로운 요구사항에 맞춰서 작업을 중단하고 시스템을 다시 만들어야 하는가? 만약 그렇게 한다면 시스템은 즉흥적으로 개발될 것이고, 결국 완료되지 못할 수도 있다. 시스템 개발을 완료한다고 할지라도 그것은 만족스럽지 못하게 될 것이며, 구현된 날 바로 유지보수가 필요할 것이다.

일정 및 예산 관리의 어려움

또 다른 과제는 일정관리와 예산이다. 시스템을 개발하는 데 얼마나 오래 걸릴 것인가? 이 질문에 답하기는 쉽지 않다. 여러분이 새로운 데이터베이스를 개발한다고 가정해보자. 데이터 모델을 개발해야 한다. 개발에 얼마나 오래 걸릴까? 이를 수행하는 데 얼마나 걸릴지 여러분은 알고 있다고 할지라도 다른 사람들은 서로 다른 생각으로 여러분, 또는 서로의 모델에 동의하지 않을 수도 있다. 모든 사람이 동의할 때까지 데이터 모델을 몇 번이나 재개발해야 할까? 여러분이 계획해야 하는 작업시간은 얼마나 되는가?

데이터베이스 애플리케이션에 대해 생각해보자. 폼, 보고서, 쿼리, 애플리케이션 프로그램을 구현하는 데는 얼마나 걸릴 것인가? 이 모든 것을 테스트하는 데는 얼마나 걸릴 것인가? 절차와 사람들은 어떤가? 어떤 절차를 개발해야 하며, 그것들을 만들고 문서화하고 훈련 프로그램을 개발하고 개인을 훈련시키는 데 얼마나 많은 시간이 허용되어야 하는가?

나아가 이 모든 것을 진행하는 데 얼마나 많은 비용이 들어가는가? 노동 비용은 노동 시간의 직접함수이다. 만약 노동 시간의 추정이 불가능하다면 노동 비용 또한 추정할 수 없다. 더구나 시스템에 얼마나 비용이 소요되는지 추정할 수 없다면, 시스템이 적절한 투자수익률을 발생시키는지 결정하기 위한 재무분석을 어떻게 수행할 것인가?

변화하는 기술

프로젝트가 진행되는 동안에 기술이 계속 변하는 것도 또 다른 과제이다. 예를 들어, 여러분이 오므론 기기를 위한 아이메드 애플리케이션을 개발하는 동안, 구글이 여러 새로운 스마트 의료 기기로 시장에 진입한다고 가정해보자. 이 새로운 기기들은 향상된 그래픽, 배터리 수명, 사용자 인터페이스를 갖추고 있으며, 구글의 다른 애플리케이션과 완전히 통합되어 있다. 이러한 새로운 기기들이 널리 채택될 것이라는 것을 알고 있다. 만약 구글의 기기로 초점을 전환한다면, 더 나은 애플리케이션을 더 빠르게 만들 수 있을 것이다.

여러분은 이 신기술로의 교체를 위해 개발 중인 것을 멈추기를 원하는가? 기존 계획에 따라 개발을 완료하는 것이 더 나은가? 이 결정은 어려운 일이다. 왜 유행이 지난 시스템을 개발하는가? 그러나 프로젝트를 변경할 여유가 있는가?

규모의 비경제

불행하게도 개발 팀의 규모가 커질수록 작업자당 평균 기여도는 더 낮아진다. 이는 직원이 많을수록 모든 사람들이 동조하게 하는 데 더 많은 회의와 조정 활동이 필요하기 때문이다. 어느 정도까지는 규모의 경제가 존재한다. 그러나 작업그룹이 어느 수준, 이를 테면 20명을 넘어서게 되면 규모의 비경제가 발생하기 시작한다.

브룩스의 법칙(Brooks' Law)이라고 알려진 유명한 격언은 관련된 문제를 지적해주고 있다. 지연되는 프로젝트에 더 많은 인원을 추가하는 것은 프로젝트를 더 늦어지게 만든다.[1] 직원이 많아지는 것은 더 많은 조정활동을 요구할 뿐만 아니라 새로운 인력에 대한 훈련을 필요로 하기 때문에 브룩스의 법칙은 사실이다. 새로운 인력을 훈련시킬 수 있는 유일한 사람은 현재의 팀원들이기 때문에, 생산적인 업무에 써야 할 시간을 빼앗긴다. 새로운 인력을 훈련시키는 비용은 인력 추가에서 이익보다 훨씬 클 수 있다.

요약하면 소프트웨어 개발 프로젝트의 관리자들은 딜레마에 직면한다. 관리자들은 팀을 소규모로 유지함으로써 일인당 작업량을 증가시킬 수 있다. 하지만 그렇게 하는 동안에 프로젝트의 일정이 지연된다. 혹은 지원 인력을 추가함으로써 프로젝트 일정을 단축시킬 수 있지만, 규모의 비경제로 인해 100시간의 작업을 하기 위해 150~200시간의 노동을 추가해야만 한다. 그리고 브룩스의 법칙 때문에 한번 프로젝트가 지연되면 두 가지 선택 모두 나빠지게 된다.

나아가 일정을 압축하는 데는 한계가 있다. 또 다른 유명한 격언이 있다. "여자 9명이 있다고 해서 한 달 안에 아이를 낳을 수는 없다."

정말 그렇게 암울한가?

시스템 개발이 도전과제의 목록에서 얘기한 것처럼 정말 그렇게 암울한가? 그럴 수도 있고 그렇지 않을 수도 있다. 설명된 모든 도전과제들은 분명 존재한다. 그리고 모든 개발 프로젝트가 극복해야 하고 유의해야 하는 장애물들이다. 앞서 지적한 것처럼 프로젝트가 한번 지연되고 예산이 초과하게 되면 좋은 선택은 존재하지 않는다. 프로젝트 지연으로 괴로워하는 한 관리자는 "후회해도 더 이상 방법이 없다"고 말했다.

IT 산업은 50년의 정보시스템 개발 경험을 가지고 있다. 그리고 이 기간 동안 이 문제를 성공적으로 다루는 방법론들이 출현했다. 다음 절에서 시스템 개발의 가장 일반적인 절차인 시스템 개발 수명주기(SDLC)를 다룬다.

12-3 시스템 개발 수명주기(SDLC)의 5단계는 무엇인가?

시스템 개발 수명주기(systems development life cycle, SDLC)는 정보시스템 개발에 사용되는 고전적인 절차이다. IT 산업은 '수많은 상처'로부터 SDLC를 개발했다. 많은 초기 프로젝트가 실패를 경험했고, 기업과 시스템 개발자들은 무엇이 잘못되었는지를 알기 위해 실패의 잔재를 파헤쳤다. 1970년대 가장 경험 많은 프로젝트 관리자들이 정보시스템을 성공적으로 구축하고 유지하기 위해 수행해야 할 기본적인 과업에 동의했다. 이 기본적인 과업들이 시스템 개발의 단계들로 구성되었다.

여러 연구자와 조직들이 이 과업들을 여러 형태의 단계들로 포장했다. 어떤 조직은 8단계의 절차를 사용하고, 또 다른 조직은 7단계의 과정을 이용한다. 그리고 5단계의 과정을 사용하는 조직도 있다. 이 책에서는 다음과 같은 5단계의 과정을 사용할 것이다.

1. 시스템 정의
2. 요구사항 분석
3. 구성 요소 설계
4. 구현
5. 시스템 유지보수

그림 12-3은 이 단계들이 어떻게 연결되어 있는지를 보여준다. 시스템 개발은 사업 계획 과

그림 12-3 SDLC의 단계

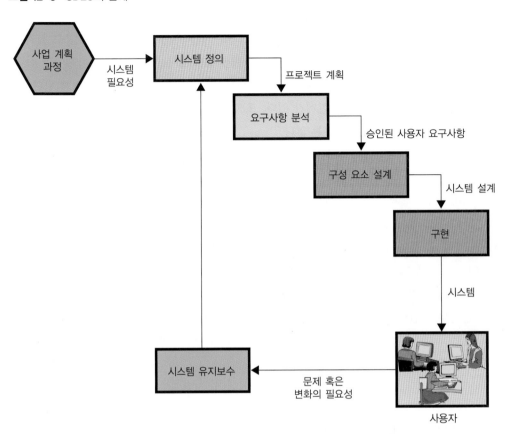

정에서 새로운 시스템의 필요성이 정의되었을 때 시작된다. 정보시스템 계획 절차에 대해서는 11장에서 다루었다. 이제 새로운 정보시스템을 구축함으로써 조직의 목적 및 목표를 최선으로 달성할 수 있는 방향으로 경영방침이 결정되었다고 가정하자.

SDLC의 첫 번째 단계인 **시스템 정의**(system definition) 단계에서 개발자는 새로운 시스템 정의에 착수하기 위한 시스템 필요성에 대한 경영상의 선언문을 활용한다. 이렇게 도출된 프로젝트 계획은 두 번째 단계인 **요구사항 분석**(requirements analysis) 단계에 입력된다. 여기에서 개발자들은 새로운 시스템의 특징과 기능을 정의한다. 이 단계의 산출물은 시스템 **구성 요소 설계**(component design)를 하는 데 활용되는 기초적인 입력이 되는 일련의 승인된 사용자 요구사항이다. 4단계에서 개발자들은 새로운 시스템을 **구현**(implementation)하고 테스트하며 설치하게 된다.

이후 사용자들은 오류와 실수, 그리고 문제점들을 찾아낸다. 또한 새로운 요구사항이 제시된다. 수정사항과 새로운 요구사항은 **시스템 유지보수**(system maintenance) 단계의 입력이다. 시스템 유지보수 단계는 다시 모든 과정을 시작하게 되는데, 이것이 이 과정이 주기를 이루는 이유이다.

다음 절들에서는 SDLC의 각 단계를 보다 상세하게 다룰 것이다.

IoT 기기를 위한 보안 애플리케이션 개발이 종종 후순위로 고려된다. 더 자세한 내용은 보안 가이드(410~411쪽)를 참조하라.

12-4 시스템 정의는 어떻게 수행되는가?

새로운 시스템 요구에 대한 대응으로, 그 가능성을 평가하고 프로젝트의 계획을 수립하기 위해 조직은 일시적으로 몇 명의 직원들을 배정할 것이다. 일반적으로 정보시스템 부서(그러한 부서가 없을 경우에는 컨설턴트)의 누군가가 착수 팀을 이끈다. 그러나 착수 팀의 구성원들은 사용자들과 정보시스템 전문가들로 이루어진다.

시스템의 목표와 범위를 정의하라

그림 12-4와 같이 첫 단계는 새로운 정보시스템의 목표와 범위를 정하는 것이다. 정보시스템은 업무 프로세스를 지원하거나 의사결정의 질을 높임으로써 조직의 경쟁우위 전략을 촉진하기 위해 존재한다. 이 단계에서 개발 팀은 이러한 이유들과 연관하여 새로운 시스템의 목표와 목적을 정의한다.

아이메드에 대해 생각해보자. 현재 시스템은 건강 전문가를 위해 구축되었지만, 팀은 IoT 기기, 사용자, 병원과 통합되고 실시간 데이터를 분석하는 AI를 사용하는 통합 시스템을 원한다. 이것이 정확히 무엇을 의미할까? 어떤 종류의 애플리케이션이 필요할까? 얼마나 고급스러운 사용자 인터페이스가 필요한가? 이 애플리케이션은 어떤 기능을 수행할 것인가?

다른 시스템의 경우 프로젝트 범위는 포함될 사용자, 관련 비즈니스 프로세스 또는 관련 조직 및 의료 제공자로 정의될 수 있다.

타당성을 평가하라

프로젝트의 목표와 범위가 결정되었으면, 다음 단계는 타당성을 평가하는 것이다. 이 단계에서는 "이 프로젝트가 의미가 있는가?"라는 질문에 답을 한다. 이 단계의 목적은 프로젝트 팀 구성과 중요한 활동에 대한 투자가 이루어지기 전에 명백하게 의미가 없는 프로젝트를 제거하는 것이다.

타당성은 비용(cost), 일정(schedule), 기술(technique), 조직(organization)의 네 가지 차원으로 이루어진다. 정보시스템 개발 프로젝트는 예산 및 일정 관리가 어렵기 때문에 비용과 일정 가능성은 대략적 분석을 통해 추정될 수밖에 없다. 이 단계의 목적은 가능하다면 명백히 불가능한 생각들을 제거하는 것이다.

그림 12-4 SDLC : 시스템 정의 단계

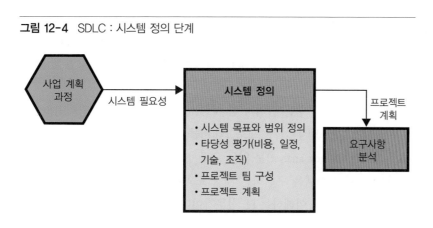

비용 타당성(cost feasibility)은 시스템의 기대 이익이 추정된 개발 및 운영 비용을 정당화할 가능성이 있는지를 평가하는 것이다. 경우에 따라 이 의미는 프로젝트가 제공된 예산 내에서 현실적으로 수행될 수 있는지를 포함한다. 분명히 비용은 프로젝트의 범위에 따라 달라진다. IoT 장치, 병원, 의사 및 사용자의 실시간 데이터를 통합하는 기업 프로토타입을 구축하겠다고 말하는 것은 팀이 참고할 수 있는 정보가 많지 않다.

따라서 이 시점에서 팀이 할 수 있는 것은 대략적인 추정치를 계산하는 것이다. 이러한 추정치를 바탕으로 팀은 "이 프로젝트는 의미가 있는가? 이러한 추정된 비용을 정당화할 만큼 충분한 수익을 얻을 수 있을 것인가?"라는 질문을 할 수 있다. 아이메드의 솔로몬 박사는 아마도 전체 시스템을 개발하는 데 필요한 50만 달러에서 65만 달러의 범위가 마음에 들지 않았기 때문에 프로토타입을 요청했을 것이다

비용 타당성과 마찬가지로 **일정 타당성**(schedule feasibility)도 시스템을 구축하는 데 걸리는 시간을 추정하기 어렵기 때문에 결정하기 쉽지 않다. 그러나 호세와 그의 팀이 시스템을 개발하고 운영하는 데 최소 6개월이 걸릴 것이라고 판단하면, 에밀리와 솔로몬 박사는 이 최소 일정을 수용할 수 있는지 결정할 수 있다. 프로젝트의 이 단계에서는 조직이 비용이나 일정 추정치에 의존해서는 안 된다. 이러한 추정의 목적은 단순히 명백하게 수용할 수 없는 프로젝트를 배제하는 것이다.

기술 타당성(technical feasibility)은 현재의 정보기술이 새로운 시스템의 요구에 대응할 수 있는지를 살펴보는 것이다. 아이메드 프로토타입과 관련하여, 팀은 현재 프로토타입과 지원하고자 하는 IoT 장치 간의 기술적 차이를 평가할 것이다. 예를 들어, 아이메드가 스마트 혈압 모니터에서 데이터를 추출하고 이를 분석하여 의사에게 화려한 대시보드 형태로 전송할 수 있는지 여부를 평가해야 한다.

마지막으로 **조직 타당성**(organizational feasibility)은 새로운 시스템이 조직의 관습, 문화, 헌장 또는 법적 요구사항에 부합하는지를 의미한다. 아이메드 애널리틱스의 설립자인 솔로몬 박사는 의사들의 아이메드를 수용할 의지를 과대평가하고 있을 수 있다. 의사들은 환자의 사생활 침해 문제로 인해 아이메드를 채택하는 것을 주저할 수 있다. 아이메드 팀은 또한 여러 조직 간의 의료 데이터 전송에 대한 법적 요구사항을 고려해야 한다.

프로젝트 팀을 구성하라

정의된 프로젝트가 타당하다고 평가되었다면, 다음 단계는 프로젝트 팀을 구성하는 것이다. 보통 프로젝트 팀은 IS 전문가들과 사용자 대표들로 구성된다. 프로젝트 관리자와 IS 전문가들은 조직 내부의 인력일 수도 있고, 계약을 맺은 외부 인력이 될 수도 있다. 11장에서 정보시스템 관리에 대해 논의할 때 외부 조달을 통해 IT 인력을 확보하는 다양한 방법 및 아웃소싱의 장점과 위험에 대해 살펴보았다.

개발 팀의 전형적인 인력 구성은 관리자 한 사람(큰 프로젝트의 경우 관리자가 여러 명일 수도 있다), 업무 분석가, 시스템 분석가, 프로그래머들, 소프트웨어 시험가, 그리고 사용자로 이루어진다. **업무 분석가**(business analyst)는 업무 요구사항, 전략, 목표를 이해하고 업무가 경쟁우위를 달성할 수 있도록 시스템을 구현하는 것을 도와주는 역할을 한다. **시스템 분석가**(systems analyst)는 업무와 기술 모두를 이해하는 IT 전문가이다.

시스템 분석가는 업무 분석가와 의무와 책임 측면에서 상당히 겹치는 부분이 있기는 하지만 IT에 더 가까우며 다소 기술적이다. 이 둘은 모두 시스템 개발 과정이 시작되어 끝날 때까지 활동하며, 시스템 개발 과정 전반에 걸쳐 프로젝트를 이끌어가는 핵심적인 역할을 한다. 업무 분석가는 관리자 및 임원들과 더 많은 일을 한다. 시스템 분석가는 프로그래머, 시험가, 사용자들의 작업을 통합한다. 프로젝트 성격에 따라서 팀은 하드웨어와 통신 전문가, 데이터베이스 설계 및 관리자, 그리고 다른 IT 전문가를 포함할 수도 있다.

팀 구성은 프로젝트가 진행되는 동안 변해간다. 요구사항 정의 단계에서 팀에는 업무 분석가와 시스템 분석가들이 많아진다. 설계 및 구현 단계에서는 프로그래머, 시험가, 데이터베이스 설계자가 많아질 것이다. 통합 테스트 및 전환 단계에서는 시험가와 업무 사용자들이 증가하게 될 것이다.

사용자 참여는 시스템 개발 과정에서 핵심적인 요소이다. 프로젝트의 규모와 성격에 따라서 사용자들은 상근 혹은 비상근으로 프로젝트에 배치된다. 때로는 사용자들이 정기적으로, 특히 프로젝트 단계별 완료시점에 모임을 갖는 검토 및 감독위원회에 참여하게 된다. 사용자들은 여러 다른 방식으로 포함된다. 가장 중요한 점은 사용자들이 개발 전 과정에 걸쳐서 적극적으로 참여하는 것이며, 프로젝트의 주인의식을 갖는 것이다.

조직된 프로젝트 팀의 첫 번째 중요한 과업은 프로젝트 계획을 수립하는 것이다. 프로젝트 팀의 구성원들은 완수할 과업을 정의하고, 과업별 인력을 배정하며, 과업 간의 연관성을 결정하고 일정을 정한다.

12-5 요구사항 분석 단계에서 사용자의 역할은 무엇인가?

요구사항 분석 단계의 기본적인 목적은 새로운 시스템의 특정 사양과 기능을 결정하고 문서화하는 것이다. 대부분의 개발 프로젝트의 경우, 이 단계에서 수십 명의 사용자와의 인터뷰와 수백 가지 잠재적인 요구사항의 문서화가 필요하다. 따라서 요구사항 정의는 많은 비용이 소요된다. 또한 앞으로 보게 될 것처럼 어려운 일이기도 하다.

요구사항을 결정하라

시스템 요구사항의 결정은 시스템 개발 과정에서 가장 중요한 단계이다. 만약 요구사항 분석이 잘못되면 시스템이 잘못될 것이다. 만약 요구사항이 완벽하고 정확하게 결정된다면 설계 및 구현은 더 쉬워지고 대부분의 경우 성공적인 결과를 이끌어내게 될 것이다.

요구사항의 예에는 웹 페이지의 콘텐츠와 형식, 각 페이지 버튼의 기능, 보고서의 구조와 내용 혹은 데이터 엔트리 폼의 항목과 메뉴 선택이 있다. 요구사항에는 만들어지는 것뿐만 아니라 얼마나 자주 그리고 얼마나 빨리 만들어지는가도 포함된다. 어떤 요구사항에는 저장 및 처리되어야 하는 데이터의 양이 규정된다.

여러분이 시스템 분석 및 설계 과목을 수강하게 된다면 요구사항 결정 기법에 대해 여러 주 동안 학습하게 될 것이다. 여기에서는 그 과정을 요약할 뿐이다. 일반적으로 시스템 분석가는 사용자 인터뷰를 수행하고 몇 가지 정해진 방식으로 그 결과를 기록한다. 훌륭한 인터뷰 능력

그림 12-5 SDLC : 요구사항 분석 단계

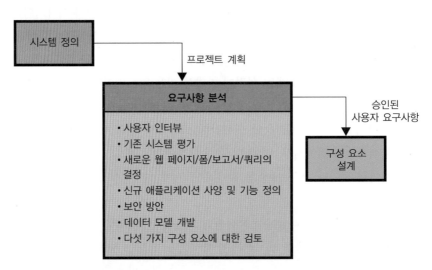

은 매우 중요하다. 사용자들은 그들이 원하고 필요로 하는 것이 무엇인지를 설명하는 데 익숙하지 않다. 또한 사용자들은 인터뷰 진행 중에 현재 수행하고 있는 업무에 초점을 맞추는 경향이 있다. 만약 분기 중에 인터뷰가 이루어진다면 분기 말 혹은 연말에 수행되는 업무에 대해서는 잊어버린다. 잘 훈련된 경험 많은 시스템 분석가는 그런 요구사항들을 이끌어내기 위해 인터뷰를 어떻게 수행해야 하는지에 대해 알고 있다.

그림 12-5에 제시된 것처럼 요구사항의 원천은 웹페이지, 폼, 보고서, 쿼리, 애플리케이션 사양, 새로운 시스템에서 요구되는 기능뿐만 아니라 현재 시스템도 포함한다. 보안 역시 요구사항의 중요한 부분이다.

만약 새로운 시스템이 새로운 데이터베이스 혹은 기존 데이터베이스의 대규모 변화를 포함한다면 개발 팀은 새로운 데이터 모델을 개발할 것이다. 5장에서 배운 것처럼 이 모형은 사용자의 업무 및 업무 활동에 관한 시각을 반영해야 한다. 따라서 데이터 모델은 사용자 인터뷰에 기초해서 구성되며, 인터뷰에 응한 사용자들에 의해 검증되어야 한다.

때때로 요구사항 결정은 소프트웨어와 데이터 구성 요소에 집중되어 다른 구성 요소들이 잊히기도 한다. 경험 많은 프로젝트 관리자는 단지 소프트웨어와 데이터뿐만 아니라 다섯 가지 정보시스템 구성 요소 모두에 대한 요구사항을 고려한다. 하드웨어의 경우 이런 질문이 있을 수 있다. 하드웨어에 대한 특별한 요구사항이나 제한이 있는가? 특정한 유형의 하드웨어가 사용되거나 사용되지 못하는 조직상의 표준 방침이 있는가? 새로운 시스템은 기존 하드웨어를 사용하는가? 통신 및 네트워크 하드웨어 혹은 클라우드 서비스에 관해서는 어떤 요구사항이 있는가?

비슷하게 절차와 사람에 관한 요구사항을 고려해야 한다. 회계 통제는 구분된 의무와 권한을 요구하는가? 특정 부서 혹은 인력에 의해서만 수행될 수 있는 활동 제약이 존재하는가? 특정 직원들에 대한 활동을 제한하는 정책적 요구사항 혹은 노동조합 협약이 있는가? 시스템이 다른 회사나 조직의 정보시스템과 연결될 필요가 있는가? 요약하면 요구사항은 새로운 정보시스템의 모든 구성 요소에 대해 고려되어야 한다.

이 질문들은 요구사항 분석을 진행하는 동안 질문되고 응답되어야 하는 것들의 예이다.

요구사항을 승인하라

요구사항이 규정되면 사용자들은 프로젝트가 계속 진행되기 전에 그 내용들을 확인하고 승인해야 한다. 정보시스템을 변경하는 데 가장 쉽고 비용이 적게 드는 시간은 요구사항 단계이다. 이 단계에서 요구사항을 변경하는 것은 단순히 표현을 변경하는 일이다. 구현 단계에서 요구사항을 변경하려면 애플리케이션 구성 요소와 데이터베이스의 재작업에 상당한 시간이 소요될 수도 있다.

프로토타입의 역할

요구사항을 명확히 규정하는 것이 어려운 만큼, 작동 가능한 프로토타입을 만드는 것은 매우 유익할 수 있다. 장래의 시스템 사용자는 종종 단어 설명과 스케치로 표현된 요구사항을 이해하고 연결하는 데 어려움을 겪지만, 프로토타입과 작업하는 것은 직접적인 경험을 제공할 수 있다. 사용자는 프로토타입을 사용하면서 사용성 평가를 하고, 언급하지 않은 기능과 특징을 기억하게 된다. 또한 프로토타입은 시스템의 기술적 및 조직적 타당성을 평가하는 데 필요한 증거를 제공한다. 나아가 프로토타입은 개발 및 운영 비용을 추정하는 데 사용될 수 있는 데이터를 제공한다.

쓸모가 있으려면 프로토타입은 일단 작동해야 한다. 폼과 보고서의 목업(mock-up)은 도움이 될 수는 있지만 앞에서 기술한 혜택을 제공하지는 않을 것이다. 프로토타입은 사용자들이 자신의 업무를 수행하기 위해 시스템을 활용하는 경험을 제공해야 한다.

프로토타입을 만드는 비용이 클 수도 있다. 그러나 프로토타입은 요구사항을 더 명확하고 완벽하게 만들 뿐 아니라 프로토타입의 일부는 운영체계에서 재사용될 수 있기 때문에 이 비용은 정당화될 수 있다. 하드웨어와 저장 공간은 단기간 동안은 저렴하게 대여할 수 있고 구매하여 설치할 필요가 없기 때문에 클라우드가 도움이 될 것이다.

불행하게도 개발자들은 프로토타입을 위한 비용 조달에서 딜레마에 직면한다. 프로토타입 비용은 개발 초기 단계에 발생하는데, 어떤 경우에는 전체 프로젝트 예산이 확보되기 전에 발생한다. "자금을 조달하기 위해 프로토타입이 필요하다. 또한 프로토타입을 위한 자금이 필요하다." 불행히도 직관적인 경험에 의한 애플리케이션을 제외하고는 이 딜레마에 대한 일관된 해법은 존재하지 않는다. 다시 한번 우리는 아주 특별한 문제해결 기법이 필요하다.

12-6 다섯 가지 구성 요소가 어떻게 설계되는가?

다음 단계에서 다섯 가지 구성 요소가 설계된다. 일반적으로 프로젝트 팀은 대안을 개발하고, 요구사항에 비추어 이 대안을 평가하고, 대안 중에서 선택함으로써 각 구성 요소를 설계한다. 여기에서 정확한 요구사항이 중요하다. 요구사항이 불완전하거나 잘못된 경우 이는 빈약한 평가지침이 될 것이다. 그림 12−6은 설계 업무가 다섯 가지 정보시스템 구성 요소와 연계되어 있음을 보여준다.

그림 12-6 SDLC : 구성 요소 설계 단계

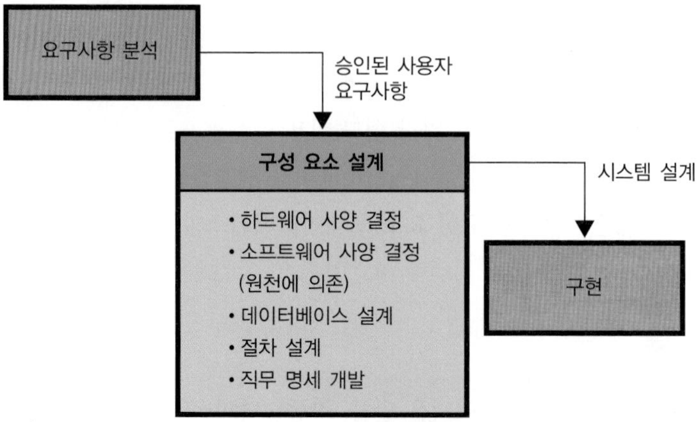

하드웨어 설계

하드웨어의 경우 프로젝트 팀은 하드웨어의 사양과 어디서 하드웨어를 어떻게 취득할 것인지를 결정한다. 취득하는 방법은 하드웨어를 구매하거나 대여하거나, 클라우드 호스팅 서비스에서 대여하는 방법이 있다(프로젝트 팀이 CPU나 디스크 드라이브를 만든다는 관점으로 하드웨어를 설계하는 것은 아니다).

아이메드의 경우 데이터는 클라우드에 저장되며, 일부 애플리케이션 역시 클라우드에서 실행된다. 이러한 관점에서 하드웨어 설계는 어떤 클라우드 자원이 필요한지와 관련된 것이다. 그러나 아이메드 설계자들은 또한 어떤 디바이스를 지원할 것인지를 결정해야 한다. 그들이 지원하고자 하는 의료 기기는 오므론 기기 외에 어떤 것들이 있을까? 이 결정은 소프트웨어 설계와 상호작용을 포함한다. 만약 아이메드가 웹 애플리케이션을 사용할 경우, 모든 기기 유형에 대해 고유 애플리케이션을 만들어야 하는 경우보다 더 많은 기기를 지원할 수 있다.

소프트웨어 설계

소프트웨어 설계는 프로그램의 원천에 따라 달라진다. 제품화되어 있는 기성 소프트웨어의 경우 프로젝트 팀에서 후보 제품을 결정한 다음, 이들에 대해 요구사항을 고려하여 평가해야 한다. 변경이 가능한 기성 소프트웨어의 경우 프로젝트 팀에서 제품을 정한 다음, 필요한 변경사항을 결정한다. 직접 개발하는 프로그램의 경우 프로젝트 팀은 프로그램 코드를 작성하기 위한 설계 문서를 만든다.

클라우드 기반의 시스템인 경우 한 가지 중요한 의사결정은 어디에서 애플리케이션이 실행되는가이다. 모두 모바일 장치에서 실행되거나 모두 클라우드 서버에서 실행되거나 혹은 혼합되어 실행될 수 있다. 나아가 모바일 시스템 프로젝트에 대해 팀은 웹 기반 애플리케이션을 구축할지 아니면 고유 애플리케이션을 구축할지를 결정하게 된다.

데이터베이스 설계

만약 개발자들이 데이터베이스를 구축한다면 이 단계에서 5장에서 설명한 기법들을 이용하여 데이터 모델을 데이터베이스 설계로 전환한다. 만약 개발자들이 기성 프로그램을 사용한

그림 12-7 설계가 필요한 절차

	사용자	운영 요원
정상운영	• 비즈니스 업무 수행을 위해 시스템을 사용하는 절차	• 시스템의 가동, 중지, 운영을 위한 절차
백업	• 데이터와 다른 자원을 백업하기 위한 사용자 절차	• 데이터와 다른 자원을 백업하기 위한 운영 절차
장애복구	• 시스템에 오류가 발생했을 때 계속 운영하기 위한 절차 • 복구 후에 시스템을 원래 상태로 전환하기 위한 절차	• 오류의 원인을 파악하여 수정하는 절차 • 시스템을 복구하고 재가동하는 절차

다면 데이터베이스 설계는 거의 필요 없으며, 프로그램 자체적으로 데이터베이스를 다룰 것이다.

절차 설계

기업 정보시스템의 경우 시스템 개발자와 조직은 사용자 및 운영자 모두를 위한 절차 역시 설계해야 한다. 절차는 그림 12-7에 요약된 것처럼 정상운영, 백업, 장애복구 운영을 위해 개발되어야 한다. 보통 시스템 분석가와 핵심 사용자로 구성된 팀이 그 절차를 설계한다.

직무 명세 설계

사람과 관련하여 설계 단계에 포함되는 내용은 사용자와 운영자를 위한 직무 명세 개발이다. 때로 새로운 정보시스템은 새로운 직무를 요구하기도 한다. 이런 경우 새로운 직무에 대한 의무와 책임은 조직의 인사관리 정책에 따라서 정의되어야 한다. 조직이 새로운 의무와 책임을 기존의 직무에 추가하는 것이 더욱 자주 발생하는 경우이다. 이 경우 개발자들은 이들 새로운 과업과 책임을 이 단계에서 정의한다. 때론 개개인의 설계 과업은 "제이슨은 패스워드를 관리한다"와 같은 문장처럼 단순하다. 절차 설계와 마찬가지로 시스템 분석가와 사용자로 이루어진 팀에서 직무 명세와 기능을 결정한다.

12-7 정보시스템은 어떻게 구현되는가?

설계가 완료되면 SDLC의 다음 단계는 구현 단계이다. 이 단계에서의 과업은 새로운 시스템을 구축하고 테스트하고 전환하는 것이다(그림 12-8). 개발자들은 구성 요소 각각을 독립적으로 구축한다. 개발자들은 하드웨어를 설치하고 테스트한다. 그들은 기성 프로그램에 대한 라이선스를 얻고 설치한다. 필요한 경우 프로그램을 수정할 수도 있다. 개발자들은 데이터베이스를 구축하고 데이터를 채워넣는다. 그들은 절차를 문서화하고 검토하고 테스트하며, 훈련 프로그램을 만든다. 마지막으로 조직은 필요한 인력을 고용하고 훈련시킨다.

시스템 테스팅

개발자들은 모든 구성 요소들을 구현하고 테스트한 후에, 개별 구성 요소들을 통합한 시스템을 테스트한다. 지금까지 우리는 마치 아무 일도 없는 것처럼 그럴듯하게 테스트를 진행해왔다. 사실 소프트웨어와 시스템 테스트는 어렵고 많은 시간이 소요되는 복잡한 업무이다. 개발자들은 테스트 계획을 설계, 개발하며 테스트 결과를 기록한다. 이들은 현 상태를 사람들에게 배정하고 이것이 정확하고 완벽한지를 증명하기 위한 시스템을 고안해낸다.

테스트 계획(test plan)은 사용자가 새로운 시스템을 사용할 때 취하게 될 순서로 구성된다. 테스트 계획에는 사용자가 행하는 정상적인 활동뿐만 아니라 부정확한 활동까지 포함된다. 포괄적인 테스트 계획은 모든 프로그램 코드의 각 라인이 실행되도록 해야 한다. 테스트 계획은 모든 오류메시지가 나타나도록 되어야 한다. 시험, 재시험, 재재시험은 많은 노동을 필요로 한다. 종종 개발자들은 자동적으로 시스템 사양을 자극하는 프로그램을 작성함으로써 시험을 위한 노동 비용을 감소시키기도 한다.

오늘날 많은 IT 전문직들이 테스트 전문가로 일한다. 때로 **제품품질보증**(product quality assurance, PQA)으로도 불리는 테스팅은 중요한 경력이 된다. PQA를 수행하는 사람들은 사용자에 대한 자문과 보조를 포함한 테스트 계획을 수립한다. PQA 테스트 엔지니어는 테스트를 수행하고 사용자 테스트 활동을 감독한다. 많은 PQA 전문가들은 자동화된 테스트 프로그램을 작성하는 프로그래머이다.

IT 전문가와 더불어 사용자들도 시스템 테스트에 참여해야 한다. 사용자들은 테스트 계획과 테스트 사례의 개발에 참여한다. 그들은 또한 테스트 팀의 일원이 될 수도 있는데, 보통은 PQA 전문가의 지시에 따라 작업을 수행한다. 시스템이 사용할 준비가 되었는지에 관한 마지막 언급은 사용자들 몫이다. 여러분이 만약 사용자 테스터로 초대되었다면 그 책임을 신중하게 받아들여라. 시스템을 사용하기 시작한 후에 문제를 해결하는 것은 훨씬 더 어려운 일이다. 여러분이 사용하는 어떤 시스템에 대해 테스팅 자체뿐만 아니라 테스트 사례의 개발에 참여하는 것은 중요하고 현명하다. 시스템 개발이 완료될 때까지 옆에서 지켜보기만 하다가 기능이 잘못되었다고 불평하는 것은 전문가답지 못하며, 현명하지 못한 일이다.

베타 테스팅(beta testing)은 미래의 시스템 사용자가 직접 새로운 시스템을 시험 삼아 사용해

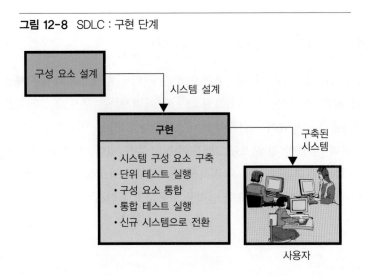

그림 12-8 SDLC : 구현 단계

보도록 하는 과정이다. 마이크로소프트와 같은 소프트웨어 공급자는 종종 제품을 사용자가 이용하고 테스트해볼 수 있도록 베타 버전을 시장에 내놓는다. 이 사용자들은 공급업자에게 문제에 관한 보고를 하게 된다. 베타 테스트는 테스트의 마지막 단계이다. 일반적으로 베타 테스트 단계에 있는 제품들은 완벽하고 전체적인 기능을 한다. 보통은 심각한 오류를 거의 포함하고 있지 않다. 대규모 새로운 정보시스템을 개발하고 있는 조직은 때로 소프트웨어 공급자들이 하는 것과 같은 베타 테스트 과정을 거친다.

시스템 전환

시스템이 통합 테스트를 통과하면 조직은 새로운 시스템을 설치한다. 이러한 활동을 **시스템 전환**(system conversion)이라고 하는데, 이는 이전 시스템에서 새로운 시스템으로 업무 활동을 전환하는 과정을 내포하고 있기 때문이다.

시스템 전환은 다음 네 가지 방법 중 하나로 수행될 수 있다.

- 파일럿형
- 단계형
- 병행형
- 일시형

IS 전문가들은 처한 환경에 따라 처음 세 가지 방식 중 하나를 추천한다. 대부분의 경우 기업들은 '일시에 돌진하는 방식'은 피해야 한다.

파일럿형 설치(pilot installation)의 경우 조직은 한정된 업무 범위에 대해 시스템을 설치한다. 파일럿 방식의 이점은 시스템의 오류가 발생했을 때, 그 오류가 한정된 범위 내에서만 영향을 끼친다는 것이다. 이는 업무에 미치는 영향을 줄이고, 새로운 시스템을 조직 내부의 부정적인 평판으로부터 보호할 수 있게 해준다.

이름에서 의미하는 바와 같이 **단계형 설치**(phased installation)는 새로운 시스템을 조직에 단계적으로 설치하는 것이다. 일부가 설치되면 또 다른 일부를 설치하고 테스트하는데, 이 과정을 전체 시스템이 설치될 때까지 반복해나간다. 어떤 시스템은 강력하게 통합되어 있어서 구분하여 단계적으로 설치할 수 없다. 이러한 시스템은 다른 방식 중 하나를 이용하여 설치되어야 한다.

병행형 설치(parallel installation)는 새로운 시스템이 완벽하게 테스트되고 운영될 때까지 새로운 시스템과 기존 시스템을 병행하여 운영하는 것이다. 병행 설치 방식은 두 시스템의 운영 비용이 발생하기 때문에 많은 비용이 소요된다. 사용자들이 두 시스템을 모두 사용한다면 2배의 시간이 소모된다. 신규 시스템의 결과와 기존 시스템의 결과가 일치하는지를 판단하기 위해서는 상당한 업무량이 필요하다.

하지만 어떤 조직은 병행형 설치 비용을 보험에 가입한 것으로 간주한다. 이 방식은 가장 시간이 많이 걸리고 비용이 많은 드는 형태이다. 하지만 새로운 시스템이 실패할 경우 쉽게 원래 자리로 돌아갈 수 있도록 해준다.

마지막 전환 방식은 **일시형 설치**(plunge installation) 방식이다(때로는 **직접 설치**라고 하기도 한

그림 12-9 다섯 가지 구성 요소의 설계 및 구현

	하드웨어	소프트웨어	데이터	절차	사람	
설계	하드웨어 사양 결정	기존 프로그램 선택 필요 시 기존 프로그램의 수정 및 맞춤 개발된 프로그램의 설계	데이터베이스와 관련 구조의 설계	사용자 및 운영 절차 설계	사용자 및 운영 직무 개발	
구현	하드웨어 취득, 설치, 테스트	기존 프로그램의 라이선스 취득 및 설치 기존 프로그램의 수정 및 맞춤 개발된 프로그램 작성 프로그램 테스트	데이터베이스 구축 데이터 입력 데이터 테스트	절차 문서화 교육훈련 프로그램 개발 절차 검토 및 테스트	인력 채용 및 교육훈련	단위 테스트 항목
	통합 테스트 및 전환					

다). 이 방식은 기존 시스템을 정지시키고, 새로운 시스템을 가동시키는 방식이다. 새로운 시스템이 실패한다면 조직에 문제가 발생한다. 신규 시스템의 오류가 고쳐지거나 기존 시스템이 재설치되지 않으면 아무것도 할 수 없게 된다. 이런 위험 때문에 가능하다면 이러한 전환 방식은 피해야 한다. 만약 신규 시스템이 조직의 운영에 치명적이지 않은 새로운 기능을 제공하는 것이라면 예외가 된다.

그림 12-9는 설계 및 구현 단계에서 다섯 가지 구성 요소에 대해 수행되는 과업들을 요약한 것이다. 이 그림을 참고하여 각 단계의 과업에 대한 여러분의 지식을 테스트해보라.

12-8 시스템 유지보수를 위한 과업은 무엇인가?

혁신적인 애플리케이션을 개발할 때 새로운 시스템이 때로는 의도치 않은 부정적인 결과를 초래할 수 있다. 윤리 가이드(413~414쪽)를 참조하라.

SDLC의 마지막 단계는 유지보수이다. 유지보수는 잘못된 명칭이다. 이 단계 동안에 이루어지는 작업은 시스템을 고쳐서 올바르게 작동하도록 하거나 요구사항 변화에 맞춰 시스템을 수정하는 것이다.

그림 12-10에는 유지보수 단계의 과업이 나타나 있다. 첫째, 오류[2]로 인한 새로운 요구사항과 기능강화를 위한 새로운 요구사항 모두를 찾아낼 수 있는 방법이 필요하다. 소규모 시스템의 경우 조직은 워드프로세싱 문서를 이용하여 잘못된 부분(실패)과 강화할 부분을 추적할 수 있다. 그러나 시스템이 커지고 오류와 기능강화 요청이 증가함에 따라서 많은 기업들이 오류 추적 데이터베이스를 개발하는 것이 필요하다는 것을 알게 된다. 이 데이터베이스는 개별 오류 혹은 기능강화에 대한 설명을 포함한다. 이는 누가 문제를 보고했으며, 누가 수정 혹은 추가했는지, 그 작업의 상태가 무엇이고, 수정 혹은 추가 작업이 테스트되고 증명되었는지 여부를 기록한다.

일반적으로 IS 요원들은 시스템 문제의 우선순위를 엄격하게 결정한다. 그들은 가능한 한 높은 우선순위 항목들을 수정하고, 시간과 자원이 가용하다면 낮은 우선순위 항목을 수정한다.

소프트웨어 구성 요소의 경우 소프트웨어 개발자 그룹은 높은 우선순위의 오류에 대해서는 주어진 제품의 모든 복제품에 적용될 수 있는 **패치**(patch)로 오류를 수정한다. 소프트웨어 공급

그림 12-10 SDLC : 시스템 유지보수 단계

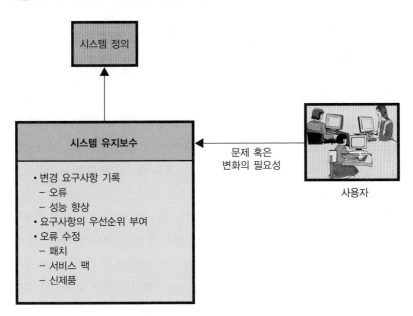

업자들은 보안 혹은 다른 중요한 문제를 수정하기 위해 패치를 제공한다. 그들은 낮은 우선순위 문제들의 수정을 **서비스 팩**(service pack)이라고 하는 것으로 묶는다. 서비스 팩이 수백 혹은 수천 가지 문제의 수정사항을 포함한다는 것을 제외하고는, 패치를 적용하는 것과 같은 방식으로 서비스 팩을 이용한다.

그런데 여러분이 놀랄 수도 있는 사실은 모든 상업용 소프트웨어 제품이 알려진 오류를 지닌 채로 출하된다는 것이다. 일반적으로 공급업자들은 자사의 제품을 테스트하여 대부분의 심각한 문제들을 제거한다. 하지만 자신들이 알고 있는 모든 결함에 대해서는 아니다. 결함이 있는 제품을 시장에 내놓는 것은 산업 관례이다. 마이크로소프트, 애플, 구글, 어도비, 그리고 다른 많은 기업들이 문제를 알고 있는 채로 제품을 출하한다.

기능강화는 새로운 요구사항에 맞추는 것이기 때문에 개발자들은 보통 기능강화 요청사항을 오류와 구분하여 우선순위를 정한다. 기능강화에 대한 결정에는 해당 기능강화가 기업이 받아들일 만한 수익률을 만들어낼 것인가에 관한 경영상의 의사결정이 포함되어 있다. 사소한 기능강화는 서비스 팩을 이용하여 적용할 수 있지만, 중요한 기능상의 요청은 보통 제품의 새로운 버전으로 나타나게 된다.

일반적으로는 오류 수정이나 기능강화가 소프트웨어에 적용될 수 있는 것이지만, 다른 구성요소에도 적용될 수 있다는 것을 마음속에 생각해야 한다. 하드웨어나 데이터베이스의 오류 수정이나 기능강화가 될 수 있다. 절차와 사람에 대한 오류 수정이나 기능강화 역시 마찬가지이다. 사람의 경우에는 오류나 강화보다는 더 인도적인 용어로 표현될 것이다. 하지만 기본적인 생각은 같은 것이다.

앞부분에서 언급된 것처럼 유지보수 단계는 SDLC 과정의 또 다른 주기의 시작이다. 시스템을 강화하고자 하는 결정은 시스템 개발 과정을 재시작하고자 하는 결정이다. 간단한 오류 수정조차도 SDLC의 모든 단계를 거쳐서 진행된다. 만약 조그만 수정이라면 한 사람이 이 단계들을 생략된 형태로 진행할 수 있다. 하지만 그럼에도 불구하고 이 단계들의 각각은 반복된다.

12-9 SDLC에는 어떤 문제가 있는가?

정보시스템 산업은 SDLC 절차를 이용하여 눈부신 성공을 경험해오고 있음에도 불구하고 많은 문제 역시 지니고 있다.

SDLC 폭포

SDLC 문제점 중 하나는 SDLC의 **폭포**(waterfall) 특성으로 인해 야기된다. 일련의 폭포와 같이 SDLC 과정은 반복되지 않는 일련의 과정으로 작동하는 것으로 가정되고 있다. 예를 들어 프로젝트 팀은 요구사항 분석 단계를 완료하고 설계 단계로 폭포수를 따라 나아가며, 또 다음 단계로 계속 진행하게 된다(그림 12-3 참조).

불행히도 시스템 개발은 그렇게 부드럽게 진행되는 경우가 거의 없다. 때로 필요하다면 폭포를 역으로 거슬러 올라가 선행 단계를 반복 수행할 필요가 있다. 보다 일반적으로 설계 작업이 시작되고 대안에 대한 평가를 수행하는 동안에 프로젝트 팀에서 몇 가지 요구사항이 불충분하거나 놓쳤다는 것을 발견하게 된다. 이때 프로젝트 팀은 보다 정확한 요구사항 분석을 필요로 하고 그 단계가 끝나지 않을 수도 있다. 몇몇 프로젝트에서 프로젝트 팀은 요구사항 분석과 설계 단계를 여러 번 계속 반복하여 프로젝트가 제어할 수 없는 상태인 것처럼 보일 수도 있다.

요구사항 문서화의 어려움

특히 복잡한 시스템의 경우 또 다른 문제는 요구사항 문서화의 어려움이다. 필자가 보잉에서 소프트웨어 프로젝트의 데이터베이스 부분을 관리할 때, 요구사항의 문서화를 위해 연 인원 70명 이상을 투입했다. 요구사항 문서는 20권 이상이었으며, 높이가 2.1미터나 되었다.

설계 단계를 시작할 때 특별한 사양과 관련된 모든 요구사항에 대해 실제로 아는 사람은 없었다. 우리는 문서의 어딘가에 묻혀 있는 요구사항을 고려하지 않고 사양만을 설계하기 시작했다. 간단히 말해 요구사항은 실제적이지 않아 거의 쓸모없는 것이었다. 게다가 요구사항 분석 기간 동안에 항공사의 사업은 계속 진행되었다. 우리가 설계 단계에 착수했을 때 많은 요구사항이 불완전했으며, 어떤 것들은 쓸모없는 것이 되어 버렸다. 그렇게 많은 시간을 요구사항의 문서화에 소비한 프로젝트는 때로 **분석 마비**(analysis paralysis)가 된다.

일정관리 및 예산관리의 어려움

신규 대형 시스템에 대한 일정과 예산 추정치는 매우 개략적이어서 거의 우스운 정도이다. 경영층은 심각한 얼굴로 일정과 예산에 대해 파악하려고 하지만, 수년에 걸쳐서 수백만 달러가 소요되는 프로젝트를 진행할 때 투입 노동시간과 완료시점을 추정하는 것은 개략적이며 모호하다. 추정치를 제공한 프로젝트 참여 직원들은 얼마나 오랫동안 어떤 일이 일어날지 그리고 얼마나 많은 돈이 들어갈지에 대해 거의 알지 못한다. 그들은 총예산과 기간이 모든 사람의 유사한 추정치의 합이라는 것을 알고 있다. 많은 대형 프로젝트들이 허황된 예산과 일정의 세상에서 살고 있다.

실제로 소프트웨어 커뮤니티에서는 소프트웨어 개발에 관한 예측을 향상시키기 위해 많은 일들을 해오고 있다. 그러나 대형 프로젝트의 경우에는 많은 SDLC 단계 중 어떤 기법이 잘 들

어맞는지 알려진 것이 없다. 그래서 SDLC와는 다른 소규모 시스템 개발을 위한 개발 방법론
이 나타났다. 신속 애플리케이션 개발 방법론, 객체지향 방법론, 익스트림 프로그래밍이 이러
한 방법론이다.

이 장의 **지식**이 **여러분**에게 어떻게 도움이 되는가?

여러분의 경력의 어느 시점에서는, 아마도 5년 안에는 이 장의 지식이 필요할 것이다. 셀 수
없이 많은 새로운 시스템이 개발될 것이고, 관리를 필요로 하게 될 것이다. AI, 로봇, 드론, 자
율주행 자동차, 3D 프린트 기술 등이 발달한 시대에 제조 또는 경영 관리자가 시스템 개발에
관여하지 않을 수 없다. 재정 및 회계 관리, 기회 관리는 어떤가? 후원을 어떻게 받을 것인가?
그리고 당연하게도 모든 경영대학원 졸업자는 프로젝트 관리 못지 않게 신규 시스템 전략 및
우선순위 개발에서 핵심적인 역할을 해야 할 것이다.

여러분의 세대는 모바일 디바이스와 애플리케이션 사용 경험으로 인해 이전의 어떤 세대보
다 컴퓨터와 가깝다. 여러분은 잘못 설계된 인터페이스를 용납하지 않는다. 이와 유사하게 여
러분은 IS가 여러분의 일을 확실히 해낼 것을 기대하고, 효과가 없는 시스템을 견디지 못할 것
이다. 그러나 목소리를 효과적으로 내기 위해서는 시스템 개발 지식이 필요하다. 여러분은 앞
으로 나아가는 방법을 알 필요가 있을 것이고, 그때 이 장에서 배운 지식이 신규 개발 프로젝트
에서 옳은 길을 가도록 여러분을 안내해줄 것이다.

이제 이 책의 마지막에 도달했다. 커리어 가이드(412~413쪽)에서 설명한 대로 개인 브랜드 개발이 경력에 어떻게 도움이 될지 생각해보라.

So What?

미래로의 속도, 5G와 함께

메트로폴리탄 지역, 구불구불한 언덕, 산 또는 가파른 협곡을 포함한
다양한 경관을 지나가는 긴 자동차 여행을 해본 적이 있는가? 그렇다
면 경치를 볼 때 흥미로운 정도가 끝없이 펼쳐진 완만한 농경지(지루
하다)에서 뾰족한 절벽과 구불구불한 협곡(이제 흥미롭다!)으로 변화
할 수 있다는 것을 직접 경험했을 것이다. 경치의 변화 외에도 휴대전
화 서비스의 가용성이 변화하는 것도 느꼈을 것이다.

안정적이고 빠른 다운로드/업로드 속도가 셀 타워의 범위를 벗어
나거나 지역의 지형이 더 언덕지거나 산악지형으로 변할 때 거의 즉
시 중단될 수 있다. (EDGE 네트워크에 의존하는 것보다 도로 여행
을 더 힘들게 만드는 일은 드물다!) 도로 여행 중의 셀 서비스는 비즈
니스 맥락과는 거리가 멀게 보일 수 있지만, 이 시나리오는 많은 공장
바닥에서 발생할 수 있는 인터넷 연결 문제와 매우 유사하다.

대규모 생산 시설로 전환된 대형 창고를 생각해보자. 이 창고의 배
치는 여러 자동화된 제조 구역, 여러 층 높이의 다양한 자재로 가득
찬 거대한 선반 구역, 생산에 들어갈 부품이 대기 중인 더미, 고객에
게 배송될 완제품이 대기 중인 더미 등이 포함되어 있을 것이다. 시설
주위에 와이파이 연결 포인트가 배치되어 속도와 커버리지 영역을 최
대화하려고 시도하겠지만, 이러한 유형의 공장은 종종 기계, 선반, 금

속 장비 등 신호가 침투할 수 없는 장애물로 인해 와이파이의 사각지
대가 많이 발생한다.[3]

점점 더 많은 기계가 인터넷에 연결되고 자율적으로 공장 내에서
이동하며 무선으로 통신하는 장비가 배치됨에 따라, 이러한 공장들이
효율적이고 효과적으로 작동하기 위해서는 고속의 안정적인 커버리지
영역을 확보하는 것이 매우 중요하다.

5G를 시작하다

5G는 이동 통신 네트워크를 위한 5세대 무선 기술을 의미하며, 현재
미국의 주요 통신 제공업체들이 이를 도입한다. 5G 신호는 밀리미터
파, 중주파, 저주파를 사용하여 전송된다. 이들 각각은 서로 다른 범위
와 다운로드 속도를 제공하지만, 일반적으로 5G 서비스는 이전 세대
보다 더 빠른 속도, 낮은 지연 시간(즉 더 나은 응답 시간) 및 훨씬 더
많은 장치를 연결할 수 있는 능력을 제공한다.[4]

이러한 개선사항은 우리가 모바일 장치를 인터넷에 연결하는 경험
을 변화시킬 것이지만, 이는 개인 사용자뿐만 아니라 다양한 이해관계
자에게 중요한 의미를 가진다.

불안정한 와이파이 속도와 사각지대가 있는 공장을 떠올려보자. 공

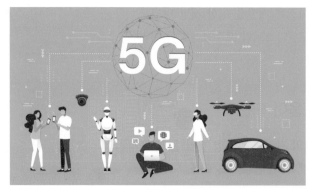

출처 : Mentalmind/Shutterstock

장들은 100년 이상 유선 장비에 의존해왔으며, 오늘날에도 지속되는 문제 있는 무선 연결 문제로 인해 여전히 유선 장비에 의존한다. 5G는 이러한 문제를 완화하기 위해 사용될 수 있다.

5G는 데이터 전송을 짧은 범위에서 수행하기 때문에 더 많은 안테나가 필요하므로, 공장 바닥은 이러한 밀접한 기술적 프레임워크의 혜택을 받을 수 있다. 또한 5G 안테나는 안테나의 밀도가 높아지면서 더 일관된 빠른 속도를 제공하고, 이제 공장 바닥에 풍부하게 배치되고 있는 여러 인터넷 연결 장치(IoT)를 지원할 수 있다.

많은 전문가들은 5G의 도입이 스포츠 세계에 큰 영향을 미칠 것이라고 예측한다. 예를 들어, 스포츠 팬들은 선수와 팀에 대한 모든 정보를 원한다. 공, 퍽, 선수 장비(예 : 헬멧 및 어깨 패드) 등 거의 모든 것에 센서를 내장하려는 움직임이 불가피할 것이다.[5] 5G 기술은 이러한 모든 센서와 통신할 수 있는 능력과 낮은 대기 시간으로 인해 완벽한 솔루션이 된다.

스포츠에 대한 다른 잠재적 영향으로는 사용자가 원하는 카메라 각도나 동영상 피드를 선택하여 경기를 시청하는 방식을 통해 개인화할 수 있는 기능이 있다. 또한 낮은 대기 시간 덕분에 스포츠 베팅이 촉진될 수 있으며(개별 플레이에 대한 베팅 가능) 도박자들이 접근할 수 있는 보다 자세한 데이터 세트가 제공될 것이다.[6]

5G가 영향을 미칠 수 있는 다른 분야로는 수많은 센서를 장착한 자율주행 자동차와 실시간으로 다른 자율 차량과 통신할 수 있는 잠재력, 증강현실 및 혼합현실 애플리케이션(예 : 영화 및 게임), 고품질 원격 진료 및 원격 수술 절차를 포함한 헬스케어 애플리케이션, 개선된 업로드 속도와 낮은 대기 시간 덕분에 향상된 카메라 및 감시 영상 등이 있다.

일부 사람들은 5G가 단순히 콘텐츠를 더 빠르게 다운로드할 수 있게 해줄 것이라고 생각할 수 있지만, 실제로는 그 이상의 의미가 있다. 고속 및 저지연 연결은 확장되는 디지털 세계에서 수행하는 거의 모든 것을 변화시킬 수 있다!

토의문제

1. 5G 인프라 구축에 관한 많은 뉴스 기사들이 경쟁으로 넘쳐나고 있다. 각국이 5G 기능을 얼마나 빨리 배포할 수 있는지에 따라 '승리'하거나 '패배'할 가능성이 있다고 생각하는가? 이에 대해 설명하라.

2. 5G는 그 자체로 놀라운 새로운 기능을 제공할 것으로 기대될 뿐만 아니라, 다른 신흥 기술들이 더욱 강력해지도록 돕는 증폭기 역할을 할 것으로 예상된다. 5G가 인공지능의 힘을 어떻게 강화할 수 있을 것이라고 생각하는가?

3. 5G가 제공하는 높은 속도와 낮은 지연의 혜택을 받을 수 있는 산업이나 프로세스의 예시 세 가지를 생각해보라.

4. 5G가 정보 보안을 개선하는 데 어떻게 사용될 수 있을 것이라고 생각하는가?

보안 가이드

사물인터넷과 미라이

당신의 집이나 아파트에는 얼마나 많은 장치가 인터넷에 연결되어 있는가? 그 대답은 당신을 놀라게 할 수도 있다. 10~20년 전 대부분의 미국 가정에 단 하나의 데스크톱 컴퓨터만이 인터넷에 연결되어 있었다는 사실은 믿기 어려운 일이다(아예 컴퓨터가 없거나 인터넷 접속이 안 되던 가정도 많았다). 그 이후로 무어의 법칙과 멧커프의 법칙의 실현, 대역폭의 증가가 인터넷에 연결된 장치의 확산을 촉진하는 원동력이 되었다.

오늘날 평균적인 가정에 들어가면 데스크톱, 노트북, 태블릿, 전화기, 게임 콘솔, 미디어 스트리밍 장치, 스마트 TV, 스마트 스피커, 홈 안전 장치(예 : 경보 시스템, 보안 카메라, 연기 감지기 및 동영상 도어벨), 아기 모니터, AI 비서, 가전 제품 등 수십 개의 장치가 인터넷에 연결되어 있는 것을 흔히 볼 수 있다. 이러한 장치들의 핵심 기능 외에도 많은 장치가 다른 인터넷 연결 장치와 상호 운용할 수 있도록 설계되어 시스템 및 '시스템의 시스템'을 생성한다. 사람의 개입 없이도 통신하고 상호작용할 수 있는 연결된 장치의 생태계를 사물인터넷(IoT)이라고 부른다.

IoT, 보안이 아니다

IoT 제품을 개발하는 기업들은 복잡한 설정 없이 다른 장치와 효율적으로 통신할 수 있도록 장치를 설계해야 한다. 초기 도입자들만 IoT

출처 : MarySan/Shutterstock

장치를 구매하는 것이 아니며, 이러한 제품은 주류로 자리 잡았기 때문에 대부분의 IoT 소비자들은 문제를 해결하는 데 필요한 기술적 능력이 부족하다. 그 결과, IoT 장치는 종종 보안이 우선사항이 아니라 사후 고려사항으로 설계되는 경우가 많다. IoT 장치에 추가되는 각 보안 계층은 개발 속도를 늦추고, 궁극적으로 시장 출시 시간에도 영향을 미칠 수 있다.

결과적으로 IoT 장치는 보안과 편리함 사이의 절충의 또 다른 예이다(예 : 온라인 은행계좌에 50자 비밀번호를 요구하는 것은 보안성이 높은 일이지만, 소비자들은 계좌 잔액을 확인할 때마다 50자를 입력하는 불편을 참지 않을 것이다). 많은 IoT 장치의 유일한 명백한 보안 기능은 장치의 설정에 접근하거나 관리하기 위해 필요한 사용자 이름과 비밀번호이다. 그러나 사용자는 종종 장치를 설정할 때 새로운 자격 증명을 만드는 것을 간과하게 되며, 이는 심각한 취약점을 초래할 수 있다.

사실 소유자들이 종종 장치에 대한 새 비밀번호를 만드는 것을 간과하기 때문에 해커들은 IoT 장치를 대규모 좀비 봇넷을 만드는 주요 타깃으로 보고 있다(좀비란 해커에 의해 손상된 인터넷 연결 장치를 말한다). 이러한 봇넷은 대규모의 서비스 거부(DoS) 공격의 일환으로 사용될 수 있다. 많은 DoS 공격은 상대적으로 소규모이며, 대부분의 대규모 조직은 이러한 공격을 막기 위한 대응 조치를 갖추고 있다. 그러나 최근 세 명의 해커 그룹이 봇넷과 DoS 공격을 전혀 새로운 차원으로 끌어올렸다.

미라이를 만나다

럿거스대학교의 한 대학생과 두 친구가 IoT 장치를 특정하여 표적하는 악성 소프트웨어를 개발하여 봇넷을 만들었다. 이 봇넷의 초기 목적은 해커들이 인기 게임인 '마인크래프트'에서 우위를 점하는 것이었다. 본질적으로 이 봇넷은 해커들이 게임 중 상대방의 연결을 방해하고 오프라인으로 차단하여 승리를 거두도록 해주는 것이었다. 그러나 해커들은 '미라이(Mirai)'라는 이름의 악성 소프트웨어를 만드는 데 매우 능숙하여, 봇넷의 크기가 전례 없는 수준으로 증가했다. 미라이는 처음 몇 시간 만에 수만 개의 장치를 감염시키고, 매시간 2배로 증가하여 약 60만 개를 감염시켰다.[7]

자신들이 만든 디지털 괴물의 힘을 인식한 해커들은 봇넷의 정교함을 더욱 높이기 위해 노력했고, 다양한 표적을 대상으로 여러 차례 공격이 이루어졌다. 법 집행 기관들이 조사 강도를 높이기 시작하자, 해커들은 자신들의 코드를 온라인에 게시했다. 이는 악성 소프트웨어 제작자의 신원을 흐리게 하기 위한 전략으로 자주 사용된다. 그러나 코드를 온라인에 게시하는 것은 단순히 혼란을 일으키는 데 그치지 않고 훨씬 더 큰 영향을 미쳤다. 경쟁 해킹 그룹들이 그 코드를 사용해 자신들만의 봇넷을 만들기 시작한 것이다. 그 후 5개월 동안 미라이와 관련된 서비스 거부(DoS) 공격이 15,000건 이상 발생했다.[8]

비록 최초의 세 명의 해커가 결국 붙잡혀 유죄를 인정했지만, 그들이 만든 코드는 여전히 살아 있으며, 그 코드가 얼마나 오랫동안 악의적인 목적으로 사용될지는 아무도 모른다. 시민들이 할 수 있는 최선의 방법은 IoT 장치의 비밀번호를 변경하여 해당 장치들이 봇넷 공격의 일원이 되지 않도록 하는 것이다.

토의문제

1. 홈 네트워크와 연결된 장치들에 대해 잠시 생각해보라. IoT 장치가 몇 개나 있는가? 각 장치에 대해 새로운 자격 증명을 생성하여 해당 장치들이 취약하지 않도록 하였는가? 공격자들은 어떻게 이러한 장치들에 접근할 수 있을까?

2. 여러분의 일상적인 기술 사용 경험을 생각해보자. 보안과 편의성 사이의 절충을 보여주는 다른 세 가지 예를 제시해보라. (위 글에서 언급된 긴 비밀번호 사용 제외).

3. IoT 장치는 왜 공격자들에게 좋은 목표가 될까?

4. 해커들은 그들의 행동에 대해 감옥형을 피할 수 있었다. 수많은 사이트와 회사들의 디지털 운영을 직접적으로 방해한 것에 대해 더 심각한 처벌이 내려졌어야 한다고 생각하는가? 해커들이 잡혔고, 심지어 그들이 자신의 행동을 후회하더라도 여전히 살아남을 악성 코드의 생성에 대해 법적 시스템은 어떻게 적용되어야 할까?

커리어 가이드

개인 브랜드 개발하기

이전 장들에서 MIS 분야에서 성공적인 경력을 쌓은 사람들의 생생한 이야기를 살펴보았다. 이들은 어떻게 직업을 얻었는지, 이 분야의 무엇에 끌렸는지, 일상의 업무가 어떤지, 그리고 그들이 직업에서 가장 좋아하는 것이 무엇인지 답했다. 또한 이러한 직업에서 성공하기 위해 필요한 기술과 교육에 대해 학습했다. 이제 이 책을 다 읽으면 MIS가 무엇인지에 대한 감을 얻을 것이다. 주요 내용 및 용어를 이해하고 실제로 이 분야에서 일하는 사람들의 이야기를 들었기 때문이다. 이것이 여러분에게 MIS 경력에 대한 현실적인 시각을 제공했기를 바란다. 이러한 경력에 관심이 있든, 다른 분야로 진출하든, 개인 브랜드를 개발하는 방법을 배우는 것은 중요하다.

전문가들은 링크드인과 같은 소셜미디어를 사용하여 개인 브랜드를 구축한다. 여러분이 아직 너무 어리거나, 경험이 부족하거나, 아직 개인 브랜드를 가질 만큼 특별하지 않을 수 있지만, 그렇지 않을 수도 있다. 그리고 지금이 개인 브랜드를 구축할 적기가 아니라 하더라도, 미래에 비즈니스 리더가 되고 싶다면 언젠가는 개인 브랜드를 갖고, 구축하고, 유지해야 할 것이다.

그렇다면 '개인 브랜드 구축'이란 무엇일까? 그것은 부끄러운 자기 홍보도 아니고, 자기 광고도 아니며, 최근 경험에 대한 이력서도 아니다. 대신 이는 여러분의 재능과 능력에 대한 시장과 진정성 있는 관계를 맺는 수단이다. 그 시장은 여러분의 고용주, 동료 직원, 경쟁자, 또는 여러분이 중요하게 생각하는 것에 관심이 있는 모든 사람일 수 있다.

비즈니스 전문가로서 어떻게 덜 거래적이고 더 개인적인 진정성 있는 관계를 구축할 수 있을까? 여러분의 서비스를 소비하는 사람들이 단지 상사나 동료가 아니라, 모든 인간이 지닌 복잡한 감정을 가진 완전한 인간이라는 사실을 깨닫는 것에서 시작한다. 이러한 생각을 염두에 두고, 소셜미디어를 사용하여 거래적인 관계에서 더 개인적인 관계로 변화시킬 수 있을까?

그러한 변화는 가능하지만 쉽지는 않다. 링크드인이나 여러분의 블로그에서 개인적인 삶의 모든 세부사항을 공유하고 싶지는 않을 것이다. 대부분의 독자는 여러분의 바하마 휴가에 관심이 없을 것이다. 하지만 여러분이 해변에 누워 읽었던 책, 그 이유, 그리고 그로부터 배운 점(또는 배우지 못해서 실망했던 점)에는 관심을 가질 수 있다. 하지만 이러한 내용에는 반드시 진정성이 있어야 한다.

만약 여러분의 개인 블로그에 박식함을 과시하기 위해 키에르케고르나 아리스토텔레스를 읽고 있다면, 논점을 놓친 것이다. 하지만 키에르케고르가 최근 비즈니스 스캔들에 대한 윤리적 관점에서 여러분의 직업적 관심사와 관련된 흥미로운 이야기를 한다면, 그러한 관심사를 공유하는 많은 독자들이 알고 싶어 할 것이다. 그들은 여러분과 공통된 관심사를 바탕으로 접근할 방법을 가지게 될 것이다. 그 공통된 관심사는 흥미로운 새로운 일자리 기회로 이어질 수도 있고, 만족스러운 새로운 관계로 이어질 수도 있으며, 혹은 아무런 결과가 없을 수도 있다. 여러분은 알 수 없다.

개인 브랜딩 활동에 참여할 때는 항상 자신의 개인 전략을 기준으로 삼아야 한다. 앞의 그림 2-5를 다시 살펴보고 자신의 경쟁 전략을 생각해보자. 여러분의 경쟁우위는 무엇인가? 왜 누군가가 다른 사람들보다 여러분, 여러분의 전문성 또는 여러분의 작업물을 선택해야 할까? 이러한 질문에 대한 답을 염두에 두고, 개인 브랜드를 구축하라. 다시 말하지만 여러분의 노력이 진정성 있는 관계를 구축하는 데 집중되도록 하고, 무분별한 광고에 치우치지 않도록 하라.

강력한 개인 브랜드는 특정 경력에 필수적이라는 점도 인식하라. 예를 들어, 컨설턴트가 되고 싶다면(예 : 클라우드 데이터 저장을 위한 개인정보 보호 및 제어의 전문가라면) 전문 브랜드를 개발하고 유지하는 데 상당한 시간을 투자해야 한다. 그러나 필수 여부와 관계없이 강력한 개인 브랜드는 모든 분야의 모든 직업에서 자산이 된다. 그리고 만약 여러분이 좋은 개인 브랜드를 갖고 있지 않다면, 여러분의 경쟁자는 분명히 좋은 개인 브랜드를 가지고 있을 것이다.

토의문제

1. 개인 브랜드를 정의하고 설명하라.
2. 소셜미디어(예 : 링크드인)를 사용하여 기존의 전문적인 경력을 더 개인적인 성격으로 만들면서도 개인정보를 유지하는 방법을 설명하라.
3. 여러분의 전공 분야에서 관심 있는 주제를 선택하라. 예를 들어, 운영관리 전공이라면 3D 프린팅과 같은 주제를 선택할 수 있다.

출처 : MariaX/Shutterstock

(선택하기 전에 문제 4를 읽어보라.)

    a. 웹을 검색하여 여러분의 주제에 대한 현실, 현대적 용도, 주요 쟁점과 문제, 또는 기타 흥미로운 측면에 대한 의견을 찾아보라.

    b. 해당 주제의 전문가 두세 명을 찾고, 그들의 전문 브랜드 사이트에 방문하라. 그 브랜드는 블로그, 웹 페이지, 기사 모음, 페이스북이나 링크드인과 같은 소셜미디어 사이트, 또는 그들의 전문성을 공개적으로 나타내는 다른 형태일 수 있다.

4. 여러분이 문제 3에서 사용한 주제에 대해 전문가가 되었다고 가정하자. 지난 1년 동안 있었던 그 주제와 관련된 경험에 대해 생각해보라. 그 경험은 수업에서, 동료 학생들과 수업 외 시간에 있었던 일이거나, 룸메이트와의 대화에서 비롯된 것일 수도 있다. 또한 맥도날드에서 일하는 동안 일어난 일일 수도 있다. 무엇이든 상관없다.

    a. 그러한 경험 10가지를 작성하라.

    b. 그 10가지 경험 중 가장 좋은 다섯 가지를 어떻게 소셜미디어, 블로그 등을 통해 당신의 전문 브랜드를 구축하는 데 활용할 수 있을지 설명하라.

5. 문제 1-4에 대한 답변을 반영하여 답하라.

    a. 여러분에게 개인 브랜드가 중요하다고 생각하는가? 그 이유를 설명하라. (이 질문에 대한 답변이 '예'가 아닐 수도 있으며, 그럴 만한 좋은 이유가 있을 수 있다.)

    b. 문제 4에 대한 답변을 작성할 때 가장 어려웠던 과제가 무엇이었는가?

    c. 이 연습을 통해 대학 경험에서 더 많은 가치를 얻기 위해 무엇을 배웠는지 요약하라.

윤리 가이드

당신의 노트북 안에 의사가 있다

마이크는 사무실에 들어가서 문을 닫고, 책상 뒤의 가죽 의자에 앉았다. 회의가 이렇게 잘 진행될 줄은 전혀 예상하지 못했다. 그는 이제 모든 준비가 결실을 맺었다는 것을 깨달았다. 그는 자신의 의료 실무가 원격 진료로 전환되어야 한다는 내용을 담은 제안서를 발표한 후였다. 그는 동료들 중 가장 어린 의사 중 한 명으로서, 자신이 동료들보다 기술에 더 능숙하고 혁신적이라는 것을 알고 있었기에 상당한 저항이 있을 것이라고 예상했지만, 다른 사람들도 그의 주장을 이토록 빠르게 받아들일 줄은 몰랐다.

이 변화의 원동력은 단순히 젊은 세대가 더 편리하고 기술 기반의 서비스를 원한다는 사실이었다. 음식 배달, 택시 호출, 심지어는 다음 데이트 상대를 찾는 데 앱을 사용할 수 있다면, 왜 건강관리도 같은 편리함을 제공할 수 없을까? 또한 비교적 농촌 지역에 위치한 이 지역의 주요 의료 제공자로서 마이크는 디지털 서비스를 제공하려면 사무실에 도달하기 위해 30~60분을 운전해야 하는 먼 곳에 사는 사람들에게 도움이 될 것이라고 생각했다.

어떤 경우에는 거리 때문에 일부 환자들이 정기적인 건강 검진을 받으러 오는 것을 주저하고 있는지 궁금했다. 의대 시절 그의 열정 중 하나는 예방 치료였다. 환자들이 건강 검진을 받고 스스로를 돌보도록 적극적으로 촉진할 수 있는 모든 것이 그에게 중요했다. 또한 검진 중 사용되는 많은 기구들이 이제는 온라인에서 비교적 저렴하게 구입할 수 있기 때문에, 환자들은 의료 제공자를 직접 만나지 않고도 정확한 의료 데이터를 얻을 수 있었다. 다시 말해 그는 여전히 편리하고 최소한의 비용으로 철저한 의료 경험을 제공할 수 있었다.

이 변화의 또 다른 차원으로, 코로나19 팬데믹은 모든 환자가 치료를 받기 위해 의료 기관에 오는 것이 일정한 위험을 수반한다는 것을 분명히 했다. 검진이나 검사를 기다리는 동안 아픈 환자들이 가까이 앉아 있는 것은 그리 바람직하지 않았다. 마이크의 병원에서 가능한

출처 : Agenturfotografin/Shutterstock

한 많은 환자와 온라인으로 만나고, 필요한 나머지 대면 치료는 인근 카운티의 병원이나 의료 사무소에 아웃소싱하는 것이 훨씬 더 안전할 것이다.

이것이 일부 환자에게 더 비싸거나 시간이 많이 걸릴 수 있지만, 대부분의 방문이 실제로 디지털 방식으로 진행될 수 있기 때문에 이는 수익을 보장하고 비용을 절감하며 위험을 줄이면서 병원을 재정적으로 지속 가능하게 유지할 수 있을 것이다. 상황이 잘 진행된다면, 마이크는 사무실을 완전히 폐쇄하고 의료 팀이 각자의 집에서 일하는 것도 고려할 수 있었다. 사무실을 닫을 수 있다면 정말로 돈을 절약할 수 있을 것이다!

지금 들리세요?

마이크는 천천히 노트북을 닫고 의자에 힘없이 기대었다. 그의 경력에

서 가장 긴 하루 중 하나처럼 느껴졌다. 그는 온라인 환자 회의를 마쳤지만, 그중 절반 정도만 성공적이었다. 몇몇 환자들은 통화에 어떻게 참여하는지 이해하지 못했고, 또 다른 환자들은 불안정한 연결로 어려움을 겪었다. 통화가 끊기거나 오디오/동영상 피드가 너무 조각나서 의미 있는 대화를 나누는 것이 불가능했다.

마이크가 몇 달 전 처음 발표한 이후로, 이 병원은 인구 통계 및 지리적 분석을 진행했다. 그들은 많은 환자들이 은퇴가 가깝거나 이미 은퇴한 상태이며, 대부분의 환자들이 제한된 통신 인프라(즉 불안정한 전화 서비스 또는 느린 대역폭)가 있는 지역에 살고 있다는 것을 깨달았다. 기본적인 화상 통화조차도 할 수 없을 정도로 조건이 열악하리라고는 상상하지 못했지만, 그게 특수한 상황이 아닌 일반적인 상황인 것 같았다. 그는 자신의 경력에서 가장 큰 실수를 저지른 것일까?

현재로서는 병원에서 진료를 다시 시작할 수는 없었다. 그들은 이 새로운 디지털 형식으로 전환하는 데 너무 많은 시간과 돈을 투자했기 때문이다. 그러나 기술적 한계로 인해 실제로 진료를 제공할 수 없다면, 이 새로운 모델은 지속 가능하지 않으며 결국 병원은 폐업하게 될 것이다. 그는 걸어가서 하얀 의사 가운을 옷장에 걸었다. 문을 닫기 전에 가운이 걸이에서 미끄러져 바닥에 떨어졌다. 그는 이것이 앞으로 다가올 일에 대한 나쁜 징조가 아니기를 바랐다.

정크 메일

스텔라와 찰리는 함께 나가서 우편물을 확인했다. 몇 년 전 은퇴한 이후로 그들의 일상적인 전통이었다. 다행히 그들은 많은 비용을 절감할 수 있었고, 그래서 청구서가 그리 자주 오지는 않았다. 그들은 주로 손녀딸들로부터 온 카드와 그림을 기대하며 우편물을 확인하는 것을 좋아했다. 찰리가 쌓인 편지 더미에서 '닥터 마이크'라는 편지를 꺼냈다. "이게 뭘까?" 찰리가 스텔라에게 말했다. "우리가 건강검진을 받을 때까지 아직 몇 달은 남은 것 같은데." 찰리는 편지를 열고 소리 내어 읽기 시작했다.

> 친애하는 환자 여러분,
> 여러분의 건강과 안녕을 기원합니다. 아시다시피 우리 진료소는 몇 달 전부터 온라인/원격 진료 형식으로 전환하였습니다. 그러나

안타깝게도 온라인 전용 형식이 우리 지역 환자들에게는 이상적이지 않다는 것을 알게 되었습니다. 특히 우리 지역과 관련된 일부 기술적 한계를 고려할 때 더욱 그렇습니다. 따라서 우리는 원격 진료를 대도시 지역의 한 대형 병원과 통합하고, 그들의 기존 환자 기반을 수용하게 되었습니다. 새로운 계약에 따라 처리해야 할 환자 수가 많아지기 때문에, 기존의 모든 환자와 계속 진료를 이어갈 수 없게 되었음을 알려드리게 되어 유감입니다. 다른 의료 기관에 대한 추천이 필요하시면, 제한적인 소개 서비스를 제공할 수 있습니다.
> 건강하시길 바랍니다.

찰리는 스텔라를 바라보았고, 그녀가 걱정하는 것을 알 수 있었다. 이제 마이크의 진료소가 선택사항이 아니게 되면서, 다음 진료소까지는 한 시간이 넘게 걸렸고, 그들은 요즘 운전하는 것을 별로 선호하지 않았다. "정말 우리가 더 이상 편리한 의료 서비스를 받지 못하게 될까요?" 스텔라가 물었다. "그렇게 된 것 같아." 찰리가 대답했다. 그들은 천천히 진입로를 따라 걸어 올라가 집 안으로 들어갔다.

토의문제

1. 기술은 다양한 비즈니스 모델과 산업을 계속해서 변화시키고 있다. 마이크가 의료 진료소를 온라인 전용 사무실로 전환하기로 결정한 것과 궁극적으로 기술적 제약을 받지 않는 고객 기반을 추구하기로 한 결정을 생각해보자(그러나 이는 이전 고객들이 편리한 치료를 받지 못하게 만들었다).
   a. 이 행동은 정언 명령(1장 27쪽)에 따르면 윤리적인가?
   b. 이 행동은 공리주의적 관점(2장 58쪽)에서 윤리적인가?
2. 원격 진료 통화에 참여해본 적이 있는가? 그렇다면 그 경험에 대한 여러분의 인식을 공유하라.
3. 가상 의사의 방문이 오프라인 방문과 같은 수준의 진료를 제공할 수 있다고 생각하는가? 온라인 수업과 전통적인 대학 수업(대면 수업)의 차이를 생각해보자. 이 두 가지 형식 간의 경험이 다르다고 느끼는가?
4. 만약 여러분이 마이크의 동료였다면, 이 상황에서 그에게 어떤 조언을 해줄 수 있는가?

생생복습

이 장에서 학습한 내용을 이해했는지 확인해보자.

12-1 시스템 개발이란 무엇인가?

시스템 개발을 정의하라. 시스템 개발이 프로그램 개발과 어떻게 다른지 설명하라. 시스템 개발 프로젝트에 필요한 전문성의 유형에 대해 설명하라. 이 장에서 배운 지식이 솔로몬 박사에게 필요한 이유를 설명하라.

12-2 시스템 개발은 왜 어렵고 위험한 일인가?

시스템 개발의 위험에 대해 설명하라. 요구사항 정의, 요구사항의 변경, 일정계획 및 예산수립, 변화하는 기술, 규모의 비경제에 의해 야기되는 어려움에 대해 요약하라.

12-3 시스템 개발 수명주기(SDLC)의 5단계는 무엇인가?

시스템 개발 수명주기(SDLC)의 다섯 단계 명칭은 무엇인

가? 각각에 대해 간단히 설명하라.

12-4 시스템 정의는 어떻게 수행되는가?

그림 12-4를 참고하여 시스템 정의 과업에 대해 설명하라. 네 가지 타당성 검토 항목은 무엇이며, 각각에 대해 설명하라[힌트 : 네 가지 유형의 타당성은 비용(Cost), 운영(Operational), 일정(Schedule), 기술(Technology)로 나열된다. 이 순서로 영문 첫글자를 합치면 COST가 된다].

12-5 요구사항 분석 단계에서 사용자의 역할은 무엇인가?

요구사항 분석 단계의 과업에 대해 요약하라. 이 단계에서 사용자의 역할이 무엇인지 설명하라. 사용자가 참여하지 않았거나 사용자가 이 단계를 중요하게 생각하지 않는다면, 어떤 일이 일어날 거라고 생각하는지 논의해보라. 요구사항 승인에서 사용자의 역할에 대해 설명하라.

12-6 다섯 가지 구성 요소는 어떻게 설계되는가?

정보시스템의 다섯 가지 구성 요소 각각에 대한 설계 활동을 요약하라. 변화의 필요성이 있는 여섯 가지 부류의 절차에 대해 설명하라.

12-7 정보시스템은 어떻게 구현되는가?

시스템 구현 단계의 두 가지 중요한 과업의 이름은 무엇인가? 시스템 테스팅 절차를 요약하라. 시스템 테스팅과 소프트웨어 테스팅의 차이를 설명하라. 다섯 가지 구성 요소 각각에 대한 테스팅 과업을 설명하라. 시스템 전환을 위한 네 가지 방법의 명칭이 무엇인가? 각 방법을 설명하고, 각각이 효과적인 경우에 대한 예를 제시하라.

12-8 시스템 유지보수를 위한 과업은 무엇인가?

유지보수가 왜 잘못된 명칭인지를 설명하라. 유지보수 단계의 과업을 요약하라.

12-9 SDLC에는 어떤 문제가 있는가?

SDLC가 왜 폭포 절차로 간주되는지를 설명하고, 왜 이러한 특성이 문제가 되는지를 설명하라. SDLC를 이용한 요구사항 분석 시 나타나는 문제에 대해 설명하라. SDLC가 제시하는 일정계획과 예산수립의 어려움에 대해 요약하라.

이 장의 **지식**이 **여러분**에게 어떻게 도움이 되는가?

시스템 개발 관련 지식이 모든 경영 전문가에게 중요한 지식이 되게 하는 기업 환경에서의 변화를 묘사하라. 이 변화가 여러분의 전공 분야에 어떻게 영향을 미칠지에 대해 설명하라.

주요용어

구성 요소 설계(component design)
구현(implementation)
기술 타당성(technical feasibility)
단계형 설치(phased installation)
베타 테스팅(beta testing)
병행형 설치(parallel installation)
분석 마비(analysis paralysis)
브룩스의 법칙(Brooks' Law)
비용 타당성(cost feasibility)
서비스 팩(service pack)

시스템 개발(systems development)
시스템 개발 수명주기(systems development life cycle, SDLC)
시스템 분석가(systems analyst)
시스템 유지보수(system maintenance)
시스템 전환(system conversion)
시스템 정의(system definition)
업무 분석가(business analyst)
요구사항 분석(requirements analysis)
일시형 설치(plunge installation)

일정 타당성(schedule feasibility)
제품품질보증(product quality assurance, PQA)
조직 타당성(organizational feasibility)
테스트 계획(test plan)
파일럿형 설치(pilot installation)
패치(patch)
폭포(waterfall)

학습내용 점검

12-1. 여러분이 에밀리와 함께 일하고 있는 인턴이며, 이 장의 첫 부분의 회의에 함께 참석한다고 가정하자. 에밀리가 여러분에게 이 기회에 대한 조사를 도와달라고 부탁한다.

    a. SDLC를 이용하여 이 프로토타입 프로젝트의 계획을 작성하라. 일반적인 용어를 이용하여 각 단계에서 해야 할 작업들을 설명하라.

    b. 시스템 정의 단계에서 완수되어야 하는 과업들을 상세히 기술하라.

    c. 아이메드 애널리틱스가 네 가지 유형의 타당성 조사를 어떻게 진행해야 하는지에 대해 여러분의 생각을 메모로 작성하여 에밀리에게 전달하라.

12-2. 문제 12-1에 대해 답을 한 후, 솔로몬 박사가 여러분이 인턴십 기간을 연장하기 위해 프로젝트를 너무 복잡하게 만들고 있다고 생각하여 이에 반대한다고 가정하자. SDLC 혹은 이와 유사한 과정을 따르는 것이 왜 중요한지에 대해 솔로몬 박사에게 설명할 수 있는 한 페이지 분량의 메모를 작성하라.

12-3. "업무 분석가란 무엇인가?"라는 문장을 구글 혹은 빙에서 검색하라. 몇 가지 링크된 문서들을 확인해본 후 다음 질문에 답하라.

    a. 업무 분석가의 근본적인 직무 책임은 무엇인가?

    b. 업무 분석가와 시스템 분석가의 차이는 무엇인가?

    c. 업무 분석가에게는 어떤 지식이 필요한가?

    d. 업무 분석가로 성공하기 위해서는 어떤 기술과 개인적 특성이 필요한가?

    e. 업무 분석가로서의 경력이 흥미를 끄는가? 그 이유를 함께 설명하라.

협업과제 12

여러분의 팀원들과 만나서 구글 오피스, 셰어포인트 또는 기타 협업 도구를 사용해서 협업 정보시스템을 구축하라. 아직 협업한 정보시스템을 구축하지 않았다면 협업과제 1을 참고하라. 절차와 팀 훈련이 필요하다는 것을 명심하라. 이제 정보시스템을 이용해서 다음 질문에 답하라.

윌마 베이커, 제리 바커, 크리스 바이클이 2022년 6월 리조트 업주 및 관광사업자 회의에서 만났다. 그들은 회의가 진행되는 동안 우연히 서로 옆자리에 앉았으며, 서로 인사를 한 후 자신들의 이름이 서로 비슷하다는 사실에 웃음을 터뜨렸다. 그리고 그들은 자신들이 비슷한 사업을 한다는 것을 알고는 서로 놀랐다. 윌마 베이커는 뉴멕시코주 산타페에 살고 있으며, 산타페 방문자들에게 주택 및 아파트 임대업을 한다. 제리 바커는 브리티시 컬럼비아주 휘슬러빌리지에 살고 있으며, 휘슬러/블랙컴 리조트에 온 스키어나 방문자들에게 콘도를 대여해주는 사업을 한다. 크리스 바이클은 매사추세츠주 캐텀에 살고 있으며, 코드곶에 휴가를 온 사람들에게 주택과 콘도를 대여해주고 있다.

이들 셋은 회의 후 함께 점심식사를 하기로 했다. 점심식사를 하는 동안 그들은 오늘날 인터넷을 이용한 수많은 여행 기회로 인해 새로운 고객을 유치하는 어려움이 있다는 데 인식을 같이했다. 게다가 달러의 유로화 대비 가치 상승은 북미 지역 관광 산업의 경쟁을 치열하게 만들었다.

대화가 진행되는 동안 그들은 힘을 합칠 수 있는 방법이 있을지도 모른다고 생각하기 시작했다(즉 그들은 제휴를 통한 경쟁우위 방안을 찾고 있는 것이었다). 그래서 그들은 다음 날 회의를 생략하고 제휴를 모색할 방법을 의논하기 위해 만나기로 결정했다. 그들이 더 많은 토론을 원하는 부분은 고객 데이터의 공유, 공동 예약 서비스의 개발, 대여 숙박시설 목록의 교환이었다.

대화를 진행해감에 따라 그들은 회사 합병에는 관심이 없다는 것이 명확해졌다. 그들은 독립된 사업을 그대로 유지하기를 원했다. 또한 자신들의 기존 고객들을 지키는 것에 매우 관심이 많다는 것도 서로 깨달았다. 그럼에도 혼란은 처음 보였던 것만큼 나쁘지는 않았다. 바커의 사업은 기본적으로 스키 판매였으며, 겨울이 가장 바쁜 성수기였다. 바이클의 사업은 대부분 코드곶 휴가였으며, 그녀는 여름

철에 사업이 가장 바빴다. 베이커의 성수기는 여름과 가을이었다. 그들 각각의 성수기가 충분히 서로 다르게 보였기 때문에, 그들의 고객을 다른 사람에게 서로 뺏길 염려는 없었다.

다음 질문은 "어떻게 진행하는가?"였다. 자신들의 고객을 지키기 위해 그들은 공동의 고객 데이터베이스 개발을 원하지 않았다. 최상의 아이디어는 숙박시설에 관한 데이터를 공유하는 것처럼 보였다. 그 방법은 그들의 고객을 통제하는 것을 유지하면서 다른 사람의 숙박시설에 시간을 팔 기회를 가지는 것이었다.

그들은 몇 가지 대안에 관해 논의했다. 각각이 자신들의 숙박시설 데이터베이스를 개발한 후, 셋이 그들의 데이터베이스를 인터넷을 통해 공유할 수가 있다. 혹은 셋 모두가 사용할 수 있는 중앙집중형 숙박시설 데이터베이스를 구축할 수도 있다. 혹은 숙박시설 목록을 공유할 수 있는 몇 가지 다른 방법을 찾을 수도 있다.

우리는 베이커, 바커, 바이클의 상세한 요구사항을 모르기 때문에 특정 시스템에 대한 계획을 수립할 수가 없다. 그러나 일반적으로는 먼저 그들은 자신들이 구축하기를 원하는 정보시스템을 어떻게 만들지 결정해야 한다. 다음 두 가지 대안을 고려해보자.

a. 이메일을 통한 간단한 시스템을 구축할 수 있다. 이를 통해 각 회사는 서로에게 자신들이 보유한 숙박시설에 대한 설명을 이메일로 보낸다. 각 회사는 이 숙박시설에 대한 설명을 다시 이메일을 통해 자신들의 고객에게 전송한다. 숙박시설에 대한 예약이 이루어지면, 이 예약 요청은 이메일을 통해 숙박시설 관리자에게 전달된다.

b. 모든 숙박시설과 예약 건을 포함하는 클라우드 기반의 공유 데이터베이스를 이용한 다소 복잡한 시스템을 구축할 수 있다. 예약 추적은 일반적인 업무이기 때문에 이 기능이 있는 상용 애플리케이션을 구입하여 사용할 수 있을 것으로 보인다.

12-4. 앞의 설명을 기초로 프로젝트 범위를 정의하라.

12-5. 두 가지 대안에 대한 기술 타당성에 대해 고려해보자.
 a. 대안 a에 적용할 수 있는 기준을 정하고 설명하라.
 b. 대안 b에 적용할 수 있는 기준을 정하고 설명하라.
 c. 추가적인 조사 없이 각 대안이 기술적으로 가능한지 알 수 있는가? 그 이유는 무엇인가?

12-6. 조직 타당성에 대해 고려해보자.
 a. 기업 간 시스템의 상황에서 조직 타당성은 어떤 의미인지 설명하라.
 b. 두 가지 대안에 대한 조직 타당성을 평가할 수 있는 기준을 나열하라. 만약 중요하다면 두 대안에 대한 기준을 차별화하라.
 c. 두 대안 중 어느 대안이 조직 관점에서 더 타당한가? 그 이유는 무엇인가?

12-7. 일정 타당성에 대해 고려해보자.
 a. 두 가지 대안에 대한 일정 타당성을 평가할 수 있는 기준을 나열하라. 만약 중요하다면 두 대안에 대한 기준을 차별화하라.
 b. 두 대안 중 어느 대안이 일정 관점에서 더 타당한가? 그 이유는 무엇인가?

12-8. 비용 타당성에 대해 고려해보자.
 a. 대안 a의 주요 개발 비용은 무엇인지 나열하라.
 b. 대안 a의 주요 운영 비용은 무엇인지 나열하라.
 c. 대안 b의 주요 개발 비용은 무엇인지 나열하라.
 d. 대안 b의 주요 운영 비용은 무엇인지 나열하라.
 e. 어떤 대안의 비용이 더 적게 드는가?
 f. 대안 a의 운영 비용을 더 적게 할 수 있는 요인을 기술하라.
 g. 대안 b의 운영 비용을 더 적게 할 수 있는 요인을 기술하라.

12-9. 문제 12-5에서 12-8의 답을 기준으로 어떤 대안이 더 타당한가? 두 대안 모두 혹은 하나만 타당할 수도 있으며, 두 대안 모두 타당하지 않을 수도 있다.

12-10. 이 시점에서 "더 이상 이 아이디어에 대해 고려하지 않는 것이 가치 있는 것은 아닌가?"라는 대안을 포함하여 세 가지 대안 중 하나를 선택하라고 한다면 어떻게 답하겠는가? 추가적인 데이터 없이 정확한 평가를 하는 것은 불가능하다. 하지만 여러분의 지식과 경험, 그리고 직관을 이용하여 답하라.

사례연구 12

언제쯤 이런 실수를 하지 않을까?

이 책의 저자 중 한 사람인 데이비드 크뢴케는 1974년 콜로라도주립대학교에서 가르치는 동안 정보시스템 개발 실패의 주된 요인에 관한 연구에 참여했다. 연구 결과 실패의 가장 큰 이유는 시스템 요구사항을 찾고 관리하는 과정에서 사용자가 참여하지 않은 것이었다.

이 연구 이후로 기술은 크게 발전했다. 1974년에는 컴퓨터가 큰 방 전체를 차지했는데, 미니 컴퓨터나 개인용 컴퓨터가 발명되기도 전이었다. 그러나 정보시스템 개발은 기술 발전을 따라잡지 못했다. 사실 변한 게 없다고 해도 될 정도이다.

건강보험개혁법(Affordable Care Act, 일명 오바마케어)은 건강보험 교환시스템을 구축할 것을 요구하는데, 이는 조직 간 정보시스템 개발을 필요로 한다. 각 주는 주의 거주민들을 위한 교환시스템을 구축하도록 권장받았지만, 이를 선택하지 않은 주의 주민들은 연방 정부가 개발한 교환시스템을 사용할 수 있었다. 약 절반의 주가 연방 교환시스템을 사용하기로 결정했으며, 나머지 주들은 자체적인 교환시스템과 이를 지원하는 정보시스템을 개발하였다.

오리건주는 커버오리건(Cover Oregon)이라는 교환시스템을 만들었으나, 이는 완전히 실패한 프로젝트였다. 커버오리건은 2억 4,800만 달러 이상의 연방 및 오리건주의 세금이 투입되었음에도 불구하고 운영되지 않았다. 2014년 5월, 포틀랜드에 있는 미국 법무부는 이 프로젝트에 대한 대배심 조사를 시작했다.[9] 프로젝트 초기에 품질 보증을 위해 고용된 컨설팅 회사인 맥시무스컴퍼니는 요구사항이 모호하고, 변경되며, 일관되지 않다고 경고했다. 그러나 이러한 경고는 전혀 받아들여지지 않았다. 그 이유는 무엇일까?

왜 요구사항은 관리되지 않는가?

1974년에는 관리자들이 컴퓨터를 사용할줄 몰랐을 수 있으며, 따라서 요구사항을 관리하지 못했을 것이다. 그러나 커버오리건에 참여한 모든 사람들은 휴대전화를 가지고 있고, 아마도 아이패드나 킨들도 갖고 있을 것이다. 컴퓨터 사용 방법을 모를 리가 없다. 따라서 오늘날에는 컴퓨터 사용 능력이 문제가 아니다.

요구사항 관리의 문제는 요구사항과 관리 중 어느 쪽에 있을까? 다른 건강관리 익스체인지, 가령 코네티컷주의 보건 프로젝트인 액세스 CT는 성공적이었다. 이 프로젝트가 정치적 야망을 가진 부지사에 의해 면밀히 관리되었기 때문일까? 오리건주에는 부지사가 없었지만, 프로젝트 관리자는 있었을 것이다. 오리건주에서 관리 문제가 일어났다는 것은 커버오리건에서 사용하고자 하는 정보시스템을 다른 보건 기관(Oregon Health Administration)에서 개발했다는 점에서 알 수 있다. 두 기관은 요구사항을 두고 갈등을 겪었을 것이다. 상위 관리자의 부재로 인해 요구사항이 관리되지 않았을 뿐만 아니라 두 경쟁 기관의 싸움거리가 되었다.

이는 커버오리건 실패의 주된 원인일 수 있다. 그런데 다른 이유가 있을까? 관리가 잘 이루어지는 조직에서도 요구사항의 어떤 특성 때문에 관리가 어려울 수 있지 않을까? 프레드 브룩스는 소프트웨어가 논리적 시라고 말했다. 소프트웨어는 순수한 생각의 물질로만 이루어져 있다. 만약 두 정부 기관이 빌딩을 짓고자 할 때 몇 층으로 지을지에 대해 갈등한다면 그들의 분쟁은 가시적일 것이다. 사람들은 한 계약자 그룹이 층을 추가할 때 다른 이들은 이를 철거하고 있는 모습을 목격하게 될 것이다.

따라서 문제의 일부는 요구사항들이 순수한 사고에 대한 요구사항이라는 것이다. 또 무엇이 문제일까?

요구사항이 완전한지 어떻게 알 수 있는가? 빌딩의 청사진이 전기시스템 설비를 포함하고 있지 않을 때, 그런 누락은 알아채기 쉽다. 소프트웨어와 시스템에서는 덜 그러하다. 예를 들어, 고객이 사용자 이름이나 비밀번호를 잊어버리고 어떤 정책 번호 기록도 갖고 있지 않을 때를 고려하지 않는다면 어떻게 될까? 이런 상황을 위해 소프트웨어 또는 절차를 개발할 필요가 있으나, 해당 요구사항을 아무도 구체적으로 지적하지 않을 경우 아무 작업도 이루어지지 않을 것이다. 그런 고객이 나타나면 시스템은 실패할 것이다.

그리고 요구사항 서술의 질을 어떻게 알 수 있는가? "이 고객에게 적합한 보험 정책을 선택하라"는 요구사항은 너무 높은 수준에서 서술되어 쓸모가 없다. 프로토타입을 제작하는 이유 중 하나는 없거나 불완전한 요구사항을 씻어내기 위함이다.

타당성을 검토하고 타협하라

그러나 이 예시에서 우리가 배울 것은 끝이 아니다. 주 혹은 연방의 모든 건강보험 거래는 2013년 10월 1일까지 작동이 시작되어야 한다. 따라서 일정은 변경의 여지없이 고정되어 있다. 비용 면에서 후원금이 고정되지 않았지만, 비용은 쉽게 변하지 않는다. 여러 주와 미 연방 정부에서 초기 후원을 제공했다. 이러한 재정적 할당이 이루어지고 나면 더 많은 자금을 확보하기 어렵다. 불가능한 것은 아니지만, 어렵다.

일정이 고정되어 있고 비용 또한 거의 그렇다면, 프로젝트의 난이도와 위험을 줄일 수 있는 남은 한 가지 요소는 무엇인가? 바로 요구사항이다. 요구사항의 수를 최소화하여 일단 시스템이 작동하게 하라. 그렇게 약간의 성공을 거둔 후 프로젝트에 다른 요구사항을 추가하라. 이것이 액세스 CT가 따른 전략이다.

그러나 이 원리는 오리건에서 다른 문제를 드러낸다. 오리건은 완벽을 추구했고, 어떤 사람이나 문제도 내버려두고 가지 않는 '노롱도어(No Wrong Door)'[10] 전략을 택했다. 커버오리건은 모두를 위한 해결책을 제공해야 했다. 이런 서술은 멋진 정치적 메시지를 가지고 있지만, 고정된 일정과 거의 고정된 비용 안에서 이러한 목표를 어떻게 달성할 수 있을까? 여러분의 룸메이트에게 여러분이 학기 사이의 일주일 동안 한 푼도 없는 상태에서 일등석을 타고 날아가 두 달 동안 아프리카 정글 탐험을 하고자 한다고 말해보라.

소프트웨어와 시스템은 순수한 사고로 이루어져 있다. 놀라운 능력을 가진 영광스러운 미래를 상상하기는 쉽다. 그러나 이것들은 값비싼 인간의 노동으로 개발되는 것이며, 여자 9명이 있다고 한 달만에 아이를 낳을 수는 없다. 새 정보시스템의 요구사항을 결정할 때 받았던 질문을 기억하라.

이 사례가 40년 후에도 유효할 것인가? 이는 여러분에게 달려 있다.

토의문제

12-11. 이런 사례가 40년 후에도 유효할 만한 이유 세 가지를 서술하라. 유효하지 않게 만들 만한 발전사항 세 가지를 서술하라. 어떤 것들이 남아 있을까? 이런 사례들이 40년 후에도 유효할 것인가? 여러분의 의견과 근거를 밝혀라.

12-12. 여러분의 SDLC에 관한 지식을 적용하여 여러분이 생각하는 커버오리건 실패의 세 가지 주된 이유를 서술하라.

12-13. 이 프로젝트는 문제가 있다는 것이 알려졌지만, 나름의 생명력을 가지고 있었다. 오리건주 행정부의 기술 분석가 잉 쾅은 2013년 5월 커버오리건 프로젝트가 SF영화 우주 생명체 블롭을 연상시킨다고 말했다. "이 괴물의 신체 구조와 생명을 유지하는 기관을 우리는 알지 못하기 때문에 쏘아서 죽이는 방법도 알 수가 없다."[11] 여러분이 커버오리건의 최고 관리자였다면, 문제가 드러났을 때 어떤 행동을 취했겠는가?

12-14. 2014년 설문 결과에 의하면 오리건 주민의 대다수가 키츠하버 주지사에게 책임이 있다고 생각했다.[12] 그러나 2015년, 키츠하버는 역사적인 네 번째 임기에 재선되었으나, 불행히도 한 달 후 그는 다른 스캔들로 인해 사임하게 되었다.[13] 오리건 보건국(OHA)의 전 수장인 브루스 골드버그는 2014년 3월 18일 해고되었으나, 7월 18일까지 여전히 전체 급여를 받았다.[14] 이러한 결과를 감안할 때, 이러한 실수에 대한 결과를 감수할 사람이 있을까? 그렇다면 누가 그 책임을 질 것인가?

주

1. 프레드 브룩스는 1960년대 IBM의 성공적인 경영자였다. 은퇴 후 IT 프로젝트 관리의 고전인 맨먼스 미신(The Mythical Man-Month, 1975)을 집필했다. 이 책은 오늘날에도 여전히 타당하며 모든 IT, IS 프로젝트 관리자가 읽어야 할 책이다. 재미도 있다.

2. 실패란 시스템이 수행하는 것과 시스템이 실제로 수행해야 하는 것의 차이이다. 종종 실패 대신 버그라는 용어를 사용하기도 할 것이다. 미래의 사용자로서, 실패를 실패라고 부를 줄 알아야 한다. 버그 리스트가 아닌 실패 리스트를 만들어라. 해결되지 않은 버그가 아닌 해결되지 않는 실패를 찾아라. 몇 달 동안 심각한 실패에 대처하고 있는 조직을 경영하다 보면 이 두 용어의 차이를 확인할 수 있을 것이다.

3. Austen Hufford, "How 5G Will Transform the Factory Floor," *The Wall Street Journal*," March 5, 2020, accessed June 4, 2021, *www.wsj.com/articles/how-5g-will-transform-the-factory-floor-11583342599*.

4. Sascha Segan, "What Is 5G?," *PC Mag*, April 6, 2020, accessed June 4, 2021, *www.pcmag.com/news/what-is-5g*.

5. Drew FitzGerald and Sarah Krouse, "How 5G Will Change So Much More Than Your Phone," *Samsung | WSJ*, February 27, 2019, accessed June 4, 2021, *https://partners.wsj.com/samsung/technology-speed-of-change/how-5g-will-change-so-much-more-than-your-phone*.

6. Sarah Krouse, "How 5G Could Drive Mobile Sports Betting," *The Wall Street Journal*, November 11, 2019, accessed June 4, 2021, *www.wsj.com/articles/how-5g-could-drive-mobile-sports-betting-11573527660*.

7. Garrett M. Graff, "How a Dorm Room Minecraft Scam Brought Down the Internet," *Wired*, December 13, 2017, accessed June 4, 2021, *www.wired.com/story/mirai-botnet-minecraft-scam-brought-down-the-internet*.

8. Ibid.

9. Maeve Reston, "U.S. Prosecutors Investigate Oregon's Failed Health Insurance Exchange," *Los Angeles Times*, May 21, 2014, accessed June 4, 2021, *www.latimes.com/nation/nationnow/la-na-us-attorneys-officeprobes-oregons-health-insurance-exchange-20140521-story.html*.

10. Maria L. La Ganga, "Oregon Dumps Its Broken Healthcare Exchange for Federal Website," *Los Angeles Times*, April 15, 2014, accessed June 4, 2021, *www.latimes.com/nation/politics/politicsnow/la-pn-oregon-drops-broken-healthcare-exchange-20140425-story.html*.

11. Nick Budnick, "Cover Oregon: Health Exchange Failure Predicted, but Tech Watchdogs' Warnings Fell on Deaf Ears," *The Oregonian*, January 18, 2014, accessed June 4, 2021, *www.oregonlive.com/health/index.ssf/2014/01/cover_oregon_health_exchange_f.html*.

12. Hillary Lake, "Exclusive Poll: Majority Holds Kitzhaber Accountable for Cover Oregon Failure," *KATU News*, June 12, 2014, accessed June 4, 2021, *http://katu.com/ews/local/exclusive-poll-majority-holds-kitzhaber-accountable-for-cover-oregon-failure*.

13. Rob Davis, "Oregon Governor John Kitzhaber Resigns amid Criminal Investigation, Growing Scandal," *OregonLive.com*, February 13, 2015, accessed June 4, 2021, *www.oregonlive.com/politics/index.ssf/2015/02/gov_john_kitzhaber_resigns_ami.html*.

14. Nick Budnick, "Long After Announced 'Resignation,' Ex-Cover Oregon Director Bruce Goldberg Draws $14,425 Monthly Salary," *The Oregonian*, May 21, 2014, accessed June 4, 2021, *www.oregonlive.com/politics/index.ssf/2014/05/long_after_publicized_resignat.html*.

용어해설

가상(virtual) 물리적이지 않은 환경을 시뮬레이션한 상태

가상머신(virtual machine, VM) 호스트 운영체제 내에서 독립적인 운영체제처럼 동작하는 컴퓨터 프로그램. 호스트는 여러 개의 가상머신을 지원할 수 있으며, 각 가상머신은 서로 다른 운영체제 프로그램(예 : 윈도즈, 리눅스)을 실행할 수 있음. 가상머신은 디스크 공간, 장치, 네트워크 연결과 같은 자원을 할당받아 이를 제어함

가상 사설망(virtual private network, VPN) 인터넷이나 사설 네트워크를 활용하여 개인 간의 전용 P2P 연결처럼 보이도록 구성한 광대역 네트워크(WAN) 연결 대안. IT 분야에서 '가상'이란 실제로 존재하지 않지만 존재하는 것처럼 보이는 상태를 의미. VPN은 공용 인터넷을 사용하여 사설 연결처럼 보이는 환경을 제공함

가상현실(virtual reality, VR) 완전히 컴퓨터로 생성된 세계로, 상호작용 가능한 디지털 객체들로 구성된 환경

가상화(virtualization) 단일 호스트 운영체제에서 여러 운영체제가 클라이언트로 실행되는 프로세스를 의미함. 하나의 컴퓨터에서 여러 대의 컴퓨터가 실행되는 것처럼 보이도록 함

가치(value) 마이클 포터의 정의에 의하면, 고객이 자원, 제품 또는 서비스에 대해 지불할 의향이 있는 금액을 의미

가치사슬(value chain) 가치를 창출하는 활동의 네트워크

강력한 패스워드(strong password) 최소 12글자 이상이며, 사용자의 이름이나 실제 이름 또는 기업의 이름을 포함하지 않고, 어떠한 언어 형태로도 사전에 수록된 완전한 단어를 포함하지 않으며, 사용자의 과거의 암호와 다른 대소문와 소문자, 숫자나 특수문자를 포함하는 특징을 가진 비밀번호

개인 식별번호(personal identification number, PIN) 사용자가 자신만이 아는 번호를 입력하여 인증받는 방식

개인용 컴퓨터(personal computer, PC) 개인이 사용하는 일반적인 컴퓨팅 디바이스. 노트북이나 데스크톱 컴퓨터를 말함

갱신 실패 문제(lost-update problem) 다수의 사용자가 이용하는 데이터베이스에서 둘 이상의 사용자가 동시에 데이터를 변화시키려고 할 때 데이터베이스가 이러한 변화를 반영하지 못하는 현상. 다수 사용자의 동시 사용을 위해서 데이터베이스가 설계되지 않았기에 이러한 문제가 발생함

건강보험 이동성 및 책임법(Health Insurance Portability and Accountability Act, HIPAA) 의료 기관에 대한 데이터 보호를 요구하는 미국의 규제

건설적인 비판(constructive criticism) 어떤 결과를 개선하기 위해 긍정적 조언과 부정적 조언을 모두 제공함

결과 게시(publish result) 비즈니스 인텔리전스를 필요로 하는 지식 노동자에게 전달하는 과정

경계 방화벽(perimeter firewall) 조직 네트워크 외부에 위치하는 방화벽. 인터넷 트래픽이 가장 먼저 마주하게 되는 장치

경영정보시스템(management information system, MIS) 기업이 목표를 달성하기를 도와주는 정보시스템을 관리하고 이용하는 것

경쟁 전략(competitive strategy) 조직이 성공을 위해 선택하는 전략. 마이클 포터에 따르면, 네 가지 기본적인 경쟁 전략이 있음. 산업 전반 또는 특정 산업 부문 내에서의 비용우위와 산업 전반 또는 특정 산업 부문 내에서의 제품 또는 서비스 차별화

고객관계관리 시스템(customer relationship management system) 고객 유인, 판매, 관리, 지원을 위한 전체 사업 프로세스

고객수명주기(customer life cycle) 고객관계관리 시스템에서 관리하는 마케팅, 고객 획득, 관계관리, 고객 이탈의 전체 프로세스. 전체 수명주기는 CRM 시스템으로 관리해야 함

고유 프로세스(inherent process) 승인된 소프트웨어를 효과적으로 사용하기 위해서 수행해야 하는 절차. 예를 들어 ERP 시스템은 사용자가 특정의 주문에 대해서 해당 행동을 하도록 가정하고 있음. 대부분의 경우 조직 및 기업은 소프트웨어의 고유 프로세스를 확인함

고체 저장장치(solid-state storage, SSD) 비휘발성 전자 회로를 사용하여 정보를 저장하는 장치

공개키 암호화(public key encryption) 인터넷에서 많이 사용되는 특수한 비대칭 암호화 방식. 이 방식에서 각 사이트

는 각각 암호화를 위한 공개키와 복호화를 위한 비밀키를 가짐

공공 클라우드(public cloud) 누구나 이용 가능한 인터넷 기반 클라우드 서비스

관계(relation) 데이터베이스 테이블의 보다 형식적인 이름

관계의 강도(strength of a relationship) 소셜미디어에서 조직과 관계를 맺은 개인 또는 타 조직이 조직에 이익이 되는 일을 할 가능성

관계형 데이터베이스(relational database) 관계(일정한 제한 조건이 있는 테이블)의 형태로 데이터를 저장하고 레코드 관계를 외부키로 기록하는 데이터베이스

관리적 의사결정(managerial decision) 자원의 배분과 사용에 관한 의사결정

광고 차단 소프트웨어(ad-blocking software) 광고 콘텐츠를 걸러내는 소프트웨어

구독(subscription) 일정한 주기로 혹은 특정 사건이 발생할 때 전송되는 특정 비즈니스 인텔리전스에 대한 사용자의 요청

구성 요소 설계(component design) 소프트웨어 개발 수명주기(SDLC)의 세 번째 단계. 하드웨어와 소프트웨어에 대한 명세, (필요한 경우) 데이터베이스 설계, 절차 설계, 직무기술서 개발과 같은 과업이 수행됨

구조적 프로세스(structured process) 일상적인 업무를 포함하는 정형화되고 표준화된 프로세스. 일반적인 예로 반품 접수, 주문 접수, 그리고 원재료 구매 등이 있음

구조화된 데이터(structured data) 행과 열의 형태로 정리된 데이터

구조화된 의사결정(structured decision) 의사결정을 내림에 있어 공식화되거나 정형화된 방법이 존재하는 의사결정 유형

구조화된 질의 언어(Structured Query Language, SQL) 데이터베이스 데이터와 메타데이터 처리를 위한 국제 표준 언어

구현(implementation) 시스템 개발 수명주기에서 설계의 다음 단계로 사용자가 새로운 시스템을 구축, 테스트 및 변환하는 작업으로 구성된 단계

권리침해(usurpation) 비인가된 프로그램이 컴퓨터 시스템에 침입하여 합법적으로 설치된 프로그램을 바꾸는 것. 비인가된 프로그램은 전형적으로 시스템을 종료시키고 비인가 프로그램 프로세스로 대체하여 데이터를 감시하고, 훔치고, 조작하거나 기타 목적을 달성함

그래픽 기반 쿼리(graphical query) 사용자가 그래픽에 클릭할 때 질문이 생성되는 쿼리

그린 컴퓨팅(Green computing) 전력 관리, 가상화, e-폐기물 관리의 세 부분에 대해 환경적으로 고려한 컴퓨팅

기가바이트(gigabyte, GB) 1,024메가바이트

기계 간 통신(machine to machine, M2M) 하나의 장치가 다른 장치 및 애플리케이션과 상호 연결될 수 있도록 하는 연결성

기계코드(machine code) 소스코드에서 컴파일되어 컴퓨터가 처리할 준비가 된 코드. 인간이 이해할 수 없음

기능 애플리케이션(functional application) 특정 비즈니스 활동 혹은 부서를 지원하는 데 필요한 특성과 기능을 제공하는 소프트웨어

기능 정보시스템(functional information system) 특정 업무 기능을 지원하기 위한 작업그룹 정보시스템

기본 활동(primary activity) 제품의 생산, 판매, 서비스에 직접적으로 기여하는 활동. 마이클 포터의 가치사슬 모형에 따르면 내부 물류, 운영/제조, 외부 물류, 마케팅/판매, 고객 서비스로 나누어짐

기성 소프트웨어(off-the-shelf software) 수정 없이 사용하는 일반적인 소프트웨어

기술력의 차이(technology skills gap) 고용주가 요구하는 높은 수준의 기술 능력과 직원이 보유한 낮은 수준의 기술 능력 간의 불일치

기술적 보안대책(technical safeguard) 정보시스템의 하드웨어 및 소프트웨어 구성 요소와 관련된 보안대책

기술 타당성(technical feasibility) 현존하는 정보기술이 새 정보시스템의 요구를 만족시킬 수 있는 것

기업 간 정보시스템(inter-enterprise information system) 하나 이상의 기업 간 프로세스를 지원하는 정보시스템

기업 간 프로세스(inter-enterprise process) 여러 독립적인 회사나 다른 조직들의 활동을 지원하는 프로세스

기업 대 기업 거래(business-to-business, B2B) 기업 간 소매 거래하는 관계

기업 대 소비자 거래(business-to-consumer, B2C) 기업이 제품을 최종 소비자에게 판매하는 관계

기업 애플리케이션 통합(enterprise application integration, EAI) 애플리케이션들을 연결할 수 있는 소프트웨어와 메타데이터를 제공해 기존의 기업 시스템을 통합할 수 있

는 소프트웨어 애플리케이션 모음

기업 정보시스템(enterprise information system) 다양한 기능의 처리와 여러 부서의 활동을 지원하는 정보시스템

기업 프로세스(enterprise process) 조직 전반에 걸쳐 여러 부서의 활동을 지원하는 프로세스

내부 방화벽(internal firewall) 조직 네트워크 내부에 설치된 방화벽

네이티브 애플리케이션(native application) 컴퓨터의 브라우저 외에 다른 프로그램이 필요한 소프트웨어 애플리케이션. 즉 클라이언트와 서버 컴퓨터 모두의 코드를 필요로 하는 것. '씬 클라이언트 애플리케이션' 참조

닐슨의 법칙(Nielsen's Law) 하이엔드 유저의 네트워크 연결 속도는 1년에 50%씩 증가한다는 법칙

다섯 가지 구성 요소 프레임워크(five-component framework) 정보시스템을 구성하는 다섯 가지 기본 구성 요소. 모든 정보시스템이 이 구성 요소들을 가짐. 제일 간단한 순서대로 컴퓨터 하드웨어, 소프트웨어, 데이터, 절차, 사람이 있음

다섯 가지 세력 모델(five forces model) 마이클 포터가 제안한 모델로, 산업의 특성과 수익성을 다섯 가지 경쟁력 있는 세력, 대체 위협, 기업 간 경쟁, 신규 진입자의 위협, 공급자의 교섭력, 고객의 교섭력을 통해 평가하는 모델

다이나모(Dynamo) 아마존이 개발한 비관계형 데이터 저장소

다중사용자 처리(multiuser processing) 다수의 사용자가 데이터베이스를 동시에 처리하는 상황

단계형 설치(phased installation) 전체 시스템의 일부를 단계적으로 조직 전반에 설치하여 시스템을 변환하는 방법의 하나. 시스템의 일부를 설치한 후에 또 다른 일부를 테스트하여 설치하고 전체의 시스템이 설치될 때까지 이 과정을 반복함

대상(target) 보안 위협의 목표가 되는 자산

대칭키 암호화(symmetric encryption) 메시지의 암호화와 복호화에 동일한 키를 사용하여 암호화하는 방식

데스크톱 가상화(desktop virtualization) '클라이언트 가상화' 또는 'PC 가상화'라고도 함. 원격 서버에 사용자의 데스크톱을 저장하는 과정. 사용자가 여러 다른 클라이언트 컴퓨터에서 자신의 데스크톱을 실행할 수 있게 함

데이터(data) 기록된 사실 또는 수치. 정보시스템의 다섯 가지 구성 요소 프레임워크 중 하나

데이터 관리(data administration) 데이터 정책 및 표준을 개발하고 실행하는 조직 차원의 기능

데이터 늪(data swamp) 사용되지 않을 수도 있는 대량의 데이터를 저장하는 데이터 레이크

데이터 디스커버리(data discovery) 사용자가 데이터를 시각적으로 분석하고 탐색할 수 있도록 하는 프로세스, 직관적인 방식으로 데이터를 다룰 수 있도록 지원하는 프로세스

데이터 레이크(data lake) 대량의 원시 비구조화된 데이터를 위한 중앙 저장소

데이터 마이닝(data mining) 데이터 사이의 패턴과 관계를 발견하고 분류하고 예측하기 위해서 사용되는 통계적 응용 기법

데이터 마트(data mart) 특정의 사업 기능을 위한 데이터마이닝에서 데이터를 관리, 저장, 준비하는 것을 촉진함

데이터 무결성(data integrity) 데이터베이스에서 데이터의 값이 일관되고 다른 값들과 서로 충돌되지 않는 것

데이터베이스(database) 이름 그대로 통합된 기록의 집합체

데이터베이스 관리(database administration) 조직의 데이터 정책과 표준을 개발하고 설정하는 일

데이터베이스 관리시스템(database management system, DBMS) 데이터베이스를 생성하고, 처리하고, 운영하는 프로그램. DBMS는 운영체제와 같이 라이선스를 받아야 하며 방대하고 복잡한 프로그램임. 마이크로소프트 액세스와 오라클 데이터베이스 등이 있음

데이터베이스 애플리케이션(database application) 사용자의 데이터베이스 처리를 도와주는 폼, 보고서, 쿼리, 응용 프로그램 등의 모음. 하나의 데이터베이스는 여러 다른 데이터베이스 응용 프로그램으로 처리할 수 있음

데이터 보안대책(data safeguard) 데이터 관리와 데이터베이스 관리를 통해서 운영되는 조직의 데이터와 데이터베이스를 보호하기 위해서 수행되는 절차

데이터 수집(data acquisition) 비즈니스 인텔리전스 시스템에서 데이터를 얻고, 정리하고, 관계 짓고, 목록을 만드는 것

데이터 시각화(data visualization) 사용자가 복잡한 데이터를 빠르게 이해할 수 있도록 돕는 데이터의 그래픽적 표현

데이터 웨어하우스(data warehouse) 조직의 BI 데이터 관리를 담당하는 시설

데이터 집계기(data aggregator) 다양한 출처로부터 데이터를 수집하여 판매하는 회사

데이터 패브릭(data fabric) 온프레미스 사설 클라우드와 원격 공공 클라우드 모든 곳에서 일관되게 데이터 서비스를 제공하는 통합 아키텍처

데이터 흐름(data flow) 비즈니스 프로세스에서 활동과 저장소 간의 데이터 이동을 문서화하는 BPMN 기호

독자적인 애플리케이션(one-of-a-kind application) 특수하고 유일한 목적을 위해, 주로 한 회사의 요구사항에 따라 개발된 소프트웨어

동적 보고서(dynamic report) 필요한 시점마다 업데이트되는 BI 보고서

동적 프로세스(dynamic process) 일반적으로 전략적이고 덜 구체적인 관리적 의사결정과 활동을 포함하는 유연하고 비공식적이며 적응적인 프로세스

듀얼 프로세서(dual-processor) 2개의 CPU가 있는 컴퓨터

드론(drone) 원격으로 조종되는 무인 항공기

디지털 지갑(digital wallet) 전자 금융 거래를 수행할 수 있도록 지원하는 디지털 서비스나 소프트웨어

디지털 혁명(Digital Revolution) 기계 또는 아날로그 기기에서 디지털 기기로의 전환

라이선스(license) 프로그램의 사용에 대해서 명시한 협정서. 설치된 컴퓨터의 수와 원격 접속으로 사용할 수 있는 사용자의 수를 명시함. 소프트웨어의 오류로 발생할 수 있는 소프트웨어 공급자의 의무 역시 명시됨

랜섬웨어(ransomware) 공격자에게 돈을 지불할 때까지 시스템이나 데이터에 접근하는 것을 막는 악성소프트웨어

램(random access memory, RAM) 임의 접근 기억장치. 컴퓨터 주 메모리의 다른 이름

레코드(record) '로우'라고도 함. 데이터베이스 테이블에서 칼럼의 집합

로봇(robot) 환경을 감지하고, 의사결정을 내리며, 작업을 자동으로 수행하도록 프로그래밍된 기계

로봇 프로세스 자동화(robotic process automation, RPA) 일상적인 업무 프로세스를 자동화하기 위해 소프트웨어 로봇이나 봇(bot)을 사용하는 것

로우코드 시스템(low-code system) 비즈니스 애플리케이션을 개발하는 데 적은 또는 전혀 프로그래밍이 필요하지 않은 시스템

리눅스(Linux) 유닉스의 한 버전으로, 오픈소스 커뮤니티에 의해 개발되어 이 커뮤니티가 소유권을 가지며 사용은 무료인 웹 서버에서 인기 있는 운영체제

리포지터리(repository) 비즈니스 프로세스 모델에서 무언가의 집합. 예를 들면, 데이터베이스는 데이터 저장소

리포트(report) 의미 있고 구조화된 데이터의 표현 양식

마스터 데이터 관리(master data management) 다양한 데이터 출처에서 얻은 데이터를 일관되고 균일하게 만드는 과정

마이크로소프트 윈도즈(Microsoft Windows) 가장 보편적인 비모바일 클라이언트 운영체제. 리눅스와 경쟁하는 인기 있는 서버 운영체제 윈도 서버를 지칭하는 말이기도 함

맞춤 개발된 소프트웨어(custom-developed software) 특정 조직의 요구사항에 맞게 개발된 소프트웨어

맥OS(Mac OS) 애플사가 매킨토시를 위해서 개발한 운영체제. 현재의 버전은 Mac OS 세쿼이아. 처음에는 예술산업의 그래픽 아티스트나 작가들이 사용했으나, 현재는 더 널리 사용됨

맵리듀스(MapReduce) 수천 대의 컴퓨터를 병렬 운영하기 위해서 사용되는 2단계 기법. 첫 번째 '맵' 단계에서는 여러 컴퓨터가 병렬로 과업을 수행하고, 두 번째 '리듀스' 단계에서는 다른 컴퓨터들의 작업이 하나의 결과물로 통합됨

멀티클라우드 전략(multicloud strategy) 2개 이상의 클라우드 컴퓨팅 환경을 채택하는 것

메가바이트(megabyte, MB) 1,024킬로바이트

메인프레임(mainframe) 내부 데이터 처리를 위해 사용되는 대형 고속 중앙 집중형 컴퓨터

메인프레임 아키텍처(mainframe architecture) 중앙 메인프레임과 여러 대의 씬 클라이언트 연결을 지원하는 컴퓨팅 아키텍처

메타데이터(metadata) 데이터를 설명하는 데이터

멧커프의 법칙(Metcalfe's Law) 네트워크의 가치는 그 네트워크에 연결된 사용자의 수의 제곱과 같다는 법칙

명목화폐(fiat currency) 정부가 승인한 법적 화폐

모던 스타일 애플리케이션(modern-style application) 터치스크린 지향이며 상황에 맞는 팝업 메뉴를 제공하는 윈도 애플리케이션

몽고DB(MongoDB) 문서 지향적인 비관계형 오픈소스 DBMS

무어의 법칙(Moore's Law) 고든 무어가 제안한 법칙으로, 집적회로 1제곱인치당 트랜지스터의 개수가 18개월마다 2배로 늘어난다는 법칙. 제안된 후 40년 동안 정확히 들어맞았음. 컴퓨터의 성능이 2배가 된다는 식으로 이야기

되기도 함. 이는 엄밀히 말하면 사실이 아니지만, 이해하기는 더 쉬움

무차별 대입 공격(brute force attack) 모든 문자 조합을 시도함으로써 패스워드를 알아내는 프로그램

문제(problem) 실제와 당연하게 실행되어야 하는 계획 사이의 차이

바이러스(virus) 자신을 복제하는 컴퓨터 프로그램

바이럴 훅(viral hook) 한 사람에게서 다른 사람에게 전송되도록 만드는 마케팅 프로그램

바이트(byte) (1) 8비트만큼의 데이터. (2) 데이터의 글자 수

방화벽(firewall) 비인가된 외부로부터 또는 외부로의 접속을 차단하기 위해서 기업의 내부와 외부 네트워크 사이에 위치하는 컴퓨터 장비. 전용 컴퓨터일 수도 있고 범용 컴퓨터나 라우터에 설치된 프로그램일 수도 있음

베타 테스팅(beta testing) 미래의 시스템 사용자에게 새로운 시스템을 사용해볼 수 있도록 하는 것. 프로그램의 출시 직전에 프로그램에서 발생하는 문제를 수정하기 위해 시행함

벨의 법칙(Bell 's Law) 10년마다 새 컴퓨터 클래스가 나타나 새로운 산업이 자리 잡는다는 법칙

병행형 설치(parallel installation) 새로운 시스템과 기존의 시스템을 동시에 운영하면서 시스템을 변환하는 방식. 두 시스템을 동시에 운영하기에 상대적으로 비용이 높게 소요되지만, 가장 안전한 설치 방식임

보고서 분석(reporting analysis) 구조화된 데이터를 정렬하고, 그룹 짓고, 합하고, 거르고, 형식을 맞추는 과정

보안대책(safeguard) 시스템의 취약성을 노리는 위협을 완화하기 위한 절차, 행동, 수단, 도구 등을 총칭하는 것

보안 정책(security policy) 조직의 정보시스템과 데이터를 보호하는 규칙과 절차를 명시한 문서

분산시스템(distributed system) 다수의 컴퓨팅 디바이스에 분산되어 응용 프로그램이 처리되는 시스템

분석 마비(analysis paralysis) 프로젝트 요구사항을 문서화하고 수정하는 데 지나치게 많은 시간이 소요되어 프로젝트가 더 이상 진전되지 않는 것

브룩스의 법칙(Brooks' Law) 늦어진 프로젝트에 인원을 더 투입할수록 프로젝트의 완료가 더 늦어진다는 법칙. 이 법칙은 프로젝트에 있어서 인력 규모가 클수록 협동이 더 어려워질 뿐만 아니라 새로운 인력의 훈련에 많은 시간이 소요되기에 대부분의 경우 적용됨. 새 인력을 훈련시키는 동안 원래 팀 멤버들은 생산적 작업을 하지 못하게 됨. 이 훈련에 드는 비용이 그 인력이 프로젝트에 기여하는 이득보다 훨씬 큼. 맨먼스 미신 : 소프트웨어 공학에 관한 에세이 (The Mythical Man-Month)의 저자 프레더릭 브룩스의 이름을 딴 것

블록체인(blockchain) 암호화폐 거래를 기록하기 위해 사용되는 탈중앙화된 공개 원장 시스템

비구조적 의사결정(unstructured decision) 일련의 합의된 의사결정 과정이 없는 의사결정 유형

비대칭키 암호화(asymmetric encryption) 메시지의 암호화와 복호화의 과정에 각각 다른 키를 통해서 암호화하는 방식. 비대칭키 암호화는 대칭키 암호화에 비해 단순하고 빠르게 처리됨

비용(cost) 비즈니스 프로세스의 비용은 입력 비용과 활동 비용의 합과 같음

비용 타당성(cost feasibility) 예상 비용과 창출된 가치를 비교하거나, 예상 비용과 사용 가능한 예산을 비교하여 정보시스템 개발 프로젝트의 비용을 평가하는 것

비즈니스 인텔리전스(business intelligence, BI) 조직에 있어서 중요한 패턴, 관계, 추세를 발견하게 해주는 정보를 생성하기 위한 운영 데이터 또는 기타 데이터를 이용하는 처리 과정

비즈니스 인텔리전스 시스템(business intelligence system, BI 시스템) 운영 데이터 또는 기타 데이터를 이용해 패턴, 관계, 추세를 발견하고 예측하는 정보시스템

비즈니스 프로세스(business process) (1) 어떤 비즈니스 기능을 달성하기 위해 상호작용하는 활동, 저장소, 역할, 자원, 흐름의 네트워크로, 가끔 비즈니스 시스템이라고 불림. (2) 입력을 출력으로 변환하여 가치를 창출하는 활동의 네트워크

비즈니스 프로세스 리엔지니어링(business process reengineering) 새 정보시스템 기술을 이용하기 위해 이미 있는 비즈니스 프로세스를 수정하거나 새로 설계하는 활동

비즈니스 프로세스 모델링 표기법(Business Process Modeling Notation, BPMN) 비즈니스 프로세스를 문서화하기 위한 표준 용어 및 그래픽 표기법 세트

비지도 데이터 마이닝(unsupervised data mining) 분석을 실행하기 전에 분석가가 모델이나 가설을 만들지 않는 데이터 마이닝 기법. 데이터마이닝 기법을 사용하여 데이터를 적용하고 결과를 관찰함. 이 방법에서 분석가는 발견된 패턴에 대한 분석이 이루어지고 나서 가설을 수립함

비트(bit) 컴퓨터가 데이터를 표현하는 수단. '이진수'라고
도 함. 한 비트는 0과 1 중 하나

비트코인(bitcoin) 현재 가장 잘 알려진 암호화폐

비휘발성(nonvolatile) 전원이 없는 상태에서도 데이터를 저
장하고 있는 기억장치. 컴퓨터의 전원을 끄고 다시 켜도
저장된 내용의 변경이 없음

빅데이터(bigdata) 다양하고 방대하며 빠르게 처리가 가능
한 데이터 집합체를 가리키는 용어

빅테이블(Bigtable) 구글이 개발한 비관계형 데이터 저장소

사람(people) 정보시스템의 다섯 가지 구성 요소 프레임워
크 중 하나. 컴퓨터를 조작하고 서비스를 제공하며, 데이
터를 지키고, 네트워크를 지원하고, 시스템을 사용하는
사람들. 정보는 사람들의 정신 속에서만 존재할 수 있음

사물인터넷(Internet of Things, IoT) 사물이 인터넷에 연결
되어 다른 디바이스, 응용 프로그램, 서비스 등과 상호작
용하는 것

사설 클라우드(private cloud) 웹 표준에 따르는 자체 개발
클라우드. 유동적으로 수정할 수 있음

사용자(user) 사회적 관계를 쌓기 위해서 소셜미디어 사이
트를 이용하는 개인과 조직

사용자 생성 콘텐츠(user-generated content, UGC) 조직의
소셜미디어 콘텐츠 중 직원이 아닌 사람들이 제작한 것

사이트 강화(hardening) 악성소프트웨어가 침투하기 특히
어렵게 수정된 서버 운영체제를 가리키는 용어

사이트 라이선스(site license) 조직이 구매한 라이선스

사토시(satoshi) 비트코인의 가장 작은 단위로, 1비트코인의
1억분의 1을 의미

사회적 자본(social capital) 시장에서 미래의 기대 가치로 환
산된 사회관계에 대한 투자 자본

사회적 자본의 가치(value of social capital) 소셜 네트워크에
서 관계의 수, 관계의 강도, 그것으로 제어되는 자원으로
결정되는 소셜 네트워크의 가치

산업용 로봇(Industrial robot) 제조 공정에서 사용되는 로봇

산업용 사물인터넷(Industrial Internet of Things, IIoT) 네트
워크를 통해 산업용 스마트 장치와 센서가 데이터를 공유
하도록 연결된 시스템

생체 인증(biometric authentication) 지문, 얼굴 특징 및 망막
스캔과 같은 개인적인 신체적 특징을 사용하여 사용자를
인증하는 것

서버(server) 데이터베이스 호스팅, 블로그 운영, 웹사이트
운영이나 제품 판매와 같은 서비스를 제공하는 컴퓨터.
클라이언트 컴퓨터보다 빠르고 대용량이며 보다 강력한
기능을 가짐

서버 가상화(server virtualization) 둘 이상의 운영체제를 같
은 서버에서 운영하는 과정. 호스트 운영체제가 가상 운
영체제 인스턴스를 응용 프로그램처럼 실행함

서버 팜(server farm) 활동을 공유하고 서로 실패를 보완할
수 있게 조직된 서버 컴퓨터의 집합체

서비스 거부(denial of service, DoS) 사용자가 정보시스템에
접근할 수 없게 되는 보안 문제로 인간의 실수, 자연재해
혹은 악의적인 활동에 의해 발생함

서비스 팩(service pack) 우선순위가 낮은 소프트웨어 문제를
해결해주는 수정 파일의 집합체. 사용자들은 패치와 유사
한 방식으로 설치를 하지만 서비스 팩은 전형적으로 수백
에서 수천 개의 문제점을 해결함

서비스형 소프트웨어(software as a service, SaaS) 하드웨어 기
반 시설, 운영체제, 응용 프로그램 등을 다른 조직에 대여
해주는 것

서비스형 인프라(infrastructure as a service, IaaS) 서버 컴퓨터
나 데이터 저장소의 클라우드 호스팅

서비스형 플랫폼(platform as a service, PaaS) 클라우드 호스
팅 종류의 하나로 공급자가 제반 플랫폼을 거의 대부분
제공하는 방식

선도 기업의 이점(first mover advantage) 특정 시장 부문에서
새로운 기술을 개발한 첫 번째 기업이 시장점유율을 확보
하는 이점

세분화(granularity) 데이터의 세밀한 정도. 고객 이름과 계
정 잔고가 한 데이터로 처리되면 입도가 큰 것이며, 고객
이름, 계정 잔고, 기타 데이터들이 각각 하나씩 구분되어
존재하면 입도가 작은 것임

소셜 네트워크(social network) 공통된 관심사를 가진 사람들
사이의 사회적 관계

소셜미디어(social media, SM) 사용자의 네트워크상에서 콘
텐츠를 공유할 수 있게 해주는 정보기술

소셜미디어 공급업체(social media provider) 소셜 네트워크를
생성할 수 있게 하는 플랫폼을 제공하는 기업. 페이스북,
트위터, 링크드인, 구글 등이 있음

소셜미디어 정보시스템(social media information system,
SMIS) 사용자 네트워크상에서 콘텐츠를 공유할 수 있게
해주는 정보시스템

소셜미디어 정책(social media policy) 소셜미디어 콘텐츠의 생산 및 관련 직원의 권리와 책임을 명시한 것

소셜 CRM(social CRM) 소셜 네트워크 요소를 포함하고 고객-판매자 관계에서 고객에게 훨씬 큰 권력과 통제력을 주는 CRM

소스코드(source code) 인간이 작성하고 이해할 수 있는 컴퓨터 코드. 처리되기 전 기계어 코드로 번역되어야 함

소프트웨어(software) 컴퓨터 프로그램 및 관련 절차, 규정 등의 총칭. 정보시스템의 다섯 가지 구성 요소 프레임워크 중 하나

수익 창출(monetize) 소셜미디어 기업이 응용 프로그램, 서비스, 콘텐츠 등을 통해 수익을 내는 능력

수직 시장 애플리케이션(vertical-market application) 특정 산업의 필요를 충족시키는 소프트웨어. 치과에서 예약을 잡고 환자들에게 비용을 청구하거나, 자동차 정비소에서 고객과 고객의 자동차 수리 데이터를 기록하고, 창고에서 물건 목록, 구매 및 판매 내역을 기록하는 데 쓰임

수평 시장 애플리케이션(horizontal-market application) 모든 조직과 산업에 공통적으로 적용될 수 있는 기능을 제공하는 소프트웨어. 워드프로세서, 그래픽 프로그램, 스프레드시트, 프레젠테이션 프로그램 등이 있음

스니핑(sniffing) 컴퓨터 통신을 가로채는 기법. 유선 네트워크에서는 네트워크에 물리적인 연결이 필요하고 무선 네트워크에서는 물리적인 연결이 필요하지 않음

스마트 장치(smart device) 처리 능력, 기억 장치, 네트워크 연결성, 다른 장치와의 연결, 응용 프로그램을 가진 디바이스

스마트카드(smart card) 마이크로칩을 내장한 신용카드와 비슷한 플라스틱 카드. 마이크로 칩에는 자기띠보다 많은 데이터를 기록할 수 있고, 식별 데이터가 들어 있음. 일반적으로 개인 식별번호(PIN)를 요구함

스마트폰(smartphone) 처리 능력을 갖춘 휴대전화

스윔레인 형식(swimlane format) 업무 프로세스 다이어그램의 일종. 수영장의 레인과 같이 각 역할은 수평 직사각형에 표시됨. 스윔레인 형식은 프로세스 다이어그램을 단순화하고 요소 간 상호작용을 강조하기 위해 사용됨

스타트업(startup) 자체 개발 초기 단계에 있는 회사로, 기술을 활용하여 새로운 제품이나 서비스를 창출하는 기업

스파이웨어(spyware) 사용자의 인지 혹은 허락 없이 사용자의 컴퓨터에 설치되는 프로그램으로 사용자의 행동과 키입력을 감지하고 컴퓨터의 활동을 수정함. 악성 스파이웨어는 사용자의 이름, 암호, 계정번호 등 중요한 정보를 획득함. 다른 스파이웨어는 사용자의 행동과 방문한 웹사이트, 구매한 제품과 같은 정보를 획득하여 마케팅 분석에 활용하기도 함

스푸핑(spoofing) 비인가된 데이터를 얻으려는 의도로 다른 사람으로 위장하는 것. 당신이 교수로 위장한다면 당신은 교수를 스푸핑한 것임

시스템(system) 특정의 목적을 달성하기 위해서 상호작용을 하는 구성 요소들의 집합체

시스템 개발(systems development) 정보시스템을 개발하고 유지보수하는 프로세스. '시스템 분석 및 설계'라고도 함

시스템 개발 수명주기(systems development life cycle, SDLC) 정보시스템을 개발하는 데 적용되는 전통적인 프로세스. 시스템 정의, 요구사항 분석, 구성 요소 설계, 구현, 시스템 유지보수의 단계로 구성되어 있음

시스템 분석가(systems analyst) 업무와 기술을 모두 이해하고 있는 정보시스템 전문가. 시스템 개발 프로세스의 전체 단계에서 활동하고 프로젝트를 개념적 단계에서 변환 단계로 수행하는 데 주요한 역할을 담당함. 시스템 분석가는 프로그래머, 테스터 그리고 사용자의 통합된 과업을 수행함. '업무 분석가'와 비교

시스템 사고(system thinking) 입력과 출력을 기반으로 각 구성 요소들 간의 동적인 관계를 고려하는 모형화 능력. 비일상적 인지적 사고를 위한 네 가지 핵심 역량 중 하나

시스템 유지보수(maintenance) 정보시스템에서 (1) 시스템이 초기 기능을 수행할 수 있도록 고치는 것. 또는 (2) 요구사항의 변화에 맞춰 시스템을 수정하는 것

시스템 전환(system conversion) 기존의 시스템에서 새 시스템으로 비즈니스 활동을 변환하는 과정

시스템 정의(system definition) SDLC의 첫 번째 단계. 개발자가 미래의 사용자들과 함께 새 시스템의 목표, 범위를 결정하고, 타당성을 평가하고, 프로젝트 팀을 결성하고, 프로젝트를 계획하는 것

시퀀스 흐름(sequence flow) 비즈니스 프로세스 활동 간의 동작 순서를 문서화하는 BPMN 기호

식별(identification) 정보시스템이 사용자 이름과 비밀번호를 통해 사용자를 확인하는 과정

실천 커뮤니티(community of practice) 공통 관심사로 관련된 사람들의 그룹. '커뮤니티'라고도 함

실험 능력(experimentation) 기회에 대한 추론 분석, 잠재적 해결책에 대한 검토 등에 대한 가능성을 개발하고 평가하는 것. 비일상적 인지적 사고를 위한 네 가지 핵심 역량 중 하나

씩 클라이언트 애플리케이션(thick-client application) 사용자의 컴퓨터에 있는 브라우저 외에 다른 프로그램도 같이 요구되는 응용 소프트웨어로 클라이언트와 서버에 모두에 코드가 요구됨. '고유 애플리케이션' 참조

씬 클라이언트(thin client) 스크린, 키보드, 네트워크 연결만으로 구성된 컴퓨팅 장치. '컴퓨터 단말기'라고도 함

씬 클라이언트 애플리케이션(thin-client application) 브라우저만 필요한 소프트웨어 응용 프로그램. '웹 애플리케이션'이라고도 함

아웃소싱(outsourcing) 서비스 수행을 위해 다른 조직을 고용하는 것. 비용 절약, 전문성 향상, 관리 시간 절약의 효과가 있음

악성소프트웨어(malware) 바이러스, 웜, 트로이목마, 스파이웨어, 애드웨어, 랜섬웨어 등

악성소프트웨어에 대한 정의(malware definition) 악성소프트웨어 코드에 존재하는 패턴. 백신 제공업체들은 악성소프트웨어의 치료를 위해서 지속적으로 이러한 정의를 갱신함

안드로이드(android) 리눅스 버전의 모바일 운영체제. 구글의 넥서스 7, 아마존의 킨들파이어 등 다양한 장치에 활용되고 있음

암호화(encryption) 안전한 저장과 의사소통을 위해서 원문을 쉽게 알 수 없는 코드로 변환하는 과정

암호화 알고리즘(encryption algorithm) 안전한 저장과 의사소통을 위해서 원문을 쉽게 알 수 없는 코드로 변환하는 알고리즘

암호화폐(cryptocurrency) 암호화 기술을 사용하여 안전한 거래를 관리하고 기록하는 디지털 전용 화폐

애드웨어(adware) 사용자가 허락하지 않거나 모르는 상태에서 설치된 프로그램으로 사용자의 활동이나 키 입력을 탐지하고 컴퓨터 작업을 수정하고 사용자의 활동에 대한 보고를 수행하는 프로그램. 대부분의 애드웨어는 양성으로 악의적인 활동이나 데이터의 절취를 수행하지는 않지만 사용자의 활동을 감시하거나 팝업광고를 띄우기도 함

애플리케이션 소프트웨어(application software) 비즈니스 기능을 수행하는 프로그램. 일부 애플리케이션 프로그램은 엑셀 또는 워드와 같은 범용 프로그램이고, 다른 애플리케이션 프로그램은 미지급금과 같은 특정 비즈니스 기능에만 적용됨

액세스(Access) 마이크로소프트의 개인용 데이터베이스 관리시스템

업무 분석가(business analyst) 업무의 전략, 목표 등을 이해하고 기업이 업무 프로세스와 정보시스템을 개발하고 관리하는 데 도움을 주는 전문가. '시스템 분석가'와 비교

에지 컴퓨팅(edge computing) 데이터가 생성된 원천에서 처리 작업을 수행하여 대역폭을 절약하고 애플리케이션의 응답성을 향상시키는 컴퓨팅 방식

엑사바이트(exabyte, EB) 1,024페타바이트

역량강화(upskill) 조직 내 현재 필요에 맞는 새로운 기술을 직원들에게 교육하는 것

역할(role) 비즈니스 프로세스에서 활동의 집합

연결(linkage) 마이클 포터의 비즈니스 활동 모델에서 가치사슬 활동 간의 상호작용

연결 데이터(connection data) 소셜미디어 시스템에서 관계와 관련된 데이터

열(column, 칼럼) 바이트의 집합으로 '필드'라고도 불림. 데이터베이스에 있어서 개체의 속성을 표현하기 위해서 다수의 열(칼럼)이 사용됨. 예를 들면 '부품번호', '직원 이름', '판매일자' 등이 있음

예외 보고서(exception report) 사전에 정의된 경계를 벗어나는 일이 발생했을 때 생성되는 보고

오라클 데이터베이스(Oracle Database) 오라클에서 만든 기업 수준의 DBMS 제품

오픈소스(open source) (1) 커뮤니티가 접근할 수 있는 소스 코드. (2) 리눅스와 같은 제품 개발에 소프트웨어 개발자들이 협력하는 것. 이 협력은 주로 자발적으로 이루어지며, 대부분의 경우 제품 사용에 라이선스 비용을 지불하지 않아도 됨

온프레미스 시스템(on-premises system) 자체 로컬 시설에 설치되거나 기업 내부에 구성된 정보 시스템

외래키(foreign key) 관계를 표현하기 위해서 사용되는 칼럼이나 칼럼들. 외래키의 값은 외부 테이블의 주키의 값과 일치함

요구사항 분석(requirements analysis) SDLC에서 두 번째 단계. 개발자가 사용자 인터뷰를 수행하고, 기존 시스템을 평가하고, 새 폼/보고서/쿼리를 생성하고, 보안을 비롯한

새 기능을 정하고, 데이터 모델을 확립하는 단계

운영적 의사결정(operational decision)　조직 내 일상적인 활동과 관련된 의사결정

운영체제(operating system, OS)　컴퓨터의 자원을 제어하는 컴퓨터 프로그램. 주기억장치 관리, 키 입력과 마우스 이동 처리, 디스플레이 장치로 신호 출력, 디스크 파일의 입출력, 다른 프로그램의 처리 통제를 담당함

워드라이버(wardriver)　무선 연결된 컴퓨터를 이용해 보호되지 않은 무선 네트워크를 찾는 사람

원격 법 집행(telelaw enforcement)　법률 집행이 가능하게 하는 원격 접근 시스템

원격 수술(telesurgery)　외과 의사가 로봇 장비를 이용해 멀리 있는 환자를 수술할 수 있게 하는 원격 접근 시스템

원격 작업 시스템(remote action system)　원격 수술이나 원격 법 집행 등 멀리 떨어진 곳에서 조작할 수 있는 정보시스템

원격 진료(telediagnosis)　의료 전문가가 지방이나 먼 곳에 전문지식을 제공하기 위해 사용하는 원격 접근 시스템

웜(worm)　인터넷이나 다른 네트워크를 통해서 자신을 전파하는 바이러스. 웜 코드는 다른 컴퓨터로 최대한 빨리 자신을 복제하도록 작성되어 있음

웹 애플리케이션(Web application)　'씬 클라이언트 애플리케이션' 참조

위협(threat)　소유자의 인지나 허락 없이 데이터나 다른 정보시스템 정보를 불법적으로 취득, 수정하려는 개인 혹은 조직

윈도즈 서버(Windows server)　서버의 운영과 설정 및 구축을 위해서 만들어진 윈도 버전. 일반적으로 개인 사용자용 윈도보다 강력하고 마이크로소프트사와 가까운 조직이나 기업에서 주로 사용됨

윈도즈 10(모바일)[Windows 10 (mobile)]　모바일 장치 전용 윈도 운영체제

유니콘(unicorn)　단기간 내 기업 가치가 10억 달러에 도달한 기술 기업

유닉스(Unix)　1970년대에 벨 연구소에서 개발한 운영체제. 현재까지 과학, 공학 분야에서 사용되고 있음

의사결정 지원시스템(decision support system, DSS)　보통 의사결정 BI 시스템을 지칭하는 예전 용어

이메일 스푸핑(email spoofing)　피싱과 동의어. 전자우편을 통해서 비인가된 데이터를 획득하기 위한 기법. 합법적인 기업인 것처럼 가장하여 계좌번호, 주민등록번호, 계좌암호 등의 중요한 데이터를 요청함

이윤(margin)　활동의 가치와 원가 간의 차이

이진화된 부호(binary digit)　'비트' 참조

인메모리 DBMS(in-memory DBMS)　대용량 메모리에 저장된 데이터베이스를 처리하는 DBMS 제품. 보통 이 같은 DBMS는 관계성 모델을 이용함. 일반적으로 ACID 지원됨

인적 보안대책(human safeguard)　시스템 사용에 대한 적절한 절차를 설립하여 보안 위협에 대처하기 위한 단계적 절차

인적 자본(human capital)　미래 기대 가치에 따른 인적자원과 지식에 대한 투자

인증(authentication)　정보시스템이 사용자를 확인하는 과정

인플루언서(influencer)　소셜 네트워크에서 의견을 표현함으로써 다른 사용자의 행동과 믿음에 영향을 미칠 수 있는 개인 사용자

인터넷을 통해(over the Internet)　클라우드 컴퓨팅에서 인터넷상으로 전 세계의 서버들을 공급하는 것

일반 데이터 보호 규정(General Data Protection Regulation, GDPR)　개인 데이터를 보호하기 위해서 2018년에 제정된 EU의 개인정보 보호법

일부 수정이 가해진 기성 소프트웨어(off-the-shelf with alterations software)　조직의 특수한 필요에 맞춰 수정된 기성 소프트웨어

일시형 설치(plunge installation)　기존의 시스템을 완전히 종료하고 새로운 시스템을 일시에 직접 설치하는 시스템 변환 방법. 새로운 시스템이 제대로 운영되지 않는 경우에는 문제가 발생하게 되고 새로운 시스템이 수정되거나 이전의 시스템이 재설치되기 전까지는 아무런 작업이 진행되지 않음. 일반적으로 이러한 위험을 피하기 위해 가능한 한 피하는 시스템 변환 방법

일정 타당성(schedule feasibility)　정보시스템이 원하는 일정에 맞춰 개발될 수 있는 것

자기 효능감(self-efficacy)　자신의 직무를 성공적으로 수행할 수 있을 것이라는 믿음

자본(capital)　미래 가치 상승을 기대하고 투자한 자원

자율주행차(self-driving car)　자동화된 혹은 운전자가 없는 차량으로 다양한 센서를 이용해 인간의 개입 없이 일반 차량과 같이 길을 찾을 수 있음

작업그룹 정보시스템(workgroup information system, WIS)　특정 부서 또는 작업그룹을 지원하기 위한 정보시스템

작업그룹 프로세스(workgroup process) 특정 그룹이나 부서의 사명, 목적, 목표를 작업 그룹이 충족할 수 있도록 하는 프로세스

저장 하드웨어(storage hardware) 데이터와 프로그램을 저장하는 하드웨어. 자기 디스크가 가장 보편적으로 사용되며 CD나 DVD와 같은 광학 디스크도 보편적임

전략적 의사결정(strategic decision) 광범위한 조직적 문제와 관련된 의사결정

전사적 자원관리(enterprise resource planning, ERP) 기업의 기능을 단일하고 일관성 있는 컴퓨팅 플랫폼으로 합병하는 모듈, 데이터베이스, 내재 프로세스 등의 애플리케이션 모음

전환 비용(switching cost) 다른 제품이나 공급자로 변경하기 어렵거나 비용이 많이 들게 만들어 고객을 고정시키는 비즈니스 전략

전환율(conversion rate) 웹사이트에서 광고를 클릭한 사용자가 상품을 구매하거나, 사이트에 '좋아요'를 누르거나 기타 광고주가 원하는 활동을 하는 비율

절차(procedure) 인간을 위한 지시사항. 정보시스템의 다섯 가지 구성 요소 프레임워크 중 하나

정보(information) (1) 사실 혹은 수치로 이루어진 데이터에서 이끌어낸 지식. (2) 의미 있는 맥락 속의 데이터. (3) 더하고, 정렬하고, 평균을 구하고, 그룹을 짓고, 비교하는 등의 연산을 거친 데이터. (4) 변화(difference)를 가져오는 차이(difference)

정보 격차(information silo) 정보시스템과 분리되어 데이터가 저장될 때의 상황. 보통 데이터 무결성 문제로 이어짐

정보기술(information technology, IT) 정보를 생성하기 위해 사용되는 제품, 방법, 발명, 표준 등

정보 보안 피로(information security fatigue) 압도되는 느낌으로 인해 발생하는 정보 보안에 대한 거부감

정보시스템(information system, IS) 정보를 생성하기 위해서 상호작용을 하는 하드웨어, 소프트웨어, 절차, 사람의 집합

정보화 시대(Information Age) 정보의 제작, 배포, 제어가 경제를 이끄는 주동력이 되는 시대

정적 보고서(static report) 생성 시점에 비즈니스 인텔리전스 문서

제3자 쿠키(third-party cookie) 방문한 사이트가 아닌 다른 사이트에서 생성되는 쿠키

제타바이트(zettabyte, ZB) 1,024엑사바이트

제품품질보증(product quality assurance, PQA) 시스템을 테스트하는 것. PQA 담당자는 사용자의 조언과 도움을 통해서 테스트 계획을 수립함. PQA 검증 엔지니어는 테스트를 수행하고 사용자 테스트 활동을 감독함. 대다수의 PQA 전문가들은 자동화된 테스트 프로그램을 작성하는 프로그래머들임

조직 응집력(groupthink) 집단의 응집력에 대한 욕구가 잘못된 의사결정으로 이어지는 현상

조직 타당성(organizational feasibility) 정보시스템이 조직의 고객, 문화, 법적 요구사항에 부합하는 것

존재감(sense of presence) 가상 경험이 실제처럼 느껴지는 착각

주기억장치(main memory) 명령어나 데이터를 저장하는 작은 셀들의 집합으로 각 셀은 주소를 가지고 있으며 중앙처리장치는 각각의 데이터를 이 주소를 통해서 식별함

주키(primary key) 관계에서 개별 개체를 다른 개체와 구별해 주는 하나 이상의 칼럼. '키'라고도 함

중앙처리장치(central processing unit, CPU) 명령어를 선택하고 처리하고, 산술 연산과 논리 연산을 처리하며, 메모리에 그 결과를 저장하는 컴퓨터의 구성 요소

증강현실(augmented reality, AR) 현실 세계의 객체 위에 디지털 정보를 겹쳐서 현실을 변형하는 기술

지능형 자동화(intelligent automation) RPA를 활용해 비즈니스 프로세스를 자동화하고, AI를 통해 의사결정을 향상시키는 결합

지능형 지속 위협(Advanced Persistent Threat, APT) 대규모로 충분한 재원을 가진 조직에 의해서 수행되는 복잡하고 지속적인 컴퓨터 해킹. APT는 사이버 전쟁에서 공격 수단임

지도 데이터 마이닝(supervised data mining) 데이터 마이너가 분석에 앞서서 모델을 개발하고 모델의 매개 변수를 추정하기 위해서 통계적 기법을 적용하는 것

지오펜싱(geofencing) 사용자가 가상 펜스(특정 위치)를 지나칠 때 애플리케이션이 이것을 확인한 후에 자동화된 행동을 취하도록 하는 위치 서비스

지원 활동(support activity) 마이클 포터의 가치사슬 모델에서, 가치 창출에 간접적으로 기여하는 활동. 조달 기술, 인적 자원, 회사의 기반 구조 등

최고기술책임자(chief technology officer, CTO) 기술 부서의 관리자. 조직에 가장 적합한 아이디어와 제품을 식별하고

정리하는 역할을 담당함. CTO는 정보기술에 대한 깊은 이해와 조직에 정보기술이 적용될 경우의 변화에 대한 비전이 있어야 함

최고보안책임자(chief security officer, CSO) 물리적 시설과 장비, 인력, 지적 재산, 디지털 자산 등 조직의 모든 자산의 보안을 관리하는 직책

최고정보보안책임자(chief information security officer, CISO) 조직의 정보시스템 및 정보보안을 관리하는 직위

최고정보책임자(chief information officer, CIO) 정보 관리 부서의 관리자 직함. 다른 직함으로는 정보서비스 부사장, 정보서비스 이사, 컴퓨터 서비스 이사 등이 있음

추상적 추론(abstract reasoning) 모형을 만들고 능숙하게 사용할 수 있도록 하는 능력

추진위원회(steering committee) 정보시스템 우선순위를 결정하고, 정보시스템 프로젝트 대안을 평가 관리하는 고위 경영층으로 구성된 위원회

취약성(vulnerability) 보안시스템에서의 약점 혹은 시작점. 보안대책이 없거나 기존의 보안대책이 효과적이지 못한 경우에 취약성이 존재함

침입 탐지 시스템(intrusion detection system, IDS) 다른 컴퓨터가 디스크나 컴퓨터에 접근하는 것을 감지하도록 개발된 컴퓨터 프로그램

카산드라(Cassandra) 몇백에서 몇천 개 사이의 서버에서 작동하고 내구성을 가지는 비관계형 데이터 저장소. 페이스북이 처음 개발했으나 오픈소스 커뮤니티로 넘어감. 현재는 아파치의 최고 레벨 프로젝트(Top-Level Project, TLP)

커뮤니티(community) 소셜미디어에서 공통의 관심사로 모인 사람들의 집합체

컴퓨터 기반 정보시스템(computer-based information system) 컴퓨터를 포함하는 정보시스템

컴퓨터 단말기(computer terminal) 스크린, 키보드, 네트워크 연결만으로 구성된 컴퓨팅 장치. '씬 클라이언트'라고도 함

컴퓨터 하드웨어(computer hardware) 컴퓨터 프로그램이나 소프트웨어의 명령어를 처리하여 데이터를 입력, 처리, 출력, 저장하고 인코딩되어 있는 지시사항에 따라 데이터를 전달할 수 있는 일련의 전자장비. 정보시스템의 다섯 가지 구성 요소 프레임워크 중 하나

콘텐츠 데이터(content data) 소셜미디어 시스템에서 사용자와 소셜미디어 제공자가 생성한 데이터와 그에 대한 응답으로 발생하는 데이터

콘텐츠 전송 네트워크(content delivery network, CDN) 인터넷을 통해 웹 페이지에 콘텐츠를 제공하는 정보 시스템. 대기 시간을 줄이기 위해 일반적으로 데이터는 많은 지리적 위치에서 저장되고 제공됨

쿠키(cookie) 브라우저에 의해 사용자의 컴퓨터에 저장되는 작은 파일. 쿠키는 인증, 쇼핑 카트나 사용자 선호도 기록 등에 쓰임. 스파이웨어 실행에 사용되기도 함

쿼드 프로세서(quad-processor) CPU가 4개인 컴퓨터

쿼리(query) 데이터베이스에서 데이터를 요청하는 것

크라우드소싱(crowdsourcing) 조직이 소셜미디어 기술을 사용하여 사용자가 제품의 설계와 마케팅에 관여하도록 하는 과정

크라이더의 법칙(Kryder's Law) 마그네틱 디스크의 저장 밀도는 지수함수적으로 증가한다는 법칙

크리덴셜 스터핑(credential stuffing) 탈취된 사용자의 이름과 비밀번호를 자동으로 입력하여 여러 웹사이트에 접근 권한을 가지게 하는 것

크립토악성소프트웨어(crypto malware) 공격자에게 돈이 지급될 때까지 데이터를 암호화하고 접근할 수 없도록 하는 악성소프트웨어

크립토재킹(cryptojacking) 공격자를 위해 암호화폐를 채굴하는 숨겨진 악성소프트웨어를 설치하는 과정

클라우드(cloud) 인터넷 프로토콜로 만들어진 다수 컴퓨터들의 집합체

클라우드 상호 운용성(cloud interoperability) 클라우드 간 데이터를 교환하고, 서로 애플리케이션을 옮길 수 있는 기능

클라우드 컴퓨팅 아키텍처(cloud computing architecture) 조직 내부 구성원과 외부 고객들이 클라우드에 담겨 있는 데이터와 애플리케이션에 접근할 수 있도록 해주는 컴퓨팅 아키텍처

클라이언트(client) 클라우드를 통해 서버에 접속하는 PC, 태블릿, 스마트폰 등

클라이언트-서버 아키텍처(client-server architecture) 클라이언트(사용자)가 인터넷을 통해 서버에 요청하고, 서버가 이에 응답하여 데이터를 다시 보낼 수 있도록 만들어주는 컴퓨팅 아키텍처

클러스터 분석(cluster analysis) 자율 데이터 마이닝 기법 중 하나로, 비슷한 특성을 가진 데이터들의 집단을 구별하는 통계적 기법이 사용됨. 주로 고객의 주문 데이터를 이용

해 비슷한 고객 집단을 구분하고 고객의 인구통계학적 정보를 얻을 때 사용함

클로즈드소스(closed source) 수준으로 보호되어 있고 믿을 수 있는 직원과 검사를 통과한 사람들만 접근 가능한 소스코드

클릭당 보수(pay-per-click) 광고주가 잠재적 고객에게 무료로 광고를 보여줄 수 있고 고객이 클릭할 때만 광고료를 지불하는 수익 모델

키(key) (1) 테이블에서 각 행을 식별할 수 있도록 하는 칼럼이나 칼럼의 집합. '주키'라고도 함. (2) 데이터를 암호화하는 데 사용하는 문자열. 암호화 알고리즘에서 키를 통해 원문을 변환함. 복호화의 과정도 이와 유사하게 암호화된 문장을 원문으로 변화하는 데 사용됨

키 로거(key logger) 사용자의 지식 없이 키 입력을 캡처하는 악성 스파이웨어. 사용자 이름, 비밀번호, 계정번호 및 기타 중요한 데이터를 도용하는 데 사용됨

키 에스크로(key escrow) 데이터베이스 데이터를 암호화하는 데 사용되는 키를 공인된 기관이 관리하는 통제 절차

킬로바이트(kilobyte, KB) 1,024바이트

탄력성(elastic) 클라우드 컴퓨팅에서 비교적 짧은 시간에 소요되는 필요한 자원의 증가나 감소가 발생하는 것. 아마존이 처음 사용한 용어

태블릿(tablet) 평면 터치스크린으로 인터랙션이 가능한 컴퓨팅 디바이스

터널(tunnel) 공공망이나 공유 네트워크를 통해 VPN 클라이언트에서 VPN 서버로 이어지는 가상의 비공개 경로

테라바이트(terabyte, TB) 1,024기가바이트

테스트 계획(test plan) 새로운 소프트웨어의 성능을 확인할 때 해야 하는 행동과 사용의 연속적 집합체

테이블(table) '파일'이라고도 함. 데이터베이스에서 유사항, 행 또는 레코드의 집합

트로이목마(trojan horse) 유용한 프로그램이나 파일로 가장한 바이러스. 전형적인 트로이목마는 컴퓨터 게임, MP3 파일 혹은 다른 유용한 파일로 가장함

파일(file) 유사한 열 또는 레코드의 집단. 데이터베이스에서는 '테이블'이라고도 함

파일럿형 설치(pilot installation) 전체 시스템을 사업의 일부 영역에만 한정하여 설치하는 방법으로 시스템을 변환하는 것. 장점은 시스템이 실패한 경우 그 범위가 제한적이며, 사업의 노출 위험을 감소시키고 개발될 새로운 시스

템에 대한 부정적인 평가를 줄일 수 있음

패블릿(phablet) 스마트폰의 기능과 태블릿의 더 큰 화면을 결합한 모바일 장치

패스워드 재사용(password reuse) 다수의 사이트에 접근하기 위해서 로그인 정보를 이용하는 것

패치(patch) 특정 소프트웨어의 주요한 결점을 수정하기 위한 수정사항. 소프트웨어 공급자들은 보안이나 중요한 문제를 수정하기 위해서 패치를 제공함

패킷 스니핑(packet sniffer) 네트워크 트래픽을 가로채고 정보를 판독하는 프로그램

패킷 필터링 방화벽(packet-filtering firewall) 패킷 단위로 전송의 여부를 결정하는 방화벽의 한 종류. 전송 여부의 결정은 송신 주소, 수신 주소 등에 따라서 결정됨

펌웨어(firmware) 프린터, 프린트 서비스 또는 기타 커뮤니케이션 장치에 설치된 컴퓨터 소프트웨어. 일반 소프트웨어와 코딩 방식은 동일하지만 프린터와 같은 디바이스를 위한 특수하고 프로그램 가능한 메모리에 설치됨

페이로드(payload) 데이터의 수정이나 삭제와 같이 원치 않는 악의적인 행위를 사용자가 탐지할 수 없는 방법으로 유발하는 바이러스의 프로그램 코드

페타바이트(petabyte, PB) 1,024테라바이트

폭포(waterfall) SDLC의 특성을 설명할 때 쓰는 용어. 폭포수와 같이 시스템 개발이 비반복적인 과정의 연속으로 이루어져 있다는 뜻

폼(form) 데이터 입력 폼(양식)은 데이터베이스 데이터를 읽고, 삽입하고, 수정하고, 삭제하는 데 사용됨

푸시 게시(push publishing) 비즈니스 인텔리전스 시스템에서 사용자의 요청 없이 일정이나 특정 데이터 조건에 따라 사용자에게 BI를 전달하는 것

풀 게시(pull publishing) 비즈니스 인텔리전스 시스템에서 사용자가 요청한 경우에만 BI 결과가 전달되는 것

풀링(pooled) 다수의 조직이 동일한 물리적 하드웨어를 사용하는 상황

프로세스 효과성(process effectiveness) 프로세스가 조직의 전략을 얼마나 잘 달성하고 있는지를 측정하는 지표

프로세스 효율성(process efficiency) 프로세스의 입력에 대한 산출의 비율을 측정하는 지표

프로젝트 데이터(project data) 협업을 통한 프로젝트 산출물에 포함된 모든 데이터

프로젝트 메타데이터(project metadata) 프로젝트를 관리하

는 데 사용되는 데이터로서 일정, 과업, 예산 및 기타 관리 데이터 등이 해당될 수 있음

프리미엄(freemium)　기본적인 서비스는 무료로 제공하고 업그레이드나 고급 기능에 대해 요금을 부과하는 방식의 사업 모델

프리텍스팅(pretexting)　다른 사람 또는 조직으로 가장하여 비인가된 정보를 획득하는 기법의 하나

피그(Pig)　하둡에서 사용되는 쿼리 언어

피셔(phisher)　불법적으로 신용카드 번호, 이메일 계정, 운전면허 번호 등의 개인정보를 절취하거나 유출하려 합법적인 기업을 속이는 개인 혹은 조직

피싱(phishing)　전자우편 등을 통해서 비인가된 데이터를 획득하는 기법. 피셔는 합법적인 기업의 전자우편으로 가장하여 계좌번호, 주민등록번호, 계좌 비밀번호와 같은 중요한 데이터를 요구함

핀테크(financial technology, FinTech)　자동화된 금융 서비스를 제공하기 위해 설계된 정보 기술

필드(field)　'칼럼'이라고도 함. 데이터베이스에서 개체의 속성을 표현하기 위해 다수의 열(칼럼)이 사용됨. 예를 들면 '부품번호', '직원 이름', '판매일자' 등이 있음

하둡(Hadoop)　아파치 재단이 지원하는 수천 대의 컴퓨터를 관리하고 맵리듀스를 적용하는 오픈소스 프로그램

하이브리드 클라우드(hybrid cloud)　공공 클라우드와 사설 클라우드 환경이 모두 결합되어 있는 컴퓨팅 환경

해킹(hacking)　컴퓨터 시스템에 한 개인이 비인가된 접근을 하는 컴퓨터 범죄. 단순한 재미로 해킹을 하는 경우도 있지만 데이터의 수정이나 탈취와 같은 악의적인 행동을 하기도 함

행(row, 로우)　'레코드'라고도 함. 데이터베이스 테이블에서 칼럼의 집합

행위자(actor)　비즈니스 프로세스에서 사람, 그룹, 부서, 조직 또는 정보 시스템

허니팟(honeypot)　컴퓨터 범죄의 가짜 대상. 침입자에게 허니팟은 보호되지 않는 웹사이트처럼 특별히 가치 있는 자원처럼 보이지만, 실제로 사이트에 있는 콘텐츠는 공격자의 IP 주소를 알아내는 프로그램일 뿐임

헤르츠(hertz)　초당 빈도를 의미하며 CPU 속도를 나타낼 때 사용하는 단위

현실(reality)　사물이 실제로 존재하는 상태

협력(cooperation)　4명의 도장공이 한 공간에서 각자 맡은 한쪽 벽을 칠하는 것처럼 동일한 기술을 가진 사람들이 병렬로 작업함으로써 과업 완료에 소요되는 시간을 단축하는 프로세스

협업(collaboration)　두 사람 이상이 피드백과 반복을 통해 공통의 목적, 제품, 결과를 달성하려는 활동. 비일상적 인지적 사고를 위한 네 가지 핵심 역량 중 하나

협업 도구(collaboration tool)　협업시스템 구현을 위한 프로그램 구성 요소로서 해당 도구가 유용하기 위해서는 정보시스템의 네 가지 구성 요소 모두가 갖추어져야 함

협업시스템(collaboration system)　'협업 정보시스템' 참조

협업 정보시스템(collaboration information system)　협업을 지원하는 정보시스템으로서 짧게 '협업시스템'이라고도 함

호스트 운영체제(host operating system)　가상화에서 가상 운영체제를 호스팅하는 운영체제

혼합현실(mixed reality, MR)　현실 세계와 가상 이미지나 객채를 상호작용 가능한 형태로 결합한 기술

확장성(scalability)　수요가 점진적으로 증가하더라도 쉽게 대응할 수 있음

활동(activity)　기업 활동에서 한 종류의 자원과 정보를 다른 종류의 자원 또는 정보로 변환하는 업무 공정. 활동은 사람, 컴퓨터 시스템, 혹은 둘 다에 의해 이루어짐

회귀 분석(regression analysis)　선형함수의 모수에 대한 값을 추정하는 감독 데이터 마이닝 기법. 결과에 영향을 미치는 변수의 상대적인 영향을 알아내고 그 결과에서 미래의 변수 값을 예측하는 데 사용됨

후발 기업의 이점(second mover advantage)　선도 기업을 따라 특정 시장 부문에 진입하고 해당 기업의 제품이나 서비스를 모방함으로써 고비용의 연구개발 지출을 줄이고 시장 점유율을 확보하는 이점

휘발성(volatile)　컴퓨터 혹은 디바이스가의 전원이 꺼지면 삭제되는 데이터

ACID　atomic(원자성), consistent(일관성), isolated(독자성), durable(내구성)의 약자. 거래 전체가 처리되거나 그렇지 않으면 하나도 처리되지 않고(원자성), 단독으로 처리되든 여러 거래가 한꺼번에 처리되든(독자성), 모든 거래가 같은 방식으로 처리되며(일관성), 한 번 처리된 거래는 (실패한 거래라도) 저장되어 없어지지 않는(내구성) 거래 처리 방식을 말함

BI 분석(BI analysis)　비즈니스 인텔리전스의 프로세스. 보고, 데이터마이닝, 빅데이터, 지식관리로 구성됨

BI 서버(BI server) 비즈니스 인텔리전스를 공개할 목적으로 설계된 웹서버 애플리케이션

BI 애플리케이션(BI application) 비즈니스 인텔리전스 시스템의 소프트웨어 구성 요소

DB2 IBM의 기업용 DBMS 제품

GLBA(Gramm-Leach-Bliley Act) 금융 기관에 대한 데이터 보호를 요구하는 금융 서비스 현대화법으로 알려진 미국의 규정

GNU 오픈소스 소프트웨어를 개발하고 관리하기 위한 도구들의 집합. 원래는 유닉스와 유사한 오픈소스 운영체제 개발을 위해 만들어짐

GNU 일반 오픈 라이선스 협정[GNU general public license (GPL) agreement] 오픈소스 소프트웨어를 위한 표준 라이선스 중 하나

https 안전한 통신을 보장하기 위해 웹 브라우저가 SSL/TLS 프로토콜을 사용하고 있다고 표시한 것

iOS 아이폰, 아이폰 터치, 아이패드에서 사용되는 운영체제

IP 스푸핑(IP spoofing) 스푸핑의 한 형태로, 침입자가 다른 사이트의 IP 주소로 가장하여 접속함

MySQL 대부분의 애플리케이션에서 비용을 지불하지 않고 사용할 수 있는 오픈소스 DBMS

NewSQL DBMS ACID 지원이 되는 관계형 DBMS. NoSQL DBMS 제품과 동등한 처리 속도를 제공

NoSQL DBMS 비관계형 데이터베이스 관리시스템으로 비교적 단순한 자료 구조를 빠른 속도로 처리함. ACID 지원 안 됨

PC 가상화(PC virtualization) '데스크톱 가상화'의 동의어

PCI DSS(Payment Card Industry Data Security Standard) 신용카드 데이터의 안전한 저장 및 처리를 규정하는 표준

SQL 서버(SQL server) 마이크로소프트가 개발한 기업 수준 DBMS 제품

SQL 주입 공격(SQL injection attack) 사용자가 폼에 이름이나 다른 데이터 대신 SQL 구문을 입력하여 비인가된 데이터에 접근 권한을 얻는 경우. 프로그램이 제대로 설계되지 않은 경우 이 입력을 적법한 것으로 인식하고 DBMS에서 SQL 명령어로 처리할 것임

SSL(Secure Socket Layer) 대칭과 대칭 방식을 같이 사용하는 프로토콜. SSL을 사용할 때 브라우저 주소는 https://로 시작. SSL의 최신 버전은 'TLS'라고 함

TLS(Transport Layer Security) SSL의 최신 버전

찾아보기

David Kroenke

콜로라도주립대학교, 시애틀대학교, 워싱턴대학교에서 오랜 기간 교수로 재직하며 정보시스템 및 기술 교육에 대한 풍부한 경험을 쌓아왔다. 그는 정보시스템 및 기술 교육에 관한 대학 교수들을 위한 수십 차례의 세미나를 이끌었으며, 1991년 국제정보시스템학회(International Association of Information Systems)로부터 '올해의 컴퓨터 교육자'로 선정되었다. 2009년에는 정보기술전문가협회(AITP)의 교육 특별 관심 그룹(AITP-EDSIG)에서 '올해의 교육자'로 선정되었다.

David는 미국 공군과 보잉 컴퓨터 서비스에서 근무했으며, 3개의 스타트업에서 주요 역할을 담당했다. 마이크로림코퍼레이션에서는 최고제품마케팅 및 개발책임자로, 웰데이터사에서는 데이터베이스 기술 책임자로 활동했다. 그는 시맨틱 객체 데이터 모델의 창시자이기도 하다. 그의 컨설팅 클라이언트로는 IBM, 마이크로소프트, 컴퓨터사이언스코퍼레이션과 같은 대기업뿐만 아니라 여러 중소기업들이 포함되어 있다. 최근에는 협업과 팀워크 교육을 위한 정보시스템 활용에 집중한다.

그의 저서 *Database Processing*은 1977년에 처음 출판되었으며, 현재 15판까지 개정되었다. 또한 그는 *Database Concepts* 9판, *Using MIS* 11판, *Processes, Systems, and Information: An Introduction to MIS* 3판, *SharePoint for Students*, *Office 365 in Business* 등 다수의 교재를 저술 및 공동 저술했다.

Randall J. Boyle

웨버주립대학교에서 경영정보시스템 교수로 재직 중이며, 풀브라이트 장학생이자 윌라드에클스 펠로우로 활동한다. 그는 2003년에 플로리다주립대학교에서 경영정보시스템 박사 학위를 받았으며, 공공행정 석사 학위와 재무학 학사 학위를 보유한다. 웨버주립대학교, 롱우드대학교, 유타대학교, 앨라배마대학교 헌츠빌캠퍼스에서 다수의 대학 교육상을 수상한 바 있다. 그는 MIS 입문, 사이버 보안, 네트워킹 및 서버, 시스템 분석 및 설계, 통신, 고급 사이버 보안, 의사결정 지원시스템, 웹 서버 등 다양한 과목을 가르쳐왔다.

Randall의 연구 분야는 컴퓨터 매개 환경에서의 기만 탐지, 안전한 정보시스템, IT가 인지 편향에 미치는 영향, IT가 지식 노동자에 미치는 영향, 전자상거래 등이다. 여러 학술지에 논문을 게재했으며, *Using MIS* 12판, *Corporate Computer and Network Security* 5판, *Applied Information Security* 2판, *Applied Networking Labs* 2판 등 다수의 교재를 저술했다.

옮긴이

문태수
고려대학교 경영학 박사
현재 동국대학교 정보경영학과 교수

박상철
성균관대학교 경영학 박사
현재 대구대학교 경영학부 교수

서창갑
서강대학교 경영학 박사
현재 동명대학교 경영학과 교수

오창규
부산대학교 경영학 박사
현재 경남대학교 디지털마케팅학과 교수

유성열
한국과학기술원 공학 박사
현재 부산가톨릭대학교 경영학과 교수

이동호
부산대학교 경영학 박사
현재 경상국립대학교 해양수산경영학과 교수

정대율
부산대학교 경영학 박사
현재 경상국립대학교 경영정보학과 교수